새로운 세대의
부모와 자녀

Jane B. Brooks 저

이순례 · 문연심 · 신건호 공역

parenting

3rd edition

학지사

Parenting-3rd edition-
by Jane B. Brooks

역자 서문

'우리 사회의 성공 여부는 백악관이 아니라 여러분의 가정에 달려 있다.' 이는 부시 전 미국 대통령 부인 바바라 여사가 어느 대학 졸업식에서 한 말이었다. 이처럼 한 국가의 성패가 가정에 달려 있다면 가정의 성패는 부모됨과 부모역할에 있다고 할 수 있다. 동서고금을 막론하고 그 부모의 역할은 대단히 중요한 만큼 또한 어려운 일이다. 맹모삼천지교(孟母三遷之敎)와 최근 '기러기 아빠'라는 신조어가 이를 잘 대변하고 있다.

현대사회가 '수많은 전문 자격증'을 요구하고 있지만 누구나 중요하다고 인정하는 부모됨을 입증하는 '부모자격증'에 대해서는 언급이 없다. 물론 부모자격증을 발급한다는 것 자체가 어려운 일일 것이다. 부모가 된 대부분의 사람들은 자녀를 지극히 사랑하기에 최고의 부모가 되고자 다양한 방법으로 노력한다. 그러나 유비쿼터스(Ubiquitous)시대로 급변하는 현대사회에서 별다른 준비 없이 부모가 된다는 것은 커다란 부담감과 스트레스를 받는다. 그러므로 부모역할을 만족스럽고 자신 있게 수행하려면 부모되는 준비를 미리 해야 한다. 준비된 부모는 부모와 자녀 문제에 보다 쉽게 적응할 수 있으며 자녀 발달에 최적의 환경을 제공하고, 사회의 다양한 요구에 적절한 양육방법으로 대처하므로 행복한 가정생활을 영위할 수 있는 것이다.

물론 부모의 역할 못지않게 자녀의 역할도 부모-자녀 관계의 상호작용이 중요한 비중을 차지한다. 이 책은 이러한 부모-자녀 간의 상호작용 관계를 이해하고 부모되는 준비를 돕기 위한 목적으로 만들어졌다.

이 책은 크게 3부로 나누어져 있으며 모두 11장으로 구성되었다. 세 명의 역자들이 제1부(이순례), 제2부(신건호), 제3부(문연심)를 각각 담당하였으며, 전체적으로 일관성 있고 체계적인 구성을 위해 여러 차례 토의하였으나 아직도 미흡한 면이 있을 것이다. 또한 문화적인 차이가 있는 내용은 다문화 · 세계화 시대에 공통으로 다루어야 할 문제라고 생각하여 저자의 의도를 그대로 전달하도록 노력하였다. 내용을 살펴보면 다음과 같다.

제1부는 자녀양육의 기초를 다루고 있는데, 자녀양육을 협동적 모험, 부모되기 학습, 부모-자녀의 친밀한 관계 수립, 자녀의 행동수정으로 나누어 제시하고 있다. 구체적으로 가족생활에서의 분노와 스트레스를 최소화하는 방법, 자녀의 행동수정에 적절한 전략 선택 지침 등을 소개한다.

제2부는 발달단계별 양육의 내용을 실제적으로 담고 있다. 영 · 유아기와 아동기 초기, 초등학생기, 사춘기로 나누어 그 시기마다의 발달적 특성을 알고, 그 발달시기에 겪게 되는 문제들을 파악함으로써 부모가 자녀들을 건강한 삶으로 이끄는 방법을 알도록 하였다.

제3부는 현대사회의 다양한 형태에 따른 부모-자녀 관계에 필요한 정보를 제시하고 있다. 자녀양육과 직장생활, 현대사회의 다양한 가족형태, 아동학대와 양육, 부모와 자녀를 위한 지원으로 구성하여 우리 삶의 환경이 변화하는 데 따른 부모-자녀 관계의 새로운 방향을 구체적으로 제시하였다.

각 장의 마지막에는 독자의 이해를 돕기 위하여 '요약'을 첨가하였다.

이 책의 특성은 부모-자녀 관계에 관한 최근 연구 자료를 충분히 제시하면서 효과적인 부모되기 전략, 가족의 의식을 매일의 삶과 연결시키는 방법, 가정과 직장의 효과적인 조절방안, 부모되기에 영향을 주는 사회적 힘 등 최근 변화된 사회에 관한 새로운 정보를 제공한다. 더욱이 이 책은 부모-자녀 관계를 일방적인 관계가 아니라 쌍방향적이고 역동적인 협동적 모험으로 설명한다. 따라서 이 관계를 통해 자녀는 물론 부모도 성숙해 간다.

따라서 이 책은 부모-자녀 관계를 다루는 대학의 교양과목 및 새로운 세대를 위한 예비 부모뿐 아니라 부모-자녀 관계 · 가족관계 등을 위해 현장에서 일하는 전문가 그리고 현재 자녀와의 모험을 즐기고 있는 부모에게 많은 도움과 시사를 줄 수 있을 것이다. 특별히 대학원 교재로 쓰일 때는 많은 연구결과와 실제문제를 상세히 논의할 수 있으므로 좋은 자료가 될 것이다.

이 책을 번역하게 된 동기는 역자 세 명이 '현대사회와 부모역할' 이라는 과목을 담당하면서 적절한 교재를 찾다가, 이 책이 새로운 세대의 부모와 자녀 관계에 대한 많은 연구 결과와 적절히 대처할 수 있는 해결방안을 다른 어떤 책자보다도 심도 있게 담고 있음을 알게 되었다. 뿐만 아니라, 최근 사회변화에 따른 다양한 부모-자녀 문제를 다루며 새로운 정보를 제공하고 있는 가치 있는 자료임을 확신할 수 있었다. 따라서 이 책을 많은 사람들과 함께 나누는 것이 의미 있다고 생각되어 출판하게 되었다.

끝으로 번역서 출판에 따르는 여러 가지 어려움에도 불구하고 기꺼이 이 책의 출판을 맡아 주신 학지사 사장님과 마지막까지 최선을 다해 도와주신 직원 여러분에게 깊이 감사드린다.

2006년 8월

교육관에서 역자 일동

저자 서문

많은 부모들은 가족과의 관계를 통해 인생에서 가장 큰 만족을 느낀다고 말한다. 자신의 삶에서 부모가 된 시기에 관한 많은 인터뷰 뒤에 Gutmann은 다음과 같이 적고 있다. "대다수 성인들에게 부모 시기는 여전히 삶의 궁극적 원천이다. 삶이란 무엇인가라는 물음에 그들은 자동적으로 자녀를 갖는 것이라고 대답한다. 그리고 이보다 더 훌륭한 답이 아직은 없다."

그러면 사람들은 이러한 삶의 중요한 활동에서 성공하기 위해 훈련을 받는가? 아니다! 직업적인 미용사나 운전사가 되기 위해서는 일을 하기 전에 독립적으로 이 일들을 할 수 있는 자격과 특별한 기능을 갖추고 있어야 한다. 그러나 오늘날 사회는 그 무엇보다도 가장 중요하다고 할 수 있는 체계적인 부모되기 교육을 요구하고 있다.

이 책은 이러한 교육적 공백을 메우기 위해 집필되었다. 『부모되기』의 초판과 같이 제3판은 부모와 양육자가 그들의 사랑과 관심을 효과적인 부모되기 기술로 어떻게 전환시킬 수 있는지 보여 준다. 이 책은 자녀의 세계와 자녀와의 관계에 관심을 갖게 함으로써 부모들이 자녀가 생각하고 느끼는 것을 더 잘 이해할 수 있도록 한다. 또한 긍정적이든 부정적이든 부모되기에 수반되는 무수히 많은 사고와 감정들을 설명함으로써 부모들이 자녀들을 보다 더 잘 이해할 수 있게 한다.

이 책은 총 3부로 나뉜다. 제1부는 4개 장으로 구성되어 부모되기의 일반적인 개념, 목적 그리고 전략에 초점을 둔다. 제2부는 3개 장으로 구성되어 서로 다른 나이의 자녀에 대한 부모되기를 논의한다. 제3부는 4개 장으로 구성되어 삶의 환경이 변화하는 데 따른 부모되기에 초점을 맞춘다.

각 장은 먼저 간단한 개관을 제시하고 넷 또는 다섯 개의 구체적 주제들을 제시하며 심도 있게 논의한다. 각 장별 내용을 살펴보면 다음과 같다.

1장에서는 부모되기를 이해하기 위해 부모되기의 정의와 과정 그리고 생태학적 체계들을 논의한다. 그리고 부모되기의 역사적 시기 효과, 자녀에 대한 부모 영향의 본질, 부모되기 과정에 대한 부모되기 시기와 의미의 영향, 사회가 다음 세대를 양육하는 부모에게 기여하는지 등의 주제를 깊이 있게 연구한다. 2장은 부모되기에서 부모의 기본 목표와 그 목표를 달성하기 위해 어떻게 구체적인 부모되기 행동을 배우게 되는가를 다룬다. 특히, 부모가 자신들의 사회문화적 집단에서 배우는 것과 자신들의 부모와의 경험에서 배우는 것 그리고 이러한 초기의 학습이 수정될 수 있는지를 살펴본다. 부모되기의 첫 3년 동안이 자녀에게 왜 가장 중요한지를 논의하고 끝으로 부모되기 과정을 통하여 부모 스스로가 어떻게 변화하는지를 보게 된다.

3장과 4장은 부모되기의 두 가지 중요한 과제에 초점을 둔다. 즉, 자녀와 밀접한 감정 조성하기(3장)와 자녀의 행동수정(4장)이다. 3장은 부모가 가족구성원 간 밀접한 관계와 조화를 격려하고 자녀들이 정확하게 감정을 구별하고 적절히 표현하도록 어떻게 도와줄 수 있는지를 살펴본다. 우리는 가족생활에서 나타나는 스트레스와 부적 정서의 원천을 밝히고 가족의 즐거움과 만족을 증진시킴으로써 분노와 스트레스의 영향을 최소화하는 방법을 제시한다. 4장에서는 자녀행동을 수정하기 위한 전략들을 제시하고, 좀 더 상세하게 신체적 벌의 효과를 다룬다. 우리는 자녀의 기질이 부모의 전략선택에 영향을 주는지와 아들과 딸의 사회화에서 직면하게 되는 여러 도전들을 다루게 된다. 끝으로 각자의 부모와 자녀를 위해 적절한 방략을 선택하기 위한 지침이 소개된다.

5, 6, 7장에서는 영아기(5장), 초등학교 시기(6장), 사춘기(7장)의 발달에 관한 개관을 다룬다. 5장은 사회문화적 영향이 부모기 초기에 어떻게 영향을 주는지 검토한다. 자녀와의 초기 상호작용에 어려움을 갖는 부모—사춘기 부모, 우울증 부모, 약물 남용 부모, 문제가정 부모—를 살펴보게 된다. 우리는 이러한 부모들에게 줄 수 있는 도움

을 제시한다. 특히, 6장에서는 부모가 자녀학업의 성공을 위해 어떻게 학교와 자녀들과 공동으로 노력할 수 있는지에 초점을 맞추고자 한다. 6장과 7장에서는 부모가 자녀들이 또래들과 긍정적인 관계를 형성하고 유지하며 공격성, 부끄러움, 따돌림에 의한 피해자와 같은 문제를 도와줄 수 있는 방법을 논의한다. 6장에서 부모가 자녀에 대한 TV나 대중매체와 같은 외적 영향력을 조정할 수 있는지 알아보고, 7장에서는 부모가 변화의 시기에 있는 자녀들을 신체적으로 그리고 정서적으로 건강한 삶의 유형을 갖도록 고무시키는 방법을 알아보게 된다.

8, 9, 10장은 변화하는 삶의 환경에서 필요한 정보를 제공한다. 즉, 고용이나 실업상태에서 부모되기(8장), 비전통적인 가족 유형에서 부모와 자녀(9장), 아동학대나 폭력(10장)이다. 각각의 장은 개개의 상황에 포함된 특수한 환경과 도전의 본질을 이해하고 부모와 자녀가 효과적으로 기능하도록 촉진하는 데 강조를 두고 있다. 예를 들면, 가정과 직장을 조절하는 것, 부모가 모두 직장을 가졌을 때 자녀들의 훌륭한 대리 양육자를 찾는 것, 빈곤으로 인한 스트레스를 다루는 것, 효과적인 동성부부 부모와 한부모가정을 만드는 것, 자녀와 아버지만의 가정을 유지하는 것, 재혼가정으로의 전이를 쉽게 하는 것 등이다. 10장에서는 학대받은 아동의 다양한 형태의 특징과 이들을 위한 효과적인 개입을 다룬다. 우리는 지역사회의 폭력과 학대의 위험을 최소화하고 때때로 불안한 이 세계에서 자녀들이 안전함을 느낄 수 있도록 하는 방법을 논의한다.

전반적으로 이 책은 부모들을 지지하는 프로그램들을 설명하고 있지만, 11장은 부모되기 과정에서 지지적인 사람들과 프로그램 수행의 역할을 이해하기 위한 체계적 틀을 제공한다. 제2판에서와 같이 이 책은 정체감 형성과 이중 문화정체감과 같은 특수한 주제에 관한 문화사회적인 요인들을 논의한다. 특별한 신념이나 실천의 관점에서 특수한 인종적인 집단을 위해 개별적으로 분리된 장을 제시하지 않는다. 대규모 인종집단 내에서 개인이나 하위집단은 서로 다르기 때문에 개인과 집단 모두에게 정당한 합성틀을 구성하는 것은 어렵다.

좀 더 상세한 논의를 위해 주제 선정 시 부모들이 그들 스스로에게 하는 질문에 초점을 맞추었고, 이러한 것의 대부분이 새롭게 이 3판에 추가되었다. 자녀의 삶에 부모들이 어떻게 중요한가? 부모되기에서 왜 첫 3년이 중요한가? 자녀에게 부모의 행동을 반복하도록 구속하는가? 우리는 아들과 딸을 다르게 대할 필요가 있는가? 갈등 상황에서 부모는 자녀를 위해 함께 머물러야 되는가? 아버지의 부재에 따른 영향은 무엇이며, 부모가 아닌 양육자의 영향은 무엇인가?

8장에 있는 부모되기와 직장에서 일하기는 새로운 부분이다. 새로운 조사결과들은 자녀가 일하는 부모를 어떻게 평가하는지, 부모들과 그들의 관계에서 그들에게 가장 중요한 질을 어떻게 평가하는지에 관한 통찰을 제공한다. 새로운 정보들은 부모들에게 가족의 삶과 직장 생활을 어떻게 효과적으로 조정해 나갈 수 있을 것인지에 관한 시사를 준다. 9장의 비전통적 가정은 결혼하지 않은 부모와 자녀 그리고 효과적인 부모되기를 위한 전략에 대한 새로운 자료를 제시한다. 10장에서는 가정 폭력과 자녀방치에 대한 새로운 논의를 제시한다. 11장에서는 가족의 의식을 매일매일의 삶과 연결시키는 방법에 관한 새로운 부분을 포함한다.

나는 이 책을 부모, 치료자, 연구자 그리고 교사의 입장에서 집필하였다. 나는 유능하고 사려깊은 부모가 되려고 모든 노력을 다할 수 있는 사람들은 스스로의 방법으로 그렇게 될 수 있다는 굳은 확신을 갖고 있다. 단 하나의 전제는 시간과 에너지를 투자할 의지를 갖고 성공할 수 있다는 열망이다. 치료자로서 나의 경험에 비추어 보면 자녀들은 많은 어려운 상황들에 직면하거나 일시적으로 외상에 휩쓸릴 수 있지만 그들을 사랑으로 돌보고 지지하는 사람과 함께 있다면 삶을 행복하게 누릴 수 있다.

자녀들은 효과적인 부모가 되려는 성인들의 노력에 의해서만 풍부해지지 않는다. 자녀들이 성장하도록 돕는 것은 부모에게 특별한 의미를 주는 강하고 활기찬 경험이다. 부모의 신체적 활력, 민첩성 그리고 속도는 영아나 걸음마기 자녀를 돌봄으로써 증가된다. 부모의 정서적 활력은 자녀들과 경험하는 강한 정서를 조절하고, 아이들에게 감정을 표현하고 완화시키는 것을 학습하도록 도와주고 조절해 가면서 성숙한다. 부모의 지적 기능은 자녀들의 질문에 답해 주면서, 그들의 학업이 숙달되도록 도와주며 성장한다. 우리는 자녀의 새로운 삶의 성장을 도와주면서 스스로 우리의 모든 관계에 영향을 주는 내적 활력과 풍요를 얻어 간다.

Jane B. Brooks

차 례

제2부 자녀발달단계별 양육

part 1 자녀양육의 기초

01

자녀양육은 협동적 모험

부모의 역할은 사람을 변화시킨다. 자녀가 태어난 후, 부모는 더 이상 이전과 동일한 사람이 아니다. 완전히 새로운 역할이 시작되며, 새로운 인생이 시작된다. 자녀를 양육한다는 것은 과연 무엇을 의미하는가? 부모가 된다는 기쁨과 책임은 무엇인가? 지난 50여 년에 걸쳐 부모가 된다는 것의 의미는 어떻게 변천해 왔는가? 사회는 어떻게 부모들을 돕거나 힘들게 하는가? 이 장에서는 부모 간, 부모와 자녀 간 그리고 부모와 사회 간의 협동적 모험인 자녀양육에 대해 탐색하고자 한다. 자녀양육의 정의와 자녀를 양육할 때 부모와 환경의 역할을 기술하면서 사회가 부모와 자녀 모두를 어떻게 도울 수 있는지에 초점을 맞추고자 한다.

미국에서는 매년 400만 명의 신생아가 태어난다. 이들을 잘 양육해서 성인기에 최대한의 잠재력을 발휘하도록 하는 것이 부모와 사회가 당면한 과제다. 이 책은 다양한 가족 여건과 사회적 조건에서 이 과제를 어떻게 해결하는지를 주제로 삼고 있다. 그리고 자녀가 어떻게 성장하고 발달하는지, 부모의 행위가 자녀의 감정·행동·성장에 어떻게 영향을 미치는지에 대한 정보를 제공함으로써 부모로서의 잠재성을 발휘하도록 하는 것을 목표로 한다.

1. 자녀양육의 과정

부모라는 말에는 여러 정의가 있다. 즉, 어머니, 아버지, 새 생명을 만들어 준 사람, 후견인, 보호자 등이 있다. 이 정의들을 요약하면, 부모란 한 자녀의 성장에 모든 면들을 키워 주는, 즉 발달과정에서 새 생명에게 영양을 공급하고 보호하고 지도하는 개인을 지칭한다고 말할 수 있다.

우리 사회에서 부모는 대개 난자와 정자의 수정을 통해 새 생명의 생물학적 시작을 제공하고, 또 출생 후 그 자녀의 보육자 역할을 한다. 그러나 이러한 사실이 모든 부모의 상황에 적용될 수 있는 것은 아니다. 입양을 하는 부모도 법정 행위를 통해서 부모가 된다. 어떤 자녀는 지원 출산 기술(assisted reproductive technology)을 통하여 다섯 명의 부모를 갖기도 한다. Buzzanca는 부모가 다섯이다. 그녀의 양친인 Buzzanca 부부는 자녀를 원했지만 임신치료를 받고 난 후에도 임신이 되지 않았다. 그래서 그들은 정자와 난자 기증자를 찾았고, 그 기증자들은 서로 관련은 없었지만 Jaycee에게 유전물질을 제공하게 되었다. 그리고 인공 수정된 난자를 자궁에 안착시켜 출생하게 한 임산모가 따로 있었다.

자녀양육이란 최종 결과를 가져오는 하나의 과정이라는 점을 강조하고자 한다. 비록 부모와 자녀의 관계는 특수한 면을 가지고 있지만, 일반적으로 양육은 한 아동의 발달을 증진시키려는 부모들의 일련의 행위와 부모 간 상호작용의 연속으로 기술할 수 있다. 양육은 부모가 자녀에게 영향을 주기만 하는 일방통행로가 아니라 문화적, 사회적 영향하에서 일어나는 부모와 자녀 간의 상호작용 과정이다. Jay Belsky는 양육과정에 미치는 세 개의 주요한 영향을 다음과 같이 기술하고 있다. ① 아동들의 특성과 개별성, ② 부모의 개인사와 심리적 자원, ③ 스트레스와 지원의 사회적 맥락이 그것이다.

2. 자녀의 역할

아동은 그들의 개인적 욕구와 성, 출생 순서, 기질, 성장 유형에 따라 양육된다. 이 모든 요인들은 부모의 행동에 영향을 미치고, 또한 자녀도 부모와 더 큰 사회적 맥락으로부터 영향을 받는다.

• **자녀의 욕구**

출생 시 아동은 미성숙 상태로 태어나고 부모와 사회는 미성숙 상태의 아동을 돌보고 욕구를 충족시켜 줌으로써 생존하게 한다. 자녀들의 욕구충족을 위해 부모의 생활은 재구성되고 사회적 지원 또한 요구된다.

Bronfenbrenner와 Morris(1998)에 따르면, 아동은 '직접적인 외부 환경에서 사람, 물체, 상징들과 점진적으로 복잡해져 가는 호혜적 상호작용(reciprocal interaction)'을 통해 성장한다. 더 나아가 '이 상호작용은 아주 일정한 기반을 근거로 지속적으로 일어나야 효과적이다.' 아버지가 자녀에게 분유를 먹이거나 자녀가 장난감을 탐색하도록 하는 것은 이런 상호작용의 좋은 예가 된다. '자녀가 상호 비합리적인 강한 애착을 형성할 때와 삶을 위해 선별적으로 자녀의 발달에 개입하는 사람들'이 있게 마련이다. 보육자-자녀 관계가 잘 유지되는 것은 '자녀양육에 함께 참여하는 사람을

부모는 자녀의 출생과 함께 자녀와 상호작용하는 동반자가 된다.

조력하고 용기를 주고, 임무 교대를 해 주고, 신뢰감을 주면서 칭찬과 정감을 표현하는' 두 번째 성인과의 애착과 관여로 인함이다.

Bronfenbrenner와 Morris는 이런 상호작용이 일정한 기반을 가지고 지속되어야 더 복잡한 활동이 가능하고 더 진전된 발달을 자극할 수 있다고 믿는다. 양육자는 반드시 장기적으로 '비합리적인' 애착과 사랑을 자녀에게 주고 최소한 한 명 이상의 성인으로부터 정서적인 지원과 존중을 받아야 한다.

• **부모의 욕구**

우리는 자녀가 부모의 중요성을 인정하는 데는 익숙하지만, 흔히 부모에게 자녀가 갖는 중요성은 인정하지 않는다. 사실, 자녀는 부모의 기본적인 심리적 욕구의 많은 부분을 충족시켜 준다.

최근 조사에 따르면, 성인 남녀 세 명 중 둘은 가족과 사랑이 인생에서 가장 만족스러운 부분이라고 본다는 결과가 나왔다. 인종과 상관없이 부모가 자녀를 갖는 가장 중요한 이유는 그들이 경험하게 될 사랑과 감정적 친밀성 때문이라고 한다. 더 나아가 부모는 이런 사랑의 특성에 대해 언급하곤 한다. Bronfenbrenner와 Morris는 이것을 '비합리적 애착(irrational attachment)' 이라고 부른다. Gold(1997)는 「피플」지의 커버스토리에서 자녀에 대한 그녀의 감정을 다음과 같이 밝혔다. "당신은 누군가를 이만큼이나 사랑할 수 있을 거라고 상상해 본 적이 결코 없을 겁니다." 또한 부모는 자녀가 성장하고 발달하는 것을 바라보고 돕는 것을 즐긴다. 자녀는 부모 자신이 책임감 있는 성숙한 어른이라는 느낌을 갖게 하고, 부모를 지역사회 사람들에게 연결시켜 주며, 심지어 불멸성이라는 느낌조차 줄 수도 있다.

3. 부모의 역할

부모는 복잡한 개인사와 다양한 유형의 사회생활을 양육과정으로 이끌게 된다. 부모가 되면 새로운 역할 요구에 맞도록 자신의 개성을 바꿔야만 한다. 나아가 사회적 변화로 변화한 그들의 역할에 맞춰 자신을 조절할 필요가 있다.

- **부모가 자녀에게 미치는 영향**

Parke와 Buriel(1998)에 따르면, 부모는 다음 세 가지 방식으로 주어진 역할 기대를 충족시키고 자녀를 사회화시킨다. 즉, ① 자녀와 상호작용하는 파트너, ② 직접적인 교사, ③ 자녀의 성장을 촉진시키는 기회 제공자가 된다. 부모의 행동은 자녀의 행동에 직접적인 영향을 주는지 간접적인 영향을 주는지로 분류할 수 있다. 예를 들면, 자녀에게 구강 청결과 건강한 식사 습관에 대한 교육을 하는 것은 자녀의 신체건강에 직접적인 영향을 주는 것이다. 간접적인 영향은 자녀에게 일반적으로 영향을 미치고, 주어진 환경에서 능숙한 행동을 많이 하려는 부모의 행위를 통해 나타난다. 즉, 부모의 요구에 따라야 하는 타당한 정보와 합당한 이유를 논리적으로 제공할 때 자녀는 자존감과 책임감을 더 발달시키게 되고, 이는 건전한 행동을 배우는 것과 연결된다.

이전의 연구들은 부모가 어떻게 자녀를 가르치고 사회화시킬지에만 초점을 맞춘 반면, 현재의 연구들은 이전에는 중요한 것으로 인식하지 않았던 부모-자녀 간 상호작용이 자녀의 성장과 발달에 상당한 영향을 미칠 수 있다고 지적하고 있다. 예를 들면, 부모가 자녀와 함께 하는 상상놀이는 자녀가 자신의 감정을 조절하고 적절히 통제하는 것을 배우는 데 도움이 된다. 부모의 질문 유형과 대답하는 방식 또한 자녀의 언어발달에 영향을 주고, 이후에 인지적 기능에도 영향을 주게 된다. 따라서 자녀는 부모와 하는 모든 종류의 상호작용을 배우게 되는 것이다.

- **부모의 행동에 미치는 영향**

부모의 행동은 여러 요인들에 의해 구성된다. 자녀의 기질과 개성은 부모가 무엇을 해야 할지에 영향을 주나 이때 여러 다른 요인들이 함께 작용한다. 부모는 어릴 때 자신들의 부모와 가졌던 상호작용에 따라 자신들의 자녀나 배우자와 어떻게 상호작용하고 반응하는지가 결정된다. 한 개인의 결혼, 직업, 전반적인 지원 체계 또한 양육 행동에 영향을 미친다. 결국, 부모의 문화적 배경과 사회적 전통은 부모의 목표와 성취과정에 영향을 미친다.

4. 사회의 역할

자녀양육은 사회적 맥락 안에서 일어난다. 자녀는 가족 안에서 생활하고 가족은 더 큰 사회 안의 사회적 집단에 속해서, 부모의 과제를 수행하는 데 영향을 미친다. 이 장에서는 사회적 맥락을 ① 자녀와 환경 간의 상호작용 수준, ② 자녀양육에 미치는 사회적 영향의 여러 유형, ③ 사회적 맥락의 보호 요인과 위험 요인으로 나누어 고찰해 볼 것이다.

• 환경

여기서는, Bronfenbrenner의 환경에 대한 분석을 검토하고, 이를 이 책의 나머지 부분에서 제시될 자료들과 연관 짓고자 한다.

Bronfenbrenner는 아동이 사물과 사람들—부모, 보육자, 교사, 운동코치, 또래

글상자 1.1

생태학적 환경

미시체계* 아동이 발달하는 직접적 환경 상황과 그 안에서 아동의 일일 활동 또는 상호작용들(예: 집, 학교, 이웃, 동네)

중간체계* 아동이 참여하는 둘 또는 그 이상의 환경 상황들 간의 상호관련성 (예: 부모 간, 교사 간의 상호관련성)

외부체계* 아동에게 영향을 주지만 직접 상호작용하지는 않는 대리인이나 기관 (예: 부모의 직업, 정부기관)

거시체계* 중간체계와 외부체계가 존재하는 광범위한 문화적 맥락들이 어떻게 이루어지는지에 대한 문화적으로 공유된 청사진(예: 자녀들이 양육되는 방식)

연대체계** 개인의 발달에 영향을 주는 시간에 걸친 변화와 연속성 (예: 학교 입학, 사춘기, 결혼)

* 출처: Urie Bronfenbrenner (1979). *The Ecology of Human Development: Experiments by Nature and Design*. Cambridge, MA: Harvard University Press.

** 출처: Urie Brofenbrenner (1986). "Ecology of the Family as a Context for Human Development." *Developmental Psychology*, *22*, pp. 723–742.

들—과 함께 경험하는 활동 패턴과 매일매일의 상호작용을 미시체계라고 부른다. 이는 아동이 다른 사람과 사물과 갖는 매일매일의 상호작용을 말한다. 중간체계는 부모와 자녀를 돌보는 다른 사람들—부모와 교사, 부모와 보육시설 교사 등—간의 상호작용과 상호관련성으로 구성된다. 외부체계는 아동의 일상생활에 영향을 주지만 아동이 직접적 접촉을 갖지 않는 대리인이나 기관—부모의 직업과 지역사회, 정부기관—을 포함한다. 예를 들어, 자녀가 아프거나 부모 참여가 필요한 특별한 활동이 있을 때 직장에서 시간을 할애하는 것이 허용되는 직업이면 부모-자녀 간의 긍정적 관계를 증진시킬 수 있게 된다. 거시체계는 자녀와 부모, 기관, 대리인이 존재하는 광범위한 문화적 맥락을 가리킨다. 사회체계는 부모는 무엇을 해야 하는지와 어떻게 그 일들을 수행해야 하는지에 대한 일련의 신념을 제공한다. 그리고 연대체계는 학교 입학, 분가, 취직과 같은 개인의 발달에 영향을 주는 시간에 걸친 주요 변화들을 지칭한다.

• 사회적 영향

자녀양육에 미치는 지역사회의 영향은 안전한 이웃 환경과 지역사회가 제공하는 서비스의 양과 같은 요인들로 구성된다.

문화는 ① 자녀양육의 중요성, ② 가족구성원들과 지역사회의 역할, ③ 자녀양육의 목표, ④ 용납된 훈육방식, ⑤ 사회에서의 자녀의 역할에 대한 신념을 제공한다. 다양화된 우리 문화는 이런 주제에 각기 다른 신념을 가진 인종 집단으로 구성된다. 인종이란 '국민성과 언어, 문화에 기초한 같은 조상을 공유하는 집단에서의 개인의 소속을 지칭한다. 특정 집단에 대한 심리학적 애착은 인종 정체성이라고 언급되는 인종의 차원이기도 하다.' 문화는 한 세대에서 다음 세대로 전해 내려온 공유된 세계관, 가치관, 품행론을 포함한다. 각 문화집단은 부모의 직업, 교육, 경제적 수입의 조합에 기초한 고유의 사회 체제를 가지고 있다. 문화와 같이 사회적 지위는 부모의 목표와 성취방식에 영향을 준다.

• 보호 요인과 위험 요인

연구자들은 개인과 환경 둘 다 보호 요인 또는 위험 요인의 특성을 가지고 있다는 점을 주목해 왔다. 위험 요인은 빈곤의 결과로 인한 빈약한 건강, 부족한 성장, 결핍된 인지적 · 사회적 성장과 깊이 연결된 변인이다. 예컨대, 가난은 위험 요인이다. 보호 요인은 위험 요소가 증가하는 경우일지라도 긍정적 결과와 관련된 조건들이나 특성들이다. Sameroff(1998)는 보호 요인이 위험의 존재와 상관없이 발달을 촉진시키므로 촉진 요인이라고 명명할 것을 제안한다. 이 책에서는 이 요인이 위험이 없을 때도 촉진적이라는 점을 인정하지만, 위험을 예방하거나 위험의 효과를 중화시킨다는 점에서 보호 요인이라고 하고자 한다. 보호 요인은 순한 기질과 건강과 같은 개인 특성과 좋은 학교와 양질의 보육시설 운영 같은 환경 특성을 말한다.

글상자 1.2

발생적 위험 요인들

1. **생태학적 맥락**
   - 이웃의 해체
   - 인종 간 불평등
   - 다수의 실업자
   - 극도의 가난
2. **신체적 장애**
   - 출산 시 합병증
   - 감각장애
   - 신체기관 장애
   - 신경화학적 불균형
3. **가족 환경**
   - 하층 사회계급
   - 가족 갈등
   - 가족 내의 정신질환
   - 많은 가족구성원 수
   - 부모 애착의 결핍
   - 가족 해체
   - 의사소통 방식의 문제
4. **기술발달의 지연**
   - 정상 이하의 지능
   - 사회적 무능력감
   - 주의 결핍
   - 독서장애
   - 부족한 작업 기술과 습관
5. **정서적 장애**
   - 아동 학대
   - 무감동 또는 정서적 둔감
   - 스트레스가 많은 생활 환경
   - 낮은 자존감
   - 정서적 통제 불능
6. **대인관계 문제**
   - 또래 거부(따돌림)
   - 소외와 고립
7. **학교 문제**
   - 학업 실패
   - 비도덕적 학업 성취

* 출처: John D. Coie et al. (1993). "The Science of Prevention: A Conceptual Framework and Some Directives for a National Research Program." *American Psychologist, 48*, p. 1022.

환경을 위험 요인과 보호 요인으로 검토하는 것은 아동 행동의 연속성을 이해하는 데 도움을 준다. Rochester 종단연구는 출생 후부터 사춘기에 걸쳐 아동의 지적, 사회적, 정서적 유능감에 미치는 사회적 환경의 효과를 조사하였다. 연구자들은 열 개의 환경 위험 요인, 즉 어머니의 정신질환, 높은 불안, 발달에 대한 고정된 신념, 어머니와의 드문 긍정적 상호작용, 낮은 학력, 미숙련 직업, 불우한 소수집단, 홀어머니-홀아버지, 스트레스가 많은 생활환경, 많은 가족구성원 수를 선택해서 아동 유능감과 관련지웠다. 이 연구에는 소수의 남자만 참여해서 아버지의 특성은 조사 분석에 포함시키지 않았다.

이 연구에서는 몇 가지 중요한 발견을 했는데, 이는 필라델피아에서 행한 후속연구에서 확증되었다. 첫째, 어느 특정 위험 요인 하나만으로는 빈약한 결과를 이끌지는 않는다. 둘째, 위험이 누적될 때 빈약한 결과가 초래된다. 즉, 위험 요인이 증가할수록 아동의 유능감은 더 감소했다. 위험 요인이 전혀 없는 아동은 여덟 개나 아홉 개의 위험 요인을 가진 아동보다 지능검사 점수가 30점 이상 높았다. 더 많은 위험 요인을 가진 아동들은 임상적 문제 또한 더 많았다. 셋째, 아동기의 위험 요인 간의 연계성은 아동 특성 간의 연계성만큼 크거나 그 이상이었다. 이처럼 환경은 철저히 아동에게 긍정적 또는 부정적 효과를 주었다. 50명 표본 중 한 아동은 4세에 저위험 환경(위험 요인 점수 0 또는 1)에서 살다가 13세에 고위험 환경(위험 요인 점수 4 이상)으로 바뀌었고, 다른 한 아동은 반대로 고위험 환경에서 저위험 환경으로 이전되었다.

넷째, 환경은 아동의 유능감 범위를 상당히 제한하거나 확장시켰다. 저위험 환경에서 쾌활함과 명민함이 최소인 아동은 고위험 환경의 매우 쾌활하고 명민한 아동보다 더 높은 유능감 측정치를 보였다. '불우한 환경이 주는 부정적 효과는 어느 연령에서건 아동의 성격 특성보다 아동의 성취에 더 강력하게 영향을 미치는 것 같다.'

마지막으로, 아동을 위해 위험을 제거하는 데—소득 증가 또는 한 부모에서 두 부모로의 변화—단일한 변화는 없었다. 고위험 환경을 벗어나기 위한 노력은 광범위한 요인 간의 연계상의 변화—어머니의 정신건강 향상, 긍정적 부모-자녀 간 상호작용 촉진, 부모직업 향상—에 초점을 맞춰야 한다고 연구자들은 결론지었다. "자녀를 위험에 처하게 하는 것은 가난도 아니고, 불량한 이웃환경도, 홀어머니 또는 홀아버지 슬하에서 자라는 것도 아니라 가족생활의 활력을 약화시키는 여러 요인들의 조합이라는 것을 깨달을 때, 이를 조정하려는 노력의 효율성을 극대화할 수 있다."

Rochester(1992) 종단연구의 연구자들은 4~13세의 고위험에 처한 아동들이 보인 인지적, 사회경제적 기능상의 긍정적 변화에 관련되는 보호 요인들 또한 확인하였다. 13세에 측정된 한 아동의 보호 요인은 자존감과 사회적 지지감 그리고 세상에 대한 예측 가능성의 감지였다.

보호 요인은 부모의 특성에서 더 확인되었다. 자녀의 사고와 반성능력을 격려하는 어머니의 교육방법이 4세 아동에게서 측정되었는데 이 역시 보호 요인이다. 13세 아동의 경우, 어머니의 보호 요인은 어머니 자신과 자녀에 대한 긍정적 감정이 중심이 되었다. 불만을 더 적게 표현하고 우울증 점수가 더 낮으며 심한 지적보다는 지지적인 표현을 하는 어머니는 자녀의 긍정적 발달을 향상시켰다. 또한 어머니가 비밀을 털어 놓을 막역한 친구가 있고 사회적 지지를 받고 있다는 것과 단순히 동조하기보다 자녀를 위해 자기지향적 가치를 고무시킨다는 점이 보호 요인에 포함되었다.

환경의 보호 요인으로는 부정적 사건이 더 적게 일어나는 것과 가족에 대한 사회적 지지가 포함되었다. 보호 요인에 성차는 없었으며, 이 보호 요인들은 모든 아동의 긍정적 발달을 촉진시키기 때문에 Sameroff가 촉진 요인이라고 부른 것들이다.

5. 자녀 · 부모 · 사회 간의 상호작용

자녀와 부모, 사회는 양육과정에서 중요한 역할을 맡고 있고 그 각각 다른 두 요인의 역할에 영향을 받는다. Bronfenbrenner와 Morris는 이를 **상호작용 효과**라고 명명한다. 이 상호작용의 효과는 특정 집단의 아동과 가족에게는 아주 중요한 것이 다른 가족에게는 연관성이 없을 수도 있다는 점을 시사하기 때문에 이 효과들을 고려할 필요가 있다. 예들 들어, 저체중 출산과 출산 합병증은 부모가 가난해서 이런 문제에 대처할 자원이 부족한 경우 발달 위험 요인이 된다. 그렇지만 형편이 더 좋은 가족의 경우 이런 요인들은 후기 발달에 별 영향을 주지 않는데, 이는 부모들이 이 문제에 대처할 정서적, 경제적 자원이 충분하기 때문이다.

Belsky와 동료들(1984)은 자녀, 부모, 사회의 상호작용을 통해 아동 유능감의 가능성—아동의 정서적 안정성, 독립적 행위역량, 또래집단과의 사회적 기술, 학업 성취

표 1-1 자녀의 유능감 발달의 상대적 가능성

아동 유능감 가능성	부모 하위체계 조건		
	부모의 개인적 자원	지지 하위체계	아동 특성
고	+	+	+
↑	+	+	−
	+	−	+
	−	+	+
	+	−	−
	−	+	−
↓	−	−	+
저	−	−	−

(+) 지원형태; (−) 부담형태.

* 출처: Belsky J., Robins E., & Gamble W. (1984). "The Determinants of Parental Competence: Toward a Contextual Theory." in *Beyond the Dyad,* ed. Michael Lewis. New York: Plenum, p. 253. Reprinted by permission.

에 반영된 능력들의 조합—의 예측 모형을 제안하였다(〈표 1-1〉 참조). 모든 요인들이 지지적일 때 아동 유능감의 가능성은 높다. 그리고 세 요인 중 둘이 지지적일 때 아동의 유능감 가능성은 여전히 양호하다. 예를 들어, 학습장애가 있는 자녀의 부모가 개인적 자원이 매우 풍족하고, 그 아동이 학교 교원들에게 실제적인 도움과 정서적 지원을 충분히 제공받으면 자녀 유능감의 가능성은 높아진다.

반대로 자녀가 많은 기술과 긍정적 자질들을 가지고 있을지라도, 사회적 지지와 부모의 관여가 부족하면 낮은 아동 유능감 가능성을 갖게 된다. Belsky와 동료들은 여러가지 상황이 좋지 않더라도 부모가 자신들의 개인적 자원을 자녀를 위해 사용한다면 그 자녀는 평균적인 유능감을 발달시킬 수 있다고 생각한다.

[그림 1-1]은 양육과정과 양육 활동, 담당기관 그리고 이들 관계에 영향을 주는 사회적, 문화적, 역사적 요인들에서 참여성들이 갖는 관계를 요약한 도식적인 그림이다.

이 과정의 핵심은 대개 결혼을 한 어머니와 아버지다. 이들은 이혼하거나 각자 다른 사람과 재혼한 경우라도 지속적으로 양육을 위한 결속을 형성한다. 그렇지만 때때로 나머지 한쪽 부모와 결속이 없기도 하다.

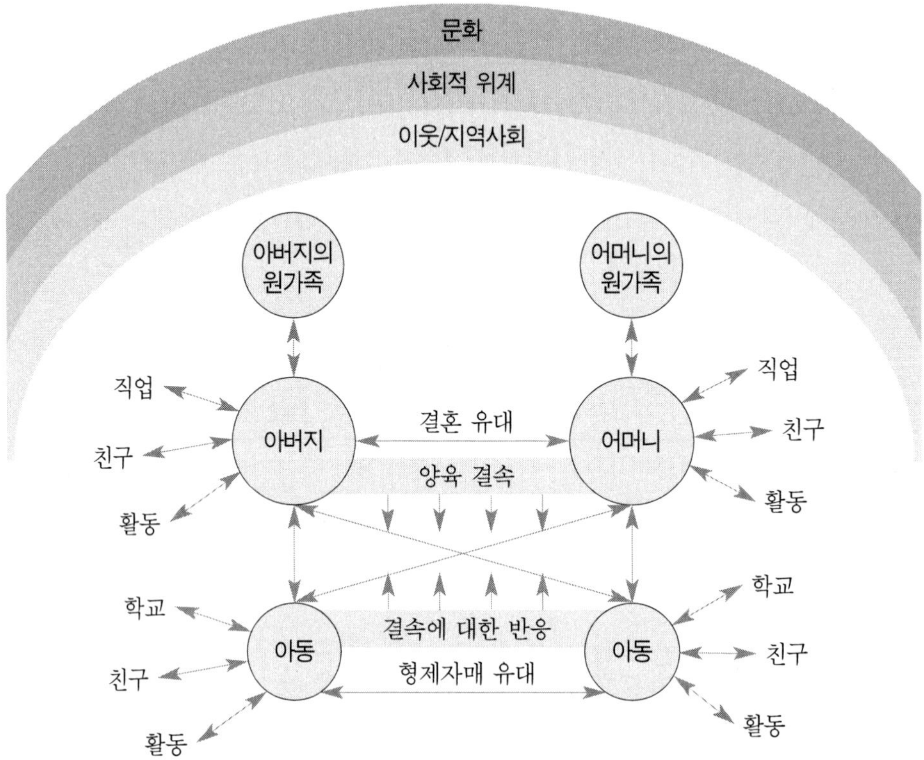

[그림 1-1] 특정 역사적 시기의 양육과정

형제나 자매 또는 남매는 형제자매 유대라고 불리는 것을 발달시킨다. 부모가 이혼한 다음에는 이 형제자매 간의 관계 또는 유대가 부모 양쪽을 오고 가는 자녀들에게는 가장 지속적이고 안정된 가족관계를 제공할 수 있다.

[그림 1-1]의 양방향 화살처럼 부모는 각 아동들과 직접적인 관계를 형성한다. 부모는 아동들을 돌보는 양육행위—양육 유대로부터 아동에게 향한 일방향 화살—에도 관여한다. 이어서 아동은 그 양육행위에 반응한다.

부모는 또한 그들의 원래 가족—부모, 형제자매, 다른 친척—에 연결되어 있는데 이들도 원래 가족구성원과 그들의 아동들에 연결되어 있다.

부모는 가족을 둘러싼 이웃/지역사회에서의 직업과 친구, 활동과 연관되어 있다. 이웃/지역사회는 어떤 역사적 시간 내 특정 문화적 맥락에서 사회적 위계의 한 부분을 이룬다. 그래서 가족은 몇몇 사회적 지원층에 속해 있어서 본질적으로 사회에서 아주 중요한 핵 역할을 한다.

6. 자녀양육에 영향을 미치는 요인

1) 시기적 효과

(1) 역사적 시기 효과

[그림 1-1]에서와 같이, 역사적 시기(historical time)는 자녀양육의 준거 역할을 한다. 역사적 시기는 특정 사회의 경제적 조건을 제공하고, 이에 따라 부모가 직면해야 하는 도전과 지원들이 있게 마련이다. 예를 들어, 전시 중 자녀를 키울 때는 특별한 걱정이 생기게 되어 평화 시보다 더 많이 자녀의 보호와 안전에 초점을 맞추어 특정 양육행위를 할 수밖에 없다. 역사적 시기에 따라 근대 가족들이 당면하게 될 도전을 더 잘 이해하기 위해 여기서는 가족에게 미치는 사회경제적 영향력의 종류들을 부각시켜 19세기와 20세기 중반의 가족생활을 검토하고자 한다.

19세기 초 미국에서는 부모와 자녀로 구성된 핵가족이 농장이나 작은 마을에 살았다. 확대된 가족구성원들이 서로 인근에 살면서 지지적인 사회 체제를 형성했다. 그 당시 평균수명은 지금보다 짧았지만, 결혼은 20세기보다 더 늦게 했고 평균 가족 크기는 더 컸다. 예를 들어, 어머니는 평균 8명의 자녀를 낳았고, 남녀 모두 대부분의 성인기를 적극적인 부모로 지냈다. 아버지는 가족의 호주, 즉 가족구성원에 대한 경제적 지원과 자녀의 직업과 결혼 성사 과정을 책임지는 권위자였다. 가족구성원들은 모두 경제적 생산자로서 함께 일했는데, 여성과 자녀들은 계란과 같은 생산물로부터 얻은 돈이나 그들의 노동을 아버지에게 위임했다.

가족은 생활 활동의 중심—작업, 기도, 오락의 장소—이었다. 가족은 또한 감화원이기도 했다. 정부는 공교육을 제외하고는 공공 서비스를 제공하지 못해서 문제가 발생할 때는 가족구성원이 자녀에게 지지와 도움을 주는 주요 원천이 되었다. 이 시기에는 생활이 쉽지 않았다. 오늘날과 비교해 볼 때 ① 수명이 더 짧았고, ② 자녀양육 기간이 더 길고, ③ 출산 시 모친 사망이 더 빈번히 발생했기 때문에 많은 가족들이 부모 중 한 명의 사망 이후 해체되곤 했다. 전염병과 예방하기 힘든 질병들, 경제적 곤경, 여성과 소수집단에 대한 차별 또한 그들의 희생을 요구했다. 그렇지만 가족구성원들은 강한 친밀감과 상호의존감을 가지고 있었고, 가족의 욕구가 개인의 욕구에 우선했다. 예를 들어, 자식들은 농장 운영이나 병든 부모나 성장기에 있는 형제자매를 돌보는 일로 종종 결혼을 연기했다.

19세기에 미국에서 점진적으로 일어난 산업혁명에 따라 핵가족들은 보다 도시적인 환경에서 살아가게 됐다. 아버지는 가족들을 남겨 두고 비가족적이고 관료주의적인 작업장으로 갔다. 중산층 가족에서 여성 노동과 자녀 노동은 감소하게 되었는데, 어머니가 가정일을 하면서 자녀양육에 초점을 두게 된 것은 아버지의 성공을 의미했다. 금전적으로 더 필요한 경우에는 어머니가 노동을 하기보다 자녀가 노동을 하거나 가정에 하숙을 쳤다. 노동계층의 소수민족과 이민가족들은 더 많은 어려움에 직면했다. 경제적으로 힘든 시기였고 가족구성원 모두 생존을 위해서 일해야 했다. 때로는 공장에서 모두 일하기도 했다.

모든 계층의 가정은 더 이상 가족구성원들의 생산 활동을 위한 장소가 아니라 소비하고 자녀를 양육하는 장소가 되었다. 가정은 비정한 세계로부터의 도피처, 즉 가족구성원들이 서로에게 강한 유대를 즐길 수 있는 장소로 인식되었다. 가족은 자녀 중심이 되고 자녀의 출세에 관심을 쏟게 되었다. 비록 공교육이 이용 가능하지만, 가족구성원은 전생애에 걸쳐 필요한 지원 서비스—고아, 미망인, 연로한 부모를 위한 도움—제공을 지속하였다. 그리고 대도시의 사설 복지기관은 이민가족들에게 여러 서비스를 제공하려고 하였다.

19세기의 생활은 오늘날의 난방, 교통, 건강관리 같은 기술적 도움 없이 각종 질병과 전염병, 열악한 물리적 조건에서 생존해야 하는 물리적 도전을 야기했다. 이는 직업보장이나 실업수당과 같은 안전망이 없는 불확실한 경제적 시기에서의 생존이라는 도전 또한 제기하였다. 다른 위급한 사태에서도 가족의 테두리를 벗어난 보조는 거의 없었다. 이 시절에 한 개인의 가장 큰 지원은 강한 가족 유대와 강한 친척관계였다.

20세기 중반 2차 세계대전이 일어나고 이때 미국이 부상하기 시작했다. 일반적으로 가족은 여러 행복한 조건으로 번성하게 되었다. 평균수명은 길어지고 유아와 아동 사망률은 감소해서 가족이 양육기간 중의 사망에 의해 해체되는 경우가 거의 없어졌다. 전후에 경제는 팽창하고 양질의 봉급을 제공하는 직종들이 많아졌으며, 노동조합은 직업 보장 법률제정을 성취시키고 연 생활비용은 증가하게 되었다. 비숙련 노동직일지라도 단일 직종은 한 가족의 생계를 지원할 만한 급료를 지급했다. 사실, 한창 때는 공장 근로자 소득이 만 불이라는 가족 생계 결산비용에 이르게 되었다.

정부와 개인 사업 또한 가족에게 지원을 제공했다. 정부는 미군지원법안(G. I. Bill)의 형태로 가족을 지원 · 보조했는데, 전역군인들이 직업 진출을 위해 대학에 가거나 기술훈련 시에 필요한 비용을 지원했고, 전역군인 대출금 융자를 통해 주택 마련을 지원했다. 또한 연로한 부모를 지원 · 보조하는 정부 프로그램이 만들어져 성인이 된 자녀들이 부모를 돌봐야 하는 부담을 덜어 주기도 했다. 더불어 법인체 기업은 불경기에도 노동자들이 지속적으로 근무할 수 있도록 하여 생계를 위한 안정된 직장을 보장해 주었다.

자녀 중심적인 핵가족이 지속적으로 지배적이었다. 한 가족이 세 명 이상의 자녀를 갖는 것이 전형적이었다. 결혼생활은 안정적이었고 이혼으로 인한 가족 해체는 1950년에서 1970년 사이보다 감소하였다. 여성은 집에 머물면서 자녀를 돌보고 남편의 직장생활에 대해 정서적으로 지원함으로써 계속 가족의 핵심으로 남았다. 대부분의 가정은 전화와 라디오를 가지고 있었고 아직까지는 텔레비전이 가족생활에 주요한 영향을 주지 못했다.

20세기 중반 미국은 부모가 자녀를 양육할 때 많은 지원을 했다. 정부지원 성인교육, 정부의 주택구입 융자, 가족을 지원할 수 있는 평생직장을 통한 경제적 안정, 고령인 부모지원 정부 프로그램 모두가 생활을 더 편리하게 했다.

그렇지만 이 기간 동안 여성들은 직장을 구할 수 있는 기회가 제약되었고, 소수 집단은 성장하는 경제와 교육, 주거, 여가 활동 등 사회적 생활의 모든 측면에서 온전히 참여하는 데 제약을 받았다. 그럼에도 불구하고 이 시기에는 하향침투식(trickle-down) 효과가 있었다. 1947~1973년에 소득 영역대의 중앙치는 두 배가 넘었고, 인구의 최저소득층 20%는 최대의 소득을 벌게 되었다.

1973년 이후의 20년간 가족들에 영향을 미친 여러 경제적, 사회적 변화가 있었다. 첫째, 직업의 특성이 바뀌었다. 특정 사업 영역 내의 전반적인 노동인력 감축에 따라

회사들은 '규모 축소' 시기로 진입하면서 직업은 안정적이지 못했다. 또한 많은 제조업이 해외로 이전되었다. 단일 직업으로는 한 가족을 부양하지 못하는 사례가 속출하였으며 많은 중산층 가족이 매달 지출을 위해서 두세 개의 직업을 가져야 했다. 또한 여성 노동자들은 더 많이 늘었는데, 이는 경제적인 변화로 가족 부양을 위해 여성의 수입이 필요하게 되었기 때문이다. 또 다른 면에서는 자녀양육이 생애에서 차지하는 기간이 줄어들게 되어 일할 수 있는 시간과 상위 직업을 찾는 것에 관심을 갖게 되었기 때문이다.

이런 경제적 변화에 따라 가족생활도 변화하였다. 이혼율과 미혼모가 출산한 자녀수가 증가하였다. 오늘날, 50% 이상의 자녀가 발달과정 중 일정 기간 한부모 가정에서 생활할 것으로 예측할 수 있다. 많은 가족의 부모들이 모두 집 밖에서 일하기 때문에 자녀들은 상당히 많은 시간을 다른 사람의 보호 아래 보낸다. 또한 가족구성이 정상이고 구성원 모두 집에 있어도 텔레비전 때문에 직접적 상호작용으로 보내는 시간이 드물다.

1970년대는 가족생활의 다른 변화는 자기발달의 추구였다. 성인들은 부모시대의 경제적 번영을 지속적으로 즐길 수 있으리라 가정하고, 많은 가족들이 두 직장의 급료를 받는다는 사실로 인해 자기발달에 관심을 돌렸다. 성인들의 2/3는 자녀와 시간을 덜 보내더라도 자신의 삶을 추구해야 한다고 느꼈다. 이런 태도의 변화에 따라 성인들은 자녀가 인생 후반기에 자신들을 위해 희생할 것이라고 기대하지 않았다. 성인들이 자기충족을 추구했지만 조사에 참가한 96%의 성인들은 두 사람이 서로의 인생을 공유한다는 전통적인 이상을 지향했다. 1980년 이래의 통계에 따르면 결혼율, 출생률, 이혼율은 안정되었다. 이제 현대 가족은 1970~1990년까지 일어났던 모든 변화를 감당하고 있는 것이다.

이제 21세기에 들어서서 부모들에게 주어진 도전과 지원은 무엇인가? 먼저, 자녀를 양육하는 부모라는 군대는 이 시점에서 매우 다양한 개인들의 집단이라는 것을 인식하는 것이 중요하다. 두 명의 부모와 그들이 낳은 하나 또는 두 명의 자녀로 이루어진 핵가족이 68%로 지배적이고, 나머지 32%가 여러 형태의 한부모 가족으로 홀어머니 가족이 아주 흔해졌다(32%의 한부모 가족 중 27%가 홀어머니 가족, 나머지 5%가 홀아버지 가족이다). 이때 한부모에는 이혼한 경우와 결혼하지 않은 경우를 포함한다. 한부모 가족의 몇몇은 수십 년의 관계를 지속한 동성 동반자인 경우도 있다. 그들의 자녀는 입양된 경우도 있고 인공수정으로 태어난 자녀인 경우도 있다. 입양하는 가정이 줄어들었기 때문에 나이든 성인과 신체장애자가 과거에는 입양부모로 법적 인정을 받을 수 없었으나 이제는 자녀를 키울 수 있는 부모가 되었다.

비록 다양한 형태의 부모들이 나타나고 있지만, 자녀양육을 위해 공통적으로 다음과 같은 것들이 요구된다. ① 매달 지출에 맞추기 위해서 둘 또는 셋의 수입을 필요로 하는 불안정한 경제 상태에서 기본 필수품 구입을 위한 금전, ② 한부모 또는 맞벌이 부부의 근무시간에 적절한 보육, ③ 부모의 직업 때문에 또는 같이 살지 않는 이혼한 부모와 번갈아 가면서 만나게 되는 조건 때문에 부모와 자녀가 함께 있는 시간이 제약될 때 자녀에게 필요한 안정감과 애착, ④ 무서워 보이는 세상에서 자녀가 안전감을 느낄 수 있도록 도와주기, ⑤ 가족의 가치와 상반되는 내용의 영화나 텔레비전과 같은 외부사회의 영향을 감시하고 대처하기, ⑥ 일과 가족에 대한 책임의 균형을 유지하면서 이 모든 과제를 수행할 시간 조절 등이 필요하다.

(2) 개인적 시기 효과

조기의 월경 시작과 수정 보조기법의 발달과 함께 사춘기 소녀와 여성은 사춘기 초기부터 60세까지 어머니가 될 수 있고, 사춘기 소년과 남성은 사춘기부터 전생애에 걸쳐 아버지가 될 수 있다. 그렇지만 신체적 능력만이 부모가 되는 데에 필수 요건은 아니다. 교육과 직업이라는 두 사회적 특성 모두 한 자녀를 양육할 때 필요한 부모의 요건이다. 부모의 심리적 특성 또한 중요한데, Christoph Heinicke는 연구들을 개괄하면서 '자녀에게 최적인 양육 환경'을 제공하는 다음과 같은 세 가지 특성을 확인했다. 즉, 자존감, 긍정적 상호작용 능력(특히 배우자와의 관계), 융통성 있는 문제해결 능력이다.

부모가 되기에 알맞은 마법의 나이란 없다. 물론 나이가 임신 가능성과 부모역할 수행능력의 지표가 될 수는 있지만, 부모가 되겠다고 결심하는 방식에 따라 부모에게 필요한 문제해결 기술과 심리적 성숙에 대해 알게 된다. 이 주제 영역에 대한 검토를 먼저 한 다음 나이가 임신과 양육에 어떤 영향을 미치는지 살펴보도록 하자.

- **부모가 되겠다는 결심**

아동의 2/3 정도는 계획에 의해서 태어나지만, 만약 의도치 않은 경우 부모는 임신을 지속해야 할지를 결정해야 한다. 임신의 시작과 지속에 대한 결정은 부모의 심리적 성숙과 문제해결 기술을 반영하는데 이는 부모 효능감(parent effectiveness)과 관련된다.

- 사춘기 부모: 사춘기 임신의 약 85~90%는 의도치 않은 결과다. 십대에 임신한 많은 사춘기 소녀들 중 빠른 경우는 초등학교 3학년까지 확인된다. 연구자들은 저소득층 아동의 표본을 추적한 결과, 또래들이 자주 공격적이거나 위축되어 있다고 표현하는 8세 여아들이 그렇지 않은 여아보다 사춘기 어머니가 될 행동들을 더 많이 한다는 사실을 발견했다. 공격적인 여아들은 또래 문제가 더 많았고 사회적 배척을 더 자주 경험했다. 이들은 학교에서 문제가 잦아 졸업 전에 퇴학당하는 경우가 많았다. 이들은 비행청소년 친구들의 영향으로 위험이 높은 성행위를 하고 그로 인해 성병이 많이 발생하여 부인과도 문제가 많이 발생했다.

  사춘기 어머니와 일반 사춘기 소녀를 비교한 연구에 따르면 사춘기 어머니는 상대적으로 독립성이 약하고 자아개념이 불확실하며 타인에 대한 신뢰가 적었다. 그들은 자아정체감에 혼돈을 갖고, 우울증에 더 취약하다. 또한 성학대를 더 많이 경험했다. 한 연구에서 보면, 사춘기 어머니들의 65%가 아동기나 사춘기 초반에 성학대를 경험했고, 61%는 수많은 범죄자에게서 성폭력을 당했다.

  사춘기 부모 연구의 대부분은 아동의 아버지 50% 이상이 20대 이상이기 때문에 사춘기 어머니에 초점을 맞춰 왔다. 그러나 최근의 연구들은 사춘기 아버지가 되는 이들의 지표를 결정하기 위해서 사춘기 소년을 대상으로 진행되었다. 많은 사례에서 사춘기 아버지들은 사춘기 어머니의 특성을 공유했다. 이들은 부모가 종종 반사회적 행동 문제를 가지고 있는 저소득층 가정에 속했다. 이들의 부모들은 비효율적 훈육기법을 사용하고, 이 사춘기 소년들을 잘 감시하지 못했다. 이 소년들은 사춘기 초반부에 가서는 비행청소년이 되었으며, 이들의 학업성취는 거의 전무한 상태였다. 다른 연구에서는 유사한 위험 요인들—낮은 사회경제적 위상과 빈약한 학업 수행, 조기 성행위, 개인적 요인으로 마약 사용—이 확인되었지만, 사춘기 아버지를 가장 잘 예언하는 것은 이 위험 요인들의 누적이라고 결론 내렸다. 앞서 기술된 사춘기 부모의 특성에 주목한 다른 종단연구들은 이들 사춘기 청소년이 자신들의 부모를 덜 참조할 뿐만 아니라 부모와의 관계에 더 적게 관여하고 약한 애착관계를 경험해 왔다는 사실을 발견했다. 그렇지만 적절히 감독할 경우 비행청소년으로 향하던 이들도 학교에 계속 남아 있고 임신도 피할 수 있었다.

사춘기 소년소녀들이 많은 곤경과 실패를 경험하는 사춘기 부모가 된다는 것을 알 수 있다. 일단 임신이 되면 이들은 임신을 지속할지 여부를 결정해야 한다. 약 반 정도는 임신중절을 결심하는데, 이들은 대개 중산층 가족에 속한다. 이들은 자신들의 결정에 대해 가족과 친구들로부터 지지를 받는다. 자녀를 입양시키는 사춘기 자녀—한 연구에 따르면 4% 정도—는 가족의 수가 적고 경제적으로 안정된 경우다. 이들은 학업적으로 성공한 적이 있고 자신을 위한 다른 대안을 찾는다. 그리고 입양에 대해 긍정적인 시각을 가지고 있으며, 자신의 어머니가 이런 결정을 인정한다고 믿는다.

- 부부: 부부들이 부모가 될 때 가장 중요한 요인은 배우자가 자녀를 갖기 원하는지 아닌지의 동의 여부다. Cowan과 Cowan(1992)은 부모가 되어 가는 기간에 있는 부부들과 그렇지 않은 기간에 있는 부부들을 대상으로 조사하여 네 가지 유형의 의사결정 집단을 확인했다. 계획형은 약 52%의 부부로 자녀를 갖는 데에 대해 논의하고 그 여부에 대해 분명한 결정을 내린다. 운명 수용형은 14%로 특별한 계획 없이 임신을 하고 조용히, 많은 경우는 아주 흡족하게 임신 사실을 받아들인다. 양가형은 26% 정도 되는데, 이들은 자녀를 갖는 것에 대해 긍정적, 부정적 감정을 표현하고 상반된 두 방향을 오고 간다. 10%의 '예-아니요' 형은 자녀를 갖는 문제에 대해 의견대립이 분명하다.

  임신에 대한 의사결정 과정은 이후의 결혼 만족과 관련되고, 결혼 만족은 자녀양육에 대한 만족 및 효능감과 관련된다. 부부가 자녀를 가질지 여부와 상관없이 자녀계획을 할 경우, 자녀 출산 후나 비슷한 시기에 그들의 결혼 만족도는 높게 유지된다. 의도치 않은 임신을 수용하게 되는 부부의 경우, 결혼 만족도는 순간 떨어질 수 있지만 그들의 초기 수준이 높아서 여전히 자녀계획을 한 부부만큼 만족도가 유지된다.

결혼 불만은 자녀계획에 대해 양가적이거나 갈등적인데 자녀가 있는 대부분의 부부에게서 두드러지게 나타난다. 자녀계획에 양가적인 부부는 초기 만족 수준에 있어 다른 부부만큼 결혼 만족도가 높지 않아 자녀를 갖게 될 때 이 수준이 떨어진다. 자녀를 갖지 않은 양가형 부부는 그들의 초기 만족 수준에 머물게 된다. 자녀계획에 있어 서로 대립-갈등적인데 자녀를 가진 부부 9쌍 중 7쌍이 자녀가 태어나 유치원에 가게 되는 사이에 결국 이혼했다. 일곱 사례 모두 남편은 자녀를 원하지 않았다. 자녀를 원하지 않았지만 자녀를 가진 두 여성의 경우 더 잘 적응할 수 있었고 결혼생활을 계속 유지했다.

- 홀어머니: 혼자 자녀를 갖는 신중한 선택을 하는 여성의 수가 증가하고 있다. 대중조사에서 보면, 여성의 반수 이상이 나이 30대나 40대 초반까지 동반자와 함께 자녀를 갖지 않을 경우 혼자서 자녀를 갖는 것을 고려할 생각이라고 보고했다. 혼자 자녀 갖기를 선택한 전문직 여성 비율이 1980년대 3%였던 것이 1990년에 와서는 8%로 증가했다. 이들 여성은 나이가 많은 편이고 직업적으로 안정되었다. 사랑하는 동반자와 결혼한다는 이상적 상황하에서 자녀를 가질 기회를 잃었다는 느낌을 가지지만 자녀를 갖고 싶다는 강한 욕구가 있는 경우 이런 선택을 고려한다.

  홀어머니가 자녀를 갖겠다는 결정을 내리는 단계는 정확히 알려져 있지 않다. 사회사업가인 Merle Bombardieri에 따르면, 예비 홀어머니를 위한 워크숍과 상담에 참여한 여성의 1/3이 자녀를 갖지 않겠다는 결정을 내린다고 한다. 그녀는 상실감이 자녀를 갖겠다는 욕구를 초래할 수 있다고 생각하기 때문에, 홀어머니가 되려는 여성들이 같은 가족구성원의 죽음이나 결혼생활에서 자녀를 갖지 못하는 데서 오는 해결할 수 없는 슬픔을 발견하고 슬퍼할 수 있도록 도와준다. 그런 상실에 대해 충분히 슬퍼할 때 자녀를 갖겠다는 욕구는 줄어들 수 있게 된다.

  전국 조직인 자율적 홀어머니(Single Mothers by Choice; SMC)는 예비 홀어머니를 위한 강좌를 통해 다음과 같은 다양한 문제들—자녀양육을 위한 경제능력,

가족생활과 직업의 통합관리능력, 혼자서 자녀를 양육할 심리적 능력, 아버지 없이도 사랑스러운 가정을 만들어 줄 수 있다는 확신—을 고려해 볼 것을 촉구한다. Bombardieri와 같이 이 조직은 참여 여성들에게 수태에 앞서 이상적인 임신을 못하게 된 데 대해 슬퍼하도록 촉구하기도 한다. 1970년대의 한 연구(1979)에 따르면 홀어머니들은 자녀양육과 직업을 잘 결합할 수 있는 지원 체제를 형성할 때 부모가 될 가능성이 높아진다고 한다.

- **계획 없이 출산된 자녀들**: 출산계획과 무관하게 태어난 아동 대부분은 출생 시 환영받지만, 원치 않은 상태에서 태어난 아동은 아주 힘든 시기를 갖는다. 한 연구에 따르면, 임신중절을 두 번 정도 했던 여성에게서 태어난 아동들은 부모가 원해서 태어난 아동들보다 더 많은 문제를 갖게 되고 인생의 즐거움을 덜 갖게 된다. 이런 아동들은 초등학교에서 똑같이 높은 지능을 가지고 있어도 친구가 적고 문제행동이 더 많으며 저조한 학업 수행을 보인다. 사춘기에 가서 이 두 집단의 차이가 더 확대되고, 청년기에는 직업과 결혼에 대해 덜 행복해한다. 이들은 동료들이나 상관과 더 많은 갈등을 표출하고 친구들과의 관계에 있어서 만족도도 떨어진다. 자신과 자신의 인생에 대해 용기를 잃곤 하지만, 이들 중 많은 사람들이 자신들의 문제해결을 위해 도움을 받으려는 긍정적 시도를 한다. 요약하면, 부모가 자신들의 결정을 지지할 사람들과 함께 자녀계획을 할 수 있을 때 부모와 자녀들은 좋은 시작을 할 수 있는 것이다.

(3) 연령과 임신

어머니의 연령은 수태와 임신, 출산의 생물학적 측면에 영향을 준다. 산모가 아주 어리거나 35세 이상일 경우 이런 문제는 더 많아진다.

사춘기 어머니는 임신에는 별 문제를 갖지 않지만 임신 합병증이 더 많이 나타나고, 20대나 30대 초반의 산모에 비해 문제가 있는 자녀를 출산할 확률이 높다. 미숙아와 저체중 출산아는 뇌성마비, 정신지체, 간질일 확률이 높은데 이는 사춘기 산모에게서 자주 일어난다. 이에 대해 두 가지 설명이 있어 왔다. 하나는 산모의 생리적 미성숙이고, 다른 하나는 건전하지 못한 생활방식과 열악한 출산 전 관리와 같은 심리사회적 여건이다. 출산 전 관리는 더 좋은 결과를 이끌지만, 여전히 연령은 분명한 요인이라고 볼 수 있다.

생물학적 위험 요인은 산모의 인종적 배경과도 어느 정도 관련된다. 임신연령이 이른 경우 유럽계 미국인 산모에게서 위험률이 높은 반면, 임신연령이 늦은 경우에는 아프리카계 미국인 산모에게서 위험률이 높아진다. 이는 아마도 후자의 건강이 연령 증가에 따라 약화되기 때문인 것 같다.

처음 산모가 되는 연령이 점차 높아지고 있는데 과거에는 35세를 넘어 출산하는 자녀는 대개 막내였는데 이제는 35세가 넘어서 출산한 자녀가 첫째 자녀인 경우가 많다. 1996년 42만 5,000명의 신생아들이 35세 이상의 산모에게서 태어났다. 첫 출산 산모의 연령이 높아진 요인으로는 페미니즘, 임신의 일반적인 연기, 임신기에 있는 많은 수의 베이비붐 세대, 효과적인 피임방법, 여성들의 건강 증진, 인공수정 기법의 향상, 더 좋은 산부인과 진료 등을 들 수 있다.

첫 임신의 경우 수태의 어려움이 증가할 수 있는데, 특히 35세 이상의 여성인 경우 더욱 그렇다. 피임 없이 성관계를 가진 지 일 년 후까지 임신 실패로 정의하는 전체 불임률은 대략 8% 정도지만 이 중 35~39세의 여성은 25%, 40~44세의 여성은 27%의 불임률을 보인다. 철저한 의학적 검사를 통해 불임 문제의 원천을 확인할 수 있다. 불임치료는 자궁 내 수정에서 수술과 고도로 복잡한 방법인 수정지원 기법까지 다양하다. 초기의 지원방법은 자궁 내 수정과 화학적 자극을 통한 난자생산 증진 등 자연적 과정을 지원하는 형태를 취한다. 더 진전된 방법은 페트리 접시에서 인공수정을 해서 수정란을 자궁 내에 안착시키는 것으로 나팔관이 막힌 여성에게 사용된다.

남성의 정자를 냉동 저장할 수 있는 것과 마찬가지로 여성의 난자도 냉동 저장할 수 있다. 수태가 일어나지 않았거나 다른 여성에게 난자를 줄 경우에는 수정란을 나중에 사용하기 위해 냉동하여 저장할 수 있다. 이것은 중요한 진전인데, 연구 결과 여성의 임신 가능성을 결정짓는 것은 자궁의 나이가 아니라 난자의 나이라는 것이 밝혀졌기 때문이다. 젊은 여성의 난자를 기증받은 불임여성은 수태율을 크게 증가시킬 수 있다. 예를 들어, 44세 여성이 자신의 난자로 수태할 확률은 3.5%인 반면, 기증자의 난자를 사용하면 수태율이 50%가 된다.

35세 이상 산모는 태아의 유전적 기형이 발생할 확률이 높아서 기형아 검사는 관례적이다. 더구나 자연유산은 나이가 늘어남에 따라 증가하는데, 35세에서는 25%, 45세에서는 50%에 이른다. 사춘기 산모와 같이 나이든 산모는 당뇨병과 저체중 신생아 같은 임신 합병증의 확률이 높지만, 이런 문제들은 젊은 여성의 경우와 같이 치료될 수 있다.

반대로 사춘기 기간 동안에 자녀를 갖는 것도 양육상 많은 위험을 안고 있다. 그러므로 부모가 되는 것을 이십대까지 연기하는 것이 부모와 자녀 모두를 위해 더 많은 이점을 제공한다.

- 사춘기 어머니: 사춘기 어머니가 되는 소녀들은 일반적으로 자녀의 출생 전에 심리적, 경제적 문제를 갖는다. 이들은 일반 어머니들에 비해 경제적으로 더 열악하고, 이런 문제들을 해결할 자원이 부족한 상태여서 더 많은 문제에 직면하게 된다. 사춘기 어머니에게 출산이란 장기적인 곤경으로 이어지는 사건 연속에 한 요인이 된다.

  위에서 언급했듯이 사춘기 어머니의 신생아들은 일반 어머니의 신생아들에 비해 더 많은 문제를 안고 태어나고, 사춘기 어머니는 일반 어머니에 비해 심리적으로 미성숙하고 자녀양육 기술도 떨어진다. 또한 안정된 생활을 가질 능력이 부족하여 자녀들은 잦은 이사, 보육자와 남성 지원자가 자주 바뀌는 것을 경험하게 된다. 더 나아가 사춘기 어머니와 자녀들은 빈곤한 생활을 하게 될 확률이 더 높다. 부모가 한 명이라는 것은 빈곤이라는 위험을 증가시키는데 사춘기 홀어머니는 이와 더불어 추가적인 불이익을 안겨다 준다. 그 정확한 이유가 알려지지는 않았지만, 낮은 교육수준과 안정되고 지지적인 결혼을 할 확률이 낮다는 점이 중요한 요인이 된다. 인종적 기원 또한 차이를 유발한다.

  사춘기 부모의 처음 자녀가 아니더라도 발달 문제에 있어 위험이 높은 것은 사실이다. 이 자녀들은 더 자주 병에 걸려 응급실에 가곤 한다. 사춘기 어머니의 영아와 유아들은 인지적 척도에서 일반 어머니의 자녀들과 별 차이를 보이지 않지만, 유치원에 들어갈 무렵부터 차이가 드러나기 시작해서 초등학교 때까지 지속된다. 이때는 학업 수행 문제, 학교생활 실패, 행동 문제에 더 자주 직면하게 된다. 사춘기 어머니에게서 태어난 자녀들이 자라서 종종 십대 부모가 되는 경향이 있기도 하지만, 대부분의 십대 어머니 자녀들은 그들 스스로 십대 부모가 되

표 1-2 사춘기 부모의 자녀들에게 미치는 위험 및 보호 요인

성공을 막는 위험 요인
1. 빈번한 이사를 동반한 빈곤한 생활, 우범 · 폭력지역에서의 생활, 보육자와 성인 지지자의 교체 경험 2. 출산 합병증: 미숙아, 저체중 출산 3. 사춘기 자녀의 열악한 양육 4. 행동 문제 및 학교생활 문제 5. 친척 및 친구들로부터의 사회적 지지 부족
성공을 증가시키는 보호 요인
1. 한 소년이 되기 2. 쉽고 적응할 수 있는 기질 3. 좋은 대처방식으로 유도하는 지능과 문제해결 기술 획득 4. 사춘기 부모 본인의 교육 지속 5. 자녀의 동생 갖기 제한 6. 사춘기 부모의 안정된 결혼 7. 사춘기 부모의 높은 자존감

* 출처: Joy D. Osofsky, Della M. Hann, & Claire Peebles (1993). "Adolescent Parenthood: Risks and Opportunities for Mothers and Infants." in *Handbook of Infant Mental Health,* ed. Charles H. Zeanah, Jr. New York: Guilford Press, pp. 106-119.

지는 않는다. 그러나 이 자녀들이 결혼을 연기한다고 할지라도 이십대까지 임신을 연기한 어머니의 자녀만큼 능력이 있고 적응이 잘 되지는 못한다.

그러나 사춘기 어머니와 그 자녀들이 많은 문제를 가지고 있기는 하지만, 놀랍게도 그 결과는 다양하게 나타난다는 것이 많은 연구를 통해 드러났다. 〈표 1-2〉는 사춘기 자녀의 성공을 증가시키는 보호 요인과 성공을 가로막는 위험 요인을 보여 준다. 실제로 많은 사춘기 자녀들이 그들의 문제들을 극복한다.

> 사춘기 부모에 대한 차별적인 고정관념은 이런 젊은 부모가 회복할 수 있는 기회를 과소평가한다.……역설적으로 십대 부모라는 핸디캡의 일부분은 실패는 거의 어쩔 수 없다는 사회적으로 팽배한 인식—자기충족적 예언이 될 수 있는 신념—에서 비롯될 수 있다는 점이다(Frank F. Furstenberg, J. Brooks-Gunn, & S. Philip Morgan, 1990).

– 35세 이상의 부모: 나이든 부모는 수태가 힘들 수는 있지만 부모로서 많은 이점을 가지고 있다. 어린 부모와 비교해 보면, 나이든 부모들은 더 높은 교육과 높은 수준의 직업을 가지고 있어서 양육과 자녀용품에 지출할 경제적 여력이 있으며, 안정된 결혼생활을 유지하고 있어 자녀들에게 더 많은 관심을 쏟고 자녀들의 문제에 민감하게 대처할 수 있다. 그렇지만 나이든 부모들도 직업과 사회적 책무 때문에 그들의 인생에 계획치 않은 자녀를 끌어들이는 경우가 생기면 힘들어하게 된다.

1980년대 후반, Yarrow(1991)는 나이든 부모들로부터 키워진 1,800명의 응답자에게서 정보를 수집했다. 이 응답자들은 일차적으로 다른 연령대의 성인들로 Yarrow의 연구 시점보다 30~80년 전에 나이든 부모(사춘기 부모가 아닌)에게서 양육된 사람들이었다. 많은 응답자들이 부모의 상당한 인내와 인생에 대한 포괄적인 시각, 보다 편안하고 안정적인 생활양식에 감사한다고 보고했다. 하지만 응답자 중 많은 이들이 자신의 부모가 병들어 죽어 가는 것과 조부모의 사망에 따른 확장된 가족으로부터의 고립감 그리고 젊고 활발한 부모를 둔 또래들로부터

글상자 1.3

나이든 부모를 위한 지침

1. 자녀들에게 부모의 나이를 공개하고 늦게 난 이유에 대해 밝힌다. 이 문제에 대해 거짓말을 하거나 피하게 되면 자녀들이 부모의 나이에 대해 부끄러워할 수 있다.
2. 자녀들의 세계는 부모가 성장해 온 세계와 너무 다를 수 있기 때문에 그들의 세계를 이해하려는 특별한 노력을 기울인다.
3. 자녀들을 확대된 가족구성원들과 연결시켜 준다. 이것이 가능치 않으면 삼촌, 숙모, 이모, 고모, 조부모의 역할을 할 수 있는 사회적 지지 체계를 만들어 준다.
4. 신체적으로 건강하고 원기왕성한 상태를 유지해서 자녀들과 함께 하이킹이나 캠핑 같은 신체 활동을 즐길 수 있도록 한다. 만약 함께 활동에 참여할 수 없는 경우에는 자녀들이 친구들이나 다른 성인들과 활동하는 걸 봐 준다.
5. 아주 중요한 것으로, 일과 가족 외적인 활동에 쓰는 시간과 가족 활동에 쓰는 시간의 균형을 맞춰 자녀들이 자신들이 부모의 인생에서 중요한 부분이라고 느끼게 한다.

* 출처: Andrew Yarrow (1991). *Latecomers*. New York: Free Press.

의 격리감에 대한 걱정을 표명했다. 어떤 응답자들은 자신들이 너무 많이 어른들의 보호를 받아 아동기를 상실했다고 느꼈고, 또 어떤 응답자들은 자신들이 너무 젊은 나이에 성인기에 들어서서 나이든 부모를 돌봐야 하는 책임을 맡게 된 것을 원망했다. 그러나 오늘날 나이든 부모에게서 자란 자녀들은 아마도 동일한 경험을 하지는 않을 것이다. 왜냐하면 자신들의 부모보다 더 나이든 부모들이 있고, 자신들의 부모가 활동적이고 건강이 더 좋기 때문이다.

2) 부모됨의 유형

과거에는 부부가 부모가 되는 데 두 가지 방식이 있었다. 생물학적으로 자신들의 자녀를 잉태하는 것과 자녀를 입양하는 것이다. 지난 20년간 수정지원 기법과 보다 자유로운 입양정책 덕분에 과거에는 양육에서 배제되었던 많은 사람들이 부모가 될 수 있게 되었다. 이제 부모가 되는 방법이 부모의 양육방식과 자녀들의 발달에 어떤 영향을 미치는지 검토하고자 한다.

입양아의 문제행동에 대한 많은 연구가 있어 왔다. 수십 년 동안 형사소송 문제가 존재한다는 사실 이외에도, 입양아들이 정신과 치료집단의 표본으로 자주 등장하는 이유들이 있다. 첫째, 입양부모들은 문제 가능성에 대해 민감해져 있기 때문에 보다 빨리 문제에 대해 상담을 의뢰하고 사회사업 전문가들과 함께 문제에 대처하는 데 익숙해져 있다. 또한 심리적인 어려움이 가족화합에 큰 위협이 됨을 알게 되어 일찍 도움을 받을 수 있다. 문제 발생 수가 늘어나는 다른 요인들로는 아마도 생물학적 부모로부터 온 유전적 성향과 태아 환경과 신생아 환경에 따른 생물학적, 심리적 취약성을 들 수 있다.

임상 외적 표본을 대상으로 한 연구에서 보면, 입양부모와 비입양부모들의 자녀들이 영아, 유아 단계에서 보이는 행동상의 차이는 거의 없다. 초등학생을 대상으로 한 연구에 따르면 교사들은 입양아들이 사회적, 정서적, 학업상의 성숙도가 또래들에 비해 떨어진다고 평가했지만, 이런 차이들은 사춘기에 접어들어 감소하는 경향이 있다. 나아가 최근 영국에서의 연구는 입양부모의 초등학교 자녀들이 친부모 아래서 자란 자녀들만큼 잘 적응하는 것을 보여 준다. 입양아들이 입양의 의미를 의식하게 될 때 그러한 차이들이 나타나는 경향이 있기 때문에, 문제의 발생은 입양 자체보다 입양아들이 갖는 친부모로부터의 상실감과 또래와는 다르다는 느낌에서 일어난다고 볼 수 있다.

이전에는 입양이 허락되지 않은 성인들—연로한 성인, 미혼자, 동성애자, 무능력자, 빈곤한 사람—이 이제는 입양을 할 수 있게 되었다. 연구 보고에 따르면, 이들 입양 부모는 부모로서의 역할에 상당한 만족을 경험하고 좋은 일자리를 갖는다. 한부모는 더 힘든 자녀들을 입양하는데도 이들의 입양아들은 젊은 부부가 입양한 자녀들과 마찬가지로 잘 적응한다. 여기서 결론을 도출하는 데 신중해야 한다. 왜냐하면 한부모의 입양에 대한 종단연구들이 아직은 드물기 때문이다.

수정지원 기법으로 태어난 자녀들을 고려할 때, 인공수정과 체외수정은 부모와 유전적으로 관련되거나 그렇지 않은 자녀들을 갖게 한다는 점을 인식해야 한다. 인공수정과 체외수정에서 기증된 난자와 정자가 어느 정도 수정에 관련되는지에 따라 한 부부는 자녀와 전체, 일부분, 전무한 상태로 유전적 관련성을 갖는다. 기증에 따른 수정으로 임신한 미혼 여성이나 동성애 여성들은 자신들의 유전 특성의 반을 받는 자녀를 갖게 된다. 그러나 기증된 난자와 정자의 체외수정으로 임신하는 경우, 자녀는 부모와 유전적으로 전혀 관계가 없을 수도 있다.

영국의 한 연구(1995)에서 ① 입양부모, ② 기증자 수정이나 체외수정으로 자녀를 가진 부모, ③ 자연 임신으로 자녀를 가진 부모들을 비교하였다. 이 연구에서 수정지원 기법이나 입양을 통해 자녀를 가진 부모들은 자연 임신을 한 부모에 비해서 더 온화하고 정서적으로 더 관여되어 있으며 더 헌신적이라고 밝혀졌다. 이는 아마도 이들 부모는 더 연장자인 경우가 많아 자녀들에게 더 잘 대해 주기 때문인 것 같다. 그러나 부모와 교사 모두 이러한 위의 세 부모 집단의 자녀들이 모두 유능감이 높고 부모에 대한 강한 애착을 통해 사회적으로 잘 수용된다고 평가했다. 따라서 임신을 하게 되는 방법과 관련된 자녀들 간의 차이는 없었다.

임신과 출산 때의 다양한 가족구조에 따른 부모의 생활—예컨대, 한부모 또는 양친부모, 이성 부모 또는 동성 부모—은 경제적으로 안정된 가정에서 살고 있는 초등학교 자녀들의 유능감에 별로 나쁜 영향을 미치는 것 같지 않다. 홀어머니 가정의 자녀들의 효능감에 관한 결과는 놀랍지만, 대부분 자녀의 경제적 안정성과 남성 배우자와의 갈등이 없는 데 기인하는데 이는 임신이 기증자 수정에 의한 것이기 때문이다.

이 자녀들 표본의 유능감을 예언하는 것은 부모가 갖는 스트레스 양과 배우자와의 갈등이다. 양육 스트레스가 낮으며 배우자와의 관계가 따뜻하고 화합을 이룰 때 성 차이와 무관하게 자녀들은 자신들의 유능감을 잘 발휘했다. 부모와 교사들이 평가했듯이 자녀들의 유능감에 영향을 주는 것은 가족구조가 아니라 가족생활의 과정인 것이다.

입양부모들은 어린 시절부터 자녀들에게 입양된 사실에 대해 말해 주라고 권고받지만 기증 난자나 정자로 태어난 자녀들은 그렇지 않다. 앞서 영국의 연구에서 보면 한 명을 제외하고 입양아들 모두 입양 사실에 대해 알고 있었지만, 수정지원 기법으로 태어난 자녀들은 자신들이 어떻게 태어났는지에 대해 아무도 모르고 있었다. 이들은 아직 초등학교 저학년이기 때문에 부모들은 이들이 나이가 들면 사실에 대해 언급하려고 기다리고 있는 것 같았다. 몇 가지 사례에서 보면, 자녀들이 부모 모두와 유전적으로 연계되어 있다는 것은 그렇게 필수적이지 않다. 하지만 기증 난자나 정자가 사용된 경우 자녀는 최소한 한 명의 다른 생물학적 부모를 갖게 된다. 자신의 출생이 기증자 수정에 따른 것이라는 사실을 나중에 알게 된 많은 성인들은 자신의 생물학적 뿌리에 대해 기만당했다는 데서 분노를 느끼고 기증자(즉, 생물학적 부모)를 찾기를 원한다고 보고되고 있다.

미국출산협회(The American Fertility Society)는 자녀들에게 출생 기원에 대해 말해 줄 것을 권장한다. 영국에서는 자녀가 18세가 되면 기증자에 대한 정보를 요구하는 것이 법적으로 보장되어 있고, 스웨덴에서는 기증으로 출산한 자녀들이 18세에 기증자 정보를 확인하고 원하면 만날 수 있는 권리가 보장되어 있다. 미국의 경우 과거에는 자녀들에게 알려 주지 않고 기록을 폐기하는 경향이 있었다. 그러나 현재는 스웨덴의 정책을 받아들이려는 움직임이 있다. 예를 들어, 캘리포니아 정자은행은 이미 자녀들이 18세가 되면 정보 확인을 허용하는 허가서를 기증자에게 요청하고 있고 기증자 중 80%가 이에 동의하고 있다. 기증자 수정을 통한 최초의 자녀들이 18세가 되기까지는 5년이 남아 있는데 이 정보 확인 허용이 어떻게 작용할지는 기다려 보아야 할 것이다.

공개 입양에 대한 연구들은 더 확대된 공개성에 대한 필요를 지지하고 있다. 이 연구들에 따르면 숨기지 않고 생물학적 부모에 대해 더 잘 이해하는 경우 입양아들의 적응은 향상된다고 한다. 기증 정자나 난자로 태어난 자녀들의 상황은 입양아의 경우와 정확히 비교할 수 없는데, 그들의 생물학적 부모는 '자녀를 포기한' 것이 아니라 대신 키울 부모를 위해 그들의 출생을 도와준 것이기 때문이다. 그렇지만 기증자가

오늘날의 가족형태는 결혼하여 자녀를 가진 부부,
자녀를 가진 동성의 부부, 친족관계가 아닌 자녀를 양육하는 부부 등 매우 다양하다.

누구며 성장 후 기증자와 접촉할 수 있다는 사실을 아는 것은 분노와 생물학적 연계를 상실했다는 허탈감을 없앨 수 있을 것이다.

그러므로 이 연구들은 부모와 자녀의 유전적 유대가 만족스럽고 긴밀한 양육과 자녀들의 효능감에 필수적이지 않음을 지적한다. 또한 자신의 친자녀를 가질 수 없는 부모들이 경험하는 상실감은 이후의 만족스럽고 효과적인 양육을 방해하지 않는다. 실제로 이 부모들은 자신들이 부모가 되면서 더 큰 어려움을 경험했기 때문에 자녀들에게 더 깊이 개입하고 정서적으로 더 관여하며 감사하게 생각한다. 어떤 한 부모는 "매일 밤 나는 몇 분씩 각 자녀들 방 앞에 서서 자녀들의 잠든 모습을 보면서 자녀들이 없었을 때의 끔찍했던 시절을 회상하곤 한다. 결코 자녀를 가지지 못할 것이라는 절박한 상황에 이르렀다가 내 자녀라는 기적을 통해 겸손해지고 이에 깊이 감사한다."라고 말했다.

3) 부모의 영향력

1998년 Judith Harris는 『양육 가정: 왜 자녀들은 부모들이 행하는 방식으로 드러나게 되는가(The Nuture Assumption: Why Children Turn Out the Way They Do)』라는 책의 발간으로 주목을 끌었다. 이 책은 "자녀양육은 강매되어 왔다. 당신은 실제보다 더 자녀의 성격에 영향을 미쳐 왔다고 믿게 되었다."와 같은 도발적 문장들을 포함하고 있다. 그녀가 의도한 바는, 성장하는 자녀의 성격 형성에 영향을 미치는 부모의 중요성은 연구를 통해 검증받지 않은 하나의 가정이라는 것이다.

만약 양육이 자녀 발달과 성인기의 성격 형성에 중요하지 않다면 과연 무엇이 중요할까? 간략히 말해, 유전자와 또래관계가 자녀들의 성장을 조성한다는 것이다. 『발달심리학』의 저자기도 한 Harris는 사춘기 청소년들이 음주나 흡연을 할 때 성인의 행동을 따라하려고 시도한다는 점을 부각시켰다. 사춘기 청소년들은 부모의 규준에 관심이 있는 것이 아니라 또래들을 즐겁게 하고 그들로부터 수용받으려고 한다는 것이다. 그녀는 아동이 학령기에 이르면 또래와의 상호작용을 통해 문화, 사회 그리고 자신에 대해 배우게 된다는 확신을 갖게 되었다.

Harris는 아동이 자신의 성격을 발달시켜 가면서 부모가 아닌 또래가 그들의 행동을 조성하고 수정한다고 믿지만 부모의 영향을 완전히 배제하지는 않는다. 그녀는 부모-자녀 관계가 생애 초기 5년간 매우 중요하다는 애착이론가들의 주장에 동의한다. 부모는 자녀들에게 도덕적, 종교적 가치와 흥미 그리고 인생에 대한 태도를 가르친다. 그러나 타인들도 자신의 부모처럼 그들을 대할 것이라는 기대를 가지고 더 큰 사회에 들어선다면 자녀들은 바보가 되어 버린다는 것이 그녀의 생각이다.

Harris는 부모와 자녀가 서로 닮는다는 점을 부정하지도 않고, 심리학자들이 이런 유사성을 부모의 행동이 자녀들 특성에 영향을 준다는 증거로 해석하는 점을 인정한다. 하지만 그녀는 대부분의 부모-자녀 유사성이 유전적 요인에 기인한다고 본다. 그녀는 행동유전학자의 측정 결과를 언급하는데, 이에 따르면 성격 특성의 50%는 유전적 요인이며, 나머지 50%는 환경적 요인에 기인한다고 한다.

Harris는 환경이 아동 발달에 한 역할을 담당한다는 점에 동의하지만 환경 그 자체도 유전적 요인의 결과일 수 있다는 점을 주장한다. 예를 들어, 지적인 부모는 자녀들을 위해 풍부하고 고무적인 환경을 제공할 수 있다. 고무적인 환경과 자녀의 지적인 성공의 관계는 그 환경 때문이라고 보기보다는 명석한 사람들에게서 받은 유전자 때문이라고 볼 수 있다. 이와 반대로 유전적인 영향에 따른 개인의 충동성, 약한 통제력, 기질 특성들은 보다 빈번한 실직과 경제적 불안정성을 초래할 수도 있다. 결과적으로 이런 사람들은 종종 자신들의 생활방식을 공유하는 배우자와 함께 보다 불안정한 조건에서 생활하고 있을 수 있다. 이들의 약한 통제력은 그들 생활의 불안정적 요인에 따른 결과가 아니라 그것의 원인이 된다.

유전적 영향이 환경을 결정하는 또 다른 방식은 유전적으로 결정된 자녀의 행동이 그들을 대하는 부모의 행동에 미치는 영향을 통해 알 수 있다. 부모의 긍정적 반응을 불러일으키는 순하고 적응적인 자녀와 부모의 부정적 반응을 유발하는 공격성이 강한 자녀가 바로 좋은 예들이다.

자녀의 인생에서 부모의 중요성을 주장하는 사람들은 부모가 유일한 영향력을 미치는 요인이라고 논하는 경우도 드물고, 자녀가 부모의 행동을 조성할 수 있다는 것을 부인하지도 않는다. Harris와 같이 그들은 종종 또래가 자녀의 인생에 큰 영향을 미친다고 믿는다. 이들은 자연재해나 심각한 사고와 같이 예기치 않은 사건들이 자녀의 인생에 중대하게 영향을 줄 수 있다는 점도 수용한다. 이들이 주장하는 바는 부모는 평균적으로 적정 생활 조건하에서만 자녀 인생에 가장 중요한 영향을 미친다는 것이다. 여기에 Harris는 다음과 같은 증거들을 제시한다.

첫째, 유전자가 환경 내에서 존재한다는 사실과 수태와 임신의 시점에서 부모가 그 환경을 제공한다는 사실을 지적한다. 대부분의 부모들은 수태 가능성을 안전하게 유지하는 생활방식을 취하는 반면, 임신기간 중 술과 마약을 복용하여 그것을 성장하는 태아에게 노출시키는 여성들은 자녀의 유전적 측면에서 치유 불가능한 손상을 준다. 새로운 연구에 따르면 예비 아버지의 작업 환경, 음주, 흡연 그리고 마약 습관은 정자의 질과 태어날 신생아에게 영향을 준다고 한다. 그래서 부모는 유전자의 전달자일 뿐만 아니라, 그들이 조심하지 않을 경우 유전자의 잠재성까지도 파괴할 수 있기 때문에 중요한 것이다.

둘째, 출산 후 반응적인 부모의 행동은 출산 시의 부정적 요인들을 개선시킨다고 지적한다. 예를 들어, Bronfenbrenner와 Morris는 미숙아 발달과정에 대한 7년간의 종단연구 자료를 통해 7세 아동의 평균점수 이하의 저조한 학업 성취는 학업 수행을 방해하는 초기 행동 문제들과 관련이 있다는 점을 보여 준다. 그러나 자녀가 어릴 때 부모가 잘 반응해 주고 민감하게 돌보아 줄 경우 자녀는 문제행동을 적게 보이고 학업 성취도 더 좋아졌다. 이 결과들은 사회경제적 수준이 상위, 중간, 하위인 가족들에 걸쳐 일관성이 있었고, 출산 체중이 정상이거나 낮거나 아주 낮은 경우에도 일관적이었다. 그러므로 출산 체중이나 부모의 생활 조건과 상관없이 민감한 돌보기는 행동적 장애를 감소시키고 나아가 학업 성취를 증진시켰다.

긍정적인 반응적 양육은 유전적으로 결정된 영아의 기질도 변화시킬 수 있다. Kagan(1993)은 종단연구에서 생후 4개월에 자지러지게 잘 울고 움직임이 많은 아주 민감한 영아에게 부모가 합리적인 준거로 일관성 있게 대처하면 걸음마를 하게 될 때 덜 두려워한다고 보고했다. 반면, 부모가 너무 보채는 영아에게 너무 반응적이고 준거를 정하지 못할 경우 유아가 되었을 때도 여전히 두려움이 많았다. 이런 반응은 민감성이 낮은 유아에게는 동일한 효과를 나타내지 않는다. 이러한 결과는 다른 종단연구에서도 확인되었다. 보채는 울음에 강화를 주지 않는 부모는 아주 민감한 유아가 불만상태에 있을 때 다른 대처방안을 학습하도록 하게 한 것이 되어 그 유아가 새로운 상황에서 덜 울고 덜 보채게 된다는 것이 연구자들의 해석이다.

양육행동의 변화는, 비록 부모와 조부모가 동일한 행동 문제를 가졌더라도, 자녀가 행동 문제를 극복하는 데 도움을 줄 수 있다. Patterson과 Capaldi(1991)는 어떤 과정을 통해 훈육방법에서 폭발적 행동을 보이는 학대적이고 짜증 많은 부모가 반사회적인 자녀로 키우는 경향이 있는지를 보여 주었다. 이런 자녀들은 성장하면서 교육을 덜 받게 되고 낮은 보수의 직업을 가지며 실직과 이혼 때문에 갖게 되는 생활상의 스트레스를 더 자주 경험하게 된다. 이들은 부모의 역할 수행에 있어서도 자녀 행동에 대한 무능한 훈육자 겸 감시자여서 이들의 자녀도 동일한 문제를 보이게 된다. Harris는 아마 이런 문제를 유전적 영향에 따른 결과로 해석할 것이고 그럴 수 있다. 하지만 부모가 효과적인 훈육방법과 일관적으로 자녀들의 행동을 감시하는 것을 배우면 자녀의 이런 문제는 줄어들었다.

많은 연구들이 자녀의 지적 성취에 영향을 주는 부모의 격려적인 태도의 중요성을 예시하고 있다. Harris가 지적하듯이 지능이 높은 부모가 높은 지능의 유전자를 전해 주는 것은 사실이다. 그럼에도 불구하고 학력이 낮은 저소득층 부모의 자녀들이 지속적으로 장난감과 지적 자극을 유발하는 활동에 접근할 수 있을 때—학력이 높은 고소득층 부모의 자녀들에게 제공되는 것과 같은—이들은 동일한 경험을 갖지 못한 동일한 저소득층의 또래에 비해 지능검사와 학업 성취도에서 높은 성취를 보여 주었다.

동시에 부모는 자녀가 낮은 성취를 나타내도록 사회화시킬 수 있다. 부모의 기대는 자녀들의 지능검사 점수보다 더 정확하게 학업적 성공을 예언한다. 자녀의 검사 점수보다 학업적 성공 가능성을 낮게 보는 부모는 자녀들이 초기의 과제 수행에서 성공을 보임에도 불구하고 무능력감이라는 환상을 발달시키게 한다. 이 자녀들은 자신의 능력에 대한 부모의 부정적인 시각을 의식하면서, 자신의 능력을 과소평가하고 학교생활을 더 힘들어하며 학업적 성공에 더 낮은 기대를 갖는다. 이들은 자신의 능력에 대해 자신감이 없고, 자신의 능력을 보일 수 있는 도전적인 과제를 회피하게 된다. 즉, 더 빨리 포기하게 되고 낮은 자신감은 시도하는 횟수를 줄이고, 이는 더 작은 성취로 유도되어서 자신에 대한 낮은 자신감을 확인하게 된다. 이런 악순환은 계속 반복되고 지속된다. 부모가 어떻게 자녀의 능력에 대해 부정적 시각을 발달시키는지는 분명하지 않지만, 자녀의 자기지각은 부모의 시각과 합치되고, 이는 결국 자녀의 학교에서의 행동에 영향을 미치게 된다.

뛰어난 성취를 이룬 사람들의 발달에서 부모가 맡은 역할을 검토한 연구를 통해 부모가 자녀의 성취에 영향을 미친다는 사실 또한 알려졌다. Bloom과 동료(1985)들은 다양한 분야에서 탁월한 수준의 활동으로 국제적인 인지를 받은 젊은 남녀 120명을 대상으로 연구했다. 연구자들은 이 사람들이 탁월한 성취를 하게 된 과정을 이해하기 위해서 각 개인과 그들의 가족구성원, 교사, 코치와 면접을 했다. 연구자들은 시작부터 특별한 사람은 거의 없다는 점을 확인했다. 그들의 성취는 각 개인의 개입과 가족 의지, 뛰어난 지도가 잘 조합된 결과였다.

무엇이 부모로서의 역할인가? 이는 시기에 따라 달라진다. 부모로서 시작할 때의 역할은 교사나 코치의 선정, 훈련 시간계획, 지지 및 격려하기, 근면과 최선이라는 가치관 강조 중의 하나가 될 것이다. 자녀가 초기에 성공을 이루면 그 후 부모는 더 상위수준의 교사나 코치를 찾아서 경제적이고 시간적인 지원을 하고, 교사나 코치의 훈련지도를 제공할 뿐만 아니라 리사이틀, 경기, 회합 등에 참석하게 한다. 사실 모든 가족의 시간계획이 자녀의 훈련 및 수행 시간 계획에 맞춰 변하게 된다. 자녀가 지속적으로 향상되어 가면서 부모들은 정서적으로 경제적으로 지속적인 지원을 아끼지 않는다. 영재와 세계적 수준의 성취자에 대한 연구들은 뛰어난 성취가 점진적으로 발전해 가는 과정에서 각 부분에 많은 사람들의 엄청난 노력이 투여되었음을 강조한다. 가족이 잠재적으로 영재로 판명이 난 자녀에게 경제적, 시간적 지원을 하기 힘들 때는 학교와 지역사회가 추가적인 지원을 해야 할 것이다. 그러므로 자녀가 뛰어난 성취를 이룰 잠재성을 가지고 있을지라도 부모의 지원은 계속 핵심을 이룬다고 볼 수 있다.

마지막 예는 자녀의 인생에서 부모의 중요성을 잘 예시한다. 자녀의 인생 초기부터 일차적인 보육자인 부모는 자녀들이 더 큰 사회로 진입할 때 갖게 되는 사람들과 세상과의 상호작용 방식의 틀을 형성시켜 준다. 한 연구에 따르면 유아인 자녀에게 긍정적인 감정을 보여 주고 따뜻하고 지지적인 충고를 할 경우 자녀는 또래들과의 생활에서 더 큰 사회적 유능감과 수용을 보인다. 반대로 충동적이고 자기통제력이 떨어지는 행동 과잉의 유아는 교사와 또래들로부터 부정적으로 지각된다. 이 유아들은 쉬지 않고 움직이고 안절부절못하며 지배적이고 경쟁적이고 공격적이다. 부모가 이런 행동을 수정하려고 하지 않을 경우 이 행동은 초등학교 때도 지속되고, 7세에서 보이는 과잉 행동수준은 지능검사에서 저조한 수행과 연관되게 된다. 또래들이 이런 아동이 보다 긍정적인 행동을 받아들이도록 사회화시킬 수 없었다는 점은 흥미로운데, 이는 아마 Harris의 예측과 반대가 될 것이다.

Harris의 책은 부모들은 단지 자녀에게 미치는 영향 요인 중에 하나고 자녀의 순차적인 발달에 대해 전적으로 책임을 질 필요는 없다는 점을 부모들이 이해하게 해서 찬사를 받았다. 그러나 자녀를 키우는 데 부모가 추가적으로 들여야 할 노력도 있어야 함을 간과하게 해서 부모들의 자기몰두를 지지했다는 점에서 비판을 받았다. 물론 의도된 바는 아니라 해도, 이 책은 자녀 성장에서 '부모의 양육은 중요하지 않다.'는 점을 시사함으로써 정치가들이 자녀들 양육에 들어갈 부모의 노력을 지원하는 법안을 상정하는 단계를 밟지 못하게 할 수 있다.

앞서 언급했지만, 자녀들의 발달에 미치는 많은 영향들—역사적 시기, 자녀들의 기질, 사회생활 조건, 또래들—이 있다. 그러나 평균적으로 볼 때 부모의 양육이 가장 중요하다.

4) 사회의 역할

부모는 자녀들의 성장에 심오한 기여를 하는데, Sameroff와 동료들이 보고한 바에 따르면 사회 체제 또한 그런 기여를 한다. 여기서는 부모와 자녀에 대한 사회의 의무에 대해서 논하고자 한다.

미국에서 자녀와 부모에게 제공되는 지원서비스와 다른 나라의 지원서비스를 비교하는 것은 사회가 부모를 지원할 수 있는 여러 가능성들을 이해하는 데 폭넓은 배경을 제공한다. 미국 정부는 5~18세의 모든 자녀들에게 공교육을 무상으로 제공하고, 모든 부모에게 부양 자녀별로 특별 세금 면제를 주며, 양육비와 유치원 비용에 대한 세금 감면 혜택을 주고 있다. 그 이상의 지원은 특정 장애자나 저소득층 가정에만 제공된다.

대조적으로 다른 산업화된 국가의 무상 공교육 실시는 3세에서 시작하고 건강보험이 제공되며, 한 자녀당 가족수입의 5~10%의 수당이나 현금 지원이 이루어진다. 많은 국가들이 부모 한 명의 부재로 양육비용을 지불하지 못하는 경우 최저 자녀양육비를 추가적으로 지원한다. 또한 대부분의 국가들은 정부나 고용주가 12주의 유급 출산휴가를 주도록 한다. 사실, 미국은 유급 출산휴가를 제공하지 않는 6개국(호주, 뉴질랜드, 레소토, 스와질랜드, 파푸아뉴기니) 중의 하나다. 미국의 가족 및 치료 휴가법은 부모에게 12주의 무급휴가를 허용하고 있을 뿐이다.

빈곤 가정의 자녀에 대한 대우를 살펴보면 미국이 자녀와 부모 지원에 있어 다른 국가와 얼마나 차이가 나는지를 잘 보여 준다. 미국에서는 20%의 자녀들이 빈곤 가정에 살고 있고, 이 중 70%는 성인 한 명이 일자리를 가지고 있다. 그중 20%의 자녀들은 빈곤수준이 두 배나 더 열악한 조건에서 생활하고 있다. 영국과 프랑스의 빈곤율은 미국에 비해 더 높지만, 각 국가의 정부정책으로 빈곤 가정의 자녀들은 원호대상이 되어 영국과 프랑스의 전체 빈곤율은 각각 8%와 4%로 낮아지고 있다. 미국의 빈곤 자녀에 대한 지원은 전체 빈곤율을 22%에서 20%로 줄여 2% 정도만 낮추고 있다. 결과적으로 미국에서 빈곤 자녀의 생활 조건은 18개 산업화 국가 중에서 15위를 차지하고 있다.

미국은 자녀와 부모에게 재정적 지원을 하지 못하고 있을 뿐만 아니라, 심리적 지원 또한 제대로 하지 못하고 있다. Belsky와 Kelly는 새로 부모가 된 사람들을 대상으로 한 Belsky 연구를 요약하면서, 부모가 사회에 기여한 바에 대해 인정하지 않는 것에 대해 다음과 같이 기술하고 있다.

> 우리는 우리가 조사한 부부들이 재정적 문제와 다른 모든 문제들에 대처하는 모습을 관찰하면서 깊은 감동을 받았다. 새로 부모가 된 사람들, 특히 직장생활을 하는 그들이 보여준 조용한 고결함과 용기는 감동적이었다. 하지만 그들을 관찰하면서 마음이 편치 않았던 것은 그들의 이타심과 헌신에 대해 사회의 인식이 부재했다는 것과 공공 지원과 감사가 극히 적었다는 점이었다.
>
> 긍정적으로 보면 우리 사회는 가족을 관대한 무관심으로 대하고 있는 것이고, 부정적으로 보면 우리 사회는 패러디의 한 출처인 것이다. 조사 대상자 중 누구도 그들 가족에 대한 공공 지원의 부재에 대해 불만을 표하지는 않았지만, 여러 사례를 살펴보면 이전보다 더 힘들어지는 부모 역할에 따라 일상적으로 희생을 해야 된다는 점에서 영향을 주고 있음을 알 수 있다. 인생의 최우선 목표는 타인에 대한 헌신이 아닌 자신에 대한 헌신이라는 사회 일반의 시각에서 볼 때 자신을 희생한다는 것은 힘든 일임에 틀림없다. 그리고 몇몇 사례지만 이러한 희생이 너무 큰 경우도 볼 수 있었다. 오늘날 미국 가정을 괴롭히고 있는 질환인 이혼율 증가, 학업성적 하락, 편재하고 있는 마약 사용 등은 복잡한 문제고 여러 기원을 가지고 있다. 그러나 그중 가장 주요한 원천은 우리가 관찰한 매일 진행되고 있는 프로젝트, 즉 일상의 양육이라는 눈에 띄지 않는 영웅적 행위를 우리 사회가 더 이상 존중하지 않는다는 것이라고 생각한다.

연구자료는 Belsky와 Kelly의 관찰을 지지한다. 2,600명의 성인(유럽계 미국인, 아프리카계 미국인, 중남미계 미국인 중 자녀 없는 부부와 부모들)을 대상으로 한 1996년 조사에 따르면, 단지 소수의 사람들(12~17%)만이 자녀와 사춘기 청소년을 친근하게 하고 존중해야 된다고 기술하고 있다. 더 많은 사람들(30~50%)은 그들을 난폭하고 무질서하고 경멸스러우며, 규율이 없고 공중적인 면에서 통제되지 않는 것으로 기술한다. 자녀 없는 부부든 일반 부모든 모두 자녀의 문제를 부모에게 돌리고 있다. 이들은 부모가 책임질 준비 없이 자녀를 갖는다고 생각하고, 응답자 중의 반 정도는 부모가 자녀를 망치고 있고 자녀에게 적절한 훈육을 시키고 있지 못한다고 믿고 있다. 단지 무자녀 부부의 22%와 일반 부모의 19%만이 부모는 자녀의 훌륭한 역할 모델이라고 느끼고 있었다. 그러나 모든 응답자들이 오늘날의 부모의 역할이 과거보다 더 힘들어졌다는 사실을 인정하고 있다. 이는 자녀가 마약과 음주 문제, 미디어와 가정을 벗어난 세계에서의 성과 폭력 문제 그리고 학교폭력 문제에 직면하고 있기 때문이다.

1997년 부모가 주위 환경으로부터 지원을 받지 못한다는 사실에 관심을 갖고 있는 사회과학자 Hewlett과 West는 부모가 정부와 고용주로부터 무엇을 필요로 하는지를 확인하기 위해서 연봉 $20,000~$100,000인 가정을 대상으로 해서 연구를 실시했다.

연구에 참가한 부모들에게 정부와 고용주가 부모의 자녀양육을 위해 어떤 지원을 하고 있으며, 또 어떤 지원을 더 할 수 있을지에 대해 알아보았다. 단지 연구 표본집단의 6%만이 정부나 고용주가 부모를 돕는 데 상당한 기여를 하고 있다고 보고한 반면, 84%의 부모들은 정부가 부모를 지원할 수 있다고 믿었고 76%는 고용주가 지원할 수 있다고 생각했다. 나아가 부모들은 정부가 다양한 방식으로 부모들의 재정 부담을 덜어 주고 자녀에게 서비스를 제공할 수 있다고 믿었다. 가령, 건강보험을 받지 못하고 있는 자녀들에게 건강보험을 제공하는 것, 피부양자 면세를 세 배로 하는 것, 자녀양육비와 유치원 비용에 대한 세금공제를 두 배로 하는 것, 자녀 필수품에 대한 판매세를 없애는 것, 가족수혜적 정책(비상근 근무나 유동시간 근무 조건)을 적용하는 고용주에 대한 세금 감면 조치, 25명 이상을 고용하고 있는 사업장에서는 출산이나 입양 시 어머니 또는 아버지 쪽에 12주 유급휴가 조치, 부모의 작업계획에 맞춘 일일 학교시간과 연중 학교시간의 연장 등을 들 수 있다. 부모들은 또한 정부에서 총기 제작자들에게 자녀의 안전사고에 대비한 총기 안전장치 설치에 대해 촉구하기를 원했다. 궁극적으로 매년 2주의 무급휴가를 더 갖고 자녀의 학교 교사와의 면담이나 의사면담 같은 가족 활동을 위한 3일의 유급 연차를 보장하는 것과 같이 부모가 가족 활동에 참여할 수 있는 더 많은 시간을 고용주가 허용해 줄 수 있다고 생각했다.

부모들의 이런 희망사항이 비현실적으로 들릴지 모르겠지만, 1996년 전국조사에서 보면 70% 이상의 성인들이 세금을 자녀들을 위한 프로그램에 활용하는 것을 선호한다는 보고가 있다. 앞서 제안된 조치들은 부모들에 대한 사회적 지원에 있어 새로운 조치를 시도하는 것이 아니라 기존의 행정적 조치를 강화하거나 연장시키는 것이라는 이점을 가지고 있다.

정부와 고용주 모두 부모가 필요로 하는 지원을 제공하지 못한다는 전제하에,

Hewlett과 West는 부모지원을 위한 로비 활동을 지원할 수 있는 전국부모연합(National Parenting Association)을 조직했다. Hewlett과 West는 노년 미국인의 요구사항이라는 측면에서 유권자들을 관리하고 그런 사항들에 정부와 경제계의 관심을 집중시킨 점에서 미국정년은퇴자연합(American Association of Retired Persons; AARP)의 성공을 지적했다. 65세 이상의 빈곤율 저하는 1958년에 시작된 AARP의 로비 활동 효과를 잘 예증한다. 1960년에 65세 이상의 빈곤율은 35%였고 1995년에는 11%에 지나지 않았는데, 이는 자녀 빈곤율의 절반에 지나지 않는다. 자녀 빈곤율은 1960년에 27%에서 1969년에는 14%로 감소되었지만 1984년에는 20%로 다시 증가했다. 이는 자녀 권익을 보장하는 강한 유권자 집단이 형성되어 있지 않았기 때문이다. 인구의 전반적인 노령화에 따라 부모가 차지하는 유권자 비율이 1956년 55%에서 1996년 35%로 격감해 가면서 효과적인 유권자 집단을 조직하는 것은 점차 더 어려워지고 있다.

그러나 Hewlett과 West는 제2차세계대전 후 정부의 가족수혜 프로그램의 성공을 지적한다. 부모권리장전(글상자 1.4)은 1950년대에 부모들의 교육 및 직업 향상과 가족의 주거 문제를 효과적으로 지원한 미군권리법안에 근거를 두고 있다. 이 지원 혜택은 모든 재향군인들이 받을 수 있었고, 모든 사람들의 경제적 복지를 촉진하는 일종의 투자를 대표했다.

미군 지원 법안은 전쟁 중 국가를 위해 생명을 바친 엄청난 기여를 한 남녀에 대한 감사의 표현이었다. 부모의 권리 또한 차세대를 양육함으로써 국가를 위해 기여한 부모에 대한 감사의 표현이 될 것이다. 부모들은 계속 증가할 성인의 연장자층을 지원하게 될 건강하고 능력 있는 성인으로 성장할 자녀를 양육하는 데 엄청난 시간과 금전을 들인다. 그런 자녀를 출산하고 양육하는 것은 진실로 국가에 위대한 기여를 하는 것이다.

글상자 1.4

부모 권리 장전*

I. 자녀를 위한 시간

- A. **유급 양육휴가**–자녀가 6세가 될 때까지 부모가 사용할 수 있는 휴가. 총 24주
- B. **가족 우호적인 작업장**–유연성 있는 작업시간과 가정기반 작업을 제공하는 회사에 감세 혜택 제공
- C. **안전 연결망**–6세 이하 자녀를 양육하는 빈곤층의 수입지원, 십대 어머니와 유경험 어머니와의 생활 장려

II. 경제적 안정

- A. **생계보장 임금**–시간당 $7의 최저 임금과 저임금 노동자를 위한 보조금
- B. **직업 기회**–직업기술 향상을 위한 프로그램
- C. **세금 경감**–부모의 경우 소득세 감면, 자녀양육 세금공제액 확대
- D. **주거 혜택**–장기 융자 보조, 월세 할인

III. 친가족적 선거 체제

- A. **투표 활동의 격려**
- B. **자녀들을 위한 부모의 투표 활동**

IV. 친가족적 법구조

- A. **결혼기준 강화**–엄격한 결혼기준과 강한 이혼제지 기준
- B. **아버지 지원**–부권 유지, 비양육부모의 자녀들 방문 확대
- C. **입양 보조지원**–입양자에게 주는 혜택

V. 지원적 외부환경

- A. **폭력, 마약이 없는 이웃 환경**
- B. **양질의 학교 활동, 일일 학교시간과 연중 학교시간의 확장**
- C. **양육 및 가족 건강보험 지원**
- D. **책임감 있는 방송매체**
- E. **조직화된 대변자**–부모의 권익을 증진시키는 기구의 창출

VI. 명예와 존엄성

- A. **부모 복지의 지표**–부모의 임금, 자녀를 위한 시간, 양호한 주거, 건강관리를 반영하는 측정치
- B. **국가적인 어버이의 날**
- C. **부모 특전**–자녀를 양육하는 부모를 위한 교육, 특정 가족 활동을 위한 비용 감소

* 출처: Sylvia Ann Hewlett, & Cornel West (1998). *The War against Parents*. Boston: Houghton Mifflin, pp. 230–258.

요 약

자녀양육이란

- 영양분을 주고 보호하고 새 인생을 지도하는 것
- 기본적 자원, 사랑, 관심, 가치를 제공하는 것

양육과정이 관여하는 것은

- 자녀와 부모 그리고 사회 간의 지속적인 상호작용
- 자기 고유의 욕구와 기질을 가지고 있고 동시에 부모의 중요한 욕구를 충족시켜 주는 자녀
- 자신의 자녀양육을 책임지고 자녀의 욕구를 충족시켜 주는 부모
- 지원의 원천이거나 자녀와 부모에게 스트레스의 원천인 사회
- 개인과 사회적 환경 내의 위험 요인과 보호 요인

역사적 시기는

- 가족생활을 조성하는 사회적, 경제적 조건을 통해 양육에 영향을 준다.
- 여러 도전을 제기하고 부모를 지원한다.

자녀양육은

- 사춘기 부모에게는 더욱 힘든 일로, 이들은 교육수준이 낮고 더 적은 자원을 가지고 있는 반면, 부모가 성인 이상이면 더 정착되고 안정된 생활을 영위하여 양육에 더 효과적이다.
- 부부가 서로 자녀계획에 동의할 때 더 좋은 시작을 하게 된다.
- 부부가 임신을 하는 데 난관을 겪게 되는 경우 더욱 관여하고 가치 있게 생각한다.

부모는

- 단일체로서 자녀의 인생에 가장 중요한 영향과 자원이다.
- 자녀 행동에 유일하게 영향을 미치는 것은 아니다. 가정 밖의 또래들, 미디어, 지

역사회, 사회적 사건들 모두 자녀의 행동과 발달에 영향을 준다.

- 정부는 부모를 재정적으로 더욱 지원해야 하고, 고용주들은 부모가 가족과 있는 시간을 더 허용해 주어야 한다는 점에 강한 일치를 보인다.

미국 사회는

- 유럽 국가에서 부모에게 지원하는 것에 비해 더 저조한 지원을 한다.
- 유럽 국가에 비해 더 적은 혜택을 자녀에게 제공한다.
- 부모가 자신에게 필요한 것을 획득하기 위해 조직을 구성하고 투표 활동을 할 때만 부모와 자녀의 요구에 반응할 것이다.

참고문헌

Andrew Yarrow (1991). *Latecomers: Children of Parents over, 35.* New York: Free Press.

Arnold J. Sameroff et al. (1998). "Family and Social Influences on the Development of Child Competence." in *Families, Risk, and Competence,* ed. Michael Lewis and Candice Fearing. Mahwah, NJ: Erlbaum, pp. 161–185.

Barbara Dafoe Whitehead (1993). "The New Family Values." *Utne Reader,* May–June.

Benjamin S. Bloom, ed. (1985). *Developing Talent in Young People.* New York: Ballantine.

Carolyn Pape Cowan, & Philip A. Cowan (1992). *When Partners Become Parents.* New York: Basic Books.

Christoph N. Heinicke. "Determinants of the Transition to Parenting." in *Handbook of Parenting,* ed. Marc H. Bornstein, vol. 3, *Status and Social Conditions of Parenting.* Mahwah, NJ: Erlbaum, pp. 277–303.

Frank F. Furstenberg, J. Brooks–Gunn, & S. Philip Morgan (1990). *Adolescent Mothers in Later Life.* Cambridge: Cambridge University Press, pp. 145–146.

Hamburg, David A. (1992). *Today's children.* New York: Times Books.

Harris, Judith Rich (1998). *The Nurture Assumption: Why Children Turn Out the Way They Do.* New York: Free Press.

Hewlett, Sylvia Ann, & Cornel West (1998). *The War against Parents.* Boston: Houghton Miffiln.

J. Belsky, E. Robins, & W. Gamble (1984). "The Determinants of Parental Competence: Toward a Contextual Theory." in *Beyond the Dyad,* ed. Michael Lewis. New York: Plenum, p. 253.

Jay Belsky, & John Kelly (1994). *The Transition to Parenthood.* New York: Delacorte, p. 23.

Jerome Kagan, Doreen Arcus, & Nancy Snidman (1993). "The Idea of Temperament: Where Do We Go from Here?" in *Nature, Nurture and Psychology,* ed. Robert Plomin and Gerald E. McClean. Washington, DC: American Psychological Association, pp. 197–210.

John D. Coie et al. (1993). "The Science of Prevention: A Conceptual Framework and Some Directives for a National Research Program." *American Psychologist, 48,* p. 1022.

Joy D. Osofsky, Della M. Hann, & Claire Peebles (1993). "Adolescent Parenthood: Risks and Opportunities for Mothers and Infants." in *Handbook of Infant Mental Health,* ed. Charles H. Zeanah, Jr. New York: Guilford Press, pp. 106–119.

Konner, Melvin (1991). *Childhood: A Multicultural View.* Boston: Lettle, Brown.

Louv, Richard (1991). *Childhood's Future.* New York: Doubleday.

Marilyn Fabe, & Norma Wikler (1979). *Up against the Clock.* New York: Random House.

Patterson G. R., & Capaldi D. M. (1991). "Antisocial Parents: Unskilled and Vulnerable." in *Family Transitions,* ed. Philip A. Cowan, & Mavis Hetherington. Hillsdale, NJ: Erlbaum, pp. 195–218.

Ronald Seifer et al. (1992). "Child and Family Factors That Ameliorate Risk between 4 and 13 Years of Age." *Journal of the American Academy of Child and Adolescent Psychiatry, 31,* pp. 893–303.

Ross D. Parke, & Raymond Buriel (1998). "Socialization in the Family: Ethnic and Ecological Perspectives." in *Handbook of Child Psychology,* ed. in chief William Damon and vol. ed. Nancy Eisenberg, vol. 3, *Social, Emotional, and Personality Development,* 5th ed. New York: Wiley, pp. 463–552.

Skolnick, Arlene (1991). *Embattled Paradise: The American Family in an Age of Uncertainty.* New York: Basic Books.

Susan Golombok et al. (1995). "Families Created by the New Reproductive Technologies: Quality of Parenting and Social and Emotional Development of the Children" *Child Development, 66,* pp. 285–298.

Sylvia Ann Hewlett, & Cornel West (1998). *The War against Parents.* Boston: Houghton Mifflin, pp. 230–258.

Urie Brofenbrenner (1986). "Ecology of the Family as a Context for Human Development." *Developmental Psychology, 22,* pp. 723–743.

Urie Bronfenbrenner, & Pamela A. Morris (1998). "The Ecology of Developmental Processes." in *Handbook of Child Psychology,* ed. in chief William Damon and vol. ed. Richard Lerner, vol. 1, *Theoretical Models of Human Development,* 5th ed. New York: Wiley, pp. 996–1015.

Urie Bronfenbrenner (1979). *The Ecology of Human Development: Experiments by Nature and Design.* Cambridge, MA: Harvard University Press.

02

부모되기 학습

부모는 자녀의 양육과 건강한 성장을 증진시켜야 한다는 막대한 책임에 직면한다. 이것은 진실로 중대한 일이다. 이 장에서는 부모의 역할이 무엇인지 기술하고, 부모가 이 복합적인 과제를 수행하기 위해 필요한 학습방법을 검토하고자 한다. 문화와 가족의 기원은 부모의 양육행동에 어떻게 영향을 주는지 살펴볼 것이며, 자녀양육은 생후 3년 동안이 가장 중요하다는 가설을 고려해 볼 것이다. 그리고 자녀가 어떻게 부모를 변화시키는지도 알아볼 것이다. 자녀가 발달해 가는 동안 부모 역시 어떤 단계를 거쳐 가기 때문에 양육이란 부모와 자녀 둘 다 변화시키는 과정이라 할 수 있다.

1. 부모의 직무

1장에서 부모는 일반적으로 자녀의 양육자, 보호자, 안내자로 정의되었다. 여기서 우리는 부모가 의미하는 바를 일일 활동을 통해 더 구체적으로 다루어 보고자 한다. 과거에 부모는 우선 새 생명의 창조자로 기술되어 왔지만, 많은 부모들이 자녀의 출생에 개입되지 않는 경우도 있어 자녀가 출생한 이후의 부모들의 행동에 초점을 맞추고자 한다.

사회과학자들에 따르면(1990, 1993), 부모의 주요 과제는 다음과 같은 것들을 자녀에게 제공하는 것이다.

- 생명 유지를 위한 물리적 필요–음식, 안식처, 의복 제공
- 삶을 유지하기 위한 정서적 필요–사랑, 정, 관심, 민감하고 반응적인 돌보기
- 보호와 안전 유지
- 신체적, 지적, 사회적 기술 발달을 위한 적절한 자극과 기회 부여
- 가족과 지역사회의 행복하고 헌신적인 구성원의 모범

연구자들은 개개인이 갖는 부모 역할 지각을 이해하기 위해 최근에 개발된 질문지를 사용하여 자녀를 양육하는 데 그 중요성이 달라지는 여섯 개 영역을 발견하였다. 이 여섯 개 차원은 결속, 보호, 민감성, 반응성, 교육, 훈육이다. 결속은 아동기 전반에 걸쳐 매우 중요한 영역이지만, 사춘기에 들어서면 그 중요성이 조금 감소하는 편이다. 보호, 민감성, 반응성은 영아기에 중요한 행동 영역인 반면, 교육과 훈육은 덜 중요한 양육행동 차원에 속한다. 걸음마기 유아의 경우, 교육과 훈육은 영아기 때보다 더 중요한 행동 차원이 되고 반응성, 민감성, 보호는 여전히 매우 중요한 양육행동이다. 사춘기가 되면 여러 영역들 간의 특별한 차이 없이 모두 중요한 차원으로 여겨진다. 양육 과제는 자녀의 연령에 따라 변하는 것을 여기서 볼 수 있다.

양육 과제를 이해하는 것은 부모가 할 일을 이해하는 첫 단계다. 이제 양육의 목표에 대해 다루어 보도록 하자. 부모가 성취하고자 하는 바는 과연 무엇인가?

2. 부모의 목표

부모는 자녀를 양육할 때 세 개의 대략적인 목표를 가지고 있다. 즉, ① 자녀의 신체적 건강과 생존의 보장, ② 자녀의 경제적인 독립 준비시키기, ③ 긍정적인 개인행동과 사회적 행동—심리적 적응, 지적 유능감, 친구 사귀기 능력—의 격려다.

자녀를 위험으로부터 보호하고 생존을 보장하려는 욕구는 부모가 갖는 가장 강한 장기적 목표자 분명한 목표다. 그러나 부모는 자녀를 책임감 있고 경제적으로 생산적인 구성원으로 사회화시킬 때 광범위한 측면에서의 유능감을 추구한다. 유능감에서

우선을 두는 것은 부모의 사회적, 인종적 배경에 따라 다르다. 예를 들어, 미국 사회의 다수 집단 문화의 부모들은 학업 성취와 인지적 기술이라는 목표를 강조하는 반면, 소수 집단 문화에서는 확대가족 내에서의 사회적 기술, 화합, 공유, 협동이라는 목표를 강조한다.

부모는 전형적으로 자녀에게 특정한 유능감의 발달을 장려하는데, 이는 자존감, 신체적 · 지적 · 정서적 · 사회적 · 도덕적 유능감이다. 부모가 어떻게 각 유능감을 장려하는지 검토하기 전에 세 가지 핵심 사항을 주목할 필요가 있다.

첫째, 자녀양육은 부모, 자녀, 사회 공동의 역할을 통해 영향받는 과정이다. 여기서는 다양한 영역에서의 성장을 장려하기 위해 부모가 무엇을 하는지에 초점을 맞추고자 한다.

둘째, 부모는 직 · 간접적으로 자녀에게 영향을 준다. 이 장에서는 이 영향들에 대해 보다 충분히 논의하고자 한다. 예를 들어, 간접적인 영향은 모든 영역에서 유능감에 아주 비슷하게 작용하는 경향이 있다. 자녀에게 안정적 애착을 형성하는 부모, 결말이 없는 갈등이나 강한 분노 또는 심한 스트레스가 없는 가정 분위기를 이끄는 부모, 합리적 판단과 정적 보상을 통해 가치 있는 행동을 증진시키는 부모, 신체적 훈육이나 혹독한 훈련을 피하는 부모는 간접적으로 모든 형태의 유능감 행동을 장려한다.

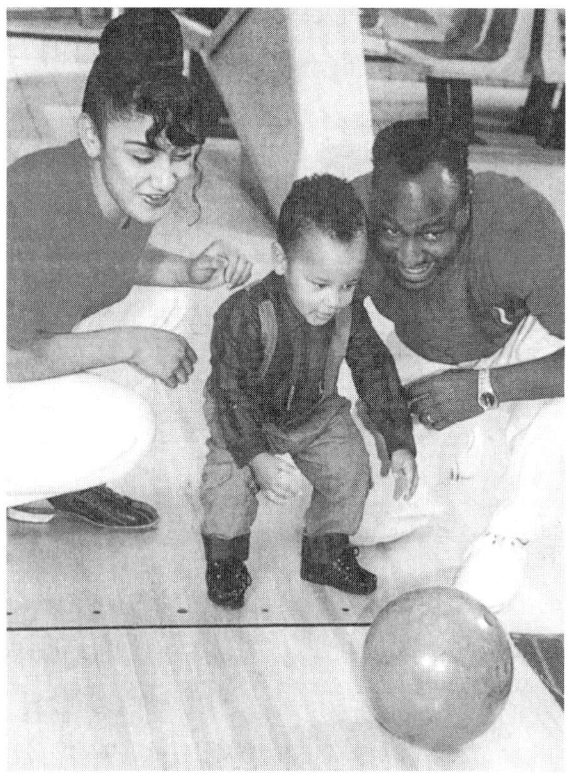

비고츠키는 유아가 타인과의 사회적 관계 경험을 사회적 수준으로 먼저 경험한 후에, 그 경험을 개인적인 심리적 수준으로 내재화한다고 주장하였다.

셋째, 일상생활에서 자녀가 갖는 소질과 환경적 영향의 복잡한 상호작용이라는 시각에서 자녀의 유능감 발달을 보려고 한다. 유전자는 자녀가 갖는 소질 차이의 원천이 된다. 임신, 진통, 출산 중의 사건들 또한 발달에 영향을 미치는 신체적, 생리적 특성을 초래할 수 있다. 환경적 영향으로는 광범위한 사회 체제뿐만 아니라 부모와 다른 양육자의 특성도 포함한다.

어떤 사회과학자들은 소질적 요인 또는 환경적 요인 중 한쪽 요인이 다른 요인보다 더 중요하다고 강조한다. 이 책 전반을 통한 우리의 입장은 많은 발달학자들이 지지하는 견해, 즉 이 두 요인은 복잡하며 관심 대상의 행동에 따라 다르게 작용할 수 있다는 견해를 강조하는 것이다. 그래서 특정 행동을 이해하려고 할 때, 두 요인이 어떻게 상호작용을 해서 특정 행동의 발달에 함께 영향을 주는지에 초점을 맞출 것이다.

이제 특정 형태의 유능감에 부모가 기여하는 주제를 다루고자 한다.

1) 신체적 유능감

신체적 유능감에는 두 측면이 있다. 신체적 건강/양호와 운동 유능감이다. 부모의 직접적인 역할은 건강한 행동의 모델이 되는 것이다. 건강한 행동에는 영양가 있는 음식을 먹는 것, 체력단련, 흡연이나 과도한 음주 같은 나쁜 습관 끊기, 정기진찰을 통한 건강관리 등이 있다. 또한 부모가 건강한 행동을 가르치기도 하는데, 양치질과 적절한 식이요법을 예로 들 수 있다. 더 나아가 정기진찰, 면역주사, 치아관리를 통해 건강한 행동의 기초를 제공한다.

신체적 건강을 보장하는 것 외에도 부모는 자녀가 운동 유능감과 운동 기술을 발달시킬 수 있는 경험을 제공한다. 운동 유능감은 선천적 능력보다는 실생활 경험의 결과로 발달한다는 흥미로운 연구 보고가 있다. 유아와 아동은 감각지각과 운동을 통합하여 경험을 다중감각적으로 형성한다. 이 경험으로부터 목표 성취를 돕는 움직임을 선택하고 유지한다. 예를 들어, 방 안에서 물건을 집으려는 유아는 몸의 크기와 힘에 따라 자신이 할 수 있는 어떤 움직임—구르기, 자기 몸 밀기, 기어가기, 옆으로 걷기, 걷기—이든지 사용할 수 있다. 목표를 성취하는 성공적인 운동 패턴은 강화되고, 사용을 반복하면서 더 세밀해진다. 신경과학자들은 뇌가 인간 경험의 '팔레트(rough palette)'를 제공하고 경험은 특정 신경연결의 선택과 유지를 결정한다고 한다. 뇌는 특정 행동을 가능하게 하지만, 뇌세포 간의 실제 연결은 경험을 통해서 형성되고 강화된다.

환경과 부모 둘 다 운동 유능감을 향상시키는 데 있어 일반적으로 생각했던 것보다 더 중요한 역할을 한다. 부모는 세상에서 경험의 기회를 제공함으로써 신경 변화와 운동 유능감을 유도한다. 운동능력에 의문을 제기하는 사람이 있을지 몰라도 운동 유능감, 특히 초기에 있어 운동 유능감은 인지발달과 사회발달을 촉진한다. 점차적으로 증가되는 숙달된 움직임을 통해 유아와 아동은 그들의 세상을 더 심층적으로 탐색한다. 또한 이들은 자신이 발견한 것에 반응해 주는 사람들과 그 발견들을 공유함으로써 지식을 누적시켜 나간다. 탐색은 사회적 상호작용도 유발시킨다. 영아와 걸음마를 시작하는 유아들은 움직이는 능력이 더 발달하면서 부모와의 상호작용을 시작한다. 연령이 더 높은 유아들은 보다 더 독립적으로 움직이면서 자신의 사회적 세계를 확장하고, 게임과 운동을 중심으로 한 사회적 상호작용을 즐길 수 있게 된다.

환경과 양육자가 운동 유능감 증진에 어떻게 개입할 수 있는지를 검토하는 연구는 아직 드물다. 그렇지만 행동이 전이 단계에 있고 아동이 충분한 유연성을 가지고 새로운 해결방법을 탐색하고 결정하려고 할 때 환경과 부모의 개입이 가장 중요하다는 점은 알고 있다.

2) 지적 유능감

운동 유능감과 마찬가지로 인지적 발달은 지각과 행동, 선택, 유지라는 주기의 반복을 통해 일어난다. 스위스 심리학자 피아제(1969)는 아동의 능동적 지식 구성의 중요성을 강조함으로써 아동의 심리 성장 및 발달에 대한 이해를 심화시켰다. 지적 유능감이란 아동이 세계를 탐색하고 정보를 받아들이고 이 정보를 도식(schema)이라는 내적 구조에 맞춰 체제화하는 역동적 과정이다. 정보의 수용과 체제화 과정 동화(assimilation)라고 한다. 더 나아가 아동은 새로운 정보를 획득해 가면서 자신이 가지고 있는 내적 도식이 부적합함을 발견하게 되고, 이때 새 정보에 맞게 그 도식을 수정하는데 이 과정은 조절(accommodation)이라고 한다. 따라서 지적 성장이란 세계에 대한 개인의 내적 구조와 세계 그 자체 간의 균형을 이루기 위한 새로운 정보 수용(동화)과 정보 수정(조절)의 일정한 상호작용이다. 평형화(equilibration)가 바로 개인이 이러한 효과적인 균형을 성취하게 하는 적극적인 과정이다.

피아제는 지적 성장이 보다 정교한 도식의 누적만의 문제가 아니라고 생각했다. 성장은 경험에 반응하고 이를 체제화하는 새로운 방식들로부터 일어난다고 했다. 피아제는 지적 성장을 각각 하위 단계를 가지고 있는 4단계로 기술하였다. 생후 2년간은 감각운동기라고 하는데, 지각과 운동 활동이 지식의 원천이 되고 도식은 행위 패턴으로 구성된다. 2~7세 사이의 전조작기에서는 언어와 모방놀이와 같은 상징이 지식을 구성해 간다. 이때 아동은 직관적인 추론은 하지만 논리적인 추론은 하지 못한다. 7~11세의 구체적 조작기에 가서는 지식을 상징적, 논리적으로 구조화하지만 지각하면서 조작할 수 있는 구체적 대상과 사건에 국한된다. 마지막 단계인 형식적 조작기는 12세부터 성인기까지 지속되는데 논리적 추론이 가능해서 현재 주어진 것을 넘어서 가설적이고 추상적인 상황까지 고려할 수 있게 된다.

피아제는 개인의 행동능력과 성숙능력을 강조한 반면, 그와 동시대에서 활동한 러시아 심리학자 비고츠키는 지적 성장의 사회적 측면을 강조했다. 그는 지식, 사고, 기억과 주의 같은 심리과정은 모두 사회적 상호작용에 의존한다고 생각했다. 아동이 배우는 것이 무엇이든지 처음에는 사회적 수준에서 누군가와의 상호작용을 통해 경험하게 되고 개인의 심리적 수준에서 이 경험을 내재화한다. 예를 들어, 유아는 어른이 어떻게 딸랑이를 흔드는지, 다른 장난감을 가지고 어떻게 하는지를 관찰한 다음 동일한 행동을 따라 해 보게 된다. 그리고 나중에 가면 독자적으로 그 행위를 할 수 있게 된다.

사회적 상호작용은 개인이 속한 문화와 사회의 체제에 의존한다. 모든 문화는 각각의 세계관을 가지고 있고 문제해결 방식 또한 독특하다. 언어, 글쓰기, 그림그리기 그리고 문제해결 방법에 모두 사회적 세계관이 반영된다. 어른들은 아동과 상호작용을 할 때 이런 사회적 관습양식을 사용하고 아동은 이를 내재화한다.

사회적 상호작용은 사회에서 통용되는 지식을 전달할 뿐만 아니라 아동이 이 지식을 배우도록 자극하는 중요한 역할을 하기도 한다. 비고츠키는 **근접발달영역**이라는 독특한 개념에 대해 기술했다. 이 개념에 따르면, 아동은 행동 수행에 있어 자기만의 일정한 범위를 가지고 있는데 이는 분명하게 내적 능력으로 보인다. 대부분은 이것을 아동의 능력수준이라고 생각하는 것이다. 그러나 비고츠키는 이 영역에서 아동의 행동은 향상될 수 있다는 점을 지적했다. 아동이 혼자 있을 때 성취하기 힘들었던 것을 경험자가 질문이나 힌트, 예시 등을 통해 지도하거나 암시해 주면 보다 성숙한 수준에서 반응을 보일 수 있다. 즉, 아동은 사회적 상호작용을 통해 드러나는 잠재성을 가지고 있는 것이다. 예를 들어, 말하는 법을 배우는 아동은 자발적 수준에서 일정 수의 단어를 사용할 수 있을 것이다. 이 어휘 사용 수가 그 아동의 언어능력이라고 할 수 있다. 그러나 아동에게 어머니가 전에 그 사물을 무엇이라고 불렀는지 상기하라고 촉구하거나, "멍멍이?"라고 말하면서 아동이 방금 확인한 사물에 특정 반응을 덧붙이거나, "멍멍이 간다."라는 말을 하는 방법으로 아동의 단어 수를 증가시킬 수 있다.

이렇듯 아동이 혼자서 할 수 있는 수준의 것을 지도받을 때 더 잘할 수 있는 잠재된 행동의 영역이 바로 근접발달영역이다. 비고츠키의 관심은 아동이 할 수 있는 것을 넘어서 아동의 학습 잠재성이 무엇인지를 밝히는 것이었다. 그는 교육이 아동의 잠재성을 근접발달영역의 극대점으로 지향할 때 가장 큰 영향을 준다고 생각했다. 경험자는 아동이 처음 시도 시에는 지도가 있어야 하는 일들을 혼자서도 할 수 있도록 도울 수 있다.

언어는 심리발달에서 중대한 역할을 한다. 언어는 사회적 상호작용과 접촉을 통해 발달하는데, 초기에는 타인에게 영향을 주는 수단으로 사용된다. 어른들은 아동의 반응이나 행동에 영향을 주면서 말을 한다. 아동은 처음에 이미 들었던 말들과 유사한 외적 언어를 사용해서 자신의 행동을 통제한다. 즉, 아동은 타인이 자신에게 말하듯이 자기 자신에게 말을 하고 타인의 말을 통해 자신의 행동을 통제하는 것이다. 걸음마를 하는 유아는 금지된 행동을 중지시키는 방식으로 자신에게 "아니야, 아니야."라고 말한다. 이 아동은 성숙해 가면서 자신의 행동을 통제했던 언어를 내재화한다. 연령이 더 높은 아동은 이런 내적 언어를 겉으로 드러내기보다 속으로 생각하게 된다.

피아제와 비고츠키의 이론에 따르면, 부모의 역할은 ① 자녀가 세상을 독립적으로 탐색하고 행동할 수 있는 기회를 제공하는 것이고, ② 자녀와의 상호작용을 통해 그들의 잠재성을 실현하도록 자녀의 모델과 안내자 역할을 하는 것이라고 볼 수 있다.

3) 정서적 유능감

Goleman(1994)은 베스트셀러인 『정서 지능(Emotional Intelligence)』에서 흥분과 감정 표현의 조절과 통제를 배우는 것은 이제 지적 유능감보다 개인과 사회 모두에게 더 중요하다고 주장한다. 그는 감정 조절 능력은 직업 그리고 가족과 친구와의 관계에서의 성공 간의 관계를 강조한다. 그리고 개인이 자신의 감정을 효과적으로 조절하지 못할 때 뒤따르는 우울증, 섭식장애, 불안 엄습과 같은 심리적 문제의 증가와 이 문제들로 인해 직업 및 가정생활에 미치는 영향에 관심을 보이고 있다. 이에 따른 사회적 비용도 동등한 중요성을 가진다. 통제력이 부족한 사람들은 공격적이고 파괴적인 방식으로 행동할 수 있어 자신뿐만 아니라 타인을 해칠 수 있다.

심리학자들은 정서적 조절(emotional regulation)이란 '필요에 따라 자생적인 반응을 지연시킬 수 있는 능력과 더불어 자생적인 반응에 대한 사회적인 용인과 충분한 융통성이 허용하는 정서반응 범위 내에서 경험의 지속적인 요구에 대한 반응능력'을 언급할 때 사용한다. 정서적 조절은 도덕발달의 기초가 된다. Emde와 동료들(1991)은 3세의 유아에게서 나타나는 도덕적 자아는 생후 1년간 부모와의 상호작용으로부터 형성되어 간다고 주장한다. 반응적인 양육자는 주변 세계에 대해 관심을 갖도록 유도하고, 긍정적인 기분을 갖도록 하며, 자녀가 감정적 혼란을 보일 때 잘 달래는 방식으로 자녀의 감정을 적절히 조절한다. 이런 상호작용을 통해 아동은 세상에서 어떻게 일이 발생하는지, 또 인간이 타인과 어떻게 상호작용하는지를 감지하게 된다. 아동은 이런 과정을 통해 일상적 관례와 규칙들을 내재화하게 되어 자신의 행동을 통제하게 된다.

부모는 자녀가 정서적 조절을 발달시키는 데 직접적 도움을 주는 핵심적인 역할을 한다. 첫째, 부모의 물리적 실제는 어린 자녀의 생리적 기능에 대한 외적 조절로 작용한다고 시사하는 연구가 있다. 양육자가 물리적이거나 정서적인 면에서 자녀로부터 떨어지게 되면 자녀의 생리적 기능, 즉 섭식유형, 수면유형, 놀이방식, 기분상태 등에서 변화가 일어날 수 있다. 이들 변화는 부모가 되돌아올 때까지 지속된다. 부모의 부재에 대한 유사한 반응이 여러 다른 동물들의 새끼들에게서도 관찰되어 왔다. 둘째, 부모의 민감하고 수용적이며 반응적인 양육행동은 부정적 영향을 최소화시키고, 자녀가 부정적 또는 중성적 기분상태에서 긍정적 상태가 되게 하며, 주변에 관심을 기울이는 태도로 바뀌게 하고, 격한 감정이 되는 것을 막아 준다. 셋째, 부모는 자녀에게 자신에게 일어난 감정을 잘 조절할 수 있는 방법을 제공하고 장려한다. 그들은 사랑과 보호뿐만 아니라 좌절과 분노를 다루는 방법의 모델이 된다. 자녀가 자신의 조절방법을 발달시켜 갈 때, 부모는 이 방법을 더 정교화시키도록 지원하고 격려한다. 다음 장에서 부모는 어떻게 이런 일들을 하는지 더 정확하게 살펴볼 것이다.

자녀의 정서를 조절하도록 도와줄 수 있는 부모가 있는 반면, 일반적인 수준 이상의 스트레스에 자녀를 노출시킨 부모는 자녀가 스스로 통제할 수 없는 감정상태에 놓이는 위험을 불러일으킬 수 있다. 가정 내 갈등, 극단적이고 학대적인 훈육, 부모의 심각한 심리적 문제들은 모두 자녀에게 스트레스를 주는데, 이는 자녀의 행동을 혼란하게 할 뿐만 아니라 자원이 부족할 경우에는 더 강력한 대처방법이 필요하게 된다.

최근 연구에 따르면 또 다른 이유에서 초기의 긍정적인 부모-자녀 상호작용이 결정적인 역할을 한다는 것을 알 수 있다. 자녀의 정서적 조절을 향상시킬 때, 긍정적인 부모-자녀 간의 상호작용은 자녀 뇌의 전두엽의 특정 신경연결의 발달을 증진시켜, 결과적으로 정서적 통제능력을 증가시킨다고 한다. 따라서 이들 초기 경험은 이후의 정서 통제에 강력한 영향을 미친다는 것을 알 수 있다.

4) 자존감

부모는 자녀가 자신에 대한 좋은 감정, 즉 자존감을 갖기 원한다. Harter(1990)는 각 발달단계에서 드러나는 자아개념을 영역별로 기술하였다. 〈표 2-1〉은 이 영역들을 보여 준다. 자아개념은 생애 전반에 걸쳐 점증적으로 분화되지만 기본 영역은 놀랍게도 유사하다. 어린 유아는 자아가치에 대한 전반적 느낌을 언어로 표현하지는 못해도 행동을 통해 표현할 수 있다.

전반적 자아존중감은 두 독립 요인과 연관되어 있다. ① 개인이 각 주요 영역별로 갖는 유능감, ② 타인으로부터 받는 사회적 지지의 크기가 해당된다. 자아존중감이 최상인 사람들은 자신이 가치 있다고 생각하는 것에 대해 긍정적으로 느끼고 타인이 자신을 지지하고 수용한다고 느낀다. 하지만 전반적 자아존중감이 최하인 사람들은 주요 영역에서 유능감이 없다고 느끼고 사회적 지지를 받지 못한다고 보고되고 있다. Harter는 사회적 지지는 한 개인이 무능하다고 인식하는 것을 직접적으로 사라지게 할 수 없는 반면, 유능감은 사회적 지지가 부재하다는 느낌을 완전히 극복할 수 없다고 지적한다. 즉, 자존감을 증가시키기 위해서는 각 영역에서 사회적 지지와 유능감을 모두 증가시켜야 한다.

3~7세에 높은 자존감을 지닌 자녀는 두 가지 특성을 보이는데, 하나는 상황을 직면하는 데 대한 확신감이고 다른 하나는 좌절하거나 당황할 때 갖는 유연성이다. 이 특성들은 양육자에게 안정적인 애착을 갖는 자녀의 특성이기도 하다. 안정적 애착을 조장하는 양육 경험은 높은 자존감 발달을 돕는 양육 경험과 대부분 일치한다. 그래

표 2-1 생애 각 시기별 자아개념에 대한 영역

초기 아동기	중기/후기 아동기	사춘기	대학교	성인
인지적 유능감	학업 유능감	학업 유능감 직업 유능감	학업 유능감 지적 능력 직업 유능감	 지능 직업 유능감
신체적 유능감	운동 유능감 신체적 외형	운동 유능감 신체적 외형	운동 유능감 신체적 외형	운동 유능감 신체적 외형
또래 수용	또래 수용	또래 수용 친밀한 우정 연인관계	또래 수용 친밀한 우정 연인관계 부모와의 관계	또래 수용 친밀한 우정 친밀한 관계
도덕적 행동	도덕적 행동	품행/도덕성	도덕성 유머 감각	도덕성 유머 감각 양육행위 가계관리 적절한 공급자
	전반적 자아존중	전반적 자아존중	전반적 자아존중	전반적 자아존중

* 출처: Susan Harter (1990). "Causes, Correlates, and the Functional Role of Global Self-Worth: A Life-Span Perspective." in *Competence Considered,* ed. J. Kolligian, & R. Sternberg. New Haven, CT: Yale University Press, p. 73. Reprinted by permission.

서 부모의 지원은 초기 자존감을 결정하는 데 유능감 자체보다 더 중요한 결정 요인이 된다. 후기 아동기에서는 사회적 지지와 유능감 모두가 자아존중감을 결정하는 데 중요하게 작용한다.

자아존중감이 형성되는 데 대부분 영향을 미치는 특정한 유능감 영역은 신체적 외형과 타인—즉, 부모와 또래—의 사회적 수용이다. 놀랍게도 신체적 외형과 사회적 수용은 8~55세의 생애 전반에 걸쳐 지속적으로 현저하게 작용한다.

아동기 자녀와 사춘기 청소년은 타인의 사회적 수용과 자신의 매력에 대한 타인의 지각에 근거해서 자존감을 형성하는 것인가, 아니면 자존감이 높은 아동과 청소년들이 타인이 자신을 좋아하고 매력적이라고 본다고 생각하는 것인가? 과연 어느 것이 먼저인가? 설문조사에 따르면, 약 60%의 아동과 청소년들이 자존감은 타인의 시각에 의존한다고 본 반면, 40%는 타인이 자신들을 좋아하고 수용한다고 본다. 첫째 범주에 속하는 아동과 청소년은 자존감이 낮았는데, 자신은 타인 시각의 변동에 의존적이라고 본다. 둘째 범주에 속하는 이들은 보다 안정되고 높은 자존감을 가지고 있었는데, 자신의 자존감은 내적 특성에 따른다고 생각하기 때문이다.

자존감은 부모와 양육자가 생애 초기에 긍정적으로 존중하는 것에 따라 형성되지만, 이것이 인생 전반에 걸쳐 고정되는 것은 아니다. 각 개인이 주요 영역에서 유능감을 강화시키면서 또는 타인으로부터 더 많은 지지를 받게 되면서 자존감 수준은 시간이 지남에 따라 높아질 수 있고, 반대 상황에서는 낮아질 수 있다.

변화와 전이 시점—유치원, 중학교, 대학교 입학이나 새 학교로 전학 또는 새로운 동네로 이사—에서 자존감의 변화를 유발할 수 있는데, 새롭게 발달된 기술, 새로운 참관 집단 그리고 새 사회적 지지 집단은 변화의 자극을 제공한다. 인간은 긍정적 사회 지지 집단에 속하게 되거나 창출할 때 또는 다른 영역에서의 유능감을 증가시킬 때 가장 성공적으로 자존감을 유지하게 된다.

5) 사회적 유능감

부모는 놀이할 친구들이 있고 놀이가 가능한 평지, 공원, 놀이터가 있는 주거지역을 선택함으로써 사회적 유능감을 촉진시키는 직접적 역할을 한다. 부모가 자녀를 위해 비공식 집단과 놀이집단을 조직하고 긍정적 상호작용을 갖도록 지도할 때 자녀의 사회적 기술은 향상된다. 부모가 사람들과 긍정적 상호작용을 유도하는 가족 분위기를 만들어 낼 경우 부모의 역할은 직접적, 간접적으로 작용하게 된다. 자녀에게 안정적 애착을 형성하게 하고, 가족구성원과의 긍정적 상호작용을 배우게 하며, 즐거운 형제관계를 형성해 주고 강화하는 이 모든 것들이 타인에 대한 신뢰, 타인을 이해하고 대처하는 기술 그리고 사회 활동의 전반적인 즐거움을 증진시키는 것이다.

연구에 따르면 아버지의 행동은 자녀의 사회성 발달 향상에 특히 중요하다고 한다. 예를 들어, 아버지와의 신체적 놀이는 자녀가 타인의 행동을 조절하는 신호들을 학습하는 데 도움을 준다. 5세 자녀의 분노나 슬픔을 수용하고 자녀가 이런 감정을 다스리는 것을 돕는 아버지의 능력은 8세에 자녀의 사회적 기술 수준과 관련이 높은 것으로 나타났다. 자녀의 부정적 감정에 대해 아버지가 화를 내는 것으로 반응할 경우, 이 자녀는 수용적인 아버지를 가진 자녀에 비해 더 공격적이고 사람들을 더 회피하게 된다.

장기적인 스트레스를 받고 있는 가정의 자녀는 그렇지 않은 자녀에 비해 사회적인 기술이 낮았다. 예컨대, 가난은 사회적 유능감에 부정적 영향을 준다. 저소득층 가정의 자녀는 사회집단 활동이 많이 필요한데도 물리적 환경과 부모가 제공하는 자원 문제로 놀이할 수 있는 기회가 제한된다. 저소득층 거주지역은 대개 집 밖에서의 놀이가 안전하지 않고, 부모가 또래와 접촉하게 해 줄 시간이 없어서 사회적 접촉을 갖기가 힘들다.

사회적 유능감을 저해하는 다른 스트레스 요인들로는 부모의 실직, 결혼생활 갈등, 이혼을 들 수 있다. 부모의 학대와 우울증, 알코올 중독은 자녀가 타인과의 긍정적 상호작용을 할 수 있는 능력을 더 저해시킨다.

6) 도덕적 유능감

도덕적 유능감이란 다음과 같은 아동의 행동 유형을 가리킨다. ① 타인에게 자발적으로 도움을 주고 혜택을 주는 긍정적 행동의 수행, ② 타인에게 해를 주는 행동, 즉 거짓말하기, 훔치기, 신체적 공격 같은 파괴적 · 공격적 행동의 금지, ③ 행동을 방향짓는 양심 또는 내적 규준의 발달, ④ 도덕적 판단력 획득이다. 도덕적 유능감은 자기통제 능력과 타인에 대한 관심에 근거하므로 정서적, 사회적 유능감과 관련되어 있다.

도움을 주는 행위(이타적 행위)는 초기의 양육 경험에서 비롯된다. Wilson(1993)은 『도덕감(*The Moral Sense*)』이라는 책에서 Robert Emde와 같이 초기의 부모-자녀 관계가 도덕성 발달에 중요하게 기여한다는 점을 지적한다.

> 우리의 도덕감은 애정관계라는 제련소에서 단련되고 가족과 또래와의 확장된 관계를 통해 증진된다. 자녀와 부모의 보편적인 애착으로부터 자녀는 감정이입과 공정감을 발달시키기 시작해서 자기통제를 학습하고 최소한 특정 문제에 있어 책임감을 가지고 행동하는 양심을 획득하게 된다. 우리가 가족 내에서 특정 성향을 공유하는 것처럼 다른 사람들에게도 이런 성향은 연장된다는 것을 알 수 있다.

부모는 또한 타인에 대한 감정이입을 장려함으로써 자녀의 이타행동에 직접적인 영향을 준다. 부모는 "봐봐. 네가 조이를 울렸구나."라고 말하는 것같이 타인에 대한 관심을 언어로 표현해서 자녀가 타인의 관점을 이해하도록 유도한다. 부모는 자녀에게 어떻게 남을 돕는지에 대해 모범을 보이며 가르치고, 자녀가 충분히 행동할 수 있는 규준을 형성하는 데 적극적인 역할을 수행한다. 도덕적 규준이 없이 단지 온정과 양육만으로는 이타행동을 증진시키는 효과가 적다.

가정의 정서적 분위기는 자녀의 타인에 대한 동정과 관심 수준에 영향을 미친다. 부모가 자주 싸우는 가정에서는 자녀가 어머니와 형제자매들에게 동정심을 보이지만 집 밖의 또래들에게는 덜 관심을 보인다. 어머니가 집에서 긴장과 슬픔, 공포를 표현하고 이런 감정을 자녀가 이해할 경우에는 자녀의 동정심은 증가한다.

자녀가 부정적 감정상태에 있을 때 부모가 도움을 주는 가정의 자녀는 더 동정적이고 친사회적인 경향이 있다. 자녀가 느낀 부정적 감정에 대해 들어 주고 그에 대해 이야기를 나누며 자녀가 이런 감정을 잘 조절하도록 도울 경우, 자녀는 다른 사람들이 처한 곤경에 더 동정적이 되고 그들에게 위안을 주는 행위를 취하게 된다.

반면, 부모가 심한 훈육을 하고 자녀의 욕구에 별 관심을 보이지 않으며, 자녀 행동에 대해 일관성 없이 대하고 피상적인 관심을 보일 때 자녀의 유해한 행동은 증가된다. 부모가 자녀의 행동을 일관성 있게 감독하고 지도하지 못할 때, 자녀는 타인에 대해 더 공격적이 되고 더 무관심하게 된다.

우리는 도덕적 규칙의 내재화와 도덕적 추론을 증진시키는 부모의 역할보다 자녀의 이타행동과 유해한 행동에 끼치는 부모의 영향에 대해 더 많이 알고 있다. 걸음마를 시작하는 유아는 3세가 될 때까지 성취에 대한 내적 규준을 발달시키지 못한다. 그 시기가 되면 유아는 성공에 대해 자부심을 느끼고 실패에 대해 슬픔을 느낀다. 그러나 초등학교에 들어갈 때까지 죄책감, 즉 무언가 잘못을 했고 이를 고쳐야 한다는 느낌을 갖지는 못한다. 따라서 부모는 자녀에게 행동규준을 알려 주고, 타인의 관점을 이해하고 모두에게 긍정적으로 행동하도록 비처벌적이고 지지적인 말로 가족의 가치를 내재화시켜야 한다.

도덕적 문제에 대해 추론하는 능력과 도덕적 판단능력은 부분적으로는 자녀의 인지적인 기술에 따라 달라지지만, 부모는 이 능력이 발달할 수 있도록 여러 방법으로 도와줄 수 있다. 부모가 어떤 상황에 대한 자녀의 견해와 관점을 지지할 때, 실제 상황에 처한 자녀에게 질문하고 의견을 내도록 유도할 때 그리고 더 높은 수준의 도덕적 추론을 제시하고 그것을 자녀가 고려해 보도록 할 때 자녀는 더 진전된 도덕적 추론을 성취하게 된다. 자녀의 견해를 비판하고 자녀의 관점에 반박하며 새로운 정보로 자녀의 생각을 수정하는 것은 자녀의 도덕적 성장과 연관이 거의 없다.

7) 권위 있는 양육의 역할

여러 영역의 유능감과 관련된 양육행동은 Baumrind(1973)가 말한 **권위 있는 양육**(authoritative parenting)에 중심을 둘 수 있다. 그녀는 유치원 자녀의 발달을 추적연구하면서 세 가지 양육 유형을 확인했다.

첫째, **권위 있는 부모**는 자녀의 행동에 분명한 통제를 가하지만 자녀의 독립성과 개성을 강조한다. 부모는 자녀가 해야 할 현재와 미래의 행동기준에 대해 분명한 생각을 가지고 있지만, 자녀의 욕구와 선호에 따라 합리적이고 융통적인 면을 나타내면서 꾸준한 관심을 보인다. 이들의 자녀는 자기신뢰적 · 자기확신적이고, 흥미와 즐거움을 가지고 주변 세계를 탐색한다.

둘째, **권위주의적 부모**는 자녀에게 분명한 통제를 사용하지만 자녀의 개성을 존중하지 않으며 임의적이고 권력지향적인 방식으로 양육한다. 이들은 자녀 행동을 통제하는 데 있어 양육이나 지지라는 방법 없이 통제만을 강조한다. 권위주의적 부모의 자녀는 상대적으로 행복하지 않고 위축되어 있으며 억제되어 있고 의심이 많다.

셋째, **허용적 부모**는 자녀 행동에 제약을 거의 주지 않는다. 이들은 자녀의 욕구충동을 수용해 주면서 신체적 안전을 유지하는 선 안에서 가능한 한 많은 자유를 준다. 이 부모들은 자녀의 행동에 대해 태연하고 관여하지 않는 것처럼 보인다. 때때로 이들은 자신들을 화나게 하는 행동조차 수용하곤 하지만, 그렇게 표현되어야 할 자신의 분노에 대해 편하게 느끼지는 않는다. 결과적으로 이런 분노는 스스로 조절할 수 없을 정도까지 쌓여 가게 된다. 그렇게 되면 필요 이상으로 자녀를 훈육하게 되어 상처를 주는 경우가 발행한다. 이런 부모의 자녀는 독립심과 자기통제력이 아주 약하여 미성숙한 자녀로 분류되게 된다.

따라서 개성 존중, 온정과 양육의 제공, 행동규준의 설정, 자녀 행동의 감독 · 지도, 바람직한 행동의 적극적 교육이 모두 각 영역의 유능감과 관련된다.

3. 양육에 미치는 문화적 · 사회경제적 영향

미국의 부모는 자녀를 키울 때 미국의 인종이 다양해짐에 따라 여러 다양한 전통을 따르게 된다. 특정 인종집단의 이민과 높은 출산율 때문에 다양한 인종집단의 수가 증가하게 되었다. 미국의 주요 인종집단은 유럽계 미국인(72%), 아프리카계 미국인(12%), 중남미계 미국인(11%), 아시아계 미국인(3%), 아메리카 인디언(0.3%)이다. 유럽계 미국인들이 다른 가치관을 가진 유럽문화권에서 그 기원을 찾을 수 있는 것처럼, 다른 인종집단들도 고유한 가치관을 가지고 있는 하위 집단들로 구성되어 있다. 예를 들어, 멕시코 출신의 중남미계는 쿠바 출신 중남미계와 다르다. 동일 인종집단의 가족들 또한 미국에서의 거주기간에 따라 다른 가치관을 가질 수 있다. 예컨대, 이민 3세대 미국인들은 이민 1세대보다 더 주류 미국인과 유사한 가치관을 갖는다.

1) 문 화

사회과학자 Harkness와 Super(1995)는 문화는 자녀가 발달하는 '발달적 적소(developmental niche)'를 제공한다고 생각한다. 이는 ① 문화가 부모와 자녀에게 제공하는 물리적 · 사회적 환경, ② 문화가 추천하는 자녀양육 기술, ③ 양육자의 심리적 특성을 포함한다. 따라서 문화는 부모가 자녀에게 가르치는 일반적 가치로부터 자녀의 식사와 수면 같은 일상생활의 구체적인 측면에 이르는 광범위한 양육행동을 형성한다.

문화가 어떻게 양육행동에 영향을 주는지 알기 위해 다음의 한 연구를 살펴보도록 하자. 이 연구에서는 생후 4~16개월 된 영아를 둔 미국인 어머니와 이탈리아인 어머니를 면접하고 가정 내에서 관찰을 진행하였다. 여기서 어머니들의 발달에 대한 개념, 어머니들의 목표 그리고 유아를 다루는 기술들이 확인되었다. 연구대상자 모두 부모와 자녀로만 구성된 핵가족에 속했다.

미국인 어머니들의 자녀에 대한 장기적 목표는 ① 경제적 · 정서적 독립성, ② 복지와 행복은 재정적 성공에 의존하지 않는다는 생각, ③ 대인관계에서의 정직과 존중을 발달시키는 것이었다. 단기적 목표는 자녀 성장을 위해 충분한 자극을 제공하는 것인데 잘 제공하지 못하고 있다고 우려하고 있었다. 이탈리아인 어머니의 장기적 목표는 사회적인 관계와 신체적, 경제적 복지에 초점이 맞추어졌다.

이탈리아인 어머니들은 모두 좋은 건강, 재정적 안정, 훌륭한 가정생활을 중요하다고 언급했다. 이들은 훌륭한 가정생활에는 배우자와 자녀가 포함되어야 한다고 정의했다. 이들 어머니는 미국인 어머니들에 비해 부담을 상당히 적게 느꼈는데, 이는 자녀 발달의 결과에 대한 책임을 덜 느꼈기 때문이라고 볼 수 있다. 이탈리아인 어머니들은 단지 어머니라는 존재로서 만족스러운 것이고 자녀는 그들이 원하는 대로 될 것이라고 믿었다.

이 연구는 어머니의 양육 목표와 태도가 자녀와 어머니가 어떻게 하루를 보내는지를 결정한다는 사실을 확인했다. 미국 가정의 자녀는 어머니와 일대일 상호작용을 하면서 보내거나(대략 하루의 1/3 정도) 혼자 자거나 장난감을 가지고 놀면서 영아의 방에서 보냈다. 다른 사람들이 영아의 방을 출입했지만 형제자매를 포함한 다른 사람들은 영아를 돌보는 데 많이 참여하지 않았다. 이탈리아 가정에서는 자녀가 어머니와 직접적 상호작용을 하는 경우가 많지 않았지만(대략 하루의 10% 정도만 직접 상호작용을 한다) 대부분의 시간을 혼자 보내는 경우도 드물었다. 이탈리아 자녀들은 종종 만 2세가 될 때까지 부모와 같은 방에서 자고 일반적으로 둘 또는 세 사람들과 함께 있었다. 한 자녀를 제외한 모든 자녀들이 최소 한 명의 조부모가 근처에 살고 매일 방문하였다.

영아가 주변 환경을 돌아다닐 수 있게 될 때, 미국 가정의 부모들은 주변에 영아 안전장치를 해 놓아서 영아가 그 안에서만 기어다닐 수 있게 했다. 생후 10개월 즈음의 영아들은 바닥을 자유로이 기어다니고 탐색하면서 연구 관찰시간의 52% 정도를 보냈다. 이 시기에 어머니들은 자녀에게 예비적인 안전규칙에 대해 가르쳤는데, 이는 자녀가 안전에 대해 탐색하고 어느 정도 책임감을 가지는 것이 중요하다고 생각했기 때문이다. 어머니는 자녀가 활동적이고 호기심을 가질 때 잘 발달한다는 확신을 가졌다. 반면, 이탈리아 가정의 어머니들은 자녀가 자유롭게 탐색하는 것은 너무 위험하고, 주변에는 너무 많은 위험 요소가 숨어 있다고 생각했다. 심지어 여름에도 밖은 너무 추울 수 있다고까지 생각했다. 이탈리아 가정의 생후 10개월의 영아들은 방바닥을 기어다니면서 보내는 시간이 연구 관찰시간의 26%에 지나지 않았다. 영아가 걷기 시작할 때가 되면 언제나 어른이 손을 잡아 주어 걷는 것을 도와주었다. 이탈리아 어머니들 중 아무도 자녀가 더 독립적으로 행동할 수 있다는 생각을 하지 않았다.

미국 가정의 어머니들은 좋은 잠자리 습관을 만들어 주는 것을 상당히 강조했다. 생후 4개월까지 대부분의 영아들은 영아용 침대에서 자고 종종 영아 방에서 잤다. 몇몇 영아들은 다른 형제와 같은 방에서 자지만 결코 부모와 자는 영아는 없었다. 숙면을 취하는 것을 매우 중요하게 여기고, 자녀가 낮잠시간이나 밤에 잠자리에 들어가는 시간을 지키지 않으려 해도 자녀가 충분한 수면을 취하도록 시간계획을 짜고 자녀가 잠자리에 잘 들도록 하는 일종의 의식(자장가나 뽀뽀해 주기)을 만들었다. 대조적으로 이탈리아 가정의 어머니들은 잠자는 시간 계획은 거의 없고, 잠자리 의식이나 자장가 없이 가족의 활동 중에 자녀가 잠들곤 하는 경우가 종종 있었다.

그렇지만 식사습관에 있어서 두 집단의 어머니들의 태도는 반대였다. 미국 가정의 어머니는 자녀 스스로 자신의 음식 습관을 조절할 것이라고 믿었다. 영아들은 자신이 원하는 것을 먹었으며 대개 가족이 먹는 것과 달라서 식사라는 행위는 어머니가 영아에게 먹여 주면서 얘기하는, 즉 어머니와 자녀가 직접 관여하는 행위였다. 영아는 커가면서 스스로 먹도록 장려되었다. 반면, 이탈리아 가정의 영아는 하루 네 번의 식사시간에 따라 식사하도록 요구되어, 그들이 잠들어 있어도 깨워서 가족 식사시간에 참여하게 했다. 딱딱한 음식이 생후 4개월부터 제공되기 시작하므로 영아들은 어느 정도 먹어야 했다. 영아가 싫어할지라도 가족의 식사의식에 익숙해질 거라고 여겨졌다.

전반적으로 미국 가정의 어머니는 일차적인 강조점을 독립성—놀이, 탐색, 식사, 잠자리에 혼자 들기에서의 독립성—에 두었다. 그러나 이탈리아 가정은 복잡한 사회적 상호작용 상황 속에 영아를 노출시키고 그에 적응할 것을 요구하며 독립성을 키울 기회를 거의 주지 않았다.

Greenfield와 Suzuki(1998)는 여러 인종집단 간의 차이를 조사하여 두 문화모형—독립 모형과 상호의존 모형—으로 기술하였다. 이는 부모가 중요하다고 생각하는 것과 자녀에게 하는 바를 체계화하고 이해하는 틀을 제공한다. 〈표 2-2〉는 특정 인종집단에 대한 것이라기보다는 다양한 문화집단 또는 사회집단에 적용할 수 있는 두 모형을 개괄적으로 보여 준다.

독립 모형의 부모는 자녀가 부모의 선택에 따라 다른 성인과의 관계를 형성할 수

표 2-2 부모-자녀 관계의 두 대립적 문화 모형

	상호의존성	
	독립성	상호의존성
발달 경로	• 의존적 자아로부터 독립적 자아	• 비사회적 자아로부터 사회적 책임을 갖는 자아
자녀의 부모와의 관계	• 부모와의 관계에 있어 개인적 선택	• 부모에 대한 의무
의사소통	• 언어적인 면이 주도적 • 자녀의 자율적 자기표현 • 부모의 빈번한 질문 • 빈번한 칭찬 • 부모-자녀 간 협상	• 비언어적인 면이 주도적 (감정이입, 관찰, 참여) • 자녀의 이해 • 어머니의 자녀를 위한 발언 • 부모의 빈번한 지시 명령 • 드문 칭찬 • 화합, 존경, 복종
양육방식	• 권위 있는 양육: • 통제, 요구, 온정, 합리성	• 종교적이고 도의를 강조하는 교육 • 높은 참여 • 물리적 근접
부모의 자녀지원	• 극단적 상황 외에는 개인적 선택 문제	• 모든 상황에서의 도덕적 의무

* 출처: Patricia M. Greenfield, & Lalita K. Suzuki (1998). "Culture and Human Development: Implications for Parenting, Education, Pediatrics, and Mental Health." in *Handbook of Child Psychology,* ed. in chief William Damon and vol. ed. Irving E. Sigel, & K. Ann Renninger, vol. 4, *Child Psychology in Practice,* 5th ed. New York: Wiley, p. 1085. Reprinted by permission of John Wiley & Sons, Inc.

있는 자립적이고 생산적인 성인으로 성장하도록 돕는다. 이 문화 모형의 자녀는 성인기에 타인과 안정된 관계를 형성할 수 있는 자율성과 유능감, 자기 선택에 따른 정체성을 발달시킬 수 있도록 양육을 받는다.

상호의존 모형의 부모는 자녀가 성인으로서의 의무를 갖게 되는 강한 사회관계망 속에서 자신의 위치를 찾을 수 있는 사회적으로 책임감 있는 성인으로 성장하도록 돕는다. 부모는 어린 자녀가 원하는 대로 해 주지만 자녀는 더 성장해 감에 따라 부모의 규율과 다른 권위를 내재화하고 존중하게 되리라고 여긴다. 부모와 친척들을 존중하고 복종하게 되며, 개인의 욕구보다 가족과 집단의 욕구가 더 중시된다.

문화적 신념과 가치는 깊이 배어들어 종종 눈에 띄지 않지만 고정되거나 불변하는 것은 아니다. 인류학자 Briggs(1992)는 다음과 같이 서술하였다.

> 의미란 한 문화에 고유한 것이고 밀가루 반죽이 쿠키 커터로 모양 지어지는 것처럼, 인간이 그것을 수동적으로 수용할 뿐이라는 생각이 인간은 기회, 능력, 경험이 허용하는 다양한 방식을 통해 능동적으로 선택 · 해석 · 적용할 수 있다고 하는 주요 성분들로 문화가 이루어져 있다는 생각으로 급격히 대체되고 있다.

Youniss(1994)는 이민 온 부모가 새 정착지의 문화적 가치를 확인하고 자녀가 잘 적응토록 사회화시키는 반면, 자신은 이전의 전통적인 신념을 유지한다는 사실을 보여 주는 일련의 연구에 대해 기술하고 있다. Youniss는 크로아티아에서 미국으로 이민 온 두 집단에 대한 연구를 개관했다. 한 집단은 자신의 전통적 가치, 관습, 언어를 강조하면서 가족적 지역사회와 같이 생활했다. 이에 반해 다른 집단은 새로운 문화에 동화되어 갔다. 그렇지만 두 집단 모두 자녀를 자신들이 성장한 것과는 달리 더 독립적이고 비판적이고 자발적인 존재로 사회화시켜 새로운 문화에 적응하도록 했다.

여러 문화가 공존하는 미국 사회의 많은 자녀들은 두 범주의 문화적 가치에 노출되어 있어서 **이중문화 정체성**, 즉 두 집단의 가치관에 동일시하는 태도를 발달시킨다. 예를 들어, 독립 모형과 상호의존 모형을 조화시킨 사람은 강한 가족연결망에 소속된 독립적인 성인이 될 수 있다. 즉, 부모의 소망을 충분히 고려하면서 부모를 존중하는 동시에 성취지향적이고 자발적인 사람이 되는 경우다. 이런 이유를 근거로 Ross Parke와 Raymond Buriel은 단지 고정관념만 강조하는 피상적인 이분법에 대해 경고한다. Parke와 Buriel은 어느 유형의 가족에서건 그들의 양육방식을 이해하려고 할 때는 개인주의적 특성과 집단주의적 특성 모두를 고려하는 것이 중요하다고 주장한다.

문화적 유형은 가정 내에서의 부모의 양육행동뿐만 아니라 자녀가 사회 일반에서 보이는 특성에도 영향을 준다. 가정문화가 사회문화와 같을 경우에 자녀는 더 큰 문화에 쉽게 적응한다. 예를 들면, 가정문화가 학교문화와 갈등을 겪는 경우에는 여러 문제가 발생할 수 있다. 미국의 교사와 학교는 지적 성취에 있어 개인적 노력을 강조하는 독립 모형에 중점을 두고 있다. 따라서 질문을 제기하고 자신의 견해를 표현하는 것이 장려되며 이는 지적 호기심의 징표로 지각된다. 반면, 교사의 말을 조용히 수용하기만 하는 경우 관심 부족이나 지능 결핍으로 해석되기도 한다. 그래서 자녀가 생활하는 가정문화가 학교나 사회의 문화와 다른 유형의 문화인가를 확인할 필요가 있다. 이 책의 전반을 통해서 양육에 미치는 문화적 영향을 탐색할 것이다.

2) 사회경제적 위상

모든 문화적 집단은 사회적 위계를 가지고 있다. Hoff-Ginsberg와 Tardif는 사회경제적 지위(SES)가 문화와 같이 자녀에게 발달적 적소를 제공한다고 기술하고 있다. 사회적 위치를 통해 자녀가 살고 있는 환경과 부모들의 양육방식, 부모의 심리적 특성에 대해 부분적으로 알 수 있다.

세 변인—부모의 직업과 교육수준 그리고 수입수준—은 사회경제적 지위를 구성한다. 비록 서로 관련되어 있지만 이 세 변인은 변할 수 있기 때문에 사회경제적 지위는 일종의 복합적인 개념이다. 그래서 어떤 중산층 가정은 평균적인 수입, 교육, 직업 위상을 가질 수 있는 반면, 다른 중산층 가정은 평균수입과 직업을 가지고 있어도 더 높은 교육수준을 보일 수 있다. 두 가정이 다른 가치관을 가진다 하더라도 두 가정은 동일하게 중산층으로 분류될 수 있는 것이다.

빈곤수준이나 그 이하의 수입이 양육에 영향을 줄 수 있지만, 빈곤수준 이상의 수입수준은 교육과 직업수준에 비해 양육행동을 형성하는 데 영향을 덜 미치는 것 같다. 캐나다에서 실시된 한 연구에 따르면, 동일한 수입을 가지고 있지만 상당히 다른 가치관을 가진 사람들이 있다. 또한 미국에서는 수입수준은 달라도 동일한 가치관을 가질 수 있다는 조사연구가 있다.

문화의 영향처럼 사회적 지위가 미치는 영향도 고정적이지는 않다. 예를 들어, 부모의 직업이 높은 교육수준의 결과로 변할 수도 있고 특정 사업에 성공해서 가계수입이 급격히 증가할 수도 있다. 반대로 수입과 사회적 지위는 실직의 결과로 감소할 수도 있다. 그리고 새로운 정보에 따라 양육에 대한 생각을 바꾸는 부모도 있다.

Hoff-Ginsberg와 Tardif는 종합적인 연구 개관에서 각기 다른 교육수준의 어머니들이 자녀에게 책을 읽어 주라는 공공 캠페인 덕분에 어린 자녀에게 책을 제공하고 읽어 준다는 한 연구를 언급했다. 그러나 이 결과에서도 어머니의 교육수준별로 약간의 차이를 보이는데 고졸수준의 어머니들은 대졸수준의 어머니들과 비교해 볼 때 아동도서의 구입 수가 적었고 자녀에게 책을 덜 읽어 주는 경향이 있었다.

Hoff-Ginsberg와 Tardif는 사회경제적 지위가 양육에 미치는 영향을 개관하면서 중요한 세 가지 발견을 지적하였다. 첫 번째 발견은 대졸 부모와 고졸 부모를 비교하든, 중상층 부모와 노동자층 부모를 비교하든 간에 사회경제적 지위가 높을수록 자녀 중심적인 양육태도가 더 강했다는 것이다. 자녀 중심적 태도를 가진 부모는 아동 성장 및 발달을 이해하려고 노력하고, 자녀의 정서와 동기를 이해하려고 했으며, 문제를 해결할 때 적합한 추론과 협상을 사용하곤 했다. 이런 부모들은 평등주의적 방식으로 자녀에게 접근한 것이다. 반대로 사회경제적 지위가 낮을수록 자녀에 대한 부모 중심적 양육태도가 더 많이 보이고, 논의나 설명 없이 부모의 규준에 대한 복종과 동조를 요구했다. 이런 부모들은 자녀와 논의하거나 협상하기보다는 행동을 지시하고 통제하려는 경향이 더 강했다. Kohn(1969)에 따르면, 노동자층 부모들은 그들의 직업이 복종과 통제라는 특성을 더 많이 가지고 있어서 자녀에게 그런 면을 더 많이 보이는 반면, 직업수준이 높은 부모들은 더 많은 자율성과 주도성, 독립성을 허용한다고 볼 수 있다.

두 번째 발견은 사회경제적 지위의 차이는 부모-자녀 간의 언어적 상호작용 대 비언어적 상호작용 간의 차이와 상관이 있다는 것이다.

세 번째 발견은 지위가 높은 부모일수록 자녀에게 더 많은 언어적 표현을 보이고 자녀가 더 많이 말하도록 유도한다는 점이다. 이들은 또한 자녀가 말할 때 더 반응적이고 자녀가 표현하려는 것에 더 많은 반응들을 제시하면서 언어 기술의 발달을 촉진시킨다.

이런 차이를 기술하는 것이 별로 흥미롭지 않고 중요하지 않은 것처럼 보일 수도 있겠지만 어느 특별한 연구에 따르면 이런 차이들이 어린 자녀의 생활에 중대한 영향을 준다고 한다. Hart와 Risley(1995)는 1~3세의 자녀를 대상으로 한 연구에서 자녀가 집에서 부모에게 표현한 단어들을 부모에게 질문하여 수집했다. 연구자들은 부모의 직업 배경이 전문직, 노동자층, 사회복지대상인 42개 가정에 매달 1시간씩 방문했다. 이 연구의 대상인 자녀는 유럽계 미국인과 아프리카계 미국인이었다. 결과를 보면 언어 획득에 있어서 성 차이나 인종 차이는 없었지만, 사회집단에 따라 큰 차이를 보였다.

연구에 참여한 자녀 모두 부모들과 특징적인 상호작용을 경험했는데, 다양한 형태의 언어 표현을 들었고 3세에 이르러 모두 말하는 것을 배웠다. 그렇지만 가정에서 표현된 언어의 양과 종류의 차이는 연구자들을 놀라게 할 정도였다. 전문직을 가진 부모들이 자녀에게 한 발화 양은 사회복지대상인 부모들의 3배, 노동자층 부모의 1.5배 정도 많았다. 다르게 표현하면 전문직 가정에서는 시간당 평균 487번, 노동자층 가정에서는 301번, 사회복지대상 가정에서는 187번의 발화를 들을 수 있었다.

대화의 정서적 반응 또한 놀라운 차이를 보였다. 전문직 가정의 자녀는 긍정적 피드백을 시간당 30~60번 정도 받았다. 반면, 노동자층 가정의 자녀는 시간당 15번, 사회복지대상 가정의 자녀는 6번 정도의 긍정적 피드백을 받았다. 전문직 부모는 시간당 5번 정도의 행동 금지를 언어적으로 표현한 반면, 사회복지대상의 부모들은 11번 정도 표현했다. 사회복지대상 가정의 자녀는 긍정적인 평가보다 부정적인 평가를 두 배 더 듣는 반면, 전문직 가정의 자녀는 긍정적 평가를 주로 듣고 부정적인 평가를 받는 경우는 거의 드물었다.

이 발견들은 언어발달뿐만 아니라 자아개념과 일반 정서발달에 중요한 시사를 내포한다. 가정 내에서 언어적 차이는 이후 5년간에 보이는 어휘 성장과 지적 발달을 잘 예언했다. 어휘 및 지적 유능감의 가장 중요한 예언 요인은 피드백의 정서적 반응과 자녀가 받게 되는 다양한 언어 반응의 양이었다.

이 연구에서 부모는 이미 말하는 능력과 자녀와 효과적으로 상호작용하는 능력을 가지고 있기 때문에 자녀의 언어발달과 지능발달을 향상시킬 수 있다는 점을 보여 주고 있다. 물론 몇몇 부모들은 특정 행동, 즉 자녀와의 언어적 상호작용을 증가시켜서 자녀에게 긍정적 피드백을 더 많이 줄 필요가 있다.

4. 부모 자신의 성장 경험에서 배우는 것들

부모에게 자녀를 어떻게 키우는지 물어 보면, 대개 자기 부모가 했던 방식으로 하거나 반대로 그 방식을 취하지 않는다고 말한다. 1장에서 기술한 Patterson과 Capaldi (1991)의 연구는 부모가 자신의 아동기 경험에 비추어 자녀를 키운다는 점을 지지하고 있다. 따라서 우리가 부모와 가졌던 관계는 우리가 자녀를 양육할 때 본받기를 원하거나 그렇지 않은 지침을 제공하게 된다.

20세기 초 프로이트는 아동기의 중요한 경험들을 지적했다. 1950년에 비교문화적 연구에 강한 관심을 가지고 있던 정신분석가인 에릭슨(1994)은 프로이트의 생각을 더 확장시켜 발달에 강한 힘을 발휘하는 사회문화적 영향들을 확인했다. 그는 성장을 연속된 8단계로 기술했다. 각 단계마다 개인은 특정한 신체적, 심리적 욕구와 그것을 충족시켜서 해소해야 할 발달상의 위기를 갖는다. 인간은 이 욕구들을 충족시키는 데 긍정적이거나 부정적인 경험을 하게 되는데, 두 경험 모두 최적의 발달을 위해 중요하다. 만약 긍정적 충족만을 경험하게 되면 곤경에 대처하는 방법을 배우지 못하게 된다. 그러나 건강한 성장을 위해서 두 경험 중에 긍정적인 면을 더 중요시해야 한다. 〈표 2-3〉은 연령별 단계와 각 단계에서 일어나는 발달상의 위기, 경험의 균형이 긍정적인 면에 있을 때 발달하게 되는 긍정적 가치를 열거하고 있다.

에릭슨은 인간이 발달상의 위기를 단번에 그리고 모두 해소할 것이라고 생각하지 않았다. 이후의 경험이 초기의 경험들을 더 좋게 또는 더 나쁘게 변화시킬 수 있다. 예를 들어, 성인기의 스트레스는 성숙된 대처방식을 분열시켜서 비록 짧은 기간이지만 성숙하지 않은 모습을 보일 수도 있다. 마찬가지로 성인기의 긍정적 경험은 아동

표 2-3 에릭슨의 인생 8단계

연 령(세)	위 기	가치(또는 덕)
0~1	신뢰감 대 불신감	희망
1~3	자율성 대 수치/회의감	의지력
3~5	주도성 대 죄책감	목적
5~12	근면성 대 열등감	능력
12~19	정체감 대 역할 혼미	충성심
19~	친밀성 대 고립감	사랑
20~	생산성 대 침체성	배려
	만족 · 자아통정 대 절망	지혜

* 출처: Erik H. Erikson (1950, 1963). *Childhood and Society,* 2nd ed. New York: W. W. Norton.

기에 형성된 불신과 회의감을 극복시킬 수 있다.

자녀가 심한 수치심이나 죄책감을 느끼지 않고 독립심, 유능감, 긍정적 정체감을 장려하는 진정한 양육을 경험한 경우 그 자녀가 성인이 되었을 때 배우자에게 전념하고 다음 세대를 잘 양육한다. 부모는 자신의 아동기 경험을 통해 인간이 타인과 어떻게 관계를 형성하는지, 타인이 얼마나 진실된지 그리고 인간이 타인과 상호작용을 할 때 얼마나 많이 통제를 가할 수 있는지에 대한 작업 모형을 내재화한다. 이 내재화된 모형은 부모의 자녀에 대한 지각과 상호작용하는 방식에 영향을 준다.

부모가 자신의 부모와 경험했던 아동기에 대한 느낌을 조사한 면접 결과, 그들의 부모와의 애착에 대한 현재 심리적 상태의 정보를 얻을 수 있었다. 충격적인 사건을 경험한 사람일지라도 안정적 애착을 형성했던 부모들은 자신의 초기 경험을 가치롭게 여기고 아동기의 부정적인 사건을 넓은 시야로 보기 때문에, 그 사건이 자신의 인생에 미치는 효과를 적절히 고려하고 이해하고 있었다. 불안정적인 애착을 가졌고 아동기에 경험한 사건과 부모와의 애착의 중요성을 경시하는 부모들은 자신의 현재 인생에 과거의 사건이 미치는 영향을 극소화시켜 본다. 이들은 자신을 독립적이고 강한 성인으로 생각한다. 그러나 똑같이 불안정적인 애착을 가졌으면서 과거 사건에 집착하는 부모들은 아동기의 애착 대상 인물들에 대한 자신의 경험에 대해 혼미감을 느낀다. 이들은 여전히 분노, 무력감, 갈등, 공포 등의 감정에 얽매여 있으며, 자신의 아동기 경험에 대한 통찰을 가지지도 못하고 종결을 짓지도 못했다.

안정적 애착을 형성했던 부모들은 타인을 대하는 데 직접적이고 개방되어 있으며 상황을 잘못 지각하는 경향이 드물다. 이들은 자녀에 대해서 정서적으로 지지적이고 민감하고 반응적이지만, 분명하고 일관적인 선을 제시한다.

불안정적 애착과 아동기 경험을 경시하는 부모는 양육 거부라는 상황에서 자신의 독립심과 강인함을 강조하고 자녀에 대해 냉정하며 거리를 둔다. 이들은 부모가 자신의 인생에 별로 중요하지 않다고 생각했기 때문에 부모의 입장에서 자신의 자녀도 정서적으로 지원하거나 도우려는 생각을 하지 않는다. 또한 자신의 능력을 확신하고 있어서 자신의 양육방식이 효과적인지에 대해 의심하지 않는다. 이들은 양육이 힘든 상황에서도 자녀에 대한 부정적인 생각을 별로 하지 않는다.

불안정적 애착과 과거 사건에 집착하는 부모들은 자신의 자녀를 대하는 태도가 혼돈스럽고 일관적이지 않다. 때때로 따뜻하고 부드러운 면을 보이기도 하지만, 다른 상황에서는 화를 내고 강제적이다. 이들은 양육이 힘든 상황을 자녀의 성격 문제로 돌리며, 자녀에 대해 부정적인 생각을 많이 한다. 이 부모들이 자녀에 대해 바라보는 시각과 자신과 자녀와의 관계를 이해하는 방식은 분명히 자신의 아동기 경험에 근거한 타인에 대한 지각과 사회적 관계 형성방식에서 비롯된다고 볼 수 있다.

부모들이 보인 자신의 부모에 대한 애착과 관련되어 추가된 연구에 따르면, 안정적 애착을 가진 부모집단은 지속적인 안정적 애착집단과 '획득된 안정성(earned security)'을 가진 집단으로 나눌 수 있다. 지속적으로 안정적 애착을 형성했던 부모는 초기에 부모와 긍정적 관계를 갖고 현재 안정적 애착에 대한 작업 모형을 가지고 있는 사람들이다. 이에 비해 획득된 안정성을 갖는 부모집단은 초기에 부모와의 관계가 힘들었고 고난을 겪었지만 그 경험을 포괄적인 시각으로 이해하고 안정적인 애착의 작업 모형을 발달시킨 사람들이다. 이들의 아동기 경험은 불안정적 애착을 형성했던 사람들의 경험만큼 힘들었고 그들만큼 슬프고 우울한 감정을 많이 가졌다. 그러나 이 험난한 아동기 경험에 따른 고통스러운 감정들을 해소해 왔다는 점에서 불안정적 애착을 가진 부모와 다르다. 그 이후 이들은 안정적 애착을 가진 부모와 비슷하게 융통적이고 따뜻한 양육방식을 발달시키게 된다. 스트레스가 많은 기간 중에도 이들은 자녀와 따뜻하고 긍정적인 관계를 유지할 수 있다. 힘든 아동기의 경험을 잘 해결해 나가지 못한 부모일지라도 그들이 스트레스를 받을 때만은 자녀에게 민감하지 않았다.

삼대에 걸친 양육에 관한 한 연구는 양육행동에 있어 유전적 요인이 부모-자녀 간의 유사성에 미치는 영향을 살펴보았다. 성인이 된 여성 일란성 쌍생아와 이란성 쌍생아를 가진 부모는 자신의 양육을 세 개의 차원—부모의 온정, 보호성, 통제량—으로 기술했다. 쌍생아 성인들은 부모가 자신과 쌍둥이 자매를 어떻게 양육했는지 그리고 자신은 자녀를 어떻게 양육했는지에 대해 평가받았다.

쌍둥이의 부모는 쌍둥이의 유전적 관계와 상관없이 동일하게 대했다고 하지만, 부모의 온정이라는 차원에서 일란성 쌍둥이가 이란성 쌍둥이에 비해 더 비슷하게 보였다. 더구나 쌍둥이 부모의 양육행동에 있어서도 이란성 쌍둥이보다 일란성 쌍둥이가 부모로서 더 비슷한 온정을 보였다. 보호성과 통제량이라는 변인에서 보면, 부모의 양육행동은 유전적 요인의 영향을 덜 받는 것으로 나타났다.

연구 결과에 따르면 비록 양육에 있어 부모-자녀 간 유사성에 유전적 영향이 어느 정도 있는 것으로 나타나지만, 양육행동의 세대 간 전이기제는 아직 알려져 있지 않다. 특정 양육방법의 선택적 수용은 지도와 모방 그리고 다른 인지적 과정의 결과로 볼 수 있을 것이다.

여러 양육행동을 아동기의 부모 경험에서 도출해 보았다. 그러나 아동기 경험에 따른 감정들을 해소해 나가거나, 1장에서 논의했듯이 Patterson과 Capaldi가 제안한 양육 훈련을 받음으로써 아동기 경험에 따른 양육방식은 분명히 수정될 수 있다.

5. 양육의 첫 3년

최근의 신경과학과 뇌 발달 연구는 자녀가 생애 초기에 받는 환경적 자극의 종류에 관심을 집중하고 있다. 다음과 같은 질문을 제기할 수 있다. 자녀의 생후 첫 3년이 양육에 있어 가장 중요한 시기인가?

1) 신경과학의 발달

뇌 발달은 우리가 세계와 어떻게 상호작용하는지를 결정한다. 일반적으로 유전자가 뇌 발달의 진행과정을 결정한다고 생각한다. 어떤 과학자들은 임신기간 중의 영양과 다른 환경적 사건이 뇌 발달에 미치는 효과를 고려하지만, 사람들은 일반적으로 극단적 경우를 제외하고 유전적 결정자가 뇌 발달을 설명한다고 생각한다.

뇌 영상기법과 같은 최근의 연구방법의 발달을 통해, 유전적으로 결정된다고 여겨졌던 뇌 발달의 많은 부분이 실제로는 환경으로부터 받아들이는 것과 관련된다는 점을 알게 되었다. 수태부터 영양과 물리적 환경, 돌보기, 자극과 같은 환경적 요인은 '인간의 미묘한 회로가 연결되는 방식'에 영향을 준다. 출생 후 환경적 자극은 뇌세포 간의 연결을 형성하고 강화시키면서 뇌의 구조를 형성한다. Siegel(1999)은 뇌의 가소성에 대한 새로운 관점을 다음과 같이 요약한다.

> 유아는 유전적으로 프로그램화된 많은 수의 신경세포를 가지고 태어나고, 출생 후의 시냅스 연결 형성은 유전자와 경험에 의해 결정된다. 유전자는 뇌 구조의 일반적인 조직에

> 대한 정보를 가지고 있지만, 경험은 어느 유전자가 언제 어떻게 표현될지를 결정한다. 유전자 표현은 신경세포 성장과 새로운 시냅스 형성에 필요한 단백질 생성을 유도한다. 경험—특정 신경경로—의 활성화는 유전자 표현을 직접적으로 형성하고, 정신의 신경물질을 형성하는 고리의 유지와 생성, 강화를 유도해 낸다. 생애 초기의 대인관계는 유전자가 뇌 안에서 자신을 어떻게 표현할지를 형성하는 경험의 주요 원천이 된다.……경험은 신경세포 활동을 증가시켜 새로운 시냅스 연결 생성을 고양시킨다. 이 경험의존적 뇌 성장과 분화를 '활동의존적 뇌 과정' 이라고 부른다.

뇌의 가소성과 초기 경험의 중요성에 대한 새로운 강조는 일반인의 관심을 받았다. 이로 인해 1997년 백악관 회의가 구성되었는데, 이 회의의 명칭은 **초기 아동기 발달과 학습: 뇌에 대한 새로운 연구는 우리들의 어린 자녀에 대해 무엇을 말해 주는가**였다. 주요 잡지와 일간지들은 이를 주요 기사로 다루었고, 「뉴스위크」는 생후 첫 3년의 아동 발달에 대한 특별호를 만들었다. 캘리포니아에서는 모든 담배세 수익을 5세 이하의 아동 프로그램에 할당하는 1998 안건을 통과시키는 데 영향을 주었다.

몇몇 관찰자들은 이 작업으로부터 광범위한 결론을 도출하여, 아동이 초기에 특정한 자극을 받지 못하면 잠재성을 완전히 발달시키지 못할 것이라고 주장했다. 연구에 대한 이런 해석은 부모가 자녀에게 적절한 자극을 충분히 제공하고 있는지에 대한 불안을 증가시켰다. 즉, 아동이 관찰과 탐색, 학습과 관련된 엄청난 능력을 가지고 있다는 연구들은 아동에게 주고 있는 자극이 적합한지에 대한 부모의 불안을 가중시켰다. 여기서 우리는 첫 3년간 부모의 행동이 자녀에게 미치는 영향을 살펴보면서 다음과 같은 두 질문에 답해 보려고 한다. 양육은 첫 3년간이 가장 중요한가? 만약 그렇다면 부모는 무엇을 해야 하는가?

어머니의 미소는 유아의 유머능력과 미소 그리고 웃음을 증가시키며, 이러한 어머니의 미소를 보고 자란 유아는 타인을 대할 때 긍정적이고, 웃는 모습으로 관계를 형성할 가능성이 더 높다.

2) 고려해야 할 요인

앞의 질문에 대해 생각하면서 고려해야 할 요인이 있다. 첫째, 생애 전반에 걸쳐 일어나는 뇌의 가소성에 대한 증거들이 있지만, 초기 경험은 뇌의 구조를 형성해서 어떤 정보를 흡수할지에 대한 것뿐만 아니라 정보처리를 위한 정신의 발달방식에도 영향을 미친다. 초기 경험은 뇌가 어떻게 체계화되고 자극을 다루는지에 영향을 주기 때문에 특히 중요하다고 볼 수 있다.

둘째, 뇌 발달에 미치는 환경적 요인에 대한 지식은 아직 부분적으로만 알려져 있다. 양육, 건강관리, 납 같은 독극물 피하기와 같은 환경적 요인들이 중요하다고 알려져 있다. 그러나 아주 넓은 범위의 환경적 요인도 뇌 발달에 관련될 수 있다. 예를 들어, 우주공간 연구로부터 나온 최근의 발견들은 중력이 모든 세포의 생리적 기능에 영향을 주고, 뇌가 발달하는 동안 신경세포가 외부피질로 이동할 때도 영향을 미칠 수 있음을 보여 주고 있다. 그리고 손의 사용이 뇌 발달과 인지발달에 특히 중요하다는 보고도 있다. 신경학자 Wilson(1999)은 『손(*The Hand*)』이라는 책에서 더 많은 유치원 자녀가 컴퓨터 앞에 앉아서 세상에 대해 수동적으로 배우게 될수록 우리 사회는 변하게 될 것이라고 주장한다. Wilson은, 세상을 탐색할 때 손을 사용하지 않게 되면 다음과 같은 심각한 결과를 초래할 것이라고 보고 있다.

> 뇌가 손에게 말하는 만큼 분명히 손은 뇌에게 말한다. 자기생산적 움직임은 사고와 의도된 행동의 기초이고 자아의 물리적, 심리적 좌표를 형성하는 기본 기제다. 인간에게 있어서 손은 움직임의 체계화와 인지발달에 특별한 역할과 위상을 갖는다.

셋째, 초기의 환경적 요인은 뇌를 변화시키지 않고도 이후의 행동에 중요한 영향을 미칠 수 있다. 어린 시기의 경험은 매우 중대한 효과를 초래할 수 있다. 이는 이 경험이 세상을 이해하는 방식을 결정하고, 타인에 대한 반응과 타인의 반응에 의한 강화 그리고 이런 반복을 통한 자기영속화의 방식을 작동시키기 때문이다. 예를 들어, 미소를 잘 짓는 어머니의 자녀는 곧 기분 좋은 상태와 미소짓기, 웃음을 보이는 경우가 늘어난다. 자녀가 미소지으며 아장아장 걸어가 타인에게서 웃음짓는 친근한 반응을 받으면, 자녀가 긍정적으로 느낄 확률은 증가하게 된다. 그래서 어머니는 자녀가 지속적으로 타인에게 긍정적인 방식으로 반응하도록 격려한다. 그러면 중요하다고 알려진 초기 경험들을 살펴보기로 하겠다.

3) 초기 경험의 중요성

생후 몇 달간의 부모의 자녀 돌보기는 자녀의 생존과 안전을 위해 중요하다. 어머니와의 친밀한 신체적 접촉은 자녀의 호르몬 수준, 수면 유형, 섭식 유형, 심장박동률, 미주신경 강도 등의 조절을 도와준다. 첫 몇 주 동안에 추가적으로 보호와 신체적 접촉을 받은 신생아들은 그렇지 않은 신생아에 비해 덜 울고 시각적으로나 청각적으로 더 민감한 반응을 보인다. 앞서 언급한 바와 같이 어머니가 병원에 있거나 여행을 가서 자녀 옆에 없을 때, 이들은 먹거나 잠들지 않고 어머니가 있을 때 했던 것과 같은 신체적·사회적 기능을 보이지 않았다.

부모의 자녀에 대한 근접성과 돌보기는 자녀의 신체적 성장과 안전을 지원한다. 부모의 돌보기는 생리적으로 과민 반응을 보이는 영아가 자극에 대해 안정적으로 반응하도록 함으로써 이후의 유아기 때 공포행동과 억제행동을 줄일 수 있게 한다. 유아를 위한 효과적인 양육은 반응해 주는 한계선을 분명히 긋고 유아가 감정적으로 혼란을 느낄 때 대처할 수 있는 방법을 잘 찾도록 도와주는 것이다.

생후 몇 달 사이에 부모와 자녀 간에 형성된 복잡한 의사소통과 상호작용이 지지적인 경우 자녀의 긍정적 정서상태와 세상에 대한 긍정적 접근은 증진된다. 부모가 자녀의 신호를 잘 읽고 자녀의 리듬에 맞추거나 자녀의 행동을 수정함으로써 자극의 적정수준을 유지해 주는 반응적인 양육자가 될 때, 부모와 자녀 사이에 안정적 애착은 커가게 된다. 이런 안정적 애착은 성장하는 자녀에게 여러 긍정적 이득을 제공한다.

앞 장에서 부모가 자신의 부모와의 애착에 대해 명기했듯이, 자녀는 애착 대상 인물과의 경험을 통합해서 인간이 타인과 관계 맺는 방법에 대한 내적 모형을 형성한다. 애착이 안정적일 때 영아는 스스로 진정하고 세상을 더 자유롭게 탐색하며 타인과의 상호작용을 긍정적으로 발달시킨다. 이 긍정적 애착은 유치원 시기와 초등학교 시기에 효과적으로 활동하는 것과 관련된다. 영아기에 안정적 애착을 형성한 자녀는 타인과 더 긴밀한 대인관계를 형성할 수 있게 되는데, 이에 대한 정확한 이유—아마도 보다 민감한 양육, 더 능숙한 사회적 기술, 더 긍정적인 사회적 기대—는 아직 알려져 있지 않다.

초기에 부모와의 안정적 애착은 곤경에 처한 자녀에게 완충작용을 할 수 있다. 빈곤 가정을 대상으로 한 연구에서 보면, 영아기에 어머니와 안정적 애착을 형성한 자녀는 불안정적 애착을 가진 자녀보다 초등학교에서 더 좋은 적응을 보였다. 비록 두 집단의 자녀 모두 유치원 때 문제를 보이기는 했다. 초기의 긍정적 경험은 돌보는 행위와 자아존중감에 대한 초기 모형을 제공해서 나중에도 비슷한 긍정적 경험을 탐색하도록 자극하는 이익을 제공한다.

생후 몇 년간 부모의 행동은 자녀의 안정성 증진뿐만 아니라 아동기와 사춘기 동안의 지적 성장에도 관련된다. 중산층 가정의 자녀를 추적 조사한 종단연구에서 보면, 자녀가 21개월일 때 측정한 양육 특성과 가족의 상호작용 유형은 자녀의 지적 성장을 잘 예언한다. 연구자들이 부모의 지능을 일정한 영역대 내에 한정하고 분석한 결과, 어머니의 에너지, 긴장 정도, 자녀에 대한 관심은 아들의 경우 2~18세의 지능수준을 예언했고, 딸의 경우 8~30세의 지능수준을 예언했다. 에너지가 강한 특성을 가진 어머니는 자녀와 더 많은 활동을 하고 더 반응적이어서 그럴 것이라고 판단된다. 아들의 지적 성장은 아버지의 직업 만족도와 관련이 있었고, 딸의 평균 이상의 지적 수준은 부모의 결혼 안정성과 아버지의 딸에 대한 관심 및 친밀성과 연결되어 있었다. 연구 결과만 보아서는 환경의 효과가 나타나는 것이 출생 전인지, 생후 2년간인지, 아니면 그 이후인지를 판단할 수 없었다. 그러나 중요한 발견은—비록 조사대상 부모의 지능수준을 일정한 영역으로 한정했지만—생후 21개월일 때 측정된 가족의 감정적 분위기가 초기 아동기부터 성인기까지의 자녀의 지적 수행을 신뢰 있게 예언한다는 점이다.

초기 경험의 중요성은 또 다른 발견을 통해 잘 드러난다. 걸음마기 유아들이 가정에서 보인 언어 사용에 대한 논의를 다시 생각해 보자. 부모의 언어적 피드백이 갖는 정서적 분위기와 부모가 사용하는 언어의 다양성, 1~3세의 상징을 강조하는 표현은 9~10세 때의 어휘 양과 언어발달 전반을 잘 예언한다. 초기의 언어자극이 다른 학업적 기술이나 학교 성적과 직접 관련되는 것은 아니지만, 자녀의 학년이 올라감에 따라 어휘발달과 언어발달은 언어적 기술이 부각되기 때문에 학업성적에 반영될 수 있다고 생각된다.

Hart와 Risley는 초기 경험의 중요성에 대해 다음과 같이 요약하였다. 이 초기 경험의 시기가 아동 발달에서 가장 중요하다고 믿지는 않는다. '단지 생후 첫 3년은 자녀가 특별히 문화에 쉽게 영향받는 시기 정도로만' 생각한다. 왜냐하면 이때의 자녀는 아직 집을 벗어나서 또래나 다른 기관의 영향에 대면하지 않았기 때문이다.

> 영아의 본성과 부모와의 상호작용을 고려해 볼 때, 생후 첫 3년은 전반적으로 경험에 대한 일반적 접근방식을 형성한다. 어떤 사물인지, 어떻게 된 사건인지에 대한 어휘들은 어른과 상호작용을 하면서 획득된다. 자녀는 단어와 행위를 통해 세상이 무엇을 의미하는지, 그들이 어떤 사람인지, 무엇이 값진 것인지를 배운다. 그리고 무엇이 사회적인 존재인지, 단어를 어떻게 사용하는지, 대인관계에는 어떤 유형들이 있는지를 배운다.

긍정적인 경험이 이후의 안정을 예언하는 것처럼 초기의 부정적 경험 또한 중요하다. 우울한 어머니의 자녀는 그렇지 않은 자녀에 비해 어머니에게 애정적 행동을 덜 보이고, 어머니를 덜 만지며, 더 자주 화내고 불안해하고 안정시키기가 힘들어진다. 우울한 어머니의 자녀가 보이는 부정적 행동은 전두엽의 뇌파 변화와 관련되어 있다. 이 영아들의 종단적 추적 연구를 통해 이런 초기 경험의 중요성을 장기적으로 결정할 수 있을 것이다. 폭력을 경험한 자녀는 호르몬 수준이 높아져 있는데, 아마도 장기화된 충격적 폭력 경험이 교감신경계의 과잉각성과 공격 및 회피 반응과 연관된 생리적 반응을 유도했기 때문이라고 볼 수 있다.

그러나 인생 초기의 긍정적 경험이 아동기의 건강한 발달을 보장하는 것은 아니다. 안정적 애착이 불안정적 애착으로 또는 그 반대로 바뀔 수도 있으며, 그 사이에 여러 사건들이 개입할 수도 있다. Lewis(1997)는 1세 때 애착 유형을 확인했던, 18세 된 100명의 중산층 청소년들의 심리적 적응상태를 측정했다. 그는 1세 때의 애착 유형과 18세 때의 심리적 적응 간에 별 관련이 없다는 것을 확인했다. 18세 청소년의 심리적 적응은 영아기의 애착 유형보다는 사춘기 때 갖는 애착관계 모형에 관련되는데, 이는 1세부터 18세 사이에 개입된 여러 사건들이 아동기의 적응을 형성하고 있음을 예증하고 있는 것이다.

Lewis는 자녀의 행동에 영향을 주는 것은 현재의 생물학적, 사회적 영향력이라고 생각한다. 자녀는 자신이 직면하는 사회적 상황의 요구를 충족시키기 위해 행동을 수정한다. 그는 다음과 같이 서술하였다. "사회적 통제와 생물학적 명령은 통제하는 힘이라기보다 아동에게 자신의 본성과 환경의 특성에 대한 정보를 주는 것으로 볼 수 있다. 아동은 이 지식을 기반으로 어떻게 행동해야 될지, 무엇을 생각해야 하는지를 구성할 수 있게 된다." 이 지적은 사회적 자원을 비교적 많이 가지고 있는 중산층 가정의 자녀에게는 맞는 말이지만, 자녀의 개인적 자원은 그들이 직면하는 누적된 사회적 위험에 비해 영향력이 적다는 Rochester 종단연구의 결과를 다시 생각해 보아야 할 것이다.

초기에 부모 행동의 중요성을 시사하는 이 표본연구를 검토해 볼 때, 부모의 긍정적인 정서적 개입은 자녀의 정서적, 지적, 언어적 발달에 주요하게 영향을 미친다는 사실을 알 수 있다. Gopnik, Meltzoff 및 Kuhl(1999)은 『요람 안의 과학자(*The Scientist in the Crib*)』라는 책에서 영아는 부모와의 관계로 이끌어진다고 말하고 있다. 부모는 이미 자녀의 성장을 돕는 데 필요한 행동을 많이 알고 있다고 생각한다.

> 영아와 유아에게 돌보기와 교육은 분리될 수 없다. 자녀를 양육하는 행동 자체가 그들이 필요로 하는 정보를 주는 것이다.……과학적 연구에 따르면 자녀와 함께 있을 때 우리가 하는 일들—말하기, 놀기, 재미있는 표정짓기, 주의 기울이기—이 바로 우리가 해야 할 일들이다. 우리는 단지 그렇게 할 시간이 필요할 뿐이다.

4) 초기 경험의 수정 가능성

뇌 연구에 따르면 신생아는 생애 전반에 걸쳐 유지되는 신경세포의 대부분을 이미 가지고 태어난다고 한다. 신경세포들 간의 연결(시냅스)은 출생 시 각 세포당 2,500개 정도 갖는데, 3세에는 이 시냅스 수가 1만 5,000개 정도로 늘어나고 자라면서 더 많은 시냅스가 발견된다. 그러나 사춘기에 이르러서 전지과정(pruning), 즉 잘 사용하지 않던 오래된 신경세포 연결이 제거되기 시작하면서 시냅스 수는 성인의 뇌에서 관찰되는 수로 줄어든다.

어떤 연구에 의하면 자녀가 생애 초기에 적절한 자극을 받지 못할 경우 특정 능력을 발달시킬 수 없다고 한다. 동물의 경우 지각운동 능력 발달에 결정적인 임계적 시간대가 있다는 연구가 있지만, 인간 행동의 경우 특정한 임계적 시간대란 드물고 오히려 상당히 긴 시간에 걸쳐 있다. Bruer(1999)는 인간행동 발달의 임계기에 대한 증거들을 개관하면서 다음과 같이 결론짓고 있다.

> 우리의 자녀가 아주 적합하고 정밀하게 조율된 뇌를 가지게 될 가능성은 놀랍게도 지지되고 있는데, 이는 뇌가 임계기 동안 필요로 하는 경험들이 인간 종의 정상적 발달 환경의 어디서나 그리고 언제나 일어나는 자극들이기 때문이다. 자연적인 예상이 좌절되고 신경발달이 잘못되어 가는 것은 단지 심한 유전적 또는 환경적 변이가 있을 때다.

그래서 특정 능력의 발달을 위해 자극이 특정 시점에 일어나야 하는 것은 아니지만, 일찍 그 능력을 발달시키는 것이 더 수월할 수는 있다.

지금까지 초기의 안정적 애착과 연결된 긍정적 행동들에 대해 기술해 왔고, 시간이 지남에 따라서 부모-자녀의 애착관계를 유지하거나 변화시키는 사건들과 요인들을 확인하는 데 관심을 기울였다. 비록 Lewis의 발견에 따르면 1세에 보인 안정적 애착이 18세의 애착관계의 안정성을 예언한다고 볼 수는 없지만 대부분의 연구에서 애착관계의 안정성은 안정적 애착의 경우가 불안정적 애착의 경우보다 더 강하다고 지적하고 있다. 아마도 부모와 자녀 간에 형성된 상호 지속적 만족이라는 긍정적 순환과정이 안정적 애착을 유지시키는 것 같다.

이러한 안정적 애착은 부모의 대처방법 능력을 넘어서는 스트레스 사건들로 인해 불안정적 애착으로 전이될 수 있다. 예를 들어, 어머니에 대한 첫째 자녀의 애착 안정성은 둘째 자녀 출산 이후 감소한다는 연구 보고가 있다. 이 애착 안정성의 감소는 자녀가 2~5세고, 어머니가 우울하거나 심한 불안상태에 있으며, 어머니가 아버지로부터 지원을 받지 못할 경우 가장 크게 나타난다. 그래서 초기의 애착은 안정상태로 고정되지 않고 다른 생활 사건들과 어머니의 개인적 특성에 영향을 받게 된다.

초기의 인지적 기능은 수정 가능한가? 먼저 언어발달을 살펴보면, 10년 정도 지속될 수 있는 임계기가 있는 것 같다. 언어자극이 결핍된 상황에서 자란 자녀를 대상으로 한 연구에 따르면, 6세까지 언어가 결핍된 자녀는 시간을 가지고 노력하면 정확한 문법을 구사해서 말하는 것을 학습할 수 있다고 한다. 그러나 13세까지 언어자극이 결핍된 경우는 문법을 전혀 학습할 수 없고 단지 몇 단어 정도만 말할 수 있다.

신생아는 모든 언어의 소리를 낼 수 있는 능력을 가지고 태어나지만 시간이 지남에 따라 이 능력을 잃어 간다는 사실은 오래전부터 알려져 왔다. 영아가 일상적으로 듣게 되는 말소리는 점차적으로 제한되어서 외국어를 10세 이전에 배울 경우 자신에게 익숙한 강세를 가지고 외국어를 말하지 않지만, 10세 이후에 배운 경우 그러한 강세를 사용해서 말하는 경향이 있다. 즉, 뇌가 일상적으로 들었던 소리를 만들어 내도록 견고하게 구성되어 버린 것이다.

최근까지도 다른 언어의 말소리를 쉽게 소리내지 못하는 점은 극복될 수 없다고 생각되었다. 그런데 최근의 연구는 성인도 재훈련을 통해 모국어에 없는 말소리도 산출할 수 있음을 보여 준다. 말소리를 천천히 늘여 뜨려 내게 하는 컴퓨터 프로그램을 이용해서, 일본인 성인들이 일본어에서는 하나의 소리인 영어의 L과 R 소리를 변별할 수 있게 했다. 이것은 그에 대한 새로운 신경회로가 구축됨을 시사한다. 자연적인 언어만으로는 일본인이 보인 이런 변별능력을 증진시킬 수 없지만, 컴퓨터를 통한 과장된 말소리는 유아기의 말소리 수준에서 대화상의 말소리 수준까지 점진적인 훈련을 통해 이런 결과를 보였다. 그러므로 적절한 조건만 만족되면 극복이 불가능한 것으로 알려진 행동상의 변화를 유도해 낼 수 있다.

더 일반적인 인지능력을 고려해 볼 때, 초기 개입 프로그램은 빈곤 가정의 자녀의 인지적, 사회적 기능을 향상시킬 수 있다. 그런데 이후의 개입은 어떤 효과가 있을까? 이후의 자극을 주는 것에 대한 세 가지 예를 들어 보자.

첫 번째 예는 롱아일랜드에 있는 한 중·고등학교를 대상으로 한 연구인데, 이 학교는 중학교 3학년 때 낙제한 27명이 참여한 성공지향적 학업준비(Success Through Academic Readiness; STAR) 프로그램을 시도했다. 이 학교는 롱아일랜드의 가장 열악한 학교 중의 하나였는데, 이 프로그램은 비영리단체인 지역사회발달연구소로부터 재정지원을 받아 심리학자, 사회복지사, 직업·대학진학 상담가, 프로그램 담당자, 빈곤자 지원 담당자 등을 프로그램 담당자로 했다. 이들은 일상생활에서 학생들이 제공받지 못하고 있는 관심과 일관성의 수준을 일정하게 유지하려고 함께 노력했다. 이 학생들은 또래 압력에 관한 워크숍이나 박물관 견학, 과외학습 등을 포함한 추가적인 활동을 매일 2시간씩 받았다. 학교 상담가는 4년 계약으로 일하게 되어 이 학생들을 지속적으로 상담할 수 있었다. 주위의 연구자들은 이 프로그램이 성공한 이유로 프로그램 담당자가 학생들에게 정서적으로 개입하고 꾸준한 격려와 지지를 주었다는 사실을 들었다. 학생들은 언제나 도움을 받을 수 있었는데, 학생이 수업에 빠지면 집에 전화를 걸어 어떤 문제가 있는지, 어려운 일이 무엇인지, 학교로 언제 돌아올 계획인지 등을 묻고 조언해 주었다.

이 프로그램을 시작한 지 4년 후 27명의 학생 중 25명이 대학교에 진학하게 되었고 이 프로그램에 참여하지 않았던 비교집단에서는 25명 중 23명이 중도에 자퇴했다. 이 프로그램에서 학생당 들인 비용 $5,000와 관할 행정기관에서 지원하는 비용 $9,380를 합하면 학생당 들인 비용 총액은 일 년에 $14,380다. 이는 부유한 이웃 지역에서 일반 학생당 들인 교육비용인 $16,000에 비해 훨씬 적은 비용이다. 여기서 우리는 중산층 자녀의 지적 성장을 예언하는 동일한 정서적 개입과 관심이 경제적으로 열악하고 낮은 학업 성취를 보이던 학생들의 학업적 성공도 돕는다는 것을 알 수 있다.

두 번째 예는 미 육군에서 실시된 프로그램으로 모집 시 시험성적이 저조한 지원자들에게 교육기회를 제공하는 것이다. 미 육군에서 계속 근무하는 지원시험 저득점자 7,000명을 추적 조사한 결과, 대상자 중 입대 시 고졸자는 66%였는데, 12~17년 뒤의 조사 시점에서는 96%가 고등학교 졸업을 한 것으로 밝혀졌다. 입대할 때는 1%만이 점수상 31% 이상을 보였지만, 추적조사 시점에서는 27% 이상이 이 점수를 받았다. 따라서 학습기회는 젊은 성인에게로 확대되어도 이득을 주게 된다.

세 번째 예는 1920년대 출생부터 시작하여 아동기, 사춘기, 중년기(36~48세)에 걸쳐 조사된 대표적 표본의 종단연구에서 찾아볼 수 있다. 사춘기 후기 IQ와 중년기 IQ를 비교해 본 결과, 집단 전체적으로 볼 때 IQ의 언어영역, 수행영역 및 전체 영역에 걸쳐 일정한 증가를 보였다. 표본대상의 17%는 IQ점수가 13점 이상 증가했고, 11%는 6점이나 그 이하의 감소를 보였다. IQ점수의 감소를 보인 집단에는 심한 음주자와 신체허약과 관련된 질환을 앓고 있는 사람들이 포함되었다. IQ점수의 증가를 보인 사람들은 사춘기 때 자신의 IQ보다 10점 정도 높은 배우자와 결혼하는 경향이 있었다. 연구자들은 이 결과들이 '어린 자녀에서와 마찬가지로 성인의 지적 성장을 촉진할 방법을 찾을 수 있다.' 는 믿음을 준다.

5) 결 론

초기 경험은 중요하다. 왜냐하면 초기 경험은 뇌가 정보를 처리하는 방식을 형성하고 인간과 세상에 지속적으로 반응하는 방식을 결정하기 때문이다. 극단적인 결핍과 지속을 제외하고는 발달에 결정적 시기란 거의 드물다. 발달 중 어느 때이건 자극은 학습과 성취를 유도하고, 컴퓨터를 통한 성인의 언어변별 재훈련 같은 새로운 연구 결과는 생애 전반에 걸쳐 개인 발달을 향상시킬 수 있는 방법을 찾는 데 도움을 준다.

6. 양육 후의 부모 변화

부모는 자녀를 양육하면서, 부모로서 갖는 좌절을 극복하면서 새로운 행동을 지속적으로 발달시켜 나간다. 이런 새로운 반응의 창출이 부모 자신의 영속적인 변화를 이끌어 낸다는 것은 놀라운 일이 아니다. 그렇지만 양육을 해 온 결과에 따른 부모 자신의 변화에 대한 연구는 상대적으로 드물었다.

아동 발달 상담가이면서 전문강사인 Galinsky(1981)는 자녀가 태어난 이후 자신이 변했다는 것을 알았다. 그녀 자신의 감정이 갖는 의미에 호기심을 가지고, 다른 부모들은 어떻게 느끼는지를 알려고 여러 책과 연구 보고들을 살펴보았다. 특별한 정보를 찾지 못한 그녀는 어린 자녀를 키우는 부모집단을 구성하기 시작했다. 그 후 228명의 다양한 부모기(parenthood)에 있는 부모와 면접을 했는데, 이 집단에는 기혼부모, 이혼부모, 양부모, 후견부모, 입양부모들이 포함되었다. 이 부모들은 무선적 표본은 아니나 전체 인구에서 광범위하게 추출되었다고 볼 수 있다.

Galinsky는 부모기(parenthood)를 6단계로 구분했으며, 각 단계별로 부모는 정서적, 지적 에너지를 주어진 과제에 부여했다. 이 단계 구분은 특정 연령의 자녀에게 특정 시점에서 한 단계 이상의 역할을 부모가 수행한다는 점에서 대부분의 다른 단계 구분과 다르다. 첫 번째 단계는 임신 중에 나타나는데 이를 이미지 형성 단계라고 한다. 이 시기에 부모는 곧 다가올 자신들의 변화와 타인과의 관계 변화를 준비한다. 보육단계는 자녀의 출생부터 18~24개월 정도까지를 말한다. 부모는 새로 태어난 신생아에게 점점 애착을 가지며 자신의 욕구와 아기의 욕구를 균형 맞추고 우선적인 일들을 확인하게 되면서 인생에서 자신을 양육자로 설정한다. 권위 단계는 2세에서 시작해서 4, 5세까지 지속된다. 이때 부모들은 자녀에 대한 사랑이 구조와 질서와 함께 나아간다는 것을 배우게 되면서 규칙 제공자이자 집행자로서의 부모가 된다. 자녀가 유치원 때부터 사춘기에 이르는 기간에 부모는 해석 단계에 있게 된다. 자녀는 더 숙련되고 독립적이게 되며, 부모는 자녀를 위한 생활방식을 설정해 주고 교사와 같은 외부의 권위를 해석해 주며 가치와 도덕을 가르친다. 자녀의 사춘기 동안 부모는 상호의존 단계에 들어선다. 부모는 자녀와 새로운 관계를 형성하는데, 부모는 여전히 권위를 가지고 있지만 이 권위는 이전과 다른 방식으로 자녀와 공유하게 된다. 여섯 번째 단계인 이탈 단계에서 부모는 자녀가 집을 떠날 준비를 하는 동안 자신들을 평가하게 된다. 이때 어느 단계에서 성공적으로 부모의 역할을 했는지, 다르게 행동할 수도 있었는지 등을 평가한다.

Galinsky는 부모기에 성인들은 어떻게 변화하는지에 대한 자신의 견해를 다음과 같이 요약한다.

> 자그마하고 누군가에게 의지할 수밖에 없고 성장해 가는 한 개인을 돌본다는 것은 끊임없이 변화된다. 왜냐하면 이것은 우리의 기반이 되는 측면을 직접 접하게 하고, 우리의 고귀함뿐만 아니라 취약함을 직면하게 하기 때문이다. 우리는 자아감을 잃고 또 다른 자아를 찾게 되고 계속해서 이런 변화가 반복된다. 우리는 양육하고 돌보는 것을 배운다. 우리 자신의 규칙과 권위자로서 갖는 이름을 정의해 가면서 분투해 나간다. 우리는 어떻게 해서 더 넓은 세상을 이해하고 싶어하는지를 깨닫게 되고, 자녀에게 영향을 미치는 모든 것들과 상호작용하는 법을 배운다. 자녀가 십대가 되면 자녀와의 관계를 재정의하고 자녀가 자신의 인생으로 출발하도록 한다.
>
> 종종 우리의 환상은 적나라하게 드러나고, 우리의 꿈은 현실과 끊임없는 줄다리기를 한다. 그리고 우리는 성장해 간다. 결국 우리는 자신에 대해, 인생의 순환에 대해 그리고 인간성 자체에 대해 더 많은 것을 배우게 된다. 대부분의 부모들은 자녀를 갖기 전보다 자신들이 더 책임감 있고 더 수용적이며 더 관대하다고 기술한다(p. 317).

요 약

부모의 역할은 다음을 제공하는 것이다.

- 신체적, 정서적 돌보기와 보호
- 교육, 가치, 훈련

자녀의 유능감은

- 신체적, 지적, 정서적, 사회적, 도덕적 유능감과 자존감을 포함한다.
- 각 유능감을 발달시키기 위한 기회를 제공하는데 부모의 직접적 개입에 따라 달라진다.
- 부모 자신의 유능감과 이에 대한 본받기에 근간을 둔다.
- 양육방식(권위 있는, 권위적인, 허용적인 양육)에 영향을 받는다.

부모는 다음과 같은 경우에 자녀가 가진 유능감의 모든 영역을 고무시킨다.

- 부모가 스스로 능력 있는 행동을 본받을 때
- 부모가 긍정적 애착을 형성하고 감정이 일정한 방식으로 표출되는 화합적인 가정 분위기를 유지할 때
- 부모가 자녀에게 세상에서 독립적인 탐색과 행동기회를 제공할 때
- 부모가 자녀의 행동을 지도해서 자녀 스스로 자신의 목표를 성취하게 할 때
- 부모가 자녀의 노력에 대해 정서적으로 지지할 때
- 부모가 사회적, 도덕적 발달을 자극하는 적절한 경험기회를 제공할 때
- 부모가 추론과 정적 보상을 사용하고 혹독하고 신체적인 처벌을 사용하지 않을 때

부모는 다음 출처로부터 양육행동을 배운다.

- 부모에게 가치, 목표, 방법을 제공하는 문화
- 타인과의 관계 맺기와 자신의 행동을 해석하는 방식을 설정하게 하는 데 영향을 주는 자신의 부모와의 초기 경험

생애 초기의 민감하고 반응적인 양육은

- 자녀가 신체적 조건을 잘 조절하게 한다.
- 뇌가 자극을 체계화하고 대처하는 방식에 영향을 준다.
- 자녀가 주변 세계와 타인과 지속적으로 관계 맺는 방식을 형성시킨다.
- 아동기에 나타나는 여러 기능을 예언하지는 않는다.

자녀를 키워 가면서 부모는 다음의 단계들을 거친다.

- 자녀 인생에서의 이미지 형성자, 양육자, 권위자
- 세상을 해석해 주기와 자녀와 상호의존하기
- 자녀가 집을 떠나는 것에 대해 준비하기

참고문헌

Alison Gopnik, Andrew N. Meltzoff, & Patricia K. Kuhl (1999). *The Scientist in the Crib.* New York: Morrow, p. 202.

Betty Hart, & Todd R. Risley (1995). *Meaningful Differences in the Everyday Experiences of Young American Children.* Baltimore: Brookes.

Daniel J. Siegel (1999). *The Developing Mind.* New York: Guilford, p. 14.

David Blankenhorn (1990). introduction to *Rebuilding the Nest,* ed. David Blankenhorn, Steven Bayme, & Jean Bethke Elshtain. Milwaukee, WI: Family Service of America pp. xi–xv; Lynn Okagaki, & Diana Johnson Divecha (1993). "Development of Parental Beliefs." in *Parenting: An Ecological Perspective,* ed. Tom Luster and Lynn Okagaki. Hillsdale, NJ: Erlbaum, pp. 35–67.

Diana Baumrind (1973). "The Development of Instrumental Competence through Socialization." in *Minnesota Symposium on Child Psychology,* vol. 2, ed. Ann D. Pick. Minneapolis: University of Minnesota Press, pp. 3–46.

Ellen Galinsky (1981). *Between Generations: The Six Stages of Parenthood.* New York: Times Books.

Erik H. Erikson (1964) "Human Strength and the Cycle of Generations." in *Insight and Responsibility,* ed. Erik Erikson. New York: Norton, pp. 109–157.

Erika Hoff-Ginsberg, & Twila Tardif, "Socioeconomic Status and Parenting." in *Handbook of Parenting,* vol. 2, pp. 161-188.

Erikson, Erik H. (1950, 1963). *Childhood and Society.* 2nd ed. New York: Norton.

Frank R. Wilson (1999). *The Hand.* New York: Vintage Books, p. 291.

G. R. Patterson, & D. M. Capaldi (1991). "Antisocial Parents: Unskilled and Vulnerable" in *Family Transitions,* ed. Philip A. Cowan, & Mavis Hetherington. Hillsdale, NJ: Erlbaum, pp. 195-218.

Galinsky Ellen (1987). *The Six Stags of Parenthood.* Reading, MA: Addison-Wesley.

Goleman, Daniel (1995). *Emotional Intelligence.* New York: Bantam Books.

Goleman, Daniel (1994). *Emotional Intelligence*; Allan N. Schore, *Affect Regulation and the Origin of the Self.* Hillsdale, NJ: Erlbaum.

Guarendi, Ray, with David, Eich (1991). *Back to the Family.* New York: Simon & Schuster.

James Q. Wilson (1993). *The Moral Sence.* New York: Free Press, p. 226.

James Youniss (1994). "Rearing Children for Society." in *Beliefs about Parenting: Origins and Developmental Implications,* ed. Judith G. Smetana, New Directions for Child Development, no. 66. San Francisco: Jossey-Bass, pp. 37-50.

Jean L. Briggs (1992). "Mazes of Meaning: How a Child and a Culture Create Each Other." in *Interpretive Approaches to Socialization,* ed. William A. Corsaro, & Peggy J. Miller, New Directions for Child Development, no. 58. San Francisco: Jossey-Bass, p. 25.

Jean Piaget, & Barbel Inhelder (1969). *The Psychology of the Child.* New York: Basic Books; Herbert Ginsburg, & Sylvia Opper (1969). *Piaget's Theory of Intellectual Development.* Englewood Cliffs, NJ: Prentice-Hall.

John T. Bruer (1999). *The Myth of the First Three Years.* New York: Free Press, pp. 108-109.

Melvin L. Kohn (1969). *Class and Conformity: A Study of Values.* Homewood, IL: Dorsey.

Michael Lewis (1997). *Altering Fate: Why the Past Does Not Predict the Futur.* New York: Guilford.

Patricia M. Greenfield, & Lalita K. Suzuki (1998). "Culture and Human Development: Implications for Parenting, Education, Pediatrics, and Mental Health." in *Handbook of Child Psychology,* ed. in chief William Damon and vol. ed. Irving E. Sigel, & K. Ann Renninger, vol. 4, *Child Psychology in Practice,* 5th ed. New York: Wiley, pp. 1059-1109.

Robert N. Emde et al. (1991). "The Moral Self of Infancy: Affective Core and Procedural Knowledge." *Developmental Review, 11* pp. 251-270.

Sara Harkness, & Charles Super (1995). "Culture and Parenting." in *Handbook of Parenting*, ed. Marc H. Bornstein, vol. 2, *Biology and Ecology of Parenting.* Marwah, NJ: Erlbaum, pp. 211–234.

Susan Harter (1990). "Causes, Correlates, and the Functional Role of Global Self–Worth: A Life–Span Perspective." in *Competence Considered,* ed. J. Kolligian, & Robert Sternberg. New Haven, CT: Yale University Press, pp. 67–97.

Wilson, James Q. (1993). *The Moral Sense.* New York: Free Press.

03

부모-자녀의 친밀한 관계 수립

첫 번째 양육 과제인 자녀와 친밀한 정서관계를 맺기는 정말 쉬울 것이다. 그러나 부모는 자녀와의 친밀한 유대를 어떻게 형성하나? 자녀가 자신의 감정을 이해하고 표현하는 것을 어떻게 도와주고 있나? 부모가 화가 날 때는 과연 어떻게 행동하나? 가족 내의 긴장을 완화시키고 화목한 분위기를 어떻게 유지하는가?

(성인들에게 자녀를 갖고 싶은 이유를 물어 보면, 현재 부모인지 여부와 인종적 배경과 상관없이, 양육에 따른 사랑과 정서적 친밀감을 든다. 글상자 3.1을 보면 성인들이 말하는 이유 일곱 가지를 살펴볼 수 있다. 부모가 자녀에 대한 사랑을 말할 때는 특별한 성질에 대해 말하는데, 한 아버지는 다음과 같이 표현했다. "내 인생에서 '무조건적인 사랑'이 무엇을 의미하는지 처음 안 때가 이때다. 이 자그마한 여자아이와 자연의 경이로움은 내가 이전에 전혀 경험하지 못했던 것이다. 이것은 '그러나'가 결코 있을 수 없는 '예'다." 앞서 언급한 것처럼 심리학자 Bronfenbrenner와 Morris(1998)는 이것을 부모가 자녀에게 갖는 '비합리적 애착'이라고 부른다. 친밀한 정서관계는 강한 긍정적 느낌을 동반하지만, 스트레스나 분노 또는 좌절감 같은 부정적 감정도 포함할 수 있다. 이 장에서는 부모와 자녀에게 필수적인 감정적 유대를 형

글상자 3.1

성인이 자녀를 갖는 이유

1. 사랑과 만족, 타인과의 친밀한 관계
2. 자녀 성장을 지켜보는 것이 주는 자극과 흥분
3. 자기발달의 수단-자녀와의 관계에서 더 책임감 있고, 민감하고 능숙한 사람되기
4. 성인이라는 신분을 성취하는 길-성숙의 증명이 되는 부모 신분
5. 자녀의 성장을 도울 때 갖는 창의감과 성취감
6. 도덕적, 종교적 신념의 표현
7. 유용성-부모가 나이가 들었을 때 자녀가 자신들을 돌보아 줄 수 있다는 믿음

* 출처: Lois Wladis Hoffman, & Jean Denby Manis (1979). "The Value of Children in the United States: A New Approach to the Study of Fertility." *Journal of Marriage and the Family*, *41*, pp. 583-596.

성하고 강화시키는 여러 방식들과 어떻게 자녀를 사랑과 보살핌으로 키워 나가고 스트레스와 분노에 대처하는지에 대해 알아보고자 한다.

1. 가족 분위기

여기서는 부모가 원하는 친밀한 관계를 만들고 이 관계를 방해하는 요인들에 대처하기 위해서 무엇을 해야 하는지를 살펴보고자 한다.

1) 친밀한 정서관계

부모가 자녀를 특별한 사람으로 사랑할 때 부모는 긍정적 양육관계를 형성하기 시작한다. Briggs(1970)는 자녀가 부모의 사랑을 느낄 수 있도록 하는 심리적 분위기에 대해 기술하고 있다. 그녀에 따르면, '양육에 깃든 사랑은 부드러운 보살핌—즉, 자녀는 존재한다는 사실만으로도 귀중하기에 보살피는 사랑—이다. 자녀가 하는 모든 행동을 받아들일 수는 없을지라도 자녀가 특별하고 소중하게 보일 때 이 사랑이 나타난다.' 자녀는 존재한다는 사실만으로도 사랑을 받는다. 어떤 끈이 매여 있거나 어떤 요구가 만족된 것도 아닌데 그렇다. 이것이 바로 2장에서 언급한 Susan Harter의 '무

조건적 지원' 이다.

사랑을 가지고 자녀에게 관심을 기울일 때 자녀와 함께 경험과 이해, 공동의 의견을 공유하는 친밀한 관계를 만들수 있다. 호혜적 상호작용의 공유를 통해 상호이해가 촉진되고 상호주관성과 공유된 의미가 형성된다. 부모와 자녀는 함께 참여하는 하나의 관계를 창출하는 것이다. 즉, 개개인으로 분리될 수 없는 하나의 단위를 형성하게 된다.

부모는 두 가지 방식으로 모든 연령대의 자녀와 친밀한 관계를 형성한다. 하나는 민감하고 반응적으로 돌봄으로써 자녀의 욕구를 충족시키는 것이고, 다른 하나는 자녀의 삶의 경험을 공유하는 상호작용적인 사회적 동반자가 되는 것이다. 민감하고 반응적인 양육은 자녀의 안전감과 부모와의 친밀감을 증진시킨다. 민감한 양육은 자녀의 연령과 개인적 특성에 따라 변하는데, 이는 후에 나오는 장에서 더 상세히 다룰 것이다.

자녀에게 적절한 자극을 주고 자녀의 삶의 경험과 즐거움을 공유하는 사회적 동반자가 되는 방식은 자녀의 연령에 따라 달라진다. 영아기인 경우, 부모는 미소짓고 웃고, 말하고 간지럼을 태우면서 자녀와 관계를 형성한다. 부모는 자신의 행동을 영아의 리듬과 속도에 맞추고, 영아가 어떤 행동을 시작하거나 멈출 수 있는 기회를 주면서 영아와 상호작용하는 진정한 동반자가 되어 가는 것이다. 이 동반자관계는 아동기와 사춘기까지 지속된다.

영아가 성장함에 따라 부모는 자녀와 함께 장난감을 가지고 놀고 함께 주변을 탐색한다. 부모는 자녀의 즐거움, 호기심 그리고 더 향상되어 가는 기술에 반응을 보인다. 자녀가 말을 하기 시작하면 이 친밀한 관계에는 또 다른 차원이 생긴다. Luria(1981)는 인간은 말을 사용하여 물리적으로 존재하지 않거나 직접 지각할 수 없는 대상과 경험해 보지 않은 사건들을 다룰 수 있다고 기술한다. 부모와 자녀는 말을 통해 서로의 감정을 더 분명히 이해하고 한쪽만 경험한 일들을 공유할 수 있다. 또한 부모와 자녀는 말을 통해서 함께 경험한 일들을 서로 이해하게 된다. 자녀가 보다 많은 기술을 습득하게 되면 부모와 자녀는 여가 활동이든 일과 관련된 것이든 더 많은 활동을 함께 할 수 있게 된다. 아주 다양한 활동과 사건들에 공동으로 참여하는 것은 친밀성을 강화시킨다.

지금까지 부모가 어떻게 친밀한 관계를 증진시킬 수 있는가의 관점에서 친밀한 관계를 살펴보았다. 그럼 다른 연령대의 자녀가 생각하는 '좋은 부모' 또는 '좋은 어머니' 가 갖는 특성은 무엇인지 알아보자. 이 특성은 크게 민감한 양육자와 사회적 동반자라는 두 범주에 속한다.

좋은 부모와 나쁜 부모에 대한 면담에 참여한 취학 전 자녀의 생각으로, 좋은 부모는 물질적인 면에서 인정이 많고 먹고 싶은 것을 잘 주는 사람이다. 그리고 자녀와 같이 게임을 하고 책을 읽어 주고 잘 훈육시켜 주는—하지 말아야 하는 일을 못하게 하지만 때리거나 혼내지 않는—사람이 좋은 부모라고 생각한다. 나쁜 부모는 이와는 반대의 특성을 가진 사람이라고 본다. 포옹하거나 뽀뽀해 주지 않고, 음식을 차려 주지도 않으며, 게임을 같이 하지 않고 자녀를 때리고 밖에 나가 놀지 못하게 하는 사람이다. 나쁜 부모는 일반적으로 무책임한—빨간 신호등에서 지나가고, 사람들에게 의자를 집어던지고, 신문을 읽지 않는—사람이라고 기술한다.

자녀의 나이가 점차 들어가면 여전히 양육과 애정이 중요하다고 생각하면서도 심리적 보호를 반영하는 특성들을 중시한다. 어머니의 좋은 특성에는 "감정과 기분을 이해해 준다." "내가 필요할 때 있어 준다." "나를 지지해 준다."라는 특성들이 포함된다. 자녀는 좋은 어머니일지라도 행동에 대한 한계는 설정해 주어야 한다고 말한다. 가령, "어머니는 우리가 과일과 채소를 먹게 한다."라든지 "내게 꼭 필요하다고 생각할 때는 큰 소리로 말한다."와 같은 의미다. 자녀는 어머니가 행동규칙을 설정할 때 자신이 필요로 하는 것과 원하는 것을 고려해 주길 바란다. 자녀는 연령이 증가해도 여전히 부모와 같이 게임을 즐기고 농담을 주고받으며 함께 무언가 만드는 상호적인 여가시간을 즐긴다. 자녀의 나이가 더 들면 결국 좋은 어머니의 가르침이 중요하다는 것을 깨닫게 된다.

2) 긍정적 감정이 갖는 영향력

2장에서 긍정적 애착이 부모와 자녀의 유능감 있는 행동의 강력한 자극제라는 것을 알았다. 부모가 자신의 부모와 배우자에게 긍정적 애착을 지닐 경우 자녀에게 안정적 애착을 더 잘 형성한다. 이런 안정적 애착은 다양한 영역에서 자녀의 유능한 행동을 증진시킨다. 인간은 서로에 대해 행복하게 느낄 때 더 잘 이해하고 동정적이 된다.

좋은 감정은 관계로부터 나오기도 하지만 개인 자신의 행동과 성공에서 나오기도 한다. Felsman과 Vaillant(1987)는 사춘기 초기부터 중년기까지 남성의 발달과정을 추적 조사하면서 성인 정신건강의 중요한 전조가 소년기의 유능감임을 확인했다. 소년기의 유능감—아르바이트 하기, 집안일 돕기, 과외 활동 참가, IQ와 대응되는 학교 성적, 학교 활동 참가, 계획안 만들기, 학습의 종합적인 점수—은 효능감을 생성한다. Felsman과 Vaillant는 다음과 같이 기술하고 있다. "이 남성들 인생의 종합적인 자화상에서 가장 고무적인 것은 아마도 회복을 가능케 하는 엄청난 능력—인생에서 잘 진행되고 있는 것은 미래의 성공을 예언하고, 인생에서 무언가 잘못된 사건들은 일시적으로 해를 줄 뿐이라는 명백한 언명—일 것이다."

연구에 따르면 자녀는 잠시 동안 즐거운 일을 생각하기만 해도 수행이 향상되고 더 우호적이고 반응적이며 책임감 있는 행동을 보인다. 이러한 자녀는 유혹을 더 잘 물리치고, 공정성과 관용을 가지고 부당한 대우에 맞선다.

행복한 감정은 부정적 사건에 따른 결과에 대처하는 면역 역할을 한다. 좋은 감정은 일시적으로만 도움을 주는 것이 아니다. 종단연구를 통해 볼 때, 여가시간을 어떻게 보내는지, 아동기 때 얼마나 즐겁게 보냈는지는 아동기에 발생한 문제의 유무보다 나중의 심리적 건강을 더 잘 예언해 준다.

가족구성원이 긍정적 감정을 경험하는 것은 자녀가 인생을 즐기고 더 효과적으로 활동하도록 도울 뿐만 아니라 여러 문제들에 잘 대처하게 한다. 네덜란드에서 만들어진 잠재적 가족강도 강화 프로그램은 여덟 개 영역의 긍정적 부모-자녀 관계(글상자 3.2 참조)에 초점을 맞추고 있다.

이 긍정적 형태의 의사소통을 증가시킬 경우, 가족구성원들은 여덟 개의 모든 영역에서 자신의 행동을 향상시킬 수 있었다. 이스라엘의 사회복지사들은 취학 전 아동양육에 어려움을 겪고 있는 복지대상 가정을 3~4개월 동안 지속적으로 방문했다. 이들은 매주 1시간 반 정도 방문했는데, 첫 10~20분 정도는 가족구성원 간의 상호작용하는 모습을 비디오로 녹화했다. 사회복지사는 다음 방문에서 지난주의 녹화내용 중에서 긍정적 상호작용을 보인 부분을 가족구성원들과 함께 보았다. 사회복지사는 매번 방문할 때마다 부모-자녀의 긍정적 상호작용 유형을 확인해 주고 이 유형을 강화시

글상자 3.2

부모-자녀의 긍정적인 의사소통의 8가지 유형

1. **100% 수용적인 언어표현**—부모와 자녀가 상호작용할 때 일어난 일에 대해 부모가 긍정적인 언어표현을 사용하면 자녀는 그 상호작용의 의미를 잘 이해하게 된다.
2. **차례대로 대화에 참여하기**—가족구성원 모두 의사를 표현할 기회를 갖고 다른 가족으로부터 적절한 관심을 받는다. 대화에 참여하지 못하는 가족이 없도록 한다.
3. **약한 의사표현 강화하기**—아동이든 성인이든 의사소통에서 상호작용과 자기주장을 잘 하지 못하는 구성원이 있으면 더 적극적으로 참여하도록 격려한다.
4. **따라서 반응해 주기**—부모가 자녀와 상호작용을 할 때 자녀의 언어적 또는 비언어적 표현에 뒤이어 반응을 보인다. 이때 부모는 자녀에게 평가적인 표현을 하면서 자녀를 바라본다.
5. **긍정적으로 표현하기**—부모는 자녀가 해야 할 일을 지시할 때 모든 가능성을 고려해 긍정적인 말로 표현한다. 가령, "외투를 잘 들고 가라."라고 말하지, "외투를 바닥에 끌지 마라."라고 말하지 않도록 한다.
6. **자발적인 행동 지지하기**—자녀가 무언가 배우려는 의도에 대해 부모가 긍정적인 반응을 보인다.
7. **이끌어 가기**—부모가 행동의 모범을 보여서 자녀의 행동을 이끌어 가고 무엇이 기대되는지 그리고 부모가 무엇을 책임질 수 있는지를 자녀가 알도록 한다.
8. **즐거운 순간들을 공유하기**—부모는 자녀와 즐길 시간을 갖고, 즐거운 순간들을 함께 한다.

이 여덟 가지 활동은 자녀의 연령과 상관없이 충분히 포괄적으로 적용될 수 있지만, 어린 자녀보다 연령이 높은 자녀나 사춘기 청소년일 경우 긍정적으로 표현을 약화시키고 보다 지도적인 측면을 강화할 수 있을 것이다.

* 출처: Anita Weiner, Haggai Kuppermintz, & David Guttmann (1994). "Video Home Training (The Orion Project): A Short-Term Preventive and Treatment Intervention for Families of Young Children." *Family Process, 33*, pp. 441-453.

켰다. 때때로 사회복지사는 대상 가족에게서 관찰되지 않은 긍정적 상호작용의 모범을 보여 주고 따라하게 했다.

자녀와의 긍정적 상호작용의 예를 보여 준 가족에게서 프로그램이 투입되기 전에는 그러한 모습을 거의 볼 수 없었다. 즉, 자녀의 행동에 대해 긍정적으로 평가하는 말을 하지 않았고 자녀와 즐거운 시간을 갖지도 않았다. 사회복지사의 개입을 받은 가족들은 프로그램을 시작했을 때 긍정적 부모-자녀 의사소통 지수가 평균 1.83이었는데, 방문 개입이 끝날 때는 평균 8.04로 증가했고 프로그램이 종료된 후 6개월까지도 지속되었다. 이 개입 프로그램을 받지 않은 통제집단의 의사소통 지수는 비교기간 동안 변화가 없었다.

개입 프로그램은 긍정적 행동에 집중되었지만 부정적 상호작용—자녀에게 고함지르기, 때리기, 자녀의 접근 시도 무시하기—의 지수 또한 따라서 감소했다. 고함치거나 때리는 행동이 분명히 줄었다고 보기는 힘들었지만 자녀가 접근하려는 시도를 무시하는 행동은 분명히 줄어들었다. 자녀가 울거나 부모의 주의를 끌려고 일부러 문제를 일으킬 때 부모는 이를 더 잘 인식하고 어떤 형태로든 자녀에게 관심을 보였다. 그러나 긍정적인 것에 초점을 맞추게 하려는 노력에도 불구하고 시간이 지나도 가족의 친밀성 정도가 증가되지는 않았다.

가족의 친밀성이 자녀를 즐겁게 하고 돕는 것은 사실이지만, 어떤 부모는 자기 자신과 자신의 특성에 대해 긍정적으로 느끼지 않아 자녀와 거리를 두는데 이것이 긍정적인 것인지 아닌지에 대해서는 확신할 수 없다. 그리고 이 부모는 자녀가 자신의 좋지 않은 특성을 인식하는 것을 두려워한다. 사춘기 청소년과 부모 간의 친밀한 관계에 대한 연구에 따르면, 부모에게 친근감을 느낀 자녀는 거리감을 느낀 자녀보다 부모의 부정적 사고를 덜 받아들인다고 한다. 부모의 부정적 사고 경향은 부모와 자녀가 가깝지 않을수록 잠재적인 영향력을 더 갖는다. 그래서 부모가 자기회의와 자기비판이 강한 경우라도, 자녀와 친밀한 관계가 형성되어 있으면 자녀에게는 부모의 어떤 약점도 긍정적인 경험이 된다.

3) 부정적 감정의 파괴적 효과

폭력을 동반한 분노나 심각한 우울증 같은 부모의 극단적인 정서상태가 자녀 행동에 영향을 준다는 사실은 오랫동안 알려져 왔다. 자유시간의 제약과 전반적인 양육부담에 따른 일상생활에 팽배한 부정적 기분 또한 자녀와의 상호작용과 자녀 행동에 악영향을 초래한다는 사실도 점차 알려져 왔다.

(1) 시간 부족

부모는 가족과 함께 있는 시간의 부족이 가정생활에서 가장 큰 스트레스의 원천이라고 생각한다. 경제적 필요—어떤 경우 두 개의 직업을 가져야 할 경우도 있다—에 의해 일을 해야만 하는 가정의 부모 2/3 이상이 가정에서의 책임과 직업이라는 의무를 균형 있게 유지해야 한다. 성인, 특히 어린 자녀를 키우고 있는 부모는 시간에 쫓기고 있는데, 30년간 이루어진 시간 활용에 대한 연구와 조사 자료를 볼 때 놀라운 사실을 확인할 수 있다. Robinson과 Godbey(1997)는 『인생을 위한 시간(*Time for Life*)』이라는 책에서 그들의 광범위한 연구를 다음과 같이 요약하고 있다. 연구 대상자들의 시간 활용을 분석해 보면 대부분의 성인들은 일하는 데 소요되는 시간이 너무 많다고 생각하고 있는 반면, 일이나 자기관리 또는 가족 활동과 같은 중요한 활동에 보내는 시간을 제외한 나머지 시간, 즉 자유시간은 너무 적다고 생각한다.

Robinson과 Godbey의 보고에 따르면, 일주일 가용시간인 168시간 중 68시간 정도는 수면과 필수적 자기관리인 식사와 몸단장에 소요된다. 그리고 나머지 100시간 중 53시간은 일과 가정사에, 7시간 정도는 자기 재량에 따른 자기관리에 사용하고, 나머지 40시간 정도가 자유시간이 된다. 어린 자녀를 키우는 부모는 다른 집단에 비해 더 적은 자유시간을 갖는다고 보는데, 평균 40시간의 자유시간을 갖는 성인에 비교할 때 이들은 주로 주말 30시간의 자유시간을 갖는다고 한다. 이는 1965년 성인들의 평균 자유시간에서 1시간 정도 더 많은 것이다. 또 한 보고에서 보면 한부모는 일주일에 3시간 이하 정도만 자녀와 보내 자녀가 부모와 함께 있는 시간은 거의 없는 것이나 마찬가지고, 이혼한 부모의 자녀인 경우에도 같이 살지 않는 부모와 시간을 보내는 것이 거의 어렵다고 볼 수 있다.

많은 사람들이 이 보고 결과에 동의하지만, Robionson과 Godbey의 자료와 분석에서는 사람들은 자신이 생각한 것보다 더 많은 자유시간을 가지고 있고 '시간 빈곤'이라는 느낌이 오히려 문제의 원인이라는 점이 강조되어 있다. Robionson과 Godbey는 미국인이 과도한 업무로 시간에 쫓기는 것이 아니라 일상생활의 가속화 때문에 그렇게 느낀다고 생각한다. 이들은 다음과 같이 기술하고 있다.

> 음식을 제공하는 시간이나 잡지 기사의 길이 또는 대화하는 모습을 보면, 속도와 간결성

> 이 전반적으로 존중받고 있는 상황이다. 생활의 속도가 증가되면서 다른 시간 요소들 또한 재구성되고 있다고 가정하는 것은 자연스러운 일이다. 이런 가정들 중의 하나는 업무시간이 증가하고 시간에 쫓기는 사람들이 가장 길게 일하고 있다는 것이다(p. 55).

시간이 부족하다고 느끼는 것은 미국인이 자유시간의 40%를 다른 활동에 비해 만족스럽지 않은 활동, 예컨대 텔레비전 시청과 같은 활동에 보낸다는 사실에서 찾아볼 수 있다. 이들은 더 만족스러운 사회 활동이나 가족과 친구들과 함께하는 일에 시간을 보내지 않는다. 이 장의 뒷부분에 가서 이러한 시간 부족에 따른 스트레스를 줄이는 방법에 대해서 논할 것이다.

흥미로운 점은 시간활용 연구에서 자녀가 부모와 함께 활동을 하고 대화를 나누는 시간이 점차 줄어들고 있다는 사실이다. 미시간 대학의 연구에 따르면 1981년에는 자녀의 임의적인 활동에—식사, 수면, 학교, 자기관리 시간을 제외한 자유시간을 사용하는 활동—주 63시간이 소요되었다고 한다. 1997년에는 임의적인 활동에 주 51시간을 사용하여 16%의 감소를 보였고, 학교에서 보내는 시간은 주 21시간에서 29시간으로 증가하고 자기관리와 장소 이동에 소요되는 시간이 증가되었다. 그러나 부모와의 대화시간은 100% 감소했다. 더구나 조사대상의 약 50%가 부모의 이혼을 경험해서 양쪽 부모의 집을 오가게 됨에 따라 부모를 볼 시간이 그만큼 줄어들어 부모와 자녀가 함께 있는 시간은 더욱 줄어들게 되었다. 따라서 시간에 대한 압력은 부모와 자녀 모두에게 가해진 것이다.

(2) 일상적인 부정적 기분상태

매일 일과 자녀로 인해 갈등을 겪는 것은 부모에게 부정적인 기분을 불러일으키고, 이는 당연히 양육과 자녀 행동에 영향을 미친다. 부모가 부정적인 기분상태에 있으면 자녀의 이전 행동을 근거로 현재 행동의 판단이 한쪽으로 치우쳐서 자녀를 더 심하게 다루게 된다.

갈등을 겪는 것은 강해져서도 길어져서도 안 된다. 한 연구에 따르면 실험실에서 잠시 동안 유도된 부정적인 어머니의 기분상태는, 놀이와 실험 과제를 수행하는 동안 자녀와의 상호작용에서 자녀에 대한 긍정적 발언과 언어적 상호작용을 감소하게 했다. 다른 연구에서는 말 수수께끼 같은 단순한 과제에서 좌절된 부모가 자신의 유아기 자녀에게 긍정적이지 못하고 더 안절부절못하며 더 비판적이고 간섭적인 태도를 보였다. 일반적으로 부정적인 감정상태를 유발하는 성가신 일들은 자녀를 양육할 때 생기는 큰 어려움 속에서가 아니라 단지 일상적인 양육 문제들 속에서 발생한다. 이런 성가신 일들은 크게 두 범주로 나눌 수 있는데, ① 자녀를 키우는 데 드는 노력들, 가령 어질러져 있는 것을 치운다든지, 가족 활동 계획을 바꾼다든지, 자녀의 욕구를 충족시키기 위해 심부름을 간다든지 하는 일과 ② 보채거나 형제자매끼리 싸우고 끊임없이 졸라대는 일이다.

부모의 성격과 대처방식, 주변에서 부모를 도와주는 정도에 따라 스트레스는 커질 수도 있고 줄어들 수도 있다. 외향적이고 사교적이며 낙천적인 부모는 이런 성가신 일에 따른 부정적인 기분을 덜 갖게 된다. 회피적인 대응방식을 갖고 스트레스가 사라지기만을 바라는 부모는 잘 대처하지 못하기 때문에 오히려 스트레스를 증폭시킨다. 상황을 긍정적으로 평가하고 이런 상황으로부터 더 많은 것을 배우고 더 능숙해져 간다고 느끼는 부모는 스트레스를 줄이고 자신에 대한 확신감을 유지하게 된다.

(3) 일상적인 분노

여러 형태의 분노에 노출될 경우 자녀는 호르몬 생성이 증가할 뿐만 아니라 심장 박동률과 혈압 변화를 일으키는 정서적 각성을 보인다는 연구 보고들이 있다. 어린 자녀는 화내는 것을 직접 볼 때, 그것을 옆방에서 들을 때 또는 소리내지 않고 표현된 분노를 볼 때와 같이 상황이 달라지면 그에 따른 다양한 반응을 보인다.

대부분의 자녀는 성인의 분노에 대해 분노, 관심, 슬픔, 고통 등을 보이면서 하던 놀이를 못하게 되고, 공격성이 증가되거나 다툼을 중지시키려 하거나 부모를 위로하려고 한다. 자녀의 반 정도는 일차적으로 싸움을 종료시키고 싶다는 강한 욕구와 함께 강한 고통을 느낀다. 30% 정도의 자녀는 애매모호한 양가적 반응을 보이는데, 감정적으로 흥분되고 혼란된 상태를 보이는 동시에 자신은 괜찮다고 말한다. 15% 정도의 자녀는 이런 상황에 반응을 보이지 않는다. 양가적 태도를 보인 자녀는 더 공격적인 행동을 하게 된다.

가정에서 부모가 싸우는 것을 보고 자란 자녀가 분노에 대해 강한 생리적, 사회적 반응을 나타내는 것은 당연하다. 자녀는 실험실 상황에서 부모가 서로 분노를 표출하는 것을 볼 때 어머니 쪽을 더 위로하는 경향이 있다. 이 아동은 또래와의 관계에서 놀이에 개입하는 정도가 낮고, 화가 날 경우에는 이를 참기 힘들어한다.

부모가 자녀와 관련된 문제로 싸우거나 자녀를 혼내야 한다는 내용으로 논쟁하게 될 때 자녀는 특히 혼란스러워 한다. 부모가 자녀에게 혼나지 않을 것이라는 확신을 주면 자녀의 고통은 줄어든다. 그렇지만 부모의 갈등이 자신의 잘못 때문이라고 느낄 경우에 자녀는 부모의 갈등을 중지시키려고 개입하는 경향이 있다. 자녀가 4세 정도인 경우에도 자신이 부모의 분노를 줄일 수 있다고 믿는데, 이는 부분적으로 사실이다. 부모도 4~6세인 어린 자녀가 개입하면 싸움을 중단하게 된다고 말한다. 더 연령이 높은 자녀는 부모가 싸우는 것에 대해 자신이 중지시킬 수 있다는 생각을 덜 하는데, 왜냐하면 이 경우에 부모는 자녀가 말리는 데 별다른 주의를 기울이지 않기 때문이다.

그렇다면 부모는 자녀 앞에서 결코 싸워서는 안 되고 의견 불일치를 보여서도 안 된다는 것인가? 그렇지는 않다. 갈등은 사람들이 가까이에 함께 살 경우 자연스럽게 나타나게 마련이고, 자녀는 어떻게 갈등이 해결되고 조정되는지를 관찰함으로써 그 기술을 배울 필요가 있다. Cummings와 동료들(1987)은 성인이 싸우더라도 합의점을 찾는 것을 본 자녀와 우호적인 상호작용만 관찰한 자녀를 비교해 보면 정서적인 반응에 별 차이가 없음을 발견했다. 자녀는 싸움이 지속될 때 가장 부정적인 반응을 보이고, 이런 경우 '침묵 대응'으로 대처했다. 부모의 다툼에서 굴복이나 주제 전환에 대한 자녀의 반응으로 볼 때, 자녀는 그것으로 문제 상황이 해결되었다고 생각지는 않는 것 같다. 그래서 자녀에게 가장 중요한 것은 부모가 싸운 뒤 갈등 해소를 위해 정당한 합의점을 이끌어 냈는지의 여부라고 볼 수 있다.

특별한 고통이 없을 때도 부모와 5~15세의 자녀들은 자신이 다른 가족을 화나게 만든 원인이라고 생각했다. 아버지와 모든 연령의 자녀는 자신이 어머니를 화나게 한 주요 원인이라고 생각한다. 어머니들에게 일상에서 화나게 만드는 일에 대해서 물으면, 폭력이나 빈곤 같은 일반적인 이유도 들지만 자녀가 복종하지 않고 파괴적이고 요구만 하는 것 때문에도 화가 난다고 말하곤 한다. 따라서 자녀의 지각은 정확하다고 볼 수 있다.

자녀는 자신을 화나게 하는 주요 원천이 가족이라고 보는 반면, 자신을 행복하게 하는 것은 가정에서 벗어난 친구들과의 경험이나 자신의 성취라고 말한다. 대조적으로, 어머니는 자녀가 행복해하는 것은 주로 가족 때문이고 화를 내는 것은 다른 경험 때문이라고 생각한다. 이것이 바로 어머니가 자신의 감정을 어디에 귀인시키는지를 보여 주는 것으로, 어머니는 가족이 긍정적인 감정의 원천인 반면 다른 경험들 때문에 화가 난다고 생각한다. 그리고 자녀 또한 인생을 자신과 동일한 방식으로 본다고 가정한다.

여러 상황에서 공통적으로 중요한 점은 모든 가족구성원들이 다른 가족구성원들의 감정을 바꿀 수 있다고 믿는다는 사실이다. 대부분의 자녀는 자신이 어머니의 감정을 바꿀 수 있다고 생각한다. 68%의 자녀는 즐거운 어머니를 화나게 할 수 있다고 생각하고, 68%의 자녀는 슬픔에 빠진 어머니를 행복하게 만들 수 있다고 말하며, 63%의 자녀는 화난 어머니를 행복하게 할 수 있다고 말한다. 이 점에서 어머니와 자녀의 생각은 서로 일치된다. 어머니는 자녀가 자신의 감정을 급격히 변화시킬 수 있다고 생각한다. 그렇지만 어머니도 자녀의 감정을 마찬가지로 변화시킬 수 있다고 본다. 성인과 자녀 모두 행동적 전략과 언어적 전략을 자주 사용하는데, 자녀는 물질적 보상 전략도 사용한다고 보고되었다.

모든 가족구성원들은 분노를 가족생활에서 아주 큰 일로 생각한다. 자녀는 자신의 행동이 가족을 화나게 만든다고 생각하고, 가족의 관례와 요구가 자신을 성가시게 만드는 원천이라고 생각한다.

2. 자녀양육의 정동 과정

지금까지 보아 왔듯이 가족생활에서 부모와 자녀는 각각 강한 긍정적, 부정적 감정을 지니게 된다. 자녀는 부모에게 사랑과 분노를 느끼기도 하고 사랑과 온정을 불러일으키기도 한다. 하지만 자녀가 어릴 때는 한 시간에 15번 정도나 빈번히 부모에게 스트레스와 갈등을 유발시키기도 한다. 이런 이유로 Theodore Dix는 자녀에 대한 부모의 행동이 구성되어 갈 때 정서에 관한 중심이 되는 양육 모형을 제안한다. 그는 부모의 정서가 자녀의 행동을 어떻게 이해하게 되는지 그리고 자녀 행동에 어떻게 반응하는지를 결정한다고 생각한다. 부정적 기분상태에 있을 때보다 긍정적 기분상태

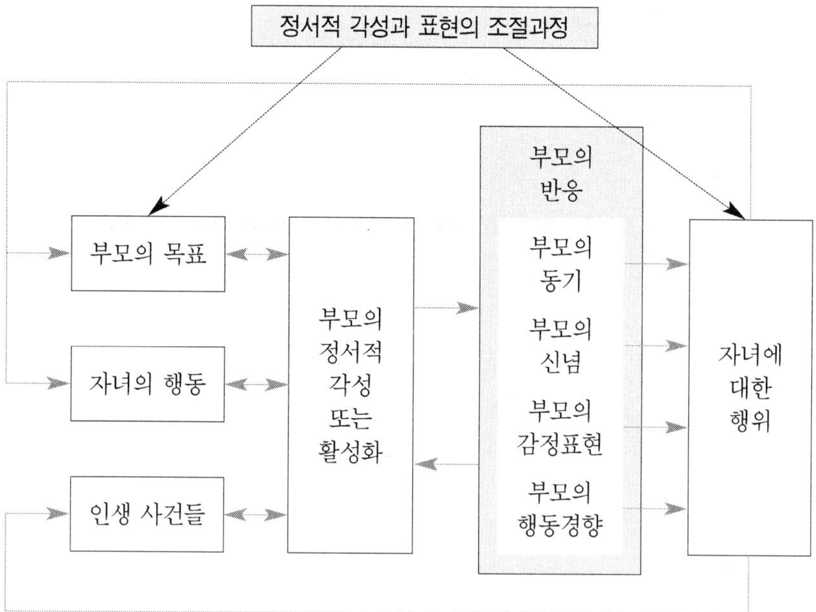

[그림 3-1] 자녀양육의 정동 과정에 대한 Dix 모형

에 있을 때 부모는 자녀에 대해 더 참고 견디며, 이해하려고 하고 행동을 절제하려고 한다. 부모가 긍정적 기분을 가지고 있을 때, 자녀가 말을 안 듣거나 저항하는 데 대해 덜 위협을 느끼고 교정이 요구되는 자녀 행동에 더 관심을 기울이게 된다.

부모의 정서상태는 훈육 유형, 훈육의 일관성, 훈육의 효과성도 결정한다. 가령, 화가 날 경우에 부모는 체벌에 의존하고 다른 방법보다도 더 강하게 사용한다. Dix는 다음과 같이 결론 맺고 있다.

> 아마도 부모의 정서는 다른 변인들 이상으로 건강한 부모-자녀 관계에 가장 잘 반영된다. 부모의 정서는 양육의 질을 보여 주는 바로미터고, 자녀 발달에 따른 일반적인 산물이자 가정에 미치는 영향으로서의 환경적 스트레스와 지원이 된다(p. 4).

Dix는 부모 정서의 세 원천으로 ① 부모의 관심과 목표, ② 자녀의 행동, ③ 인생에서 벌어진 사건들과 사회적 요인을 언급하고 있다. 이어서 정서는 자녀에 대한 부모의 동기와 신념에 영향을 주고, 부모의 행동을 조직화하고 강화시킨다. 부모는 각 상황에 적합하도록 자신들의 정서적 반응을 규제하고 조절한다. [그림 3-1]은 이 정동적 양육 모형을 보여 준다.

다음의 예들은 Dix의 모형을 잘 예증한다. 한 예로 어떤 아버지가 독립적이고 호기심이 강한 자녀를 양육하는 경우를 들 수 있다. 이 아버지는 어느 날 상사가 자신의 제안을 무시하고 비실제적인 지시를 내려 좌절하고 화가 났다. 그의 4세 된 아들이 수많은 질문을 하면서 답해 달라고 졸라댈 때, 이 아버지는 기분이 너무 나쁜 상태이므로 그러한 자녀의 행동을 나중에 답해 주겠다는 자신의 말에 대해 반항하는 것으로 생각했다. 그래서 아들에게 벌을 주고 그 후 자신이 부모로서 잘못했다고 느껴 기분이 더 나빠졌다.

이 아버지는 아내에게 직장에서 있었던 사정을 얘기하고, 긍정적인 계획을 세우고 난 다음 기분이 편안해졌다. 집요한 그의 아들이 몇 시간 뒤에 다시 새로운 질문을 가지고 돌아왔을 때, 아버지는 편안한 상태에서 아들의 행동을 세상에 대한 호기심으로 해석하고 질문에 답하기 위해서 백과사전을 찾게 되었다. 즉, 이 아버지는 아들을 도와주기 위해 시간을 보내는 것을 기분 좋게 느낀 것이다. 두 상황에서 아버지의 목표와 아들의 행동은 동일했다. 한 번은 부정적이고 다음 번에는 긍정적이었던 아버지의 기분상태가 아들의 행동에 대한 해석과 그에 대한 반응에 영향을 미쳤던 것이다.

3. 화목한 가족 분위기 조성

발달과 안정적인 삶에 중요한 영향을 미치는 가족구성원과의 긍정적 관계를 창출하는 방법으로는 ① 감정 소통, ② 민주적 가족 분위기 유지, ③ 자녀에 대한 존중과 격려, ④ 지지적인 양육 제공, ⑤ 자기표현 기회 제공 등을 들 수 있다. 먼저 양육과정에서 핵심을 이루는 감정 소통에 대해 살펴보자.

1) 감정 소통

사람들이 가족생활에 대해 갖는 감정을 종합적으로 조사한 연구를 보면 사람들은 대개 가족이 자신을 사랑하고 돌보아 준다고 기술한다. 그러나 자신의 감정 소통 기술의 부족으로 가족들에게 상대적으로 덜 친밀하게 느끼고 덜 지지적이라고 생각한다. 여기서 기술되는 감정 소통 방식들은 부모가 자신의 부정적 감정뿐만 아니라 긍정적 감정도 표현하도록 하는 도구를 제공할 것이다.

Ginott(1969)은 감정을 다음과 같이 기술하고 있다.

> 감정은 우리의 유전적 유산의 일부다. 물고기는 헤엄치고, 새는 날고, 사람들은 느낀다. 때때로 우리는 행복하고, 어느 때는 그렇지 않다. 우리는 살아가면서 때때로 분노와 공포, 슬픔과 즐거움, 탐욕과 죄책감, 욕망과 경멸, 기쁨과 혐오를 느낀다. 일어나는 감정을 우리가 선택할 자유는 없지만, 어떤 감정이 일어날지를 알면 언제 어떻게 표현할지 선택할 자유는 있다. 이것이 문제의 핵심이다. 많은 사람들이 자신의 감정으로부터 벗어나라는 교육을 받아 왔다. 그래서 누군가를 증오할 경우 단지 싫어할 뿐이라고 말한다. 무언가 걱정을 할 경우에는 걱정할 것이 없다고 말한다. 고통을 느낄 때는 용기를 갖고 미소 지으라는 충고를 듣는다. 많은 대중가요들이 말하는 바가 바로 '행복하지 않을 때 행복한 체하라.'는 것이다.
>
> 이런 가식적인 모습을 통해 무엇을 알 수 있는가? 진실이다. 정서교육은 자녀가 무엇을 느끼고 있는지 알도록 돕는다. 자녀에게는 왜 그런 감정이 생겼는지 아는 것보다 어떤 감정을 갖게 되는지를 아는 것이 더 중요하다. 자녀가 자신이 어떤 감정을 갖고 있는지 알게 되면, 내부에서 '온갖 것들이 뒤죽박죽된' 느낌을 덜 갖게 된다.
>
> 자녀가 자신의 감정을 알도록 하려면 어떻게 해야 하는가? 자녀의 감정을 비추어 주는 거울 역할을 해 줌으로써 도와줄 수 있다. 자녀는 거울에 비춰진 자신의 모습을 통해 자신의 신체적 모습에 대해 배운다. 마찬가지로 우리를 통해 반영된 자신의 감정을 받아들임으로써 자녀는 자신의 감정적 모습에 대해서 배우게 된다.

부모가 자녀의 감정을 반영해 줄 때 자녀는 자신이 한 개인으로서 이해받고 있으며 중요하고 가치 있는 존재라고 느낀다. 자녀의 행동이 관심을 받게 됨으로써 자녀의 자존감은 점차 성장해 간다. 어떻게 감정을 반영해 줄 수 있을까? 먼저 주의를 기울여 자녀가 어떤 감정으로 받아들이는지를 잘 경청하고, 단순한 말로 자신이 지각한 바를 다시 진술해 주는 것이다.

(1) 적극적 경청

부모가 자녀의 감정을 반영해 주는 활동을 Gordon(1975)은 **적극적 경청**이라고 부른다. 부모는 자녀의 진술을 경청하면서 표현된 감정에 대해 신중하게 주의를 기울인다. 그리고 자녀가 표현한 말과 비슷한 반응을 보인다. 만약 자녀가 수업과 관련해 자신이 바보 같다고 말할 경우, 부모는 대개 자녀에게 자신이 똑똑하지 못하다고 생각하고 있는 것 같다고 말해 준다. 대조적으로 Ginott은 그 자녀가 갖고 있는 두려움, 걱정 또는 좌절감에 대해 반응해 줄 것이다. Gordon은 더 깊은 감정에 대해 반응해 주는 예들을 보여 주는데 두 방법에서 차이는 거의 없다. 다음은 Gordon이 제시한 적극적 경청의 예다.

자녀: 난 내일 Bobby 생일 파티에 가고 싶지 않아.
부모: 너와 Bobby 사이에 문제가 있는 것처럼 들리는구나.
자녀: 나는 그 애가 정말 싫어. 그뿐이야. 그 애는 공평하지 않아.
부모: 넌 그 애가 무언가 공평치 못하다고 느껴서 그 애를 싫어하는 거구나.
자녀: 응. 그 애는 내가 원하는 놀이를 한 적이 한 번도 없다니까.

자녀: (울면서) 인도에서 넘어져서 무릎이 까졌네. 어, 이것 봐.
부모: 피나는 걸 보니까 정말로 겁이 나는 거구나.

부모의 반응이 정확하면 자녀는 부모의 피드백에 대해 긍정적으로 반응한다. 반대로 부모의 해석이 틀리면 자녀는 그것을 지적하고 자신의 감정을 더 과장함으로써 오해를 수정하려고 한다. 부모가 적극적 경청을 지속하면 자녀에게 일어난 일을 더 잘 이해할 수 있게 된다.

적극적 경청은 많은 이점을 가지고 있다. 첫째, 자녀가 자신의 감정을 직접적이고 효과적으로 표현할 수 있도록 돕는다. 감정을 표현하고 부모가 이를 받아들이면 자녀는 이해받고 있다는 느낌을 갖고, 자신도 다른 사람과 마찬가지라는 것을 배우게 된다. 부모가 감정에 대해서 얘기해 주고 자녀로 하여금 타인의 감정에 주의를 기울이도록 도와주면, 자녀는 타인을 더 잘 이해하고 타인과 더 잘 지내게 된다.

둘째, 자녀가 감정을 표현하는 과정을 통해 부모와 자녀는 분명히 문제였던 것이 사실은 실제적이거나 근본적인 문제가 아닐 수 있다는 것을 함께 배운다. 우리와 마찬가지로 자녀는 자신의 잘못에 대해 방어하게 마련인데, 때로는 자신의 현재 감정을 불러일으킨 친구나 부모 또는 상황을 탓하면서 방어한다. 간혹 자녀는 자신이 흥분되어 있다는 사실을 처음에는 부정하기도 한다. 부모가 그 감정에 초점을 맞추어 갈 때, 자녀는 배후의 근본 문제를 점차적으로 깨닫고 문제해결을 위해 할 수 있는 일들을 발견해 나간다.

셋째, 때때로 자녀의 감정 표현을 잘 듣기만 해도 문제가 완전히 해소될 수 있다. 종종 우리는 감정이 뒤죽박죽이거나 좌절된 경우, 슬프거나 화가 날 경우, 단순히 감정을 표현하는 것에 대해 누군가가 "그래, 그건 정말 좌절할 만한 일이야." 또는 "친구가 너만 남겨 놓고 누군가와 떠나버리는 것은 정말 괴롭지."라고 반응해 주길 원한다. 이런 반응은 자신의 감정이 정당하고 중요함을 입증해 주는 것으로, 흔히 이것이 우리가 필요로 하는 전부이기도 하다.

적극적인 경청자가 되기 위해서 부모가 해야 될 일은 무엇인가? 첫째, Gordon은 부모가 조급하거나 무엇인가에 몰두하고 있을 때는 적극적 경청을 시도하지 말라고 경고한다. 즉, 부모가 너무 바쁘고 자녀와 같이 있기 힘들어서 자녀의 감정을 알아내고 반응할 수 없을 경우에는 적극적 경청을 시작해서는 안 된다. 적극적 경청은 자녀의 말과 동반된 행동적 단서 모두에 주의를 기울여야 하기 때문에 지속성, 인내, 분명한 개입을 요구한다. 적극적 경청이 부적절할 때가 있다. 자녀가 정보를 요구하면 정보를 주라. 자녀가 자신의 감정에 대해 말하기를 원하지 않을 때는 자녀의 사생활을 존중하고 더 이상 탐문하려고 하지 말라. 그리고 적극적 경청과 대화가 자녀가 나아가려고 하는 최고점에 이르면, 멈출 때라는 것을 부모는 자각할 필요가 있다.

Ginott이 지도하는 그룹의 한 어머니는 상실로 인한 큰 슬픔을 반영해 주는 것이 좋은지에 대해 의문을 제기했다. 그렇게 하는 것이 현명한 일인가? 과연 자녀를 도와주는 것인가? 그런 감정이 자녀를 압도하지는 않을까? Ginott은 고통을 경험하는 것이 자녀의 특성을 강화한다는 점을 부모는 명심해야 한다고 답한다. 자녀가 무언가를 잃어버려 슬픔에 빠질 때, 부모는 "그래 슬프지. 이해해."라고 강조하기만 하면 된다는 것이다. 이때 자녀는 자신의 부모가 이해해 주고 동감해 줄 수 있는 사람이라는 것을 알게 된다.

(2) 나-전달법

부모가 화를 내거나 좌절되어 있거나 안절부절못할 경우, 잔소리를 하거나 소리 지르거나 나무라는 방법이 아닌 나-전달법을 이용해 자신의 감정을 건설적으로 표현할 수 있다. 나-전달법은 세 부분으로 이루어진다. ① 부모가 어떻게 느끼는지에 대한 명료한 진술, ② 부모를 그렇게 느끼게 만든 행동에 대한 진술, ③ 왜 그 행동이 부모를 감정적으로 흥분시켰는지에 대한 진술이다. 예를 들어, 사춘기 자녀의 방이 어지럽혀져 있는 걸 보고 기분이 나빠진 부모는 다음과 같이 말할 수 있다. "어지럽혀져 있는 네 방을 볼 때 난 기분이 매우 엉망이란다. 왜냐하면 온 가족이 집을 깨끗하고 산뜻하게 만들려고 노력하는데, 네 방은 그 노력을 그릇치고 있거든."

부모는 자신의 감정을 분석해서 자신이 어떻게 느끼고 있는지를 더 정확하게 인식하는 데 시간을 투자할 필요가 있다. Gordon은 부모가 자녀에게 화를 낼 때, 자녀는 종종 실망, 두려움, 좌절 또는 상처받았다는 느낌을 갖게 될 수 있다고 지적한다. 가령, 자녀가 한 시간 늦게 귀가할 경우 부모는 긴 설교를 늘어 놓기 시작한다. 자녀를 기다리는 시간 동안 가졌던 걱정은 두려움으로 커졌는데 자녀가 들어오면서 자녀가 안전하다는 안도감을 갖게 되고, 이 안도감은 이런 행동이 재발하지 않도록 하려는 화내는 말로 바뀌게 된다. 비슷한 경우로 실제 부모를 힘들게 한 문제는 직장에서의 문제인데도 부모는 자녀 행동의 잘잘못을 따지는 경우가 있다. 정확한 나-전달법을 사용하는 부모는 다른 문제에 대한 분노를 자녀의 문제로 대체시켜 자녀를 속죄양으로 만드는 경우가 드물다.

자녀가 부모의 나-전달법에 주의를 기울이지 않을 경우에 부모는 어떻게 해야 하나? 먼저 자녀가 나-전달법에 주의를 기울일 수 있는지부터 확인하라. 만약 자녀가 집 밖으로 나가버리거나 이미 다른 일에 깊이 빠져들어 있으면 감정을 전달하려고 하지 말라. 나-전달법이 무시되었을 때는 확고한 목소리로 메시지를 더 강하게 전달하라.

때때로 자녀는 나-전달법에 대해 다른 나-전달법으로 응한다. 예를 들어, 부모가 잔디를 깎지 않아서 걱정이라고 표현할 때, 딸은 잔디 깎는 기계 소리가 숙제하는 것을 방해해서 짜증난다고 응답할 수 있다. 이 시점에서 부모는 반드시 '기어를 바꾸어야' 한다. 즉, 부모는 적극적 경청을 통해서 자녀의 감정을 반영해 주어야 한다.

나-전달법은 여러 가지 이점을 가지고 있다. 첫째, 부모가 나-전달법을 사용할 때 자신의 욕구를 진지하게 받아들이기 시작한다. 이 과정은 모든 가족관계에 이득이 된다. 왜냐하면 부모는 자신의 인생의 모든 분야에서 더 자유롭게 느끼기 때문이다. 둘째, 자녀는 나-전달법을 사용하기 전까지는 이해할 수 없었던 부모의 반응이 무엇을 의미하는지 배우게 된다. 셋째, 자녀는 부모의 나-전달법에 반응하면서 문제해결 과정에 참여할 기회를 갖게 된다. 걸음마를 시작한 유아나 유치원에 다니는 자녀조차도 자신뿐만 아니라 타인에 대해 생각할 줄 안다. 그리고 이들은 가정에서 어떤 일이 다른 형제자매들을 귀찮게 할 수 있다는 것을 잘 알게 된다. 이들은 부모의 주의를 벗어날 수 있는 일에 대해서 생각하기도 한다.

나-전달법은 부모가 느낀 좌절이나 해결되지 않은 느낌을 표현할 뿐만 아니라 감사하는 마음을 전달하는 데 사용되기도 한다. 가령, "네가 설거지를 도와주어서 네 학용품을 사러 나갈 수 있는 시간을 가질 수 있게 되어 참 기쁘다."와 같은 표현이다. 나-전달법은 문제에서 벗어나거나 자녀가 부모도 하고 싶은 것이 있다는 것을 알게 하는 데도 유용하다. 이런 메시지를 예방적 나-전달법이라고 하는데, 이를 통해 부모는 미래의 바람과 욕구를 표현할 수 있고, 자녀에게 이에 대해 긍정적으로 반응할 수 있는 기회를 주게 된다. 예를 들어, 부모가 "내가 운전할 수 있도록 조용히 해 주었으면 좋겠어."라고 말할 경우 자녀는 무엇이 도움을 주는 일인지 배우게 된다.

부모의 나-전달법은 자녀의 행동에 대한 자신의 감정을 기술하는 데 주로 사용되지만, 다른 일들에 대한 부모의 반응을 기술하는 데도 유용하다. 이는 자녀를 혼란스럽게 만들 수 있는 성인의 인생에 대한 내밀한 이야기들을 논의하라는 것이 아니라, 중요한 일상 관심사에 대한 부모의 생각을 논의하라는 것이다. 2장의 도덕적 유능감에 대한 논의에서 부모가 자신의 감정과 그 원인에 대해 기술할 경우 자녀는 타인에 대해 더 동정적이 된다는 것을 알 수 있었다. 부모의 정직과 개방성은 자녀가 타인을 더 잘 이해하고 타인과 잘 지낼 수 있도록 도움을 줄 수 있다.

2) 민주적 가정생활의 정립

Gordon과 Dreikurs는 모두 민주적인 가정 분위기의 중요성을 강조하지만, 그 개념에 대해서는 약간 다르게 생각하고 있다. Gordon은 『자녀에게 자기훈련 가르치기

(*Teaching Children Self-Discipline*)』라는 책에서 부모가 보상과 처벌을 통해 자녀를 통제하는 권위주의적 가족에 대한 큰 관심을 보이고 있다. 그는 부모가 원하는 대로 자녀를 바꾸려는 의도로 자녀를 대하는 부모에 대해서 매우 비판적이다. 또한 칭찬이라는 말은 부모가 특정한 외적 기준에 근거해서 자녀를 판단하고 평가하는 것을 함의하기 때문에 그 개념 역시 싫어한다. 그는 처벌이라는 개념도 받아들이기를 거부하는데, 그 이유는 강한 권력을 가진 사람이 약자를 이용하는 것을 의미하기 때문이다. 특히, 자녀에 대한 신체적 처벌, 곧 체벌을 비난하는 이유는 그것이 자녀를 비하하고 부모에 대한 분노와 공포를 갖게 해서 교육적으로 거의 효과가 없기 때문이다. 그리고 Gordon은 허용적인 가족 분위기가 무질서와 혼동을 불러일으킨다고 비판한다.

Gordon이 장려하는 것은 자녀를 있는 그대로 수용하는 민주적 분위기인데, 이 분위기에서는 때때로 타인의 욕구와 갈등을 일으킬 수 있는 나의 중요한 욕구와 바람도 함께 고려된다. 문제가 생길 때 부모는 자신의 생각과 감정을 반영하는 나-전달법을 보내고 자녀의 관점을 알기 위해서 적극적 경청을 취한다. 문제가 해결되지 않을 경우 부모와 자녀는 상호적인 문제해결 방식으로 바꾸어야 하는데, 이는 다음 장에서 논의할 것이다.

Gordon에 따르면, 부모는 해결방법을 제시해서는 안 되고 자녀와 협동적으로 모든 사람의 욕구를 두루 충족시킬 수 있는 계획을 만들어야 한다. 이런 방식으로 협동작업을 하면 자녀는 자신이 판단되고 평가되면서 조정받는다는 느낌을 받지 않게 된다. 즉, 자녀와 부모는 인생의 난제들을 함께 풀어 나가는 동반자가 되는 것이다.

Dreikurs(1964)는 민주적인 가정생활은 자녀와 부모의 욕구가 동등하게 존중받고 배려받으며, 책임이 공유되는 고무적인 분위기를 제공한다고 생각한다. 부모는 자녀를 위해 음식, 안식처, 옷 그리고 여가를 제공한다. 이에 대해서 자녀는 집안일을 돕고 심부름을 하면서 가족의 일에 기여한다. 집안일을 하는 데 물질적인 보상은 주어지지 않는다. 평등한 인간들이 서로 존중하는 것이 가족의 규칙일 때는 가족구성원들이 모두의 복지에 필요한 일을 하는 데 함께 참여한다. 자녀에게서 자신의 몫의 일을 할 기회를 박탈하는 것은 인생에서 핵심적인 만족을 박탈하는 것이다. 민주적인 가정은 가족구성원에게 자유를 보장하지만, 이것이 규준의 부재를 의미하는 것은 아니다. Dreikurs는 가족생활에서 구조를 분명히 하고 역할의 범위를 설정하는 것이 자녀에게 안정감을 느끼게 한다고 믿는다.

자녀가 일상적 관례를 따라하도록 하기 위해 부모는 모델 역할을 한다. 부모는 또한 자녀에게 일상적 과제를 수행하는 방법을 가르친다. 자녀가 자기돌보기를 스스로 배울 수 있고 지시 없이도 집안일을 할 수 있다고 기대하는 부모는 자녀를 가르치는 데 시간을 투자하지 않는 경우가 종종 있다. 얼마나 많은 부모가 자녀에게 단계별로 잠자리 만들기, 옷 입기 등을 가르치고 자녀의 기술이 증가됨에 따라 필요한 부분을 추가적으로 가르쳐 왔는가? 자녀가 자기만족을 갖도록 하고 타인과 함께 잘 어울리도록 도와준 어떤 부모의 사례는 고무적인 경우다.

3) 존중하고 격려하기

Dreikurs는 아동이 건강하고 효과적으로 발달하려는 선천적인 능력이 있다고 믿는다. 자녀는 능동적이고 유능감을 갖기 원하기 때문에 부모의 주요 과제는 이런 발달이 허용되는 환경을 제공하는 것이다. 자녀의 가장 강한 욕구는 한 집단에 소속되는 것이다. 유아기부터 자녀는 가족 안에 수용되며 중요하다고 인정받으려 한다. 하지만 자녀는 가족으로부터 수용받는 독특한 경로를 각자 발달시킨다. 자녀는 타고난 능력과 다른 가족구성원과의 역동적 관계를 구성하는 환경적인 영향을 이용하여 이 과제를 성취한다.

부모는 과연 자녀가 자신의 힘과 능력을 발견할 수 있도록 도와주는가? Dreikurs는 아니라고 말한다. 대부분의 부모는 "네가 어질러놨구나." 또는 "내가 더 빨리 할 수 있으니 내가 할게." 또는 "식탁 준비하기에는 넌 너무 어려."와 같은 말을 함으로써 자녀의 자신감을 깨버린다. 그래서 부모는 자녀가 자신의 능력을 발달시키도록 격려해 주어야 한다고 Dreikurs는 제안한다. 그에 따르면, 격려란 '자녀에게 자기존중감과 성취감을 주는 것을 목표로 하는 연속적인 과정'으로, 이때 격려는 말과 행동으로 표현된다.

부모의 얼굴표정, 목소리, 음조, 몸짓, 자세 이 모든 것들이 자녀에게 부모가 그들에 대해 어떻게 느끼고 있는지를 말해 준다. 따뜻하게 껴안아 주기, 활발한 놀이, 온화한 양육 등 여러 다양한 방식을 통해 부모는 자녀가 훌륭한 존재고 사회생활에 참여할 능력이 있는 존재라는 것을 전달해 줄 수 있다. 부모는 자녀가 발달할 수 있도록 어떻게 격려해야 하나? 첫째, 자녀를 존중하고, 유아기부터 어떤 상황에서든 자율성을 허용함으로써 격려할 수 있다. 예를 들어, 영아들이 스스로 즐길 수 있도록 격려해 줄 수 있다. 즉, 가끔 혼자서 자기 손가락과 발가락을 탐색하고, 장난감을 가지고 놀며, 주변을 살펴보도록 놔두는 것이다. 그리고 가능한 한 빨리 스스로 먹는 것을 배우도록 한다. 자녀가 집안일을 돕는 행위에 관심을 보이면 1~2세의 자녀라도 그렇게 하도록 격려한다. 걸음마를 시작한 유아도 작은 쓰레기통을 비울 수 있고 깨지지 않는 작은 물건들을 저녁 식탁에 갖다 놓을 수 있다.

둘째, 부모는 자녀가 무엇을 특히 잘 하는지를 말해 주는 언어적인 격려를 통해 발달을 촉진시킨다. 가령, "모두 다 밝은 색으로 그린 네 그림이 참 좋다."라든지, "장난감들을 빨리 집어넣어서 아버지가 청소하는 것을 도와주었구나."와 같은 표현들이다.

셋째, 부모는 자녀가 원하는 것을 말하도록 격려해 준다. 자녀는 부모가 자신의 마음을 이해하지 못할 수 있다는 점과 자신이 원하는 것을 말할 때는 적극적으로 표현해야 한다는 점을 배울 필요가 있다. 자녀가 새로운 활동을 시도할 때 부모는 자녀가 먼저 도와달라고 할 때까지 기다려야 한다. 자녀가 도움을 요청하면 부모는 도와주기 시작하거나 부모의 도움 없이 시작해 보라고 격려하면서 잘 안 될 때는 언제든지 도와줄 것이라고 말해 준다. 부모는 격려할 때 자녀에게 과제가 어렵다는 점을 주목시킬 필요가 있다. 가령, "지금은 연습하기 힘들겠지만 네가 피아노 건반을 다루는 데 능숙해지고 경험이 늘어감에 따라 너는 정말로 피아노 연주를 즐길 수 있을 거란다."라고 격려해 줄 수 있다.

마지막으로, 자녀의 수행 증진을 강조해 줄 때 부모는 자녀의 발달을 촉진시킨다. 부모는 자녀가 특정 활동을 시작한 후로 얼마나 향상되었는지를 자녀에게 보여 준다. 격려하는 말이 종종 과제 수행을 완료하게 한다. 그러나 자녀는 어떤 활동을 하는 즐거움은 성공하는 결과만이 아니라 과정을 통해서도 느낄 수 있다는 점을 배우게 된다.

(1) 실수 다루기

어느 가정에서건 자녀는 실수를 범하게 마련이다. Dreikurs는 자녀가 저지른 실수를 부모가 과도하게 강조하는 경향에 대해 기술했다. 부모는 자녀가 많이 성장하고 무슨 일이든 잘 하기를 기대해서, 가끔은 아주 사소한 실수를 지적하고 무엇을 향상시켜야 하는지를 계속 말해 준다. 이런 상황에서 자녀는 부모로부터 수용받기 위해서 완벽해져야 한다고 느낀다. 이 두려움은 자녀의 자유로운 활동에 큰 장애가 될 수 있다. Dreikurs는 다음과 같이 관찰하고 있다.

> 우리는 모두 실수를 한다. 아주 드물게는 그 실수가 재난을 초래하기도 한다. 대개 우리는 어떤 행동이 실수라는 것을 모른다. 행동이 완료되고 그 결과를 직접 보기 전까지는 말이다! 가끔 우리는 그 행동이 실수라는 것을 알려고 실수를 저지르기조차 한다. **우리는 불완전한 상태에 있다는 것을 받아들일 용기를 가져야 한다.** 그리고 자녀 또한 불완전하다는 것을 수용해 주어야 한다. 이러한 태도를 가질 때 우리는 활발히 움직이고 전진하고 성장할 수 있다. 우리가 실수를 최소화하고 자녀의 실수를 긍정적으로 받아들일 때 자녀는 용기를 갖고 더 배울 준비를 하게 된다. '실수를 저지른 지금 무엇을 해야 하나?' 라는 생각이 진전되고 용기를 북돋운다. 실수를 하는 것은 실수한 다음 무엇을 하는가만큼 중요한 것은 아니다.

자녀가 어려서부터 실수에 대해 건강한 태도를 배우면 탐색과 행동이 더 자유스러워진다. 결과적으로 자녀는 더 많이 배우고 더 많이 성취하게 된다. 실수에 대한 건강한 태도는 실수가 인생에서 언제나 예견할 수 있는 한 부분이라는 믿음을 통해 형성된다. 종종 우발적으로 실수를 저지르게 되지만 그에 따른 원인이 있게 마련이므로 많은 경우 예방할 수 있다. 그래서 자녀와 부모는 실수를 주의 깊게 살펴보는 것을 배우고, 다음에 어떤 다른 방법으로 행동할 것인지를 알게 된다. 실수는 자녀가 무언가 하려고 시도하고 있지만 아직은 목표를 성취할 단계는 아니라는 사실을 증명한다. 즉, 실수는 불완전성이지 실패가 아니다. 자녀는 그 활동을 배우려고 더 많은 시간을 들이거나 목표 성취를 위해 더 연습할 수 있게 된다.

자녀는 실수에 대해 더 많은 시간을 투자해야 하고, 때로는 비용을 소모하게 된다는 점에서 불행한 것으로 볼 수도 있지만 재난이나 손해라고 볼 수는 없다. 오히려 실수를 통해 자녀가 효과적이지 않은 것이 무엇인지를 배우게 되기 때문에 실수는 종종 아주 가치 있는 경험이라고 볼 수 있다. 덧붙여 말하자면, 따뜻한 가정이 경험했던 추억의 대부분은 자녀가 어떻게 실수를 극복했는지에 대한 것이다.

연구들은 Dreikurs의 실수 다루기에 대한 조언을 하면서 자녀가 자신과 자신의 능력에 대해 생각하는 방식을 구성하는 데 부모의 설명방식이 큰 영향을 미친다는 사실을 보고하고 있다. 어떤 자녀는 아주 어린 시기부터 꾸지람에 민감하다. 한 번의 실수로 꾸지람을 받은 후, 이 자녀는 꾸지람을 받은 이유를 자신의 전반적 능력으로 일반화시켜 자신에 대해 무력감과 부적절함을 느끼게 된다. 능력에 대해 분명한 개념을 가지고 있지 못한 5, 6세의 자녀는 내재적인 선과 악으로 꾸지람을 해석한다. 자신이 무력하고 부적절하다고 느끼면 자녀는 무엇인가 하기를 포기하고 자신을 향상시킨다는 것이 너무 힘들다고 생각한다. 자신감 있는 자녀보다 민감한 자녀의 부모가 실수에 대해 비판적인 평을 많이 한다는 보고를 더 자주 한다. 아주 어린 자녀조차 자신의 실수에 대한 꾸지람을 그렇게 내재화해서 무력하고 부적절하게 느낀다는 사실은 슬픈 일이다.

불운에 대한 낙관적 태도와 비관적 태도가 갖는 광범위한 효과를 연구해 온 Seligman (1990)은 부모가 실수와 곤경에 대한 비관적인 신념 또는 해석에 대해 어떻게 대응해야 하는지를 자녀에게 가르쳐야 한다고 조언한다. 부모는 자녀에게 부정적인 사건에는 여러 원인이 있을 수 있고 어떤 원인은 통제할 수 없다는 점을 가르칠 수 있다. 예를 들어, 한 학생이 낮은 시험성적을 받는 경우가 있다. 그 이유로는 열심히 공부하지 않았을 수도 있고, 시험문제가 유난히 어려웠을 수도 있으며, 그 반 아동 중에 똑똑한 아동이 많아서 상대평가로 낮게 받을 수도 있고, 시험감독 선생님이 늦게 들어와서 시간이 충분치 않았을 수도 있으며, 너무 불안해서 시험답안을 잘 쓰지 못했을 수도 있다. 이 학생은 자신은 머리가 나쁘다고 말하면서 자신을 비하하고, 그 과목에서 낙제하여 그 영역의 다른 과목들을 더 이상 들으려고 하지 않을 수도 있다. 이렇게 되면 이 학생은 '가능한 원인들 중에서 최악의 가장 영속적이고 널리 스며들고 개인 내적인 원인에 매여 있게' 된다.

부모는 다음과 같은 질문을 하여 자녀가 비관적인 해석에 대응하여 논할 수 있도록 가르칠 수 있다. 가령, "네가 그렇게 믿는 증거는 무엇이지?" "그에 대한 좀 더 생산적인 다른 방법은 무엇일까?" "이런 믿음을 갖는 것이 어떤 이익이 있을까?" 등이다. Seligman은 "변할 수 있는 것(공부시간의 부족), 구체적인 것(유난히 어려웠던 시험) 그리고 비개인적인 것(불공평한 성적 평가)에 초점을 맞추라."고 조언한다. 그러고 나면

글상자 3.3

불운에 대처하기

불운	Minner 선생님은 학급 친구들이 모두 있는 앞에서 내게 고함을 질러 친구들 모두 다 웃었다.
신념	선생님은 나를 싫어하고 이제 학급 친구들은 모두 내가 멍청이라고 생각한다.
결과	그래서 정말 슬퍼서 내 책상 아래 숨고 싶다.
논의	Minner 선생님이 내게 고함쳤다는 이유만으로 나를 싫어한다고 생각할 수는 없다. 선생님은 사실 학급 친구들 전체에게 고함을 친 것이고, 그는 우리 학급을 아주 좋아한다고 말했다. 내 생각에 나는 잠시 빈둥거렸을 뿐이고 그가 화를 냈다고 비난할 이유는 없다. 아마 착한 체하는 린다를 빼고는 모두 적어도 한두 번 그런 일이 있었을 것이니까 내가 멍청이라고 생각할 이유는 없다.
활력강화	아직도 약간은 슬프지만, 심하지는 않고 더 이상 책상 아래 숨고 싶다는 생각은 안 든다.

* 출처: Martin E. P. Seligman (1990). *Learned Optimism*. New York: Pocket Books, p. 241.

부모와 자녀는 대안적인 설명과 이후의 대처방안을 생각해 낼 수 있을 것이다. Seligman은 이 방법을 ABCDE 방법이라고 부르는데, 이는 불운(adversity), 신념(belief, 대개 부정적인 신념), 결과(consequences, 대개 부정적인 결과), 논의(disputation), 활력강화(energization)의 약자다. 이 방법은 글상자 3.3에 예시되어 있다.

(2) 중요성 대 자기충족감 강조하기

자녀는 용기를 잃어 사회집단에 긍정적인 기여를 할 수 없을 때 자신을 중요하게 생각하고 유능감을 느낄 수 있는 다른 길을 모색한다. 자녀의 잘못된 행동은 자기충족감과 사회적 상호작용을 하는 것 대신 자존감을 얻으려는 목표를 추구하기 때문에 나타난다. Dreikurs는 유능과 사회적 참여에 대해 진실된 감정을 갖지 못한다는 의미에서의 '잘못된' 행동목표 네 개를 확인하고 있다. 이 네 목표들은 주목받기, 권력, 복수 그리고 부적당함이다. 부모의 과제는 ① 잘못된 목표 네 개 중 어느 것이 자녀의 행동을 유도하는지를 이해하고, ② 그 목표가 성사되지 않도록 조치를 취하는 것이다. 그래서 부모는 기저에 깔려 있는 자녀의 감정을 이해해야 하지만, 그 감정을 반영시켜 주지 말고 자녀의 행동을 수정하는 조치를 취하라고 Dreikurs는 조언한다.

아동이 잘못된 행동목표를 찾는 것은 아동의 행동이 어떤 상황에서 요구하는 것과 갈등을 일으킬 때 발견할 수 있다. 예를 들어, 어떤 아동은 말이 많고 매력적으로 보이려고 노력함으로써 이목을 받으려고 한다. 이 행동은 성가신 행동이라기보다는 즐겁고 사랑스러운 것일 수 있지만, 이런 행동 때문에 다른 사람이 말할 기회를 놓치는 경우가 많다면 이 행동은 일종의 잘못된 행동이 된다.

주목받지 못했을 때, 그 아동은 권력을 획득하기 위해 사용할 이슈를 찾아 나설 수 있다. 예를 들어, 3세 유아가 저녁 7시 30분에 잠자리에 들지 않겠다고 고집을 피울 수 있다. 이 자녀가 집 주변을 뛰어다니며 계속해서 어머니가 자기를 쫓아다니는 데 시간을 보내도록 한다면 이 유아는 권력을 위해 투쟁하고 있다고 보면 된다. 때때로 자녀가 지금 주목을 받으려고 하는 것인지 권력을 얻으려 하는 것인지 부모는 분별하기 힘들 때도 있다. Dreikurs에 따르면 자녀가 주목을 받고 싶어 할 때는 부모가 하지 말라고 한 번 요구하면 대개 그 잘못된 행동을 그만둔다. 그렇지 않는 경우는 자녀가 원하는 것은 권력인 것이다. 이때 그 행동을 중지시키려는 시도는 자녀가 권력을 얻으려는 노력을 더 강화시킬 뿐이다.

문제가 계속될 때 아동은 권력투쟁을 강화할 수 있고 더 나아가 복수와 보복을 할 수도 있다. 이 정도에 이르면, 아동은 긍정적인 행동으로 수용받을 수 있으리라는 희망을 잃어버린 상태고, 잃어버릴 것이 더 이상 없다고 느껴서 자존감을 유지하는 수단으로 복수를 찾는 것이다. 이들은 타인에게 신체적인 해를 가하는 것을 통해 자신이 중요한 사람이라고 느낀다.

Dreikurs는 이런 형태의 잘못된 행동이 특히 우리를 슬프게 하는 이유는 격려가 가장 많이 필요한 자녀가 처벌을 받기 때문이라고 언급한다. 자녀가 자신의 긍정적인 특성을 드러낼 수 있도록 부모는 따뜻한 이해와 동정적인 수용을 해야 한다. 불행하게도 벌을 주는 것은 분노와 죄책감을 더 강화시키고 부모를 더 격분시키는 일을 하게 만들어 악순환에 빠져들게 한다.

특정한 행동을 잘 수행하지 못할 때 자녀는 부적절한 행동을 하기도 하는데, 이 또한 자녀가 잘못된 행동목표를 추구하고 있음을 알려 준다. Dreikurs는 학교 수업에 어려움을 겪고 있는 8세 남아의 예를 들고 있다. 교사는 어머니에게 이 아동이 책을 잘 읽지 못하고 모든 과목을 배우는 데 느리며, 교사가 과외의 노력을 하는데도 진전의 기미가 보이지 않는다고 했다. 어머니 또한 이 자녀는 집안일 돕기를 싫어하는데, 집안일을 도울 경우 잘하지 못해서 그만두라고 한다고 교사에게 답했다. 이 경우 자녀는 일정 기간 동안 자신은 능력이 낮다는 사고를 발달시켜 잘 못한다고 말하는 것을 가장 쉬운 방법으로 여기게 된 것이다. 자신이 무능하다는 느낌은 현실적 문제든 가상적 문제든 간에 문제를 과장하게 마련이다. 이런 상황에서 부모는 집안일을 어떻게 하는지 직접 보여 주면서 자녀가 혼자서도 잘할 수 있다는 확신을 가질 때까지 자녀와 함께 일을 할 수 있다. 자녀가 독립적으로 일을 마칠 수 있을 때까지 그 일을 지속적으로 할 수 있게 도와주는 것이 바로 격려해 주는 것이다.

4) 지지적 양육의 제공

연구자들은 자녀의 효능감을 예측할 수 있는 긍정적, 지지적 양육 차원들을 확인해 왔다. 한 광범위한 연구에서는 자녀가 유치원에 입학할 시점에서 가족 평가가 실시되었다. 연구자들은 자녀에 대한 부모의 행동과 가혹한 처벌의 사용 그리고 어머니-자녀 간 상호작용의 특성들을 관찰했다. 자녀가 유치원에 있을 때와 6학년이 되었을 때의 교사의 평가와 학교 성적에 근거해서 자녀의 사회적 기술, 학업 수행, 행동 문제로 측정된 적응 정도를 확인했다.

연구를 통해 확인된 지지적 양육의 네 차원은 어머니의 온정, 순행적 지도, 자녀의 사회 활동에 긍정적으로 관여하기 그리고 합리적이고 차분한 논의를 통한 훈육이다. 초기의 지지적 양육은 유치원 때와 6학년 때 아동이 보인 학업 성취와 사회적 기술을 잘 예언한다고 밝혀졌다. 지지적 양육의 각 차원들은 서로 관련되어 있지는 않지만 가혹한 처벌 효과를 배제한 경우에도 이후에 나타난 적응의 정도를 잘 예언했다. 지지적 양육은 자녀의 성공을 잘 예언할 뿐만 아니라 문제행동 발달과 종종 연관되는 낮은 사회계층, 한부모 양육, 스트레스를 주는 가족 문제 같은 불행한 가족 상황에 따른 영향으로부터 자녀를 보호하는 완충 역할을 하는 것 같다. 연구자들이 보기에 지지적 부모는 긍정적 결과와 관련된 모든 긍정적 행동들 중에서 적절한 선택을 하는 것 같다.

5) 자기표현의 기회 제공

자녀와 부모 모두 감정 표현의 출구가 있을 때 가족관계는 화합적이 된다. 매일의 운동, 그림그리기, 찰흙놀이, 요리 같은 활동은 모두 긴장과 분노를 분출하는 출구 역할을 하고 각 개인에게 즐거움과 유능감을 추가로 제공한다. 현명한 부모는 자녀에게 다양한 감정의 출구를 제공해서 많은 기술을 발달시킨다. 연구에 따르면, 아동기에 그림그리기, 독서, 운동 같은 다양한 여가 활동을 하는지의 여부는 아동의 성격보다 심리적 건강을 더 잘 예언한다고 한다. 이 활동들을 통해 자녀의 자기확신감과 자존감이 증진되어 심리적 건강을 증가시킨다.

4. 자녀의 감정 조절 지도

최근 연구에 따르면 자녀가 5세가 될 때부터 부모가 자녀에게 감정을 어떻게 다루는지 가르쳐 줄 경우, 아동이 8세가 될 때 신체적으로나 심리적으로 더 잘 기능한다고 한다. 이 아동은 학업 수행도 더 잘 하고, 또래들과의 사회적 관계도 더 잘 유지한다. 이들은 신체적으로도 더 건강한데, 아마 감정 조절 지도를 통해 감정적 반응을 더 잘 조절하게 되어 생리 체계의 기능을 더 원활하게 하기 때문인 것 같다. 감정 조절 지도에는 Ginott과 Gordon이 추천한 모든 행동들이 포함되는데 아동의 감정 표현 경청, 아동을 수용하고 인정해 주기, 자신의 감정에 대한 나-전달법 사용, 문제해결을 도울 때 수용할 수 있는 한계선 내에서 아동이 감정 표현하는 것을 허용하는 것 등이다.

Gottman과 동료(1996)들은 연구를 통해 삶에서 감정이 갖는 중요성에 대한 부모의 태도와 생각이 다르다는 사실을 발견했다. 어떤 부모는 자신과 자녀의 감정에 대해 잘 인식하고 있으며, 감정은 삶에서 중요한 부분이라는 확신을 가지고 있다. 감정을 느끼고 있다는 것은 변화가 필요하다는 신호를 보내는 것이다. 분노는 좌절 상황에서 행동을 유발시키고, 슬픔은 상실에 대처할 시간을 가질 수 있도록 행동 속도를 늦춘다. 위의 부모는 자신의 감정에 대해 편안하게 느끼고, 부모의 주요 과제는 자녀가 자신의 감정에 반응함으로써 행복하게 살도록 돕는 것이라고 생각한다. 이 부모는 자녀가 감정에 적절한 이름을 붙이도록 지도하고, 어떤 감정을 느꼈든 감정의 중요성을 확인시켜 주며, 그 감정을 적절히 표현하는 방법을 가르쳐 줌으로써 자녀를 도와준다. 이들은 자녀가 보이는 감정에 놀라지 않는다. 오히려 그에 대한 강한 반응을 자녀와 공유하고 대처하는 방법을 가르쳐 주면서 자녀와 더 가까워질 수 있는 기회로 만든다.

어떤 부모는 자녀가 보인 감정들을 불편하게 느껴 이에 대처하는데, 다음의 세 가지 방식 중에 하나로 표현한다. **경멸하는** 부모는 감정을 갖는 것이 상황을 더 악화시킨다고 믿기 때문에 감정을 경시하거나 무시함으로써 그 중요성을 최소화시킨다. **거부하는** 부모는 자녀가 감정을 표현하면 꾸중을 하고, 그에 대하여 자녀에게 처벌을 한다. 이 부모는 대개 어느 감정이나 다 수용하지 않는 것은 아니지만, 자녀가 화를 내거나 슬퍼하는 경우 또는 '사소한 사건' 때문에 감정을 나타내는 경우에 거부적인 태도를 보인다. 자녀의 감정을 경멸하거나 거부적인 태도를 보이는 부모의 자녀는 자신의 판단에 확신을 갖는 데 힘든 시간을 보낸다. 이 아동은 자신의 감정이 잘못된 것이라고 배우게 됨으로써, 그런 감정을 갖는 자신에게 근본적으로 무엇인가 잘못된 것이 있다고 믿게 된다. 또한 자신의 감정을 인정하고 그에 대처해 본 경험이 거의 없기 때문에 감정을 통제하고 문제를 해결하는 데 종종 어려움을 겪는다. 마지막으로 **자유방임적인** 부모는 자녀의 모든 감정을 수용해서 자녀가 부정적인 감정 반응을 경험할 때도 자녀에게 위안을 주는 경우도 있다. 하지만 자녀에게 감정을 적절히 표현하는 법을 가르치거나 지도하지는 않는다. 이 부모는 어떤 형태의 감정 표현, 즉 적절하든 아니든 간에 문제가 해결될 것이라고 믿는 것 같다. 이런 부모의 자녀는 감정에 대한 효율적 대처방법을 배우지 못해서 학교생활이나 친구를 사귀는 데 있어 집중하는 것도 힘들고 배우는데도 어려움이 따른다.

세 유형의 반응—자녀가 갖는 감정을 무시하거나 비난해서 감정 표현이 일어나지 못하게 하거나 감정 표현에 대한 지도 없이 모든 감정 표현을 수용하는 식의 부모의 반응—으로 인해 자녀는 감정 조절을 못하거나 자신과 타인에 대해 불편함을 느끼는 문제들을 갖는다. 자녀에게 감정 조절을 지도하는 것은 자녀가 자신의 감정과 사회적, 인지적 노력을 잘 관리하게 할 뿐만 아니라, 부모가 정말로 자녀를 잘 이해하고 있다고 느끼기 때문에 부모와 자녀 사이가 더 친밀해지는 방법이 된다.

Gottman과 동료들(1997)은 자신들의 연구를 기초로 감정 조절 지도의 핵심 5단계를 제시했다.

1 단계: 부모는 자신이 언제 감정을 느끼게 되고 어떤 감정인지, 언제 타인이 감정을 느끼는지를 알아낸다.

2 단계: 부모는 자녀가 감정을 갖는 것이 자녀와의 친밀함과 자녀를 지도할 수 있는 기회로 생각한다. 자녀가 혼란에 빠지거나 행복하거나 흥분되어 있을 때 자녀와 가까워질 수 있는 기회이자 감정을 적절히 표현하는 법을 가르칠 수 있는 기회로 본다.

3 단계: 부모는 자녀의 감정 표현을 감정이입을 통해 알아내고 그 감정이 당연하다고 인정해 준다. 이때 부모는 적극적 경청 기법을 사용하는데, 자녀에게 감정에서 벗어나라고 요구하지 않으면서 자녀가 느끼는 것을 공감하고 인정해 준다.

4 단계: 부모는 자녀가 감정에 대해 언어적으로 표현하는 것을 돕는다. 자녀는 자신이 느끼는 감정에 대해 혼동할 수 있다. 감정을 명명하는 것은 자녀에게 강한 감정을 표현할 단어를 제시해 주어 그 감정을 확인하게 한다. 이것은 자녀에게 어떻게 느끼는지를 가르치는 것이 아니다. 자녀가 감정을 경험할 때 명명하게 되면 자녀의 신경계를 완화시키는 것 같다. 또한 동시에 두 감정을 가질 수 있는지를 자녀가 알도록 돕는다.

5 단계: 자녀가 문제를 해결하는 동안 부모는 한계를 설정해 준다. 부모는 감정이 표현되는 방식의 한계를 설정해 주는 것이지 자녀가 갖는 감정 자체에 한계를 정하는 것이 아니다. 예를 들어, 화를 내는 것은 수용될 수 있지만 화가 나서 동생을 때리는 것은 금지하는 것이다. 부모는 자녀가 감정을 표현하는데 가능한 행동과 주어진 상황에서 자신의 목표를 성취할 방법에 대해 생각하는 것을 돕는 것이다.

부모가 이 5단계를 실천하는 데 도움이 되는 방법이 있다. 첫째, 부모는 자녀에게 감정에 대해서 말할 때 비난, 놀림, 모욕을 피해야 한다. 이것의 중요성은 결코 과장될 수 없다. 한 연구에 따르면 자녀의 정서적 반응에 대해 부모가 부정적 반응을 보이는 경우, 2~6세의 자녀는 감정 조절을 제대로 못하고 사회적 기능이 부족한 것으로 드러난다. 당연히 자녀의 부족한 감정 조절과 부모의 부정적 반응 간에 양방향적인 영향이 오고 간다. 초기의 문제행동과 감정을 조절하는 것이 통제될 경우에도 부모의 부정적 반응은 6~8세 자녀의 문제행동을 불러일으킨다.

둘째, 자녀의 감정 조절을 지도할 때 부모는 발판과 칭찬을 사용해야 한다. 발판이란 문제를 해결할 때 자녀에게 기초 정보를 제공하거나 시도하도록 돕는 것을 말한다. 부모가 먼저 자녀에게 특정한 긍정적 피드백을 주면 자녀는 스스로 문제상황에 대처하게 된다. 셋째, 부모는 자신의 일정이 아니라 자녀의 일정에 초점을 맞추어야 한다. 부모가 공과금 고지서를 처리하고 있을 때 자녀가 감정적 혼란에 빠져 있으면 고지서를 옆에 놓고 자녀에게 관심을 기울여야 한다. 부모가 이런 단계와 방법을 적절히 사용하면 자녀는 자신의 감정에 대해 편안하게 느끼고 적절한 감정을 표현할 수 있는 수단을 찾게 된다.

5. 자녀의 부정적 감정 대처

적극적 경청과 나-전달법은 부정적 감정이 일어났을 때 자녀와 부모가 대처하는 데 도움을 준다. 그렇지만 부정적 감정을 줄이는 주된 방법은 스트레스 예방이다. 가족 내의 말다툼과 부정적 감정을 최소화하는 방법으로 ① 가족만의 시간 만들기, ② 지원 체제의 개발, ③ 현실적인 기대 유지, ④ 부정적 감정의 관리를 들 수 있다.

1) 가족만의 시간 만들기

앞 장에서 언급한 대로 부모는 시간 부족에 시달린다. 부모가 압력을 덜 받고 더 많은 가족시간을 만들기 위해서는 어떻게 해야 할까? Robinson과 Godbey(1997)는 이에 대해 몇 가지 제안을 내놓았다. 첫째, 시간이 부족한 것이 사실이라 할지라도 그것에 대한 느낌이 주어진 자유시간의 실제 숫자와는 관련이 없다는 점을 깨닫게 되면 시간에 대한 중압감을 덜 느낄 수 있다고 제안한다. 일주일 시간계획표를 만들면 주로 주말에 가족과의 가치로운 시간을 계획할 수 있다. 또한 주중에는 자유시간이 짧지만 이를 잘 활용할 수 있도록 신중을 기해야 한다. "우리가 자유시간을 현명하게 사용하고자 한다면 그 시간을 위해 개입, 상상, 반성 그리고 훈련이 필요하다."고 그들은 부언하고 있다.

둘째, 부모는 만족감을 느낄 수 있는 활동에 자유시간을 사용해야 한다고 조언한다. 앞서 언급했듯이, 미국 성인을 대상으로 한 조사에서 보면 가장 만족스러운 활동으로 평가하지 않으며, 부족한 시간을 위해 가장 먼저 포기해야 할 활동으로 텔레비전 시청을 선정하고 있음에도 불구하고 여기에 자유시간의 40%를 할애한다고 한다. 텔레비전의 매력은 무엇인가? '텔레비전 시청은 하나의 활동으로 볼 때 계획도 필요 없고 비용이 드는 것도 아니며, 신체적 노력을 요구하는 것도 아니고 충격받거나 놀랄 일도 없이—피자를 주문하고—집 안에서 편안히 즐길 수 있다는 것이다.' 앞서 보았듯이 자유시간을 만족스럽게 사용하기 위해서는 계획이 필요하다. 그렇지만 더 만족스러운 활동에 참여하기 위해 해야 할 첫 단계는 분명히 텔레비전을 끄는 것이다.

셋째, Robinson과 Godbey는 **시간 악화 활동**, 즉 시간 사용의 극대화를 위해 동시에 두세 가지 일을 한꺼번에 하는 것에 관심을 표명하고 있다. 이 경우에 사람들은 스트레스를 더 느끼고 조급해진다고 그들은 생각한다. 한 예로 어떤 사람이 견인되는 차 안에서 카폰으로 전화를 하면서 음악을 틀어 놓고 점심으로 햄버거를 먹는 경우를 생각해 볼 수 있다. 또 저녁식사 중 텔레비전을 보면서 신문을 보는 것도 조급하게 하는 시간 악화 활동의 또 다른 예가 된다.

대신에 Robinson과 Godbey는 시간을 절약하기보다는 시간 즐기기를 위해 노력해 볼 것을 추천한다.

> 우리는 일상생활에 대한 우리의 생각을 재검토할 필요가 있다. 즉, 우리의 인생에서 일어나는 좋은 것들을 더 인식하고 감사할 필요가 있다는 것이다. 시간을 절약하기 위한 기술 대신 우리 삶에서 더 단순한 즐거움들을 음미하기 위해 시간 즐기기 기술을 개발할 필요가 있다. 좋은 음식의 맛, 좋은 친구 · 동료들, 재미와 순진함이 주는 즐거움의 맛을 즐길 수 있어야 한다. 더 행복하고 더 현명해지기 위해서는 시간의 효율성보다 음미수준을 높이는 것이 더 용이하다. 더 많이 음미하는 것만이 우리 사회가 더 잘 유지될 수 있을 것이란 희망을 가질 수 있다. 미국 사회의 이상인 효율성은 언제나 더 많은 것을 추구하는 것에서 시작하는 반면, 음미하는 것은 이미 존재하는 것의 가치를 인식하고 욕구를 줄이는 것에서 시작된다(p. 316).

Robinson과 Godbey는 자신들의 1995년 이래의 조사자료에서 미국인이 속도를 줄이기 시작했다는 증거를 보여 주고 있다. 자유시간이 5년 전보다 더 줄었다고 보고한 사람이 1991년에는 54%였는데 1994/1995년에는 45%로 줄어들었다. 반면, 적당한 양의 자유시간을 가지고 있다는 사람은 1993년에는 35%였는데 1995년에는 42%로 증가 추세에 있다. 어린 자녀를 둔 부모가 이 집단에 속하는지는 알 수 없지만 가족과 동료들과 만족스러운 시간을 보내는 경향이 시작되고 있다고 볼 수 있다.

2) 지원 체제의 개발

부모가 친구, 친척, 배우자로부터 지원을 받을 때 이들이 경험하는 스트레스와 부정적인 기분은 감소한다. 또한 Cowan과 Cowan(1992) 연구에 참가한 부부들로 이루어진 양육집단 모임을 통해서도 지원을 받을 수 있는데, 남편과 아내를 포함한 이 집단은 장기간에 걸쳐 모임을 지속하여 부부들의 스트레스를 줄여 주었다.

Procaccini와 Kiefaber(1984)는 **부모 탈진**(parent burnout)을 예방하기 위한 다양한 지원으로서 부모에게 지원하는 확장된 프로그램을 보여 준다. 여기서 부모 탈진은 '높은 장기적 스트레스와 개인적 성장과 자율성 저하의 결합으로 인해 초래되는 신체적, 정서적, 영적 소진으로의 하락' 이라고 정의된다. 부모는 끊임없는 가족의 요구, 특히 자녀의 요구를 충족시켜 주면서 탈진감에 빠져 양육에 대한 열정을 잃어버리게 된다. 실제로 열정적이고 헌신적인 부모는 양육과정에 너무 많이 투자하고 완벽을 기하려고 하기 때문에 탈진되어 버리기 쉽다.

부모가 자신들의 감정과 왜 그렇게 느꼈는지를 설명해 줄 때, 자녀들은 다른 사람들의 감정을 더욱 잘 배려하고 이해하게 된다.

Procaccini와 Kiefaber는 부정적 태도를 긍정적 태도로 대체하고 행동을 천천히 바꿈으로써 부모 탈진에 대처하는 6주간의 일일 훈련 프로그램을 제안했다. 탈진을 줄이기 위한 이 프로그램의 여덟 가지 중요 요소는 ① 관련 도서로부터 자녀와 양육 기술에 대한 정보 얻기, ② 지원해 줄 수 있는 중요한 타인(배우자, 친척, 친구, 보모)과 관계 맺기, ③ 소규모의 사회적 집단에 소속되기, ④ 특정한 목표지향적 활동(운동, 예술 활동, 취미)에 참여하기, ⑤ 자신에 대한 지식 획득, ⑥ 재정적 지원 확보, ⑦ 인생에 의미를 부여하는 종교적 · 지적 신념 개발, ⑧ 자기개발 활동의 유지다. 부모가 탈진되는 것을 예방하기 위해 이 여덟 가지 요소들은 모두 필요하다. 단지 첫 번째 요소만이 자녀를 키우는 데 직접 관련된다는 점을 명시하라. 나머지 요소들은 부모 스스로가 능력 있고 통합적인 개인이 되도록 돕고 타인과의 대인관계를 잘 이끌어 가는 데 초점을 두고 있다.

연구들은 Procaccini와 Kiefaber의 발견을 지지한다. 양육 기술과 양육 스트레스 감소 기법에 대해 훈련을 받은 부모는 양육 기술에 대한 정보만 받은 부모에 비해 자녀 행동을 조절하는 데 훨씬 효과적이다.

3) 현실적인 기대 유지

우리는 기대를 가지고 새로운 경험에 접근해 간다. 기대는 권위적 존재가 우리에게 알려 주는 것과 우리와 타인이 실제로 경험한 것들로부터 형성된다. 기대가 현실적인 경우, 예상되는 사건에 잘 대비하고 최선을 다해 활동하며 관계된 모든 일에서 가장 긍정적인 결과를 이끌어 내도록 돕는다.

우리의 경험이 기대했던 것과 너무도 큰 차이가 날 때, 현실을 즉시하는 것은 스트레스를 예방할 수 있다. 기대가 어긋나면 대개 반성과 자기회의에 빠지기 쉽다. 예를 들어, 부모가 된 지 얼마 안 된 이들은 기대가 어긋날 경우 활력이 저하되고 부모로서의 확신감이 떨어진다.

말다툼을 어떻게 이해하는가는 부모가 가졌던 경험에 따른 기대에 따라 달라진다. 예를 들어, 여러 형제자매와 함께 자라서 말다툼에 대한 현실적인 관점을 가진 부모는 자신의 자녀가 말다툼을 할 때 스트레스를 덜 받는다. 개개인의 특성과 욕구에 대한 이해에 기초해서 자녀에 대한 현실적인 기대를 갖는 것은 부모가 스트레스 받는 것을 예방해 준다. 이는 자녀가 책에 나온 대로 행동하는 것도 아니고 부모 자신들이 어렸을 때 했던 대로 하는 것도 아니기 때문이다. 부모는 독서, 자신의 자녀와 다른 집 자녀의 관찰, 다른 부모와의 대화 그리고 부모로서 자신의 경험을 통해서 현실적인 기대를 발전시킨다.

4) 부정적 감정의 관리

분노와 스트레스, 좌절, 죄책감은 자녀를 양육할 때 항상 나타나게 마련이므로, 부모는 이런 감정의 표현을 통제하는 자신만의 방법을 찾을 필요가 있다. 이런 감정이 자녀를 비난하고 괴롭히고, 자녀에게 소리지르고, 나아가 때리는 행동으로 발전하게 되면 부모와 자녀 모두 고통을 받게 된다. 자녀는 상처받고 좌절하게 되며, 부모는 죄책감과 무력감을 느끼게 된다.

분노의 감정 대처기법 훈련을 위해 부모집단을 담당해 온 Samalin(1992)은 부모와 자녀가 분노를 표현하는 방식 중 수용할 수 있는 것과 그렇지 않은 것들은 이미 가족들이 잘 알고 있다고 말한다. 수용할 수 있는 방식에는 울거나 잠시 산책하러 나가거나 "내가 미쳤지."라고 소리치는 행동 등이 포함된다. 수용할 수 없는 방식으로는 기물 파손, 구타, 침 뱉기, 심한 욕설 등이다.

글상자 3.4

양육 시 분노에 대처하는 8가지 방법

1. **피하거나 기다려라**—시간을 유보하는 것은 자기통제를 유지하고 본받을 수 있는 한 방법이다.
2. **자녀가 당신의 생각을 이해하도록 '너'가 아닌 '나'로 시작하는 문장을 만들라.**
3. **현재에 머물러 있어라**—과거나 미래에 대해 얘기하는 것을 피하라.
4. **물리적 힘이나 위협을 피하라.**
5. **간단명료하게 요점을 짚어라.**
6. **분노를 글로 적어 보아라**—노트나 편지를 쓰는 것은 한 개인이 이해할 수 있는 방식으로 당신의 감정을 표현하는 한 방법이다.
7. **본질적인 것에 초점을 맞춰라**—당신이 주장하려는 것이 정말 중요하고 에너지를 투자할 가치가 있는지에 대해 스스로 의문을 제기하라.
8. **좋은 감정을 회복시켜라**—차분하게 일어난 일에 대해 얘기하거나 안아 주거나 싸움이 끝났다는 걸 알리는 표현을 하라.

* 출처: Nancy Samalin with Catherine Whitney (1992). *Love and Anger: The Parental Dilemma*. New York: Penguin Books.

물론 나-전달법이 가장 직접적인 분노 표현방법이지만, 때때로 사람들은 일이나 운동같이 보다 육체적인 출구를 원한다. 앞의 글상자 3.4는 분노에 대처하는 다양한 방법들을 열거하고 있다.

Nelson은 Dreikurs(1981)의 지침을 사용하여 자신의 실수에 대해 죄책감이나 좌절감을 느끼는 부모에게 다음과 같은 3단계 회복 프로그램을 제안한다. ① 실수를 인정한다. ② 자녀에게 용서를 구하고 화합한다. ③ 상호 합의된 해결책으로 문제를 풀어간다. Nelson은 실수를 학습을 위한 좋은 기회로 보라고 부모에게 조언한다. 실수를 이런 방식으로 보게 되면 부모의 자기비판과 실수를 인정하지 않으려는 저항을 줄일 수 있다. 용서를 구하는 것은 자녀가 실수를 했을 때 본받을 수 있는 행동이 된다. 또한 자녀가 신속히 부모를 용서하는 것을 부모가 경험할 수 있게 한다.

Dreikurs는 부모도 자녀처럼 불완전하다는 것을 인정할 용기를 발달시켜야 한다고 한다.

부모에게 있어서 용기의 중요성은 아무리 강조해도 지나치지 않다. 당신이 후회하고 있다고 느끼거나 '내가 정말 잘못했군.' 이라는 생각이 들면 바로 당신이 용기를 잃고 있다는 점을 인식하고, 문제를 호전시킬 방도에 대해 학문적이고 공정한 고려를 하도록 주의를 기울여라. 새로운 기법을 시도해서 효과가 있으면 기뻐하라. 만약 옛 습관으로 다시 빠져들었다 해도 자신을 비난하지 말라. 당신은 자신의 용기를 꾸준히 강화해야 하고 그렇게 함으로써 '불완전하다는 것을 인정할 용기' 를 가져야 한다. 당신이 성공했던 때를 떠올려 보고 이를 계속 시도하라. 당신이 저지른 실수에 머물러 있는 것은 당신의 용기를 약화시킬 뿐이다. 상기하라. 어느 누구도 약함 위에 무언가를 세울 수는 없다. 오직 강함 위에서만 가능하다. 당신은 실수할 수 있다는 사실을 겸손히 받아들여라. 그리고 당신 자신의 가치에 어떤 상실감을 느끼지 말고 실수들을 인정하라. 이것이 당신의 용기를 유지시켜 주는 데 상당한 도움을 줄 것이다. 무엇보다도 우리는 완전하기 위해서 일하는 것이 아니라 더 나아지기 위해서 일하는 것이라는 점을 명심하라. 약간의 증진일지라도 잘 관찰하라. 당신이 이를 발견하면 긴장을 풀고 더 증진시킬 수 있는 자신의 능력에 신뢰를 갖도록 하라.

6. 자녀양육의 즐거움 증진

자녀양육에 뒤따르는 도전적인 문제, 말다툼, 좌절 때문에 자녀를 양육하는 데서 느끼는 진솔한 즐거움이 가려지곤 한다. 그렇지만 모든 부정적인 감정들을 보상하고 때로는 완전히 제거하는 것이 바로 양육의 즐거움이다. 이런 중요성에도 불구하고 자녀양육이 주는 즐거움에 대해 언급된 경우는 드물다. 50년 전 즈음 한 놀라운 연구에서 Jersild와 동료(1949)들은 자녀양육의 즐거움과 문제에 관하여 544쌍의 부모를 대상으로 면담조사를 실시했다. 이들은 다음과 같은 평으로 자신들의 연구서를 소개했다.

> 자녀양육이라는 부기장부에서 볼 때, 기쁨에 대한 체계적 연구는 상대적으로 드물었다. 부모에게 두통을 일으키는 특성들에 대한 연구는 부모의 가슴을 따뜻하게 해 주는 특성에 대한 조사에 필적되지 않을 정도로 많이 있었다.……강조점이 너무 부정적인 면에 치우쳐 왔다는 사실은 누구도 예상치 못할 정도다. 부모나 주변 인물들을 힘들게 하는 행동에 대해 즉각 조치를 취하거나 일정한 해결책을 찾아야 하기 때문에 많은 연구자들의 관심을 끌어 왔던 것이다. 반면, 즐거운 일들은 더 이상의 노력 없이도 그저 즐길 수 있었던 것이다.

부모는 자녀 때문에 행복하고 즐길 기회가 많이 있다. 부모 면담을 통해 보면 문제의 경우는 7,654개가 보고된 반면, 만족의 경우는 훨씬 더 많은 1만 8,121개가 보고되었다. 쉽게 예상할 수 있는 공통적인 즐거움들은 한 개인으로서 자녀가 지니는 특성인 동료감과 애정, 한 개인의 성장을 도울 때 느끼는 부모의 만족감, 자녀의 성장을 바라보는 즐거움 등이다. Jersild의 연구에 따르면 부모가 느끼는 양육의 즐거움은 모든 부모가 갖는 매일매일의 경험 및 상호작용과 관련되지만, 그것이 특수한 성취와 관련된 것은 아니라는 점은 잘 알려져 있지 않은 사실이다.

부모는 즐거움을 느끼기 위해 자녀와 상호작용할 필요는 없다. 부모는 일상생활에서 자녀를 바라보는 것을 즐길 수 있는데, 자녀가 친구들이나 할머니, 할아버지와 재미있게 노는 모습 또는 어떤 목적을 이루려고 노력하는 모습 등을 예로 들 수 있다. 자녀를 훈육하는 것도 자녀를 위해 옳은 일을 한다는 만족감을 준다. 한 아버지는 그 감정을 이렇게 기술하고 있다.

> 또 다른 굉장한 즐거움은 훌륭한 그림을 그리거나 농구에서 멋진 점프 슛을 하는 것과 같다. 당신의 자녀를 위해서 정말 올바른 것은 무언가 하는 것이다. 이것은 바로 목표점을 정확히 맞추는 것이다. 자녀를 꾸중하고 제 방으로 올려 보낸 뒤, 그 자녀 방으로 가서 당신이 자녀를 사랑한다고 말하고 내려오는 것일 수도 있다. 그 일이 얼마나 좋은지, 얼마나 적절한지를 알기만 하면 된다. 그 일은 자녀가 간절히 갖기를 원하던 낚싯대를 사 주는 일일 수도 있다. 이것이 바로 당신이 돌보는 그 누군가를 즐겁게 만들고, 당신이 이미 그 누군가에 대해 알고 있는 바에 근거하여 그를 즐겁게 한다는 즐거움인 것이다.

그러나 Jersild와 동료들이 그 이상의 고심 없이도 부모는 이러한 즐거움을 느낄 수 있다고 말한 것은 잘못되었다. 바쁜 일상 속에서 잃어버리기 쉬운 기쁨을 즐기기 위해서는 더 적극적인 부모의 행동이 요구된다. 매일의 상호작용을 즐기려면 부모에게 부족한 자원인 시간과 관심이 필요하다. 한 관광객이 어떤 지역에 와서 그곳의 푸르름이 너무 아름답다고 지역 주민에게 말한 경우를 생각해 보자. 그러면 "오, 전혀 그것을 몰랐군요."라고 그 지역 주민은 응답할 것이다. 이것이 바로 부모와 자녀 사이에서 흔히 일어나는 일로, 특별하고 즐거운 면들이 간과되는 경우다. Robinson과 Godbey가 지적하듯이, 경험을 완성하는 것은 삶을 풍요롭게 한다. 우리가 이렇게 할 때, Jersild와 동료들이 그들 연구의 결론 부분에서 기술한 보상을 얻게 될 것이다. 그들은 부모 역할에 대해서 다음과 같이 기술한다. "아마 인생의 어떤 환경도 한 개인의 힘을 이렇게 많이 사용해 보고 음미할 수 있는 대단한 기회와 변화무쌍한 정서적, 지적 자극을 제공할 수 없을 것이다."

요 약

친밀한 감정적 유대는 자녀에 대한 부모의 사랑에 의존하는데, 이를 유지하기 위해서는

- 자녀를 개성 있는 존재로 대한다.
- 언제나 민감성 있게 돌보고 사회적 동반자가 되어 간다는 생각에서 사랑을 표현한다.
- 감정과 생각을 서로 지속적으로 교환한다.

긍정적 감정이 갖는 힘

- 행복한 사람이 더 잘 이해하고 동정심을 갖는다.
- 아동기의 유능감과 만족은 이후의 심리적 건강에 기여한다.
- 긍정적 상호작용에 주의를 기울이는 것은 부모-자녀 관계를 향상시킨다.

부모가 자녀의 감정에 잘 귀 기울여 듣고 그 감정을 반영해 줄 때,

- 자녀는 점점 더 자신의 감정을 잘 확인할 수 있고 그 원인과 결과를 이해할 수 있게 된다.
- 자녀는 자신의 감정이 중요하다는 사실을 배운다.
- 부모와 자녀는 명백하게 보이는 문제가 항상 실제로 문제가 되는 것은 아니라는 사실을 배운다.

부모는 자신의 감정을 표현할 때 나-전달법을 보내는 것이 바람직한데,

- 나-전달법은 자신의 감정을 명료하게 한다.
- 나-전달법은 부모가 어떻게 느끼는지, 어떤 행동이 이런 감정을 불러일으켰는지, 그 행동이 부모에게 영향을 미친 이유가 무엇인지를 알려 준다.
- 나-전달법은 자녀가 부모의 바람과 관점을 이해하도록 돕는다.

감정 조절 지도는

- Ginott과 Gordon이 추천한 행동들을 통해 이루어질 수 있다.

- 자녀의 감정을 경멸하거나, 거부하고 또는 자유방임적인 부모는 행하지 않는다.
- 확인, 명명, 인정, 적절한 표현 유도의 다섯 단계로 이루어진다.

친밀한 관계의 증진은

- 부모가 자녀를 격려하고 가능한 독립적으로 행동하도록 해서 자기존중감과 성취감을 줄 때 일어난다.
- 부모가 비난하여 자녀가 용기를 잃게 하지 말고, 대신에 실수에 잘 대처하도록 도울 때 일어난다.
- 부모가 자녀가 자신의 욕구에 대해 잘 의사소통하도록 가르칠 때 일어난다.
- 부모가 가족의 일을 수행하고 발생한 문제를 해결해 나갈 때, 상호 존중하고 협동하는 민주적 가족 분위기를 만들 때 일어난다.

Dix가 제안한 양육과정 모형에서는

- 양육을 조직화하고 방향 짓는 힘의 중심이 정서라고 본다.
- 자녀의 특성과 부모의 목표, 인생에서의 사건들을 부모 정서의 주된 요인으로 기술한다.
- 정서를 자녀의 행동에 대한 부모의 견해와 반응의 결정자로 본다.
- 부모의 정서를 조율하고 통제하는 조절과정에 대해 기술한다.

파괴적인 부정적 감정에 포함되는 것들은

- 가족구성원과 함께 보낼 시간 부족에 따른 스트레스
- 일상생활에서의 언쟁
- 가족구성원에 대한 분노

성인이 자녀 앞에서 풀리지 않는 분노를 표현할 때, 이 분노는

- 자녀가 슬픔과 분노, 죄책감을 느끼게 한다.
- 자녀가 자신의 감정 표현을 배우는 것을 힘들게 하는데, 어떤 자녀는 너무 수동적이게 되고, 다른 자녀는 너무 공격적이 된다.
- 자녀가 부모의 분노에 뒤이어 혼이 날 것을 생각하게 되고, 그 상황을 해결해야 한다는 책임감을 느끼게 된다.

– 부모가 갈등을 공정히 해결할 때는 아주 약한 영향을 줄 뿐이다.

부정적 감정 대처방법에 포함되는 것들로는

– 가족시간 만들기

– 지원 체제 개발하기

– 현실적인 기대 유지하기

– 부정적 감정 관리하기

참고문헌

Alexander Luria (1981). *Language and Cognition*. New York: Wiley.

Anita Weiner, Haggai Kuppermintz, & David Guttmann (1994). "Video Home Traning (The Orion Project): A Short–Term Preventive and Treatment Intervention for Families of Young Children." *Family Process, 33*, pp. 441–453.

Arthur T. Jersild et al. (1949). *Joys and Problems of Child Rearing*. New York: Bureau of Publications, Teachers College, Columbia University, pp. 1–2.

Briggs, Dorothy (1970). *Your Child's Self–Esteem*. Garden City, NY: Doubleday.

Carolyn Pape Cowan, & Philip A. Cowan (1992). *When Partners Become Parents*. New York: Basic Books.

Dorothy C. Briggs (1970). *Your Child's Self–Esteem*. Garden City, NY: Doubleday, pp. 61–62.

E. Mark Cummings (1987). "Coping with Background Anger in Early Childhood." *Child Development, 58*, pp. 976–984.

Faber, Adele, & Elaine Mazlish (1980). *How to Talk So Kids Will Listen and Listen So Kids Will Talk*. New York: Rawson Wade.

Gail D. Heyman, Carol S. Dweck, & Kathleen M. Cain (1992). "Young Children's Vulnerability to Self–Blame and Helplessness: Relationship to Beliefs about Goodness." *Child Development, 63*, pp. 401–415; Martin E. P. Seligman (1990). *Learned Optimism*. New York: Pocket Books.

Ginott, Haim G. (1969). *Between Parent and Child*. New York: Avon Books.

Gordon, Thomas (1975). *P.E.T.: Parent Effectiveness Training*. New York American Library.

Gottman, John, with Joan DeClaire (1997). *The Heart of Parenting: Raising an Emotionally Intelligent Child.* New York: Simon & Schuster.

Haim G. Ginott (1969). *Between Parent and Child.* New York: Avon Books, pp. 39–40.

J. Kirk Felsman, & George E. Vaillant (1987). "Resilient Children as Adults." in *The Invulnerable Child,* ed. E. James Anthony, & Bertram J. Cohler. New York: Guilford Press, p. 298.

Jane Nelson (1981). *Positive Discipline.* New York: Ballantine Books.

John H. Grych, & Frank D. Fincham (1993). "Children's Appraisals of Marital Conflict: Initial Investigation of the Cognitive–Contextual Framework." *Child Development, 64,* pp. 215–230.

John M. Gottman, Lynn Fainsilber Katz, & Carole Hooven (1996). "Parental Meta–Emotion Philosophy and the Emotional Life of Families: Theoretical Models and Preliminary Data." *Journal of Family Psychology, 10,* pp. 243–268.

John P. Robinson, & Geoffrey Godbey (1997). *Time for Life.* University Park, PA: Pennsylvania State University Press.

Joseph Procaccini, & Mark Kiefaber (1984). *Parent Burnout.* New York: New American Library, p. 41.

Lois Wladis Hoffman, & Jean Denby Manis (1979). "The Value of Children in the United States: A New Approach to the Study of Fertility." *Journal of Marriage and the Family, 41,* pp. 583–596.

Martin E. P. Seligman (1990). *Learned Optimism.* New York: Pocket Books, p. 241.

Nancy Samalin with Catherine Whitney (1992). *Love and Anger: The Parental Dilemma.* New York: Penguin Books.

Robinson, John P., & Godbey, Geoffrey (1997). *Time for Life.* University Park, PA: Pennsylvania State University Press.

Rudolf Dreikurs with Vicki Soltz (1964). *Children: The Challenge.* New York: Hawthorn.

Seligman, Martin E. P. (1990). *Learned Optimism.* New York: Pocket Books.

Urie Bronfenbrenner, & Pamela A. Morris. "The Ecology of Developmental Processes." in *Handbook of Child Psychology,* ed. in chief William Damon and vol. ed. Richard Lerner, vol. 1, *Theoretical Models of Human Development,* 5th ed.

Q4

자녀의 행동 수정

자녀의 행동에 대해 공정하고 분명한 한계선을 지키며 수정하는 것은 부모에게 주어진 도전적인 과제다. 무엇이 '공정한지'를 결정하기란 결코 단순한 일이 아니다. 특정한 나이의 특정한 아동에게 생각할 수 있는 현실적인 기대는 무엇일까? 어떤 행동들이 적합한가? 아동이 이미 정해진 기대를 충족시킨다는 것은 훨씬 더 어려울 수 있다. 부모가 기대하는 것과 하지 말아야 할 한계로 정해진 것들을 어떻게 하면 효과적으로 전달할 수 있나? 기대하는 것은 명료하게 제시되었지만 자녀가 이를 충족시키지 못할 때는 어떻게 해야 하는가? 확고한 경계선을 설정하기 위해서 부모는 행동 수정을 위한 적합한 문제해결 기법들을 이용해 그 한계를 강화해야 한다.

자녀들이 부모가 원하는 모든 일을 하지 못하는 것은 자연스러운 일이며 영아들은 음식, 기저귀, 트림, 안아 주기 등 원하는 것을 위해 울고 보채고 떼쓰는 것으로 부모의 관심을 끈다. 영아가 울면 자신의 욕구를 충족시켜 줄 양육자가 오기 때문에 우는 행동은 강화된다. 자녀의 기술이 증가함에 따라 부탁하거나 도움을 받거나 스스로 행동하는 등 자신이 원하는 것을 얻어내는 더 긍정적인 수단을 발달시킨다. 이때 부모의 과제는 새로운 행동을 장려함으로써 자녀의 강요 또는 귀찮게 조르는 행동과 자연스럽게 대체하는 것이다. 이 장에서는 부모가 이 과제를 수행할 때 해야 할 여러 단계들을 살펴볼 것이다. 그리고 자녀의 기질과 성에 따른 양육방법들에도 초점을 맞추고자 한다.

1. 자녀의 학습과정

2장에서 보았듯이, 부모는 자녀가 사회의 구성원이 되도록 하는 데 여러 가지 다양한 목표를 가지고 있다. 부모는 자녀가 특정한 행동(차도로 걷지 말고 인도로 걷기, 공손한 말로 부탁하기)을 배우기 바라고, 도덕과 가치(남에게 친절하기, 신체적 · 심리적 해를 끼치지 말기)를 배우기 바란다. 이 가치들은 부모가 속한 사회집단에 따라 어느 정도 차이가 있을 수 있으나 부모는 자녀에게 사회에 수용될 수 있는 행동을 하라고 격려하는 여러 행동을 하게 된다. 사회화라는 용어는 자녀가 사회집단의 요구를 준수하는 기술을 획득하고 정교화하도록 성인이 돕는 과정을 지칭한다.

자녀는 다양한 방식으로 배운다. 자녀는 모델이 되는 것들을 관찰하고 모방하면서 학습한다. 부모나 형제자매 또는 놀이친구들이 그런 모델이 될 수 있다. 자녀는 따뜻하고 잘 돌보아 주고 강한 존재들을 모델로 삼곤 한다. 이런 대상이 없을 경우에는 차갑고 거부적인 대상을 모방하게 될 수도 있다.

부모가 물건구입을 할 때 자녀들에게 어떻게 돕는 것인지를 미리 보여 주면 자녀들의 문제상황을 미리 예방할 수 있는 상황으로 이끌어 갈 수 있다.

자녀는 자신의 행동 결과에 근거해서 학습하기도 한다. 보상 또는 긍정적 결과는 특정 행동을 다시 할 수 있는 확률을 높인다. 보상은 관찰할 수 없는 즐거운 내적 감정일 수도 있다. 반대로 보상은 관심을 끄는 것, 우선권을 갖는 것 또는 목표를 성취하는 것과 같이 외적인 경우도 있다. 보상이 없거나 부정적 결과를 수반하는 행동은 긍정적으로 강화된 행동에 비해 드물게 일어난다. 결과가 행동에 뒤따라 즉각적이고 일관적으로 나타날 때 가장 효과적이다.

추론을 사용하고 자녀가 행동의 결과를 이해하도록 돕는 강압적이지 않은 방법을 사용하는 경우가 위협하거나 체벌을 가하는 강압적인 방법을 사용하는 경우보다 부모가 제시하는 규칙과 가치들을 자녀가 더 잘 내재화한다. 비강압적인 방법을 사용하면 자녀가 일상생활의 절차와 행동방식도 더 쉽게 학습한다. 자녀는 다른 행동의 결과들을 비교하면서 더 쉽게 생각할 수 있게 되는데, 이는 무엇이 일어날지와 무엇이 적절한 선택인지에 대한 심적인 모사 활동을 통해 이루어진다. 결과적으로 자신의 행동과 이에 대한 타인의 반응을 더 잘 이해하게 되는 것이다.

대조적으로 부모가 강압적인 방법을 사용하는 경우, 자녀는 재빨리 복종할 수는 있어도 부모의 규칙을 내재화하지 못하고 강력한 외적 권위가 있을 때만(즉, 부모가 눈앞에 있을 때만) 그 규칙을 따르는 경향이 높다. 더 나아가 자녀는 강압적인 방법에 대해 화를 내고 저항하는 경향이 있다.

최근, 협력적 과정으로서의 학습이 새롭게 강조되고 있다. 자녀가 전문가로부터 정보를 얻으면서 점진적으로 능력을 쌓아가는 과정으로서의 학습 대신, 협력적 과정은 개개인이 계속 직면하는 사건과 사람들에 적응하는 과정에서 새로운 행동과 이해를 획득하는 역동적 과정을 강조한다. 즉, 학습을 지식 단편의 획득에서 일어나는 과정으로 생각지 않고 자녀의 활동 참여 자체를 변화하는 과정으로 보는 것이다.

피아제의 여러 아동 연구에서 관찰되었고, 아동이 양육자와의 상호작용의 82% 정도를 주도한다는 최근 연구에서 관찰되었듯이, 자녀의 능동성은 학습의 협력적 과정에서 강조된다. 부모는 학습 환경을 구성하고 자녀의 관심과 노력을 유도하며, 과제를 자녀 수준에 맞춰 주고 자녀가 과제를 수행해 갈 때 지지와 조언으로 자녀의 학습을 지원해 준다. 여러 방법을 통해 부모는 2장에서 논의했던 근접 발달 영역에서 자녀의 학습을 도와주는 지지적인 감독자가 된다.

2. 자녀의 학습 돕기

부모는 협력적으로 자녀의 학습을 돕기 위한 긍정적 분위기를 만들려고 여러 가지 행동을 한다. 부모는 긍정적인 정서 분위기를 만들고, 자녀가 현실적인 기대를 갖도록 하며, 자녀에게 요구된 일을 쉽게 할 수 있도록 환경을 적절히 구성해 준다. 또한 격려하고 지지해 주며, 부모가 자녀에게 무엇을 바라는지를 자녀에게 적극적으로 가르친다.

1) 협력적 분위기 만들기

부모는 '파트너와 협동하려는(또는 서로 수용하려는) 일반화된 의지' 라고 정의되는 민감한 수용(receptive compliance) 분위기를 만든다. 자녀의 욕구에 민감하고 반응적인 부모는 자녀에게 안정적 애착을 형성하고, 아동은 부모가 아동의 욕구와 바람에 관심을 갖기 때문에 부모의 말을 수용하려고 한다. 자녀는 부모와의 관계를 준거로 삼아 행동한다. 부모는 학습의 전 과정을 통해, 자녀가 때때로 있을 학습과정에서의 좌절을 견딜 수 있도록 격려하고 지지할 필요가 있다.

2) 현실적인 기대 설정하기

부모는 자녀의 연령과 기질, 가족의 욕구와 가치에 근거해서 현실적인 기대를 설정한다. 우리는 이 책 전반을 통해 자녀의 연령에 따라 양육방식이 어떻게 변하는지를 논의하고 있다. 이 장의 뒷부분에 가서는 자녀의 기질에 따라 양육방식이 어떻게 형성되는지에 대해 기술할 것이다. 가족이 가지고 있는 욕구와 가치는 부모의 기대에 영향을 미친다. 예를 들어, 부모가 모두 집 밖에서 일을 할 경우에 자녀는 학교에 가기 전에 집안일을 다 해 놓는 것이 더 중요할 것이고, 번잡한 도로변에 살고 있는 경우에는 안전규칙 준수가 자녀에게 강조될 것이다. 2장에서 언급되었고 이 책 전반에 걸쳐 논의되고 있는 사회적 · 문화적 가치, 독립심, 사회성, 연장자에 대한 존경과 같이 많은 행위에 대한 기대를 조성한다.

3) 자녀가 기대에 부응하도록 돕기

부모는 현실적인 기대를 설정함으로써 자녀가 여러 방식으로 이 기대에 부응하도록 도와준다. 첫째, 부모는 자녀에게 물리적 환경을 구성해 준다. 문 밖의 놀이 공간과 가족의 활동을 고려하여 선택된 가구, 바닥 깔개, 장식들을 통해 자녀의 필요에 맞는 방식으로 가정 환경을 준비할 때 양육은 보다 수월해진다. 위험한 물질은 손이 닿지 않는 곳에 놓고, 칼이 들어 있는 주방 서랍에는 잠금장치를 해 놓으며, 자동유리문에는 분명한 표시를 하는 등의 여러 조치들로 자녀가 위험에 빠질 기회를 최소화시켜 자녀가 안전하고 건강한 삶을 살도록 유도한다.

둘째, 부모는 규칙적인 일상의 활동을 정해서 자녀가 부모의 기대에 맞추도록 한다. 규칙적 활동을 통해 자녀는 특정 행동습관을 자연스럽게 배울 수 있게 된다. 사실 우리들 대부분은 규칙적인 식사, 수면, 운동을 통해 더 잘 활동하게 된다. 그렇지만 자녀 개개인의 주기는 반드시 고려되어야 한다. 예를 들어, 어떤 자녀는 늦게 잠에서 깨어나 아침 활동을 시작하는 데 더 많은 시간이 필요하다. 잠자는 데 시간이 많이 걸리는 자녀는 일반적인 경우보다 더 일찍 잠자리에 들도록 해야 한다.

셋째, 부모는 자녀가 받는 자극의 양을 조정해서 자녀가 기대를 충족시키도록 돕는다. 부모는 자녀가 너무 피곤해하거나 흥분하지 않도록 자녀의 활동을 계획한다. 예를 들어, 유아를 오전 내내 쇼핑하는 데 따라다니게 한 뒤 오후에 친구 생일파티에 가게 해서는 안 된다.

넷째, 부모는 어려운 상황이나 일상적 활동의 변화에 대비시킨다. 치과에 가기 전에 유아가 인형이나 애완동물과 놀게 하면서 치과에 가서 어떻게 하는지 차분히 얘기해 주고 미리 연습시킴으로써 실제 상황이 되었을 때 유아가 과도하게 겁내지 않도록 돕는다. 그리고 휴가를 가거나 보육시설이 바뀌는 것과 같은 일상적 활동의 변화의 경우에도 미리 간단히 확인시켜 줌으로써 준비시킨다.

4) 긍정적 행동에 주의 기울이기

앞서 언급했듯이 긍정적 결과를 초래한 행동은 다시 나타나게 마련이다. 긍정적 결과에는 내적으로 즐거운 감정도 포함된다. 자녀는 달리고 뛰어다니는 것이 재미있기 때문이다. 그림 그리고 만드는 것도 즐겁기 때문에 하는 것이다. 이런 행동을 하게 하는 데는 부모가 굳이 노력할 필요가 없다.

그러나 대다수의 경우 특정 행동이 지속되도록 하기 위해서는 부모가 긍정적인 보상을 주어야만 한다. 보상이나 외적인 긍정적 보상에는 크게 두 범주가 있다. 관심, 미소, 수용이라는 사회적 보상과 특별한 선물, 구매, 특권, 외출이나 친구 사귀기와 같은 특별한 활동 등의 물질적 보상으로 나뉜다. 학습이론가들에 따르면 사회적 보상은 가족구성원들을 더 친밀하게 하고 신뢰로운 분위기를 만들기 때문에 부모가 사용할 것을 장려한다.

관심은 자녀에게는 가장 긍정적인 보상이며 종종 성인의 경우에도 그렇다. 따라서 부모는 자녀가 부모의 요구에 부응하는 행동을 할 때 긍정적 관심을 주어야 한다. 바쁜 일상생활 중에 부모의 관심은 어떤 문제행동에서 다른 문제행동으로 쉽게 바뀌게 마련이어서 반드시 수정되어야 할 문제행동에 관심을 기울이곤 한다. 그래서 자녀는 무엇을 고치라는 소리는 자주 듣지만 자신이 한 긍정적 행동을 인정하는 말은 거의 듣지 못한다. 부모는 자녀에게 변화를 요구하는 것보다 긍정적인 면에 더 관심을 보일 때 더 성공적인 양육을 할 수 있다.

5) 수용할 만한 새 행동 가르치기

때때로 긍정적 관심만으로는 적절한 행동을 하게 할 수 없다. 부모는 자녀가 해야 된다고 생각하는 것을 적극적으로 가르쳐야 한다. 수용되는 행동과 가치를 가르치는 과정은 두 가지로 나누어진다. ① 부모는 자녀에게 부모가 원하는 것과 부모 입장에서 그 행동의 중요성 그리고 자녀가 그 요구에 응할 것이라는 기대에 대한 분명하고 직접적인 메시지를 전한다. ② 자녀는 부모의 메시지를 받아들이고, 부모의 요구가 공정한지를 고려해 본 다음, 자율성이나 자존심을 잃지 않고 부모가 요구하는 행동을 성취한다.

자녀를 가장 효과적으로 가르치는 방법은 부모가 바람직한 행동의 모범을 보이는 것이다. 자녀는 부모가 원하는 행동을 자발적으로 하지 못할 수 있기 때문에 부모가 자녀에게 그 행동을 보여 주어야 한다. 부모는 자녀에게 "너는 이렇게 셔츠를 입어야 한단다."라고 각 단계마다 보여 주면서, 말로 설명하는 과정을 통해 자녀가 필수적인 단계를 거쳐 가도록 한다. 부모는 과제를 작은 단위로 나누어 자녀가 시도하는 중에 무엇까지 할 수 있는지를 알려 줄 수 있다. 각 단계가 성취될 때마다 부모는 격려하고 칭찬해 준다. 자녀가 그 행동을 완전히 학습한 다음에는 간헐적으로 칭찬을 해 주면 된다.

어떤 상황에서는 부모가 보상해 주고 싶은 행동을 자녀가 전혀 해낼 수 없을 때가 있는데, 이때 부모는 자녀가 현재 하고 있는 행동을 조정해 주어야 한다. 예를 들어,

부모는 5세 유아에게 잠자리를 스스로 준비하길 원하는데 유아가 어떻게 해야 할지 모를 경우를 생각해 보자. 이때 부모가 해야 할 첫 단계는 시트와 침대 커버를 반듯하게 하는 행동과 같이 잠자리 준비과정에 가장 근접한 행동이 무엇인지를 결정하는 것이다. 자녀가 이 행동을 하면 부모는 보상을 한다. 이 행동을 자주 할 수 있게 되면 보상을 하기 전에 더 높은 단계의 행동을 요구하게 되는데, 가령 시트를 끌어당기는 행동과 침대 커버를 매끄럽게 하는 행동 같은 것들이다.

행동 조정은 학교 성적이 저조한 자녀에게도 유용한 접근이다. 부모는 첫 성적표에서 가장 높은 점수를 받은 항목에 보상을 한다. 그리고 자녀에게 다음 성적표에서 특별한 진전이 있으면 보상을 주겠다는 약속을 한다. 성적 결과를 받는 기간이 6주 단위라면 그 기간 동안의 시험 성적 향상에 대해 보상을 줄 수 있고, 자녀에 대한 담당교사의 주단위 보고가 있다면 작은 보상을 그에 맞춰 규칙적으로 줄 수 있다.

3. 적합한 행동의 규칙 설정 및 강화

이론적으로 보면, 보상이 없어서 사라질 잘못된 행동은 신경 쓰지 않고 보상만 사용하여 자녀를 키울 수 있다. 그렇지만 일상의 생활에서 부모는 대개 규칙에 어긋나는 행동들에 대처해야 한다. 자녀가 수용되지 않는 행동을 자주 할 경우 부모의 과제는 ① 효과적으로 한계선을 밝히고, ② 그 행동 한계선을 강화하는 것이다.

1) 효과적인 한계선 언명

행동규칙을 명확하고 상세하게 그리고 확고하게 언명할 경우, 애매한 말이나 함축적으로 표현될 때보다 자녀가 더 잘 따른다. "오늘 오후 잘 보내라."라고 말하지 말고, "잠시 동안 밖에 나가서 놀았으면 좋겠다."라고 말하라. 가능한 한 긍정적인 형태로 행동규칙을 표현하고 그 규칙의 목적 또한 알려 주어라. 예를 들어, "외투를 바닥에 끌지 마라."라고 말하지 말고, "외투를 잘 들어 깨끗하게 해라."라고 말하라. 자녀는 행동규칙이 객관적으로 표현될 때 더 잘 반응한다. "잠자리에 들 시간은 8시다."라거나 "저녁식사는 6시다."라는 표현이 "너는 지금 잠자리 가야 한다." 또는 "너는 저녁 6시 식사시간에 맞춰 집에 들어와야 한다."라는 표현보다 자녀가 더 잘 따르게 한다.

가능하면 자녀가 선택할 수 있도록 하라. 가령, "따뜻한 씨리얼을 먹을래, 아니면 차가운 씨리얼을 먹을래."와 같이 말이다. 선택할 수 있게 되면 자녀가 앞으로 벌어질 일에 대해 어느 정도 통제를 할 수 있다. 부모는 행동의 변화를 유도할 때도 선택의 여지를 줄 수 있다. 예를 들어, "이제 공원을 떠날 시간이 다 되었는데, 다섯 번 더 스윙을 할 수 있단다."라고 말해 줄 수 있다. 이렇게 하면 아동은 공원의 규칙에 따른 행동을 준비할 기회를 갖게 된다.

부모는 자녀의 행동에 많은 변화가 있기를 바라지만, 행동규칙의 우선순위를 매길 경우 가장 효과적으로 행동을 변화시킬 수 있다. 건강과 안전규칙이 가장 중요한데, 가령 차도 근처에서 놀지 말라는 것과 항상 어디에 있는지 부모에게 알리라는 것과 같은 규칙이다. 다음으로는 사회생활을 수월하게 만드는 규칙이라고 할 수 있는 것으로, 다르게 말해 함께 잘 지내기 위해 지켜야 할 규칙들이다. 이 범주에는 타인의 물건을 훼손해서는 안 된다는 규칙과 타인이 잘 때 조용히 하고, 집안일을 돕는 것과 같은 일반적인 배려에 관한 규칙이 포함된다. 우선순위상 세 번째에 해당되는 것은 냅킨과 포크를 사용하는 법과 같은 관습적인 규칙들이다. 어린 유아인 경우에도 사회적 관습보다는 타인에게 친절하게 대하는 규칙의 중요성을 더 쉽게 이해한다. 규칙 목록에서 제일 뒤에 속하는 것은 자녀의 선택에 관련된 것이 아닌 행동을 통제하는 규칙들이다. 어떤 옷을 입을 건지, 어떤 놀이를 할 건지 등은 대부분 안전이 문제되는 경우가 아니라면 자녀 선호의 문제다. 개별적 선호와 관련된 영역에서 부모가 원하는 대로 행동하게 하려고 에너지를 소모할 필요는 없다.

2) 행동규칙 강화

행동규칙을 분명히 언급하였는데도 자녀가 따르지 않을 경우 부모는 그 규칙을 강화할 필요가 있다. 그러나 행동으로 옮기기 전에 두 가지 일을 해야 한다. 첫째, 부모는 자녀가 그 규칙을 계속 어길 것 같은지 아닌지에 대해 자문해 보아야 한다. 그 이유는 간혹 그 규칙을 지키지 않는 행동에 보상을 주었을지도 모르기 때문이다. 또한 부모는 때때로 자녀에게 뛰지 말라거나 귀찮게 하지 말라고 말하면서 낄낄 웃거나 머리를 끄덕이는 행동을 같이 해서 자신의 말의 진지함을 약화시킬 수도 있다.

이 경우 아동의 기는 더 살아나게 된다. 이렇게 되면 아동은 계속 그 규칙을 어기게 된다.

둘째, 부모는 행동규칙 강화에 대해 양자가 서로 일반적으로 합의하고 있는지를 확실히 해야 한다. 어떤 규칙을 강화할 것인지에 대해 부모 양자가 큰 차이를 보이는 경우 상호 문제해결 방법을 통해 그 차이를 조정해야 한다. 부모가 이 점에 있어서 자주 의견일치를 보이지 않게 되면, 서로 대화 기회를 가질 때까지는 자녀의 특정 행동에 대한 조치를 유보해야 한다. 왜냐하면 자녀는 부모의 의견 갈등을 자신이 원하는 행동을 정당화하는 것으로 보기 때문이다.

부모는 다음에서 탐색해 볼 행동규칙 강화의 여러 가능한 방법을 사용할 수 있다.

(1) 상호 문제해결

Gordon(1975)의 상호 문제해결 기법의 이용은 행동규칙을 강화하는 데 유용한 첫 단계가 된다. 이 접근을 적용하면 부모는 자녀의 규칙 위반이 자신들에게 문제가 된다는 것을 알게 된다. 부모가 이 문제를 해결해 나갈 때 자녀가 도울 수 있고, 자녀 역시 이 문제가 해결되면 만족하게 된다. 부모는 자녀에게 어떻게 생각하는지를 물어보고 함께 풀어 가면서 관계된 모든 사람들이 합의하는 해결방법을 찾는다. 예를 들어, 자녀가 계속 저녁식사 시간에 늦거나 식사하라고 불렀을 때 오지 않는 경우, 가족 모두 같이 풀어야 될 문제로 부모가 제기할 수 있다. 이때 기본 전제는 가족이 협동하면 모두에게 만족스러운 대안을 줄 수 있다는 것이다. 이 문제해결 과정은 다음과 같은 6단계로 이루어진다. 즉, ① 문제 정의, ② 잠재적 해결책 모색, ③ 잠재적 해결책 평가, ④ 최선방안 결정, ⑤ 결정방안 실현, ⑥ 사후 평가다.

합의된 해결방법을 수행할 때 부모는 상황에 따라 가능한 한 빨리 실망이나 놀람을 강한 나-전달법으로 표현해야 한다. 이렇게 하면 대개 자녀는 합의점을 잘 지켜 나가게 된다. 그렇지 않을 경우 또 다른 문제해결 방법이 요구된다. Gordon은 합의 사항을 강화시키기 위해 벌칙을 사용하는 것은 피하라고 조언한다. 부모는 자녀에게 처벌이라는 위협을 통해 부정적 기대를 갖게 하는 대신에 자녀가 잘 협동할 것이라고 가정해야 한다. 자녀는 신뢰가 주어지면 잘 응한다.

부모의 입장에서 자녀에게 바라는 행동이 있는 것과 마찬가지로 자녀도 얻기를 바라는 목표와 활동, 특권들이 있다. 부모는 계약이라는 행동 체계를 활용하여 특정 활동의 수행에 대한 대가로 자녀가 원하는 보상을 제공한다. 예를 들어, 자녀가 집안일(침대 정리, 탁자 정돈)을 스스로 하면 놀이시간을 추가로 15분 정도 더 주는 경우다. 마찬가지로 좀 더 연령이 많은 자녀의 경우, 만족할 만한 학교 성적을 유지하고 귀가 시간을 잘 지키면 주말에 가족용 차를 사용할 수 있도록 허락할 수 있다.

(2) 자연적 결과와 논리적 결과

자연적 결과와 논리적 결과라는 용어는 함께 사용되기도 하고 같은 의미로 사용되기도 하지만 약간 다른 함의를 가지고 있다. 자연적 결과는 물리적 행동에 따른 직접적 결과다. 예를 들어, 저녁식사를 거르면 허기를 느낀다. 그리고 밤 늦게까지 잠자리에 들지 않으면 피곤하게 된다. 논리적 결과는 사회적 행위에 뒤따르는 사건들이다. 예를 들어, 거짓말을 하면 타인이 믿지 않게 된다. 가족용 차를 망가뜨리면 부모가 차를 사용하지 못하게 될 것이다. 자연적 결과와 논리적 결과는 타인이 부여하는 것이 아니고 행동 자체에 직접 관련된다. 그렇지만 예외도 있다. 분주한 차도로 뛰어드는 행동의 자연적 결과는 차와 충돌하는 것이다. 이런 결과를 예방하기 위해서 부모는 일반적으로 논리적 결과를 사용한다. 자녀가 거리에 나가 놀려고 하면 집 안에서만 놀도록 제한하는 것이다.

논리적 결과는 여러 면에서 처벌과는 다르다. 논리적 결과는 자녀가 했던 행동과 직접 관련된다. 가령, 자녀가 빨래통에 옷을 집어넣지 않으면 깨끗한 옷을 입지 못하게 된다. 처벌은 자녀가 한 행동에 따른 논리적 결과가 아닐 수 있다. 예컨대, 때리는 것은 식사시간에 늦은 데 따른 직접적 결과가 아니고 부모의 권위에 따른 결과다. 논리적 결과라는 방법은 자녀에게 도덕적 책임을 묻는 것도 아니고 도덕적 판단을 내리는 것도 아니다. 단지 자녀가 실수를 하면 그에 대한 대가를 지불할 뿐이다. 이때 부모는 재판관이 아니라 조언자 입장에 서게 된다.

(3) 처벌

앞의 방법이 효과가 없으면 부모는 처벌을 사용한다. 처벌이란 행동의 재발을 줄이기 위해 부정적 결과를 부여한다는 것을 의미한다. 처벌은 부모에게 다양한 정도의 노력을 요구한다. 이를 기술하기 전에 먼저 처벌을 사용하는 데 있어 여섯 가지 일반

원칙을 살펴보자. ① 초기에 개입하라. 상황이 통제를 벗어날 정도로 악화되지 않도록 하라. 규칙을 어기면 곧 행동을 취하라. ② 가능한 한 차분하고 객관적인 태도를 유지하라. 때때로 부모가 과도한 감정을 터뜨리고 좌절된 모습을 보이면 오히려 자녀에게 보상을 주는 것이 된다. 부모의 감정적 반응은 자녀가 규칙을 어겼다는 사실을 생각하지 못하게 한다. ③ 규칙을 어겼음을 말로 분명히 표현하라. 간단명료하게 표현하되 그 문제로 논쟁을 하면 안 된다. ④ 미약한 부정적 결과를 사용하라. 미약한 결과를 사용하면 자녀가 종종 그 행동 자체를 무가치하게 생각해서 유혹에 더 잘 견디게 되고 앞으로 그 규칙을 더 잘 따르게 하는 이점이 있다. ⑤ 부정적 결과를 일관적으로 사용하라. 어떤 때는 처벌을 받고 다른 때는 처벌을 받지 않는 경우 잘못된 행동은 지속된다. ⑥ 긍정적인 사회적 행동을 보이면 곧바로 강화하라. 자녀는 부모에게 처벌보다는 보상받기를 원한다.

다음의 처벌들은 미약한 수준에서 강한 수준까지 해당된다. 우선 무시는 가장 쉬운 처벌로 부모가 자녀의 말이나 행동에 관심을 보이지 않는 것이다. 그러나 이는 노력이 필요한데, 중립적인 얼굴표정을 계속 유지하고 먼 곳을 바라보면서 자녀를 그냥 지나치고 자녀가 하는 말이나 행동에 언어적 반응이나 관심을 보이지 않아야 하기 때문이다. 무시는 성가신 행동에 제일 효과적이고 누구에게도 해를 주지 않는다. 예를 들어, 자녀가 보채거나 뿌루퉁해 있거나 샐쭉거리는 행동은 그저 무시하면 된다.

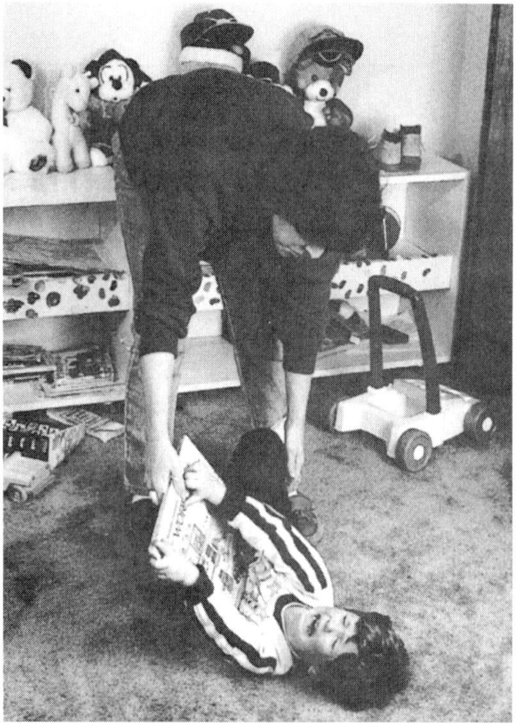

어린이가 심하게 분노행동을 나타낼 때, 부모는 최대한 침착함을 유지함으로써 그러한 상황에 효과적으로 대처할 수 있다.

두 번째 처벌은 사회적인 거부다. 부모는 자녀가 한 행동을 좋아하지 않는다는 말을 몇 마디로 간단히 표현하는데, 이때 거부감을 나타내는 얼굴표정을 지으며 엄한 목소리로 말한다. 자녀가 용납할 수 없는 행동을 지속하면 부모는 그 행동에 따른 결과를 마련할 수 있다. 가령, 특권을 뺏거나 타임아웃 방법을 사용하거나 과외의 과제를 부과하는 것이다. 가족구성원 간에 계약을 만들면 자녀는 특권을 얻는 대가로 집안일을 돕거나 특정 행동을 기꺼이 하려고 한다. 그리고 특정 행동을 수행하지 않으면 자녀는 특권을 잃게 된다.

마지막으로 타임아웃은 자녀의 공격적, 파괴적 또는 위험한 행동의 경우에 사용될 최상의 방법 중 하나다. 이는 용납되지 않는 행동을 중단시키고 자녀를 진정시킬 수 있으며, 때때로 자녀로 하여금 규칙 위반에 대해 생각하게 만든다. 타임아웃에는 여러 방법이 있다. 자녀에게 구석에 있는 의자에 앉아 있게 하는 것이 한 방법인데 이때 많은 경우 자녀는 앉아 있지 않고 일어나 버린다. 자녀에게 구석을 마주 보고 있으라고 할 경우, 미리 계획한 시간 동안 자녀에게 그렇게 있게 한다. 좀 더 연령이 높은 자녀의 경우 타임아웃 규칙을 따르지 않으면, 규칙을 추가해서 부모가 모두 있는 앞에서 두 배의 시간 동안 타임아웃을 시키는 것이다. 타임아웃의 시간이 길 필요는 없다. 어린 자녀의 경우 타임아웃에 적용할 시간의 분단위 수는 연령 수에 맞추는 것이 좋다.

타임아웃을 사용할 때는 두세 개의 문제행동에 적용하는 것이 제일 좋다. 그렇지 않으면 너무나 많은 문제로 타임아웃에 많은 시간을 보내게 될 수 있다. 더 중요한 것은 타임아웃을 적용하게 되는 문제행동에 대해 부모 모두와 보육자가 의견일치를 보아서 일관적인 처벌을 주어야 한다는 것이다.

자녀가 성장하면서 더 많은 장난감을 갖게 되고 자녀 방에 뮤직 박스나 컴퓨터 같은 여러 오락기구들이 있다면, 방 안에만 있게 하는 것은 효과적인 처벌이 될 수 없다. 이런 경우 차고 청소나 지역사회 봉사활동 같은 건설적인 일로 대체하는 것이 좋다.

(4) 비효율적 형태의 훈육

300개 이상의 연구들을 통해 볼 때, 자녀 훈육에 있어서 네 종류의 문제가 확인된다. ① 한 부모 내에서의 비일관적인 훈육과 부모 양자 간의 비일관성을 가리킨다. ② 성질을 잘 내고 심하게 대하며 폭발적인 훈육 형태로 빈번한 구타와 위협행위를 포함하는 경우다. ③ 자녀에 대한 부모의 감독과 개입이 약한 경우다. ④ 융통성이 없고 완고한 훈육 형태로 정도에 상관없이 모든 행동규칙 위반에 대해 하나의 훈육방법을 사용하는 경우다. 비효율적인 훈육 형태는 모두 또래들과의 사회적인 문제를 자주 초래하는 공격적이고 규칙을 위반하는 자녀의 행동과 연관되어 있다.

(5) 체벌에 대한 논쟁

체벌을 훈육의 한 형태로 수용할 수 있는지의 문제만큼 사회과학자와 부모 간에 이견을 보이는 문제는 없을 것이다. 체벌은 대개 두 범주로 구분되는데, ① 미약한 체벌은 신체적인 손상을 입히지 않고 엉덩이나 팔다리를 손바닥으로 한두 대 때리는 정도로 일반적으로 어린 유아에게 사용되고, ② 자녀에게 신체적 손상을 입히는 학대는 치거나 차거나 주먹질하는 행동을 포함한다.

대부분의 사회과학자들은 미약한 체벌을 안전수칙 강화나 부모에 대한 존중을 위한 행동으로 받아들일 수 있다고 보지만 훈육의 주된 방법으로 사용하는 점에는 반대한다. 물론 양쪽 모두 심한 훈육이나 학대적인 훈육을 지지하지 않는다. 사회과학자의 견해에 따르면, 체벌은 성인이 자신보다 더 약한 사람에게 물리적인 힘을 행사하는 모델이 될 수 있기 때문에 자녀가 모방하지 않게 해야 한다. 그리고 체벌을 경험한 자녀는 공격성 증가를 보인다고 생각된다. 더 나아가 때리거나 치는 행위는 훈육의 목표인 자녀의 내적 통제 발달을 증진시키지 못한다. 그보다 체벌은 벌을 주는 성인이 있는 상황에서만 잘 행동하는 것과 연결된다. 체벌이 상용되는 경우, 결국에는 화가 난 부모가 통제력을 잃어 자녀를 학대하게 될 수도 있다.

때리는 행동은 지난 30년에 걸쳐 점차 감소되어 왔지만, 여전히 대부분의 부모들은 자녀를 때린다고 보고되고 있다. 1960년대에 시작된 연구에서 보면 중산층 150가구 중 148가구에서 부모가 자녀를 때린다고 했다. 다른 연구에서는 전국 올해의 교사상을 수상한 교사들에게 문의해서 양질의 가정생활을 하고 있는 탁월한 가족들을 추천받았다. 이 가족의 부모와 면담한 결과, 70% 정도의 부모가 자녀의 아주 잘못된 행동을 고치기 위해서 때리는 방법을 사용했음이 밝혀졌다. 부모가 자녀를 때리는 이유는 여러 가지인데, “비신체적 처벌은 효과적이지 않다.” “자녀는 보상보다는 체벌을 통해 더 잘 배운다.” “어린 자녀는 합리적인 설명을 이해하지 못한다.” “체벌을 통해 성격이 형성되고 자녀가 외부 세계에 잘 적응하도록 준비시키게 되는데, 만약 자녀가 자신의 행동의 결과를 미리 배우지 못하면 부모로서 자식에게 잔인한 짓을 한 것이 된다."라는 것들이었다. 공통적인 이유 중 하나는 "내가 성장할 때 체벌이 내게는 효과적이었다."라는 것이었다.

1993년 중산층 가족조사에서 보면, 83%의 부모들이 체벌을 사용한다고 보고되고 있다. 비록 한 달에 몇 번 정도 미약한 수준에서 중간수준으로 체벌을 한다고 하지만, 연구자가 우려하는 점은(부모와는 따로 면담을 실시한) 자녀의 보고에 따르면 1/3 정도의 부모는 물건을 사용하여 자녀를 때리고, 이런 경우가 전체 체벌의 반 정도라는 사실이다. 그리고 17% 정도의 자녀는 일주일에 몇 차례 매를 맞고, 4%는 매일 맞는다고 한다.

이 연구에서 조사된 부모는 자녀가 부모의 통제를 벗어나고 부모에게 복종하지 않고 존중하지 않을 때 자녀를 때리거나 친다고 했다. 부모의 체벌 사용과 관련된 네 가지 요인들은 ① 체벌 유용성에 대한 부모의 신념, ② 부모가 어린 시절에 받은 체벌 경험, ③ 권위적 양육방식, ④ 자녀의 공격성 및 공격행위 문제다. 93%의 부모는 체벌 사용을 정당화했지만 이들 중 85%는 체벌을 사용하지 않을 수도 있었다고 말했다. 이들은 체벌을 사용할 때 자신은 화가 났고 자녀는 감정적으로 혼란스러워 해서 대안을 갖길 바란다고 말했다. 조사 대상의 자녀는 대부분 체벌을 받는 빈도도 낮았고 강도도 약했지만, 체벌이 마음에 상처를 주고 화나게 하고 감정적 혼란을 불러일으킨다고 보고했다. 그럼에도 불구하고 자녀는 체벌을 좋아하지는 않지만 부모가 체벌을 사용할 권리를 갖고 있다고 생각했다. 다른 조사에서도 자녀는 부모가 그런 권리를 갖는다는 생각을 보였다.

연구자들은 체벌이 사용될 때 자녀와 부모 모두 화가 나 있기 때문에 이 형태의 훈육이 자녀가 행동규칙을 학습하고 내재화하는 데 도움이 되는지에 대해 의문스럽다는 결론을 내렸다. 연구자들의 관심을 유발하는 것은 부모가 체벌에 대해 불편해하고 그 가치에 대해 의문을 갖고 있음에도 계속 사용한다는 사실이다. 부모는 변화를 시도해서 새로운 방법을 배우기보다는 체벌에 대한 자신의 아동기 경험의 연속에 의지하고 있는 것처럼 보였다. 연구자들은 조사에 참여했던 자녀가 동일한 이유로 부모가 되었을 때 체벌을 연속시킬 것인지에 관심을 가지고 있다.

아동학대로 발전할 잠재성과 아동의 공격성 및 공격적인 사회와의 관련성을 이유로 사회과학자 Straus(1996)는 학교와 가정에서 체벌이 추방되기를 바란다. 그는 아동기 중기와 사춘기 초기의 자녀가 체벌을 받을수록 비행청소년이 될 확률이 높아진다는 것을 보여 주는 전국적 표본의 통계치를 언급하고 있다. 청소년 비행에 대한 종단 연구에서 보면, 체벌을 경험한 자녀가 그렇지 않은 자녀보다 나중에 더 범죄자로 기소된다는 보고가 있다. Straus는 모든 체벌이 성인기의 범죄를 초래하지는 않는다는 것을 인정하지만, 엉덩이 등을 때리는 행위도 성인 폭력을 10% 정도 증가시킨다고 할 때 그 정도의 폭력을 감소시키기 위해서도 체벌을 없앨 필요가 있다고 말한다.

Baumrind(1996) 같은 다른 사회과학자들에 따르면, 때리는 방법에 반하여 제안된 담요 투입 방법은 지지받지 못한다고 한다. Baumrind는 엉덩이나 팔다리를 손바닥으로 한두 대 정도 때리는 경우로 정의된 체벌의 효과는 부모-자녀 관계라는 맥락에 의존한다고 믿는다. 부모가 따뜻한 부모-자녀 관계를 유지하고 있는 상황에서 때리는 방법을 사용하고 합리적으로 그 이유를 설명해 주는 경우에는 '해로운 장기적 효과에 대한 기록은 없다.' 나아가 스웨덴에서는 1974년 이래로 가정과 학교에서의 체벌은 불법이었는데도 부모의 아동학대는 증가했고 사춘기 청소년의 폭력도 증가했다는 사실을 지적한다.

1974~1995년까지 실시된 비학대적 또는 관습적 체벌의 효과에 대한 광범위한 연구들을 개괄해 보면, 때리는 효과는 부모와 자녀의 전반적인 관계에 의존한다는 Baumrind의 주장을 지지한다. 35개의 연구에서는 학대적 훈육이 아닌 비학대적인 때리기 방법은 수용적이지 않은 행동을 감소시킨다는 사실이 밝혀졌다. 체벌이 유해한 효과와 연결되지 않는 경우는, 체벌이 심하지 않고, 다른 물건을 사용하지 않으며, 일주일에 한 번 미만이다. 한 번 체벌 시 때리는 횟수가 어린 자녀의 경우 2~6회, 보통 자녀의 경우 7~12회 정도고, 때리는 이유가 합리적이며, 다른 방법에 대한 대안적 수단으로 사용되고, 부모가 다른 가족구성원에게 폭력적이지 않을 때다. 부모가 체벌을 통해 최상의 효과를 얻으려면, 긍정적인 태도로 자녀를 대하고, 부모 자신의 동기가 아닌 자녀의 욕구에 근거해서 행동하며, 자녀가 두려움을 갖게 하지 말고, 훈육을 일관적으로 하며, 언어적 모욕을 주지 말고, 자녀는 커가는데 훈육방법은 오히려 기초적인 것으로 바꾸지 말아야 한다.

아동에 대한 교사의 보고자료에 기초한 아동의 공격적 행동 문제 발달의 종단적 연구도 Baumrind의 결론을 지지한다. 생후 5년간의 체벌 경험을 조사하고 그 후 6년간을 추적 조사한 결과, 비학대적 체벌과 공격적 행동 문제의 관계는 체벌의 정도, 아동이 속한 문화적 집단, 부모-자녀 관계의 맥락에 의존한다는 사실이 밝혀졌다. 생후 5년간 학대적 체벌을 경험한 아동은 문화적 집단이나 부모-자녀 관계와 상관없이 6학년 때 공격적 행동 문제를 보였다. 체벌이 미약하고 합리적인 이유를 설명해 주며 긍정적 부모-자녀 관계가 유지되는 경우에는 공격적 행동 문제와의 관련성이 거의 없었다.

위의 연구에서 아프리카계 미국인의 경우 미약한 체벌과 자녀의 공격적 행동 문제 간의 관련성을 보이지 않는 반면, 유럽계 미국인의 경우에는 이 관련성이 유의미하게 나타났다. 이 결과에 대한 설명으로 연구자들은 신체적 학대가 어느 문화적 집단에서든 더 이상 용납되지 않지만, 아프리카계 미국인 집단의 경우 비학대적 체벌이 더 수용적인 훈육방법이기 때문일 것이라고 해석한다. 아프리카계 미국인은 규범적이어서 비학대적 처벌을 차분하고 절제된 상태에서 사용할 수 있다. 따라서 아프리카계 미국인의 자녀는 부모가 때리는 행동을 자신을 돌보아 주는 책임 있는 부모라는 징표로 해석할 수 있다. 유럽계 미국인 사회의 경우 체벌은 양육방법으로 덜 수용되고 있어서 부모가 이를 사용할 때 자기통제가 잘 되지 않은 상태일 수 있다. 자녀 또한 이를 부모의 거부로 생각해서 분노를 가질 수 있다. 심리학자 Lytton(1997)은 부모와 체벌에 대한 연구들의 시사점을 요약하면서 다음과 같이 결론짓는다.

> 체벌은 정상적인 아동이 보이는 잘못된 행동을 줄이는 경향이 있지만, 보다 합리적인 다른 방법들도 동일하게 효과적일 수 있다. 체벌은 공격적인 아동의 문제행동을 악화시키는 경향이 있다. 그러므로 행동교정 효과가 더 필요한 상황에서 체벌은 무용한 방법이다.

모든 사회과학자들은 미약한 체벌 사용을 수용하든 추방하기를 바라든, 3장의 앞부분에서 기술되었던 지도를 통한 수용적 행동과 긍정적 보상을 장려하는 단계의 중요성을 강조한다. 체벌 사용을 억제하는 것이 자녀양육의 유용한 첫 단계가 될 수는 있지만, 앞서 기술된 지지적 양육방법에 자동적으로 포함되는 것은 아니다. 예를 들어, 소아과 의사인 Chamberlin(1996)은 체벌 사용을 자녀에게 부정적인 결과를 초래하는 위험 요인 중의 하나로 본다. 그는 큰 손상을 초래하는 것은 위험 요인들의 누적이기 때문에, '부모의 체벌 사용 여부에 초점을 맞추기보다는 긍정적 발달 결과와 직접 연결된 것으로 보이는 정감 있고 인지적 자극을 주는 양육행동을 촉진하도록' 지역사회와 전문가가 부모와 협력할 필요가 있다고 믿는다. Baumrind도 전문가에게 다음과 같이 시사를 준다.

> 상담가의 신념과 가치가 아니고 부모 자신의 신념과 가치에 맞는 양육방법을 사용한다고 부모들을 비난하지 말고, 신중하게 평가된 개입 프로그램을 사용해서 부모에게 대안적인 훈육방법을 진지한 마음으로 제안하는 것이 부모와 협력하는 전문가의 관심이 되어야 한다. 처벌의 사용을 선택한 부모는 종종 효과적인 사용을 위한 지침을 구하려고 한다. 효과적인 처벌은 신속하고 합리적이고 감정을 동반하지 않으며, 자녀의 발달수준과 기질에 대한 지식과 고려를 동반한 부모의 반응뿐만 아니라 자녀의 잘못된 행동과도 관련된 것이다.

4. 자녀의 기질

1장에서 양육에 유전적으로 미치는 효과에 대해 논의했다. 유전자가 부모-자녀 관계에 영향을 미치는 것으로 생각되는 주요 요인은 자녀의 기질이다. 기질은 '신체적 기초에 따른 정서, 운동, 주의의 반응성 및 자기 조절의 측면에서의 개인차'로 정의된다. 기질의 기반으로 생각되는 특정 신경생리적 과정은 아직 알려져 있지 않다. 신생아의 기질 차이는 생후 몇 시간 동안의 울음 양, 스스로 진정되거나 보육자를 통해 진정되는 능력, 안아 주거나 쓰다듬어 줄 때 즐거워하는 것과 같은 행동을 통해 알아볼 수 있다.

연구자마다 기질의 영역에 대해 이견을 보이지만, 총괄적으로 확인된 기질의 여섯 가지 기본 차원은 ① **두려움에 따른 고통**(새로운 상황에 대한 영아의 공포감과 부족한 적응력을 가리킴), ② **민감성에 따른 고통**(보채는 행동과 과민성, 제한될 때의 고통을 의미함), ③ **긍정적 정서**(웃기, 미소짓기, 물체나 자극에 대한 접근이 포함됨), ④ **활동수준**, ⑤ **주의의 범위** 또는 **지속성**, ⑥ **규칙적 순환성** 또는 행동의 예언 가능성이다. 부모는 이런 기질상의 차이가 어느 정도 지속되는지에 호기심을 가지고 있다. 초기에 특정한 기질적 성향을 보인 자녀는 나중에 그 특질을 보이지 않는 경우도 있고 계속 보이는 경우도 있다. 예를 들어, 활발한 움직임을 보인 신생아는 4세와 8세 때에 높은 활동수준을 보이고, 생후 12개월의 활동수준을 근거로 6~7세의 활동수준과 공격적 행동을 예측할 수 있다. 생후 4개월에 새로운 자극에 대한 (운동 활동과 울음으로 측정된) 높은 생리적 반응성은 걸음마를 하는 유아의 행동 억제와 관련이 있고, 사춘기 초기에는 공격적 활동과 표현의 부족과 연관되어 나타난다.

생후 초기에 보인 우는 행동과 보채는 행동은 지속되지 않지만, 7개월에 나타난 과민한 행동은 1~2년 정도 지속적으로 나타난다. 생후 6개월에 측정된 (부정적 정서, 규칙적인 활동성의 부재, 고집을 포함하는) 까다로운 기질은 13개월, 24개월에 보이는 까다로운 기질로 지속되고 3세에 가서는 행동 문제로 나타난다. 유아기로부터 7~8세까지 보이는 기질의 지속은 접근 가능성, 사회성, 규칙적 순환성, 과민성, 고집, 협동성과 순응성, 완고함 등의 특질들로 확인되었다. 3세에 보인 충동성의 행동적 차이는 18세에 측정된 충동성, 스릴 추구, 공격성과 연관되었다.

기질이 양육방식에 영향을 준다는 연구는 있지만 그 관계는 일관적이지 않다. 예를 들어, 까다로운 기질은 어떤 어머니에게는 상당한 양육 활동과 관심을 자극하지만 결국 좌절시켜 양육을 포기하게 하고, 다른 어머니에게는 처음부터 부정적이고 양육을 포기하는 태도를 보이게 하기도 한다. 영아가 초기에 아주 민감한 반응을 보이면 영아를 달래고 진정시키려는 태도를 보이는 어머니가 있는 반면, 다른 어머니는 영아가 스스로 진정되는 것을 학습하도록 놓아두어야 한다는 확고한 태도를 보이기도 한다. 그러나 긍정적이고 사회적인 자녀가 부모의 부정적 반응을 야기시킨다는 연구 보고는 없다.

기질은 자녀가 부모가 수용하지 않는 행동에 어떻게 반응하는지, 자신의 감정과 행동을 얼마나 쉽게 조절하는지에도 영향을 준다. 더 나아가 부모의 행동규칙 설정과 행동조정은 자녀의 기질에 따라 다른 결과를 초래한다. 예를 들어, 영아의 감정 조절 능력은 걸음마기 유아의 행동 통제를 예견할 수 있는 것 같다. 한 연구에 따르면, 좌절 상황에서 감정 조절 능력을 보인 5개월 된 영아는 2세 반이 되었을 때 부모의 요구에 따라 잘 행동하는 것으로 밝혀졌다. 영아기 때의 좌절 경험은 조절 기술 발달에 필수적일 수 있다. 영아가 일반적으로 낮은 반응성으로 인해 좌절을 드물게 경험하면 조절 기술을 발달시키고 연습하기에 충분한 정서적 각성을 경험하지 못할 수도 있기 때문이다.

다른 연구에 따르면, 상대적으로 타인의 행동에 반동적이고 반응적인 걸음마기 유아는 자신이 잘못한 행동에 대해 상대적으로 두려움을 보이고 재빨리 나쁘다고 느낀다. 이런 유아는 부드러운 훈육에 잘 반응하므로 부모가 행동규칙을 내재화하는 데 별로 도움을 줄 필요가 없다. 반면, 잘못한 행동에 대해 두려움을 느끼지 않고 별 반응을 보이지 않는 유아에게는 부드러운 훈육기법이 도움을 주지 못하고, 강한 훈육기법도 유아의 분노를 유발할 뿐 도움을 주지 못한다. 대신, 이런 유아는 부모가 안정적 애착을 기반으로 긍정적이고 협동적인 관계를 만들어 줄 때 가장 쉽게 행동규칙을 학습한다. 더 안정적으로 애착을 형성하고 두려움을 갖지 않는 자녀가 어머니 말을 잘 따르는 이유는 어머니가 사용한 특정 훈육기법 때문이 아니라 어머니와 자녀의 관계 때문이다.

부모는 자녀의 기질적 특성에 얼마나 영향을 미치나? 연구들은 반응적인 양육이 자녀로 하여금 초기의 기질적 어려움을 극복하는 데 도움을 줄 수 있다는 점을 보여 준다. 민감하고 반응적인 양육은 (불안정적 애착을 갖기 쉬운) 과민한 영아가 부모와 긍정적 애착관계를 형성하도록 돕는다. 초기에 행동 한계의 설정은 반응성이 높은 영아의 자기진정 방법 학습을 도와서 걸음마기 유아가 되었을 때 행동 억제를 덜 하게 한다. 분명히 말하면, 특정한 개입방법이 모든 자녀에게 적용되지는 않는다. 오히려 부모가 자녀의 기질적 특성에 '알맞은 행동'으로 자녀를 돌보는 민감하고 유연한 양육자가 되어야 한다. Sybil Escalona(1968)는 부모가 자녀 각각에 제공해야 될 경험, 즉 자녀가 최적의 상태로 발달하는 데 필요한 경험들을 **효과적 경험**이라고 부른다.

5. 자녀의 성별

여기서 우리는 자녀의 성별이 부모의 양육방법에 영향을 주는 방식에 대해 검토해 보려 한다. 다음 장에서는 자녀가 어떻게 자신의 성정체감을 형성하는지(즉, 자신이 남성 또는 여성이라는 생각을 어떻게 발달시키는지)에 대해 논할 것이다. 먼저 남아와 여아가 다르게 사회화되는 방식에 대해 우리가 알고 있는 것들을 살펴보도록 하자.

신생아는 성 유형화된 세계에 태어난다. 임신 중 초음파 검사가 일반화되기 이전에는 신생아의 성은 출생 후 가장 먼저 확인되는 사실이었다. 오늘날에 와서는 태아의 성이 임신 중에 가장 먼저 확인되는 사실이 되었다. 태아는 출생 후 성별에 따라 결정된 가구, 색채, 옷, 장난감 등으로 구성된 환경에 들어서게 된다. 부모는 딸을 위해서 인형, 파스텔톤의 침구류와 옷을 선택하고, 아들을 위해서 운동기구, 장난감 자동차, 청색 옷을 선택한다. 성인은 남아라고 말할 경우 거칠고 힘이 세다고 지각하는 반면, 동일한 신생아지만 여아라고 말할 경우 연약하고 예쁘다고 지각하는 경향이 있다.

부모는 아들과 딸에게 각기 다른 관심과 활동을 장려하는데, 대개 아버지가 어머니보다 이 차이를 더 강조하는 경향이 있다. 부모는 아들에게는 만들기 놀이를 장려하고 신체적으로 적극적이고 경쟁적이 되라고 고무한다. 이에 반해 딸에게는 인형놀이와 예술적인 활동을 고무한다. 딸에게는 따뜻하고 감싸는 태도를 보이고 언어적 의사소통을 더 많이 하며 누군가를 돌보는 행위나 협동적인 행동을 격려한다. 아들에게는 딸에 비해 독립적으로 행동하는 것이 허용되지만 벌은 더 자주 받는다.

비록 부모는 성별에 따라 자녀의 활동과 관심의 방법을 달리 하지만, 매일의 상호작용 측면에서 볼 때 둘 다 비슷하게 대하는 경향이 있다. 이런 관찰은 성인이 아동과 더 친숙하게 될수록 그 성인의 특성이 아동에 대한 행동방식을 조정한다는 일반적인 발견과 일치한다. 부모는 아들과 딸에게 똑같이 애착관계를 형성하고 권위 있는 태도로 양육하며 비슷한 방식으로 가르친다. 그러나 어떤 행동이 나타났을 때, 부모와 다른 성인들은 남아와 여아를 달리 대할 수도 있다. 예를 들어, 부모와 유치원 교사는 부모와 비안정적 애착을 형성한 남아가 도와달라는 요구를 해도 무시하는 경향이 있는 반면, 동일하게 비안정적 애착을 갖고 있는 여아에게는 도와주려는 경향이 있다. 즉, 동일한 행동인 경우에도 성인은 유아의 성별에 따라 달리 반응한다.

남아와 여아는 생후 18개월 이전에는 공격성, 장난감 놀이, 대근육 운동, 의사소통과 같은 행동에 있어서 차이를 보이지 않는다. 이런 행동들은 그 이후에 성차를 보인다. 그러나 발달이 진행되어 감에 따라 남아와 여아는 여러 이유로 각기 다른 종류의 문제에 처하게 된다. 남아는 공격성, 과잉활동, 충동, 주의산만이라는 문제를 발달시킬 위험을 갖는다. 여아는 낮은 자존감과 사춘기 우울이라는 문제를 발달시킬 수 있다. Zahn-Waxler(1993)는 이런 성차 문제를 '병사와 걱정이 많은 사람(warriors and worriers)' 문제라고 부른다.

중산층 자녀를 3세에서 18세까지 추적 조사한 Block(1991)의 종단연구는 이런 성차를 확인했다. 그에 따르면 자신을 우울한 상태라고 평가한 18세 남성 자녀는 세상에 대한 분노를 가지고 있고 자신을 잘 통제하기 힘들며 공격적이라고 기술했다. 우울한 상태라고 생각하는 여성 자녀는 다르게 자신을 기술했는데, 이들은 자존감이 부족하고 문제에 대해 혼자서 고뇌하고 자책감에 빠지며 자신의 인생을 통제할 수 없다고 말했다. 어떤 경우에는 아동기에 보이는 몇몇 특성이 사춘기 초기에 남아와 여아 모두에게서 나타나는 우울증을 예측하게 했다. 수줍어하고 과묵하고 지나치게 사회화되었으며 자기주장보다는 타인의 요구를 우선하는 여성 자녀는 사춘기에 우울증을 보일 확률이 높았다. 잘 통제되지 않고 행동 한계선을 확장시켜 행동해 온 남성 자녀도 사춘기 우울을 보일 확률이 높았다. Block은 한 인터뷰에서 "간단명료하게 말해 딸의 발달 문제는 과잉통제에서 벗어남으로써 풀어야 하고, 아들의 발달 문제는 과소통제에서 벗어남으로써 해결되어야 한다고 본다."라고 논평했다. 남아와 여아를 대상으로 연구하는 임상심리학자들은 남아와 여아 모두 발달해 가면서 특별한 욕구를 가지고 있다는 Block의 생각에 동의한다.

사춘기 소녀들을 대상으로 가까이서 연구해 온 Pipher(1994)는 10대 소녀들은 자신이 독립적인 개인이라는 감각을 상실하게 되어 타인의 욕구, 감정, 수용에 지나치게 중점을 둔다고 생각한다. "여성 자녀는 외모, 인기, 성적 매력보다는 재능과 관심에 기초한 정체감을 발달시킬 필요가 있다. 이들에게는 스트레스 대응과 자기양육 기술, 목표와 조망 형성에 대한 좋은 습관이 필요하다." Pipher는 여성 자녀가 정체감을 발견하고 유지하는 데는 보호와 도전을 동시에 제공하는 가정이 필요하다고 주장한다.

부모는 딸의 말에 귀 기울여 듣고 독립적인 생각과 합리적인 의사결정 기술을 격려할 필요가 있으며, 남녀 상관없이 우정관계를 장려하고 예술, 운동, 지성, 사회 등 여러 영역에 걸친 기술을 획득할 수 있도록 다양한 활동을 장려해야 한다. Pipher는 치료자의 입장에서 사춘기 소녀들에게 사고와 감정을 분리시키고 의사결정 시 경험의 이런 두 측면을 어떻게 조합시켜야 하는지에 대해 가르치고 있다. 또한 딸에게 긍정적인 방식으로 고통에 대처하는 것도 지도하고 있다.

> 세상의 모든 광분은 사람들이 고통으로부터 도피하려고 하기 때문에 나타난다. 뒤죽박죽인 온갖 행동들은 처리되지 않은 아픔에서 발생한다. 딸을 가르칠 때 나는 그들에게 고통에 직면하게 하고, 고통으로부터 벗어나기 위해서라기보다는 고통을 인정하고 기술하기 위해 그들의 고통을 그들 자신의 생활에 대한 메시지로 듣게 한다.

그녀는 이타심을 고무해 사춘기의 특징인 자기몰입에 반격을 가하게도 한다. 타인을 돕는 행위는 좋은 감정과 더 큰 성숙을 이끌어 낸다.

임상심리학자인 Pollack(1998)은 아들은 아동기 때부터 소년수칙이라고 불리는 것을 따르도록 사회화된다고 믿는다. 이 수칙에 따르면 아들은 ① 감정이 불안하고 누군가의 지지가 필요할 경우라도 강하고 대범하고 독립적어야 하고, ② 공격적이고 과감하고 활력적이어야 하며, ③ 사회적 위상과 권력을 획득해야 하고, ④ 온정과 감정이입 같은 부드러운 감정의 표현을 피해야 한다. 그는 아들이 일찍 부모로부터 독립되어 활동하고, 부모에게 반항하면 조롱받고 부끄러워하게 된다고 본다. 그는 다음과 같이 적고 있다.

> 아들은 자신의 취약성을 부끄럽게 생각하여 자신의 감정을 감추고, 궁극에 가서는 진정한 자신의 모습도 가린다고 나는 생각한다. 이 불필요한 단절, 즉 가족으로부터 그리고 자신으로부터의 단절 때문에 많은 아들은 고독, 무력감, 두려움 등을 느끼게 된다. 시간이 흘러감에 따라 남아의 민감성은 대부분 반성적 사고 없이 잠복되어 결국 접촉할 길을 잃어버리게 된다. 그래서 남아는 사회일반이 요구하는 것과 같이 '딱딱해져 버리게' 된다(p. 114).

Pollack은, ① 아들이 자신의 감정을 감추는 징표를 알아채고, ② 아들에게 감정에 대해서 얘기하여 자신의 감정에 대해 어떻게 말하는지 귀 기울여 들으며, ③ 아들이 감정을 드러내는 과정을 받아들이고(대개 남아는 여아에 비해 감정 표출이 느릴 수 있다), ④ 부모와 아들을 더 가깝게 만들 수 있는 공동 활동을 통해 아들과 연결고리를 만들며, ⑤ 자신의 성장 경험을 아들과 공유함으로써 아들이 발달시키는 가면의 뒷모습을 볼 수 있도록 해야 한다고 부모들에게 조언한다. 그는 '오늘날 바람직한 아들과 남성의 이미지—두려움보다는 정직함, 억제보다는 의사소통, 단절보다는 연결에 기반을 둔 남성—에 대한 신 소년수칙'의 개발을 촉구한다. 아들은 사랑해 주고 지지해 주며 감정표현을 격려해 주는 사람과의 연결을 유지할 필요가 있다. 아들은 자신의 강점과 약점 모두 괜찮은 것이고 모든 면이 인정받을 것이며, 단지 실제로도 아동이라는 점을 고려하여 성인들이 그들을 사랑할 것을 확신할 필요가 있다.

그러므로 부모는 남아와 여아 모두 자신을 발견하고 표현할 수 있도록 도와주어야 한다. 즉, 아들과는 과거보다 더 친밀한 연결을 가져야 하고 딸에게는 과거보다 더 사고와 행위의 독립성을 장려해 주어야 한다.

6. 개별적으로 적합한 문제해결 방법

부모는 종종 자녀를 양육할 때 직면하는 각 문제마다 특별한 단일 해결책—가령, 불끈하는 기질을 다루는 방법이나 10대 반항에 대처하는 방법—을 알기를 원한다. 그러나 불행하게도 다양한 자녀에게 사용할 수 있는 단일 처방은 없다. 부모 각각 독특한 것처럼 자녀도 각각 독특한 존재인 것이다.

부모가 양육 중 어려움에 봉착할 때는 7단계 문제해결 접근—Gordon의 상호 문제해결법과 Dix의 양육과정에서 정서에 주의 기울이기라는 방법을 결합해서 도출된 것—의 시도가 아주 유용할 것이다. 이 접근에서는 부모가 자녀의 연령과 기질, 가족의 사회적 가치와 생활환경을 고려한 조정방법들(일련의 상호 문제해결 기회를 갖거나 보상 체제를 설정하는 것과 같은 문제행동 수정행위)을 선택할 수 있다. 이 접근법을 통해서 부모는 부모 자신과 소속된 인종집단이 가치롭게 생각하는 특성들을 장려할 수도 있다. 이 7단계는 다음과 같다.

① 매일 자녀와 즐거운 시간을 갖는다.
② 어떤 문제든 구체적으로 확인한다. 그 문제가 언제 얼마나 자주 발생하는지 관찰한다.
③ 문제의 실재성에 대해 스스로 자문해 본다.
④ 자녀가 문제에 대해 어떻게 생각하는지 알아본다.
⑤ 선택한 개입방법을 시도한다.

⑥ 개입의 결과를 평가한다.
⑦ 필요하면 다시 시작한다.

부모는 어떻게 개입방법을 선택하나? 대부분의 부모는 행동 규제를 강화하기 위해 이 장의 앞에서 기술된 기법들을 조합하여 사용하지만, 단순히 권위주의적이기만 한 것보다 권위적이면서도 부드러운 방법이 효과적이라는 신념을 발달시킨다. 종종 부모는 이런 신념에 근거하여 반응한다. 그러나 3장에서 언급했듯이 부모의 정서가 선택의 가장 중요한 결정 요소일 것이다. 부모가 스트레스를 받고 있거나 화가 난 상태 또는 감정적으로 혼란스러운 상태일 때는 권력을 강하게 발휘하는 경향이 있다. 이는 또한 우울한 상태의 어머니의 경우에도 해당된다. 한 연구에 따르면, 많은 어머니들이 부드러운 기법의 중요성을 인정하지만, 자녀와 양육 역할에 대해 분개할 경우 바람직한 양육에 대한 신념이 아니라 그런 정서상태가 양육행동을 선택하게 만든다.

자녀가 부모가 사용한 방법에 의해서 학습하는 것이 아니라는 것을 깨달을 경우, 양육방법을 선택하는 문제는 더 복잡해지게 된다. Loevinger(1959)는 통찰적이고 유머러스한 논문에서 이 문제를 어린 남동생을 때린 5세 된 남아의 예를 통해 잘 보여 주고 있다. 엉덩이를 때려서 그 남아를 벌 준 부모는 목표를 달성하기 위해서는 물리적 공격을 사용할 수 있다는 것을 그 유아에게 가르친 것이 될 수도 있다. 그 유아를 대할 때 합리적인 추리와 논리를 사용한 부모는 자녀가 때리는 행위 다음에 처벌이 없었다는 것을 보고 때리는 행동을 다시 할 수 있다는 것을 발견할 수도 있다.

왜 한 가지 방법만 사용하면 문제가 될 수 있나? 왜 그 시점에 생각나는 대로 하면 안 되는가? Loevinger는 성장과 활동에 있어 큰 어려움을 가졌던 자녀는 충동적이고 자기중심적이고 일련의 양육지침을 준수하지 못하는 부모에 의해 양육되었기 때문이라고 말한다. "양육이론의 핵심은 타인의 미래의 복지를 위해 자신의 충동을 억제하는 행위에 대한 모델을 제공하는 데 있다."고 Loevinger는 주장한다.

부모가 문제해결 접근과 모든 방법에서 조언되는 양육 특성 및 행동들—바람직한 특성 본받기, 자녀와 부모의 욕구 모두 존중하기, 자녀가 필수적인 것을 배울 수 있다는 확신, 가족회의에서 문제와 해결책의 공유—을 적절히 조합하면 자녀의 성장과 발달을 효과적으로 지원할 수 있다. 개개인은 발견되고 발달되어야 할 독특한 잠재성을 가지고 있다. Gesell과 Ilg(1946)는 이를 잘 표현하고 있다.

> 위대한 생리학자인 Claude Bernard는 생명에 대한 가장 짧은 정의를 내려달라고 부탁을 받았을 때 "생명은 창조다."라고 답했다. 신생아는 창조의 완성된 산물이다. 그리고 그 신생아는 창조를 계속할 수 있는 능력을 타고난다. 이 능력들은 신체의 성장뿐만 아니라 심리적 자아의 성장으로도 표현된다. 창조를 순수한 관점에서 볼 때 심리적 자아는 분명 창조의 대표작으로 간주되어야 한다. 이것이 종료되는 데는 전생애가 걸리고, 첫 10년 동안은 상당히 많은 도움을 필요로 한다. 하지만 이는 자신의 산물이 될 것이다.

부모는 자녀가 유일한 '심리적 자아'를 창조해 갈 때 안내와 자원을 제공할 특권을 가지고 있는 것이다.

요 약

부모는 다음을 통해서 자녀를 위한 학습단계를 설정한다.
- 협력적 관계의 정립
- 자녀의 현실적인 기대의 발달
- 자녀가 기대에 부응하도록 돕기
- 수용적 행동의 일관적 보상
- 부모가 원하는 것에 대한 분명하고 긍정적인 기술과 함께 행동 한계 설정하기

행동규칙을 강화하기 위해 부모는
- 상호 문제해결법을 사용한다.
- 행위의 자연적 또는 논리적 결과를 통해 자녀를 지도한다.
- 처벌을 사용하여 비수용적 행동을 줄인다.

처벌로 사용되는 비학대적 체벌은
- 대부분의 부모들이 한두 번씩은 사용하고 그 효과는 문화집단에 따라 다르다.
- 부모-자녀 관계의 맥락에 따라 해로운 효과를 낼 수도 있고 그렇지 않을 수도

있다.

- 다른 형태의 부정적 결과를 통해 잘 대체될 수 있다.

비효과적 양육 형태에는

- 비일관적 훈육
- 심하고 폭발적인 훈육
- 자녀에 대한 부족한 감독
- 완고하고 융통성 없는 훈육

기질이란

- 한 개인이 체질적으로 세상에 반응하는 방식
- 양육방식의 유용성에 영향을 주는 요인

자녀를 사회화시킬 때 부모는

- 성별에 따라 다른 관심과 활동을 장려한다.
- 여러 면에서 남아와 여아를 동일하게 대한다.
- 과거에 했던 방식과 달리 아들에게는 정서적 친밀감을 더 강화하고 딸에게는 사고와 행위의 독립성을 장려할 때 더 효과적으로 양육하게 된다.

7단계 문제해결 방식의 이점은

- 부모가 자녀의 개성을 고려하게 한다.
- 부모가 자녀 행동에 대한 자신의 목표와 가치를 계속 갖게 한다.

참고문헌

Arnold Gesell, & Frances L. Ilg (1946). *The Child from Five to Ten.* New York: Harper & Row, p. 308.

Carolyn Zahn-Waxler (1993). "Warriors and Worriers: Gender and Psychopathology." *Development and psychopatholoy, 5,* pp. 79-89.

Chase, Stella, & Alexander Thomas (1987). *Know Your Child.* New York: Basic Books.

Diana Baumrind (1996). "A Blanket Injunction against Disciplinary Use of Spanking Is Not Warranted by the Data." *Pediatrics, 98,* pp. 828–831.

Dinkmeyer, Don, & Gray D. McKay (1989). *The Parent's Handbook.* Circle Pines, MN: American Guidance Service.

Hugh Lytton (1997). "Physical Punishment Is a Problem, Whether Conduct Disorder Is Endogenous or Not, *Psychological Inquiry, 8,* pp. 214.

Jack Block cited in Jane B. Brooks (1991). *The Process of Parenting,* 3rd ed. Mountain View, CA: Mayfield, pp. 356–357.

Jane Loevinger (1959). "Patterns of Parenthood as Theories of Learning." *Journal of Abnormal and Social Psychology, 59,* pp. 148–150.

Mary Pipher (1994). *Rk*ork. Ballantine Books, p. 283.

Murray A. Straus (1996). "Spanking and the Making of a Violent Society." *Pediatrics, 98,* pp. 837–844.

Nelson, Jane (1987). *Positive Discipline.* New York: Ballantine Books.

Pipher, Mary (1994). *Reviving Ophelia.* New York: Ballantine Books.

Pollack, William (1998). *Real Boys.* New York: Henry Holt.

Robert W. Chamberlin (1996). "It Takes a Whole Village' Working with Community Coalitions to Promote Positive Parenting and Strenghen Families." *Pediatrics. 98,* p. 805.

Sybil Escalona (1968). *The Roots of Individuality: Normal Patterns of Development in Infancy.* Chicago: Aldine.

Thomas Gordon (1975). *P.E.T.: Parent Effectiveness Traning.* New York: New American Library.

William Pollack (1998). *Real Boys.* New York: Henry Holt.

part 2 자녀발달단계별 양육

05

영유아기

갓 태어난 아기를 집에 데리고 오면서부터 하루에 24시간, 일 년에 365일을 근무하는 진정한 전임직이 하나 만들어진다. 부부는 양육 과제를 어떻게 준비해야 하나? 그리고 생활방식은 어떻게 조정해야 하나? 안정적 애착과 긍정적 자아개념, 역능감 있는 행동을 도모하기 위해 자녀와 어떤 상호작용을 가져야 하나?

이 장에서는 부부가 부모로의 전이과정을 어떻게 수행하고 부모-자녀 관계를 고양시키기 위해 자신들의 행동을 어떻게 조성하는지에 초점을 맞출 것이다. 부모가 자녀와 안정적 애착을 정립하고 자녀의 신체적, 인지적 발달과 정서 조절 및 사회적, 도덕적 역능을 지원할 때 관련되는 여러 활동에 대해 기술할 것이다.

1. 부모신분으로의 전이와 조정

출산된 아기가 집에 도착하면 결혼생활을 모든 면에서 바꿔놓는데, 부부의 재정상태에서부터 성생활, 수면습관, 사회생활 등 모든 것이 변화한다. 새내기 부모 중 많은 사람들이 이 새로운 경험에 대해 준비시켜 줄 수 있는 것은 아무것도 없다고 한다. 하지만 사전에 예상할 수 있는 것들을 숙지하는 것이 새로운 역할에 대처하는 첫 단계가 된다.

이 전이기간 동안 부모는 서로에게 아주 중요한 지원을 한다. 한 연구에서 보고된 초보 어머니가 갖는 문제에는 ① 피곤과 탈진, ② 수면 부족(특히 첫 두 달 동안), ③ 남편의 욕구를 무시하게 되는 문제, ④ 어머니로서의 부적절감, ⑤ 거의 불가능한 가사활동 유지, ⑥ 속박되었다는 느낌 등이 있다. 어머니들은 아기를 병원에서 집으로 데리고 올 때 자신의 삶에서 벌어진 많은 변화들을 별로 예상하지 못한다. 이는 부분적으로 아기를 돌보는 데 얼마나 많은 일이 관여되는지를 깨닫지 못했기 때문이다.

아버지들도 비슷한 불평을 늘어놓는데, ① 6주 정도의 수면 부족, ② 새로운 책임과 새로 나타난 일상적인 일들에 대한 적응, ③ 일상적인 활동과정의 파괴, ④ 아기 돌보기라는 노동량에 대한 무지, ⑤ 재정적인 우려(출산 전에는 62%의 아내들이 직장생활을 하지만 출산 후에는 12%로 줄어들어 이에 따라 재정적 원천이 감소된다) 등이 포함된다. 남편들은 대개 "내 아내가 나를 위해 쓰는 시간이 줄어들었다." "아기 돌보는 일에 속박되는 데 익숙해지기란 정말 힘들다."라고 불평한다. 곤경에 처하기 쉬운 부모들로는 아기 출산에 따라 벌어질 일들에 대해 비현실적인 기대를 갖는 사람들, 배우자에 대해 부정적 시각을 가지고 있는 사람들, 결혼에 대해 회의하고 비관적인 생각을 갖는 사람들, 이런 결혼생활 문제에 대해 자유스럽게 대화를 나누지 못하는 사람들, 그리고 가족 일에 대한 책임을 상호 합의하에 분담하지 못하는 사람들이 해당된다.

Cowan, Cowan 및 Belsky(1992)는 한 젊은 부부가 아기를 가졌을 때 직면한 곤경들에 대해 감동적으로 기술하면서, 이런 문제들을 초래한 원인들에 대해 일치된 견해를 보였다. 첫째, 미국 사회는 남자와 여자의 역할에 있어 전이상태 중에 있다. 경제적인 요인 때문에 아기 키우기를 담당하는 여자들 대부분이 집 밖에서 일을 하게 되고 그로인해 어린아이들도 집 밖에서 생활하게 되어 부부들은 직장에서의 일뿐만 아니라 아기 돌보기와 집안일에 대한 책임을 공유해야만 한다. 그런데 이런 책임 분담이 어떻게 이루어져야 하는지에 대한 합의된 규칙이 있는 것도 아니고, 이들에게 이런 갈등을 해결하는 방법을 가르쳐 줄 역할모델도 별로 없다. 둘째, 양질의 보육시설을 제공하거나 보조금을 지급하는 방식을 통한 젊은 부부에 대한 사회적인 양육지원이 없다. 셋째, 젊은 부모들은 대개 성장지역에서 멀리 떨어져서 살기 때문에 가족이나 친척들의 도움을 받기가 힘들다. 결국 젊은 부모들은 사회적 지원과 자원이 부족할 수

밖에 없는 것이다. 따라서 이들은 자신들의 부모들보다 양육 지침과 지원을 덜 받으면서도 해야 할 일은 더 많아진 것이다. 글상자 5.1은 부모신분으로의 전이과정에 도움이 될 제안들을 담고 있다.

글상자 5.1

젊은 부부의 부모신분으로의 수월한 전이를 위한 제안들

1. **부부가 서로 부모가 된 후에 기대하는 점들을 공유하라.**
2. **배우자가 어떻게 하고 있는지에 대해 스스로 정규적인 진단을 내려 보라.**
3. **부부가 대화할 시간을 만들라.**
4. **중요한 일의 진행과정에 대해 협상하라**—부부 중 한 사람의 생각에 문제가 있다면 문제가 되는 것이다.
5. **실험적 태도를 받아들여라**—즉, 해결책이 효과가 있는지 확인하고, 필요하면 수정을 하면서 계속 확인하라.
6. **부부간의 성생활과 친밀성을 경시하지 말라.**
7. **출산 후 초기 단계에 필요한 지원 체제를 미리 준비하라.**
8. **친구나 동료와 함께 논의해 보라.**
9. **당신 자신의 욕구충족과 아기의 욕구충족 간의 미묘한 균형점을 찾도록 하라**—자녀는 부모가 그들과 강하고 긍정적인 관계를 유지할 때 가장 잘 성장한다.

* 출처: Carolyn Pape Cowan and Philip Cowan (1992). *When Patners Become Parents*, New York: Basic Books, pp. 206-209.

2. 안정적 애착의 증진

애착은 '시공간에 걸쳐 한 사람과 다른 사람을 묶는 지속적인 정서적 유대'라고 정의된다. 2장에서 안정적 부모-자녀 애착이 갖는 여러 긍정적인 이점들에 대해 기술하였다. 예를 들어, 영아기와 걸음마 단계 유아기 때 안정적 애착을 형성한 아이들은 유아원 때나 아동기 후기에 가서 비안정적 애착을 형성한 아이들에 비해 더 독립적이고 사회적 역능을 보이며 긍정적 기분과 높은 자존감을 갖는다. 어린 시절 자신의 부모와 안정적이고 자율적인 애착을 형성한 부모들은 비안정적 애착을 형성한 부모들보다 자녀들에게 더 따뜻하게 대하고 더 지지적으로 행동한다.

따라서 자녀 양육의 일차적 목표는 안정적 애착을 증진시키는 것이다. 그렇다면 다음과 같은 질문을 제기할 수 있다. 부모들은 어떻게 하면 안정적 애착을 증진시킬 수 있나? 이 질문에 답하기 위해 먼저 출산 후 부모-자녀 관계의 발달과정을 살펴보도록 하자.

1) 유대 형성

부모와 아기의 첫 번째 만남은 중요한 사건 중 하나다. 아기들은 출산 후 1시간 동안에는 그 다음 서너 시간 동안보다 더 경계하고 시각적으로 더 주의를 기울인다. 처음 1시간 동안 아기들은 부모와의 접촉에 아주 반응적이다.

아기와 부모의 초기 접촉은 즐거운 일이고 부모와 자녀의 관계를 긍정적으로 시발시킨다는 점이 인정되지만, Rutter(1987)는 신체적 접촉이 애착 강화에 본질적임을 암시하고 있는 유대라는 개념에 대해 비판적이다. 그는 부모-자녀 관계는 여러 면을 가지고 있어서 피부접촉 같은 하나의 감각 양태에 의존하지 않는다고 지적한다. 부모-자녀 관계는 시간에 걸쳐 발달해 가는 것이고, 어떤 이유로 인해 초기 유대 형성이 힘들었던 경우라도 강한 애착이 형성될 수 있다.

2) 초기 부모-자녀 관계

아기들은 세상에 태어날 때 인간에게 반응하도록 이미 프로그램되어 있다. 아기들은 8~10인치 정도 떨어진 것들은 대부분 분명히 볼 수 있는데, 이 거리가 부모들이 아기를 안고 있을 때 아기로부터 부모의 얼굴까지의 평균 거리다. 아기들은 초기에 사람 얼굴을 닮은 형태를 응시하기를 선호해서, 원 안에 눈이 있을 위치에 점이 하나 또는 둘이 있어도 바라본다. 그리고 아기들은 인간 목소리의 주파수 영역대 내에서 가장 잘 듣는다. 출산 후 몇 시간이 지난 아기들은 다른 신생아의 울음에 반응을 하고 때로는 따라서 울기도 한다. 아기들은 인간의 말소리 리듬에 따라 움직이기도 한다. 또한 우는 행동과 미소 짓는 행동 같은 사회적 행동을 보일 수도 있는데, 이는 성인이 아기들을 돌보도록 동기지우는 기능을 한다. 성인들 또한 아기들에게 반응하도록 선천적으로 프로그램되어 있는 것 같다. 아기들의 특징들(큰 눈, 작은 코, 튀어나온 넓은 이마)은 성인들에게서 즐거움과 부드러움 같은 특별한 반응을 유발한다. 더군다나 대부분의 성인들은 고음의 목소리와 짤막한 말투 그리고 단어를 천천히 늘어뜨리는 것 같은 특별한 방식으로 아기들에게 말한다.

2장에서 언급했듯이 생후 몇 주간에 부모와의 신체적 접촉은 아기를 진정시키고 아기의 신체 시스템을 조절한다. 아기들은 울음, 찡그린 얼굴, 발차기, 좀 뒤에는 미소짓기 등을 통해 자신의 감정상태를 부모에게 알린다. 아기의 이런 의사소통 행동이 부모로부터 긍정적 반응을 받을 때, 아기들은 그 의사소통 행동이 결과를 얻게 하고 할 만한 가치가 있다는 사실을 배우게 된다.

부모와 아기의 상호작용 초기에 부모들은 아기의 긍정적인 기분과 미소를 촉진시키거나 "울지 마라." 또는 "칭얼대지 마라."라는 말로 부정적인 기분을 불러일으키면서 아기의 정서적 반응을 조성한다. 아기들은 부모의 정서적 반응에 대해 응하면서 부모들이 한 것을 본 대로 모방하여 자신의 감정을 표현한다. 10주 정도 된 영아들은 어머니의 감정 표현을 거울에 비친 듯 그대로 따라한다. 이들은 어머니의 행복한 얼굴에 대해 기쁨과 흥미로 반응하고, 어머니의 화난 얼굴을 보고는 분노와 두려움을 보이며, 어머니의 슬픈 얼굴에는 슬픈 표정을 짓는다. 아기들은 더 지속적으로 어머니의 기분을 따라서 자신의 기분을 만들어 간다. 시간에 걸쳐 볼 때, 어머니의 긍정적 표현은 아기의 미소와 웃음을 증가시킨다.

생후 2~3개월 사이에 영아의 시스템이 자리 잡아 감에 따라, 부모는 아기와 대면을 통한 상호작용 방식의 사회적 대화로 아기에게 관여하기 시작한다. 예민한 부모들은 주기적으로 주의를 기울일 시점을 확인하고 적절한 반응을 미리 준비하면서 아기가 갖는 리듬과 템포에 자신의 행동을 조정한다. 얼굴을 맞대면서 상호작용을 할 때, 부모들은 아기에게 말을 걸거나 간지러움을 피우거나 놀이를 하기 전에 아기가 부모 얼굴을 바라볼 때까지 기다린다. 종종 부모들이 아기가 보인 행동을 따라하고 나면 아기는 부모의 그 행동을 또 따라하곤 한다. 말소리를 내거나 사회적인 놀이를 할 때 아기들은 부모의 주의를 끄는 방법을 배운다. 그리고 한 번에 한 사람씩 말을 하고 그 차례를 바꾸는 것 같은 의사소통 규칙도 배운다. 이런 상호작용을 해 가면서 아기들은 자기 자신이 능동적인 행위자고 다른 사람의 행동을 이끌어 낼 수 있는 사람이라고 지각하게 된다. 3개월 정도 된 아기들은 부모와의 상호작용이 어떻게 진행되어

가는지에 대한 기대를 발달시켜 가기 때문에, 만약 상호작용에서 기대가 부응되지 않으면 괴로워한다. 예를 들어, 3개월 된 아기의 부모가 감정이 없고 굳은 얼굴표정을 보이면, 아기는 부정적인 태도로 반응하고 종종 미소짓거나 말소리를 내어서 기대되는 반응을 부모로부터 이끌어 내려는 시도를 한다. 이 시도가 효과가 없으면 아기들은 외면한다. 비슷한 경우로 아기가 기저귀 바꾸기 같은 일상적인 일로 울 때 부모가 와서 아기를 달래 주지 않으면 떼를 쓰게 된다.

응답하는 사람의 행동에 영향을 주는 이런 과정을 통해 아기는 부모의 사회적 동반자가 되는 것이다. 동시에 부모는 아기의 역할이 점점 늘어감에 따라 아기를 개인적 선호와 독특한 행동 선호를 갖는 능동적 참여자로 인지하게 된다. 부모와 아기는 동반자로서 상호작용하고 서로에게 맞춰 조정한다. 이들은 상호이해와 **상호주관성**(intersubjectivity) 또는 의미 공유상태를 창출한다. 의미 공유상태에서 아기는 부모를 경험에 대한 반응의 **사회적 준거**로 삼는다. 예를 들어, 어머니가 어떤 장남감에 대해 아주 싫어하는 기색을 보이면 아기는 그 장난감을 가지고 놀지 않는다.

아기의 기질과 정서적 반응성은 아기와 부모 간의 사회적 대화에 영향을 준다. 아기가 변화에 잘 적응하고 감정혼란 상태에서 쉽게 진정되면, 부모는 아기의 환경과 조건들을 일관적이고 지속적으로 조절해 줄 수 있다. 그러나 아기가 까탈스럽고 변화에 쉽게 감정혼란을 보이고 달래 주기 힘들면, 부모가 일관적으로 조절해 주기 힘들게 되어, 이 두 동반자들은 사회적 대화에서 좌절하게 된다.

생후 7~8개월에 이를 때까지 아기들은 점차 부모와 얼굴을 맞대면서 상호작용하는 경우가 줄어드는데, 부분적으로는 아기들의 움직임이 증가하고 대상과 주변에 대한 탐색이 활발해지기 때문이다.

3) 부모와의 애착 형태

생후 7~8개월에 이르면서 아기들은 부모에 대한 애착을 보인다. 애착이란 안정 및 정서적 지원을 제공하는 사람에 대한 심리적으로 강한 결속을 말한다. 부모가 자리에서 떠나고 낯선 사람이 나타나면 아기들은 두려워하면서 부모를 찾는다. 즉, 아기들은 부모를 자신들이 세상에서 움직일 때의 안전한 신체적 기반으로 삼는 것이다. 애착의 측정은 대개 실험실 상황에서 어머니-아기 상호작용의 성질과 어머니가 실험실에서 나갈 때와 돌아올 때 보이는 아기의 반응을 통해 이루어진다.

중산층 가정을 대상으로 한 연구에서 보면, 60~70%의 아기들이 **안정적 애착**을 갖는다고 한다. 이 아기들은 부모가 있을 때는 편안하게 느끼고 부모가 자리를 뜨면 두려워하며 부모가 돌아오면 행복해한다. 안정적 애착을 형성한 아기들은 비안정적 애착을 형성한 아기들에 비해 더 탐색적이고 과제 수행에서 더 지속적이다.

비안정적 애착은 세 가지 방식 중 하나로 나타난다. 부모가 너무 많이 관여하고 자극을 많이 주는 경우 아기들은 **불안-회피적 애착**을 형성한다(아기들의 15~20% 정도). 이들은 부모에게서 떨어진 다음에 다시 돌아오면 부모를 회피한다. 부모가 아기가 보인 단서에 무감각하거나 아기 주변에 잘 있지 않는 경우 아기는 **불안-저항적 애착**을 형성한다(아기들의 10~20% 정도). 이들은 부모에게 매달리는 행동과 저항하는 행동을 번갈아가며 보인다.

최근에 확인된 세 번째 유형의 비안정적 애착은 '**무질서/혼란형 애착**'이다. 이 형태의 애착을 보인 아기의 부모를 대하는 행동은 예측할 수 없이 변화한다. 어떤 때는 안정적 애착의 아기들처럼 부모에게 행복한 반응을 보이다가 다른 때는 부모를 회피한다. 그래서 이들의 애착 형태가 무질서하다고 보는 것이다. 이들은 부모 근처에 있을 때 '냉담함' 또는 '차분함'을 보임으로써 갈등의 징표를 나타낸다. 따라서 어떻게 반응해야 될지에 대해 혼란스러워한다는 점에서 혼란형이라고 기술하는 것이다.

무질서/혼란형 애착은 두려움에 떨거나 정신적 외상을 받은 부모가 아이들에게 두려움을 줄 수 있는 가정에서 발견된다. 이 분류는 저위험 가정의 아기들(13%)에서는 소수인 반면, 고위험 가정에서는 점차 증가되어 지원서비스를 받고 있는 문제 가정의 경우 28%가 되고, 저소득층의 경우는 54%, 아기를 잘못 대하는 가정의 경우는 82%에 이른다. 비안정적 애착의 위험을 갖는 다른 그룹에는 (모든 소득층에 걸친) 청소년 어머니와 우울증 어머니들이 포함된다.

4) 애착과정

애착 개념 연구의 선구자인 Bowlby는 부모의 민감성이 아기와의 안정적 애착 형성에 중요한 요인임을 확인했다. **민감성**은 영아가 보이는 신호들을 정확히 지각해서 영아의 욕구에 대해 적합하고 신속하게 반응해 주는 능력이라고 정의된다. 영아의 어머니에 대한 66개 애착 연구의 분석(대부분의 연구는 어머니가 주 연구 대상임)에서 보면, 민감성은 정말 중요하지만 영아 애착의 안정성에 기여하는 유일한 요인은 아니다. **상호성**(관계의 긍정적 조화와 상호관계), **동시성**(사회적 상호작용의 협응) 그리고 **긍정적 태도**(영아의 정서적 표현성과 수용성, 즐거움) 모두 안정적 애착 형성에 관련된다. 부모가 영아에 대해 민감하게 대하고 반응적이며, 영아 행동과 특성의 리듬(주기적 특성)에 온정적이고 수용적이며 주목할 때, 안정적인 부모-영아 애착 형성에 기여하는 상호이해 상태가 창출된다.

심리학자들은 애착관계에서의 경험들이 영아에게 세상에 대한 이해 틀을 제공한다고 믿는다. 영아들은 이런 관계들로부터 사람들 간의 관계가 어떻게 만들어지는지에 대한 내적 모형을 형성한다. 영아들은 다른 사람들이 자신을 얼마나 잘 이해하고 반응하는지, 자신이 남들에게 얼마나 영향을 주는지 그리고 다른 사람들로부터 기대할 수 있는 충족수준이 어느 정도인지에 대한 기대를 발달시킨다.

애착관계를 형성하면서 영아들은 자신의 사랑스러움과 역능에 대한 지각도 발달시킨다. 사람들이 초기에 영아들에 대해 긍정적으로 반응할 때, 영아들은 자신이 가치 있고 영향력이 있다고 느끼며, 새로 직면하는 상황에서 어른들로부터 비슷한 반응을 예상한다. 만약 영아들이 무시되고 거부받을 때는 자신의 무가치함과 무력감을 발달시킬 수도 있다.

부모와의 상호작용이 일관된 패턴을 지속할 때, 영아들은 경험에서 질서와 예측 가능성을 느끼고, 잇따라 일상 활동과 더 큰 세상에 이를 일반화시킬 수 있게 된다. 영아들이 가족의 일상과정과 활동에 대한 기대를 발달시키게 되면, 이미 보아왔듯이 장난감에 대한 관심과 부모의 정서적 반응에 대한 탐색이 유형화된다.

자녀가 걸음마 단계에 들어서면 부모들은 자녀에게 민감하게 대해 주고 언제나 옆에서 도와준다는 믿음을 지속시키는데, 이를 통해 부모-자녀 상호이해 상태가 자녀들 탐색 활동의 안전기지 역할을 한다. 이 상호이해 상태 속에서 부모들은 자녀의 독립성을 증가시키면서 지지와 지도의 균형을 통해 자녀들을 가르친다. 효과적으로 자녀들을 키우는 부모는 한 상황에서 자녀의 상호작용 수준을 관찰하고 자신은 한 단계 앞서 나아가 상호이해 상태를 조정한다. 이런 부모는 자녀가 새로운 장벽을 만나면 문제를 해결하고 계속 나아가는 데 필요한 정도의 도움만 제공한다. Heckhausen (1987)은 새로운 수준의 기술을 자극하기 위한 이런 행동을 '자녀의 약점 보완하기' 라고 명명한다. 부모의 도움이 자녀들의 과제수행 기술 부족을 보완하는 구조를 제공하기 때문에 이런 행동을 비계(scaffolding)라고 말하기도 한다.

걸음마 단계의 양육에서 마지막으로 본질적인 특성은 부모의 행동을 자녀의 성격과 특정 욕구에 상응시키는 부모의 능력이다. 한 유아에게 가장 도움이 되는 것이 다른 유아에게도 최상이 될 수는 없다. 예를 들어, 아주 활동적인 유아는 부모가 별 자극이나 지시를 주지 않고 아이 스스로 통제하도록 내버려 두는 데도 아주 폭넓게 주변 환경을 탐색한다. 반면, 활동적이지 않은 유아는 위의 경우와는 반대가 되는 행동들이 요구되어 부모가 더 자극을 주어야만 탐색 활동이 폭넓어진다.

유치원 시기에 민감하고 관여적이며 유연한 양육은 유아들의 안전감을 증진시킨다. 또 영아기와 걸음마 단계에 부모와 함께 하는 놀이는 학습의 즐거움과 기회를 제공한다. 그러나 유아들이 타인을 더 잘 이해하고 상호작용 범위가 넓어지고 언어 기술이 발달해 감에 따라, 부모가 의지할 만한지와 믿을 만한지에 대해 유아들이 배우는 것은 과거와 현재, 수용되는 것과 그렇지 않은 것에 대한 부모의 대화뿐만 아니라 부모와 타인, 형제자매, 친척과의 상호작용을 관찰하면서 이루어진다. 안전감은 부모가 유아와 갈등을 조정하는 방식에서도 비롯되는데, 유아들에게 여전히 안전을 위한 행동 제한을 강조하면서도 유아들과 절충점을 찾으려는 의도와 유아들의 자율성 존중이 동반되어야 한다.

이 시기에 부모에 대한 유아들의 안정적 애착은 폭넓고 다양한 행동들에서 나타난다. 유아들은 인지적 기술이 더 발달해 부모의 행동을 더 정확히 이해하기 때문에, 부모에 대한 이들의 견해는 걸음마 단계의 유아에 비해 더 현실적이며 부모 행동을 더 잘 예측하게 된다.

네 살배기 유아들은 연구자들이 제안하는 기본 차원에 맞는 방식으로 가족 내의 상호작용을 바라보는 경향이 있다. 이 유아들의 가족 상호작용에 대해 기술한 이야기들은 가족구성원들의 참여와 무관심, 협동과 갈등의 정도, 가족구성원이 평등한지 지배성의 정도가 다른지에 초점이 맞추어져 있다. 그리고 이 이야기들에서 유아들이 가족의 정서상태를 표현할 때 확신, 합리성, 지원, 정감, 만족, 분노, 공격성, 처벌과 같은 말들을 사용하는 것은 연구자들이 발견한 가정생활의 중요 측면에 초점을 맞추고 있음을 보여 준다.

5) 애착에 미치는 사회문화적 영향

경제적 압박이나 결혼생활 문제로 생활 조건이 달라질 때 비안정적 애착이 나타날 확률이 증가한다. 더구나 생소한 상황에 직면하게 되면 안정적 애착을 증진시키는 부모의 민감성이 과도하게 될 수 있다. 예를 들어, 이스라엘 영아를 대상으로 한 연구에서 밤에 자기 집에서 자는 영아들의 80%가 안정적 애착을 형성하는 반면, 공동체 시설에서 자는 아이들은 48%만이 안정적 애착을 보였다. 그렇지만 이 두 집단의 영아들은 기질과 초기의 생활사건에서는 차이를 보이지 않았다.

안정적/비안정적 애착 비율에 대한 국가별 비교연구에서 보면, 문화적 영향에 따라 실험실 상황에서 측정된 유아의 애착 반응에 차이가 나타나고, 애착 분류에 따른 영아의 비율분포가 미국 중산층 영아들의 비율분포와 다르게 나타났다. 독일에서는 영아가 움직여 다닐 수 있을 때가 되면 부모들이 독립적 행동을 강하게 장려하는데, 영아들의 49%는 불안-회피적 애착을, 33%는 안정적 애착을, 12%는 불안-저항적 애착을 보였다. 어머니와 떨어져서 시간을 보내도록 장려한 경우, 이 영아들은 미국 영아들에 비해 어머니가 자리를 뜰 때 덜 저항적이고 어머니가 돌아왔을 때 달라붙거나 의존적인 행동을 덜 보였다.

일본문화에서는 어머니와 아기의 친밀한 관계가 장려되어 부모와 떨어져 있는 경우가 드문 편이다. 일본 아기들은 불안-회피적 애착을 거의 보이지 않지만, 다른 문화권에 비해 어머니와의 격리에 대해 강하게 저항하고 스트레스를 강하게 받아 어머니가 돌아올 때 쉽게 적응하지 못한다. 일본 아기들은 미국 아기들과 동일한 비율로 안정적 애착을 보이지만, 불안-회피적 애착은 거의 없는 반면 불안-저항적 애착은 30% 정도의 유아에게서 나타난다.

어머니와의 격리 경험이 어느 정도냐에 따라 어머니가 떠나고 돌아왔을 때 보이는 아기들의 반응이 달라지는 것으로 보인다. 미국문화권에서는 직장여성의 아기들은 어머니가 떠날 때 덜 저항하고 돌아왔을 때 관심을 보이는 정도가 약한데, 아마도 일시적인 어머니와의 격리를 많이 경험해서 더 잘 적응했기 때문일 것이다. 일본에서도 직장여성의 아기들이 미국과 마찬가지의 애착 형태를 보이는 것은 아기들이 갖는 격리 경험이 미국과 유사하기 때문일 것이다.

6) 부모 양쪽에 대한 애착

최근까지도 어머니-자녀 관계가 영아기의 중요한 애착이라고 여겨져 왔다. 그러나 연구자들이 부모-자녀 상호작용과 애착을 보다 신중하게 관찰해 본 결과, 아기들은 부모 모두에게 애착을 형성한다고 밝혀졌다. 각 부모와의 관계의 질이 애착을 결정한다. 부모 한쪽에는 안정적 애착을 형성하고 다른 한쪽에는 비안정적 애착을 형성하는 것이 가능하지만, 애착 유형은 부모 모두에게 동일하게 분류되는 것이 일반적이다. 그렇지만 부모 모두에게 애착을 형성한 경우라도 아기들이 힘들 때는 여전히 어머니로부터 위안을 얻으려고 한다.

연구에 따르면, 어머니와 아버지는 아기와 다른 방식으로 상호작용한다. 첫째, 많은 수의 어머니들이 직장생활을 하면서도 아버지들에 비해 더 많은 시간을 아기들과 보낸다. 어머니가 직장에 간 동안 아버지가 집에 머물러 있는 경우에도 어머니가 아버지에 비해 아이들과 있는 시간이 더 길다고 보고한 연구도 있다.

어머니와 아버지는 아기와 있는 시간의 양에서도 차이가 나지만 시간을 보내는 방식에서도 다르다. 어머니는 직장생활을 하는 경우에도 더 관여적이고 반응적이며 자극을 주려 하고 정감 있게 대한다. 어머니들은 아기를 돌볼 때 아버지들보다 더 자주 안아 주고 아기에게 말을 하면서 돌본다. 한편, 아버지들은 어머니에 비해 시각적으로만 관심을 보이고 신체적으로 활발한 활동을 통해 아기와 놀아 주는 경향이 있다. 비록 아버지들이 아기들과 보내는 시간은 적지만 민감한 보육자여서 아기의 욕구를 충족시켜 줄 때 어머니만큼 잘 지각력 있게 대처한다. 결혼생활이 만족스러운 아버지들은 어머니가 휴식을 취하거나 외출을 할 때 아기를 돌보아 주게 된다. 이때 아버지는 아기와 놀이를 하는 데 아주 적극적이다. 아버지와 어머니 모두 생후 3개월 동안은 아기를 적극적으로 돌보아 주고 아기에게 신체적으로 표현되는 애정을 듬뿍 주는데, 이러면서 아기는 이 세상에 정착하게 된다. 아기는 생후 3개월이 되면 보채는 것이 줄어들고 더 반응적이게 되어, 부모들도 더 많은 자극을 제공하고 아기에게 반응적이게 된다.

어머니와 아버지가 아기와 상호작용하는 방식이 다를지는 모르지만, 최근 관찰에 따르면 부모들은 영아 초기에 보이는 일상적인 돌보기에 있어서 아들과 딸에 대해 달리 대하지는 않는다고 한다. 어머니와 아버지가 집에서 아기와 상호작용하는 양상을 관찰해 보면, 아들이건 딸이건 동일한 양의 애정과 자극, 돌보기, 반응을 주는 것을 알 수 있다. 부모-자녀 상호작용(어루만지기, 짜증내기, 신체적 친밀성)을 더 세밀히 측정했을 때 발견할 수 있는 차이를 배제할 수는 없겠지만, 자녀들과의 전반적인 활동을 포함한 더 큰 단위의 측정에서 볼 때 부모들은 아들과 딸에게 동등하게 대한다고 볼 수 있다.

7) 애착의 안정성

안정적 애착은 비안정적 애착에 비해 시간에 걸친 안정성이 높은데, 이는 아마도 만족스러운 관계가 지속하는 경향이 있기 때문일 것이다. 안정성이 낮은 애착은 종종 어머니의 대처하기 힘든 압박적인 생활 경험, 어머니의 직장생활에 따른 아기 돌볼기 시간의 변화 그리고 어머니의 성격 변화와 연관된다.

1970년대에 애착 유형 분류가 처음 연구되었을 때, 연구자들은 12~18개월 사이에서 관찰한 애착행동은 70~80% 정도의 안정성을 보임을 발견했다. 그러나 최근의 연구에 따르면 이 안정성 비율은 50%로 급감했다. 영아생활의 많은 변화들이 오늘날의 저조한 안정성을 설명할 수 있을 것이다. 영아를 가진 많은 어머니들이 직장생활을 하고 아기 돌보는 일을 도와주는 아버지가 더 많아지고, 더구나 부모의 고용 불안정성이 더 커짐에 따라 재정적 긴장도 더 커졌다. 부모들이 이런 변화에 직면하면서도 안정적 애착을 증진시키는 방법들이 글상자 5.2에 소개되어 있다.

글상자 5.2

안정적 애착을 촉진하는 방법

아기에 대한 초기 애착은 아주 중요하기 때문에, 부모들은 애착 형성을 촉진하는 모든 방법을 시도하기 바란다. 부모가 서로 지원해 줄 때, 자신들과 결혼생활 그리고 아기에게 긍정적으로 기여하게 된다. 이럴 때 아기들은 행복한 가정 분위기에서 잘 성장하게 되는 것이다. 3장에서 언급했듯이 부모들은 다른 부모들과의 정기적인 만남을 통해 실질적인 도움과 지지를 얻을 수 있다.

초기부터 어머니와 아기가 신체적 접촉을 자주 가지면 안정적 애착을 형성하는 데 성공적인 것으로 밝혀졌다. 출산 후 다음 날, 도시에 거주하는 저소득층 어머니 집단 중 한 집단에게는 아기를 안고 다닐 수 있는 Snugglies라는 일종의 포대기를 주고, 다른 통제집단에게는 아기를 눕히고 앉힐 수 있는 베이비 시트를 주었다. 이 두 집단의 어머니들은 Snugglies 또는 베이비 시트를 계속 사용하였고, 3개월과 13개월이 지났을 때 어머니-아이 상호작용 양상을 평가 측정했다. Snugglies를 사용한 어머니들은 3개월 후 측정했을 때는 아기에게 언어적 반응을 더 많이 했고 13개월이 지난 후에는 대부분의 영아들(83%)이 안정적 애착을 형성했다. 반면, 베이비 시트를 주로 사용한 통제집단의 경우 38%만이 안정적 애착을 보였다. 비안정적 애착은 통제집단 영아의 61.5%에게서 관찰되었지만, 어머니와의 신체적 접촉을 증가시켜 온 영아들은 17%만이 비안정적 애착을 보였다.

아기를 안고 다니면 어머니는 아기에게 더 민감하고 반응적으로 대할 수 있다. 어머니들은 아기를 돌보는 능력을 가지고 있어서 아기와의 접촉이 더 많아지면 아기들에게 어떻게 반응하는 것이 적절한지에 대한 정보를 더 많이 받게 된다. 이 어머니들은 어떤 특별한 지도나 시범을 받은 적은 없었다.

연구에 따르면, 출산 시 병원에서 제공된 지도 프로그램도 아기를 돌보는 어머니의 역능을 증진시킨다고 한다. 이 지도 프로그램에서 중점적으로 제공받는 정보는 아기의 상태와 행동 패턴, 아기가 부모에게 보내는 신호, 신호에 대한 부모의 이해와 반응들이다. 아기에게 언제 '관여'해야 하는지(언제 젖을 주고 관심을 기울여야 하는지)와 언제 아기로부터 '떨어질' 수 있는지(언제 아기들이 젖을 그만 먹고 잠드는지), 어떻게 젖을 먹여야 하는지, 그리고 울 때는 어떻게 해야 하는지에 대한 정보는 특히 도움을 준다.

연장방문 프로그램을 진행하는 사회사업가들은 고위험 가정을 방문해서 적절한 양육 기술을 향상시켜 주고 어머니와 아기 간의 안정적 애착 형성에 성공적으로 도움을 주어 왔다. 과민한 아기를 가진 낮은 사회계층 어머니를 위한 개입 프로그램은 아기에 대한 어머니의 민감성과 반응성 증진을 위한 것인데, 어머니와 아기가 함께 방문하는 것은 단지 3회기로만 구성되었다. 이 2시간의 개입 프로그램은 아기가 생후 6~9개월일 때 3주마다 한 번씩 진행되었다.

생후 6개월이 된 영아들 중 과민한 아기들은 그렇지 않은 아기들에 비해 어머니에게 주의를 덜 기울이고 반응성도 떨어지며, 미소짓는 것도 드물고 더 보채는 경향이 있었다. 아기들의 과민성에 대해 어머니들은 아기들이 보채는 걸 원치 않기 때문에 아기로부터 떨어져 있으려 하고 수동적이고 활발하지 않은 태도로 반응했다. 이때 어머니들은 아기의 신호에 주의를 기울이고 이 신호를 정확히 해석해 내어 적절한 반응을 하도록 지도받았다. 그리고 아기와의 상호작용을 향상시키기 위해 장난감이나 게임 등을 통해 아기들과 놀아 주도록 장려되었다.

이 아기들이 9개월이 되었을 때, 지도를 받은 어머니들은 그렇지 않은 통제집단의 어머니들에 비해 아기들에게 확실히 자극을 더 잘 주고 주의를 기울이며 상호작용을 활발하게 보였다. 이 개입 프로그램에 참여한 아기들도 통제집단의 아기들에 비해 더 사회적이고 탐색 활동을 더 많이 보였으며, 스스로 진정할 줄 알고 과민한 모습을 덜 보였다. 생후 12개월이 되었을 때 통제집단의 아기들은 단지 22%만이 안정적 애착을 형성한 반면, 개입 프로그램의 아기들은 62%가 안정적 애착을 형성하였다. 이 강력한 개입 프로그램에서는 단지 6시간의 훈련이 있었을 뿐이었다.

이런 프로그램에 대한 두 포괄적인 개관에서 보면 이 프로그램들은 고위험 부모와 저위험 부모 모두를 더 효과적인 양육자로 만드는 데 도움을 준다는 것을 알 수 있다. 이들 중 어떤 프로그램들은 시간과 전문적 지원수준 면에서 더 집중적이고 비용이 많이 들지만, Snugglies 사용 홍보나 병원에서의 정보 제공, 양육집단 지원 프로그램과 같이 많은 프로그램들이 큰 비용을 들이지 않고도 아주 효과적이다. 다른 개관에 따르면 장기개입 프로그램에 비해 단기개입 프로그램이 더 성공적임이 밝혀졌다.

* 출처: Kathryn E. Barnard, Colleen E. Morisset, & Susan Spieker, "Preventive Interventions: Enhancing Parent-Infant Relationships," in *Handbook of Infant Mental Health*, ed. Charles H. Zeanah, Jr. (New York: Guilford Press, 1993), pp. 386-401.

3. 정체감 획득

어떻게 아기와 아이들에 대한 다른 사람들의 반응이 그들에게 자아감을 주는지에 대해 보아 왔다. 아이들은 부모와의 친밀감과 연결성을 점차 강하게 경험하지만, 세상에서의 자신의 행동들을 통해 자기지각을 발달시킨다. 아기들은 손으로 물건을 쥐고 물체를 입에 가져다가 빨고 소리를 내면서 자신이 그런 행위를 한다는 것을 지각한다. 이들은 대상과 상호작용하면서 그런 활동에 대한 자신의 의도를 형성한다. 자신들의 행위들을 통해 아기들은 자신이 다른 사람과 분리되어 있는 존재고 행동할 수 있고 행동하려는 의도를 가진 존재라고 지각한다.

생후 10~15개월에 아기들은 점진적으로 부모로부터 분화되어 나-자아(I-self)를 발달시킨다. 즉, 아기들은 자신을 행위자, 능동적 활동자로 본다. 아기들은 여전히 부모에게 애착되어 있지만 부모를 탐색을 위한 안전한 기반으로 삼으면서 더 멀리 움직여 다닌다. 이 기간에 아기들은 부모와의 관계를 내재화하면서 우리-자아(we-self)도 발달시킨다. 우리-자아라는 개념은 부모의 부재 시 아기들을 유지시켜 주는 것일지 모른다.

15~18개월에는 나를-자아(me-self)라는 개념이 발달된다. 걸음마 단계의 유아들은 다른 사람들이 자신에게 어떻게 반응하는지를 내재화하기 시작한다. 즉, 다른 사람이 자신에게 하는 것처럼 자신을 향해 반응하기 시작한다. 이 나이의 아이들은 거울에 비친 자신의 모습을 알아보고, 사진 속의 자신도 알아보며, 자신에 대한 다른 사람들의 반응에 대해 강하게 반응한다.

18~30개월에 유아들은 무엇이 다른 사람들에게 행동하도록 영향을 미치는지에 대한 이해가 상당히 발달된다. 그 결과로 아이들은 자신과 타인이 분리되어 있다는 것을 분명히 지각하게 된다. 언어발달은 아이들이 자신에 대해 기술할 수 있게 하고 자신들이 무엇을 하는지 표현할 수 있게 한다. 만 두 살이 되면 아이들은 나, 나에게, 나를, 내 것 같은 대명사를 사용할 줄 알게 되어 "내가 뛴다." "나는 놀아." "내 머리는 갈색이야."와 같이 자신의 신체적 모습과 행동을 기술한다. 자의식 성장을 반영해 주는 것 외에도 자신의 모습과 행동을 기술하는 것은 자의식을 증가시킨다.

걸음마 단계 유아들은 행동의 내적 기준을 발달시켜서 자신들의 행동에 대한 부모의 반응에 매우 반응적인 태도를 보인다. 성공했다고 느끼면 부모에게 행복한 모습을 보이지만, 실패했다고 느끼면 돌아서버리거나 머리를 떨군다. 이들은 괴로움을 보일 줄 알고 잘못한 행동을 고치려고 시도하기도 한다. 수용될 수 있는지 아닌지를 알려고 노력하지만, 이들은 여전히 일에 있어서 자신의 즐거움과 기쁨에 더 관심을 보이고 자신에 대해 긍정적인 시각을 유지한다.

유아원 시기에 가서도 아이들은 여전히 신체적 특성과 행동으로 자신을 기술하지만, 이 시기가 되면 자기지각을 체제화하기 시작한다. 이들은 이제 내적 기준을 가지고 있기 때문에 착하다-나쁘다, 똑똑하다-바보 같다와 같은 이원적 용어를 사용하여 자신을 기술한다. 이 시기의 아이들은 여전히 새로운 과제에 접근할 때 낙관적인 태도를 가져, 어떤 일을 하고 싶을 때 그것을 성취할 수 있고 도중에 어떤 실패가 닥쳐도 무시할 수 있다고 믿는다. 이들은 성공이 자신에게 중요할 때는 필요하다면 어떤 노력도 할 수 있다고 믿는다.

1) 성 정체감

한 개인의 자아개념에서 중요한 부분 중에 하나는 성 정체감이다. 성 정체감이란 소년 또는 소녀, 남자 또는 여자가 의미하는 바에 대한 개인적인 경험을 말한다. 아동기 초기의 아이들은 성 정체감을 발달시키기 시작하는데 이는 단계별로 변화된다. 첫 단계에서 아이들은 소년 또는 소녀, 남자 또는 여자라는 성별 명칭을 붙이는 학습을 한다. 이 학습은 두 살이 될 즈음 나타난다. 이때 아이들은 성별 명칭을 대상, 활동, 과제, 역할 등에 연합하는 것을 학습한다. 그러면서 아이들은 성 도식을 발달시킨다. 즉, 소년이나 소녀가 의미하는 것에 대한 일련의 지식을 체계화하는 것이다. 이 과정은 상대적으로 긴 시간에 걸쳐 일어난다.

나이가 두 살에서 두 살 반 정도 되면 아이는 자랑스럽게 "나는 남자아이야." 또는 "나는 여자아이이다."라고 말할 수 있게 된다. 아이들은 자신의 성별이 시간이 지나도 변하지 않는다는 점, 즉 언제나 소녀/여자 또는 소년/남자라는 사실을 점차적으로 학습한다. 또한 상황이 변해도 자신의 성이 변하지 않는다는 사실도 배운다. 여자아이의 경우, 머리가 길든 짧든, 바지를 입든 치마를 입든, 장난감 트럭을 갖고 놀든 아기를 돌보아 주든 간에 자신이 여자아이라는 것을 알게 된다. Money(1976)에 따르면, 아이들은 네 살 즈음 되면 어른과 마찬가지로 자신의 성을 바꾸는 것은 불가능하다는 점을 이해한다.

Money는 성 분화가 신체적, 사회적, 심리적 힘의 상호작용에 의해 일어난다고 주장한다. 신체적 영향에는 태아일 때 내부 성징과 외부 성징의 발달을 유도하는 호르몬 생성을 담당하는 유전자가 포함된다. 사회와 사회 내의 특정 문화 또한 소년다움과 소녀다움이라는 신념을 전해 준다.

아주 초기인데도 아이들은 확고한 성 정체감을 갖고 그것이 외모나 활동과는 상관없이 자신들의 불변하는 특성임을 안다. 이 시기와 초등학교에 들어가서도 아이들은 소년과 소녀에 연합된 것들이 무엇인지를 계속 배우게 된다. 이들은 먼저 자신의 성별에 대해 배운 다음 다른 성별에 대해 배운다. 여자아이들은 남자아이들보다 성별에 대한 지식을 더 많이 가지고 있다. 아이들은 성 정체에 대한 학습을 하는 과정 중 성 유형화에 쉽게 영향을 받기 때문에 유치원 시기가 되면 성별에 따라 유형화된 활동을 아주 강하게 보일 수 있다.

유치원생들은 자신의 성에 적절한 것이라고 배운 장난감을 갖고 노는 것은 스스로 용납하지만, 그렇지 않는 경우에는 자기비판을 강하게 느낀다. 이런 행동기준은 대개 부모로부터 주어지지만 항상 그런 것은 아니다. 한 어린 여자아이에게 장난감 트럭을 주었을 때, 그 아이는 "어머니는 나보고 이걸 가지고 놀라고 그러는데 나는 그러고 싶지 않아."라고 말한다. 이 아이는 분명 자신의 행동기준을 집 밖에서 획득한 것이다. 이는 분명히 두 사회과학자가 성 발달에 대해 개관하면서 발견한 점을 예시하고 있다. "성이란 단순히 아이들에게 부여된 것이 아니다. 발달하는 매 시점에서 아이들은 여성 또는 남성이 의미하는 바를 활발히 구성해 가는 것이다."

2) 인종적 정체감

인종적 정체감은 아이들이 유치원생일 때부터 형성되기 시작한다. 이때 아이들은 처음으로 자신이 특정 인종집단에 속한다는 점을 확인하게 된다. 처음에는 피부색을 인종에 대한 표시로 사용한다. 한 연구에 따르면 아프리카계 미국인과 아메리카 원주민의 유치원생들은 자신의 인종집단의 사진을 정확히 재인하지만, 인형을 보여 주었을 때는 백인 인형을 선호하고 동일시했다. 이 아이들은 높은 자존감을 보이지만, 백인 인형을 선호한다는 것은 백인이 선호된다는 사실을 알고 그에 대해 불쾌감이 없기 때문에 백인 인형을 선택했다고 연구자들은 해석한다.

아이들은 이 시기를 지나 학교에 들어가면서 자신의 인종집단이 갖는 특이한 점이 무엇인지를 배우게 된다. 인종적 정체감은 일곱 살이 되면 확고해져서 아이들은 자신의 인종을 바꿀 수 없다는 사실을 깨닫게 된다.

4. 감정 조절 돕기

감정은 인생의 시작부터 삶의 일부분이고, 신생아와 영아들에게는 자신이 필요로 하는 것에 대한 의사소통의 일차적 도구다. 여기서는 아이들이 아동기 초기에 어떤 감정들을 갖고 그 감정들을 어떻게 다루며, 아이들이 감정을 다루는 것을 부모가 어떻게 도울 수 있는지에 초점을 맞추고자 한다. 2장과 3장에서 언급했듯이, 감정의 조절은 아이들이 행동을 통제하고 여러 영역에서 역능감 있게 기능하는 능력의 기초를 이룬다.

부모들이 어린아이들의 정서생활을 잘 이해하게 되면, 아이들이 자신의 감정에 대해 편하게 느끼면서 살아가는 방법을 배우는 데 가장 효과적으로 도움을 줄 수 있다. 아기는 첫돌이 되어 갈 즈음이 되면 관심과 놀람, 즐거움, 분노, 공포, 혐오를 표현할 수 있게 된다. 자기에 대한 자각이 커가면서 유아들은 수치심, 자부심, 죄책감 그리고 감정이입을 표현한다.

어머니는 생후 몇 달 안에 아기가 자신의 정서적 반응을 통제하도록 유도하기 시작한다. 이때 어머니는 비언어적 기법과 언어적 기법을 모두 사용한다. 아기가 따라 할 수 있는 부정적 얼굴표정을 가급적 피하고 앞서 언급한 대로 긍정적 정서를 강조한다.

아기는 타인의 감정에 반응을 보이는데, 전적으로 부모의 감정에만 의존하는 것은 아니다. 아기는 부정적인 자극에 직면해서도 이에 잘 대처하여 자신을 진정시킬 수 있다. 사실, 영아기의 기본적 과제 중의 하나가 감정 조절 학습을 시작하는 것이다. 아기는 손이나 손가락을 빨거나 만지작거리고 감정을 불러일으키지 않는 중성적인 장면을 응시하면서 자신을 진정시킨다. 아기는 자신을 진정시키는 것뿐만 아니라 자신에게 즐거움을 주는 데도 능동적인 역할을 한다. 아기는 자신이 어떤 일을 일어나게 했을 때 미소짓는다. 단지 생후 몇 달이 지난 아기도 모빌을 움직이게 하거나 딸랑이를 흔들고는 즐거워한다.

걸음마 단계 유아들은 말하기를 시작할 때 감정에 대한 말도 한다. 세 살이 될 즈음에 유아들은 '행복하다, 즐겁게 보내자, 기분좋다, 자랑스럽다' 등의 긍정적 감정에 대해 말로 표현한다. 이들은 부정적 감정에 대해서도 말로 표현하는데 '슬프다, 겁난다, 화난다' 등과 같은 말들을 한다. 그리고 신체적인 불편에 대한 말로는 '배고프다, 뜨겁다, 차갑다, 졸립다, 아프다' 등이 있다. 유아들이 부정적 감정을 조절하는 법을 학습하고, 부정적 감정에 대해 부모에게 말하며, 그 감정이 적절한지에 대한 피드백을 받고 어떻게 다루어야 하는지에 대해 생각하도록 하는 데 말은 중요한 역할을 한다.

걸음마 단계 유아들은 부정적 감정에 대처할 때 어떤 물건들을 사용하기도 한다. 이들은 고통스러울 때 위안을 주는 포근한 동물인형이나 담요, 옷가지, 인형 같은 이동 가능한 물건들을 자주 가지고 다닌다. 이런 물건들의 사용은 생후 18개월 전후에 가장 강하게 나타나는데, 이 나이의 유아들 30~60%가 이런 행동을 보인다.

유아들은 자신의 한계를 넘어선 부정적 감정과 상황을 해결하기 위해 부모나 다른 보육자의 도움을 구하기도 한다. 이들은 고치기 원하는 것들이 있는 곳으로 부모를 부르거나 끌고 간다. 만 두 살이 넘으면 유아들은 과외의 도움을 필요로 하는 것에 대한 이해가 상당히 늘어나 더 신속히 도움을 요청한다.

유아들은 타인의 감정도 잘 알아채게 되어 어떤 행동이 감정을 불러일으키는지, 어떤 행동을 취하면 감정이 바뀌게 되는지에 대한 생각을 발달시킨다. 다음은 생후 28개월 된 유아로부터 나온 표현들이다. "내가 아가를 꼭 껴안아 줬어. 아가가 행복해." "어머니는 운동해. 어머니는 즐겁게 보내고 있어." "내가 심술부려 네 기분이 안 좋지?" "슬퍼, 어머니? 아버지가 어떻게 했어?" 유아들은 한 사람의 감정이 다른 사람의 행동을 유발한다는 사실도 배운다. 가령, "내가 울어서, 그 아줌마가 날 데려왔어." 또는 "상어가 무서워서 나는 눈을 감았다." 같은 표현을 한다.

유치원생들은 감정과 사건의 연결, 이런 연결을 만들어 내는 사회적 상호작용에 대한 이해가 점차적으로 정확해져 간다. 처음에는 감정들이 일시적이라는 생각을 갖다가 유아원 시기가 끝날 무렵이 되면 감정은 지속적이고 생각에 영향을 받는다는 점을 알게 된다.

아이들은 무엇이 감정을 유발하는지(특히, 그 감정에 대한 사회적 원인이 있을 경우) 정확히 알게 된다. 한 연구에 따르면, 유아원생들은 일상 활동에서 일어난 다른 아이들의 감정에 대한 이유를 들 때 부모의 생각에 동의하는 빈도가 91% 정도나 된다. 이들은 분노와 고통을 이해하는 데는 아주 정확한 반면, 행복감이나 슬픔을 이해하는 정확성은 떨어지는 편이다.

이제 아이들이 어떤 감정을 다룰 때 부모들이 어떻게 도와줄 수 있는지에 대해 논하도록 하자.

1) 영아가 우는 경우

아기가 우는 것은 부모에게 고통을 주지만 사실 모든 아기들은 운다. 이는 부모-아기 관계에서 긴장을 초래할 수 있다. 그렇지만 아기마다 우는 정도는 굉장히 차이가 난다. 한 연구에 따르면 신생아실에서 아기들이 우는 시간은 시간당 1~11분이라고 한다. 아기가 하루에 우는 시간은 평균 2시간 정도다. 아기가 우는 이유를 분류

조사한 바에 따르면, 기저귀가 젖거나 지저분해졌을 때와 배고픔이 중요한 이유였다. 그렇지만 분류 범주에서 가장 큰 단일 항목은 '미지의 이유' 였다. 아기의 울음은 안아서 따뜻하게 해 주거나 율동적인 움직임 등의 사회적인 요구를 표현하는 것일 수도 있다.

아기의 울음은 생후 6주까지 하루 평균 3시간 정도로 계속 증가하다가 생후 3개월이 되면 평균 1시간 정도로 줄어든다. 이 기간에는 배고픔이 아기들이 우는 가장 지배적인 이유지만, 미지의 이유라는 항목도 여전히 우는 이유의 두 번째 범주로 남아 있다. 생후 6주째로 가면서 울음이 증가할 때, 아기들은 낮에는 별로 안 울고 주로 늦은 오후나 저녁시간에 많이 운다.

그렇다면 울음을 그치게 하는 데는 어떤 전략이 가장 효과적인가? 한 연구에서 보면, 아기를 들어서 안고 있으면 80% 정도는 울음을 그친다. 그리고 신체적 접촉을 통한 젖(분유) 먹이기가 가장 효과적이다. 효과가 가장 약한 방법은 아기로부터 어느 정도 떨어져서 말을 거는 것이다. Dunn(1977)은 우는 아기를 달래는 방법들에 대해 개관했는데, 전 세계에 걸쳐 보편적으로 사용하는 방법은 '안고 흔들고, 토닥거려 주고 꼭 껴안아 주고, 포대기에 폭 감싸거나 젖이나 공갈 젖꼭지를 빨게 하는' 것임을 확인했다. 효과적인 기법은 변덕스러운 것이 아닌 연속적이고 율동적인 자극을 아기에게 주는 것이다. 예를 들어, 일정한 온도, 연속적인 소리, 일정한 속도로 리드미컬하게 안고 흔들기 등의 방법을 사용하는 경우 아기들의 우는 양이 감소한다. 효과적으로 아기를 진정시키는 방법은 아기의 움직임에 따른 자극의 양도 감소시켰다. 즉, 아기를 껴안고 있는 것과 포대기로 감싸고 있는 것은 아기들이 팔다리를 휘젓지 못하게 해서 울음의 양을 감소시킨다.

연구자들이 생후 3주에서 12주까지 아기의 울음행동을 관찰해 본 결과, Snuggly(어깨 띠 포대기)를 사용해서 안고 다니는 것을 하루에 추가적으로 3시간 더 하는 경우, 생후 6주에 가장 심하게 나타나는 울음이 사라지고 우는 양도 전반적으로 감소하며, 매일 반복되는 우는 패턴도 바뀌어 저녁시간에 덜 울게 된다는 것이 확인되었다. 상대적으로 더 많이 안고 다닌 아기들이 더 만족스러워하고 시각적, 청각적으로 더 주의를 기울이게 된다는 점도 중요한 발견이다. Snuggly의 사용은 아기를 진정시키는 것으로 알려진 모든 종류의 자극들, 즉 자세를 바꾸면서 율동적이고 반복적인 움직임을 제공할 수 있다. 아기와의 친밀한 신체적 접촉 또한 아기의 욕구와 반응을 어머니가 더 잘 이해할 수 있게 해서 보육과정이 더 민감성 있게 되고 더 반응적이게 된다.

소아과 의사인 Sammons(1989)는 또 다른 제안을 내놓았다. 그가 다양한 아기들을 관찰하면서 점차적으로 형성된 생각으로, 아기들은 스스로 진정하는 능력이 있지만 그 기술을 발달시킬 기회를 제공하는 것이 필수적이라는 것이다. 아기들은 스스로 진정할 때 자신의 손가락이나 손목 또는 팔을 빨기도 하고, 특정한 자세를 취하기도 하며, 벽이나 물체 또는 불빛 같은 시각적 형태를 응시하기도 한다. Sammons는 소아과 치료를 하면서 부모들에게 아기들이 자기진정 방법을 찾을 수 있도록 상호 동반자관계를 가지라고 장려한다.

2) 분노

부모는 아이가 분노에 잘 대처하도록 돕고 싶어 한다. 한 연구에서 Goodenough (1931)는 아이들이 화를 내는 데 여러 요인이 작용한다는 것을 확인했다. 생후 2년이 될 때 감정 격발이 가장 강한데, 대부분 배고프거나 피곤할 때(즉, 식사시간이나 잠잘 시간 바로 전) 또는 아플 때 주로 나타난다. 달리 말해서 신체적 비축상태가 낮을 때 불끈 성이 나는 것이다. 이런 감정 격발은 대개 짧게 지속되어 대부분 5분 이하고 어린아이들은 3분도 안 되며 잔효는 거의 없다. 아이들이 나이가 들어가면, 점차 골내는 경향이 있고 감정이 격해지기도 한다. 한 살에서 세 살 사이에 보이는 분노의 직접적인 원인은 부모의 권위에 대해 갖는 갈등, 습관 형성(식사시간, 목욕시간, 잠자리 시간에 대한 습관)의 어려움 그리고 사회적 관계(더 관심받기를 바라거나 다른 사람이 가진 것보다 더 갖기를 바라는 것과 같은)의 문제인 것으로 보인다. 좀 더 나이가 들면 감정 격발은 사회적 관계, 특히 놀이관계에서 유발되는 경우가 많아진다. 두 살이 지난 다음에는 남자아이들이 여자아이들보다 감정 격발을 더 많이 보인다.

감정 격발을 아주 드물게 보이는 아이들의 부모들은 가정 분위기를 더 관용적이고 긍정적으로 만들기 위해 일일 일정표를 만든다. 이 부모들은 설정한 규칙을 일관적이고 공정하게 지킨다. 이들은 아이들이 독립적이고 호기심이 많으며, 자기주장을 강하게 하려는 경향이 있다는 현실적인 기대를 갖는다. 그래서 발생할 수 있는 문제를 미리 예상하고 예방할 방법을 강구한다. 이 부모들은 아이들을 활동상의 변화에 미리 준비시킴으로써 아이들이 잘 따르도록 노력한다. 가령, 식사시간이나 목욕시간에 앞서서 아이들에게 10분 남았다고 알려 주거나 준비하라고 미리 알려 준다. 이런 가정의 부모들은 아이들의 개성을 중시한다. 그렇지만 실제적인 갈등이 발생하면 이 부모들은 확고한 태도를 취한다.

대조적으로 감정 격발을 자주 보이는 아이들의 부모들은 아이들의 욕구보다는 자신이 하고 싶은 점에 근거해서 행동하기 때문에 일관적이지 못하고 예측하기 힘든 태도를 보인다. 이런 부모들은 문제가 생겨 어쩔 수 없을 때까지 아이들의 욕구에 무관심하게 대하는 경향이 있다. 이런 가정 중 몇몇을 살펴보면, 부모들은 아이들이 하고 있는 활동과 상관없이 일과를 부과하고 아이들에게 부모가 바라는 대로 빨리 하기를 강요한다. 아이들을 비난하는 점과 아이들의 요구에 안 된다고 말하는 점이 이런 가정 분위기의 특징이다.

간단히 말해, 아이들은 피곤하거나 배고프거나 아플 때 분노로 반응하곤 한다. 애착을 강화하는 부모의 행동, 즉 수용, 아이들의 욕구에 대한 민감성, 협동심이 이러한 감정 격발을 최소화시킬 수 있다.

3) 성내기

Goodenough의 연구를 염두에 두고, 감정소통의 중요성을 강조하는 양육의 조언자인 Ginott과 Gordon과 행동 수정에 초점을 두는 Dreikurs가 아이들의 울분 진정을 위한 양육관리에 대해 제안한 점들을 살펴보도록 하자. Ginott(1969)은 아이들의 분노감정 모두를 받아들이면서 수용 가능한 통로로 아이들의 행동을 유도하라고 조언한다. 가령, 부모들은 "너 화났구나! 하지만 사람들은 네가 치라고 있는 것이 아니란다. 그러니 치고 싶으면 이 베개를 쳐라."라고 말하면서 아이들을 다룰 수 있다. 부모든 아이든 다른 사람을 치는 것은 허용되지 않는 일이다. 부모들은 공공장소인 경우라도 아이들이 성내는 것이 말로 해서 그치지 않으면 즉각 행동을 취해야 한다. 가령, 상점에서 아이가 성을 낸다면 집으로 돌아오는 것이다.

Gordon(1975)은 문제에서 벗어나기 위한 대체 활동을 찾으라고 제안한다. 소파 위에서 뛰는 것을 허용할 수 없으면 바닥에 놓은 베개 위에서라도 뛰라고 할 수도 있다. Gordon은 아이가 성을 낼 때는 부모와 아이 모두 동의할 수 있는 방법을 찾는 데 상호 문제해결법을 사용하라고 제안한다. 그런데 절충안이 가능하지 않을 경우 부모는 아이의 말에 적극적으로 경청해서 아이가 느끼는 좌절과 감정적 혼란에 대해 적절한 피드백을 주어야 한다. 때로는 아이들이 느끼고 있는 감정을 수용해 주기만 해도 된다. 이에 대해 Gordon은 한 아이가 감기에 걸려서 수영하러 갈 수 없는 경우를 예로 들고 있다. 내일까지 기다린다는 것이 너무 힘들 것이라는 걸 이해한다고 어머니가 말해 주기만 해도 아이는 진정된다.

Dreikurs(1964)는 성을 거의 내지 않는 아이를 둔 부모들이 사용한다고 Goodenough가 확인한 여러 기법들을 추천한다. 그는 아이들이 성을 낼 때는 아이들을 무시하고 방에서 나가라고 조언한다. 성을 내는 아이를 무시하는 것은 집뿐만 아니라 공공장소에서도 적절하다.

행동주의자인 Krumboltz와 Krumboltz(1972)는 유사한 방법으로 무시하는 행동을 사용한다. 이들은 한 남자 아기를 예로 들고 있는데, 이 아기는 울면서 성을 내면 부모가 무엇이 문제인지 주의를 기울이기보다 자기를 들어서 안아 준다는 것을 학습하였다. 이에 부모들은 자신들의 행동이 성을 더 내게 만든다는 점을 깨닫고 아기가 보이는 감정 격발을 무시하기로 했다. 이 남자 아기는 머리를 마구 흔들어 댔지만 자기가 원하는 것을 얻지 못한다는 사실을 학습한 다음에는 성내는 것을 그치게 됐다. 이 행동주의자들은 부모가 확고하고 일관적인 자세를 유지해야 한다고 주장한다. 그렇지 않으면 아이들이 성내는 것이 지속되는데, 아이들이 부모들보다 오래 버티면 이길 수 있다는 것을 학습하기 때문에 매번 아이들의 성내는 시간은 더 길어지게 된다.

다루기 힘든 아동들을 상담하고 치료하는 Turecki와 Tonner(1985)는 아이들의 성내기를 조작적 성내기와 기질적 성내기로 구분하고 있다. 자기가 원하는 대로 하길 바라는 아이들은 자신이 바라는 것을 부모가 해 주도록 성을 내는 방법을 사용해 부모를 조작하려 한다. 이런 경우에 부모는 아이들이 원하는 것을 분명하게 거절해야 한다고 Turecki와 Tonner는 조언한다. 아이의 주의를 다른 데로 돌리거나 감정 격발을 무시하거나 아이를 그들 방으로 보내는 것은 모두 아이들의 성내기를 다루는 기법들이다.

그러나 더 강한 기질적 성내기의 경우 아이들은 통제 불능상태로 보인다. 이런 아이들은 자신의 기질에 맞지 않는 면들에 반응을 보인다. 예를 들어, 적응성이 떨어지는 아이들은 하던 활동을 갑자기 강제적으로 바꾸라고 할 때 감정 격발을 보일 수 있고, 옷감에 민감한 아이는 울 스웨터를 입으라고 할 때 성을 낼 수 있다. 이런 경우에는 차분하고 공감적인 접근을 취하라고 Turecki와 Tonner는 조언한다. 부모들은 "네가 이걸 싫어하는 걸 알아. 그렇지만 괜찮을 거야."라고 말함으로써 아이의 감정혼란을 반영해 줄 수 있다. 그리고 부모는 팔로 아이를 감싸거나 아이 근처에 있어 주면 된다. 아이가 말하고 싶어 하지 않으면 아이의 감정을 거슬린 일에 대해 길게 얘기하지 말아야 한다. 또한 상황을 수정할 수 있으면 그렇게 해야 한다. 예를 들어, 아이가 울 스웨터는 따끔거린다고 느끼면 그 스웨터를 벗기고 부드러운 셔츠를 입혀라. 이것은 무언가를 주는 것이 아니라 단지 실수를 교정하는 것이다. 그러고 나서 부모가 할 수 있는 일은 성내는 것이 그칠 때까지 그저 기다리는 것이다.

아이가 기질적인 성내기를 보이는 동안에 부모는 아이가 그 상황에 잘 대처할 수 있도록 도와줄 것이라는 태도를 보여 주어야 한다. 좋은 이유가 떠올라 부모가 생각을 바꿀 경우라도, 부모는 아이가 성내는 것을 그칠 때까지 기다리고 필요할 때는 행동을 수정한다는 점에서 일관적이어야 한다.

4) 감정이입

아동기 초기 동안 아이들의 분노 표현이 증가하면서 동시에 아이들의 애정과 감정이입의 표현 또한 증가한다. 생후 2년에 들어서면서 아기들은 애정의 징표—사랑을 뜻하는 토닥거림과 어루만짐—를 부모에게, 특히 어머니에게 보이기 시작한다. 이들은 동물이나 자기보다 더 어린 아기에게도 정감을 표현한다.

감정이입은 걸음마기에 단계적으로 발달한다. 생후 10~12개월의 아기들은 다른 아이들의 아픔에 동요되어 울음을 터뜨린다. 그러나 돌이 지나고 나면 만지거나 꼭 껴안아 주거나 아픈 부분을 어루만지는 행동을 취한다. 18개월 된 한 여자아이는 애기 남동생이 우는 걸 보고는 달래기 위해 기저귀를 가져다 동생에게 주기도 한다. 18~24개월의 아이들은 고통스러운 얼굴표정을 흉내내면서 상처입은 사람의 정서적 반응을 모방하기 시작한다. 많은 아이들이 아픔을 자신에게 지칭하는 과정을 거쳐 간다. 가령, 어머니가 팔꿈치를 모서리에 부딪치면, 어머니 팔꿈치를 어루만지고 난 다음 자신의 팔꿈치도 어루만진다. 동정심을 보이는 행동은 자기지칭 행동 다음에 나타난다. 연구자들에 따르면, 진정한 친절은 타인의 고통을 자신과 연관시키는 능력에 의존한다고 한다.

다른 사람의 조망을 수용해서 그 사람에게 반응하는 것은 걸음마 단계 유아에 비해 유아원생들이 더 잘 한다. 유아원생은 감정적 반응의 원인을 더 잘 이해하기 때문에 사태를 호전시키는 전략이 문제의 원인에 더 직접적이다. 다른 아이가 화를 내면 그 아이와 물질적인 것을 공유하려는 행동을 보인다. 다른 아이가 슬퍼하거나 아파하면 같이 놀아 주거나 위안을 하려는 행동과 같이 그 아이에게 좋을 것 같은 일을 하려고 한다.

친구들과 무언가 공유하고 주려는 행동은 안정되고 편안한 분위기에서 가장 잘 나타난다. 행복하고 감사하는 반응이 뒤따를 때 가장 좋은 친구들과 공유하기를 계속한다. 한 친구가 다른 친구와 공유하려고 하지 않을 때라도, 그 아이가 행복해하고 웃는 얼굴을 보이는 한 갈등은 빨리 바뀌어 다시 공유하려 한다.

5. 자기 조절의 향상

부모는 자녀의 동조를 격려하기 위해 많은 종류의 행동을 할 수 있다. 그들은 자녀가 무엇을 해야 하는지 설득하고 안내한다.

아이들 인생의 첫 8, 9개월 동안 부모들은 영양을 공급하고 신체적으로 돌보아 주고 아이들의 욕구를 충족시켜 주며, 기능을 원활히 하도록 돕는 일에 적극적으로 관여한다. 아기들도 이 양육과정에 협력하지만, 부모는 아기가 원하는 것을 이해하는 데 자신의 민감성에 의지하면서 협력하는 더 적극적인 동반자 역할을 한다. 부모들에게는 도전적이고 부담을 갖게 되는 과제인 아이들의 행동 통제능력 발달을 지원하는 일에 대해서 알아보자.

1) 순응 장려하기(compliance)

첫 해가 끝나갈 무렵, 증가된 운동 및 인지 기술로 인해 아기들은 부모들이 수용하지 않는 행동들을 생각해 내고 수행할 수 있게 된다. 그래서 만 한 살인데도 부모들은 자녀들의 행동을 지도하고 수정하기 시작한다. 아기들은 단순한 요구에 따를 수 있는 능력 또한 갖게 된다. 부모들이 행동기준에 맞게 아이들의 행동을 조성하려는 방식에 따라, 아이들이 다른 사람들과의 상호작용에서 사용하는 행동 패턴이 정립된다.

생애 두 번째 해에 걸음마 단계의 유아들은 자신의 행동 통제능력의 증가를 보인다. 이때 목표는 행동규칙의 단순한 순응이 아니라 자율성 또는 자기 조절이다. 이 능력은 어른이 없을 때도 융통성 있고 적응적으로 자신의 행동을 감시하고 통제하는 역량을 말한다. 3~4세가 되면 유아들은 자기 조절을 할 수 있게 된다.

부모들은 여러 행동을 취해 아이들이 부모의 요구에 잘 협력하도록 유도한다. 첫째, 부모들은 4장에서 기술된 수용적 순응 분위기를 만든다. 부모들이 아이와 안정적 애착을 갖고 아이들의 요구에 민감하게 대하고 반응적일 때 아이들이 더 잘 순응하는 분위기를 만들 수 있게 된다. 이때 순응하지 않는 경우는 적겠지만 만약 그런 일이 일어날 경우 부모들은 추론과 설명이라는 저권력 기법을 사용해서 권력을 공유하게 된다. 권력을 아이들과 공유하는 것은 한 개인으로서 아이를 존중한다는 점을 전해주기 때문에 강한 영향력을 갖게 된다.

수용적 순응 분위기를 만드는 것 외에도 부모들은 종종 예방적 행동을 취해서 갈등이 발생하기 전에 그 문제에서 벗어날 수 있도록 한다. 부모들은 흥미로운 대체물로 아이들의 마음을 끌어서 금지된 활동으로부터 아이들의 주의를 전환시킨다. 예를 들어, 식료품점에서 아이들이 사탕에 마음이 쏠리는 것을 막기 위해서 아이들에게 직접 살 물건들을 집게 하거나 제품명이나 색깔, 물건 항목을 알아맞히는 게임을 할 수 있다.

2) 규칙 정립

일반적으로 부모들은 유아들의 늘어나는 능력에 꼭 들어맞는 행동규칙을 도입한다. 〈표 5-1〉은 행동규칙의 표본을 열거한 것이다. 어머니가 정한 규칙과 유아의 순응에 대해 구체적으로 연구한 바에 따르면, 13개월에 나타난 주요 행동규칙은 아이의 안전과 타인의 안전(남을 치거나 차거나 물지 말 것), 안전한 소유물과 같은 안전 문제를 중심으로 구성된다. 18개월이 되면 행동규칙은 확장되어 식사 때의 행동, 행동을 억제

표 5-1 범주별 특정 행동기준

범 주	항 목
아이의 안전	위험한 물건 만지지 않기 가구에 오르지 않기 길거리에 나가지 않기
개인 물건의 보호	만지지 말아야 할 것으로부터 떨어져 있기 책 찢지 않기 금지된 서랍은 열지 않고 금지된 방에는 들어가지 않기 벽이나 가구에 그리거나 색칠하지 않기
다른 사람 존중	다른 아이의 장난감을 빼앗지 않기 다른 아이에게 거칠게 대하지 않기
음식 및 식사습관	음식 갖고 장난치지 않기 식사 중에 자리에서 뜨지 않기 음료수나 주스 흘리지 않기
지연	어머니가 전화받을 때 기다리기 다른 사람들의 대화에 끼어들지 말기 음식 기다리기
예절	"해 주세요."라고 공손히 말하기 "감사합니다."라고 말하기
자기돌보기	혼자 옷 입기 화장실 사용하겠다고 말하기 부모가 지시할 때 손 씻기 부모가 지시할 때 양치질 하기 부모가 지시할 때 잠자리에 들기
가족습관	부모가 지시할 때 집안일 돕기 장난감 제자리에 갖다 놓기 방을 어지럽히지 않기

* 출처: J. Heidi Gralinski & Claire B. Kopp (1993). "Everyday Rules for Behavior: Mothers' Requests to Young Children." *Developmental Psychology, 29*, pp. 573-584. Copyright © 1993 by the American Psychological Association. Reprinted with permission.

하거나 활동을 지연하라는 요구, 초반기의 자기돌보기와 같은 행동을 포함한다. 24개월이 되어서는 더 많은 행동들이 기대되는데, 공손한 행동이나 장난감 치우기 같은 집안일 돕기 등을 예로 들 수 있다. 그리고 36개월이 되면 혼자서 옷입기 같은 자기 돌보기 행동이 더 많이 요구된다.

안전규칙에 대한 아이들의 순응하는 정도는 대개 높고 나이가 들어감에 따라 더 증가한다. 전반적으로 순응하는 정도는 30개월까지 점차 증가하고, 그 후에는 부모의 도움 없이 자발적으로 순응하는 정도가 증가한다. 그래도 만 네 살까지는 40% 정도의 경우 부모가 지도하고 확인시켜 주어야 한다.

부모의 요구에 저항하는 행동은 수년에 걸쳐 계속 나타나지만 저항을 표현하는 전략들은 다양하다. 초기에 유아들은 직접적으로 화를 내거나 단지 순응하지 않는 수동적인 반응을 보인다. 나이가 들어가면서 이 방법은 어느 정도 줄어들고, 거래나 협상 같은 기술을 발달시킨다. 나이가 증가하면서 저항하는 전략의 변화를 보임에도 불구하고 아이들의 일반적인 행동 선택에는 '일정한 지속성'이 있다. 걸음마 단계 때 흔히 보이는 직접적 저항을 보이는 아이들은 다섯 살이 되어도 이 방법을 계속 사용한다. 반면, 걸음마 단계 때 단순한 거부와 협상을 번갈아 보이던 아이들은 다섯 살이 되어서는 거래적인 방법을 사용한다.

아이들은 종종 부모들에게 저항하거나 자신의 방식대로 하기 위해 부모에게 영향을 주려고 할 때 유사한 방법을 사용하기도 한다. 부모에게 저항할 때 철저한 반항을 사용하는 아이들은 자신이 원하는 것을 얻기 위해 집요하게 요구하거나 심하게 떼를 쓰는 강제적인 방법을 사용한다. 거래나 협상의 방식으로 저항하는 아이들은 설득을 통해 부모에게 영향을 주려고 한다.

반항은 부모가 명령, 비판, 위협, 체벌 등을 통해 아이의 행동을 통제하려는 고권력 기법을 사용할 때 가장 빈번히 나타난다. 아이들이 무엇을 해야 되는지를 설명·설득·방향설정해 주거나 언어적인 보조를 통해 제안해 주거나 지도해 줄 경우 아이들이 순응하는 정도는 증가한다. 아이가 하고 있는 일이 힘든 일이라고 언어적인 피드백을 주는 것만으로도 아이에게는 도움이 된다. 언어적 방법은 부모의 요구를 아이에게 분명하게 알려 준다. 무엇이 요구되는지를 잘 이해할 때 아이들이 순응하는 정도는 높아지지만, 그렇지 않은 경우에는 순응치 않으려는 행동이 빈번해진다.

자녀의 자기 조절 능력을 증진시키기 위해서 부모가 들이는 시간과 관여하는 정도는 실로 엄청나다. 한 연구에서 보면, 두 살박이 아이의 어머니는 아이에게 어떤 행동을 요구하거나 중지시키기 위해 6~8분마다 아이에게 관여해야 했다. 그렇지만 부모들은 아이들이 대부분 순응한다는 사실을 인정해야 한다. 사실, 아이들은 자신의 행동이 다른 사람의 말에 맞아들어 갈 때마다 즐거움을 갖는다. 목표를 성취하는 즐거움은 아이들이 명령에 복종하는 강력한 동기다. 또 다른 연구에서 쉽고 흥미로운 과제를 하라고 요구받은 유아들은 어른이 그 일에 관여하지 않았을 때는 계속 그 일을 즐겁게 반복했다.

긍정적 감정은 아이들의 순응을 증가시킨다. 한 연구에서 어머니들은 비지시적이고 반응적인 방식으로—아이가 하자는 대로 따르면서 가능하면 놀이친구 역할을 하고 평이나 질문을 가급적 피하는 방식으로—일주일 동안 매일 10~15분 정도 아이들과 놀아 주도록 훈련을 받았다. 이런 아이들은 실험실에서 관찰했을 때 그런 훈련을 받지 않은 어머니들의 아이들에 비해 훨씬 긍정적인 기분상태를 보였다.

위 연구의 다른 부분에서, 15초 정도 행복하고 긍정적인 기분이 나는 장면이나 대상을 떠올려 보라고 지시받은 아이들은 동일한 시간 동안 분노나 공포 같은 부정적 기분을 지시받은 아이들에 비해 나무 블록을 집어 들라는 말에 더 순응적이었다. 물론 이 연구로부터 긍정적 반응을 일으키는 놀이가 직접적으로 순응행동을 유도한다는 결론을 내릴 수는 없지만—일주일간의 놀이 후, 긍정적 기분에 있어서 두 아동집단 간에 유의미한 차이는 없었다—놀이를 통해 즐거운 기분이 유도될 수 있고, 이 즐거운 기분은 순응을 쉽게 한다고 말할 수 있다.

6. 유아기 양육에 미치는 문화와 사회의 영향

2장에서 양육과정의 상호의존 모형과 독립 모형에 대해서 기술했다. 두 모형 간의 차이는 영아기에서 분명히 나타난다. 상호의존 모형은 부모와 아이 간의 친밀한 신체적 접촉과 매우 긴밀한 관계를 강조한다. 대부분의 시간 동안 어머니는 영아를 안고 있거나 데리고 다니고 종종 젖을 먹이며 밤에는 같은 침대에서 잔다. 어머니와 아이는 하나의 단위체가 되어, 아기들은 부모가 원하는 것을 직관적으로 이해하면서 성장한다.

독립 모형은 아이의 독립성과 세상에 대한 관심이 커가는 것을 강조한다. 안고 다니고 안아 주는 것은 드물고 갖고 놀 장난감을 더 많이 주며 유모차나 유아용 놀이틀과 같은 기구를 사용한다. 이는 부모와 아이의 분리를 강조하는 것이다. 아이들은 젖병으로 젖을 먹고 밤에는 아기침대에서 혼자 자며, 심지어 아기 방에서 혼자 자기도 한다.

독립 모형의 예가 되는 미국 부모들은 상호의존 모형을 따르는 일본 부모들과 흥미로운 대조를 이룬다. 두 나라 모두 아이 중심적이고 산업화되어 있으며 비슷한 생활수준이기 때문에 특히 대조적으로 보인다. 일본 어머니들은 부모-아이 관계에서 친밀성과 의존성에 초점을 둔다. 이들은 아기를 돌보는 일에 몰입하고 사회적 반응성과 상호작용을 장려한다. 아기들과 놀이를 할 때는 아기의 사회적 동반자라는 면에 초점을 맞춘다. 일본 어머니들은 초기의 감정 통제와 사회적 민감성 그리고 타인에 대한 반응성을 장려한다.

미국 부모들은 아기 양육에 있어 독립 모형에 의존하고 있지만, 상호의존 모형의 특징을 갖는 행동을 점차 강조하고 있다. 미국 어머니들의 많은 수가 적어도 1년 정도는 모유를 먹이라는 의료전문가들의 조언을 따르고 있다. 그리고 다른 나라 어머니들이 하는 것처럼 점점 더 많은 미국 어머니들이 Snuggly나 띠 포대기를 사용하여 아기들을 데리고 다닌다. 변화는 잠자리 패턴에서도 나타난다. 대부분의 나라에서 아기들은 부모와 함께 잠자리에 들고, 걸음마 단계 유아들과 더 나이든 아이들도 부모와 같이 자거나 근처에서 잔다. 조사에 따르면 미국 중산층 가정의 영아들은 요람이나 아기침대에서 혼자 자고 6개월이 지나면 아기 방에서 잔다고 한다. 그러나 저소득층 가정의 아기들은 상당수가 부모와 같이 자는 걸로 알려졌다. 한 표본조사에 따르면 아프리카계 미국 영아의 80%가 부모와 같이 자는 반면, 유럽계 미국 영아는 23%만이 부모와 같은 침대에서 자는 것으로 나타났다. 이제는 중산층과 상류층 가정에서도 아기가 어머니와 자는 비율이 점차 늘고 있는데, 그 이유는 젖을 먹이기가 수월하고 아기가 우는 정도도 줄어들며, 밤에 아기와 같이 있으려고 하기 때문이다.

2장에서 언급되었듯이 미국 부모들에게 아기의 잠은 굉장한 중요성을 갖는 문제다. 아기가 잠들게 하는 방법으로 일반적으로 두 가지 접근이 알려져 있다. 미국에서 전통적으로 사용해 온 첫 번째 접근법은 1985년에는 Ferber(1985), 1998년에는 Godfrey와 Kilgore(1998)에 의해 다시 제안되었다. 아기들은 밤에 몇 차례 깨지만 성숙되어 감에 따라 대부분 다시 스스로 잠드는 것을 학습한다는 점을 이 접근법은 강조한다.

따라서 아기들은 잠자리에 드는 습관을 발달시킬 필요가 있고 이 습관이 형성되면 밤에도 반복되어 깨어났다가 스스로 잠들게 된다. 만약 아기들이 젖을 먹으면서 또는 요람을 흔들어 줘야만 잠을 자는 습관이 형성되었다면, 밤중에 이런 조건을 충족시켜 주지 못할 때 아기들은 울게 마련이라는 것이다. 부모가 할 일은 아기를 진정시키는 규칙적인 절차를 개발하는 것이고, 그렇게 되면 아기는 아기침대 안에서 혼자 잠에 빠져들 수 있게 된다. 부모들은 아기가 울면 들어서 안아 주는 것으로 반응하지 않고 말로 진정시켜야 한다. 그러고 난 다음 부모들은 매일 밤 아기가 잠들기 전에 하는 진정시키는 시간을 점차 줄여 나가면 아기가 우는 시간도 점차 줄어들게 된다. 다른 나라 어머니들에게 이 접근법에 대해 알려 주었을 때 그들은 대부분 이 방법은 아기를 학대하고 무관심하게 대하는 방법이라고 반응했다. 아기를 잠재우는 방법의 두 번째 접근은 미국을 제외한 나라에서 사용하는 것으로 어머니 또는 부모와 함께 아기가 잠자는 경우다. 이 경우의 아기들은 부모와 같은 침대나 옆에서 잠들고 밤시간의 대부분을 부모와 같이 보낸다.

아기가 부모와 같이 자는 것이 얼마나 현명한가에 대한 논쟁이 있다. 지난 8년 사이에 아기가 부모와 같이 잘 때 부모가 아기를 눌러 질식사시키거나, 아기가 매트리스나 벽 또는 헤드보드에 끼어서 죽은 800건의 영아사망 사례를 확인한 보도가 있었다. 그렇지만 반대 주장에 따르면, 더 많은 아이들이 혼자 잘 때 영아 돌연사 증후군(Sudden Infant Death Syndrome; SIDS)으로 죽는데, 부모와 같이 자는 경우에는 부모가 아기의 호흡장애를 빨리 알아챌 수 있다고 한다. 더구나 아기가 부모와 같이 잘 경우 더 자주 젖을 주고 돌보아 주어 영아 돌연사 증후군에 예방효과가 있다고 본다. 달리 말해서 모유를 더 많이 줄 수 있는 환경적 요인은 영아 돌연사 증후군에 대한 아기의 취약성을 줄여 줄 수 있다. 아기와 같이 자려는 부모들은 아기가 눌리거나 틈에 낄 문제가 없도록 침대에 부착물을 달라는 조언을 받는다.

비록 Ferber는 아기를 혼자 재우는 방법에 대한 완고한 지지자라고 많은 사람들이 생각하지만, 최근 그와의 인터뷰에서 자신의 아이들은 부모와 같은 침대에서 자지만 아이들 침대에서 자는 것을 훈련시켜야 된다고 주장했다. 일반적으로 그의 생각으로는 아이들은 부모와 같이 잘 수도 있고 그렇지 않을 수도 있다. "정말 중요한 것은 부모가 자신들이 원하는 것을 해내는 것이다."

노트르담에 있는 어머니-아기 수면행동 연구소 소장인 생물 인류학자 McKenna (1999)는 아기와 어머니가 같이 자는 것이 아기의 생리적 시스템을 조절한다고 믿는다. "생물학적인 면, 심리적인 면에서 아기와 유아 그리고 어머니는 가까이서 잠들게 되어 있다." 그는 수면행동과 아이의 성격 특성 발달 간 관계에 대한 체계적인 연구는 아직 없다는 점을 인정하지만, 아기와 어머니가 함께 자는 것이 주는 이점에 대한 증거를 보이는 연구들이 시작되고 있다고 한다. 어머니와 같이 자는 아이들은 그렇지 않은 아이에 비해 두려움이 적고 더 활발하게 행동한다는 연구 보고가 있다. 어릴 적 부모와 같이 잔 성인들을 대상으로 한 연구에서 보면, 그런 성인들은 대체로 자신의 인생에 대해 만족감을 가진다. 이들은 뉴욕과 시카고의 중남미계와 아프리카계 미국인 가정 출신들이었다. 그러나 부모와 같이 잔다는 습관만이 가진 효과는 없었고, 아동기의 이 습관은 성인의 행동 특성과 관련된 특정 문화적, 사회적 체제에 속하는 관계의 일부분인 것으로 보였다.

현대사회에서 아기가 부모와 같이 자는 것은 양육에 대한 상호의존 모형의 여러 측면을 통합하는 **애착양육**이라는 큰 체제의 한 단면이다. 소아과 의사인 Sears(1999)는 부모들에게 아기들의 의존성 욕구를 수용해서 적절히 충족시켜 줄 것을 조언한다. 그가 기술한 영아기 애착양육의 5B는 ① 출산 시 아기와의 유대(bonding), ② 모유 먹이기(breast-feeding), ③ 아기와 같이 자기(bed sharing), ④ 아기 감싸기(baby wearing, Snuggly나 띠 포대기로 아기를 데리고 다니기), ⑤ 아기의 울음은 중요한 신호라는 믿음(belief)이다. 이 5B는 아기와 부모를 신체적으로 연결시켜 주어서 부모가 자신의 아이가 누군지를 학습하게 하고 아기를 더 민감성 있게 돌보도록 만든다.

Sears는 자신의 아이들을 이런 방식으로 길렀고, 지난 28년간 다른 부모들에게 애착양육에 대해서 상담 지도해 왔다. 애착양육을 지지하는 사람들의 수가 증가하고 있는데, 아마도 더 많은 어머니들이 직장생활을 하게 되면서 아기와 어린아이들과 가까이 연결될 수 있는 길을 모색하기 때문일 것이다. 애착양육을 지지하는 사람들에 따르면, 애착양육은 ① 생활을 간편하게 만들고(부모가 젖병이나 아기침대, 유모차를 가질 필요가 없다), ② 아기에 대해서 더 많이 알게 되어 아기에 대한 민감성과 반응성을 증진시키며, ③ 아이들이 보이는 독립성과 자기통제 경향성이 시간에 걸쳐 천천히 그리고 점진적으로 발달하도록 하기 때문에 부드러운 훈육을 도모하고, ④ 단지 부모 또는 아기의 욕구가 아니라 가족구성원 전체의 욕구에 초점을 맞추게 한다.

> 애착양육을 통하여 부모와 아이들은 서로 협력하면서 각자의 필요를 충족시킬 수 있기 때문에 가족 중심적인 생활방식을 창출한다. 이런 반응적인 양육방식의 핵심적인 이점은 어떤 부모들이 말했듯이 부모와 아이들 모두 "자신의 컵이 가득 채워졌다."고 느낀다는 점이다. 아이들은 온전함과 안정감을 느끼고 부모들은 이완되고 자신감을 갖게 된다 (Kennedy, 1999).

애착양육에서는 양육자가 온종일 집에 있을 필요가 없다. 애착양육과 직장생활을 어떻게 결합해야 되는지에 대한 풍부한 지침들이 있다. 부모들은 부모의 역할과 가치를 공유하는 양육자 집단을 결성해서 부모가 없을 때도 동일한 방식으로 아이들을 돌보아 줄 수 있다. 부모는 보육자를 선택해서 미리 짜놓은 젖을 때 맞춰 주고, 낮시간에 아기를 돌보아 주며, 아기가 울 때 신속하게 주의를 기울여 주게 할 수 있다.

애착양육 지지자들에 따르면, 아동기 초기와 그 이후에 애착양육을 적용해 본 부모들은 이 부드러운 양육방식을 인생의 아주 만족스러운 방법으로 기술한다. 연구 결과들은 애착양육의 요소들—민감성 있고 반응적인 양육의 중요성과 초기에 아기를 더 자주 안고 다닐 때 나타나는 우는 양의 감소—이 타당함을 지지하고 있다. 그렇지만 아기와 같이 자는 것과 안고 다니는 시간의 연장이 과연 이점이 많은지와 즉각적으로 아기의 욕구를 충족시켜 주는 것이 필수적인지 또는 현명한 것인지는 분명치 않다. 자기진정의 학습을 확실하게 지지해 주면 아이들이 이런 문제행동을 극복하는 데 도움을 많이 주는 것으로 보이는 반면, 두려움을 진정시키고 두려움을 억제한 아이들은 이런 문제행동을 계속 보인다는 점을 회상해 보라(1장 참조).

7. 특별한 곤경에 처한 부모들

영아와 어린아이들을 양육할 때 가장 심한 곤경에 처한 부모들은 어떤 사람들인가? 이 절에서는 ① 사춘기 부모, 우울증을 가진 부모, 약물을 남용하는 부모 그리고 문제에 빠진 부모들이 어린아이들을 키우면서 직면하는 특별한 곤경들과 ② 이런 부모들을 돕는 방법들에 대해 살펴볼 것이다.

1) 사춘기 부모

1장에서 언급했듯이 어머니, 아버지 상관없이 사춘기에 부모가 된 이들은 여러 이유로 인해 양육상 곤경에 처하기 쉽다. 첫째, 이들은 가난, 학업 실패, 퇴학, 성학대, 부모나 파트너와의 갈등관계 같은 여러 힘든 경험들을 겪는 와중에 부모가 된다. 둘째, 이들은 여전히 성장기에 있기 때문에 다음 세대의 양육을 위해 투자할 에너지를 가질 교육적, 사회적, 재정적, 심리적 안정성을 갖고 있지 않다. 평균적으로 이들은 긍정적인 경험을 드물게 한 반면, 아주 강인한 성인에게도 벅찬 도전들에 직면하게 된다.

(1) 사춘기 어머니

사춘기 청소년들의 심리적 미성숙은 양육상 곤경을 초래한다. 이들도 성인이 된 어머니들처럼 온정을 가지고 아기를 대할 수는 있지만, 대개 아기 다루는 것을 어렵게 생각하고 아기에 대해 갖는 기대들이 덜 현실적이다. 사춘기 어머니들은 아기들이 빨리 독립성을 갖는다고 생각하여 젖병을 잡도록 쥐여 주거나, 너무 일찍 앉히려고 하거나, 아기가 집지도 못하는 스크램블을 장난감으로 준다. 그런데 막상 아기가 걸음마를 시작하면 사춘기 어머니들은 아이들에 대한 양육행동에 반대가 되어 전반적으로 통제하려 들고 아이들이 자유로이 탐색하지 못하게 하며 원하는 일을 선택할 기회를 주지 않는다. 사춘기 어머니들은 학습에 도움이 되는 가정 환경, 즉 적절한 자극을 제공하는 환경을 만드는데도 실패하고 언어적 자극도 덜 주는 편이다.

Osofsky와 동료(1993)들은 어머니의 감정 조절 능력이 아이들에게 어떤 영향을 미치는지를 탐색했다. 그들은 사춘기 어머니들이 종종 우울증에 걸리고 정서적으로 불안정하다는 사실을 주목했다. 사춘기 어머니들이 갖는 이런 정서상태는 아이들의 행동을 부정적으로 해석하게 하고 아이들에게 잘 통제된 방식으로 대응하지 못하게 할 수도 있다. 영아기와 유아기의 아이들이 어머니를 필요로 할 때 도움을 주지 못하고, 이런 양육과정의 민감성과 가용성의 부재는 사춘기 어머니의 아이들에게서 나타나는 낮은 수준의 안정적 애착의 원인이 된다.

사춘기 어머니의 영아와 유아들은 인지적 척도 면에서 성인 어머니의 아이들과 별 차이를 보이지 않지만, 이 차이는 유아원에 들어가면서 점차 나타나기 시작하고 초등학교에 가서 지속된다. 사춘기 어머니의 아이들은 학업장애와 학교생활 실패, 행동 문제를 보일 확률이 높다. 사춘기 어머니의 아이들이 십대가 되면 또래 아이들에 비해 십대 부모가 될 확률도 상대적으로 높다. 긍정적 발달을 향상시키는 경우는 사춘기 어머니들이 더 좋은 환경을 갖는 경우다. 아이의 유아원 시절과 사춘기 시절 동안 사춘기 어머니가 사회복지 대상에서 벗어나게 되면 아이가 학교에서 학업에 실패할 위험이 줄어든다. 그리고 남자 성인이 집에 있게 되면 그렇지 않은 경우에 비해 사춘기 어머니들의 아이가 문제행동을 보일 확률은 줄어든다.

아이의 성별과 기질 또한 양육에 영향을 미치는 위험/보호 요인들과 상호작용한다. 사춘기 어머니들은 딸보다는 아들에게 더 많이 관여하는 것으로 보인다. 아기가 순하고 적응적인 기질을 가질 경우 사춘기 어머니들은 양육하는 데 더 성공적이고 부모로서 자신들에 대해 긍정적으로 생각한다. 반대로 아기의 기질이 까다롭고 잘 적응하지 못하며 진정시키기가 쉽지 않은 경우에 사춘기 어머니들은 견디기 힘들기 때문에 더 힘든 시간을 갖는다.

이 발견은 주로 아프리카계 미국인 십대 어머니들에게서 확인된 것이지만, 다른 표본들을 통한 연구에서도 비슷한 결과를 찾을 수 있다. Musick(1994)은 더 광범위한 표본조사를 했는데, 이 대상에는 미국 중서부와 남동부의 도시지역과 시골지역에 사는 아프리카계, 중남미계, 유럽계 미국인 십대 어머니들이 포함되었다. 이 표본들에서 Musick은 십대 어머니들의 성숙수준과 아이들에 대한 사랑을 지지적인 양육으로 전환시키는 능력에 있어서 지역과 인종에 상관없이 비슷한 정도의 어려움을 겪는다는 사실을 발견했다. 그는 또한 다양한 양육 결과를 확인할 수 있었는데, 힘든 상황에도 불구하고 성공적으로 양육하는 영웅적인 노력을 보인 십대 어머니들도 있었다.

아마 더 중요한 것은 Musick의 조사에서 다른 종류의 문제가 발견되었다는 점일 것이다. 한 연구에서 조사에 응한 사춘기 부모들의 65%가 아동기나 사춘기 초기에 성학대를 당했고, 61%는 수많은 가해자들로부터 학대를 받았다고 한다. 이 어린 여자아이들은 무력감을 느끼고 자신이 보호받지 못하고 열등하고 돌보아 줄 가치가 없는 존재라고 생각하게 된 결과, 자기보호 기술을 발달시키지 못해서 약탈을 일삼고 남을 돌볼 줄 모르는 남자들에게 취약하게 되었다고 Musick은 해석한다. 더구나 이들이 갖는 부정적인 느낌과 곤경이 자신의 부모 역할에도 전이되어 자신의 아이들을 성학대로부터 보호하지 못하게 된다. 10장에 가서 성학대가 미치는 영향에 대해 더 자세히 살펴볼 것이다.

아프리카계 미국인 사춘기 어머니와 중남미계 미국인 사춘기 어머니를 비교 조사한 연구에 따르면, 두 집단 모두에서 사춘기 어머니들은 동일 인종집단의 성인 어머니들에 비해 우울증에 더 잘 걸리고 아이들 양육에 덜 관여하며 자극을 주는 환경을 만드는 데 노력을 덜 기울인다. 그러나 아프리카계 미국인 사춘기 부모들이 중남미계보다 가족과 친구들로부터 더 많은 지원을 받고 덜 긴장된 상태에서 양육을 한다.

의심할 여지없이 사춘기 어머니들은 많은 문제에 직면하고 있지만 아이들 양육에 잘 개입하여 성공적으로 아이들을 키우는 경우도 종종 있다. 불행하게도 우리는 지금 성공한 경우에는 주의를 덜 기울이고 있다. 예를 들어, 볼티모어에서 조사된 십대 어머니들의 75%는 사회보장 지원 없이 직장생활을 하고 있는데, 우리는 지금 사회보장 서비스를 받고 있는 25%의 사춘기 어머니들에 초점을 맞추고 있는 것이다.

성공적인 사춘기 어머니는 어떤 사람들인가? 이들은 피임법을 사용하여 가임률을 조절한다. 이들은 학교생활을 계속하거나 학교로 다시 돌아가서 학업을 마친다. 그리고 높은 동기수준을 설정하여 자신을 위한 높은 교육목표를 설정하고 유지한다. 이들 중 가장 성공적인 경우는 지지와 도움을 줄 수 있는 남자와 안정된 결혼생활로 진입하는 경우다.

(2) 사춘기 아버지

사춘기 부모에 대한 논의가 주로 사춘기 어머니를 대상으로 하고 있는데, 부분적인 이유로는 상당수의 아버지(50%로 추정됨)들이 성인들이기 때문이다. 사춘기 아버지들은 전반적으로 아이들 양육에 관여하지 않지만 전혀 없는 것은 아니다. 사춘기 아버지의 25% 정도는 영아와 함께 생활하고, 전국적 조사에 따르면 57% 정도가 생후 2년까지는 매주 방문한다고 한다. 아이들이 점점 더 성장해 감에 따라 사춘기 아버지의 방문하는 비율은 점차 떨어져서 아이가 2~4세 때는 40%, 4.5~7세 때는 27% 그리고 7세 이상이 되면 22% 정도의 사춘기 아버지들만이 아이들을 만난다.

아프리카계 미국인 아버지들이 유럽계나 중남미계 아버지들에 비해 아이들 양육에 더 참여적이다. 아프리카계 미국인 아버지의 12%만이 아이와의 만남을 피하는 반면, 유럽계 미국인 아버지들은 30%, 중남미계 미국인 아버지들은 37% 정도가 아이와의 접촉을 갖지 않는다.

사춘기 아버지들은 주변에 있는 사람들이 아이와의 접촉을 지지해 주면 아이 양육에 더 잘 참여한다. 그러나 사춘기 아버지들이 아이 양육에 개입할 때는 사춘기 어머니들처럼 지시적이고 부정적인 표현을 많이 사용한다. 한 연구에서는 사춘기 아버지가 아이와 함께 문제해결 과제를 수행하는 과정을 관찰했다. 이들은 과제수행 전략들을 아이들에게 제시하지만, 아이들이 과제를 수행해 갈 때 명령을 주로 하고 부정적인 평을 늘어놓았다. 사춘기 아버지들이 아이들과 부정적인 관계를 형성하는 과정을 보면, 아버지들은 아이들의 부정적 태도와 저항을 강화시키고 이에 따른 아버지의 부정적 태도는 아이의 부정적 태도를 유발시키게 되어 악순환에 빠지게 된다. 이 과정은 아이에 대한 부모의 부정적 시각을 강화시킨다. "사춘기 아버지의 초기 양육 개입과 부모의 자원 부족, 부정적 통제방식을 통하여 아이들은 자신들의 부모가 그랬던 것처럼 다음 세대의 반사회적 아동으로 조성될 수 있다."고 연구자들은 결론짓는다.

(3) 십대 어머니와 아버지를 위한 지원

십대 임신 문제를 해결하기 위한 프로그램은 ① 효과적인 교육과 출산 조절을 통한 첫 아이 출산을 지연시키는 프로그램과 ② 아이를 출산했을 때 십대 부모를 지원하는 프로그램이다. 이 두 프로그램은 모두 효과적인 출산 조절을 강조하면서 십대들에게 장래 목표를 설정하고 수행할 수 있는 능력에 대한 자신감을 발달시키는 점을 중시하고 있다.

사춘기 어머니들은 양육과 학교교육의 지속, 의무 수행에 대한 도움을 필요로 하지만, 연구자들은 자신의 아이와 가족과의 긍정적 관계를 유지하도록 지도하는 프로그램을 통해서도 많은 도움을 받을 수 있다고 제안한다. 사춘기 어머니들은 타인을 신뢰하지 못하는 경향이 있기 때문에, 자신을 능력 있는 양육자로 지각하고 아이와의 관계에서 신뢰감을 발달시킬 필요가 있다. 이들은 아이를 키우는 데 동반되는 긴장과 좌절 속에서 잘 적응해 내기 위한 자존감을 형성해야 하는데 이때 도움이 필요하다. 그리고 아기가 보여 주는 단서들을 잘 이해해서 아기들이 필요로 하는 것들에 적절히 대응할 수 있도록 아기를 중심으로 한 연습도 필요하다. 아기와의 상호작용을 비디오로 녹화해서 피드백을 주면 아기의 삶에서 어머니의 역할이 얼마나 강력한지를 깨닫게 된다. Osofsky와 동료(1993)들은 "긍정적 정신건강의 강조, 즉 사춘기 어머니와 아기들에게 옳은 것과 그른 것이 무엇인지를 강조하는 것이 이들에게 도움이 된다는 사실은 더욱 효과적인 예방 프로그램의 개발이 얼마나 중요한지를 깨닫게 한다."고 결론짓고 있다.

사춘기 아버지들의 적극적 양육을 위한 프로그램도 있다. 예를 들어, Ballard는 클리블랜드에 책임감 있는 아버지와 가정 개발 전국 연구소라는 사설 연구소를 개설했다(Santoli, 1994). 아버지의 부재하에 성장해서 긍정적인 남성 역할모델이 없다는 데 분노를 느낀 Ballard는 남자들이 아이들을 돌보아 주어 아이들의 인생에 긍정적인 힘을 주게 하겠다는 목표하에 책임감 교육 프로그램을 만들었다. 사춘기 어머니를 돕는 사회복지사인 그는 거리로 나가 아이들의 아버지를 찾아 주기로 결심했다. 그리고는 아버지의 책임에 대해 토론하는 집단을 결성했다. 프로그램 운영을 위한 모금 활동에 나서고 십대 아버지 프로그램을 만들었다. 이 프로그램에 참여하는 아버지는 반드시 세 가지 요구사항을 이행해야 했다. ① 아이의 법적 아버지가 되어야 하고, ② 학교를 다니거나 일반 교육발달 과정을 받아야 하며, ③ 직업을 가져야 한다. 첫 번째 요구사항을 제외하면, 사춘기 어머니들이 취해야 할 행동들과 동일한 행동들이다. 이 프로그램은 가족 전체를 강화시킨다는 목적하에 사춘기 어머니와 아이들의 조부모들도 포함시켰다. 현재 이 프로그램은 다른 도시로도 확대되어 가고 있으며, Ballard는 "이 문제는 아프리카계 미국인이나 빈곤층 사람들에게만 국한된 것이 아니다. 의사, 변호사, 정치인 등을 포함해서 많은 남자들이 자신의 아이들을 돌보지 않고 있다. 아버지들이 아이들과 더 친밀해질수록 사회는 우리 모두를 위해 더 안전해질 것이다."라고 하면서 이 프로그램이 다른 사회집단에도 적용되어야 한다고 보았다.

2) 우울증 부모

우울증을 가진 부모에 대한 연구들은 주로 어머니에게 초점을 맞추고 있는데, 그 이유는 아기와 가장 많이 상호작용을 하는 사람이 어머니이기 때문이다. 우울증 어머니들은 아기를 바라보고 만지며 밝은 얼굴표정을 짓고 말을 거는 빈도가 그렇지 않은 어머니들에 비해 낮다. 이들은 아기에 대한 애정도 적고 같이 놀아 주는 경우도 드물다. 우울증 어머니는 그렇지 않은 어머니에 비해 아기들을 더 부정적인 시각에서 본다. 그렇지만 이들은 다른 사람들이 생각하는 것보다 자신에 대해서는 더 긍정적으로 평가한다.

우울증 어머니의 정서는 전염성이 있는 것 같다. 왜냐하면 이들의 아기들도 부정적인 정서상태를 보이기 때문이다. 우울증 어머니의 아기들은 그렇지 않은 어머니의 아기들보다 더 많이 보채고 더 과민하고 활동성이 떨어진다. 더구나 이 아기들은 우울증이 없는 성인 방문객들에게도 동일한 행동을 보여 이 방문객들이 부정적인 감정으로 대하게 되는 악순환에 빠지게 된다. 아기들의 우울증은 출생 시에 관찰할 수 있다. 이들은 감각 역치가 아주 높아서 반응을 유도하려면 더 강한 자극을 필요로 한다. 이들은 이미 변화가 없는 정서상태를 보이고 활동성 수준이 낮다. 우울증 어머니와 그렇지 않은 어머니를 구분짓는 생리적 특성도 이 아기들에게서 동일하게 나타난다. 가령, 노어에피네프린과 코르티솔 수준의 상승은 과민성에 기여하는데 아기도 이런 특성을 보인다. 게다가 생후 3개월까지 오른쪽 전두엽의 뇌전도 패턴이 어머니와 유사하다.

우울증이 완치된 어머니의 아기는 영아기 경험의 장기적 증세를 더 이상 보이지 않는다. 그렇지만 우울증이 지속된 어머니의 아기가 유아원생이 되면 초기에 보였던 동일한 생리적 특성을 계속 보인다. 더군다나 우울증 어머니는 그렇지 않은 어머니보다 아이들과의 행동 문제를 계속해서 더 많이 보인다.

어머니의 우울증이 영아 행동에 미치는 효과는 우울증이 치료된 후에는 역전되기 때문에 우울증 어머니와 그 아기들을 돕는 개입치료가 필수적이다. 효과적인 개입치료는 어머니와 아기 그리고 이들의 상호작용을 모두 대상으로 한다. 약물치료와 심리치료를 결합한 일반적인 정신과 치료에 추가하여 어머니의 기분상태를 바꾸는 개입방법으로 마사지요법과 근육이완요법이 포함된다. 이 방법들을 사용하면 어머니의 불안척도와 우울척도의 수치가 줄어든다. 그리고 어머니가 선호하는 음악을 들려 주는 음악치료도 오른쪽 전두엽의 뇌전도 활성화 수준을 일시적으로 감소시켜 주는 것으로 보인다.

마사지요법을 어머니와 마사지 전문가가 번갈아 시도하는 것은 우울증 어머니의 아기들을 위한 효과적인 개입방법이다. 아기들에게 마사지요법을 사용하는 것은 아기들이 보채는 것을 줄여 주고, 아기들의 수면 패턴을 증진시켜 주며, 아기들이 스스로 진정하는 능력과 활동수준을 증가시켜 준다. 결과적으로, 이 요법은 어머니와의 상호작용 패턴을 더 긍정적으로 만들어 준다. 한 연구에서는 아기가 우울증 어머니의 무표정한 얼굴을 바라보고 있는 중에 아기의 다리를 쓰다듬어 주는 행위만으로도 아기의 고통이 감소됨이 확인되었다. 다른 연구에서는 한 성인이 아기에게 미소짓고 정답게 말을 받아 주면서 아기의 다리를 쓰다듬어 주면, 단지 미소와 말 받아 주기만 하는 경우에 비해 아기가 어른에게 눈을 맞추는 빈도가 더 증가하는 것이 관찰되었다.

지도과정도 어머니와 아기의 상호작용 패턴을 향상시킨다. 위축되고 우울한 어머니는 아기의 주의를 계속 끌라는 지시를 받는다. 어머니가 아기와 더 많은 놀이를 하고 더 밝은 얼굴표정을 지어 보이면, 아기는 더 활동적이고 더 긍정적인 기분으로 반응한다. 아기를 대할 때 강제적이고 과도한 자극을 주는 우울증 어머니들의 경우, 아기의 행동을 흉내내기만 할 때 더 효과적인 상호작용을 갖는 것으로 보인다. 어머니들이 아기의 행동을 흉내내게 되면 어머니는 반응을 천천히 하게 되어 아기에게 더 적절히 대할 수 있게 된다.

우울증 어머니의 생활방식을 변화시키는 개입방법 또한 우울증을 감소시키는 데 효과적이다. 더 활동적이 되어 학교나 직장으로 복귀하게 되면 어머니와 아기의 상호작용이 향상된다. 한 연구에서 보면, 어머니가 학교에 다니면서 아기를 그 학교의 탁아소에 맡겼을 때 어머니의 기분상태는 더 좋아졌고 아기와의 긍정적인 상호작용도 더 증가되었다. 아기는 탁아소에서 상당히 많은 낮시간 동안 적절한 자극과 기분 조절의 기회를 받으면서 지내기 때문에 어머니와의 관계를 더 증진시키게 되었다.

3) 약물남용 부모

부모의 약물남용이 부모-아이 관계에 미치는 영향에 대한 구체적인 사실을 밝힌 체계적인 연구는 아직 없지만, 그 영향에 대한 일반적인 관찰들을 살펴볼 수는 있다. 그러나 어려운 점은 약물남용 자체가 주는 영향을 부모가 갖고 있는 기존의 심리적, 사회적 문제와 아이의 출생 후 동반되는 열악한 생활 조건과 분리시켜 보기 힘들다는 사실이다.

약물남용은 임신 부작용과 출산 부작용과 연결되어 있다. 약물을 남용하는 임신부는 건강상태도 좋지 않고 임신관리도 소홀히 하게 되어 임신과 출산과 관련된 잠재적인 문제들을 안고 있게 마련이다. 이들의 아기들은 미숙아로 태어나기 쉽고 임신기간에 비해 몸이 작을 수 있다. 임신 중 약물남용은 태아발달에 직접적으로 영향을 미쳐서 치명적인 손상을 입히거나 출산 후에도 지속적인 건강 문제를 갖게 한다.

헤로인이나 모르핀 중독인 어머니에게서 태어난 영아들은 약물에 중독되어 태어나기 때문에 양육과정을 더 복잡하게 만든다. 아직 이런 아이들을 사춘기나 성인기까지 추적 조사한 적이 없어서 어머니의 약물남용이 아이에게 미치는 장기적 효과에 대해 분명한 답을 줄 수는 없다. 그렇지만 이런 아이들이 각성수준이나 활동수준, 주의 조절 그리고 운동 및 인지 발달에 있어 손상을 보일 확률이 높다는 지적들이 있다. 이런 손상의 종류와 정도는 임신기간 중 남용한 약물의 종류, 양, 시기에 따라 다르다.

비록 술이 법적으로 허용된 약물이지만, 치명적 알코올 증후군(Fatal Alcohol Syndrome; FAS)은 약물남용에 따른 영아 손상의 대표적인 예가 된다. FAS는 알코올 중독인 어머니의 아이들 중 일부가 태어나면서부터 보이는 이상 증상들이다. 이런 아기들은 성장발달의 부진을 보이며 과잉행동 증상을 보인다. 얼굴은 약간 기형상태일 수 있어서 비대칭적인 특징과 눈의 위치가 상대적으로 낮고 귀가 작다. 그리고 지적 성장이 지체된다. 제일 심한 문제는 이런 손상이 회복될 수 없다는 점이다. FAS가 처음 확인되었을 때 전문가들은 어머니가 지속적으로 매일 3~6온스 정도의 술을 매일 마시면 이런 이상 징후가 나타난다고 보았다. 그러나 최근 연구에서 더 적은 양의 알코올 섭취도 저체중 출산, 빨기반사의 문제, 발달지체와 같은 문제들이 발생할 수 있다는 결과가 있다.

약물남용 어머니와 아기들을 관찰한 바에 따르면, 약물남용 어머니들은 일반적인 어머니들에 비해 아기에게 더 부정적인 태도를 취하고 때로는 더 위축되어 있지만 다른 때에는 아기에게 더 간섭하고 지시적인 행동을 보인다. 이들은 민감성 있고 반응적인 양육자로서 어려움을 갖기 때문에 일반적인 어머니들에 비해 비안정적 애착을 형성할 확률이 더 높다. 약물남용 아버지와 어린아이들에 대한 연구는 드물지만, 여기서도 비슷한 발견을 하였다. 알코올 중독인 아버지들은 한 살 된 아기와의 상호작용에서 더 부정적인 태도를 갖고 더 지시적인 행동을 보였다.

부모의 약물남용은 아이들에게 장기적인 신체적, 지적 손상을 초래할 뿐만 아니라 아이들을 다른 문제의 위험에도 처하게 한다. 약물을 남용하는 부모들은 성인이든 아이들이든 남에게 폭력을 행사하는 경향이 있다. 이들은 자신의 아이들을 신체적 또는 성적으로 학대하거나 무시하고 또는 방치하곤 한다. 이들의 행동이 극단적이지 않다 하더라도 가정 내에서 더 자주 분노를 터뜨리면서 말다툼을 하는데, 3장에서 보았듯이 부모의 심한 정도의 분노는 아이들에게 상처를 입힌다.

부모들의 약물남용 문제 해결을 위한 프로그램은 이런 부모의 아이가 갖는 욕구에도 주의를 기울여야 한다. 첫째, 스트레스에 취약하고 약물에 노출된 아이는 부모의 혼란한 생활 패턴에 특히 영향을 받기 쉽다. 그러므로 이런 부모들이 안정되고 비폭력적인 가정을 꾸리도록 도움을 주어야 한다. 둘째, 이런 아이들은 각성 체제와 조절 체제가 바뀌었기 때문에 지속적인 기반에서 도움을 주어야 한다. 이런 아이들은 집단 활동 상황이나 감당하기 힘든 학교 환경에 직면할 때 어려움을 경험하게 된다. 아이들이 정서적 반응을 안정시키고 관련 정보를 효과적으로 확인할 수 있도록 약물 복용 및 교육적 개입에 대한 더 많은 정보가 필요하다. 셋째, 이들 부모와 아이들이 지속적으로 심리적인 지원을 받아 환경과 관련된 일상의 여러 문제에 잘 대처하도록 하여야 한다. 약물남용 부모의 아이들은 기분장애 문제에 처할 위험도 도사리고 있다. 그래서 정신건강 전문가들은 이들에게 생물학적, 유전적, 환경적 요인들 간의 복잡한 상호작용이 있음을 언제나 고려해야 한다. 이런 가정에서 확인할 수 있는 약물남용과 빈곤 그리고 환경적 혼란이라는 지속적인 순환고리를 깨기 위해서는 이 모든 요인들이 반드시 함께 다루어져야 한다.

부모가 약물남용자인 가정에서 성장한 비약물남용자인 자녀들이 성인이 되어서 부모 역할을 할 때 어려움을 갖는 경향이 있다는 점은 주목할 필요가 있다. Cowan과 Cowan(1992)은 조사한 부모들 중 20%가 알코올 중독인 부모 아래서 성장했다는 사실을 확인했다. 부모로서의 적응 지표로 사용한 우울증상, 자존감, 양육 스트레스, 역할 불만족, 결혼생활 만족도 감소 등에서 음주와 관련된 문제는 없었는데도 성장기 때 부모가 알코올 중독이었던 사람들은 상당히 큰 어려움을 겪고 있음이 드러났다.

Cowan 부부의 연구에서 더 고통스럽게 확인된 점은 알코올 중독 조부모를 둔 아이들이 받는 세대 간에 걸친 영향이었다. 이 아이들의 부모들은 유아원에 다니는 자신의 아이들이 객관적인 측정에서 다른 아이들과 차이를 보이지 않는데도 불구하고 성공적이지 못할 것이라고 보았다. 이는 문제가 많고 비효과적인 양육을 받았던 부모들이 자신의 아이들에 대한 비현실적인 기대를 발달시켜, 결과적으로 긍정적인 시각으로 아이들을 바라보는 데 어려움을 갖고 있음을 시사한다.

4) 문제 가정

사춘기 부모, 우울증 부모, 약물남용 부모들이 직면하는 도전은 실제적인 것들이다. 일반 가정에서 때때로 직면하는 문제들도 똑같이 중요한 문제들이다. 문제행동들은 시간에 걸쳐 발전하여 심각한 문제가 될 수 있다.

1세에서 3세 때까지의 종단연구에서, 어린 아이들의 행동 통제에 있어 특별한 어려움을 갖고 있는 일군의 가정들이 확인되었다. 이들 가정에서 걸음마 단계의 남자아이들은 부모의 지시에 반항하였고, 이런 상호작용이 고조되면서 부모와의 분노를 동반한 일종의 권력 다툼의 단계에 들어섰다. 이때 부모는 아이의 행동에 과민하게 반응하고, 아이의 행동을 잘 이끌어 주면서 그 행동을 왜 해야 하는지에 대한 설명 없이 단순히 금지하거나 지시를 내리기만 했다.

일군의 문제 가정은 2년간의 관찰기간 내내 아이들과의 관계에서 어려움을 보였는데, 아이들이 3세가 되어 가면서 공격행동 문제를 더 빈번히 보였다. 지속적으로 문제를 보인 이들 가정에서 부모들은 초반에는 아이가 부모에게 반항한 후에 화를 내었지만, 3세 후반 무렵에는 아이들이 부모를 통제하려는 기미만 보이면 화를 내고 비난했다. 부모의 분노는 아이의 저항을 더 잘 불러일으켰다. 일부 문제 부모들은 아이들에게 과도하게 권력을 행사해서 아이가 3세가 되면 더 이상 권위주의적 통제에 반항하려 들지 않았다.

아이가 만 1세가 될 때 조사된 가정에 대한 측정치는 아이가 만 2세 때와 3세 때에 그 가정에 문제가 있을지 여부를 잘 예언해 준다. 상당한 경제적, 사회적, 심리적 자원을 가지고 있는 가정은 문제를 가질 확률이 가장 낮았다. 이 자원들은 부모들에게 완충 역할을 해 주어서 아이의 증가하는 자기주장에 대해 분노나 과민한 행동으로 반응하지 않게 해 준다.

이 연구들에서 보면, 생후 10개월의 영아 정서성과 1세의 부정적 태도 같은 기질적 특성으로 3세 아이들의 행동을 직접적으로 예측할 수는 없다. 그렇지만 아이의 부정적 태도와 부모의 양육습관을 결합해서 보면 만 3세에 가서 공격적, 충동적 행동 문제를 갖는 아이들과 수줍어하고 억제된 행동 문제를 갖는 아이들을 확인할 수 있다. 남자 아기가 만 1세 때 부정적 태도가 강하고 어머니가 아기를 돌볼 때 부정적 태도를 주로 보이는 경우, 이 아이는 더 공격적인 행동을 보일 확률이 높다. 남자 아기가 부정적 태도가 강한데, 아버지가 긍정적 태도를 더 많이 보이면 이 아이는 만 3세 때 수줍어하거나 억제된 행동을 보일 가능성이 높다. 억제된 행동에 대한 다른 연구들에서 보면, 부모의 지원이 많아도 아이의 행동을 변화시켜 더 표현적이고 외향적으로 바꾸는 데는 별 도움이 되지 못하는 것 같다.

영유아기의 아이들을 키울 때 어떤 부모들이 직면하는 특수한 문제들을 살펴보면, 이 부모들이 갖는 문제는 하나 이상일 수 있다는 점을 고려해야 한다. 예를 들어, 사춘기 어머니들은 성인 어머니들에 비해 우울증에 걸리는 경우가 많다. 부모들이 갖는 곤경의 공통적인 특징이 아이들에 대한 부정적이고 비판적인 태도라는 점도 중요하다. 그리고 이 부모들은 아이들에게 적절히 반응하는 데도 어려움을 갖는다. 가령, 너무 무관심하게 대하거나 반대로 과도하게 자극을 주려는 경우다. 이런 부모들에게는 개입방법이 도움을 줄 수 있다. 앞 절과 글상자 5.2에서 언급된 개입방법에 덧붙여, 3장과 4장에서 기술된 전략들도 이런 문제를 해결하는 데 도움을 줄 수 있다.

8. 긍정적 가정 분위기 만들기

형제자매는 대개 몇 년 간격으로 태어나므로 많은 아이들의 아동기 초기 동안에 부모는 새로운 아이를 가족에 포함시키게 된다. 부모는 아이들이 서로 사랑하고 돌보아 줄 것에 대한 강한 바람을 가지고 있다. 여기에는 과연 부모들은 가족 내의 긍정적 관계를 증진시키기 위해 어떻게 하느냐 하는 질문이 뒤따르게 마련이다.

대부분 첫째아이는 동생이 태어난 후 감정혼란과 좌절의 징후를 보이고, 특히 어머니가 아기를 돌보고 있을 때 못된 행동을 보이지만, 2~4세의 첫째아이의 대부분(82%)이 동생을 갖게 된 점에 대해 긍정적으로 느낀다. 동생이 만 1세가 될 즈음에는 63%의 아이들이 또 다른 동생을 갖기를 바란다는 보고가 있다.

부모들이 새 아기가 태어났을 때 사용하는 전략은 가정에 따라 다르다. 어떤 가정에서는 아버지가 첫째아이를 돌보고 어머니가 새로 태어난 아기를 돌본다. 아니면 아버지가 집안일을 맡고 어머니가 두 아이를 돌보는 경우도 있다. 또 다른 경우에는 부모들이 서로 역할을 바꿔가면서 집안일과 아이들 돌보는 일을 함께 한다. 부모가 아이들 모두에게 따뜻하고 반응적으로 대해 주고 두 아이와 안정적 애착을 형성할 때, 아이들은 서로 잘 지내게 된다. 부모들이 서로 긍정적 관계를 유지할 때 아이들이 서로 갈등을 보이는 경우는 드물다. 반대로 부모들이 서로 갈등적이고 아이들에게 체벌을 가할 때는 형제 간의 갈등은 증가한다.

또한 부모들이 행동에 대한 높은 기준을 유지하고 아이들을 따뜻하게 돌보아 줄 때, 아이들은 서로 돕고 따뜻하게 대하는 법을 배우게 된다. 부모들은 아이들 간에 서로 친절하게 대하는 것의 모범이 될 뿐만 아니라 아이들이 어떻게 해야 할지를 가르쳐 준다. 어머니들은 아이들이 공격행동을 자제할 것을 기대하고, 아이들이 자제하지 못하면 어머니가 실망했다는 것을 보여 주어야 한다. 부모들은 "아이들은 치라고 있는 것이 아니란다."라든지 "그만해. 너는 걔한테 상처를 주고 있구나."와 같이 분명하지만 분노를 동반하지 않는 평을 해 주어야 한다.

3장에서는 가족구성원 모두의 긍정적이고 지지적인 관계를 만들기 위한 전략들에 대해 검토했다. 여기서는 매일 서로에게 들려 주는 이야기를 통해 긍정적인 관계를 강화시키는 새로운 방법에 대해 기술하고자 한다. '아기들은 부모, 형제, 친구들이 서로에게 그리고 매혹된 청취자인 자신에게 하는 이야기들에 둘러싸여 지낸다. 아기들은 두세 살이 되어 가면서 자신을 둘러싼 이야기에 자신의 목소리도 첨가하기 시작한다.' 이야기는 초반에는 사건에 대한 몇 마디에 지나지 않다. "집 놀이 하자. 나는 아가야." 관찰해 보면, 어머니와 걸음마 단계 유아들은 시간당 9개 정도의 이야기를 한다. 다른

2~4세의 첫째 아이 대다수는 형이나 오빠가 되는 것에 긍정적인 감정을 느낀다.

사람에게 이야기하는 것 외에도 아이들은 놀이를 하면서 자신이 말하고 있는 이야기 내용에 자신이 하고 있는 놀이를 집어넣기도 하는데 이런 독백이 나중에는 사고나 백일몽으로 발달하게 된다. 아이들이 성장하여 후에 대학교에 들어갈 때쯤에는 하루에 5~38개의 이야기를 말하게 된다.

이야기는 여러 목적을 가지고 있다. 이야기는 자신과 타인 그리고 삶에서 경험하는 여러 사건들에 대한 지각을 조성한다. 우리는 종종 누군가에게 어떤 경험에 대해 이야기하는 중에 자신이 어떻게 생각하고 느끼고 알고 있는지를 발견하게 된다. 우리는 매일 사람들과 나누는 대화를 통해 세상과 우리의 문화에 대한 정보를 얻는다. 4장에서 아이들이 일상생활의 절차와 활동에 대한 스크립트를 발달시킨다는 사실에 대해 논의했다. 이야기는 스크립트의 발달에 기여하고 스크립트는 아이들의 행동을 조성한다.

아동 발달에 대한 이해가 아이들 생활의 사회적 맥락으로까지 강조점이 확대되어 가면서, 아이들 삶에 관여하는 사람들의 단순한 합 이상으로서의 가정 분위기와 환경에 대한 이해가 관심의 초점이 되어 가고 있다. 가족구성원들 간의 이야기 분석은 가족의 상호작용 패턴과 가족문화를 이해하는 한 방법이 된다. 이야기는 '자신에게 의미 있는 방식으로 체제화되고 기억되고 재해석되는, 자연스럽게 발생하는 생활 경험에 대한 설명이다.'

일군의 가정생활 연구자들은 부모들의 이야기를 분석하기 위한 공동 부호 체계를 개발하기 위해 가정 이야기 콘소시엄(Family Narrative Consortium; FNC)을 구성하고, 가족 기능을 이해하는 데 있어 이 부호 체계의 신뢰성과 유용성에 대한 예비적 자료를 보고했다. 이 연구자들은 이야기의 구성, 이야기하는 사람들의 행동과 정서, 정서와 이야기 내용 간의 합치성, 이야기 구성에서 남편과 아내의 공동 작업방식, 이야기에 나타난 사회적 관계에 대한 신념과 기대 등과 같은 차원들을 검토하였다. 이들의 초기 분석에서 이야기 시간에 가족구성원에 대한 비판과 갈등으로 표현된 어머니들의 부정적 정서와 이야기에 나타난 관계들에 대한 아버지의 부정적 신념은 아이들의 공격적 행동 문제와 관련 있는 것으로 나타났다. 따라서 이야기의 내용과 정서는 가족 기능에 중대한 영향을 준다고 볼 수 있다.

Engel(1995)은 부모들에게 아이들을 이야기 과정에 참여시키는 묘책을 알려 주고 있다. 이야기하는 일에 자신감과 즐거움을 느낄 때 아이들은 이야기를 하려고 한다. 따라서 부모들은 아이들이 자신감을 갖도록 미소나 감탄사, 얼굴표정, 아이들 말의 반복 등을 통해 관심을 보이면서 아이들이 하는 이야기에 주의를 기울여 주어야 한다. 부모들은 아이들의 이야기를 더욱 정교화시키도록 여러 답이 가능한 질문을 주어 이야기 구성에 협력할 수도 있고, 아이들의 이야기에 자극을 주는 다양한 이야기와 시 등을 아이에게 들려 줄 수도 있다. '즐거운 경험이든 힘든 경험이든 자신의 경험을 의미 있게 구성할 수 있는 가족은 예측하기 힘든 세상에 대처하는 데 도움을 주는 의미-구성 체계를 아이들에게 제공할 수 있다.'

9. 영유아 자녀를 둔 부모의 경험

Galinsky(1987)는 아기 인생의 첫 일 년을 부모신분의 **보육 단계**라고 부른다. 부모들은 아기를 돌보고 부모로서의 자신의 역할을 수용하면서 새로 태어난 아기에게 애착을 형성하는 데 초점을 둔다. 이들은 아기를 키워가면서 다음과 같이 자문하곤 한다. "내가 잘 하고 있는 건가?" "지금 내 모습이 과연 내가 바라던 부모 모습인가?" 부모들은 첫 몇 달 동안 자신의 에너지 대부분을 아기를 돌보는 데 헌신하지만, 점차적으로 자신 생활의 다른 부분도 양육 활동에 맞춰 조절해 나간다. 어머니와 아버지의 관계와 직장 활동에도 아기와 관련된 일들이 포함된다. 그리고 다른 아이와 친척과의 관계도 재정의된다. 아기가 태어난 후 초기의 몇 달 동안 상당히 많은 부분들이 변해 가는 것이다.

두 살에서 네다섯 살 사이의 기간을 Galinsky는 **권위 단계**라고 한다. 부모들은 아이에 대해 권력을 갖고 규칙을 정하고 이를 강화하는데, 이에 대한 자신의 감정을 잘 다뤄야 한다. 부모는 아이들이 자신의 에너지를 사용하여 부모에게 반대하고 자기 방식대로 행동하려 할 때 어떻게 하는 것이 합리적인가를 결정해야 한다. 보육 단계에서 부모들은 아기의 욕구를 충족시키고 부모 자신의 욕구와 양육 활동을 잘 협응시키는 데 우선적으로 관심을 기울인다. 일반적으로 적절한 양육 활동이란 명백하다. 즉, 아기에게 젖을 먹이고 기저귀를 갈아 주고 씻기고 잠재우는 것이다. 물론 아기가 울 때 내버려 두어야 하는지, 잠자는 시간 간격을 어떻게 해야 하는지 등에 대한 판단이 요구되지만 이 문제도 분명한 방향을 가지고 있다. 그렇지만 권위 단계에 들어서면 부모들은 분명한 행동규칙을 개발해야 하고, 자신감을 갖고 행동규칙을 강화할 뿐만 아니라 아이가 성질을 부릴 때 적절히 대처해야 한다. 부모들은 아이의 반대행동을 접할 때 자기확신을 갖고 차분하고 중도적인 태도로 대응할 수 있어야 한다. 걸음마 단계 유아들을 다루면서 완전히 탈진한 많은 부모들은 자신들이 결코 하지 않겠다고 맹세한 일들을 아이에게 행하고 있거나 말하고 있는 자신을 발견하게 된다. 이는 부모들이 어렸을 때 자신의 부모들로부터 듣기 싫어했던 바로 그런 말들이다. 부모들이 아이들 양육이라는 현실과 충돌할 때, 자신의 이상적인 이미지는 흔들리게 되고 혼란에 빠지게 된다.

부모들의 자기 이미지는 현실에서 자신이 행동하는 방식에 비추어 수정을 거듭하게 된다. 자기 이미지의 수정은 변화를 동반하기 때문에 고통스러운 과정일 수도 있다. 부모들은 자신의 삶에 대한 기준에 맞춰 살기 위해서 자신의 이미지나 행동을 변화시켜야 한다. 또한 부모들이 갖는 아이들에 대한 이미지도 변화된다. 아이들이 언제나 아름답고, 부모를 사랑하고 협조적인 사랑스러운 존재가 아니라는 사실을 부모들은 발견하게 된다. 물건을 부순다든지, 부모를 친다든지, 머리를 잡아당긴다든지 하는 행동에서 볼 수 있는 것처럼 아이들은 때로 극단적으로 공격적이고 파괴적일 수도 있다.

한 아버지는 자신이 가졌던 이상적인 부모 이미지를 수정하고 18개월 된 아이와의 관계를 새롭게 정립하여 혼란스러운 감정들에 잘 대처하게 되었다. 이렇게 해서 원래 원했던 부모 이미지를 다시 회복한 과정을 다음과 같이 기술하고 있다.

> 내가 성장할 때 우리 집에서는 누군가에게 화를 내면, 화를 낸 사람을 더 이상 사랑하지 않는 규칙이 있었다. 이런 경우에 처했을 때 나는 내가 버려졌다는 느낌을 받았다.
>
> 내 아들이 화를 낼 때 대처하기 가장 쉬운 방법은 내가 어릴 적 경험한 대로 하는 것이었다. 걸어 나가서는 문을 꽝 닫는 것이었다.
>
> 그러나 당신이 그런 고통을 받았을 때는 그걸 반복하길 원하지 않을 것이다. 내가 시도한 것은 그저 머물러서 아이의 화가 내 귀에서 흘러가도록 놔둔 다음, 과연 무슨 일이 벌어지고 있는가 명료하게 생각해 보는 것이다.
>
> 이때 내 아들에게 한 말은 비록 내가 "안 돼."라고 말했을 경우에도 "나는 너를 사랑한

다."라는 말이었다. 그리고 아이가 성질을 낼 때 아이를 껴안고 "아버지에게 화를 내도 괜찮아."라고 말해 주는 것이다.

이렇게 할 수 있게 된 것은 최근의 일이고 새로운 것이었으며 배워야만 하는 것이었다. 이는 참 힘든 일이다. 그 전에는 내 감정을 넘어서 볼 수가 없었다. 내가 이제 새롭게 배운 것은 내 감정을 지나쳐서 볼 수 있어야 한다는 점이다.

내가 배운 또 다른 것은 내가 아들에게 화를 내거나 하지 말아야 될 일을 했을 때에도 나는 네스호의 괴물도 아니고 이 세상에서 최악질 인간도 아니라는 사실이다. 바로 실수는 고칠 수 있다는 사실을 나는 배웠다(Galinsky, 1981).

부모들은 또한 서로의 권위를 인정해 줘야 한다. 아이들에게 행동규칙을 언제 어떻게 강화시킬 것인지에 대해 부모가 서로 합의한다면 아주 좋다. 그러나 이렇게 되는 경우는 드물다. 부모 중에 한 사람이 더 엄격할 수도 있고 덜 일관적일 수도 있다. 한 사람은 어떤 체벌이든 반대하지만, 다른 사람은 규칙을 심하게 어겼을 때 체벌이 유일한 방법이라고 생각할 수도 있다. 부모들이 서로 의사소통을 통해서 이런 차이에 대처할 수 있는 방법을 모색하는 것은 중요하다. 부모들은 아이들 행동을 통제하는 어떤 경우든지 서로를 후원해 줄 것을 합의할 수도 있다. 다른 경우는 배우자가 아이의 행동을 통제할 때 잘못한 부분에 대해 은밀히 논의하기로 정할 수도 있다. 그렇게 되면 행동규칙을 처음에 설정한 사람이 그 규칙을 수정하는 데 한결 자유스러워진다. 또 다른 경우에는 부모 한 명에게 훈육을 전적으로 담당하도록 맡길 수도 있다. 이럴 경우에 다른 한 부모는 아이와의 관계에서 멀어지기 때문에 이 방법은 별로 바람직하지 못하다. 부모들 간에 행동 규제방법에 대한 차이를 해소할 방법을 찾게 되면, 아이들 양육에 필요한 지원을 서로 줄 수 있게 된다. 상호지원은 양육의 힘을 강화시키는 가장 중요한 원천이다.

한부모나 직장생활을 하는 부모의 경우 훈육의 일관성을 유지하기 위해서 탁아소 보모나 주로 돌보아 주는 친척과 같이 양육 일부를 책임지는 인물과 협력해야 한다. 이런 부모 이외의 보육자와의 의사소통은 일관적인 문제해결을 위해 중요하다. 만약 의사소통이 잘 되지 않게 되어 훈육방식이 합치되지 않으면 아이들은 혼란스러워지게 되고 기대를 충족시키지 못하게 된다.

부모는 아이에게 권위 있는 존재라는 사실을 자각하고, 아이들을 다루는 법을 배울 때 아이들의 잘못을 덮어 두고 중도적인 태도로 행동규칙 강화를 지속할 수 있다. 관련 서적, 부모집단으로부터의 정보, 양육과정에 대한 강의, 다른 부모와의 대화 등의 일련의 준비를 통해 이 권위 단계에서 느끼는 갈등에 대처하는 데 도움을 얻을 수 있다.

요 약

부모들은 부모신분으로 전이될 때

- 종종 모든 변화에 따라 유발되는 스트레스를 예상치 못한다.
- 우선 여부를 설정하는 것을 배우고 그에 따라 결정을 내린다.
- 배우자와 친척, 친구들에서 지원을 받을 때 더 능력 있게 행동한다.
- 스트레스에 대처하기 위해 적극적 경청 기법과 상호 문제해결 기법을 사용한다.

애착은

- 부모들이 아기의 욕구를 충족시켜 줄 때 수용적이고 민감성 있게 대하는 경우 안정적이다.
- 부모들이 아기의 욕구를 충족시켜 주어야 할 때 없거나, 아기 돌보는 데 관여치 않으며, 강제적이거나 통제적으로 아기를 대하고, 겁에 질려 있거나 정신적 외상이 있을 때 비안정적이다.
- 아기와 부모 모두 발달한다.
- 아기가 사랑스럽고 값진 존재라는 느낌을 형성하는 데 기초가 된다.
- 영아기의 애착은 걸음마 단계나 유아원 시절에 갖는 사회적 역능과 관련된다.
- 어린아이들에게 사람들 간의 관계에 대한 모델 역할을 한다.
- 개입방법을 통해 향상될 수 있다.

어머니와 아버지는

- 아기와 다른 방식으로 상호작용을 갖는데, 어머니는 보육자 역할을, 아버지는 자

극 제공을 하는 놀이친구 역할을 하는 경향이 있다.
- 어머니와 아동전문가가 아버지는 양육과정에서 중요한 인물이라는 점을 인식하는 상황에서 동반자가 될 수 있다.

아이들의 감정 통제능력의 증가는
- 부모들이 부모 자신의 감정을 통제하는 모습을 모델로 보여 줄 때 일어난다.
- 부모들이 아이들의 감정을 잘 이해하고 아이들이 느낀 감정이 타당하다고 수용할 때 일어난다.
- 부모들이 자신의 욕구에 앞서 아이들의 욕구를 들어 줄 때 일어난다.
- 저권력 양육기법을 사용하여 아이들의 감정 통제를 증진시켜 줄 때 일어난다.
- 상호 문제해결 기법을 사용하여 아이와 부모 간의 차이를 감소시킬 때 일어난다.

자율성과 자기 조절을 향상시키는 양육기법들
- 수용적인 순응 분위기 만들기
- 추론, 제안, 설득, 지도 등을 통해 아이의 행동을 통제하는 저권력 양육전략 사용하기
- 아이와의 권력 공유
- 무엇이 바람직한지에 대한 분명한 설명을 통해 아이의 반항 감소시키기

아이들이 발달시키는 정체감에 포함되는 것은
- 자신이 능동적 주관자, 능동적 행위자라는 느낌
- 초기에는 성별에 따른 행위에 대한 부모의 긍정적, 부정적 정서반응에 기초한 성 정체감
- 아이의 인종집단의 차이에 대한 자각에 뒤따라 점차적으로 나타나는 인종적 정체감

문화적, 사회적 힘은
- 영아기와 아동기 초기의 특정 양육습관에 영향을 준다.
- 미국의 경우 변화되어 미국 부모들 사이에서 점차적으로 양육의 상호의존 모형이 사용된다.

아이들과 안정적 애착을 형성하기 힘든 부모들은

- 연령(특히, 사춘기 부모), 우울증, 약물남용, 사회적 자원의 제약 등으로 인해 아이들에 대해 부정적이고 비판적인 태도를 갖는 부모들이다.
- 아이들에게 무관심하거나 과도한 자극을 제공하는 행동이 불규칙적이어서 아이들에게 효과적인 대응을 시의적절하게 해 주는 데 어려움을 갖는 부모들이다.
- 교육과 아이들을 이해할 수 있는 기회 제공 그리고 지원을 통한 개입방법으로 도움을 받을 수 있다.

가족구성원 간의 긍정적 관계는

- 형제 간 경쟁을 감소시킨다.
- 이야기 방법을 포함한 여러 방법을 통해 증진시킬 수 있다.

참고문헌

Al Santoli (May 1994). "They Turn Young Men with Children into Fathers." *Parade Magazine*, 29.

Athleen B. Godfrey, & Anne Kilgore (October/November 1998). "An Approach to Help Very Young Infants Sleep through the Night." *Zero to Three*, 19, pp. 15–18.

Bing, Elizabeth, & Libby Colman (1997). *Laughter and Tears: The Emotional Life of New Mother*. New York: Holt.

Carolyn Pape Cowan, & Philip A. Cowan (1992). *When Partners Become Parents*. New York: Basic Books.

Eisenberg, Nancy (1992). *The Caring Child. Cambridge*, MA: Harvard University Press.

Ellen Galinsky (1981). *Between Generations: The Six Stages of Parenthood*. New York: Times Books.

Florence L. Goodenough (1931). *Anger in Young Children*. Minneapolis: University of Minnesota Press.

Haim G. Ginott (1969). *Between Parent and Child*. New York: Avon Books.

J. Heidi Gralinski, & Claire B. Kopp (1993). "Everyday Rules for Behavior: Mothers'

Requests to Young Children." *Developmental Psychology, 29,* pp. 573–584.

James J. McKenna (December 1999/January 2000). "Cultural Influences on Infant and Childhood Sleep Biology, and the Science That Studies It: Toward a More Inclusive Paradigm." *Zero to Three, 20,* p. 17.

James J. McKenna, Sarah S. Mosko, & Christopher A. Richard (1997). "Bedsharing Promotes Breastfeeding." *Pediatrics, 100,* pp. 214–219.

Jay Belsky, & John Kelly (1994). *The Transition to Parenthood.* New York: Delacorte.

John D. Krumboltz, & Helen B. Krumboltz (1972). *Changing Children's Behavior.* Englewood Cliffs, NJ: Prentice–Hall.

John Money (1976). "Human Hermaphroditism." in *Human Sexuality in Four Perspectives,* ed. Frank A. Beach. Baltimore: Johns Hopkins University Press, pp. 63–86.

Joy D. Osofsky, Della M. Hann, & Claire Peebles. "Adolescent Parenthood: Risks and Opportunities for Mothers and Infants." in *Handbook of Infant Mental Health,* pp. 106–119.

Judith Musick (1994). "The Special Role of Parenting in the Context of Poverty: The Case of Adolescent Motherhood." in *Threats to Optimal Development: Integrating Biological, Psychological and Social Risk Ractors,* ed. Charles A. Nelson. Hillsdale, NJ: Erlbaum, pp. 179–216.

Judy Dun (1972). *Distress and Comfort.* Cambrige, MA: Harvard University Press, p. 23.

Jutta Heckhausen (1987). "Balancing for Weaknesses and Challenging Developmental Potential: A Longitudinal Study of Mother–Infant Dyads in Apprenticeship Interaction." *Developmental Psychology, 23,* pp. 762–770.

Kathryn E. Barnard, Colleen E. Morisset, & Susan Spieker (1993). "Preventive Interventions: Enhancing Parent–Infant Relationships." in *Handbook of Infant Mental Health*, ed. Charles H. Zeanah, Jr. New York: Guilford Press, pp. 386–401.

Levine, James, with Edward W. Pitt (1995). *New Expectations: Community Strategies for Responsible Fatherhood.* New York: Families and Work Institute.

Michael Retter (1987). "Continuities and Discontinuities from Infancy." in *Handbook of Infant Development,* 2nd ed., ed. Joy Doniger Osofsky. New York: Wiley, pp. 1256–1297.

Richard Ferber (1985). *Solve Your Child's Sleep Problems.* New York: Simon & Schuster.

Rudolf Dreikurs with Vicki Soltz (1964). *Children: The Challenge.* New York: Hawthorn.

Schatz, Marilyn (1994). *A Toddler's Life.* New York: Oxford University Press.

Stanley Turecki , & Leslie Tonner (1985). *The Difficult Child.* New York: Bantam Books.

Susan Angel (1999). *Stories Children Tell.* New York: Freeman, p. 4.

Thomas Gordon (1975). *P.E.T.: Parent Effectiveness Training.* New York: New American Library.

Turecki, Stanley, & Leslie Tonner (1985). *The Difficult Child.* New York: Bantam.

William A. H. Sammons (1989). *The Self-Calmed Baby.* Boston: Little, Brown.

William Sears (1999). Introduction to *Attachment Parenting,* by Katie Allison Granju with Betsy Kennedy. New York: Pocket Books.

06

초등학생 시기

초등학교에 들어가는 첫날부터 아이는 자신의 역능을 증가시킬 기회의 바다에서 항해를 시작한다. 아이의 독립성이 커지는 반면, 스트레스가 동반된다. 가족의 보호로부터 벗어나 더 넓은 세상에 나간 아이들은 어떻게 대처해 나가는가? 부모들의 역할은 급격히 바뀌어서 아이에게 독립성을 고무시키고, 계속해서 아이의 행동을 지도하며, 동시에 아이가 직면하는 외부 세계의 영향을 해석해 주는 과제를 수행하게 된다. 부모들은 학교에서의 자녀 발달을 어떻게 지원해 주어야 하나? 믿을 만한 습관과 자기 조절 능력을 향상시키기 위해 무엇을 해 주어야 하나? 아이들이 부모의 보호를 넘어서서 경험하게 되는 감정적 혼란과 실망을 잘 다루도록 하려면 어떤 도움을 주어야 하나?

5~11세의 시기는 아이들에게는 확장기다. 아이들은 식사, 옷 입기, 배변과 같은 생활습관을 배워 왔기에 자신의 많은 욕구를 스스로 관리할 수 있게 된다. 이제 그들은 언어에 능숙해져서 쉽게 의사표현을 할 수 있다. 아이들이 학교에 들어가서 새 친구들을 사귀고 더 벅찬 과제에 적응하면서 아이들의 세계는 확장된다. 그러나 아이들의 능력이 향상됨과 동시에 그들의 삶에서 경험하는 스트레스도 증가한다. 아이들은 자신과 남 그리고 외부 기준을 비교할 수 있기 때문에 여러 영역에서 자신의 능력에 대

해 걱정하고 수치심이나 부적절하다는 느낌을 받기 쉽다. 부모들은 아이들이 이런 새로운 과제에 잘 대처하도록 도와주는 막강한 역할을 수행하게 된다. 이 장에서는 초등학교 시기에 확장되어 가는 역동적인 면에 대해 검토하고자 한다.

1. 부모-자녀 관계

부모들이 초등학생 아이와 보내는 시간은 유아원생 때의 반으로 줄어들고 신체적 애정 표현도 줄어든다. 그렇다고 하더라도 부모들은 이전과 마찬가지로 양육 자체를 즐기고 아이들을 돌보며 양육을 중시한다.

부모들의 아이들 욕구에 대한 수용성, 관여, 민감성은 아이들이 책임감 있고 능력 있는 행복한 개인이 되도록 돕는 데 중요한 힘으로 작용한다. 부모들은 여전히 아이의 삶에서 제일 중요한 사람이기 때문에 아이들의 가장 큰 두려움은 부모를 잃는 것이다.

초등학생 시기에 부모-아이 관계는 그 이전과 이후 시기의 행동에 연관되어 있다. 영아기와 유아기에 부모와 안정적 애착을 형성한 아이들은 비안정적 애착을 형성한 아이들과 비교해 보았을 때, 10세에 가서 더 높은 사회적 · 성격적 역능을 보였다. 5세 때 부모와 따뜻하고 정감 있는 관계를 가진 사람들은 40세에 가서 높은 심리적 안정감을 보였다. 이들은 성인이 되었을 때 직업 성취도가 높고 개인적 생활에서 갖는 긴장이 적었으며 여러 적응 대처전략을 사용한다. 따라서 부모-아이 관계의 질은 이후의 행동에 장기적인 영향을 미친다고 볼 수 있다.

아이가 학교에 들어가면 부모들만이 아이들을 통제하는 것이 아니고 다른 성인들도 관여하게 되므로 부모-아이 관계가 변화된다. 특히, 부모들은 아이들이 스스로 결정을 내리도록 하는데, 이때 부모들은 아이들의 결정을 감시하고 지도하고 수용한다. 아이들의 행동 통제를 부모와 아이가 함께 조절하면서 아이들은 더 자율적으로 행동하게 되는 사춘기 전단계와 사춘기 단계로 넘어가게 된다.

부모와 아이의 갈등은 아이들의 대인관계 행동(싸움, 괴롭히기), 성격 특성(과민성, 완고함) 그리고 TV 시청, 집안일, 잠자는 시간, 귀가시간 같은 부모의 아이에 대한 조절 행동 때문에 주로 일어난다. 부모들은 관습, 실용성, 건강 문제를 근거로 자신들의 시각을 정당화하는 경향이 있다. 아이들은 위험을 예방하고 타인에게 줄 수 있는 심리적 상처를 방지하는 부모의 규칙을 따르는 경향이 있다. 아이들은 대개 어머니보다는 아버지와의 갈등을 더 많이 보인다. 아이들을 다룰 때 체벌보다는 아이들이 갖는 특권을 제거하는 것이 효과적인 훈육방법이 된다.

초등학생 시기에 어머니와 아버지는 아이들과의 관계를 각기 다른 방식으로 지속한다. 어머니는 가정 일을 주로 책임지는데, 아이들 숙제와 목욕 일정을 잡는 것 같은 것들이다. 어머니는 아이에게 더 지시적이고 아이들의 반응에 더 긍정적이다. 아버지는 정서적인 면에서 대개 중성적으로 대하지만 신체적 놀이에 더 많이 관여하고 남자아이와 여자아이 모두에게 애정을 준다. 고위직종에 종사하는 남성들은 직무 부담으로 인해 아이들과 보낼 시간이 부족한 반면, 그렇지 않은 남성들은 상대적으로 직무에 관여하는 시간이 적어 아이들과 놀이를 하거나 돌보아 줄 수 있다. 어머니가 아이들 돌보기와 집안관리 모두를 맡아 하기 힘들 때 남성들은 아버지로서 아이들에게 더 관여하게 된다. 그렇지만 어머니가 아이들에게 더 능숙해질수록 아버지 또한 더 능숙해진다. 어머니, 아버지 모두 여자아이보다는 남자아이에게 요구하는 것이 더 많고 남자아이의 잘못은 더 용납하지 않는다는 점에서 비슷하다.

어머니와 아버지는 다른 역할을 갖고 있지만, 아이들은 부모 모두가 공통점을 많이 갖고 있다고 생각한다. 부모 모두 아이들을 사랑하고, 행복하고 정직하고 책임감 있고, 자기확신을 갖고 있는 존재라고 생각한다. 아이들 생각에는 아버지가 어머니보다 새로운 것을 배우고 창의적인 활동을 하는 데 더 관심을 가지고 있는 반면, 어머니는 아버지보다 다른 사람의 감정을 더 잘 헤아린다. 아이들은 부모들보다 자신들을 덜 긍정적으로 기술하지만 부모들과 비슷한 점들이 많다고 생각한다. 아이들은 자신들이 부모를 사랑하고 행복하며 학습과 창의적 활동에 관심이 있지만, 부모에 비해 자신감, 협동심, 책임감, 정직성에 있어서는 훨씬 떨어진다고 본다. 아이들은 어머니가 생각하는 가장 중요한 가족목표는 '좋은 가족관계'고, 아버지가 가장 가치 있다고 보는 목표는 '교육적/직업적인 것'이라고 기술한다.

부모의 행동은 아이들의 학업 성취와 사회적 성공에 필수적인 기술 및 능력 발달에 기여한다. 예를 들어, 부모와 안정적 애착을 형성한 아이들은 세상을 자유로이 탐색하고 인지 기능의 척도에서 보아도 비안정적 애착을 가진 아이들에 비해 더 발달되어 있다. 부모로부터 협동하는 것을 배우고 부모와 같이 놀이를 즐기는 아이들은 부모와의 관계를 저항이나 지배성의 형태로 경험해 온 아이들에 비해 학교에 더 잘 적응한다. 부모가 아이들의 감정에 따뜻하고 민감성 있게 대하고, 양육방법에 있어 아이들 중심적이며, 아이들로부터 협동을 유도하면서 추론을 사용할 때, 아이들은 또래들로부터 인기가 많고 또래들과 능숙하게 지낸다.

문제가 발생할 때 부모들의 적절한 행동은 아이들의 행동을 향상시키는 데 도움을 줄 수 있다. 한 연구에 따르면, 부모들이 적합한 사회행동의 모범을 보여 주고 능숙한 사회행동을 강화하거나 아이들이 또래들과 그렇게 하도록 과외의 노력을 들일 경우, 아이들이 사회적 거부를 경험하더라도 사회적 기술을 활용하여 친구관계를 얻어낼 수 있게 된다. 4세와 13세에 측정한 고위험 아이들과 저위험 아이들의 표본을 보면 아이들의 인지적 역능과 사회정서적 역능이 학령기에 증가함을 알 수 있다. 자기 아이들의 생각이 맞고 다른 아이들의 생각에는 동조하지 않는 행동을 보이는 어머니들은 인지적인 면에서 고위험 아이를 갖는 경향이 있다. 고위험 및 저위험 아이들 모두 어머니가 우울하지 않고 비난이나 실망을 보이지 않는 경우 아이들의 사회정서적 역능은 더 발달된다. 어머니의 긍정적인 의사표현은 고위험 아이들의 사회정서적 역능의 증가와도 연관되어 있다.

부모의 행동은 긍정적인 성공뿐만 아니라 부정적인 결과에도 기여한다. 어머니의 훈육 정도가 면담자와 배우자의 평가 또는 부모의 훈육법 선택지를 통해 확인되었는데, 심한 훈육은 유치원부터 초등학교 4학년까지의 아이들이 학교에서 보인 공격적, 충동적 행동과 밀접한 연관이 있음이 밝혀졌다. 문제행동이 초기단계에서 통제되었을 때에도 아이에게 소리를 지르고 위협하고 떠밀고 엉덩이를 때리는 심한 훈육은 공격적 행동을 4년에 걸쳐 계속 증가시켰다. 이 관계를 훈육기법의 문제가 아닌 단순히 공격적인 부모 특성이 아이들에게 유전된 결과라고 해석할 수는 없다. 입양부모와 아이들을 대상으로 한 연구에서 보면, 유전적인 요인이 작용을 해서 생물학적 부모로부터 공격행동과 관련된 유전적 특성을 받았을 아이들이 입양가정 내에서 부정적인 양육을 초래하는 경향이 있는데, 이런 경향은 또다시 아이들의 공격행동을 증가시킬 수 있다. 하지만 부모가 심한 훈육방법을 사용할 때 유전적 특성과 무관한 많은 아이들이 공격행동을 발달시키는 것으로 알려졌다. 따라서 유전적인 가능성은 부모의 심한 훈육에 비해 공격행동 발달에 필수적인 것으로 보이진 않는다.

이 시기에 부모들이 아이들과 보내는 시간은 줄어들었지만, 아이들에게 긍정적인 평을 해 주고 긍정적 행동의 모범을 보여 주며, 추가적인 활동에 따른 이점을 얻도록 해 줄 때, 아이들의 인지적, 사회정서적 역능의 발달을 도와줄 수 있다.

2. 자아발달

초등학교 시기에 아이들은 행동들을 통합할 수 있게 되고 자신이 긍정적인 면과 부정적인 면 모두를 가졌다는 균형 잡힌 지각을 할 수 있다. 이들은 더 이상 자신에 대해 생각할 때 극단적인 용어를 사용하지 않는다. 달리 말해서, '똑똑하다-바보 같다.' 라는 용어 대신에 자신은 '어느 정도 똑똑하다.' 라거나 다른 사람은 '그렇게 똑똑하지 않다.' 라고 표현할 수 있게 된다.

아이들은 또한 또래들과 자신을 비교하면서 자신의 행동을 평가하기 시작한다. 저학년 때는 또래와의 비교가 외현적이고 직접적이지만("난 너보다 이 일을 더 빨리 끝낼 수 있어."), 점차 학년이 올라가면서 더 미묘하고 간접적인 비교("우리 반 다른 여자아이들보다 내가 친구를 더 많이 가지고 있어.")를 하게 된다. 또래들의 수행 등위를 매겨서 자기와 비교할 수 있는 능력이 생기면 아이들은 더 취약해지기 쉬운데, 그 이유는 가장 능력 있는 아이를 제외한 나머지 아이들은 뒤떨어진다고 느끼게 되기 때문이다.

아이들은 상대적으로 보아 일반적인 용어로 자신에 대해 생각하기 때문에, 자기 행동의 부정적인 측면을 가지고 자신에 대한 전반적인 평가나 자기가치에 대한 느낌을 물들이는 경향이 있다. 8세 이상의 아이들이 자신을 평가하는 네 가지 차원은 ① 신체적 역능, ② 인지적 역능, ③ 또래와의 관계에서 사회적 역능, ④ 전반적 자기가치감이다.

1) 성 정체감

심리학자들은 성역할 발달이 유아원 시절에 대부분 완료된다고 생각한다. 이보다 더 나이든 아이들에 대한 연구에서 보면, 성역할 발달은 더 긴 시기에 걸쳐 진행되고 결코 완료되지 않는다. 유형화된 성별에 따른 특징적인 행동은 유아원 시기 후반에 가장 두드러지게 나타나는데, 이때 아이들은 성별 지식을 급속도로 획득한다. 초등학교에 들어가면 아이들은 활동이나 집안일, 장래의 직업을 선호하는 데 있어서 더 유연성을 보인다. 이 경우 여자아이들이 더 많이 보인다. 또래들이 비전형적인 성별 활동을 보일 때 이를 받아들이는 정도도 학년이 올라가면서 증가한다.

유연성과 인내력이 아주 높은 아이들은 부모와 동일 성별의 형제들이 활동상 유연성을 잘 보이는 가정에서 발견된다. 동일한 성별의 또래들도 유연성과 인내력 향상에 중요한 역할을 한다.

2) 자기지각의 정확성

아이들이 다른 아이들과 자신을 비교하기 시작할 때 부모들은 정확하게 비교하기를 원한다. 객관적인 검사나 평가에서 확인되는 것보다 자신을 더 능력 있고 더 긍정적이라고 지각하는 것이 심리적으로 건강하다는 주장에 대한 증거들이 있다. 예를 들어, 학교에서 자신의 능력을 더 좋게 평가하는 아이들은 실패했을 경우 도움을 구하고 자신이 무엇을 잘못했는지 그 원인을 찾아내며 상황을 고치려는 시도를 통해 극복하려는 경향이 높다. 이는 자신의 실패가 자기지각의 내용과 맞지 않기 때문이다.

효과적인 행동을 취할 수 있는 자신의 능력에 대한 신뢰(자기효능감)의 중요성을 강조한 Bandura(1989)는 위험한 상황에서 처했을 때 능력에 대한 정확한 자기지각은 필수적이라고 주장한다. 예를 들어, 당신이 큰 파도에서 수영할 수 있는 능력을 과대평가한다면, 그런 자기지각을 수정할 기회를 갖는다는 것은 불가능할 것이다. 그러나 위험하지 않은 여러 다른 상황에서는 자신의 능력을 과대평가할 때 오히려 더 효과적임이 증명되었다.

인생은 문제들로 가득하다. 문제들을 극복하기 위해서 인내할 필요가 있다. 사람들은 자신을 신뢰할 때 가장 지속적으로 살아나간다. 그래서 자신에 대한 낙관적인 생각은 자신의 능력 대부분을 실현시키게 한다. 아이들은 학교에 들어가고 인생의 미래를 내다볼 때 자연스럽게 낙관적인 것처럼 보인다. 부모들은 이런 유익한 낙관주의를 격려하고 키울 필요가 있다.

3. 자기 조절의 발달

초등학교 아이들은 유아원 아이들보다 자신의 감정을 더 잘 이해한다. 그리고 감정은 부분적으로 사건을 일으킨 원인에 따른 것이고 그 사건을 어떻게 해석하느냐에 따라 다르다는 것을 깨닫는다. 예를 들어, 6, 7세가 되면 아이들은 자신의 성공이 행운에 따르든 노력의 결과든 기쁘게 생각하지만, 9, 10세에 가서는 대조적으로 성공이 노력에 따른 결과라는 믿음이 있을 때만 자랑스럽게 생각한다.

아이들은 혼자 있을 때나 긍정적으로 이해해 줄 것이라고 생각되는 사람이 있을 때 자신의 내적 감정을 가장 잘 표현한다. 불행히도 아이들(특히 남자아이)은 성장해 가면서 타인으로부터, 심지어 부모로부터 긍정적인 반응을 덜 기대한다. 그래서 남자아이들은 나이를 먹을수록 또래의 여자아이들이나 어린아이들에 비해 감정 표현이 상당히 줄어든다.

아이들의 감정 조절 능력은 기질적 특성과 관련이 있는 것으로 보인다. 아주 강한 감정적 반응을 보이는 아이들은 자신의 감정 조절에 어려움을 갖고 있어서 감정이 일어날 경우 감당하기 힘들어한다. 중간 정도의 감정적 반응을 보이는 아이들은 감정을 더 잘 조절한다. 4세 아이의 감정 조절 능력은 초등학교 저학년 때 가서 타인의 곤경에 공감하고 온정적으로 반응하는 능력과 연관이 있다.

1) 학령기 아동의 공통적인 감정

초등학교 아이들은 여러 공통적인 감정을 보이는데, 이러한 감정들을 잘 다루도록 부모가 도와주어야 한다. 부모들이 아이들의 특정 정서적 경향을 이해하면 아이들의 감정에 대한 오해를 피할 수 있고, 아이들이 사회적 상황에서 정서적 만족과 조화를 갖게 할 수 있다.

(1) 감정이입

아이들의 동정심과 남을 돕는 행동을 유도하는 부모의 양육행동, 즉 보육과 모범을 보이기, 추론, 친사회적 행동에 대한 설명 등에 대해 논의했다. 초등학교 아이들은 타인의 감정에 대한 자각이 점차 증가하기 때문에 남을 더 잘 돕고, 남의 고통을 변화시키기 위해 물질적인 것보다는 사회적인 전략을 더 자주 사용한다. 고통스러워하는 네다섯 살 아이를 어떻게 도와줄 건지에 대해 더 나이든 아이들에게 물어보면, 고통스러운 상황은 곧 지나갈 것이라고 언어적인 확신을 주면서(잃어버린 물건을 어떻게 찾을 수 있는지에 대한 조언 같은) 문제해결 방법을 제시하거나, (누군가 불러서 같이 놀게 하거나 우는 아이와 같이 있어 주는 것 같은) 불행을 무마시켜 줄 사회적 활동을 제공할 것이라고 대답한다.

아이들은 자신이 행복하고 능력 있고 효과적이라고 스스로 느낄 때 남을 도우려는 경향이 높다. 또한 자신이 좋아하고 이전에 자신을 도와준 사람을 가장 잘 도와주려고 한다. 따라서 이 시기 아이들의 경우 자신과 타인에 대한 긍정적 감정이 관용적인 태도를 유도한다.

(2) 공격성

공격성은 초등학생 시기 동안 감소한다. 공격성이 나타날 때는 대개 신체적으로 표현되기보다는 언어적으로 표현된다.

공격성에 있어서 일관적인 개인차가 드러나는데, 이는 시간에 걸쳐 지속되는 경향이 있다. 더군다나 공격적인 아이들은 종종 열악한 또래관계나 학업 기술 습득장애 등의 문제를 갖는다. 걸음마 단계의 유아 때부터 남자아이들이 여자아이들보다 공격적인 행동을 더 빈번히 보이는데, 공격성에 있어 성 차이는 여러 문화에서 공통적으로 보이고 여러 종의 동물에게서도 보인다. 이런 성 차이가 초기에 나타나는 점과 여러 문화에서 일관적으로 보인다는 점으로 보아, 이 시기에 특별히 알려지지 않은 생물학적 기초가 있을 것으로 여겨진다.

(3) 두려움

나이가 들어가면서 아이들은 두려움이 줄어든다. 동물이나 어둠에 대한 공포 같은 유아원 시절의 두려움들이 줄어든다. 그렇지만 뱀이나 천둥번개에 대한 특정 두려움들은 남아 있다. 이런 두려움은 일반적으로 겁이 많은 것으로 보이는 기질적 특성과 관련이 있는 것으로 보인다. 5세가 될 때까지 두려움은 남자아이와 여자아이 모두에게서 동일하게 편재되어 나타나지만, 학령기가 시작되면서 성별 차이는 증가한다. 두려움과 공포증은 모든 연령의 여자아이들에게서 좀 더 흔히 나타난다.

(4) 외로움

오랫동안 사회과학자들은 아이들이 가족과 더 자주 떨어져서 활동하는 사춘기가 되기 전에는 외로움을 경험할 수 없다고 생각해 왔다. 그러나 5~6세 아이들도 성인과 같이 외로움에 대한 개념을 분명히 갖고 있다고 보고한 연구가 있다. 아이들은 같이 놀 사람이 없을 때 슬프고 외롭다는 감정을 표현한다. 치료법은 놀이친구를 찾는 것이라고 아이들은 말한다. 초등학교 고학년 아이들은 외로움에 대해서, '자신이 필요 없는 존재라는 느낌' '네가 달에 있는 유일한 사람인 것처럼' '언제나 어둠 속에서' '아무도 너를 좋아하는 사람이 없고 언제나 혼자인 것처럼' 과 같이 더 통렬하게 표현한다.

극단적인 외로움은 친구 부재, 부끄러워하는 행동과 수동적인 행동 그리고 사회적 실패를 자신의 내부 원인으로 돌리는 경향성과 관련된다. 이런 외로움은 아이들이 타인과 상호작용할 기회를 막아 문제를 심화시킨다.

(5) 불행

한 연구에 따르면, 부모와 교사들의 기술에서 10세 아동의 10~12% 정도가 불쌍하고 불행하며 슬프고 고통스러워 보인다고 한다. 아이들도 스스로 유사한 고통스러운 감정을 보고한다. 이런 감정을 표현하는 정도는 남자아이, 여자아이 모두 비슷하다.

성별이나 사회경제적 위치와 상관없이 전 세계의 아이들은 감정혼란을 유발하는 것에 대해 동일 문화권의 어른과 아이들이 보이는 정도보다 아이들 서로 간에 더 일치한다. 아이들에게 부모를 잃는 것은 가장 참담한 사건이고, 동생을 갖는 것은 최소한의 감정혼란을 불러일으키는 사건이다. 부모가 서로 싸우는 것은 아이들에게는 아주 고통스러운 일이다. 화장실을 가지 못해 바지가 젖었거나 훔치다가 잡히거나 학급에서 조롱당하는 것 같은 수치스러운 상황에서 아이들은 고통을 드러내 보인다. 비록 많은 아이들이 학교를 좋아하지만, 학교라는 상황은 아이들에게 불안, 좌절, 불행, 성적에 대한 우려를 불러일으키고 무언가 억압하고 실수를 저지르게 한다. 어른들은 아이들이 수치스러운 상황에 민감하게 반응하고 학교생활에 대해 걱정하는 모습을 보고는 의아해할 수도 있다. 자료에 따르면 아이들은 어른과는 아주 다른 인생에 대한 조망을 가질 수 있고, 이는 부모에게 쉽게 드러나 보이지 않는다고 한다.

미국의 초등학생 일일신문의 보도에 따르면, 남자아이들은 스트레스의 원인으로 학교, 집안일, 타인의 방해, 환경적 요인들과 같은 외부 상황과 부담을 자주 언급한다고 한다. 반면, 여자아이들은 스트레스 원인을 자신과 타인에 대한 실망과 책임 이행 실패 등이라고 한다.

2) 스트레스 대처

아이들은 스트레스에 직면해서 여러 방식으로 적응한다. 첫째, 자신의 자원과 부모가 주는 도구를 사용한다. 둘째, 더 많은 지원과 지도를 위해서 믿음직한 사람을 찾는다.

(1) 전략들

6~12세의 아이들에게 스트레스 상황—친구가 이사를 가거나 부모가 자기에게 화를 내는 경우—에 어떻게 대처하는지를 물었을 때, 아이들이 제시한 해결책은 일반적으로 문제의 원인을 공략해서 문제 상황을 바꾸는 것이다. 또래들이나 학교에 문제의 초점이 맞춰지는 경우 아이들은 난관의 뿌리를 치는 방법을 주로 사용하는데, 이렇게 되면 아이들은 더 통제할 수 있다고 느낀다. 병원에 의사를 만나러 가는 경우와 같이 통제할 수 없는 상황에서는 방해전략을 사용하는 경향이 있다.

부모들이 수용적인 태도를 분명히 보이고 아이들을 편안하게 해 주는 경우, 아이들이 스트레스 상황에 직면할 때 사용하는 전략은 더 다양해진다. 이런 아이들은 통제하기 힘든 상황에서는 관여하지 않으려 한다. 또한 친구를 사귄다든지 다른 특별한 대가를 받는 것과 같은 재미있는 활동으로 관심을 전환해서 스트레스로부터 완충 역할을 할 것을 찾기도 한다. 운동하기, 가족과 함께 집에 있기, 특별한 음식 먹기, 놀래키기 등은 아이들의 기분을 좋게 해 주어 스트레스 유발자에 더 잘 적응토록 한다.

(2) 지지적인 사람들

스트레스 상황이나 부정적인 상황에 대처할 때 아이들은 종종 자신을 도와줄 다른 사람들을 찾는다. 아이들은 '사회적인 가치로 볼 때 상대적으로 특수한 인물들인 친구나 선생님과는 대별되게 자신의 어머니를 최고의 다목적-사회적 지지 제공자로 지각한다.' 친구들은 부모 다음으로 우정과 정서적 지지를 제공한다. 선생님은 정보는 제공해 주지만 동료애는 별로 주지 못한다. 아버지도 훌륭한 정보 제공자이지만 일반적으로 접할 기회가 적어 직접적인 도움을 주지 못한다. [그림 6-1]은 연령별, 인종집단별로 아이들이 지지를 받는 출처를 보여 준다. 사춘기 초기까지는 부모와 가족, 친척들이 일차적인 지지 제공자들이다. 가족 친지는 유럽계 미국 아동들보다 아프리카계 및 중남미계 미국 아동들에게 더 중요한 지지 제공자들이다.

부모들은 아이들이 비극적인 사건에 대한 두려움과 학교생활에 대한 걱정을 잘 대처해 나가도록 돕는 데 강력한 역할을 한다. 부모들이 이런 사건들을 일일이 통제할 수는 없지만, 아이들이 잘 대처하도록 도와줄 수는 있다. 사건에 대한 부모들의 해석은 곤경과 불운에 대한 아이들의 태도를 조성한다. 3장에서 기술된 인생에 대한 낙관적 태도 교육의 중요성을 강조한 Seligman(1990)의 견해를 생각해 보라. 낙관적인 태

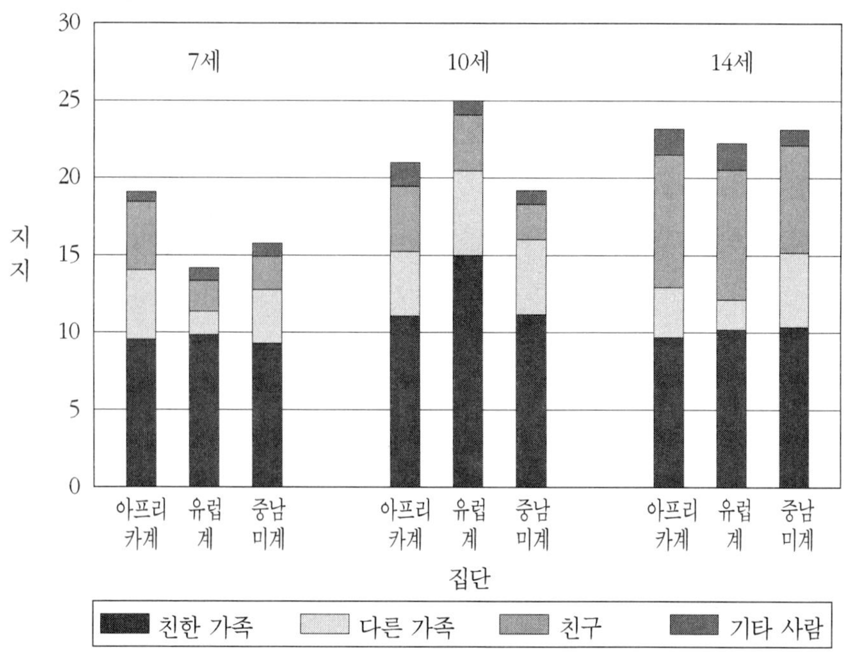

[그림 6-1] 지지의 출처

* 출처: Mary J. Levitt, Nathalie Guacci-Franco, & Jerome L. Levitt (1993). "Convoys of Social Support in Childhood and Early Adolescence: Structure and Function." *Developmental Psychology, 29,* p. 815.

도는 사람들을 동기화시켜 자신들이 추구하는 것을 얻기 위해 노력하도록 만든다.

Seligman은 도전적인 과제 수행에 대한 용기를 좌절시키고 그로부터 위축되게 만드는 비관주의적 태도의 성질에 대해 상세히 기록해 왔다. 비관주의적인 사람은 곤경을 개인의 잘못이며 고칠 수 없는 지속적인 만연된 문제로 생각한다. 비관주의적인 아이들은 저조한 수학성적을 자신의 어리석음과 수학에 대한 무능력으로 본다. 이들이 때때로 공부하기를 회피하는 이유는 이미 그 과목에 대한 용기가 꺾여서 그 과목을 잘 해낼 수 없다고 느끼기 때문이다.

3장에서 대략 언급되었듯이 부모들은 문제에 대한 새로운 해석을 다음과 같이 아이들에게 제공할 수 있다. 좀 더 공부하면 해결되는 문제일 수 있다. 수학에 대한 특정한 어려움을 겪고 있을 경우에는 가정교사의 도움이 필요할 수도 있다. 또는 수학교사가 너무 어려운 문제를 출제했거나 시험시간을 충분히 주지 않아서 그럴 수도 있다. 이 경우 아이가 직접 통제할 수는 없지만 다음 시험에 대비해 준비할 수는 있다.

학교 문제든 사회적 사건이든 여러 원인이 있게 마련이고 아이 혼자서 그런 문제상태를 만들 수 있는 것이 아니라는 점을 부모들은 아이에게 가르쳐 주어야 한다. 그렇지만 아이들도 자신이 통제할 수 있는 요인들과 관련해서는 열심히 노력해야 한다. 부모들은 다양한 문제들에 대한 더 포괄적인 시각을 가짐으로써 대부분의 상황은 좋아질 수 있다는 점을 아이들에게 주지시켜야 한다. 그리고 부모들은 아이들이 시간과 에너지를 선택적으로 활용하도록 장려할 수 있다. 아이들이 노력을 통한 최상의 효과를 얻을 때, 부모들은 아이들이 다른 활동에도 관심을 갖도록 도와줄 수 있다. 예를 들어, 한 아이가 친구 생일파티에 초대받지 못해 따돌림당했다고 느낄 때, 부모는 그 아이가 더 적극적인 친구가 될 수 있는 방법을 제시해 줄 수 있다. 만약 새로운 방법이 그 친구에게 별 도움이 안 되었다면, 아이는 방향을 바꾸어 새로운 친구를 사귀도록 해야 한다. 아이들이 상황을 치유하거나 그것이 안 될 경우 다른 데서 즐거움을 찾을 수 있다는 점에 대해 부모는 낙관주의적인 태도를 견지해야 한다.

아이들은 부모가 추론하는 방식대로 어려운 상황에 대해 생각하기 때문에, 부모는 자신의 삶에서 일들을 어떻게 해석하고 있는지에 대해 신중을 기할 필요가 있다. 부모들이 어떤 문제를 치유할 수 없고 이미 만연된 것으로 보면, 아이들도 비슷한 방식으로 사건들을 해석하도록 부모들이 이미 유도하고 있는 것이다. 부모들이 경멸적인 비판을 주로 할 경우, 그 비판의 타당성 여부와 부모가 아이를 돕겠다는 의도와 상관없이 비판받았다는 사실 때문에 아이는 자기를 비난하고 의기소침하게 된다. 부모가 하는 부정적인 표현으로는 "너는 결코 상식을 이해하지 못할 거야." "너는 아무것도 배우지 못할 거다. 너는 바보니까." "너는 너 말고는 아무도 생각하지 못하지?" 등을 예로 들 수 있는데, 이런 말은 평생 지속될 수 있다. 어떤 아이들은 이런 좌절적인 메시지의 충격에서 평생 헤어나지 못한다.

4. 규칙과 가치의 내면화

아이들이 자신의 행동을 통제하기 위해서 필요한 것은 ① 자신의 행동 감시, ② 자신의 행동과 특정 기준 또는 이상적 기준의 비교, ③ 차이 발생 시 가능한 한 기준에 근접하도록 행동 수정, ④ 새 행동의 발달이다. 이 분야의 연구자들은 아이들이 자신의 행동을 비교할 내적 기준을 학습하는 과정에 대해서는 잘 알고 있지만, 아이들이 어떻게 자신의 행동을 감시하고 어른의 개입이 있기 전에 자신의 행동을 수정하는지에 대해서는 잘 알지 못한다.

아이들은 만 한 살일 때 단순한 가족규칙을 배우기 시작한다. 그러나 가족과 사회의 가치를 내재화하는 것, 즉 이 가치들을 자신의 내적 사고 체제의 일부로 만드는 것은 초등학생 시기다. 프로이트는 개인의 행동을 지시하는 내재화된 가치를 기술할 때 초자아(superego)라는 말을 사용했다. 그에 따르면, 아이들은 동일한 성별의 부모가 갖고 있는 가치와 신념을 받아들이고, 이것들이 아이의 도덕적 행동을 관장한다. 프로이트는 초자아가 가능한 행동들에 대해 즐거움이나 불안 또는 죄책감을 불러일으키고, 이런 감정은 예상된 행동을 허용하거나 금지한다고 믿었다.

초등학교 아이들은 죄책감(못된 짓을 했다는 느낌, 매우 미안한 느낌, 고쳐야 한다는 생각, 다른 사람들이 자신을 싫어할 거라는 두려움)과 수치심(비웃음받을 거라는 느낌, 부끄러운 느낌, 달아나고 싶은 느낌)을 구별할 수 있다. 죄책감은 아이들이 도덕적 규칙을 어겼다고 느낄 때 나타나는 반면, 수치심은 도덕적인 실책과 사회적인 실책 모두와 관련된다.

여덟 살이 되면 아이들은 더 자기비판적이 된다. 이들의 자존감은 언어적, 신체적 공격 및 다른 부정적 감정을 통제하는 능력과 연관되어 있다. 이들은 규칙을 위반했을 때 부끄러움을 느끼는 반면, 자신의 행동을 조절하고 인정받는 행동을 할 수 있다는 사실에는 자부심을 느낀다. 이것이 바로 부모가 아이들로 하여금 인정받는 기준을 충족시키도록 도와주어야 하는 좋은 이유다. 아이들은 자기 또래의 아이들이 하지 않는 행동에 관여했을 때 자신에 대해 기분 나쁘게 생각한다.

아이들이 9세나 10세가 되면 올바른 행동을 하기 위해서 분노나 공격 그리고 다른 부정적 행동을 통제하는 데 사용하는 자기훈련 계획을 어떻게 사용하고 있는지 말할 수 있게 된다. 무엇이 효과적인지는 나이에 따라 다르다. 한 연구에 따르면, 6, 7세 된 남자아이들의 경우 금지된 행동은 하면 안 된다고 말로 하면서 행동을 지연할 수 있었다. 더 나이든 남자아이들은 주의를 다른 데로 기울이면서 하면 안 된다고 말할 때 행동 지연에 아주 성공적이었다.

아이들에게 자신들이 좋아하지 않는 집안 내 규칙들—양치질, 제시간에 잠자리에 들기, 집안일 돕기—을 왜 지켜야 하는지에 대해 기술하라고 하면, 6~12세의 아이들은 초반에는 수용이나 금지라는 외적 보상과 규칙 준수의 중요성에 초점을 두었다. 나이가 들어감에 따라 아이들은 더 내적인 이유에 초점을 맞추어서 물건들을 더 쉽게 찾기 위해서는 방 정리를 해야 한다든지, 다음 날 기분 좋게 일어나려면 제 시간에 잠자리에 들어야 한다는 식으로 표현했다. 자기통제의 근거는 이렇게 외적 이유에서 내적 이유로 진전되어 간다.

부모들이 저권력 기법의 훈육을 사용하고 일찍부터 규칙을 준수하도록 도움을 줄 경우 아이들은 강한 양심을 발달시킨다. 걸음마 단계 유아의 순응하는 정도는 6년 뒤 초등학교 시기의 양심발달과 밀접한 연관이 있는데, 이는 도덕발달이 부모와 아이 간의 조기 훈육과정에 기초한다는 Robert Emde의 주장을 지지한다.

남자아이와 여자아이가 대인관계에서의 정의와 공정성 문제에 관심을 갖는 정도는 비슷하다. Kohlberg(1963)는 도덕적 추론의 세 수준에 대해 기술했다. 초기 수준(전도덕적 수준)의 사람들은 처벌을 피하고 쾌락과 보상을 얻으려고 행동한다. 두 번째 수준(인습적 수준)의 사람들은 부모나 법과 같은 권위자에 의해 설정된 규칙과 질서에 동조하는 방식으로 행동한다. 가장 진전된 수준(원리적 수준)의 사람들은 공정성과 정의라는 내적 기준에 근거해서 행동한다.

초등학교 저학년인 7, 8세 연령의 아이들은 전도덕적(premoral) 수준에서 도덕적 추론을 하여 처벌을 피하고 보상을 얻으려고 행동한다. 10세가 되면 인습적 도덕 추론으로 발달되지만 여전히 전도덕적 사고를 보이는 경우도 있다. 아주 드물게는 원리적 수준의 도덕적 추론을 보이는 아이들도 있다. 13세가 되면 일부 아이들이 원리적 추론을 하기 시작하지만 여전히 인습적 추론이 지배적이다. 비록 이 나이가 되어도 여전히 많은 아이들이 처벌 회피와 보상 획득을 기준으로 도덕적 추론을 한다. 초등학교 아이들은 칭찬과 사회적 인정이 필요하고 금지된 행동에 대해 아주 드물게 무시하는 방식으로 처벌을 줄 필요가 있다는 것을 부모들은 분명히 주지해야 한다.

5. 자녀의 학업 성취 향상시키기

초등학생 시기에 학교는 부모들과 아이들의 생활을 조직하는 주요 영향력으로 작용한다. 학교는 아이들에게 새로운 활동과 지식 그리고 새로운 역능의 발달을 위한 기회를 제공한다. 하지만 학교는 부모와 아이들 모두에게 부담과 스트레스도 준다. 일 년 중 대부분, 아이들은 낮시간 중 대여섯 시간을 학교에서 보내게 된다. 그리고 학교 과제로 인해 저녁시간도 학교 활동과 관련된 일을 하게 된다. 아이들은 초반에는 서로 모르는 새로운 아이들과 성인들(교사들)로 구성된 큰 집단에서 활동하게 된다. 그리고 부모도 아이도 학교를 다녀야 할지 아닌지를 선택할 권리가 없다. 공립학교나 사립학교 아니면 가정교육과 학교교육 중에 하나를 선택할 권한은 있지만, 아이들이 학교교육을 받아야 되는 것은 법적 의무사항이다.

미국에서는 아이들의 선천적 능력이 학교에서의 성패를 결정하다고 생각하는 사람들이 많다. 비록 행동유전학자들은 환경적 요인의 중요성을 인정하지만, 지능척도상의 수행 차이를 유전적 요인으로 설명하려는 사회과학자들에게서도 이런 편중된 시각을 확인할 수 있다. 현재 행동유전학자들은 지능척도상 개인차의 50~60%는 유전적 요인, 나머지 40~50%는 환경적 요인으로 설명된다고 믿는다.

운동능력, 예술능력, 지적 능력의 측면에서 세계적인 수준에 도달한 사람들을 조사한 연구들은 가족과 감독의 지지가 갖는 중요성을 분명하게 지적하고 있다. 1장에서 언급된 특정 분야에서 국제적인 수준의 수행을 보이는 120명의 젊은 남녀들에 대한 연구를 회상해 보라. 연구자들에 따르면, 재능발달은 12~15년의 지속적 개입이 필요하고, 개인의 개입과 가족의 지지 그리고 탁월한 지도감독의 결과라고 볼 수 있다. 부모가 주는 지원은 초기부터의 장려, 적합한 교사와 감독의 선택, 교습과 경합을 위한 재정적 · 시간적 지원 등으로 구성된다.

아이들을 성공시키기 위해서 부모가 해야 할 일에 대해 논하기 전에 학교에서의 성공은 몇 가지 이유 때문에 중요하다는 점을 강조하고자 한다. 첫째, 학교에서의 성공은 아이들에게 인생 전반에 걸쳐 효과적으로 기능할 수 있게 하는 학업 기술을 제공한다. 둘째, 초등학교 초기 때 학교에서의 성공은 청소년 비행이나 약물남용, 십대 성문제, 폭력과 같은 사춘기의 고위험 행동의 발달로부터 보호하는 역할을 하는 것으로 보인다. 셋째, 학교생활에서의 역능은 사회적 수용 및 역능과 관련되어 있어 학업적 성공을 강화한다.

1) 가정 내에서의 영향

Eccles, Wigfield 및 Schiefele(1998)는 학교에서 아이들의 동기와 수행 결과에 기여하는 부모 요인으로 부모의 사회적 특성, 일반적인 신념과 행동, 아이에 대한 신념 그리고 부모의 특별한 행동을 들고 있다.

(1) 부모의 사회적 특성

부모의 학력, 수입, 결혼상태, 자녀의 수뿐만 아니라 지역사회의 특성도 아이들의 학업 성취를 부모가 장려하는 데 필요한 자원을 결정한다. 좋은 수입과 학력 그리고 한두 명의 자녀를 두고 있는 부모들은 아이들을 지원할 때 사용할 수 있는 시간과 돈, 지역사회라는 자원을 가진다. 이런 부모들과 대개 한부모인 사춘기 어머니들을 비교해 보라. 사춘기 어머니들은 학교에서 성공적인 경험도 제한적이고 두세 명의 가족을 지원하기에도 부족한 수입원을 가지고 있으며, 이들이 사는 동네에는 아이들을 위한 학교와 지역사회 프로그램도 부족하다. 따라서 부모가 생활하는 사회적 맥락에 따라 아이들의 학업 성취를 지원하는 자원이 달라진다.

그럼에도 불구하고 부모의 제한된 자원이 아이들에게 벌어지는 일들을 반드시 결정하는 것은 아니다. 존스 홉킨스 대학교 소아 신경외과에 아프리카계 미국인 의사

Carson(1999)은 자신의 어머니가 그의 형제들을 어떻게 키웠는지에 대해 다음과 같이 기술하고 있다. Carson의 어머니는 13세 때 한 남자와 결혼했는데 나중에 알고 보니 이미 가정이 있는 남자여서 두 아들을 그녀 혼자서 키우게 되었다. 그녀는 생계를 꾸리기 위해서 가정부로 일했는데, 때로는 동시에 두세 군데에서 일하기도 했다. 초등학교 5학년이었을 때 그는 자기 반에서 성적이 바닥이었고 별명은 '멍청이'였다. 그의 어머니는 매우 걱정이 되어 두 아들에게 TV를 끄고 디트로이트 공공 도서관에서 빌린 책 두 권을 일주일만에 읽고 독후감을 쓰라고 요구했다. 이 아이들은 어머니가 자신들이 쓴 독후감의 글을 읽지 못한다는 사실을 몇 년 동안 몰랐다.

그는 동물, 식물, 암석에 대한 책을 읽었다. 그 해가 끝나갈 즈음 그는 자기 반에서 어떤 암석이든 알아맞힐 수 있는 유일한 학생이 되었다. 그는 갑자기 깨달았다. '네가 정답을 알 수 있었던 이유는 그 책들을 읽었기 때문이야. 만약 네가 모든 과목과 관련된 책들을 읽는다면 어떻게 될까? 너를 괴롭히고 멍청이라고 불렀던 아이들보다 더 많이 알 수 있지 않을까?' 일 년 반 뒤에 그는 반에서의 성적이 바닥에서 일등으로 올랐다.

성취 요인에 대한 문화적 가치는 자녀와 부모 자신에 대한 기대에 영향을 준다. 미국에서 유럽계 미국인 부모들은 아이들의 타고난 능력이 성취의 주요 결정자라고 생각한다. 이들은 자신들의 역할은 아이들이 학교생활을 하는 데 정서적 지원을 제공하는 것으로 생각한다. 실패는 부족한 능력의 징표로 본다. 그러나 아시아계 부모들은 열심히 공부하고 노력하는 것이 성패를 좌우한다고 믿는다. 그래서 이들은 아이들이 필요한 일들을 이행하여 높은 수준을 달성하도록 만드는 데 적극적인 역할을 맡는다. 즉, 이들에게 실패는 노력 증가를 통해서 고칠 수 있는 문제인 것이다.

(2) 부모의 일반적인 신념과 행동

부모의 일반적인 신념과 행동은 아이들의 성취에 영향을 미치는 가정 내의 정서적 분위기를 만든다. 부모들은 아이들과 안정적 애착을 형성하고, 아이들의 독립성 욕구와 가족조직의 욕구 간에 균형을 맞추며, 스스로 좋은 학습모델이 됨으로써 아이들의 성취역능과 성취동기를 발달시켜 줄 수 있다. 2장에서 Baumrind의 연구를 살펴보았는데, 그녀에 따르면 높은 수준의 유지와 아이들의 독립성 및 욕구에 대한 관심을 적절히 균형지어 주는 양육전략은 학교생활을 성공으로 끌 수 있는 자신감과 확신감을 아이들이 발달시키도록 돕는 것이다.

부모가 갖는 성별 적합행동에 대한 신념에 따라 부모가 아들과 딸에게 제공하는 것들이 조성된다. 예를 들어, 남자아이에게는 공간능력을 발달시키는 조작 가능한 장난감을 주지만 여자아이를 컴퓨터 프로그램이나 경쟁적인 운동에 참여시키는 경우는 드물다. 영재 프로그램에는 남자아이를 보내는 경우가 더 많다. 이런 부모의 행동들은 아이의 성취에 영향을 주게 마련이다.

(3) 아이에 대한 부모의 신념

아이의 기술과 능력, 성공할 것으로 기대되는 이유에 대해 부모가 갖고 있는 신념에 따라 아이들의 성취는 달라진다. 아이가 과제를 수행할 능력이 있다거나 반대로 그런 기술이 없다고 부모가 표현하는 것에 따라 아이의 학교 공부를 고무시킬 수도 있고 좌절시킬 수도 있다. 그리고 더 열심히 하면 고칠 수 있다고 분명히 확인시킴으로써 아이의 실패를 완화시켜 줄 수도 있다.

아이들의 학업 성취에 대한 부모들의 기대는 아이들의 능력검사 수치보다 학업 성

자녀가 기초기능에 숙달할 수 있도록 도움을 주는 데 부모는 중요한 역할을 한다.

공을 더 정확히 예언한다. 예를 들어, 어떤 집단의 3학년과 5학년 학생들(남녀 동일 분포)은 자신의 능력을 낮게 평가했다. 이 아이들은 검사 결과에서 능력이 있는 것으로 나왔는데도 자신이 능력이 없다고 생각했다. 이들의 자기지각은 이들이 능력이 없다고 잘못 본 부모들에 따른 것이었다. 이 아이들은 부모의 평가를 받아들여 그에 따라 행동했던 것이다. 즉, 이들은 상대적으로 덜 도전적인 과제만 하려고 했고 지속적이지 못했으며, 결과적으로 다른 아이들에 비해 성공 경험이 적었다. 대조적으로 부모가 아이에 대해 긍정적인 기대를 갖는 경우 아이들의 성취는 촉진된다. 이런 아이들은 열심히 노력하려는 의지가 강하고 도전한 것이 성취될 때까지 지속적으로 노력하기 때문에 자신의 능력을 확신하고 과제를 잘 수행하는 확률이 높다.

(4) 부모의 특별한 행동

부모들은 아이들이 아주 어릴 때부터 여러 특별한 방식으로 아이들의 성취를 장려한다. 적절한 자극을 줄 수 있는 장난감과 탐색기회를 주는 것, 아이에게 책을 읽어주는 것, 대화와 언어 표현 그리고 호기심을 고무시키는 것, 아이의 기술을 발달시킬 교습 및 활동들을 제공하는 것 등은 모두 아이들의 학업 성공에 기여한다.

우리는 종종 정서 조절이 학업 성공을 위한 중요한 기술이라고 생각지 않지만, 아이들이 새로운 과제물을 해결하거나 친구들과 어울릴 때 생길 수 있는 좌절에 잘 대처하는지 여부는 학업 성공에 핵심적이다. 5장에서 기술한 안정적 애착의 형성과 3장에서 언급한 감정 조절 학습은 아이들이 이런 좌절에 잘 대처하도록 준비시켜 준다.

부모들은 아이가 숙제와 자습 과제를 할 규정된 시간과 장소를 갖도록 가정생활을 조직하고 일상적인 과정들을 구조화한다. 이때 가장 중요한 것은 아이의 일에 대해 매일매일 관심을 보이고 주의를 기울여 주는 것이다. 예를 들어, 매주 받아쓰기를 시키고, 아이가 책을 소리내어 읽도록 하면서 들어 주고, 아이의 자습 과제에 대한 계획을 아이와 함께 논의하는 것들은 아이가 자신의 과제 수행에 지속적으로 관심을 갖도록 해 준다. 부모는 아이의 과제물과 관련해서 질문을 던지고, 그에 대해 더 잘 이해하도록 지도함으로써 아이가 과제에 숙달하도록 잘 도와줄 수 있다.

2) 학교에서의 영향

학교의 물리적 특성보다는 학교 교직원들의 학업 성취에 대한 태도가 학업의 성공을 더 잘 예언하는 것은 당연하다. 예를 들어, 학생 수, 학교 크기, 도서관 장서 수, 학생당 연간 지출비용은 학생들의 학업 성취와 강하게 연관되어 있는 것으로 보이지는 않는다. 이보다는 교직원의 학생들에 대한 기대와 학교조직, 교직원의 단합심, 학생들의 필요에 대한 교직원의 민감한 대응, 학생들의 수행에 대한 교직원의 인지도가 학생들의 학업 성취에 중요한 것으로 보인다. 더 나아가 교사들의 갈등조정 기술은 공격성과 같은 아이들의 행동 문제 증감에 영향을 줄 수 있다.

교사와 학교에 강한 애착을 발달시킨 아이들은 더 큰 학업 성공을 이루어 낸다. 학교는 ① 학습과정에 학생들의 능동적인 참여를 위한 기회 제공, ② 능동적 참여를 위해 학생들의 기술과 역능 발달 지원, ③ 학생들의 역능에 대한 보상과 인정을 통해 강한 유대를 촉진시킨다. 성공적인 학급 개입방법에는 학습이 잘 진행되도록 방해를 최소화시킬 좋은 학급운영도 포함된다.

효과적인 교사들은 아이들의 사회행동과 학업행동에 대해 분명하고 공정하고 현실적인 기대를 갖는다. 이들은 교습법으로 숙련-기반 학습을 강조하는데, 이 학습에서는 먼저 학생들에게 지침을 제공하고 학생들이 새로운 과제에 숙달될 때까지 지속적으로 추가적인 지원을 한다. 학교에서는 전통적으로 개인경쟁을 통한 학습을 선호하지만, 학생들이 집단을 구성해 과제물을 함께 풀어가는 협동학습이 더 좋을 수 있다고 보고한 연구가 있다. 협동학습에서 학생들은 각자 과제의 일부분을 맡아서 다른 학생에게 가르쳐 준다. 이런 협동과정은 개별적 학습이나 경쟁과 별 차이 없는 학습효과를 가져다 준다. 이 협동학습 과정에서는 학생들이 서로 더 좋아하게 된다는 것도 중요한 점이다.

3) 부모와 학교의 동반자관계

과거에는 학교가 아이들 교육의 일차적 책임을 진다고 생각했다. 부모의 역할은 육성기금 조성, 학교 활동의 자원봉사, 피드백이나 의견 제공을 통한 교과과정의 개선 등 이차적인 것으로 생각되었다. 아이들의 교육적 발달과정에 부모의 개입과 격려가 미치는 강력한 영향을 고려해 볼 때, 부모와 학교의 강한 동반자관계 모형이 촉구된다.

① 부모들은 (a) 아이들이 건강을 유지하고 학교에 안정되게 통학할 수 있도록 하는 가정, (b) 아이들이 수업에 잘 참여하고 과제를 잘 수행할 수 있도록 지원하는 안정되고 신뢰로운 가정, (c) 아이들이 잘 활동하도록 격려해 주는 가정, (d) 부모의 지지적인 환경에서 숙제와 자습 과제를 할 수 있는 가정을 제공할 의무가 있다. 학교는 부모에게 효과적인 양육법과 학교 관련 문제들에 대한 정보를 제공하고, 지원 프로그램이나 워크숍을 제공할 수도 있다.

② 학교는 부모와 의사소통 통로를 유지해서 학생들의 현재 학업 수행과 문제점들을 포함한 학업 진행과 행동에 대한 정보를 지속적으로 제공할 의무가 있다. 학교는 학교 프로그램과 학교에서 필요한 것들, 학교 프로젝트에 부모의 개입기회 등 학교와 관련된 문제들에 대한 정보를 부모에게 제공할 의무가 있다. 부모들은 아이들에게 이런 의사소통과 관련된 내용을 집으로 가져오도록 해야 한다. 효과적인 의사소통을 위해 학교 프로그램에 대한 부모의 의견이 제시될 통로를 개설하는 것도 중요하다.

③ 부모들과 지역사회 구성원들은 학생들의 교육 진전을 도모하기 위해 학급 활동에 자원봉사자로 참여할 수 있다. 성인들의 자원봉사 기회를 더 늘리기 위해서 학교에서는 프로그램 일정을 조정하고 성인들이 참여할 수 있는 일의 종류를 다양화할 수 있다. 가족의 입장에서는 학교 프로그램에 기여할 수 있는 자신의 특별한 기술과 지식을 찾을 수 있는데, 학교 장비의 도색, 특별 강의나 공연, 문화적 활동의 소개 등을 예로 들 수 있다. 아이들 또한 학교에서 필요한 일에 자원봉사로 참여할 수 있다.

④ 교사들은 부모들이 아이들 감독과 가정학습을 어떻게 해야 하는지에 대한 정보를 제공할 수 있다. 학교는 부모들에게 학교의 교육목표와 교과과정을 알려 주고 부모가 아이들을 어떤 방식으로 보조해 줄 수 있는지를 보여 줄 수 있다. 나아가 부모와 아이들이 함께 참여하는 과제를 줄 수도 있다. 예를 들어, 부모는 식료품 구입이나 큰 제품을 구입할 때 어떻게 수학지식을 적용하는지 아이에게

보여 줄 수 있고, 아이들이 학교에서 배운 역사수업 내용을 부모에게 가르치게 할 수도 있다. 여러 방법을 통해 학교는 부모들의 교육적 노력을 촉진시킬 수 있다.

⑤ 부모들은 학교조직에 직접 참여할 수도 있다. 학교는 부모들이 공식 또는 비공식 집단에 참여하도록 장려해서 교육활동 일반, 학교개선 프로그램 그리고 학교환경 문제에 대한 학부모와 학생들의 생각에 대해 조언을 주도록 할 수 있다.

⑥ 부모와 학교는 학생들과 학교의 필요를 충족시키기 위해 지역사회 일반과 협력할 수 있다. 여기에는 기업체, 지방행정기관, 자원봉사단체 등이 포함될 수 있는데, 아이들에게 야외 활동이나 놀이기구 등을 제공하는 것과 같이 아이들 활동을 지원하는 동반자관계를 형성할 수 있다.

4) 자녀들의 응원자로서 부모

부모들은 학교생활을 하는 아이들의 응원자 역할도 한다. 교육과정 중 대부분의 아이들은 학업상의 어려움이나 대인관계의 어려움에 직면하게 되어 특정 형태의 부모 개입을 필요로 하게 된다. 기초적인 학업 기술인 읽기, 셈하기, 쓰기의 학습 또는 학급에서의 주의집중이나 사회적, 공격적 행동의 전반적인 통제에서 문제를 가질 수 있다. 각각의 경우에 부모들은 교사와 연계하여 문제의 해결책을 찾는다. 때때로 추가 검사를 통해 학습능력 부족이나 특별한 지도의 필요성을 확인할 수도 있다. 그럴 경우 부모들은 아이들을 위해 더 전문적인 지원을 모색할 수 있다.

과제를 완료하기 위해 더 일관성 있게 활동해야 되는 경우, 아이들은 주의를 더 기울이고 자신의 행동을 통제할 수 있어야 한다. 여기에는 수용될 수 있는 행동들과 동반되는 긍정적 결과를 대상으로 하는 일일 단위 또는 일주일 단위의 계약을 만드는 것이 도움이 된다. 예를 들어, 학생들의 학교 행동은 일정 단위의 학교 시간에 확인할 수 있는 숙제하기, 과제하기, 자기 반에서의 행동 통제 등을 통해 모니터할 수 있다. 만약 한 학생이 위의 세 영역에서 75% 이상의 긍정적 점수를 받으면 집에서 TV 시청 시간을 추가로 받게 할 수 있다. 이때 목표행동이 현실적 기대를 반영하는지가 중요하다. 그렇지 않으면 이 계약은 실효성이 떨어진다.

학교생활에서 어려움을 겪는 또 다른 집단의 학생들은 실패 경험이나 비판 경험에 강하게 반응하는 아이들이다. 이 아이들은 과제에서 실패하거나 비판을 받을 때 기분이 나빠져 자신을 비난하고, 저학년인 경우에도 자신이 벌을 받아 마땅한 나쁜 사람이라고 지각한다. 이들은 자신이 무가치하고 부적합한 사람이며 상황을 개선하는 데 무력하다고 느낀다. 또한 아무리 노력하고 열심히 해도 성취할 수 없다고 믿기 때문에 자신을 향상시키려는 어떤 시도도 포기하고 만다. 이들은 도전적인 과제를 피하며, 설령 과제를 시도해도 어려움의 징표만 보여도 포기한다. 이에 반해 지속적으로 시도하는 아이들은 비판이나 실패를 자신의 과제에서 몇 가지 면들을 향상시킬 다른 해결책이나 방도가 있다는 징표로 본다. 이런 아이들은 자신이 수행하고 있는 일들에 대해 기분 좋게 생각하고 남들도 그런 노력을 인정할 것으로 예상한다.

어떤 훈련 프로그램들은 무력감을 느끼는 아이들에게 학습이나 대인관계상의 어려움을 새롭게 보도록 하는 데 효과적이다. 이런 훈련을 받은 아이들은 무력한 대응방식에서 벗어나 학습을 지속할 수 있게 된다. 아이들이 학업 성취에 초점을 맞추기보다는 학습과정 자체를 즐기도록 격려함과 동시에(6장의 앞부분과 3장에서 이미 논한), 목표설정과 실패에 대한 인식 전환을 위한 전략들을 제공함으로써 아이들이 느끼는 무력감을 감소시킬 수 있다.

5) 문화적 요인

가치기준이 다른 문화적 배경을 가진 아이들은 낯선 환경에서 성취에 대한 상실감을 느낄 수 있다. 협동적인 방식으로 일하고 대상들이 사람에게 미치는 효과에 초점을 두며, 전통을 통해 학습하고 규준을 준수하는 데 익숙한 아이들도 있다. 이런 아이들은 경쟁과 참고서적을 통한 객관적 지식, 질문자로서의 교사를 강조하는 학교 분위기에 처하면 새로운 환경에 적응해야만 한다.

이런 문화적 차이가 있지만 소수집단의 아이들은 어머니들의 교육열을 공유한다. 이들은 학교생활을 즐기고, 자신과 자신의 성취에 대해 긍정적으로 생각하고 장래에는 성공할 것이라고 기대한다. 이 아이들은 열심히 공부하고 자기 스스로 연습한다.

비록 소수집단 아이들의 초등학교 시기 성취수준은 다수집단 아이들과는 다르지만, 사회적 위치를 고려하면 별 차이가 없다. 5학년 수준에서의 지표들이 미래의 성취를 예언한다고 볼 때, 소수집단의 아이들이 나중에 가서 높은 학업 실패율과 퇴학률을 보이는지에 대해 연구자들은 설명하지 못하고 있다. 하나의 가능성은 가족들이 낙관적인 태도를 갖고 있어서 아이들의 향상을 위해 도움이 필요한 분야들을 지원해 주지 못하기 때문이라고 생각해 볼 수 있다. 부적절한 교과과정 내용도 소수집단 아이들의 독서수준을 낮추는 요인이 되어 나중에 학업 성취 저하를 초래할 수 있다.

여기서 중요한 점은 소수집단 초등학생들이 다수집단의 또래아이들과 비교할 때 학습에 대한 동기와 열의에서 별 차이가 없다는 것이다. 현재의 교과과정이 학습을 저해할 수도 있기 때문에 학생들의 능력을 극대화시킬 수 있도록 교과과정과 교습전략들을 다시 한 번 검토할 필요가 있다.

6. 자녀들의 긍정적 또래관계 장려

초등학교 시기 동안 아이들은 또래들과 접촉이 더 증가한다. 이때 아이들은 학령전 시기에 비해 부모의 감독이 줄어든 상태에서 30%나 더 많은 시간을 여러 다른 장소(학교, 운동, 취미집단)에서 또래들과 보낸다. 학령기에 다른 아이들과 좋은 관계를 갖는 것은 학교생활의 성공과 정서적 안정 그리고 심리적 적응을 잘 예언한다. 반대로 위축되고 따돌림받는 행동과 만족스러운 또래관계를 잘 만들지 못하는 것은 나중에 학업과 정서적 안정에 있어 여러 문제를 예언한다. Rubin, Bukowski 및 Parker(1998)는 또래 상호작용과 또래관계, 또래집단에 대한 연구를 요약하면서 다음과 같이 적고 있다. "아이가 따돌림받고 있거나 좋은 친구관계가 없다는 것이 확인되면, 교사와 부모 그리고 전문가들에게 경고 깃발을 들어올려야 한다."

사회적 기술에 포함되는 행동들에는 ① 타인의 생각, 감정, 의도 이해하기, ② 누군가의 행동 결과 이해하기, ③ 긍정적 감정을 표현하고 부정적 감정을 억제하기, ④ 대화의 시작과 지속하는 법 알기, ⑤ 감정과 의도를 분명히 전달하는 언어적, 비언어적 의사소통기법 사용하기, ⑥ 긍정적이고 이타적인 행동을 하고 부정적 행동 통제하기, ⑦ 동료의 요구에 잘 대응하기 등이 포함된다. 이런 기술들은 영아기와 아동기 초기부터 발달하기 시작하는데, 이때 부모와 보육자들이 사회적 동료가 되어 모델 역할을 해서 상호적인 동시성과 조절상태를 만들어 낸다. 이런 관계를 통해 아이들은 자신의 감정과 행동 조절을 학습한다.

1) 또래 수용과 거부

아이들은 관심과 사회적 행동이 자신과 비슷한 또래들에게 끌린다. 아이들이 자신의 생각과 감정을 분명히 표현하고 서로 간의 상호작용이 긍정적일 때 또래관계는 커져 간다. 또래 친구들끼리는 서로 협상적인 관계를 형성해 각자의 욕구가 충족되어 갈 때 그 관계가 지속된다. 아이들은 서로의 의견을 절충하고 각자의 목표와 사회적 목표를 균형짓는 해결책을 만들어 내는 것을 학습하기 때문에 이런 경험은 아이들의 사회적 역능을 증가시킨다.

친구가 아닌 아이와 자습 과제를 할 때보다 친구와 자습 과제를 함께 할 경우에 이들의 상호작용에서 미소, 웃음, 재미가 더 많이 관찰된다. 과제 수행에서 과제 중심적인 태도와 협동과정이 효과적인데, 또래관계가 형성된 경우 과제 수행이 좋은 이유는 아마도 서로에게 기대할 수 있는 것을 이미 잘 알고 있기 때문인 것으로 보인다.

초등학교 시기에 아이들은 자신의 사회적 행동을 또래와 비교하기 시작한다. 어떤 아이들은 인기가 있고 아이들이 서로 친구를 삼으려는 대상이 된다. 이런 아이들은 사회적 기술이 발달되어 있어 자신에게 주목을 끌지 않으면서도 새로운 활동을 하거나 새로운 관계를 형성할 줄 안다. 이들은 친근하고 협동적이며 타인의 욕구에 민감성 있게 반응하기 때문에 타인의 행동이나 계획과 상충되는 행동을 하는 경우가 드물다.

반면 어떤 아이들은 거부당한다. 거부하는 경우는 진행 중인 활동을 방해하거나 언어적으로나 신체적으로 상처를 입히는 공격행동을 보일 때 일어난다. 이런 아이들은 자신이 그런 사회적인 문제를 일으켰다는 것을 거의 모르는 채, 거부하는 이유를 다른 아이들의 문제로 생각하고 그들을 비난하는 경향이 있다. 거부당하는 아이들의 두 번째 경우는 위축된 행동을 보이는 아이들이다. 유아원 시기에는 또래아이들이 이런 특질을 알아채지 못하지만, 초등학교에 들어서면 이런 일반적이지 않은 행동을 알게 되어 싫어하게 된다. 위축된 태도로 거부받는 아이들은 자신이 거부받는다는 것을 자각하고 자신의 무능함과 외로움을 느끼게 된다.

또 다른 경우로 무시받는 아이들이 있다. 이들은 또래로 수용되는 것도 아니고 거부받는 것도 아니지만 간과된다. 이러한 경우가 왜 생기는지는 아직 분명치 않지만, 이 아이들은 위축된 아이들이 갖는 외로움이나 불만족으로 힘들어하는 것 같지는 않다.

한편, 어떤 아이들은 좋아하지만 다른 아이들에게는 거부받는 아이들의 경우는 논란의 여지가 있다. 이런 아이들은 인기 있는 아이와 거부받는 아이들의 특성을 모두 가진 경우다. 이들은 남을 돕고 협동적인 리더면서 때로는 방해하고 공격적이며 수용적인 행동을 보인다. 이런 아이들에 대해서는 별로 알려진 바가 없다.

2) 사회적 기술에 영향을 주는 생물학적 요인과 환경적 요인

우리는 아기가 세상에 태어날 때 이미 사회적인 행동을 위한 프로그램을 가지고 있다는 것을 안다. 병원 신생아실에서 아기들은 다른 아기들의 울음에 반응을 보인다. 아기들은 토닥이거나 안아 주고 흔들어 주는 것에도 반응한다. 대부분의 아기들은 보육자에게 애착을 형성한다. 이런 의미에서 초기의 긍정적인 사회적 행동은 생물학적 요인에 근거한 것으로 볼 수 있고, 아이들이 보이는 감정이입과 돕는 행동에서의 개인차를 초래하는 데 한 역할을 담당한다고 볼 수 있다. 하지만 현재로서는 어느 것도 확실치 않다. 다음 절에서 보겠지만, 기질은 애착과 후기 사회적 행동의 한 요인이다. 비록 기질과 후기 사회적 행동의 관계는 필연적이지는 않지만 말이다.

공격행동 발달의 생물학적 요인으로 생각되는 더 분명한 측면들이 있다. 여기서는 몇 가지 발견만 지적하고자 한다. 일란성 쌍생아가 이란성 쌍생아보다 공격성에 있어서로 더 비슷하다는 점에서 유전적 요인이 작용함을 보이는 연구들이 있다. 그러나 스웨덴에서 어린 시절 입양된 남자들을 대상으로 한 연구에서 보면 환경적인 요인도 공격성 발달에 작용함을 알 수 있다. 친부모와 양부모 모두 범죄경력이 있는 집단의 40%가 범죄로 구속되었고, 친부모만 범죄경력이 있는 집단의 경우는 12%, 양부모만 그런 경우는 7%, 둘 다 그렇지 않은 부모를 둔 집단의 경우는 3%가 범죄로 구성되었다. 비슷한 결과가 입양된 여자들에게도 나타났다.

다음 절에서 논의하겠지만 공격행동과 연관된 환경적 요인에는 부모들의 행동뿐만 아니라 빈곤과 같은 사회적 조건도 포함된다. 빈곤은 곤경과 위험을 동반한다. 가정의 불안정성은 더 커지고 신체적 학대나 주변 환경의 폭력에 노출될 확률도 더 높다. (8장과 10장에서 빈곤, 학대, 폭력에 대해서 논의할 것이다.) 그래서 모든 인종집단에서 빈곤한 가정의 아이들은 공격행동을 발달시킬 위험에 처하게 된다. 가계수입의 증가는 유럽계 미국인 아동의 경우에 공격행동의 위험을 감소시키지만, 아프리카계 미국인 아동의 경우에는 그렇지 않은 것 같다. '미국 사회에서는 흑인이라는 신분이 무수히 많은 사회적 곤경을 초래하고 이런 곤경은 상대적으로 공격행동을 보일 확률을 높인다.'

3) 사회적 기술에 미치는 부모의 영향

부모의 행동이 아이의 기질과 함께 고려될 때 다양한 수준의 사회적 기술이 아이들에게서 나타날 수 있는 통로를 확인할 수 있다. 적응적이고 순한 기질의 아이가 따뜻하고 아이들의 감정에 민감하고 아이 지향적이며 권위 있고 협동을 유도하기 위해 추론을 사용하는 부모 아래서 자랄 때, 그 아이는 안정적 애착을 발달시키고 사회적 관계가 신뢰적이고 보상적이라고 느끼며 또래들과 잘 지내게 된다. 부모들은 사회적 기술은 학습되는 것이라고 믿고 아이들에게 감정의 표현과 문제해결에 대해 지도한다. 이런 아이들은 주변 사람들이 좋아하고 사회적인 역능을 갖게 된다.

각성수준이 낮으며 진정시키고 위안시키기가 어려운 영아들은 비안정적 애착을 발달시킬 위험이 있다. 이들은 안절부절못하고 억제된 감정을 갖고 있기 때문에 또래집단으로부터 멀어져서 유아원 교사나 탁아소 보모와의 관계에만 고착될 가능성이 많다. 초등학교 초반에 이런 아이들은 억제되고 위축된 행동을 보여 사회적 기술을 발달시키기 힘들어질 수 있다.

까다롭고 과민한 기질을 가진 영아들의 부모들이 스트레스가 많은 생활 환경이나 우울증 같은 심리적인 문제를 갖게 되어 영아들에게 반응적으로 대해 주지 못하는 경우, 아이들은 분노와 저항으로 특징지어지는 비안정적 애착을 형성할 가능성이 높다. 이 영아들이 나이가 들어 또래들과 접촉을 가질 시기가 되면, 이들은 또래들에게 공격성을 보인다. 또래들은 이들을 피하고 따돌리게 되어, 결국 이런 아이들은 또래들로부터 수용되는 데 필요한 협상 기술을 학습할 기회를 갖지 못하게 된다.

(1) 수줍어하는 아이 돕기

수줍어하는 아이들은 다른 사람들에게 접근하는 것을 주저하고, 종종 다른 사람에게 무엇을 말해야 할지에 대해 분명치가 않으며, 어떻게 같이 놀이를 할지를 모른다. 따라서 이들은 거부당할 것에 대해 불안해한다. 이들이 앞서 기술한 무시받는 아이들이다. Zimbardo와 Radl(1982)은 수줍어하는 아이를 둔 부모들에게 여러 제안을 하고 있다. 이들이 제안하는 방법은 아이의 표현성 증가(미소짓기, 말하기), 타인과의 상호작용(대화 시작하기), 사회적 접촉기회에 초점을 맞추고 있다. 이 모든 행동들은 자존감과 자신감 그리고 사회적인 외향적 행동을 증가시키도록 고안된 것이다. 이런 행동들의 증가가 집단 상호작용에 대한 지도와 함께 이루어질 때, 아이가 괴롭힘을 당할 확률은 최소화되고 아이는 괴롭힘에 효과적으로 대처하게 된다(괴롭힘을 당하는 아이들에 대해서 곧 논의할 것이다.).

행동주의자들은 수줍어하는 아이가 친구를 만드는 방법에 중점을 둔다. Oden과 Asher(1977)는 아이에게 대인관계 기술을 지도하는 체계를 고안했다. 이들은 아이들에게 효과적인 상호작용 방법에 대한 언어적 지시를 주고 놀이 회기 중에 이 규칙들을 적용할 기회를 만들어 주었다. 이 지시의 네 가지 주제는 ① 집단 활동 참여(게임을 시작하고 계속 주의 기울이기), ② 놀이 중의 협동(장난감 공유나 자기 차례 기다리기), ③ 또래와의 의사소통(말하기와 듣기), ④ 또래 인정 및 지지(관심을 가져 주고 도와주기)다. 이 지침의 효과는 지속되었고 일 년 뒤에도 확인할 수 있었다.

4학년 때는 따돌림을 받던 아이들이 5학년이 끝날 때 가서 사회적 위치가 향상된 경우를 검토한 연구에서 사회적 위치 향상의 몇몇 요인들이 발견되었다. 교과목 외 활동에 대한 참여가 아이들의 사회적 위치를 향상시켰는데, 새로운 기술의 발달 때문인지, 새 친구를 사귈 기회가 생겨서인지, 아니면 자존감과 자신감의 증가 때문인지는 확실치 않다. 아이는 또래의 곤경에 도와주어야 한다는 책임감을 느끼고, 부모가 사회적 기술의 중요성을 인식해서 부모로부터 그 기술을 본받으며, 그런 행동을 보일 경우 이에 대해 적절한 보상을 줄 때 아이들의 사회적 위치는 향상되었다. 자신감과 사회적 기술을 가졌다고 느낀 남자아이들은 실제로 자신의 사회적 위치를 향상시켰다.

(2) 공격적인 아이 돕기

공격성은 여러 형태로 나타난다. 남을 치거나 상처를 입히는 신체적인 공격과 비웃거나 놀리거나 모욕을 주는 언어적인 공격이 있다. 이런 유형의 공격행동은 외현적이어서 눈에 잘 띄고 주로 남자아이들에게서 나타난다. 다른 유형의 공격은 관계적 공격이라고 부르는데, 보다 미묘하고 쉽게 감지되지 않으며 주로 여자아이들에게서 나타난다. 이 공격은 주변의 친구들을 떼어놓는 방식으로 나타난다. 공격 대상이 되는 아이에 대한 헛소문을 퍼뜨리고, 다른 아이들을 조직하여 그 아이를 따돌리게 하며, 그 아이가 부탁을 들어 주기 전에는 친구가 되려 하지 않는다. 이런 행동들이 공격적이라고 불리는 이유는 공격 대상 아이에게 상처를 입히거나 해를 주기 때문이다.

한 연구에서 약 27%의 남자아이들이 공격적이라고 기술되었는데, 이 중에서 93%가 외현적인 공격성을 보였다. 반면, 공격적이라고 기술된 22%의 여자아이들 중 95% 정도가 관계적 공격성을 보였다. 그리고 공격적인 아이들 중 단지 1/4 정도만이 두 형태의 공격성을 보였고, 공격적인 아이들 대부분은 둘 중의 한 형태만을 취했다. 관계적인 공격행동을 고려할 때, 공격행동의 비율에 남녀 차이가 없다는 점을 주목할 필요가 있다.

두 형태의 공격행동은 또래 따돌림과 지속적인 대인관계 문제, 외로움, 자존감 저하로 이끌어지기 때문에, 아이들이 또래에게 수용되고 아동기 공격성과 연관된 사춘기와 성인기 문제를 피하기 위해서는 개입이 조치되어야 한다. 주로 사용되는 개입 형태는 공격적인 아이들이 긍정적 사회 기술을 발달시키도록 돕는 것이다. 수줍어하는 아이들을 위한 집단 프로그램과 거의 비슷하게 공격적인 아이들을 위한 행동 프로그램도 긍정적 행동에 초점을 맞춘다. 이 프로그램에서는 협동을 강조하고 또래를 지지하는 긍정적 기법을 제공하며, 요구와 제안을 적절히 할 수 있는 언어적 기술을 발달시킨다. 또한 긍정적인 분노관리 기법을 지도하고, 사회적 역능과 또래 수용을 증진시키는 기술을 반복 연습할 수 있는 기회를 제공한다. 이런 프로그램에 참여한 아이들에 대한 추적연구를 한 결과, 아이들의 또래 수용은 크게 증가하였고 공격적 반응은 감소하였다.

부모들이 때때로 아이들의 공격행동을 강화하기 때문에 Patterson과 동료들(1975)은 부모들을 위한 효과적인 프로그램을 개발했다. Patterson은 아이들이 자신이 원하는 것을 가족구성원들로부터 얻기 위해서 시도하는 강요적인 과정에 대해 기술하고 있다. 아이들의 이런 행동을 변화시키기 위해서는 가족구성원 모두의 변화가 요구된다. 오리건 연구소에서 개발된 이 프로그램은 가족 전체와의 방문면담을 먼저 실시한다. 훈련된 팀이 2주간 대상가족의 집에서 가정 내 상호작용 패턴을 관찰하고 기록한다.

그런 다음 부모들에게 행동수정 기법을 소개하기 위해 『가족들(*Families*)』 또는 『아이들과 함께 살기(*Living with Children*)』라는 지침서를 읽게 한다. 부모들이 지침서 내용을 숙지했는지에 대한 간단한 검사를 통과하면, 연구소에 참석시켜 부모들이 변화하길 원하는 행동을 정확히 확인하게 한다. 그리고 행동기록 절차에 대한 훈련을 시킨다. 개입이 시작되기 전에 정확히 어떤 일들이 있었는지 알게 하기 위해서 어떤 변화가 일어나기 전에 긍정적, 부정적 행동의 발생을 기록하게 하는 것이다.

다음 단계에서는 부모와 아이가 계약을 하게 한다. 여기서 아이가 자신의 행동에 대해서 점수나 토큰을 얻게 하는 것이 중요하다. 예를 들어, 아이가 자기 잠자리를 준비하면 2점, 도시락을 싸면 2점, 정해진 시간까지 숙제를 마치면 3점, 자기 방을 정돈하면 2점, 스스로 양치질을 하면 1점을 받는 것이다. 아이는 획득한 점수를 TV 시청시간 30분 추가(5점), 추가로 이야기 듣기(2점), 30분 늦게 잠들기(3점) 등에 사용할 수 있다. 반대로 아이가 점수를 잃을 수도 있는데, 가령 형제와 싸우면 2점 감소, 부모에게 소리지르면 2점 감소 등이다. 이때 부모는 잔소리를 하거나 비난 또는 호통을 치지 말고 점수만 감해야 한다. 매일 점수를 계산하고 보상이 주어져야 한다. 연구소의 심리학자들은 주기적으로 가족들과 만나서 아이의 행동 변화에 진전이 있는지를 확인한다.

오리건 연구소 치료법이 갖는 효과는 ① 아이들 행동의 의미 있고 지속적인 변화, ② 가족구성원들의 강요적인 행동 감소, ③ 부모의 아이에 대한 긍정적 지각 증가, ④ 아이의 부정적 행동에 대한 부모의 비자각적인 보상, ⑤ 더 효과적인 처벌, ⑥ 아이의 행동 통제에 있어 아버지의 적극적 역할 증대, ⑦ 가족이 더 행복해졌다는 어머니의 지각 등이다.

(3) 괴롭힘을 당하는 아이 돕기

공격적인 아이가 한 아이나 소규모의 집단을 대상으로 삼아 쫓아다니면서 서로 간의 갈등이나 이견이 없는데도 비감정적으로 힘을 행사하는 것을 괴롭히는 행위라고 한다. 공격적인 아이들의 약 2/3 정도가 외현적으로 아이들을 괴롭히고, 전체 아이들의 10~15% 정도가 이런 괴롭힘을 당한다. 앞에서 언급했듯이 공격적인 여자아이들 대부분은 관계적 공격을 하고, 8% 정도의 여자아이들은 관계적 공격을 당하고 있다.

두 형태의 괴롭힘 모두 그 대상이 되는 아이들은 공통적인 특징이 있다. 이런 아이들은 조용하고 억눌려 있으며 자존감이 낮은 편이다. 이 아이들 중에는 신체적으로 약한 아이들도 있다. 이런 희생자들의 일부는 타인으로부터 부정적 반응을 유발하는 충동성과 파괴성을 보이는 경우도 있다. 희생자들은 공격행동에 대해 위축되거나 우는 것 같은 미성숙된 행동으로 반응하여 괴롭히는 행위를 더 강화시킨다. 희생자들은 계속해서 괴롭힘을 당하게 되어 자존감은 더 떨어지게 되고, 시간이 지남에 따라 우울하게 되어 집과 학교에서 행동 문제를 발달시킨다. 추적조사를 해 보면 이들이 성인초기가 되었을 때는 사회적 기술 면에서 괴롭힘을 당하지 않았던 사람과 별 차이는 없지만 괴롭힘의 흔적은 남아 있다. 어릴 적 괴롭힘의 희생자였던 사람은 우울감과 낮은 자존감을 갖기 쉽다.

괴롭히는 행위를 물리치는 방법에 대한 연구에 따르면, 사회적 기술에 확신을 갖고 괴롭히는 행위에 대해 자기주장을 분명히 하면서 저항하는 아이들은 비록 초기에는 억눌리거나 신체적으로 약했다 하더라도 이 괴롭힘에서 벗어날 수 있게 된다. 이런 아이들은 신체적으로 공격을 가하지는 않지만 공격을 참아내지는 않는다. 부모들은 자기주장에 대해 지도하고 훈련시키는 사회기술 프로그램에 아이들을 참여시켜서 괴롭히는 행위에 맞서 싸울 수 있도록 도울 수 있다. 괴롭히는 아이나 괴롭힘을 당하는 아이 모두 현재와 미래에 힘들어할 수 있기 때문에 양쪽 다 지원하는 개입치료를 실시할 필요가 있다. 불행히도 괴롭히는 행위 자체는 잘 사라지지 않는다.

Olweus(1994)는 노르웨이에서 괴롭히는 행위에 대해 광범위한 연구를 진행하고 이를 감소시키기 위한 학교 내 프로그램을 개발하고 있다. 그는 "아이가 학교에서 안전하게 지내고 괴롭히는 행위에 내포된 억압의 반복과 의도적인 모욕으로부터 자유로워야 하는 것은 근본적인 민주적 권리다. 학대당하고 비하받을 것이라는 두려움 때문에 학교에 가는 걸 걱정하는 학생이 있어서는 안 되고, 이런 일이 자신의 아이들에게 벌어질 것을 우려하는 부모가 있어서도 안 된다."라고 말했다. 그의 프로그램은 교장, 교감으로부터 교사, 부모 그리고 학생 모두가 참여하는 학교 전체의 프로그램이다. 어른들은 학교와 집에서 아이들에게 따뜻하고 긍정적인 관심을 주고 부정적인 행동에 분명한 제한을 가하는 환경을 창출한다. 부정적인 행동에 대해서는 일관적이고 비공격적이며 비신체적인 처벌이 주어지고, 이에 대한 감시는 학교의 안과 밖에서 지속된다. Olweus의 학교수준에서의 개입방법은 Baumrind가 제안한 가정에서 부모들이 사용하는 개입방법과 비슷하다.

개입은 학교, 학급 그리고 개인 수준에서 적용될 수 있고, 협력집단의 형성, 학교 교사와 부모의 회합, 방과 후의 감독, 괴롭힘을 규제하는 학급규칙, 학급모임 등을 포함한다. 개인수준에서는 부모, 교사, 학생이 모여서 특정 사건에 대해 논의하고 그에 대한 대책을 마련한다. 단순히 괴롭히는 아이와 괴롭힘을 당하는 아이에게만이 아니라 모든 학생들의 효과적인 의사소통과 긍정적 행동을 개발하는 데 초점이 맞춰진다.

2,500명의 학생과 이들을 담당하는 교사들의 평가에 따르면, 이 개입 프로그램을 시행한 결과 괴롭히는 행동의 발생은 50%나 줄어들었고 다른 반사회적 행위들도 감소되었다. 더군다나 학교 밖에서의 괴롭히는 행위도 증가하지 않았다. 이 프로그램은 다른 긍정적인 효과도 가져다 주었다. 학생들은 학교 활동에 더 큰 만족을 보였고, 학생들 간의 사회적 관계도 더 늘어났다. 이 프로그램의 효과들 중 일부는 일 년 뒤보다 이년 뒤에 더 두드러지게 나타났다.

수줍음, 공격성, 괴롭힘 등 사회적인 어려움의 모든 영역에서, 사회적 기술의 학습과 자신감 증진 활동에 대한 참여 그리고 자기주장 훈련은 아이들의 사회적 위상을 향상시켜 준다. 부모들은 여기서 중요한 역할을 하게 되는데, 아이들이 사회적 역능을 증가시킬 기회를 제공하고 학교 분위기가 아이들에게 안전하다는 확신을 주어야 한다.

7. TV 시청 관리

아이들이 학교에서 새로운 사회적, 문화적 영향을 대면할 때 집에서는 TV라는 매체를 통해서 사회적 가치들에 노출되는 시간이 증가한다. 그래서 부모들은 TV와 비디오, 컴퓨터 게임이 갖는 침투력을 효과적으로 통제해야 한다.

1) 아이들의 TV 이용

'TV와 다른 매체는 수면을 제외하고는 어떤 다른 활동보다도 많은 시간을 차지한다.' 영아들은 TV에서 보이고 들리는 것에 반응한다. 걸음마 단계 유아는 자신이 보는 것에 주의를 기울이고 흉내낸다. TV를 보는 시간은 유아원 시기를 거치면서 점차 증가해서 아동기 후기가 되면 하루에 3~4시간 정도 TV를 본다. 이는 사춘기에 들어서면서 감소한다. 아이들에게 미치는 주요 사회적 영향의 원천인 가족과 학교, 종교 단체에 TV가 합류되지만, 이 중 상업적인 성격을 갖는 것은 TV뿐이다.

TV가 미치는 영향은 시청자의 성격, 시청시간, 일반적인 가족 환경과 사회적 환경 그리고 가장 중요한 것으로 TV 프로그램 내용에 의존한다. 교육자들이 관심을 가져온 것은 TV 시청이 인지적 기술 발달과 학업 성취를 줄인다는 점이지만, TV가 미치는 효과는 시청하는 프로그램의 성질에 따른 것이다. 아이들은 교육 프로그램 시청을 통해 글 읽기 쓰기와 산술을 배울 수 있고 과학과 역사 지식을 증가시킬 수 있다. 모든 소득계층에 걸쳐 아이들에게 중요한 점은 이런 교육 프로그램이 교육 자원이 제한된 아이들에게 큰 기여를 한다는 것이다.

TV는 사회적 고정관념을 깨고 긍정적인 사회행동의 모델을 제공함으로써 사회적 태도를 변화시킬 수 있다. 'Happy Days' 라는 프로그램에서 주인공 Fonzie가 도서 대출카드를 받는 장면이 방송된 다음 날, 도서 대출카드를 신청한 아이들의 수는 평소보다 5배나 급증했다. 그렇지만 TV는 대부분 폭력과 싸움 그리고 어느 정도 비인격적이고 우발적인 성행위를 강조하는 사회적 세계를 보여 준다. 연구자들은 TV 시청이 부모와의 대화 부족에 따른 빈 시간을 채우기 때문에 TV에서 전하는 메시지가 강하게 영향을 줄 것이라고 우려한다.

사회과학자들은 TV 시청 행위의 수동적 성격에 대해 우려해 왔지만 TV 프로그램을 이해하고 처리하기 위해서는 정신적 노력이 요구된다는 사실 또한 인정하고 있다. 그렇지만 TV 시청은 여전히 창의성을 감소시키고 백일몽을 강화시키는 것으로 보인다. 교육 프로그램 시청은 백일몽의 긍정적인 주제와 연관되어 있는 반면, 폭력물 시청은 공격적 백일몽과 연관된다.

일반적으로 컴퓨터와 인터넷 같은 신기술이 미치는 영향에 대해 검토한 연구는 아직 많지 않지만, 그 영향에 대해서 다음과 같이 요약하고 있다.

> 신기술들은 TV와 마찬가지로 의문스러운 취향과 가치를 보여 주는 오락물들을 전달하

> 면서, 아이들에게는 상당한 비용을 들이게 하고 공급자들에게는 이득을 주고 있다. 미디어가 갖는 방대한 교육적, 친사회적 잠재성이 가치 있다는 평가는 있지만, 아직 그 잠재성 중 지극히 일부분만이 개발되어 있을 뿐이다(Huston & Wright, 1997).

TV 시청은 사회적 배경과 역관계에 놓여 있다. 교육수준과 경제수준이 높을수록 TV 시청시간이 줄어드는데, 아마도 다른 활동을 할 수 있는 경제적 여유 때문인 것으로 보인다. 사회적 위치가 동일한 상태에서 살펴보면 아프리카계와 중남미계 미국인에 비해 유럽계 미국인이 TV를 덜 보는 편이다. 중남미계 미국인들이 TV를 많이 보는 이유는 영어능력을 향상시키고 미국문화를 더 잘 이해하기 위한 것으로 보인다.

TV 시청은 가족들 간의 접촉과 사회적 접촉이라는 측면에서 고려해 볼 필요가 있다. 아이들의 시청은 발달/인지적 수준이나 다른 개인적인 특성과는 관련이 적고 부모의 TV 시청량과 형제들의 TV 시청습관, 유아원에 다니는지의 여부, 어머니의 활동 일정과 같은 가족적 맥락과 일상생활과 더 관련이 많은 것으로 보인다. 가족은 아이들의 TV 사용을 일찍부터 사회화시킨다. 3, 4세가 되면 아이들은 일정한 TV 시청 패턴을 형성한다.

따라서 TV는 가정생활에 영향을 미치게 된다. 한 조사에 따르면 TV를 시청하지 않는 가정에서는 가족구성원 간의 대화시간이 많고 서로에게 자극을 주고받을 수 있는 활동을 하는 경우가 많다. TV를 시청하는 가정에서는 가족구성원의 물리적 근접성은 커지고 더 이완된 상태를 보인다. 흥미로운 발견은 가족과 함께 TV 시청을 하는 사춘기 아이들은 친구들하고 있을 때보다 가족들과 보내는 동안이 더 좋다고 느낀다는 점이다.

과도한 TV 시청은 부정적 영향을 미친다. 성인의 경우 TV를 더 많이 볼수록 더 기분이 나빠진다고 보고되고 있다. 그렇지만 이런 사람들은 이 습관을 포기하지는 않는다. '많은 연구에서 일관적으로 관찰된 것 중에 하나는 TV를 많이 보는 아이들, 특히 폭력적인 프로그램을 많이 보는 아이들은 충동 통제와 과제 수행 지속성, 만족 지연 등에 어려움을 더 많이 겪는다는 점이다.' 더 나아가 과도한 TV 시청은 운동과 공부 또는 타인과의 상호작용 같은 능동적인 활동에 보낼 시간을 아이들로부터 빼앗는다.

2) TV 폭력성 효과

'아마 TV에서 폭력 장면을 보는 것만큼 크게 아이들의 공격성 발달에 미치는 문화적 영향은 찾을 수 없을 것이다. 지난 사반세기에 걸쳐 실험실에서 연구된 결과를 보면, 비디오로 공격적 행동을 보이는 모델을 관찰하는 것은 그 모델이 'Bobo'라는 풍선인형을 치는 것이든 또래에 대한 공격행동이든 아이들의 공격적 행동을 즉각적으로 증가시킨다. 그 효과는 아주 일정하게 증가한다. 아이들이 TV의 공격 장면을 더 많이 볼수록 공격행동이 더 많이 증가한다.' 이 발견은 관찰 초기의 공격성 수준을 동일하게 유지했을 때조차 일어난다. 이런 실험적 통제가 아주 중요한 이유는 공격적인 아이들일수록 그런 내용의 TV 프로그램을 더 많이 보는 것으로 알려졌기 때문이다. 또한 관찰 초기의 공격성 수준을 통제하지 않고서는 연구 대상으로 표집된 아이들이 원래 공격적인지, TV 시청이 후기에 나타난 공격행동의 원인인지를 알 수 없기 때문이다.

TV 폭력물 시청이 반복되면 그 결과는 아주 커져버린다. 한 연구에 따르면, 8세 남자아이들의 공격적 프로그램 선호도는 30세가 되어 범죄자로 구속될 경우 확인된 범죄의 공격성 정도와 심각성을 잘 예언해 준다. 이 경우 8세 아이들의 사회계층, 양육방식, 지능, 초기 공격성 정도 등이 잘 통제되었는데도 이런 관계가 발견된다. 아주 잘 통제된 연구들을 개관해 보면, 'TV 폭력물 시청의 효과는 강력해서 아이들의 공격성 변산량 10% 정도를 설명하는데, 이는 흡연이 폐암에 미치는 효과량에 근사하는 정도의 설명력을 갖는다. 이 발견을 한 연구는 발달심리학 연구에서 가장 엄밀하게 검사되고 분명한 효과를 보인 연구들 중의 하나다.'

아이들은 어른들보다 TV 폭력물에 더 강하게 영향을 받는데, 이는 아이들이 공격행동의 도덕적 의미 이해는 떨어지는 반면 폭력물에서 나타난 극적인 효과에 더 관심을 갖기 때문인 것으로 보인다. 덧붙여, 아이들은 어른에 비해 TV 폭력물의 내용이 실제 벌어지는 일이라고 믿는 경향이 있다. TV 폭력물을 자주 보는 아이들의 공격행동을 줄이기 위한 교육 프로그램에서는 폭력물 내용은 연출된 것이지 실제가 아니라는 점을 이해시키려고 한다. 이런 교육적 노력에서는 아이들에게 TV가 시청자들을 속이는 기법과 폭력이 일상생활의 문제를 해결하는 데 결코 도움을 주지 못한다는 점을 보여 주려 한다. 그래서 아이들이 다른 아이들에게 이런 정보를 전달하는 발표나 설득을 직접 하게 하고, TV에서 시청자를 속이는 기법을 사용해 비디오 촬영을 직접 해 보도록 시킴으로써 아이들을 적극적으로 프로그램에 참여시킨다. 이 개입 프로그램의 추적조사에 따르면 이 프로그램에 참여하지 않은 아이들과 비교해 볼 때 참여한 아이들은 거의 공격적인 면을 보이지 않았다.

3) 아이들의 효과적인 TV 이용

우선 부모들의 본보기가 아이들에게 TV 이용을 지도하는 가장 효과적인 방법이다. 부모들은 교육과 토론, 여가를 위해 어떻게 TV를 이용하는지에 대한 모델 역할을 한다. 덧붙여, 아이들은 부모가 TV 프로그램을 선택하는 패턴을 관찰하기 때문에, 이것은 초기부터 아이들에게 영향을 준다. 둘째, 부모들은 아이들이 TV를 시청하는 양을 감시하고 교육 프로그램을 보도록 장려할 수 있다. 셋째, 부모들은 아이들과 함께 TV 프로그램을 보면서 그 내용에 대해 토론하는 사회적인 기회로 삼을 수 있다. 넷째, 부모들은 지역사회 활동에 참여할 수도 있다. 부모들은 방송국에 1990년 TV 폭력물 관련법과 1990년 아동교육 TV법의 지침에 따르도록 요구할 수 있다. 마지막으로 부모들은 아이들에게 효율적 시청 기술을 가르치라고 학교에 요구할 수 있다. 캐나다와 유럽에 있는 학교들은 전교생들에게 미디어 교육훈련 프로그램을 시행하고 몇몇 학교에서는 학생들에게 이에 대한 시험을 치르게도 한다.

Dorr와 Rabin(1995)은 이런 직접적 개입방법에 추가해서 부모들은 아이들의 다른 관심과 목표와 관련된 활동들을 조직해야 한다고 주장한다. 이들에 따르면, 다른 활동을 조직하는 것이 TV 시청시간을 조절하는 것보다 더 효과적으로 TV 이용을 제어하는 방법이라고 볼 수 있다. 그리고 부모들은 아이들이 TV를 통한 메시지에 적절히 대응할 수 있도록, 의지하고 내재화해야 할 핵심 가치를 장려함으로써 적극적인 사회화를 유도해야 한다고 조언하고 있다.

8. 초등학생 자녀를 둔 부모들의 경험

아이들의 입학은 부모 입장에서 새로운 단계로의 진입을 알려 준다. 아이들은 더 많은 시간을 부모로부터 벗어나 학교에서 보내고 또래들과 지내게 된다. 아이들은 새로운 정보를 흡수하고 새로운 가치에 노출된다. Galinsky(1981)는 부모가 접하는 이 단계를 해석 단계라고 부른다. 부모의 역할은 아이들과 세상에 대한 사실과 정보를 공유하고 가치들에 대해 가르쳐 주며 일정한 방향으로 아이들의 행동을 지도하는 것이다. 부모들은 더 성장한 아이들이 독립성과 가치관을 가지고 다른 사람들과 어떻게 지내야 하고 차이와 갈등을 어떻게 조정해야 하는지에 대해 분명히 지도해 주어야 한다.

이 시점에서 부모들은 부모로서의 자신에 대해 전보다 더 현실적으로 보게 되고 아이들을 한 개인, 즉 개별적 인격체로 이해하게 된다. 부모들은 아기를 돌보면서 무수히 많은 밤을 제대로 잠자지 못하고, 아기들이 울고 보채는 것을 달래며, 유아기 때의 울화행동을 겪고, 아이들에게 기본적인 일상생활 규칙과 습관을 지도하면서 보내왔다. 부모들은 자신과 아이들이 어떤 상황에서 어떻게 반응하는지에 대한 감을 가져왔다. 비록 어떤 사람들은 부모로서의 자신에 대해 매우 부정적으로 생각하지만, 대부분의 부모들은 자신의 강점과 약점에 대해 더 잘 이해하게 되고 전반적으로 자신과 아이들이 잘하고 있다는 확신을 가져왔다. 그렇지만 이제 아이들은 부모의 통제를 떠나 규칙과 조정을 가진 구조화된 새로운 환경에 들어섰다. 아이들은 자신의 행동을 통제하는 능력으로 평가받고 성인이 되어 가는 데 필요한 기술들을 배운다. 처음에는 외적인 기준과 학교 성적을 통해 아이들이 비교된다. 부모들은 이런 외적 평가들을 잘 다뤄야 하고, 아이들 또한 잘 대처하도록 도와주어야 한다. 왜냐하면 이런 평가들은 부모들이 가정에서 했던 것들과는 다를 수 있기 때문이다.

부모들이 아이들을 다루던 방식과 아이들이 교사, 집단 리더, 또래들에게 대해지는 방식 간의 차이는 부모에게는 일종의 변하지 않는 투쟁이다. 부모들은 아이들에 대해 자신들과는 다르게 보는 성인들에 대처하는 전략을 마련할 것이다. 여기서 협동을 강조하는 태도는 가장 효과적으로 보인다. 부모가 자신의 아이에 대한 정보를 공유하고 변화가 필요한 아이의 행동을 이해하려고 할 때, 부모들이 가정 밖의 성인들과 합동하여 아이들에게 긍정적인 경험을 줄 수 있게 된다.

아이들에게 필요한 것들을 위해 부모들은 가정 밖으로 나와 지역사회에 참여하게 된다. 예를 들어, 부모들은 아이들을 괴롭히는 행동을 감소시키거나 교육자원을 확충

하기 위해 학교 담당자들과 협력할 수 있다. 또한 지역사회에 참여하여 여가 프로그램을 확대시킬 수도 있다. 11장에 가서 이런 부모들의 참여에 대해 더 자세히 알아보겠지만, 여기서 강조하고자 하는 것은 아이들의 초등학교 시기에 부모들은 자신과 아이들이 더 큰 사회 내의 상호 의존적인 존재라는 것을 깨달아 가면서 변화한다는 사실이다.

부모들은 세상과 일반 사람들의 행동에 대해 아이들에게 설명하는 과정에서 자신의 신념과 가치를 일부분은 버리고 다른 부분은 추가시켜서 더 세련되게 만든다. 아이들은 종종 부모들이 하는 말에서 비일관적인 부분과 위선적인 부분을 발견하면 즉각 변화를 촉구한다. 가령, 거짓말하는 것은 나쁜데 왜 부모들은 바쁘지 않으면서도 친척들에게 바쁘다고 말하는가? 부모들은 세상에 대해서 걱정을 하고 안전한 세상을 원한다고 하면서 왜 그렇게 하려고 아무런 일도 하지 않는가? 아이들의 이런 질문에 대답하는 과정에서 부모들은 아이들과 마찬가지로 성장해 간다.

요 약

초등학교 시기 동안의 양육 과제에 포함되는 것은

- 아이들이 새로운 활동을 하는 것을 어느 정도 거리를 두고 감시하고 지도하기
- 아이들이 있을 때 따뜻하고 수용적이지만 분명한 태도로 아이들과 상호작용하기
- 아이들이 자신의 행동을 통제하고 새로운 기술을 발달시키는 능력 강화시키기
- 아이들이 학교 과제와 생활을 잘 수행하도록 가정 환경을 구조화하기
- 학교생활, 운동 팀, 조직화된 활동과 같은 집 밖에서의 활동에 대해 아이들의 응원자 역할 하기
- 아이들이 새로운 기술과 긍정적 자아정체를 발달시킬 수 있는 기회 제공하기
- 학교와 지역사회 조직에 적극적으로 참여하여 아이들에게 긍정적인 환경을 제공하기

초등학교 시기에 아이들의 역능이 증가되어 이 시기가 끝날 무렵이 되면 아이들은

- 타인의 정서적 반응에 대해 더 잘 이해하게 된다.
- 자신의 공격성을 더 잘 통제하고 두려움이 줄어든다.
- 자신이 통제할 수 있는 상황을 교정하고 타인이 통제하는 상황에 적응하는 것을 배운다.
- 자기가치감을 전반적으로 발달시키면서 자신의 신체적, 지적, 사회적 역능에 대해 자신감을 갖는다.
- 부모를 자신의 모델이자 응원자로 생각하고 신뢰하게 된다.

학교는

- 가정 밖에서의 주요 사회화 조직이다.
- 실수를 범하거나 경멸당하거나 실패할 것이라는 우려를 아이들이 갖게 하여 아이들 생활에 스트레스를 줄 수 있다.
- 아이들이 공부와 활동에 적극적으로 참여하도록 장려함으로써 아이들과 강한 유대를 증진시켜야 한다.
- 아이들에게 안정되고 잘 통제된 환경을 제공하고 교사들이 학생들에 대한 높은 기대를 가지면서 부드러운 훈육을 유지할 때 아이들의 학습은 향상된다.
- 구성원 간의 협동과 공유를 강조하는 인종집단의 가치관을 수용하지 않는 경우도 있다.

사회적 관계는

- 긍정적일 경우에는 학업 성공과 심리적 적응을 예언한다.
- 부정적일 경우에는 학업 성취와 정서적 안정에 어려움을 예언한다.
- 부분적으로는 부모-아이 관계의 특질로부터 발달한다.
- 아이가 문제에 대한 책임을 지고 새로운 기술을 학습하려는 의지에 의해 향상될 수 있다.
- 괴롭힘과 관계적 공격성을 감소시키고 긍정적 상호작용을 증가시키는 학교 전반의 방침을 설정하고 시행할 때 향상될 수 있다.

아이들의 TV 시청은

- 부정적인 사회 고정관념을 형성케 할 수 있고 아이들의 성장을 증진시키는 활동 시간을 뺏는다.
- 부모가 TV 이용을 조절하고 감시하면 정보 제공, 태도 변화, 긍정적 정서 창출과 같은 효과를 얻어낼 수 있다.
- 폭력물의 경우 흡연이 폐암과 높은 상관이 있는 것처럼 아동 공격성과 강하게 연관된다.

Galinsky의 해석 단계에 있는 부모들은

- 아이들에 대한 이해가 더 커질 뿐만 아니라 부모로서의 자신에 대한 이해도 증가한다.
- 아이들이 교사와 같은 새로운 권위적 인물에 잘 적응하도록 돕는 전략을 개발한다.

참고문헌

Aimee Dorr, & Beth E. Rabin (1995). "Parents, Children, and Television." in *Handbook of Parenting, vol. 4,* pp. 323–351.

Albert Bandura (1989). "Regulation of Cognitive Processes through Perceived Self–Efficacy." *Developmental Psychology, 25,* pp. 729–735.

Aletha C. Huston, & John C. *Wright*. "Mass Media and Children's Development." *Handbook of Child Psychology, Vol. 4*, p. 1043.

Armstrong, Thomas (1991). *Awakening Your Child's Natural Genius.* Los Angeles: Jeremy T. Tarcher.

Ben Carson with Gregg Lewis (1999). *The Big Picture.* Grand Rapids, MI: Zondervan.

Comer, James P. (1998). *Waiting for a Miracle: Why Schools Can't Solve Our Problems–And How We Can.* New York: Plume.

Damon, William (1988). *The Moral Child.* New York: Free Press.

Dan Olweus (1994). "Annotation: Bullying at School: Basic Facts and Effects of a School

Based Intervention Program." *Journal of Child Psychology and Psychiatry, 35,* pp. 1171–1190.

Dunn, Judy (1985). Sisters and Brothers. Cambridge, MA: Harvard University Press.

Ehrensaft, Diane (1997). *Spoiling Childhood: How Well–Meaning Parents Are Giving Children Too Much–But Not What They Need.* New York: Guilford.

Ellen Galinsky (1981). *Between Generations: The Six Stages of Parenthood.* New York: Time Books.

Gerald R. Patterson et al. (1975). *A Social Learning Approach to Family Intervention,* vol. 1, *Families with Aggressive Children.* Eugene, OR: Castalia.

Jacquelynne S. Eccles, Allan Wigfield, & Ulrich Schiefele (1998). "Motivation to Succeed." in *Handbook of Child Psychology, vol. 3,* pp. 1017–1095.

Lawrence Kohlberg (1963). "The Development of Children's Orientations toward a Moral Order: I Sequence in the Development of Moral Thought." *Vita Humana, 6,* pp. 11–33.

Martin E. P. Seligman (1990). *Learned Optimism.* New York: Pocket Books.

Mary J. Levitt, Nathalie Guacci–Franco, & Jerome L. Levitt (1993). "Convoys of Social Support in Childhood and Early Adolescence: Structure and Function." *Developmental Psychology ,29,* p. 815.

Mary Jane Rotheram–Borus, & Jean S. Phinney (1990). "Patterns of Social Expectations among Black and Mexican–American Children." *Child Development, 61*, pp. 542–556.

Michael C. Thornton et al. (1990). "Sociodemographic and Environmental Correlates of Racial Socialization by Black Parents." *Child Development, 61,* pp. 401–409.

Philip G. Zimbardo, & Shirley Radl (1982). *The Shy Child.* Garden City, NY: Doubleday.

Seligman, Martin E. P. (1995). *The Optimistic Child.* New York: Houghton Mifflin.

Sherri Oden, & Steven R. Asher (1977). "Coaching Children in Social Skills for Friendship Making." *Child Development, 48,* pp. 495–506.

07

사춘기

성인기로 진입을 시작하는 신체적, 심리적 변화를 경험하면서 자녀와 부모 모두 활기찬 도전에 직면한다. 사춘기 청소년들은 새 학교와 사회적 상황들을 접해 가면서 이 모든 변화를 통합시켜야 한다. 또래들과 지내면서 더 많은 시간을 쓰고 또래관계에 더 많은 관심을 갖게 되는데, 부모와의 친밀한 관계가 유지될 때 이들은 보호를 받으면서 독립성을 더 키워가게 된다. 십대들이 자신의 독립성을 주장할 때 부모들이 사용해야 할 효과적인 양육전략은 무엇인가? 부모들은 강하게 표출되는 감정을 십대들이 잘 관리하도록 어떻게 도와줄 수 있나? 사춘기 청소년들이 건전한 행동을 발달시키면서 위험한 행동을 피하도록 하기 위해 어떤 도움을 줄 수 있나? 부모들은 십대들이 원하는 자유와 필요한 지도를 잘 균형지어 주면서 양육자, 감독자로서의 역할을 확대시켜 지지자, 조언자로서 도움을 줄 수 있다.

사춘기는 아이들에게 일종의 전환점이다. 아이들은 아동기 초반의 안정적이고 지속적인 성장에서 벗어나 급속한 신체적 성장과 호르몬계의 변화, 성적 성숙과 생식능력을 갖게 하는 신체적 발달 등 모든 스트레스를 경험하게 된다. 신체와 호르몬 분비가 변화하면서 아이들의 감정은 종종 더 강렬해지고 그 강렬함이 통제하기 힘들 정도로 심해지기도 한다. 사고방식도 바뀌어 가능성을 더 많이 자각하고 더 추상적으로 생각한다. 아이들은 신체적, 인지적 변화를 겪어 가는 동시에 사회적으로는 또래들과 더 많이 어울리게 되고 부모로부터 더 독립적이게 된다. 그리고 자신이 누구인지, 좋아하는 것은 무엇인지, 자신의 미래를 위해 설정할 목표는 무엇인지를, 즉 자신의 정체를 탐색하기 시작한다.

사춘기 청소년들은 정체성을 탐색하면서 부모의 권위에 의문을 제기하고 행동 제약에 반항하며 자신의 생각을 주장한다. 부모들은 아이들의 독립성과 자존감의 성장을 장려하고 능력을 더 키우도록 도와주어야 하지만, 자유를 너무 많이 허용해 아이들이 스스로 제어할 수 없는 상황에 빠지게 해서는 안 된다. 아이들의 사춘기는 부모에게는 큰 부담이 되지만 아이들이 새로운 인생으로 첫 발을 내딛으며 활짝 꽃피우는 것을 보게 되는 부모에게는 분명 흥분되는 시기다. 이 장에서는 이런 과정에서 갖는 즐거움과 잠재적인 문제들을 추적해 볼 것이다.

1. 변화의 시기

11세부터 18세까지는 신체적, 지적, 정서적, 자아 기능 및 사회적 기능에서 큰 변화를 겪는 기간이다. 더구나 이 시기에 아이들은 이성교제에 관심을 갖게 되고 학교 환경의 다양한 변화에 직면한다.

1) 신체적 변화

사춘기 동안의 급속한 생리적 변화는 수년에 걸쳐 일어난다. 이런 변화는 여자아이의 경우 평균 9세에서 17세에 걸쳐 일어나고, 남자아이의 경우 11세에서 20세에 걸쳐 일어난다. 여기서 중요한 것은 변화의 시점인데, 여자아이의 경우, 일찍 성숙한 아이들이 늦게 성숙한 아이들보다 더 많은 어려움을 겪는다. 이들은 부모와의 갈등을 더 많이 경험하고, 신체와 관심이 또래들보다 앞서 나가기 때문에 연령이 동일한(남녀를 포함한) 또래들의 발달과 시점이 어긋나게 된다. 이들은 때때로 자신보다 더 나이든 친구를 사귀면서 학교와 반 친구들에 대한 관심을 잃는 경우도 있다. 대조적으로, 일찍 성숙한 남자아이들은 운동 활동에서 중요하게 여겨지는 강한 근력을 빨리 발달시키기 때문에 이점을 갖기도 한다.

새로 변화된 몸으로 사는 것은 스트레스를 준다. 사춘기 청소년들은 여드름, 비만, 월경, 성행위, 성병과 같은 새로운 신체적 고민을 갖는다. 고등학교 시기의 여자아이들은 같은 연령의 남자아이들이나 10~14세의 여자아이들에 비해 자신의 건강상태를 낮게 평가한다. 통계치를 살펴보면 이들의 평가가 틀린 것은 아니다. 여자아이들은 운동을 덜 하는 반면, 다이어트를 많이 한다. 또한 남자아이들에 비해 더 자주 병원을 방문하거나 입원하는 경우가 있는데, 이것은 일차적으로는 산부인과 건강 문제 때문이다. 이런 이유로 남자아이들이 여자아이들보다 더 건강하다고 생각하지만, 사망률은 오히려 남자아이들이 2배나 높다. 그 이유는 이들이 자동차나 오토바이 사고를 더 많이 일으키기 때문이다.

모든 신체적 변화는 자존감에 영향을 미친다. 인생 전반에 걸쳐 외모는 자존감과 가장 밀접한 요인 중의 하나다. 사춘기 청소년들의 경우 외모 자체가 변화할 뿐만 아니라, 남들이 더 세심히 살펴보는 관심 대상도 바로 외모다. 특히, 여자아이들은 신체적 매력기준에 민감해서 많은 여자아이들이 자신의 신체와 외모를 싫어하는 경향이 있다. 이는 조금 뒤에 살펴볼 것이다.

십대들이 경험하는 모든 변화 중에서 성징의 출현은 사춘기의 신체적 발달에서 가장 두드러진 것 중의 하나다. 사춘기 청소년들은 파트너를 만나 성관계를 갖는 단계에 들어서기 전에 성적 공상이나 자위행위 같은 스스로 성적 자극을 주는 행위에 관여한다. 이 두 행위는 따로 나타나기도 하고 함께 나타나기도 하는데, 십대의 반 정도는 자위행위를 하면서 공상에 빠진다. 대개 12~14세에 남자아이와 여자아이 모두에게서 나타나는 자위행위는 사춘기 때 갖는 가장 공통적인 형태의 성적 경험이다.

이성 간 성행위는 흔히 키스로부터 시작해서 상체 애무, 하체 애무 그리고 성교에 이르게 된다. 사춘기 청소년들이 성행위를 하는 연령별 비율은 조사에 따라 다르나 고등학교 고학년의 50% 정도가 성교 경험이 있는 것으로 나타났다(Weissberg & Greenberg, 1997).

남자아이들이 여자아이들에 비해 성적으로 더 적극적이다. 한 연구에서 보면, 남자아이들은 30%가 16세에 이미 성교를 경험하지만 여자아이들은 13% 정도가 경험한다. 18세에는 64%의 남자아이들과 44%의 여자아이들이 이미 이 경험을 갖는다. 이 비율은 인종적 집단에 따라 다르게 나타난다. 아프리카계 미국 청소년들은 유럽계나

표 7-1 사춘기 청소년들이 생각하는 성관계를 갖는 이유와 유보하는 이유

성관계를 갖는 이유	
여자아이	남자아이
또래 압력 (34%) 남자아이들의 압력 (17%) 호기심 (14%) 누구나 한다는 생각 (14%)	또래 압력 (26%) 호기심 (16%) 누구나 한다는 생각 (10%) 성욕 충족 (10%)
성관계를 유보하는 이유	
성병의 위험 (65%) 임신의 위험 (62%) 부모에게 발각될 것에 대한 두려움 (50%) 친구들로부터 자신의 평판이 손상당할 것에 대한 두려움 (29%)	

* 출처: Herant Katchadourian (1990). "Sexuality." in *At the Threshold: The Developing Adolescent*, ed. S. Shirley Feldman & Glen R. Elliott Cambridge, MA: Harvard University Press, p. 344.

중남미계 청소년들보다 더 앞서 나가는 경향이 있다. 예를 들어, 92%의 아프리카계 미국 남자아이들의 92%가 17세에 이미 성교 경험을 갖는 반면, 중남미계는 50%, 유럽계는 43%가 비슷한 경험을 갖는 것으로 보고된다. 여자아이의 경우 아프리카계가 40%, 유럽계가 25%, 중남미계가 24%이다. 〈표 7-1〉은 성경험을 유보하거나 유보하지 않는 데 대해 사춘기 청소년들이 든 이유들이다.

성적으로 적극적인 십대들에게 성교는 빈번하게 일어나지 않고 오히려 제한된 수의 상대에 한정된다. 그리고 한 연구조사에 따르면, 대부분의 십대들은 첫 상대와 다시 관계를 갖지만 그 관계는 오래 지속되지는 않는다. 전형적인 경우, 성관계를 갖는 상대가 없거나 한 명 정도 관계를 갖는 횟수도 한 달에 한두 번 정도다. 사춘기 청소년들의 2/3 정도는 첫 성경험을 자기 집이나 친구 집에서 갖는다고 한다. 이때 상대는 대부분 꾸준히 데이트 해 온 상대나 친한 친구같이 이미 잘 알고 있는 사람이다.

2) 지적 변화

사춘기 청소년들은 더 어린 아이들에 비해 더 추상적으로 사고한다. 문제를 분석하고 여러 가능성에 대해 자유스럽게 생각할 수 있게 된다. 자기 자신의 생각과 반응에

대해 추상적으로 사고할 수 있기 때문에 내성할 수 있는 능력이 증가한다. 장래에 무엇을 할지, 무엇을 할 수 있을지에 대해 상상한다. 이들은 또한 타인의 반응에 대해 숙고하고 그 행동에 대해 평가를 내린다. 사춘기 청소년들은 종종 이상주의적이어서 높은 기준에 비추어 자신과 다른 사람을 비판하기도 한다.

사춘기 청소년들은 추상적 사고능력을 가지고 있지만, 기존에 가지고 있던 사물에 대한 이해방식이 새로운 정보를 취하고 추론하는 과정을 방해할 수 있다. 예를 들어, 십대들은 간혹 성에 대한 환상 때문에 새로운 정보 흡수가 방해받기도 한다. 침대에서 남자와 안고 있거나 남자를 사랑하기만 해도 임신이 된다고 믿는 여자아이들은 이런 환상 때문에 피임법을 모르고 있는 경우도 있다. 그러므로 부모들은 새로운 정보를 전해 주기 전에 십대들이 그 일이나 과정에 대해 어떻게 생각하고 있는지를 미리 확인하는 것이 현명하다.

3) 정서적 변화

사춘기 동안의 정서적 생활은 더 강렬해지고 복잡해진다. 초등학생들은 동시에 다른 두 감정을 경험하는 경우가 드물고, 장래에 대해서 걱정하는 경우도 없으며, 자신에 대한 타인의 반응으로 고민하지도 않는다. 초등학교 아이들은 현재에 살고 있어서 어려운 상황이 지나가면 더 이상 고민하지 않는다. 그래서 아주 행복하다고 표현하는 경우가 사춘기 청소년들보다 더 빈번하다.

사춘기 초반의 아이들이 갖는 전반적인 기분은 부모의 기분과 동일하지만 부모보다 기분이 더 고조되거나 더 저조해지는 정서적 변동을 더 많이 보이는 경향이 있다. 이런 정서적 변동의 일부는 고양된 자의식과 다른 사람에게 자신이 어떻게 보일지에 대한 관심에서 비롯된다. 한 연구에서 조사된 14세 보통아이들의 1/4이 남들로부터 자신이 시선을 받고 있다거나 웃음거리가 된다거나 화제 대상이 되고 있는 것으로 느낀다고 한다. Elkind(1974)는 사춘기 초반 아이들은 "끊임없이 상상의 청중을 만들어 내고 그 청중에 대해 반응한다."고 표현한다.

신체적, 사회적, 심리적 변화와 고조된 민감성에도 불구하고 십대 초반 아이들의 2/3가 보고하는 스트레스 정도는 낮은 정도에서 중간 정도에 걸쳐 있다. 높은 스트레스를 경험한다고 보고하는 나머지 1/3은 부모 간의 갈등이나 이혼 같은 가족 문제에 따른 추가적인 스트레스를 받는 것으로 보인다.

우울하고 부정적인 기분 또한 이 사춘기 초반에 증가한다. 다수의 십대 초반 아이들에게는 이런 증가가 미약하지만, 조사 시점에서 지난 반 년 동안 아이들이 슬프거나 불행해 보이는 우울한 기분을 경험했다고 보고한 부모들은 10~20% 정도였고, 아이들 중에서는 20~40%가 동일한 경험을 가졌다고 보고했다. 우울한 기분은 13세에서 15세로 가면서 증가하고 17~18세에 최고조를 이루다가 성인이 되면서 감소한다. 여자아이들이 남자아이들에 비해 더 많이 우울한 기분을 느낀다고 보고하는데, 특히 조숙한 여자아이들에게서 많이 나타난다. 유럽계와 아시아계 십대들이 아프리카계와 중남미계 십대들보다 우울증상을 더 많이 보고하는데 이는 스트레스 수준과는 무관하게 나타난다. 동성애 청소년들은 자살을 시도할 위험이 두세 배나 더 크고 우울을 더 자주 경험한다. 이 장의 후반부에 가서 청소년 우울증에 대해 더 자세히 알아볼 것이다.

긍정적 경험은 스트레스에 대처하는 완충 역할을 한다. 이런 경험은 십대 초반의 아이들이 스트레스에서 벗어나 이완되고 기분이 좋아지게 하는 '위안 장소'를 제공한다. 다양한 인종집단의 사춘기 초반 아이들에게 무엇이 자신을 지원하는가에 대해 질문했을 때, 주된 지원의 원천으로 친밀한 가족관계를 꼽았다. 또한 친구도 매우 중요한 지원으로 생각했다.

4) 자아의 변화

사춘기 초기가 되면 아이들은 유쾌함, 우울함, 친절함과 같은 일반적 특성을 사용하여 더 추상적으로 자신을 기술한다. 그리고 자신의 행동이 상황과 만나는 사람에 따라 변한다는 점을 자각한다. 자신이 친구들에게는 친절한 반면 부모에게는 그렇지 않다는 것을 알고 있지만, 이런 모순적인 태도 때문에 고민하지는 않는다. 이런 모순을 왜 무시하는지에 대해 이유를 물으면 "그건 어리석은 질문이에요. 나 자신과 싸우고 싶진 않아요."라고 대답한다.

그러나 사춘기 중반에 들어서면 아이들은 다양한 자신의 모습에 대해서 말한다. 어머니와의 관계, 아버지와의 관계, 제일 친한 친구와의 관계 그리고 이성친구와의 관계에서 자기 모습을 각기 다르게 말한다. 자신의 행동이 상황에 따라 변하는 것을 관찰하면서 '진정한 나'에 대한 관심이 강화된다. 아이들은 어떤 사건에 대한 자신의 내적인 생각과 느낌, 반응에 대해 논할 때는 진정한 자아를 표현한 것이라고 느끼는 반면, 어쩔 수 없이 어떤 행위를 하게 되고 자신이 의도하는 바가 아닌 것을 말하게 되었을 때는 거짓된 자신을 표현한 것이라고 생각한다. 십대들은 ① 좋은 인상을 주려 하고, ② 자신의 다른 모습에 대해 실험해 보려 하며, ③ 자신에 대해 타인이 낮게 평가하지 못하게 하려고 거짓된 행동을 한다고 보고한다. 사춘기 청소년들은 부모의 지지를 받고 있다고 생각할 때 부모에게 자신의 생각을 말하고 진정한 자신의 모습을 드러낸다. 부모의 지지수준이 높을수록 사춘기 아이들은 자신에 대해서 더 많이 표현하고 자존감도 높아진다.

사춘기 후반에 가서 십대들은 모순된 면들을 접할 때 그 모순을 설명해 주는 더 일반적인 추상적 개념을 찾아 타협할 수 있게 된다. 예를 들어, 친구들과 있을 때는 즐겁지만 부모와 있을 때는 주눅이 드는 기분상의 변화를 자신이 우울하기 때문이라고 설명한다. "사람에 따라서 기분과 행동이 달라지는 것은 정상적인 것이야."라고 말하면서 모순된 면들을 정상적인 것으로 수용하기도 한다. 사춘기 후반의 아이들은 자신의 행동 변화를 관찰하면서 자신이 가치 있다고 평가하는 특성을 보일 수 있는 상황과 자신이 지지받는다고 느끼는 상황을 구별하여 때에 따라 적합한 상황을 찾아 나선다.

5) 사회적 변화

사춘기 초반의 아이들은 초등학생 때보다 친구 수는 줄어들었다고 보고되지만, 친구와의 깊은 우정관계에서 더 많은 지지를 받는다. 이때 아이들은 서로 친구라고 선택한 5~9명의 구성원을 가진 소집단, 즉 패거리(clique)를 형성한다. 가장 공통적으로 보이는 활동은 끼리끼리 어울려 다니고, 함께 수다 떨고, 학교 주변을 돌아다니고, 오랫동안 서로 전화하고, TV를 같이 보거나 신체적인 놀이를 하는 것이다. 여자아이들은 남자아이들에 비해 수다를 떨고 물건을 사러 돌아다니는 데 더 많은 시간을 보내는 반면, 남자아이들은 신체적 접촉이 많은 운동을 주로 한다. 이런 집단 활동은 몇몇 기능을 갖는데, 대인관계 능력과 소속감을 제공하고 자아와 성취에 대한 탐색을 증진시키며 학습과 지도를 받을 수 있는 기회를 준다. 어울려 다니고 수다를 떠는 것은 더 친밀한 사회적 관계를 도모하는 반면, 경쟁적인 놀이는 성취동기를 부여해 자신에 대해 더 잘 이해하도록 한다. 두 유형의 활동 모두 아이들의 심리적 성장에 기여하고 안정적인 정체감 형성에 필요한 경험들을 제공한다.

또래집단은 사춘기 청소년들의 심리적 발달에 중요한 역할을 한다. 사춘기 이전 연령에서와 같이 또래들은 사회적 기술이 발달될 기회를 제공할 뿐만 아니라 부모와 독립되는 과정에서 필요한 지지와 이해를 제공하기도 한다. 일본과 러시아의 사춘기 청소년들이 또래와 같이 지내는 시간은 일주일에 2~3시간 정도다. 미국 고등학생들의 경우 또래와 보내는 시간(29%)은 부모와 보내는 시간(13%)의 두 배나 된다.

사춘기에는 또래관계 양상에 있어서도 변화가 일어난다. 첫째, 또래 간의 상호작용은 일반적으로 성인의 감독 없이 일어난다. 둘째, 많은 수의 또래들이 결합되어 한 집단을 형성하는 경우가 많다. 셋째, 또래집단에 동성만이 아닌 이성의 구성원을 포함시키려는 경향이 있다.

사춘기의 우정은 보다 친밀해진다. 함께 활동하는 것 외에도 우정을 통해서 자신을 공개하고 감정을 표현하며 친구의 필요에 따라 지원하려는 경향이 더 늘어난다. 친구는 서로에게 자신의 생각을 정직하게 표현하고 타인에 대한 만족과 불만에 대해서도 말할 것으로 기대된다. 친구들은 갈등이 생겼을 때 그 갈등의 해소법을 배워야 한다고 생각한다. 우정을 통해서 사회적 기술이 더욱 발달되고 이로 인해 우정은 더 깊어진다. 우정이 갖는 친밀성은 사춘기 아이들의 사교능력과 자존감 그리고 전반적인 대인관계 능력과 관련이 깊다.

사춘기 청소년들은 친구들에 대해 강한 충성심을 갖는다. 부모가 싫어해도 친구와의 우정을 지속하고 남에게 친구들과의 관계에 대한 구체적인 내용을 내보이려 하지 않는다. 사춘기 아이들 중 56% 정도는 만약 친구가 자살을 생각하고 있다면 남에게 알리겠다고 했다. 그리고 아주 적은 수(17~20%)만이 마약이나 음주를 비밀로 하겠다는 약속을 어기고 남에게 말할 것이라고 했고, 친구가 상점에서 물건을 훔치는 경우는 단지 6%만이 남에게 알릴 것이라고 했다.

사춘기 후반에 형성된 또래집단은 사춘기 초반에 만들어지는 패거리에 비해 규모가 더 커진다. Brown(1990)은 이 집단을 **동아리**(crowds)라고 명명한다. 패거리는 상호선택의 방식으로 결성되는 반면, 동아리는 개개인의 특성에 대한 판단에 근거해서 그

무리에 합류할 것을 권유하는 과정을 통해 결성된다. 시간이 지나면서 동아리 종류에 약간의 변이는 있지만 연구 보고에 따르면 일반적으로 '자키' (운동 동아리), '브레인' (공부 동아리), 인기아, '마약중독자들' (불량 동아리) 등으로 분류된다.

일 년에 걸쳐 진행된 최근의 한 연구는 구성원들의 개인적인 감정적 혼란과 고통 때문에 결성된 또래집단에 대해 기술하고 있다. 사춘기 아이들은 비슷한 수준의 고통을 받고 있는 또래들을 찾는다. 남자아이들은 또래의 기분에 영향을 받는 경향이 있어 점점 또래집단의 기분수준과 비슷해지는 반면, 여자아이들은 자신의 개인적 고통 수준을 유지하는 경향이 있다. 고통감으로 인해 십대들이 친구를 사귀지 못하는 것은 아니지만 이들이 사귈 친구들의 유형에 영향을 주는 것은 사실이다.

또래들이 중요해지는 동시에 혼자 보내는 시간도 늘어나는데, 혼자 있는 것은 사춘기에 있어서 새로운 의미를 갖는다. 아동기 초기에 혼자 있는 것은 선택된 것이 아니기 때문에 부정적인 경험이 되지만, 사춘기에서는 자기 방에 혼자 있으려고 하고 혼자 있는 시간도 또래들과 보내는 시간과 비슷한 정도며 부모들과 보내는 시간보다 더 많다.

어느 정도 혼자 있는 것은 십대들에게 이득을 주는 것으로 보인다. 비록 십대들이 혼자 있을 때의 기분이 아주 좋다고 생각하는 것은 아니지만, 혼자 있고 나면 기분이 더 좋아진다고 한다. 혼자 있는 것은 사회적인 관계에서 물러나서 자신에 대해서 반성해 보고 원하는 자신의 모습에 대해 생각할 수 있는 기회를 준다. 혼자 있는 시간이 중간 정도인 사춘기 청소년들은 혼자 있을 시간이 거의 없거나 많은 시간 동안 혼자 보내는 아이들에 비해 더 잘 적응한다고 부모와 교사들이 평하고 스스로도 덜 우울하다고 말한다.

6) 이성교제

사춘기 이성교제는 여러 중요한 기능을 한다. 이성교제에서 사춘기 청소년들은 이성과 관계를 맺는 방법을 배우고, 사람들과 만나서 어떻게 서로 어울리는지를 탐색하며 서로와의 관계를 끝내는 행위들을 위한 틀을 제공한다. 그리고 이성에 대한 신뢰감과 즐거움을 발달시키는 연습기회를 제공한다. 동성과의 연애관계에 대한 연구는 없기 때문에 여기서는 이성교제에 국한해서 논의할 것이다.

비록 성혁명으로 많은 변화가 일어났지만 이성교제를 하는 청소년들의 관심은 부모와 같은 성인들이 갖는 관심과 거의 같다. “그가 나를 좋아할까?” “그녀가 나와 같이 외출하려고 할까?” “데이트 할 때 뭐라고 말하지?” 여전히 여자아이들은 남자아이가 전화할 때까지 기다린다. 전국 표본조사에서 보면 여자아이들의 2/3 이상이 남자아이를 밖으로 불러내 본 적이 없다고 한다. 오히려 남자아이들은 여자아이가 데이트 신청하는 것을 즐기는데, 단지 13%의 남자아이들만이 여자아이가 불러도 나가지 않을 것이라고 대답했다.

남자아이와 여자아이는 상대방에게서 어떤 특성을 찾는가? 16~21세 여자들의 90% 이상이 남자의 중요한 특성으로 좋은 성격과 친절함, 좋은 매너, 유머감각을 꼽았다. 70% 이상은 정열, 멋진 외모, 매력이 중요한 특성이라고 보았다. 인기 없는 특성들로는 과음, 의사소통 능력 부족, 마약 사용, 저속함 등을 들었고, 우유부단함과 몰인정함이 그 뒤를 이었다. 남자아이들은 처음에는 외모에 끌리지만, 역시 가장 중요한 특성은 성격과 유머감각이라고 했고, 그 다음으로 미모, 지능, 심리적 온화함을 중요한 특성으로 들었다. 비록 남자아이들이 초반에는 신체적 특성에 강조점을 두지만 기본적으로 남녀 모두 상대방에게서 찾는 특성은 동일한 것으로 나타났다.

사춘기 이성교제는 이성과의 관계에서 신뢰와 확신을 발달시키는 기회를 제공해 준다.

대부분의 여자아이들은 14세 즈음에 이성교제를 시작하고 남자아이들은 14세와 15세 사이에 시작한다. 고등학교 고학년이 되면 사춘기 청소년들 반 이상이 일주일에 한 번 이상 데이트를 하고 1/3 정도는 일주일에 두세 번 정도 한다. 일반적으로 남자아이들이 여자아이들에 비해 성행위에 더 관심을 가지고 있지만 사춘기 남자아이들도 이성교제 초반에는 신체적 친밀감을 바라지만 관계가 진전됨에 따라 여자아이들처럼 애정과 친밀성의 증가를 원한다.

사춘기 남자아이들의 1/4, 여자아이들의 1/3

정도가 한 사람하고만 꾸준히 이성교제를 한다고 한다. 이 경향은 16~18세의 사춘기 후반 아이들에게서 더 높게 나타난다. 이 연령대의 남자아이들 30%, 여자아이들 40%가 한 명하고만 이성교제를 한다. 사춘기의 반 이상이 연애 경험이 있다고 하는데, 특히 여자아이들이 더 많다고 한다. 연애감정의 강도와 교제가 끝나면서 따르는 고통의 강도는 어른들이 비슷한 상황에서 경험하는 것보다 훨씬 더 크다. 사춘기 때의 연애관계는 더 서로 개입된 관계로까지 발전하는 경우도 있지만 그런 감정들은 자주 약해진다.

교육적 목표와 장래 직업의 목표가 분명하고 자신들의 부모처럼 결혼하기를 원하는 아이들은 한 명과 꾸준히 이성교제를 하거나 사랑에 빠지는 경우가 동일 연령의 일반적 평균에 비해 비율이 낮다. 자존감이 높은 여자아이들은 여러 상대와 이성교제를 한다. 반면 꾸준히 한 명의 상대와 이성교제를 하는 아이들은 부모처럼 결혼하기를 원치 않는다. 일반적으로 너무 일찍 그리고 강하게 이성교제에 빠져드는 아이들은 동성 아이들과의 일반적인 사회적 관계나 이성 아이들과의 일상적인 관계를 갖기가 힘들어져 나중에 필요한 친밀성과 친숙성의 발달이 저해된다.

7) 학 교

사춘기 청소년들의 신체와 정서, 사고 패턴 그리고 사회적 관계가 변하는 동안에 사회는 이들의 독립성을 더 요구하면서 학생들 각각에게는 최소한의 관심만을 주는 더 큰 학교로 이동시켜 이들에게 스트레스를 더 부가한다. Eccles(1993)는 이를 사춘기 초반 아이들의 발달에 필요한 지원과 학교 체제에서 부과하는 요구 간의 '어긋남'이라고 부른다.

사춘기 동안 학교의 구성과 학생에 대한 요구는 변하지만 아이들의 역능발달을 지원한다는 면에서 학교의 역할은 초등학교와 동일하게 지속된다. 학생들이 학업과 정서적인 측면에서 교사들이 자신들을 지원하고 있다고 생각할 때는 학교에서 스트레스와 소외감을 덜 받지만, 교사들이 공정치 못하고 편중되어 있다고 볼 때는 스트레스가 증가한다. 학교가 경쟁을 덜 중시하고 대신에 학생들에게 노력과 자기증진, 과제 숙달에 초점을 기울이라고 장려할 때 학생들의 학업동기는 증가하고 안정된 학업을 수행하게 된다. 학교에서 학생들이 좌석 선택이나 작업 파트너 선정에 자유를 주는 것과 같이 학생들에게 선택할 기회를 항상 주고 능동적인 학습 참여를 장려할 때 학생들의 자율성 욕구는 충족된다.

2. 변화의 시기에 자아정체감의 형성

이 장의 앞부분에서 언급했듯이 사춘기 청소년들은 '진정한 나'를 찾는다. Erikson (1963)은 독특하고 분화된 개인으로서의 정체성에 대해서 말하고 있다. 자아정체감 성취과정은 수년에 걸쳐 점진적으로 일어난다. 사춘기 청소년들은 새로운 경험과 관념을 탐색하고 새로운 우정을 형성하면서 특정 가치와 목표, 행동에 개입한다. 이 과정 동안 자신의 선택에 따른 결과가 드러나면서 갈등과 위기가 일어날 수 있다. 그러나 자신의 인생에서 무엇을 하고 싶은지 스스로 생각해 보지 않고 전통적인 가치를 그대로 받아들이는 아이들도 있다. 이런 아이들은 위기나 갈등에 직면하지 못하게 되는데, 그 이유는 그런 문제를 다루길 원하지 않기 때문이다. Marcia(1980)는 탐색 없이 자신의 미래를 선택하는 것을 **정체성 유실**(identity foreclosure)이라고 부른다. 이는 가능성들이 충분히 탐색되지 않은 채 미숙한 상태에서 차폐되어 버렸음을 의미한다.

유예(moratorium)를 경험하는 사춘기 청소년들은 다른 경로를 취한다. 이런 아이들은 자신이 하고 싶은 일들과 관련해서 위기 속에 있다. 이들은 여러 생각을 탐색하고 있지만 아직 하나를 선택해서 개입하지 못하고 있다. 따라서 유예는 개입이 없는 탐색이라고 할 수 있다. 다른 경우는 **정체성 혼미**(identity diffusion)를 경험하는 아이들인데, 이들은 전혀 선택을 하지 못하고 방향성 없이 표류한다.

정체성 탐색이 아주 활발한 사춘기 남자아이들은 집에서 자신의 생각을 자유스럽게 표현할 수 있고 그 생각이 부모의 생각과 다를지라도 부모로부터 지지를 받는다는 것을 밝힌 연구가 있다. 부모들은 대개 남자아이들에게 독립적이면서도 가족구성원과의 관계를 유지하라고 격려한다. 정체성 탐색이 강한 여자아이들은 집에서 도전을 받고 부모와 논쟁이 빈번해 부모의 지지를 별로 받지 못하는 경향이 있다. 여자아이들에게는 주어진 사회적 관계를 수용하기보다 개성의 고양 추구를 위해 어느 정도 대인관계에서 마찰을 일으키는 분위기가 필요할 수도 있다. 그러나 이런 여자아이들도 자신을 이해한다고 느끼는 부모가 최소한 한 명은 있어야 한다.

1) 성 정체성

성 정체성의 차이는 주로 자아정체성의 내용과 관련되지만 자아정체성이 형성하는 과정에서 나타나는 것은 아니다. 과거에는 남자아이의 정체성은 독립성과 작업 성취와 연결지어졌고, 여자아이의 정체성은 남과의 친밀한 관계와 연결지어졌다. 남자아이는 앞서 나가고 여자아이는 남들과 잘 지내는 것으로 사회화되었다. 이런 특성은 아이들의 자기에 대한 기술에서 나타난다. 남자아이들은 자신을 용감하고 반항적이고 인생을 즐기며, 동시에 논리적이고 호기심이 강하고 감정에 동요되지 않는다고 기술한다. 여자아이들은 자신이 사람들의 기분에 잘 동조하고(즉, 동정적이고 사교적이며 사려 깊고 정감을 갖고), 정서적으로 반응적이라고(즉, 걱정이 많고 쉽게 토라지고 남의 인정을 더 필요로 한다고) 기술한다.

사춘기 여자아이들은 사회화과정에서 남들과의 친밀한 관계와 과제 수행의 성공 모두를 기대받는다. 소수 인종집단의 청소년들과 마찬가지로 사춘기 여자아이들은 아내, 어머니, 근로자라는 여러 역할들을 자신의 정체로 통합해 가면서 더 힘든 시기를 갖는 반면, 남자아이들은 자신의 직업 역할에만 중점을 둔다.

소수의 사춘기 십대들은 자신이 동성연애자 또는 양성연애자라는 사실을 확인하게 된다. 남자 동성연애자인 경우, 동성에게 매력을 갖는다는 사실을 자각하는 평균연령은 13세고 14~21세에 동성연애자라고 스스로 규정한다. 여자 동성연애자의 경우, 자각시기는 평균 16세고 21세 전후해서 자신을 동성연애자라고 기술한다.

동성연애에 대한 사회의 부정적인 시각은 동성에게 매력을 느끼는 사춘기 청소년들에게 압력을 가하고 자기회의에 빠지게 한다. 한 연구에 따르면, 사춘기 청소년들은 동성을 선호한다는 사실이 드러날 때 부모(43%)와 친구들(41%)로부터 강한 부정적 반응을 받았다고 보고한다. 그리고 또래들로부터 차별(37%), 언어적 학대(55%), 신체적 공격(30%)을 받았다고 한다. 이런 차별과 거부가 심리적 문제를 부가하기 때문에 동성연애자인 남자아이들이 보통 청소년에 비해 두세 배나 더 많이 자살을 시도하고 청소년 자살의 30%를 차지한다는 사실은 예상 외의 일이 아니다.

타인의 부정적인 시각에도 불구하고 동성연애 청소년들은 자신이 사랑스럽고 존경받을 수 있고 능력 있는 존재라는 긍정적 자아개념을 발달시킬 수 있다. 소수 인종집단의 청소년처럼 가족과 주변 사람들의 지지는 긍정적 자아개념을 형성하고 이들이 직면하는 사회적 거부에 맞서 나가는 데 특히 필수적이다.

2) 인종적 정체성

정체감 형성은 인종적으로 다수문화에 속한 청소년보다 소수문화에 속한 청소년에게 더 복잡한 과제다. 이들에게는 정체성 형성을 위해 탐색하고 이해하고 통합해야 할 두 문화가 있다. 이들은 자신의 인종적 배경에 대해 혼미스러운 시각을 가지고 정체성 형성을 시작한다. 이들은 인종적 주제에 관심을 갖고 부모와 가족, 친구, 다른 성인들에게 이에 대해 말하곤 한다. 그리고 이와 관련된 책을 읽고 친구들과 서로의 경험을 공유한다. 이들은 인종에 대한 편견을 자각하고 이 편견이 자신들의 직업과 인생목표에 미치는 영향에 대해서 고민한다. 아프리카계 미국 중학교 2학년생의 1/3 정도가 이런 탐색을 활발히 하는 것으로 보고되었다. 15세가 되면 인종적 소수집단에 속하는 아이들의 반 이상이 자신의 문화적 뿌리와 전통을 활발하게 탐색하고, 1/4 정도는 이미 인종적 정체성을 형성한 상태가 된다. 사춘기 후반에 들어서면 대부분의 청소년들이 인종적 정체성을 형성한다. 인종적 정체성과 높은 자존감은 서로 상호작용한다. 자존감이 높은 아이는 인종적 정체성을 더 적극적으로 탐색하고, 이에 뒤따르는 인종적 정체성의 형성은 자존감을 고양시킨다. 글상자 7.1에서는 소수 인종집단 아이들이 인종적 정체성을 고양시키는 방법들이 열거되어 있다.

아프리카계 미국 청소년과 멕시코계 미국 청소년이 학교에서 다수집단을 이루고 긍정적인 위상을 갖는 경우를 대상으로 한 연구에서 보면, 학생 모두 자신의 인종적 정체성을 가치 있게 보았지만 이들이 더 넓은 미국문화 내에서 자신의 인종적 정체성을 평가하고 확인하는 정도는 달랐다. 첫 번째로 **혼합 이중문화** 학생들은 다수집단과 자신의 인종집단 모두에서 긍정적인 자신의 정체를 확인했다. 예를 들면, 자신이 아프리카인인 동시에 미국인이라고 생각하고 이 두 정체 간에 갈등은 없다고 본다. 두 번째로 **교대 이중문화** 학생들은 학교나 일반 장소에서는 자신을 다수문화에 속하는 것으로 생각하지만 일차적으로는 자신의 인종집단의 정체에 동일시했다. 세 번째로 더 소수의 집단은 **격리된 학생**이라고 칭하는데, 자신을 거부하고 낮게 취급하는 다수집단의 문화에 자신의 정체를 동일시할 수 없는 경우다. 아프리카계 미국 학생 중에서 반

글상자 7.1

소수 인종집단 청소년들의 정체성 형성 증진법

1. 정체성 형성 증진법의 전제 조건은 소수 인종집단 청소년들이 지속적으로 학교에 다니면서 학업지향적인 태도를 견지하도록 하는 것이다. 이는 교육 부재가 빈곤과 불이익이라는 위험을 증가시키기 때문이다.
2. 열악한 건강상태는 정체성 형성과정에 지장을 초래하기 때문에 건강의식을 고양시키는 데 노력을 기울여야 한다. 소수집단 청소년들 대부분은 일반적으로 다수집단 청소년들에 비해 신체적 건강이 떨어진다.
3. 사회 네트워크의 중요성이 분명히 인식되어야 한다. 교회와 확대된 가족은 아이들의 사회화에 기여하기 때문에 소수집단 가족에게는 중요한 원천으로 작용한다.
4. 정체성 형성 증진법에서 부모의 역할은 문화 전달자라는 점에서 지지되어야 한다. 많은 인종집단의 부모들은 자신 문화의 특별한 가치와 경험에 대해 논하지 않는 경향이 있으므로 이 역할을 수행할 수 있도록 부모들을 지원해야 한다.
5. 소수집단 청소년들이 부정적 고정관념에 대항할 수 있도록 긍정적 집단 정체성을 지지하는 매체 중심의 문화적 강조가 제공되어야 한다.
6. 인종의 고유 언어와 문화에 대한 교육을 증진시키는 방법이 필요한데, 특히 아메리칸 인디언의 경우 문화적 유산을 소실할 위험이 크다. 소수집단의 문화적 전통을 보존하는 동시에 이중문화를 장려하기 위해 창의적인 아이디어가 요구된다.
7. 소수집단의 문화적 전통과 의사소통 패턴, 때로는 소수집단 학생의 언어에 민감하게 대처할 수 있는 교사양성 특별 프로그램이 요구된다.
8. 양육 기술 교육을 통해서 부모들의 인종적 자긍심을 북돋우고 가정-학교 동반자관계를 증진시키기 위해 아이들 양육지원이 요구된다.
9. 인종적 소수집단을 지원하는 정신건강 요원들에 대한 향상된 훈련 프로그램이 필요하다.

* Margaret Beale Spencer, & Carol Markstrom-Adams (1990). "Identity Processes among Racial and Ethnic Minority Children in America." *Child Development, 61,* pp. 305-306.

이상은 혼합 이중문화, 1/4은 교대 이중문화, 17%는 격리된 학생으로 분류된다. 멕시코계 미국 학생의 경우, 1/3은 혼합 이중문화, 2/3는 교대 이중문화에 속하고 단지 2%만이 격리된 학생으로 나타난다.

양 문화에 긍정적으로 동일시하는 것이 개인 적응에 있어 중요한 것으로 생각되지만, 위 세 집단의 학생들은 자아개념과 학업성적, 불안 정도에 있어 별 차이를 보이지 않는다. 그래서 두 문화를 갖는 경험을 통합하는 과정에는 세 개의 경로가 있지만 세

경로 모두 효과성의 척도와 동등하게 관련된다고 볼 수 있다.

3. 부모-자녀 관계

10대들이 사춘기를 거쳐 갈 때 가족들과 함께 보내는 시간은 점차적으로 줄어든다. 고등학교에 들어갈 때는 자신의 시간 중 25%를 가족과 보내다가 고등학교를 마칠 때는 15%로 떨어진다. 사춘기 아이들이 부모와 함께 보내는 시간을 Larson과 Richards (1994)는 확산적 현실이라고 부른다. Larson과 Richards의 연구에서, 9~15세의 아이들과 그들의 부모에게 호출기를 주고 나서 신호가 울릴 때마다 그때 하고 있는 일과 감정상태를 기록하라고 했다. 자료를 분석한 후 그들은 다음과 같이 보고했다. "우리가 가정생활 안으로 들어가 보았을 때 단일한 개체로서의 '가족'에 대해서 이야기하는 것은 환상이라는 사실을 발견했다. 가족은 다중적인 현실이 일어나는 만남의 장소인 것이다." 이들은 부모와 자식이 서로 다른 현실을 이해하고 있는 데다가 이에 대해 적절히 대처하는 능력도 부족하기 때문에 가족구성원 간의 문제가 발생한다고 생각한다.

중서부 지역의 중산층 노동자 표본을 대상으로 한 이 연구에서 아버지들은 열심히 일하고 집에서 보내는 시간은 여가를 위한 시간으로 생각했다. 아버지들은 직장 스트레스를 집으로 가지고 오기 때문에 온 가족이 그 영향을 받는다. 어머니들의 1/3은 전업주부고, 다른 1/3은 비상근 근로자, 나머지 1/3은 상근 근로자였다. 이들은 화목한 가정 분위기를 만들어야 한다고 생각했다. 이들은 좌절되었을 때 집 밖에서 하는 활동을 통해 즐거움을 찾으려 했다. 앞서 언급했듯이 사춘기 초반 아이들은 여러 출처에서 오는 스트레스를 경험한다. 부모들이 옆에 있고 반응을 잘 보일 때 아이들의 스트레스는 줄어든다.

부모와 아이들은 흔히 벌어지는 일상적인 행동들이 대부분의 갈등을 일으킨다는 점에 동의한다. 학교 활동과 성적은 아이들이 중학교에 들어가면서 갖는 가장 빈번한 주제가 된다. 고등학교에 진학하고도 이런 지루한 일상적인 일들이 계속 초점이 되어 사춘기 후반기에 주요 화제로 남는다.

관습과 규칙에 따르라는 부모들의 일관적인 요구를 사춘기 초반 아이들은 이해하지만 단순히 부모들의 요구에 순응하지는 않는다. 아이들은 이런 문제들을 개인적 통제하에서 처리될 문제라고 주장한다. 부모들은 아이들의 관점을 알고는 있지만 타당하다고 받아들이진 않는다. 사춘기 초반 아이들은 특정 행동들이 남에게 중대한 영향을 미친다는 점을 깨닫게 되어, 남을 구타하거나 공유하지 않으려는 행동들을 해서는 안 된다는 생각과 같은 도덕적인 문제들을 고려할 줄 알게 된다.

대부분의 경우, 아이들이 부모의 요구에 따르면 갈등이 종결된다는 점에 부모와 아이들 모두 동의한다. 갈등을 갖는 경우의 단지 18% 정도만이 부모가 아이들의 요구를 받아 줌으로써 해결되고, 공동 토론과 결정으로 해결되는 경우는 단지 13% 정도일 뿐이다. 그래서 갈등이 생기면 아이들은 마지못해 따르는 경향이 있다. 그렇지만 부모와 아이들의 기본적인 관계는 확고하게 유지된다.

어머니는 아이와의 의견 대립이 더 많아지는 부담을 감당해야 한다. 이는 아마도 아버지에 비해 일상적인 가정관리와 일정을 관리하는 데 더 많이 관여하기 때문으로 보인다. 그리고 어머니들은 사춘기 아이들에게 감정적으로 더 많은 반응을 보여서 아이들과 더 자주 논쟁을 하게 된다. 아버지가 의견 대립에 대해 제 삼자의 입장으로 있을 때 남자아이들은 부모 모두에 대해 존경심을 갖고 어머니-아들 관계는 증진된다. 어머니가 제 삼자 입장에서 관여하지 않을 때 아버지-아이들 관계는 더 개방적이고 상호작용적이 된다. 어머니는 부모-아이 관계에서 지배적이 되는 경향이 있는 반면, 아버지는 뒤로 물러서는 경향이 있다.

비록 십대들이 더 성숙해지고 더 많은 자유와 독립을 찾는 과정에 있지만, 사춘기 청소년의 역능을 예언하는 양육 차원은 유아원 시기에서 시작된 역능을 예언하는 차원과 동일하다. 아이들의 욕구에 대한 반응성이 높고 아이들의 행동기준 준수와 개성 간의 형평을 유지하는 양육방식인 권위 있는 양육은 사춘기 청소년들의 자신감과 역능, 자기신뢰, 비행 활동 자제 그리고 일반적으로 양호한 기분상태와 연관되어 있다. 이 연관성은 성별, 사회경제적 배경, 인종적 배경과 상관없이 적용된다. 권위 있는 가정의 십대들이 그렇지 않은 십대들에 비해 더 효과적으로 기능한다는 사실은 사춘기 청소년들을 대상으로 한 대규모 연구들에서 밝혀져 왔다. 단지 부모 중 한 명만이 권위 있는 양육을 하는 경우에도 부모 모두 권위 있는 양육을 하지 못하는 경우보다 아이들의 학업 성취가 더 좋았다.

권위 있는 양육의 효과성은 어떤 측면에서 비롯되는지 확인하기 위해서 Gray와 Steinberg(1997)는 세 개의 핵심 차원을 정립했다. 첫째, **수용 및 개입**은 아이들의 욕구와 개성에 대한 부모의 반응성을 반영한다. 둘째, **엄격성과 지도감독**은 십대들의 행동을 감시하고 지도감독해서 가족의 규칙에 따르도록 하는 활동을 말한다. 셋째, **자율성 허용**이란 아이들에게 자신의 개성을 표현하고 가족의 의사결정에 기여할 수 있는 자유를 허용하는 것을 말한다.

다양한 사회경제적 배경과 인종적 배경을 가진 14~18세의 1만 명 학생들을 대상으로 자기보고 질문지를 실시한 결과, 양육의 세 차원에 따라 사춘기 청소년들의 적응에서 독특한 효과가 드러났다. 이 결과들은 모든 인종집단—유럽계, 아프리카계, 중남미계, 아시아계 미국인—에서 비슷하게 나타났다. 부모의 수용 및 개입은 사춘기 아이들의 학업 성취, 긍정적 정체성, 적합한 역할 수용과 관련이 있었다. 연구자들은 다음과 같이 말한다. "우리들이 믿기에 부모의 단점들을 아이들이 잘 지각하고 있는지와 상관없이, 단지 잘 응해 주는 부모와 가정의 사랑 속에서 살고 있다고 느낄 때 아이들은 생활의 모든 활동영역에서 탁월해진다고 본다." 부모의 엄격성과 지도감독은 학생들의 강한 자기통제감과 자기훈련의 발달과 연관된다. 이 경우의 십대들은 좋은 공부습관과 마약 사용, 결석, 비행을 자제하는 역량을 발달시킨다. 그리고 부모의 자율성 허용은 십대들의 자신감과 역능감을 증진시켜서 이들이 사회적으로 적합한 행동을 할 수 있도록 한다.

부모의 개입, 지도감독, 자율성 허용이 더 클수록 십대들의 역능과 심리적 안정은 더 증가한다고 한다. 온건한 지도감독이 학업 성취를 가장 잘 예언하는 것으로 보인다. 부모의 개입과 자율성 허용은 심리적 고통 및 우려의 부재와 잘 연관된다. 부모가 권위 있는 양육의 세 측면 모두 적절히 제공할 때 십대들은 가장 효과적으로 기능하고 안정감이 가장 크다고 보고한다. 부모가 높이 개입하거나 자율성을 허용하면 십대들의 심리적 고통은 줄어든다.

다른 연구들도 Gray와 Steinberg의 결론을 지지한다. Barber(1997)는 Gray와 Steinberg가 기술한 것과 유사한 양육행동의 세 차원으로 연결, 조절, 자율성을 든다. Barber는 가족, 또래, 학교, 이웃이라는 네 개의 맥락에서 양육행동의 세 차원에 대한 사춘기 청소년의 지각과 이와 연관된 학업성적, 우울 정도, 공격행동 문제에 대해 연구했다. 그 결과 가족과 또래와의 경험이 사춘기 아이들의 기능을 가장 잘 예언하는 것으로 나타났다.

> 가족 경험이 청소년의 인생에서 갖는 중요성은 여러 연구 결과로 보아 분명하다.……가족 경험과 조사된 다른 맥락에서 갖는 긍정적인 사회적 경험과의 일관적인 상관관계, 청소년의 정신건강에 미치는 가족관계의 독특한 역할, 사춘기 여자의 경우에 반사회적 행동에 대해 가족 경험이 갖는 지배적인 역할 등이 있다(Zahn-Waxler, 1993).

이 연구들을 바탕으로 하여 부모들이 어떻게 사춘기 청소년들의 감정 조절 능력을 향상시키고 건강한 행동을 발달시키며 긍정적인 또래관계를 형성하도록 할 수 있는지에 대해 논해 보도록 하자.

4. 사춘기 청소년들의 감정 조절 능력의 증진

4장에서 남자아이들과 여자아이들이 성장하면서 경험하는 특정 스트레스들에 대해 논의했던 것을 기억해 보라. 사춘기 동안에 남자아이들의 경우 통제가 어려운 공격행동과 여자아이들의 경우 우울증이라는 위험이 도사리고 있는데, Zahn-Waxler(1993)는 이를 병사와 걱정이 많은 사람의 곤경으로 기술했다.

1) 부모 모범의 중요성

십대들의 감정 조절을 도와주기 위해 부모가 취할 행동들에 대해 기술하기 전에, 부모들이 자신의 감정을 조절하고 정서적 딜레마를 해소하는 방식이 아이들의 공격성 및 우울증 발달에 크게 영향을 미친다는 점이 강조되어야 한다. 그래서 부모들 자신의 감정 관리는 십대들의 감정 조절을 돕는 첫 단계가 된다.

부모들의 행동은 최소한 두 가지 방식으로 아이들에게 영향을 준다. 첫째, 부모가 감정을 다루는 태도는 아이들에게 어떻게 감정을 조절하는지 또는 조절하지 않는지에 대한 모델 역할을 한다. 둘째, 가정에서의 정서적 흥분수준은 부분적으로 부모들의 감정 대처방식 또는 부모 서로 간의 갈등 정도에 따르는데 이 수준이 아이들의 감정 관리 능력을 증진시킬 수도 있고 저해할 수도 있다. 십대들이 너무 흥분되어 자신의 감정을 효과적으로 다룰 수 없을 때 문제는 커진다. 반대로 집에서 보이는 부모들의 감정 조율은 아이들이 감정을 적절히 조절할 수 있는 방법을 발달시키도록 한다.

부모들의 감정 대처방식은 부분적으로 그들의 부모와의 경험에 의해 결정된다는 사실을 우선 인식해야 한다. 연구자들은 삼대를 이룬 정상적인 가정 451세대를 대상으로 조사 관찰을 통해 한 세대에서 다음 세대로 정서 양태의 전이 순환과정을 보여주었다. 조부모 세대가 자식들을 돌보지 않고 잘못에 대해서 비난하거나 혼내는 방식으로 자식들에 대해 거부적인 태도를 취해 왔을 경우, 그들의 자식들인 두 번째 세대는 우울감을 발달시켰다. 이들은 성인이 되었을 때 기가 약하고 걱정이 많고 장래에 대해 무기력과 좌절을 느꼈다. 그리고 이들이 부모가 되었을 때, 이들 또한 자식들을 거부하고 비난하며 잘못에 대한 책임을 묻곤 했다. 결국, 이들의 아이들도 우울감을 갖게 되었다. 부모의 우울감이 아이들에게는 모델이 되었고 이는 부모의 거부와 비난에 의해 더 강화되었다.

부모가 보이는 갈등의 빈도보다는 갈등을 관리하는 방법이 아이들의 문제행동을 더 잘 예언한다고 지적하는 연구가 있다. 부모들이 공격적이고 미묘하며 겉으로 드러나지 않게 갈등에 대처할 때 사춘기 청소년들은 근심과 불안에 처할 위험이 있다. 다른 연구는 부모의 행동과 사춘기 아이들의 행동 간의 관계는 복잡하다는 점을 지적한다. 예를 들어, 결혼생활의 고통으로 어머니가 우울증상을 보이면 사춘기 아이들은 화를 내고 공격적일 확률이 높다. 반면, 어머니의 우울증상으로 부부 문제가 일어나면 사춘기 아이들은 우울감을 발달시키는 경우가 많아진다. 즉, 감정이 어디에 위치하는지에 따라 십대들은 다른 반응을 보인다. 그렇지만 요점은 부모의 정서와 감정 대처방식이 아이들의 감정 조절 발달에 중요한 역할을 담당한다는 것이다.

부모의 개인적 특성 또한 드러난 결과를 예언한다. 사춘기 남자아이들의 행동에 대한 연구에서 보면, 아버지의 자제력 및 자기통제에 대한 측정치는 아이들의 4년 후 학업 성취와 개인적 역능, 갈등해소 기술, 사기를 잘 예언한다. 아버지의 자제력이 낮은 경우 사춘기 아이들은 음주, 마약, 열악한 또래관계, 낮은 성적, 여러 명의 성관계 파트너, 우울증상을 보이는 경우가 높다. 아버지의 자제력 정도는 사춘기 초반에 측정된 아들의 자제력 정도와 상관없이 그 아이의 나중 행동을 잘 예언한다.

2) 아이들의 공격성 통제 돕기

폭력이 아이들에게 미치는 영향에 대한 전문가로 국제적으로 알려진 Garbarino (1999)는 도심에서 종종 벌어지는 유행적인 청소년 살인에 관심을 갖고 부모와 사회가 그런 일의 발생을 미연에 방지토록 그 원인을 찾기로 결심했다. 1996~1998년에 그는 청소년 살인자들에 대한 면담조사를 실시한 후 조사 결과를 『길을 잃은 소년들: 우리의 아들들은 왜 폭력적이 되고 어떻게 그들을 구할 수 있는가(*Cost Boys: Why Our Sons Turn Violent and How We Can Save Them*)』라는 책으로 정리했다. 그는 자신이 어린 시절에 가졌던 기질적 특성과 살인을 저지르게 된 남자아이들의 기질적 특성을 비교하고, 어린 시절 감정 통제 능력을 키울 때 자신이 받았던 지지와 자원들에 대해 상세히 기술했다.

> 나는 까탈스럽고 문제투성이에다 제멋대로이면서 공격적이기까지 한 까다로운 아기였고 어린애였다. 두 살 때는 우리 집인 6층 아파트의 발코니 난간 위에 서서 정원에 있는 고양이에게 말을 붙이기도 했다. 어머니가 안으로 들어오라고 지시했는데도 나는 거부했다. 같은 해에 어느 날 밤 집 밖으로 나가서 파자마 바람으로 거리를 쏘다니기도 했다. 세 살 때는 이웃사람들이 정기적으로 우리 어머니를 찾아와서는 내가 예닐곱 살 먹은 큰 아이들을 때렸다고 불평하곤 했다. 여섯 살이 되었을 때 나는 놀이터에 있는 정글짐 꼭대기에 올라가서 손을 놓고 서서는 아이들에게 정글집을 흔들어서 나를 떨어뜨려 보라고 시키기도 했다.

Garbarino는 자신이 충동적이고 내적 분노가 쉽게 폭발하곤 했다고 기술한다. 12세 때는 자전거를 타고 동네를 돌아다니면서(아마도 살인도 포함해서) 완전범죄를 어떻게 저지를 수 있을까 궁리했다고 한다. 그러나 사춘기 후반에 가서 그는 학생회 회장이자 학교 연감의 편집장이 되었다. 1964년 그가 살던 도시의 라이온스 클럽은 그를 모범 청소년으로 선발해서 수도 워싱턴으로 보냈다.

Garbarino는 자애로운 부모와 안전한 동네 그리고 잘 짜여지고 도전적인 학교생활에 자신의 성공을 귀인한다.

> 우리 어머니는 내가 늑대새끼인 것처럼 말 그대로 '길들이면서' 언제나 나에게 헌신적이었다. 아버지는 내 인생에 긍정적인 힘으로 나를 위해 존재했다. 초등학교에 입학했을

> 때부터 나는 강하고 효율적인 선생님들을 만났는데 그들은 언제나 학생들을 책임지고 학생들이 예절바른 태도로 행동하도록 지도했다.

비록 기질상 내적 통제는 부족했지만 그는, "학교와 지역사회에서 긍정적인 활동을 할 기회와 안정과 도덕적 책임이라는 문화적 메시지를 주는 사람들로 가득 찬 세계에서 살아왔다. 그리고 나는 신을 믿었다. 다른 말로 하면, 내부에서는 폭풍우 치는 바다에 여전히 살고 있었지만 나는 견고한 닻을 내리고 있었던 것이다."라고 하면서 자신의 책 『길을 잃은 소년들』에서 자신의 어린 시절 경험과 청소년 살인자들이 아동기에 직면했던 누적된 스트레스를 비교했다. 청소년 살인자들이 아동기에 겪었던 스트레스에는 양육자와의 연결 결핍, 보육자의 긍정적·합리적 태도 부재, 빈곤과 신체적·성적 학대와 가정폭력 또는 지역사회 폭력과 같은 스트레스들이 포함된다. 1장에서 지적했듯이, 아이들이 처하는 곤경은 어떤 스트레스 하나 때문이라기보다는 여러 스트레스가 누적된 결과다.

Garbarino의 의견에 따르면, 폭력적인 남자아이들을 위한 성공적 프로그램은 ① 안전하고 신뢰로운 가정 환경 또는 지지적인 태도로 돌보아 주고 행동규준을 준수하도록 매일 긍정적인 메시지를 아이들에게 줄 수 있는 사람들로 구성된 지역사회 시설의 안전하고 신뢰로운 환경, ② 사회적 기술과 전반적인 심리적 발달의 향상을 위한 기법, ③ 도덕적 추론과 책임감에 초점을 맞춘 토론을 제공하는 것이어야 한다. 이런 프로그램들이 지속적으로 운영되어 아이들이 긍정적인 사회적 기술과 감정 조절을 배울 기회를 갖게 해야 하는데, 사실 이렇게 하는 데는 수년이 걸린다.

품행에 문제가 있는 공격적인 남자아이들은 살인을 범하거나 소년원에 가는 확률은 적다. 그렇지만 이 남자아이들은 사춘기 동안 계속해서 문제를 일으키면서 성인이 된다. 이들은 약물남용, 중퇴, 직장 문제, 운전 위반 등의 문제들에 더 쉽게 빠진다. 더군다나 이런 남자아이들은 비슷하게 공격적인 여자아이들과 이성교제를 하는 경향이 있어서 일찍 가정을 이루기도 한다. '젊은 남성들의 적응 실패를 이해하는 데 있어서 아동기 품행 문제의 중요성은 아무리 강조해도 지나치지 않다. 이런 실패는 여러 부분에 편재되어 있고 심할 경우 그 남성과 그의 동반자 및 아이들에게 미치는 결과는 심각하다.'

이에 대한 연구자들의 조언은 무엇인가? 앞의 장들에서 언급했듯이, 관심을 기울이고 공정하며 지지적이고 일관된 양육을 유지할 때 남자아이들의 강제적 행동을 대체할 새로운 행동을 학습하도록 도울 수 있다. 동일 연령의 친구들과 함께 실시하는 사회기술 프로그램 또한 또래들을 멀리하게 하는 공격적이고 파괴적인 행동을 감소시키는 데 아주 성공적이다.

세 번째 개입방법에서는 남자아이들의 감정 조절 학습지원에 초점을 맞추고 있다. 한 연구에 따르면 공격적이면서 정서적으로 메마른—성마르고 파괴적이며 타인에 대해 무관심한—남자아이들은 단순히 공격적인 아이들에 비해 또래와의 문제를 훨씬 많이 안고 있다. 사춘기 아이들은 단지 공격적인 아이에 대해서는 수용적이고 기꺼이 그가 필요로 하는 것이 무언지 찾으려고 한다. 그렇지만 타인에게 주의를 기울일 줄 모르고 남의 활동을 방해하는 공격적이기만 한 남자아이는 거부한다. 그래서 이런 남자아이는 과도한 반응성을 통제하고 타인이 원하는 것에 주의를 기울이는 것을 학습할 필요가 있다. 이럴 경우 분노관리 및 의소소통 프로그램이 도움을 줄 수 있다.

규정을 위반하곤 하는 남자아이들을 대상으로 한 종단연구에서 보면, 공격행동 문제를 가진 남자아이들의 45%는 성인기에도 지속될 가능성이 있는 우울증상 또한 보인다. 분노와 우울증상을 함께 보이는 남자아이들은 한 증상만 보이는 경우에 비해 성인기에 심각한 문제를 가질 위험이 높다. 그래서 많은 수의 공격적이고 규정을 위반하는 남자아이들을 위한 프로그램에서는 양자의 문제가 동시에 다루어져야 한다.

3) 아이들의 우울감 관리 돕기

사춘기 청소년들의 우울증 문제는 종종 우리들의 시야로부터 가려진다. 많은 십대 아이들이 우울증을 경험하지만, 이에 대해 부모나 친구들에게 말하는 아이들은 드물다. 우울증을 갖는 많은 십대들이 겉으로는 모든 것에 부족함이 없는 높은 성취를 이루고 있기 때문에 남들이 알아차리지 못하는 것도 부가되는 문제다. 십대 소녀인 Shandler(1999)는 사춘기에 겪은 중요한 경험에 대해 사춘기 소녀들이 쓴 수필집의 편집을 맡았다. 그녀는 자신의 우울감정에 대해 기술하고 있는데, 이는 많은 여자아이들과 일부 남자아이들에게도 공통되는 경험이다:

내 인생의 최악의 밤 나는 나의 장례식, 자살로 인한 죽음을 상상했다. 나는 내 상상 때문에 몸을 완전히 웅크린 채 마비되었다. 자기파괴적인 장면들이 연속해서 내 의식 속에서 휘감겨 왔다. 나의 부모만이 도와달라고 소리칠 수 있는 유일한 사람이었다.

여기에 쓰는 건 내가 이런 죽음에 대한 이미지에 대해 세 번째로 고백하는 것이다. 다음날 나는 울먹이면서 고등학교 1학년인 내 남자친구에게 얘기했다. 나중에 나는 일기에 이 얘기를 털어놓았다. 지금은 당신들에게 말하고 있는 것이다.

그날 밤 나는 완전히 무너져 내렸고 그 상태가 몇 달 동안 내내 지속되었다. 고등학교 1학년이 끝나갈 즈음, 자기심판으로 나의 입꼬리는 축 내려가서 웃을 때는 억지 미소를 보이고 아랫입술은 종종 부르르 떨렸다. 나는 나 자신을 좋아하질 않았다. 단지 내 약점만을 본 것이다. 그리고 자기비판의 마찰음만 들렸을 뿐이다.

정신치료 전문가의 딸인 Shandler는 '웃음이 되돌아올 것이라고 기대하지 않았던' 뛰어난 여성작가들로 구성된 자신의 '지지집단' 을 만들어서 자기가치감을 재정립해 갔다. Maya Angelou, Virginia Wolfe, Alice Walker는 그녀가 신뢰하는 조언자들이 되었다. 그녀는 그들의 책을 읽고 카페에 앉아 자신의 반응을 일기에 적어 갔다. 그녀가 즐겁게 해 주어야 할 사람은 자신 외에는 아무도 없었다.

나 혼자서, 내 이름을 아는 사람이 없는 데서 나는 나 자신의 치유에 집중할 수 있었다. 그때는 '나(Me)' 라는 학기였다. 나는 혼자서 나에 대해 많은 것을 배웠다.……나중에 갖게 된 지혜에 근거해 볼 때, 혼자서 이 일을 해서는 안 된다고 나는 솔직하게 말할 수 있다. 나는 고독 속에서, 동료의 위안 없이 나 자신에게 즐겁게 근접해 가면서 강인함을 발견했다. 그렇지만 여전히 나는 나의 우울증이 정신치료 전문가의 도움을 받았다면 더 쉽게 회복되었을 것이라고 생각한다.

우울증은 스펙트럼을 갖는다. 스펙트럼의 한쪽 끝에는 우울한 기분이 있는데 기분이 저조해지고, 시험에 실패하거나 친구와 싸운 경우와 같은 혼란스러워진 감정에 따른 불행감을 가리킨다. 이런 감정상태는 일시적일 수도 있고 좀 더 길게 지속될 수도 있다.

우울증 스펙트럼의 반대쪽 끝은 가장 심각한 경우로 임상적 우울증이라고 한다. 임상적 우울증의 핵심적인 특징은 우울한 기분과 일반적인 일에 대한 관심 또는 즐거움의 상실이다. 우울한 사람은 표정이 어둡고 맥없고 절망적이며, 자신의 상태에 대해 무기력하게 느낀다. 수면, 섭식, 활동 패턴의 장애가 우울한 기분에 동반되는 경우도 있고 그렇지 않는 경우도 있다. 가끔씩 아침 일찍 깨어나 다시 잠들 수 없게 된다. 그리고 식욕이 떨어진다(어떤 사람들은 충동적으로 먹게 되어 체중이 늘기도 한다.). 기력도 떨어지고 움직임도 더 느려져서 전보다 일의 성취가 떨어진다. 더 심한 경우에는 집중력 저하와 기억 문제가 동반되어서 학업 수행이 저조해질 수 있다. 우울증에 걸린 아이들은 관심이 줄어들고 위축되기 때문에 친구들도 더 적을 수 있다. 이런 증상들이 임상적 우울증의 주요 징표들이다. 1~4%의 아동들과 1~15%의 사춘기 청소년들이 임상적 우울증에 걸린 것으로 측정된다. 사춘기 청소년들이 우울증을 경험할 확률(전생애 유병률, lifetime prevalence estimate)은 15~20%로 성인들이 경험한 확률에 필적하는 것으로 보아 성인 우울증은 사춘기에 시작함을 알 수 있다. 우울증을 보이는 확률이 사춘기 이전에는 남녀 차이가 없는 반면, 사춘기 이후에는 여자가 두 배 더 우울증에 잘 걸리는 것으로 나타난다.

어떤 경우에 우울증은 상실에 대한 정상적인 반응이다. 가령, 부모의 사망, 부모의 이혼, 애완동물 분실, 낯선 곳으로의 이사와 같은 경험에 따른 반응일 수 있다. 아이들은 이런 사건 이후 상실의 심각성 정도에 따라 몇 달 동안 우울증의 징표를 보였다 말다 할 수 있다. 그러나 우울증은 점차적으로 드러난다. 사춘기 초기는 기분 변화의 시기여서 많은 남자아이와 여자아이들은 때때로 얼굴이 어두워지는 경우가 있다. 이런 기분상태는 일시적이어서 임상적 우울증에서 보이는 타인들과의 접촉을 피하고 학업 수행이 저조해지는 일은 없다.

아동기 초기와 상당한 기간 동안의 사춘기에 보이는 우울증은 기저에 깔린 문제상태를 숨긴 채 분노, 반항적 행동, 무의식적 행동 등으로 나타난다. 학교 훈육상에 심각한 문제를 보이고 난 다음 약물이나 음주, 위험행동에 관여하는 아이들도 우울증에 걸린다. 이들은 자존감이 결여되고 자신에 대해서는 물론 자신이 변화될 수 있다는 점에도 무기력함을 느낀다.

(1) 우울증의 원인

생물학적 요인을 포함한 여러 요인들이 우울증의 원인으로 추정된다. 예를 들어,

부모와 가까운 친척들에게서 발견되는 우울증에 대한 가족내력은 이 장애에 걸릴 확률을 시사한다.

앞 장들에 개관한 대로, 우울증을 갖고있는 어머니의 아이들은 여러 영역에서 어려움을 겪을 위험이 있다. 유아기 때의 회피행동이나 고통스러운 행동, 걸음마 단계 유아기의 통제가 안 되는 행동과 조절 문제, 더 나이가 들었을 때의 자기비판과 자기힐책 그리고 또래들에게 민감한 반응을 보이는 것들이 그 예들이다. 이런 반응들은 생물학적 소인과 관련된 아동기 우울증의 징조일 수 있지만, 분명히 우울증 어머니와의 상호작용과도 연관된다.

생활상의 사건도 우울증을 일으키는 데 기여한다. 사망 · 이혼 · 이별로 인한 사랑하는 사람의 상실, 아이에 대한 경시 · 학대 · 거부를 초래하는 가정 스트레스, 아이에게 가해지는 학업 수행 압력 그리고 아이가 건강한 방식으로 감정을 이해하고 표현하는 것을 학습하는 데 방해하는 가정 내의 감정 결핍 등 이러한 모든 요인들이 아이들의 우울증을 일으키는 데 기여한다.

그렇지만 한 종류의 상황만으로 우울증이 생기는 것은 아니다. 우울증이 있는 아이들 중 어떤 아이들은 겹겹이 쌓인 스트레스를 겪어 온 엉망인 가정에서 살고, 어떤 아이들은 친구들도 없고 학교생활도 제대로 하지 못한다.

그러나 앞서 말했듯이 어떤 아이들은 학교생활에 상당히 성공적이고 많은 친구들이 있으며 그런 성취를 즐기는 것처럼 보이는 경우다.

(2) 우울증과 자살

우울증 요인들이 조합된 결과로, 아이들은 우울해지게 되고 연속적으로 나타나는 해결할 수 없는 문제들에 직면하고 있다는 무력한 느낌을 발달시킨다. 이들은 자신이 무능력하고 부적절하며 무가치하다고 비난한다. 사춘기 전 자살 시도는 드물지만, 사춘기부터는 자살 시도 비율이 급증한다. 매년 약 9만 명의 사춘기 청소년들이 자살을 시도하고 그중 약 6,000명이 자살로 죽는다. 자살은 10대들의 사망 원인 중 3위를 차지하고 때때로 2위인 경우도 있다. 남자아이들보다 여자아이들이 더 많이 자살을 시도하지만 자살로 실제 죽는 경우는 남자아이들이 더 많다. 자살은 유럽계 미국 남자아이들의 사망 원인의 2위를 차지한다. 비록 아프리카계 미국 남자아이들의 자살률은 상당히 낮았지만, 최근 통계에 따르면 이들의 자살률도 급속한 속도로 증가하고 있어서 곧 유럽계 미국 남자아이들의 자살률과 비슷해질 것으로 예상된다. 더군다나 고등학생 중에 24%가 자살에 대해 심각하게 생각해 보았다고 하고, 19%는 실제 계획까지 세워 보았으며, 약 9%가 자살을 시도했다고 한다.

Harter와 동료(1990)들은 몇몇 사춘기 청소년들이 보인 우울증과 자살에 대한 생각을 설명해 줄 것으로 보이는 중요한 요인들을 추려냈다. 그들은 사춘기 아이들이 자신과 남들에게 중요한 분야에서 무능력하다고 느끼면서 부모와 친구들 같은 중요한 인물들의 지지가 없다고 느낄 때 절망감을 갖는다고 본다. 절망은 낮은 자존감, 전반적인 절망, 우울한 기분으로 구성된 '우울 복합'으로 이어진다. 그러고 나서 우울증이 자살에 대한 생각으로 이어지는 것이다. Harter는 다음과 같이 기술한다.

> **치료개입**뿐만 아니라 **예방**이 필요함을 강하게 시사하는 면들이 있다. 예를 들어, 우리가 발견한 것에 따르면, 자아개념과 사회적 지지에 영향을 줌으로써 초기 단계에 치료개입을 시작하면 인과적 영향의 고리가 시작되는 부분이어서 가장 큰 효과를 줄 것으로 보인다. 그래서 자신이 의욕을 가지고 있는 분야에서 더 역능감을 갖도록 돕거나, 높은 수준의 성공이 아주 힘든 영역의 중요성을 평가절하하도록 도와줌으로써 자존감을 향상시키게 할 수 있다. 또한 자존감은 중요한 타인들로부터 지지와 수용을 받을 기회를 더 많이 만들어 줌으로써 향상될 수도 있다. 이런 치료개입은 자존감을 향상시켜 줄 뿐만 아니라 절망과 우울증 그리고 궁극적인 도피처 역할을 하는 연계된 자살에 대한 생각과 시도라는 잠재적인 순환을 미연에 방지하게 한다.

(3) 전문적인 도움 받기

이 절의 앞부분에서 언급한 우울증의 징후를 목격했을 때, 부모들은 반드시 자격 있는 전문가의 도움을 구해야 한다. 현재 여러 형태의 우울증 치료법들이 있다. 아이의 부정적 자기평가를 변화시키는 데 목적을 둔 가족치료, 개인치료, 집단치료가 효과적이다. 또한 약물치료도 종종 사용된다. 최근 약물치료 시 높은 효과를 보는 경우가 많지만 아직 이 치료의 장기적 효과에 대한 연구는 드물다. 부모의 아이에 대한 우려가 맞는지 애매할 때는 우울증의 정도와 치료를 받아야 할지를 결정하기 위해 정신치료 전문가와 상담할 수 있다.

아이와 가족을 위해 상담지원을 받고 나면, 부모들은 아이가 느끼는 우울감을 잘 살필 수 있게 되고 수용할 수 있게 된다. 많은 부모들은 아이들이 더 좋아졌다고 생각하고 싶어서 아이가 우울하지 않다는 여러 이유들을 열거하면서 우울증에서 벗어났다고 주장하려고 한다. 가령, "이제는 네 인생의 최고의 나날이 될 거다. 인생을 즐겨라."라고 말한다. 그러나 우울증에서 벗어났다고 주장하려는 행위 자체가 당사자들을 더 우울하게 만들 수 있다. 당사자들은 다른 사람들은 언제나 옳다고 믿게 되면서, '그렇게 느끼는 걸 보면 나는 정말 이상한 존재야.' 라고 생각하게 된다.

더군다나 어떤 부모들은 자살에 대해 말하는 사람들은 실제 시도조차 하지 않을 것이라고 믿거나, 또 그렇게 하는 것은 단순히 관심을 끌기 위한 것이라고 생각해서 자살에 대해 말하는 행동이 갖는 심각성을 극소화시킨다. 즉, 그런 말에 대해 결코 고려해보지 않고 단지 관심을 끌려는 시도로만 보는 것이다. 사실 관심을 끌려는 행위조차도 치명적이고 관심을 끌려는 시도 자체가 때로는 실수로 인한 자살로 이어질 수도 있다.

전문적인 도움을 받는 것 외에도 부모들은 여러 방식으로 우울증 아이들을 도와줄 수 있다. 첫째, 3장에서 기술했듯이 아이들에게 낙관주의적 사고를 고취시킴으로써 부정적인 사고에 젖어 있는 아이들을 도와줄 수 있다. 부모들은 아이들이 어려움에 봉착했을 때 문제해결을 격려하고 좋은 해결책을 찾을 수 있다는 확신을 표현해야 한다. 위험상태에 들어선 아이들의 우울증상 예방 프로그램에서는 직면한 난관들을 적극적으로 관리할 수 있는 일시적인 문제로 보도록 아이들을 지도한다. 아이들이 어떤 갈등이나 문제가 일어나든지 대처할 수 있는 능력이 있다고 느낄 때 우울 증상은 감소하게 된다. Seligman(1995)은 『낙천주의적 아이들(*The Optimistic Child*)』이라는 책에서 부모들이 어떻게 이런 프로그램을 사용할 수 있는지에 대해 기술하고 있다.

부모들은 Harter가 제안한 아이들의 자존감과 인생의 즐거움을 고양시키는 방법을 시도해 볼 수도 있다. 부모 또는 가족 전체와 함께 즐거운 외출계획을 세우거나 특별한 선물을 준비하는 것도 도움을 준다. 부모들은 이런 시도를 하면서 완벽하게 긍정적인 반응이 나올 것을 기대해서는 안 되지만, 아이들의 저항에 맞서서 꾸준히 시도해 볼 가치가 있다. 유쾌한 활동은 가족구성원 전체를 더 친밀하게 만든다. 만약 십대들이 어떤 활동에도 관심을 갖지 않으면, 부모들은 언제든지 조언과 비판 또는 지도를 그만둘 것이라는 전제하에 모든 문제에 대해 부모와 대화할 수 있는 길이 열려 있다고 느끼게 해야 한다. 같이 앉아서 아이들의 말에 귀 기울이고 얘기하는 것에 대해 관심을 가지고 사랑으로 반영해 주는 것이 치료기간에 부모들이 취할 수 있는 긍정적인 단계들이다.

5. 건강한 행동의 증진

아이가 태어나면서부터 부모들은 아이의 건강과 안전에 관심을 쏟는다. 부모들은 건강에 좋은 음식을 주고 운동할 기회를 제공하며 예방접종, 정기적인 발육진단 등 양육의 일차적 목표인 건강을 위해 모든 일을 한다. 사춘기에 들어서면 아이들의 건강과 안전에 대한 부모들의 관심은 더욱 증가한다. 그 이유는 인생에 두 번째 맞이하는 십년, 즉 십대 기간 동안 발생하는 사망의 3/5이 우발적 상해나 살인 또는 자살과 같은 사회적 요인과 관련되기 때문이다. 그러나 부모들은 아이들의 안녕을 보장하기 위해 직접적인 행동을 취할 수는 없다. 부모들은 어쩔 수 없이 위험한 행동들을 자제하는 십대들의 능력에 의존할 수밖에 없다. 그 대신 부모들은 십대들의 위험행동에

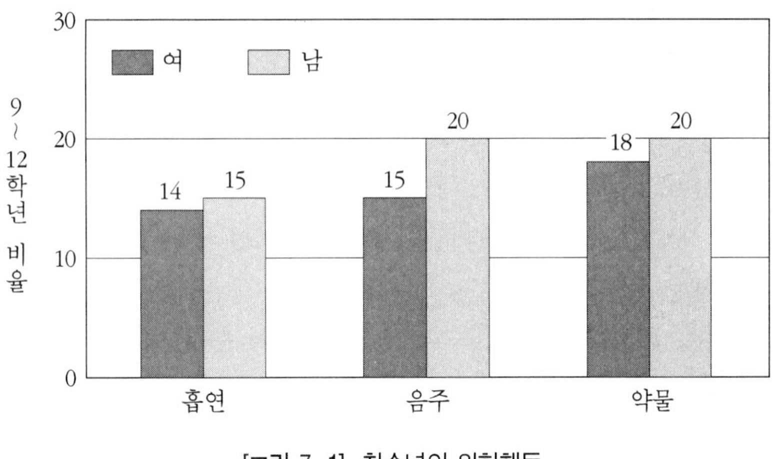

[그림 7-1] 청소년의 위험행동

* 출처: Cathy Schoen et al. (1997). *The Commonwealth Fund Survey of the Health of Adolescent Girls*. New York: commonwealth Fund, p. 25.

대한 효과적인 방지책으로 그런 문제들에 대한 정보를 제공하고 경각심을 불러일으키는 데 중점을 둘 수 있다.

[그림 7-1]은 1996년과 1997년에 3,000명의 고등학생을 대상으로 한 위험행동에 대한 설문지조사 결과다. 음주와 관련하여 더 걱정스러운 조사 결과 수치는 1992년에 고등학교 고학년을 대상으로 실시한 광범위한 조사에서 드러난 것으로, 남학생의 1/3, 여학생의 1/5이 조사 시점을 기준으로 지난 2주간 5번 이상 술을 마셨다는 사실이다. 음주는 자체로도 위험한 행동이지만, 이로 인한 자동차 사고는 상해와 사망을 증가시킨다.

사춘기 청소년들은 기분상태 문제가 건강과 관련된다는 사실을 잘 알고 있다. 언급했듯이 우울증상은 사춘기에 증가한다. 위험이 높은 행동들은 현재의 기분과 생활 경험과 관련되어 있다. 예를 들어, 우울증상을 보이는 여자아이들은 그렇지 않은 아이들에 비해 흡연, 음주, 약물남용 빈도가 2배나 되고 섭식장애는 3배나 된다. 신체적 또는 성적으로 학대당했거나 데이트를 하면서 강간을 경험한 여자아이들도 비슷한 위험에 처해 있다.

부모는 십대를 위한 적절한 행동—운동, 금연, 과도한 음주하지 않기—의 모델이 된다.

1) 부모의 건강한 행동

십대들의 건강한 행동을 증진시키면서 위험행동을 통제하려 한다면 부모들도 자신의 행동을 바꿀 필요가 있다. 좋은 영양섭취, 운동, 치아관리, 금연과 같은 건강한 행동에 부모들이 모범을 보이고, 감정적인 판단이 아닌 합리적인 추론을 통한 판단을 보이면서 아이들에게 자율성을 장려할 때 아이들은 좋은 건강을 유지할 수 있다.

부정적인 면에서 볼 때 부모들이 술, 담배, 마리화나 같은 약물을 사용하면 아이들이 그런 행동들을 받아들일 확률이 높아지는데, 특히 부모와 아이들 간의 관계가 좋을 때 그런 경향이 높다. 한 종단연구에서 보면, 어머니의 흡연과 아버지의 마리화나 사용을 십대들 대부분이 모방한다고 한다. 사춘기 후반 아이들은 어머니의 마리화나 사용을 모방하고, 사춘기 초반 여자아이들과 사춘기 후반 남자아이들은 아버지의 음주습관을 모방한다.

학령전 시기부터 성인 초기까지 조사한 두 종단연구에서 보면, 심각한 정도의 음주와 마약 사용은 사춘기와 아동기의 초기 및 중기에 보이는 심리적 문제와 관련이 깊은 반면, 일시적이고 호기심에 따른 사용은 십대 아이들의 역능과 효능성과 관련된다고 한다. 약물남용자들의 가정들을 조사해 보면 그들의 부모 또한 그런 경우가 많다. 아이들을 도울 때 약물남용 문제는 장기적으로 지속한다는 사실과 장기적인 도움을 필요로 한다는 점을 인식하는 것이 중요하다.

그래서 사춘기 아이들의 건강한 행동을 증진시킬 때 부모가 해야 할 첫 단계는 건강한 행동 자체를 부모가 받아들이는 것이다. 그런 다음, 위험행동을 방지하는 보호 요인으로 작용하는 행동들을 부모가 강화시키는 것이 중요하다.

2) 보호 요인

가족과 아이들 그리고 사회적 환경의 보호 요인들은 건강한 행동이 나타날 확률을 증가시키고 위험행동의 발생을 감소시킬 수 있다. 1만 2,000명의 고등학생을 대상으로 한 전국적인 조사에서, 부모들이 아이들에게 관심을 기울이고 공동 활동을 통해 함께 보내는 시간이 많은 가정의 청소년들은 고위험 행동을 보이는 경우가 적다고 보고되었다. 아이들에 대한 부모의 감독과 자율성 보장도 사춘기 아이들의 건강 문제와 마약 사용의 낮은 빈도를 예언했는데, 부모의 아이들 행동 감독은 아이들의 마약 자제행동을 가장 잘 예언했다. 이 발견들은 다른 연구에서도 반복되었다. 십대들에 대한 부모의 관여와 관심은 아이들의 흡연, 음주, 마약 회피를 잘 예언했다. 따라서 부모들의 관여, 관심, 감독, 심리적 자율성 보장은 고위험 행동의 회피를 위한 일차적 보호 요인이다. 아이들이 학교와 같은 다른 장소에서도 사회적으로 용인되는 행동을 보일 것이라는 부모의 기대 또한 보호 요인으로 작용한다는 증거도 있다.

사춘기 청소년들의 개인적 특성은 마약 사용이나 음주와 같은 문제행동을 막는 보호 요인으로 작용할 수 있다. 십대들은 학교에 대해 긍정적인 태도를 가지고, 사회적으로 인정된 활동에 참여하고 비행행동을 회피하며, 성인들과 좋은 관계를 유지할 때

문제행동을 보이지 않게 된다.

또래집단과 학교 분위기 그리고 종교 활동 참여 같은 사회적 영향 또한 고위험 행동을 방지하는 보호 요인 역할을 한다. 종교행사에 참여하고 종교와 신앙 활동이 자신들에게 중요하다고 말하는 고등학생들의 88%는 첫 번째 성경험이 평균보다 더 늦고 어떤 종류의 약물도 사용한 적이 거의 없다고 한다.

3) 부모들의 자각과 특별 행동

부모들이 아이들의 잠재적인 고위험 행동에 대해 효과적으로 대처하려고 할 때, 정보 제공과 효과적인 행동 감시를 위해서 아이가 하고 있는 일과 그에 대한 아이의 생각을 자각할 필요가 있다. 여기서는 초기의 성행위와 음주에 초점을 맞추어 다루어 보고자 한다.

(1) 성행위 지연 장려하기

앞서 언급했듯이, 중학교 3학년부터 고등학교 3학년까지의 청소년 약 50% 정도가 성경험을 갖는다고 한다. 부모들이 사춘기의 성행위와 피임도구 사용을 용납하지 않는다고 분명히 표현하면 아이들의 초반기 성행위는 줄어들 것이다. 학교에 잘 출석하고 학교 활동을 좋게 생각하는 사춘기 아이들은 성행위를 지연시킨다. 더군다나 성적이 높은 아이들일수록 성행위 지연 경향이 높다.

종교적인 가치 또한 중요한 역할을 한다. 종교단체가 설립한 학교에 다니는 아이들과 종교와 신앙이 인생에 중요하다는 믿음을 가진 아이들 그리고 순결을 지키겠다고 맹세하는 아이들은 초기에 성경험을 가질 위험이 낮다. 반면, ① 또래보다 성숙해 보이는 아이들, ② 일주일에 20시간 이상 아르바이트를 하는 아이들, ③ 동성에게 매력을 느끼고 그와 관련된 행동을 하는 아이들, ④ 요절할 위험이 있다고 느끼는 아이들은 모두 일찍 성경험을 갖는다.

중학교 1학년에서 고등학교 3학년까지의 청소년 1만 2,000명을 표본으로 조사한 연구에서, 약 20%의 여자아이들이 임신한 적이 있다는 보고가 있다. 임신 경험이 없는 여자아이들은 부모들과 함께 하는 활동에 더 많이 참여하고 이들의 부모들은 피임도구 사용을 인정하지 않는다고 한다. 이들은 스스로 임신이 갖는 여러 부정적 결과를 잘 알고 있고, 첫 성경험부터 최근의 성경험에 이르기까지 효과적인 피임법을 사용하는 경향이 높았다.

많은 십대들이 성에 대해 적극적인 관심을 보이는데도 어머니들 대부분은 이들의 성행위에 대해 과소평가한다. 아이들과 관계가 좋고 아이들의 성관계에 대해 강하게 반대하고 그에 대해 얘기하려고 하지 않는 나이든 어머니들일수록 십대들의 성행동을 과소평가하는 경향이 강하다. 비록 십대들은 부모가 생각하는 가치기준을 잘 알고 있지만, 어머니가 성행위를 용납하지 않는 정도를 종종 잘못 지각하는 이유는 부분적으로 부모와 함께 성에 대해 대화를 나눠 본 적이 드물기 때문이다.

부모들은 아이들이 부모 자신들의 생각을 들을 필요가 있으며, 부모가 중요하게 생각하는 문제들을 아이들이 자연스럽게 알 수 없다는 사실을 인식하는 것이 중요하다. 부모들의 생각을 알게 되면 많은 아이들이 기꺼이 그에 동조한다. 성관계를 갖지 않은 사춘기 청소년들의 반은 부모들이 알게 되지 않을까 두려워서 성관계를 갖지 않았다고 말한다.

부모들은 아이들이 성행위를 할 가능성이 높다는 사실을 인정하고 이에 대한 부모들의 가치 판단을 아이들과 논의하면서, 동시에 출산 통제와 성병에 대한 정보도 아이들과 공유해야 한다. 1996년에 1,500명의 십대들을 대상으로 전화 설문조사를 한 결과, 부모가 AIDS에 대한 얘기를 했다는 십대는 69%인 반면, 출산 통제에 대한 대화를 나눠 본 적이 있다는 십대는 46%에 지나지 않았다. 2/3 이상의 경우 부모들이 이에 대한 정보를 뒤늦게 주었고, 피임기구를 어디서 구할 수 있고 어떻게 사용하는지에 대해 자세히 언급하지 않았다고 한다. 조사 대상의 22%는 어떻게 여자가 임신을 하는지에 대한 더 상세한 정보가 필요하다고 했고, 성적으로 적극적인 십대들 중 24%는 임신에 대해 더 많은 정보를 원했다. 약 36%의 십대들은 성에 대한 지식을 부모들로부터 얻고, 약 40%는 교사와 학교로부터 얻는다고 했다. 단지 9%만이 의사와 간호사들로부터 성에 대한 정보를 얻는다고 했다.

부모들은 아이들에게 성행위에 대한 자신의 생각을 표현하고 관련 정보를 공유하면서, 아이들이 성행위에 일찍 관여하는 것을 최소화시키기 위해 이성과 둘이서만 보내는 시간에 대한 감시감독을 철저히 해야 한다. 사춘기 청소년들이 첫 성경험을 갖는 가장 흔한 장소는 자기 집이나 친구 집이다. 만약 임신이 되면 부모들은 반드시 전문가의 도움을 구해야 한다. 이에 대한 단순한 답은 없고, 부모와 십대들이 함께 참여하여 서로 만족할 만한 해결책을 찾아야 한다. 십대와 의료 전문가 그리고 종교 전문인과의 지지적인 의사소통도 서로를 충족시키는 해결책을 찾는 데 도움을 줄 수 있다.

(2) 음주 금지

부모들은 아이들의 마리화나나 마약 사용에 더 관심을 기울이지만, 아이들이 가장 빈번히 사용하는 약물은 술이다. 1994년에 발생한 교통사고 사망 중 15~17세의 29%, 18~20세의 44%는 음주로 인해 일어났다.

부모들의 십대 음주에 대한 경각심은 아이들의 고위험 행동에 대한 효과적인 관리에 필수적이다. 한 연구에 따르면, 정기적으로 술을 마시는 청소년들의 부모 중 1/3만이 아이들의 음주 가능성을 인정했다. 어머니의 71%와 아버지의 69%는 자식들의 음주 사실을 전혀 모르고 있었다. 부모들의 50% 이상은 자식의 친구들이 술을 마신다고만 알고 있었다. 부모들은 대개 "다른 십대들은 술을 마시지만 우리 애는 아니야."라고 말한다.

십대 자식이 술을 마시는 것을 알게 되면 부모들은 아이들이 음주 운전하는 일이 일어나지 않도록 지도한다. 어머니들은 아이들에게 위험한 행동들에 대해 언급하면서 위험한 행동에 관여하는 것을 걱정하는 경향이 더 강하다. 반면, 아버지들은 음주에 대해 부정적인 태도를 상대적으로 덜 보인다.

아이가 술을 마신다는 사실을 알면 부모들은 일련의 행동을 취하게 된다. 집에 있는 술을 최소화시키면 십대들의 음주 위험은 줄어든다. 십대들이 부모와 다른 가족구성원과 관계가 좋고 부모들이 집안에서 적극적이면 십대들의 음주 가능성은 줄어든다. 십대들은 자존감이 낮고, 성적이 저조하고, 주당 20시간 이상 아르바이트를 하고, 동성에 대해 매력을 느끼는 경험을 갖거나 동성애 상태에 있을 경우 음주를 하는 경향이 높다. 종교적인 신념과 신앙 활동도 청소년 음주라는 위험을 줄이는 보호 요인 역할을 한다.

부모들이 적극적으로 십대들의 행동을 감시할 때 이들의 음주행동은 덜 발생한다. 그러나 문제가 발생하면 부모들은 도움을 찾아야 한다. 뉴턴이 자기 아들과 관련해 경험한 사례는 좋은 예를 보여 준다. 뉴턴은 플로리다 알코올 치료 주위원회의 책임자로 일하고 있었고, 그의 아내는 알코올 치료 상담주임으로 일하고 있었다. 이들 부부는 약물 사용 문제에 대한 충분한 지식을 가지고 있었다. 19세, 20세인 이들의 아이들은 행복하고 능력 있는 아이들이었다. 아들 마크가 15세 때 처음 술에 취해서 집에 들어왔는데, 가족은 아들과 같이 앉아서 알코올 중독에 대한 여러 정보를 들려 주고 더 가까이 감시하기 시작했다. 마크는 관심과 흥미가 많은 똑똑하고 쾌활한 아이였고 건강한 인생에 대한 열의도 있기에 가족은 마크를 믿었기에 두 달 뒤의 두 번째 음주에 대해서는 준비하지 못했다. 마크는 폭력을 사용하면서 부모들을 위협했다. 그때 그는 어떤 단지 같은 것으로 위협했다는 것을 시인했다.

가족의 감독은 더 체계적으로 진행되어 마크가 갈 수 있는 장소는 한정되었고 특정 시간에는 집에 있어야만 했다. 부모는 아들에게 한 번 더 그런 일이 발생하면 알코올 치료 프로그램에 보낼 수도 있다는 경고를 했다. 몇 달 뒤 다시 한 번 문제가 발생했을 때 마크의 부모는 많은 양의 마약을 사용한 증거를 포착했다. 마크는 치료 프로그램에 수용되어 4년 동안 마약 없는 곳에서 지내게 되었다.

저널리스트 Polson과 Newton(1985)은 『내 아이는 아니다: 아이들과 마약에 대한 부모 지침서(*Not My Kid: A Parent's Guide to Kids and Drugs*)』라는 책에서 사춘기 아이들이 마약을 하지 않고 건강하게 성장하도록 부모들이 취해야 할 행동들을 기술하고 있다. 이들은 일상적인 가족 생활방식이 가장 중요한 요인이라고 주장한다. 부모들은 자녀들이 무엇을 하고 있고 친구들은 누군지 알고 있는 가족구성원이 되어야 한다. 그리고 아이들에게 우리 가정에서는 마약이 있을 수 없다는 점을 분명히 알려 주어야 한다. 즉, ① 불법 마약을 사용치 않고 법적으로 허용된 약물이나 처방약을 남용하지도 않으며, ② 부모들이 일상적으로 술을 마시지도 않고, ③ 약물에 중독된 어른도 없으며, ④ 미성년자는 술을 마실 수 없고, ⑤ 체중 감소나 수면, 이완, 각성을 위해 약물을 복용하지도 않는 가정임을 주지시켜야 한다. 가족구성원 모두 이 약정에 동의해야 한다. 만약 한 아이가 약물을 사용하는 것이 발견되면 부모는 그 아이의 모든 친구들의 부모들을 소집해서 조직적인 학생 활동을 증진시킬 방안에 대해 논의하는 것이 좋다.

아이가 만약 약물을 시도하면 가족의 약정은 다시 반복되어야 하고, 그런 행동이 지속될 경우, 그 아이에게는 가족과 함께 상담을 받는 조치가 취해져야 한다. 가족구성원들이 약물에 관심을 갖는 아이를 도와줄 수 있기 때문에 가족상담이 개인치료에 추가되는 것은 중요하다. 다른 영역의 문제와 마찬가지로 한 가족은 다른 가족과 합동하여 더 건강하고 안전하게 보호받는 청소년을 위한 지원과 필요한 행동을 제공하는 것이 바람직하다.

6. 십대들의 긍정적 또래관계 증진

이 장의 앞부분에서 언급했듯이, 십대들은 친구들에게서 만족을 많이 얻는데, 그 이유는 서로의 생각과 감정을 친밀하게 교환하기 때문이다. 십대들은 진정으로 자신을 이해하는 사람으로부터 정서적 지지를 받는다고 느낀다. 십대 친구들은 사춘기 동안 겪는 변화를 공유하기 때문에 사춘기 아이들은 친구들을 통해서 자신이 정상이라고 느끼기도 한다.

그렇지만 사춘기 친구들은 도움을 주기도 하지만 유혹의 원천이기도 하다. 사춘기 초반 아이들의 약 60%, 사춘기 중반 아이들의 70% 정도가 음주 문제를 해결하는 데 친구들의 도움을 받는다고 한다. 반면 약물남용을 할 때도 친구들을 끌어들인다고 한다. 일정 기간에 걸쳐 진행된 한 연구에서 보면, 사춘기 친구들 간에 보이는 음주행동이 비슷한 이유는 음주행동이 유사한 친구를 선택하기 때문이라기보다는 또래로부터 영향을 받는 경우가 더 많기 때문이다.

또래관계는 사춘기 청소년들에게 정말로 중요하고 자존감에도 많은 영향을 준다. 부모와의 갈등보다는 덜하지만 또래들 간에도 갈등이 있다는 점을 부모들은 주지해야 한다. 사춘기 또래들 간의 갈등은 대인관계 행동과 또래관계에서의 어려움 때문에 주로 일어난다. 갈등이 해소되지 않아 친구관계가 끝나게 되면 아이들은 사회적인 무능력감을 갖게 된다.

친구들과의 갈등이 있다고 말한 십대들은 그렇지 않은 아이들에 비해 자신이 더 공격적이고 고립되어 있다고 기술한다. 친구들과 갈등이 없다고 말한 아이들은 자존감이 높고 사회적으로 용인된 행동을 더 많이 보이며 더 높은 학업능력을 보인다. 친구와의 갈등이 일어났을 때 잘 해결하고 관계를 지속하는 아이들은 친구와의 관계를 끝내고 분노를 느끼는 아이들보다 더 적응적이고 우호적이다. 갈등을 해결하지 못해서 친구와 헤어지고 분노감정을 갖는 아이들은 저조한 성적, 낮은 자존감, 사회적 기술의 부족을 보인다.

연구들은 사춘기 아이들에게 만족감과 안정감을 주는 긍정적 또래관계 증진을 위해 부모가 할 수 있는 일을 세 가지 방향에서 생각할 수 있다고 지적한다. 첫째, 부모-아이 관계의 질은 아이들의 또래에 대한 태도에 영향을 준다. 십대들이 부모와 좋은 관계를 유지하고 부모가 자신들의 자율적인 의사결정을 장려한다고 느낄 때, 부모가 권력을 행사하고 자신들을 통제한다고 느끼는 십대들보다 더 잘 적응하며, 또래들에 대해 극단적인 태도를 보이는 경우가 드물고 그들의 조언에 의지하는 경향이 낮다. 부모가 전제적이라고 느끼는 십대들은 부모로부터 느끼지 못하는 평등적 관계와 상호호혜성을 또래로부터 찾으려 하는 경향이 높다. 아버지와 십대의 관계는 십대 아이들의 또래관계를 잘 예언하는데, 아마도 아버지와 아이들이 여러 여가 활동을 함께 할 때 아이들이 배운 사회적 기술이 또래관계에 전이되기 때문인 것 같다.

둘째, 부모는 십대의 감정 조절 능력과 긍정적으로 갈등을 해소하는 능력을 증진시켜 또래관계를 긍정적인 방향으로 키워나가게 할 수 있다. 아이들의 의사소통 기술 발달을 도와주고, 또래들을 대할 때 자기중심적인 태도를 보여 일을 그르치지 않게 하며, 분노를 잘 조절할 줄 알게 함으로써 갈등을 덜 유발시키고 긍정적으로 갈등을 풀어나가게 할 수 있다.

셋째, 부모들의 행동은 사춘기 아이들이 형성하는 집단적인 친구관계 유형에 간접적으로 영향을 준다. 부모의 훈육과 감시에 따라 십대들의 행동이 달라지고 이에 따라 십대들의 또래관계가 영향을 받는다. 한 연구에서는 네 유형의 집단—두뇌형, 인기형, 운동형, 불량형—의 구성원들에게서 조사된 부모들의 양육방식들을 보여 주고 있다. 부모가 성취를 강조하고 가까이서 아이들을 감시할 경우 아이들은 높은 성적을 보이고 두뇌형에 속하는 경향이 있다. 성취는 강조하지만 감시를 게을리하고 아이들에게 공동 의사결정을 장려하지 않는 부모를 둔 아이들은 인기형에 속하거나 불량형에 관심을 보이는 경우가 있다. 부모가 성취를 강조하면서 중간 정도의 감시를 하는 경우 아이들은 운동형이 되는 경향이 있다. 각 또래집단의 규준은 부모들의 양육전략이 장려해 온 행동들을 강화하는 경향이 높다.

인종적 집단에 따라 소속되는 또래집단의 유형은 달라진다. 유럽계 미국인 학생들은 인기집단이나 불량집단에 속하는 경향이 있는 반면, 아시아계 미국인 학생들은 두뇌집단, 아프리카계 미국인 학생들은 운동형에 속하는 경향이 있다.

7. 독립성 획득으로 사춘기 청소년들의 갈등 해소

부모들은 아이들에게 정보와 긍정적 모델 그리고 격려를 제공해 주면서 아이들의 갈등 해소에도 관여하게 된다. 앞부분에서 언급했듯이, 가장 자주 일어나는 부모-자녀들 간의 갈등은 집안일이나 학교 성적과 같은 일상적인 주제들에 관한 것들이다. 사춘기 청소년들은 전 가족의 도움 덕택에 자신들의 활동 일부가 성취되었다는 사실을 나중에 가서야 이해한다. 비록 일상적인 문제로 인한 갈등은 계속되지만, 사춘기 후반 아이들은 상황에 대한 부모들의 관습적인 생각을 수용하고 존중하게 되어 부모들을 기쁘게 해 주려고 한다. 십대들이 언제나 부모들의 요구에 응하지는 않는 반면, 부모들은 아이들의 요구를 곧 들어 주는 경우가 많은데, 아마도 십대들이 부모의 생각을 이해하는 것으로 보이기 때문일 것이다.

사춘기 청소년들은 부모들과의 권력투쟁이 줄어들 때, 온화한 가족관계를 해치지 않으면서 자기통제적이 되고 독립적이 되어 간다. 이렇게 되면서 부모와 사춘기 자녀들은 자율성 정립을 지향하는 방향에서 동반자관계를 형성한다. 부모-자식 간에 안정적 애착이 형성된 경우, 부모와 십대들은 감정적 반응을 잘 조절하고 분노나 좌절을 상대적으로 덜 보이면서 문제해결에 임하게 된다. 안정적 애착을 형성한 부모와 십대들은 서로의 의견 차이에 대해서 논의한 후 절충안을 찾는다. 설령 분노가 일어나는 경우에도 안정적 애착을 형성한 가족은 그 차이를 극복하고 화합을 되찾는다. 안정적 애착에서는 개인의 욕구와 가족관계에 따른 욕구 간에 균형이 이루어진다.

비안정적 애착관계에서는 한 파트너가 다른 파트너의 말에 귀 기울이거나 의견 절충을 하려 하지 않고 상대방을 지배하려고 할 수 있다. 이런 관계에서 분노는 두 파트너 간의 거리를 더 넓히는 데 기여한다. 십대들은 가족의 몰이해와 부모와의 감정적 거리로 인해 떨어져 있게 되어 고독과 실의를 느낀다. 비안정적 애착에서도 부모-아이 간의 권력 문제가 해결되면 긍정적인 관계가 형성되고, 사춘기 후반까지 이런 관계가 지속되기를 바란다고 대규모 조사의 응답자 중 반 이상이 보고했다.

아동기의 행동 문제는 사춘기의 일반적인 문제들을 강화한다. 부모가 과잉보호를 했거나 무시하는 방식으로 양육했을 경우, 아이들은 독자적인 결정을 내리고 수행하는 데 어려움을 갖게 된다. 십대들이 감정교환이라는 중요한 의사소통이 부족해서 친구관계를 만족스럽게 유지하지 못할 경우, 또래 수용의 어려움에 대처할 준비가 부족하고 또래들의 압력에 쉽게 따를 수 있다. 충동과 신체 활동의 적절한 통제가 늘 쉽지 않았던 십대들은 사춘기 청소년 대부분이 느끼는 과도한 행동 요구에 대처하기 힘들어 한다.

Elkind(1979)는 사춘기 청소년들이 자신들이 어렸을 때 부모들의 공정치 못한 처우에 대해 부모에게 되갚음을 하려는 경우가 있다고 지적한다. 많은 젊은이들은 자신이 돈을 벌 수 있는 능력을 갖게 되고, 신체적으로도 부모와 비슷해지며, 운전면허를 갖게 되고, 자신을 위한 일을 선택하게 되면서 자신들이 최소한에 있어 부모와 다를 바 없다는 생각을 갖게 된다. 만약 이들이 부당한 대우를 받았다고 느끼면, 이제는 부모들의 요구와 그에 대해 그들이 해 준 것 간의 불균형을 시정하려고 한다. 그럼에도 대부분의 십대들은 부모와의 좋은 관계를 원하기 때문에 가족의 유대는 이 시기에 더 강해질 수 있다.

8. 사춘기 자녀를 둔 부모들의 경험

부모들은 자신들이 아직 십대 자녀를 가질 준비가 안 되었다고들 한다. 아동기는 금새 지나가서 성숙해진 몸매를 가진 딸과 근육이 튀어나오고 낮은 목소리를 가진 아들을 너무 일찍 보게 된 것같이 느낀다. 십대들은 신체적으로 그리고 성적으로 성숙했어도 심리적으로 성숙한 것은 아니어서 여전히 부모의 지도가 필요하다. Galinsky(1981)는 이 단계를 양육의 **상호의존적** 단계라고 부르는데, 이 단계에서 십대들은 자유와 통제를 더 많이 갖는다. 부모들은 자녀들이 성숙해서 집을 떠나기 전 수년 동안 이런 문제들을 겪어가게 된다. 부모들은 여전히 아이들의 성장을 지원하지만 아이들로부터 점차 떨어지게 되고, 부모와 아이들이 각자 갖는 관계들은 새로운 차원을 취하고 더 풍부해진다.

Steinberg(1994)는 부모들이 사춘기 자녀들이 경험하는 변화와 혼란에 어떻게 대응하고 적응하는지를 확인하기 위해 삼 년 동안 204가구의 가정을 관찰했다. 부모들의 감정적 반응을 유발하는 사춘기 청소년 행동의 여섯 측면으로는 이차 성징과 관련된 신체 변화, 성숙해 가는 성별 특성, 이성교제, 증가된 독립성, 정서적 분리, 부모의 이상적 이미지 감소가 확인되었다.

사춘기 자녀들과 어려움을 겪기 쉬운 부모들이 갖는 위험 요인들로는 ① 전이기간에 있는 자녀와 동일한 성별(가령, 사춘기 딸을 둔 어머니), ② 이혼이나 재혼(특히, 여자의 경우), ③ 부모 역할 외의 다른 장소에서 갖는 만족스러운 활동의 부재, ④ 사춘기 청소년에 대한 부정적인 생각을 들 수 있다. 부모들이 십대의 사춘기에 수월하게 적응하게 하는 보호 요인들로는 만족스러운 직장과 가정 밖의 활동에 대한 관심 그리고 행복한 결혼생활을 들 수 있다. 이런 긍정적인 지원들은 부모들에게 완충 역할을 해 주어 사춘기 자녀들의 일로 어려움을 겪을 때 만족과 자존감을 돕는 원천으로 작용한다.

Steinberg에 따르면 약 40%의 부모들이 사춘기 자녀들과의 문제로 어려움을 겪는다고 한다. 그가 이런 사람들을 **퇴보하는 사람**(decliner)이라고 부르는 이유는 이들이 안정감과 생활 만족, 자기 이미지가 떨어지면서 신경예민, 우울, 신체적 질환 등을 경험하기 때문이다. **번영하는 사람**(thriver)이라고 불리는 20%의 부모들은 더 큰 안정감과 자존감, 생활 만족을 느낀다고 한다. 이들은 아이들의 성장을 즐기고 스스로 더 큰 자유를 만끽한다. 그리고 약 40%에 이르는 **생존자**(survivor)들은 아이들의 변화에 맞춰 대응은 하지만 개인적인 면에서 아이들의 변화가 자신에게 영향을 주지 못하는 경우다.

Steinberg는 자신의 연구를 토대로 부모들의 가족발달 단계 대처법을 다음과 같이 제안한다. ① 부모라는 역할 외에 진솔하고 만족스러운 관심을 갖고, ② 정서적인 면에서 아이들과의 관계를 끊지 말며, ③ 사춘기와 사춘기 아이들의 변화에 대한 긍정적인 시각을 받아들이도록 노력하고, ④ 자신의 감정을 배우자나 친구들, 필요한 경우 전문적인 상담가와 논의하는 것을 두려워하지 말아야 한다고 제안한다.

부모들은 종종 아이들을 잘 키우려는 자신들의 노력을 지지하지 않는 문화적인 힘에 압도당하는 느낌을 갖는 경우가 있다. 예를 들어, 대중매체는 가정의 가치관과 맞지 않는 성적 메시지들을 십대들에게 쏟아붓곤 한다. Damon(1997)은 아이들 양육을 더 힘들게 만드는 문화적인 힘에 대항하기 위해 '청소년 헌장' 프로그램을 개발했다. 부모들은 이 프로그램을 통해서 아이들의 건강한 발달을 도모하는 지역사회 훈련과 기준을 개발하기 위해 교사, 목사, 경찰, 여타 아이들을 걱정하는 모든 사람들이 모이는 조직을 결성할 수 있다. 부모들의 양육 노력은 아이들을 또래와 함께 학교와 지역사회에서의 활동에 연계시키는 교량 역할을 한다. 그렇지만 지역사회 또한 부모의 목표를 지원하도록 조직화되어야 한다.

Damon은 『청소년 헌장: 지역사회는 우리 아이들을 위한 표준 정립을 위해 어떻게 협력할 수 있나(*The Youth Charter: How Communities Can Work Together to Raise Standards for Our Children*)』라는 책에서 아이들의 특별한 욕구를 확인하고 이를 충족시키기 위해 협력하는 데 관심 있는 성인들을 조직하는 방법에 대해 기술하고 있다. 아이들과 지역사회를 위한 표준과 기대가 모아지면 부모들과 관심을 갖는 시민들 그리고 청소년들은 십대들의 음주, 폭력, 조기임신 등의 문제들을 제어하고 아이들과 가정을 더욱 지원하는 지역사회를 건설할 수 있게 된다. Damon은 다음과 같이 적고 있다.

> 우리의 지역사회를 분리시켜 온 격리감 아래를 보면 우리 모두 젊은 세대에 대한 관심이라는 깊은 우물을 공유하고 있음을 알 수 있다. 이 우물을 찾는 법을 발견하게 되면 아이들 양육은 너무나도 많은 부모들에게 신경쇠약을 일으키는 위험한 도전이 아닌 당연히 안전하고 충족감을 주는 즐거움이 될 수 있다.

요 약

사춘기 청소년들은

- 신체적, 지적, 정서적, 자아 기능 및 사회적 기능상의 변화를 겪는다.
- 수년에 걸쳐 정체감을 형성한다.
- 인종적 집단에 따라서는 여러 다른 방식으로 이중 정체성을 갖는다.
- 친구들로부터 지원과 즐거움을 찾는다.

자녀의 사춘기 동안 부모의 역할은

- 자녀의 개별성을 수용하면서 자녀에 대한 관여를 유지한다.
- 자녀의 행동을 감시하고 자녀가 수용 가능한 행동기준을 준수하도록 요구한다.

- 자녀의 심리적 자율성을 인정하고 의사결정 과정을 자녀와 함께 한다.
- 자녀가 안정감을 갖고 부모와 떨어져 있을 수 있도록 장려한다.

부모들은 사춘기 자녀가 감정을 조절하고 통제하면서 고위험 행동을 피하게 하기 위해

- 건강한 행동과 감정 조절의 적합한 모델이 되어 준다.
- 수용, 지지, 감시, 자율성을 제공한다.
- 자녀가 사회적으로 용납된 활동에 참여하는지를 확인한다.
- 문제가 악화되면 전문적인 지원을 즉각 받는다.

사춘기 자녀에 대한 부모들의 반응이 더 긍정적이 되려면

- 만족스러운 직장을 갖고 외부 활동에 관심을 갖는다.
- 자녀의 모든 변화에 대해 긍정적인 시각을 갖는다.
- 자녀에 대해 지속적인 관심을 갖는다.

참고문헌

B. Bradford Brown (1990). "Peer Groups and Peer Culture." in *At the Threshold,* pp. 171-196.

Beth Polson, & Miller Newton (1985). *Not My Kid: A Parent's Guide to Kids and Drugs.* New York: Avon.

Brian K. Barber (1997). "Introduction: Adolescent Socialization in Context-The Role of Connection, Regulation, and Autonomy in the Family." *Journal of Adolescent Research, 12,* pp. 5-11.

Brian K. Barber, & Joseph A. Olsen (1997). "Socialization in Context: Connection, Regulation, and Autonomy in the Family, School, and Neighborhood and with Peers." *Journal of Adolescent Research, 12,* p. 310.

Carolyn Zahn-Waxler (1993). "Warriors and Worriers: Gender and Psychopathology." *Development and Psychopathology, 5,* pp. 79-89.

Cathy Schoen et al. (1997). The Commonwealth Fund Survey of the Health of Adolescent Girls. New York: commonwealth Fund, p. 25.

David Elkind (February 1979). "Growing Up Faster." *Psychology Today.*

David Elkind (1974). *Children and Adolescents,* 2nd ed. New York: Oxford University Press, p. 91.

Ellen Galinsky (1981). *Between Generations: The Six Stage of Parenthood.* New York: Times Books.

Erik H. Erikson (1963). *Childhood and Society,* 2nd ed. New York: Norton.

Herant Katchadourian (1990). "Sexuality." in *At the Threshold: The Developing Adolescent,* ed. S. Shirley Feldman, & Glen R. Elliott. Cambridge, MA: Harvard University Press, p. 344.

Jacquelynne Eccles et al. (1993). "Development during Adolescence: The Impact of Stage–Environment Fit on Young Adolescents' Experiences in Schools and in Families." *American Psychologist, 48,* pp. 90–101.

James E. Marcia (1980). "Identity in Adolescence." in *Handbook of Adolescent Psychology,* ed. Joseph Adelson. New York: Wiley, pp. 159–187.

James Garbarino (1999). *Lost Boys: Why Our Sons Turn Violent and How We Can Save Them.* New York: Free Press.

Larson, Reed, & Maryse Richards (1994). *Divergent Realities: The Emotional Lives of Mothers, Fathers and Adolescents.* New York: Basic Books.

Laurence Steinberg with Wendy Steinberg (1994). *Creossing Paths: How Your Child's Adolescence Triggers Your Own Crisis.* New York: Simon & Schuster.

Margaret Beale Spencer, & Carol Markstrom–Adams (1990). "Identity Processes among Racial and Ethnic Minority Children in America." *Child Development, 61,* pp. 305–306.

Marjory R. Gray, & Laurence Steinberg (1999). "Unpacking Authoritative Parenting: Reassessing a Multidimensional Construct." *Journal of Marriage and the Family, 61,* pp. 574–587

Martin E. P. Seligman (1995). *The Optimistic Child.* New York: Houghton Mifflin.

Sara Shandler (1999). *Ophelia Speaks.* New York: HarperCollins, p. 232.

Steinberg, Laurence, & Ann Levine (1990). *You and Your Adolescent.* New York: HarperCollins.

Susan Harter (1990). "Visions of Self beyond the Me in the Mirror." university lecture, University of Denver.

William Damon (1997). *The Youth Charter: How Communities Can Work Together to Raise Standards for All Our Children.* New York: Free Press.

part 3 현대사회의 부모-자녀 관계

8

자녀양육과 직장생활

자녀양육과 직장생활을 잘 조화시키는 것은 오늘날 성인 남녀에게 있어서 매우 중요한 과제 중의 하나다. 다수의 어머니들이 자녀가 영아일 때부터 직장생활을 하고, 많은 아버지들도 자녀를 돌보는 일에 참여한다. 부모들은 직장과 가정생활을 통합하는 데 일어나는 공통적인 문제들을 어떻게 풀어가고 있는가? 자녀의 발달을 증진시키는 양육법을 어떻게 찾고 있는가? 자녀와 보내는 시간의 질적 향상을 위해 자신들의 일정을 어떻게 조정하는가? 부모이자 직장인으로서 갖는 책임과 의무를 어떻게 수행하면서 생활의 안정을 유지시키고 있는가?

이 장에서는 부모의 직장생활이 부모 자신들과 양육 활동 그리고 아이들에게 미치는 영향에 대해 검토하고자 한다. 1장에서 언급했듯이 Bronfenbrenner(1986)는 부모들의 직업을 아이들의 발달에 중요한 영향을 미치는 외부체계(exosystem)의 일부로 기술했다. 자녀가 부모의 직장 활동에 직접 참여하는 것은 아니지만, 부모가 직장에서 경험하는 일들은 가정에서의 부모 행동, 그들 간의 관계 그리고 이에 따른 자녀들의 발달에 영향을 미친다.

부모의 직장과 가정생활 간의 관계에 대한 이해는 여러 가지 이유로 제한될 수밖에 없다. 첫째, 부모의 직장생활은 단일한 현상이 아닌 다면적인 경험으로 이루어진다. 이는 부모에 따라 근무시간, 직업 만족도, 스트레스 양 등 여러 차원에 걸쳐 다를 수 있다. 그래서 양육과 직장생활에 대한 어떠한 결론도 일부 집단에만 적용될 수 있으므로 조심스럽게 일반화되어야 한다. 둘째, 가족의 경제적인 상황 및 보육 여건에 따라 가족들이 경험하는 직업과 양육 패턴이 단기간에도 변할 수 있기 때문에 부모와 자녀들의 활동을 연계시킬 수 있는 단일한 패턴을 찾기가 쉽지 않다. 셋째, 연구에 따르면 부모의 직장생활은 한 가족 내에서도 출생 순서와 개인적 특성에 따라 달리 영향을 줄 수 있다고 한다. 넷째, 부모의 직장과 가정생활 간의 관계는 부모의 직업이 변경되어 적응이 더 많이 요구됨에 따라 달라질 수 있다.

현대사회에서 대부분의 부모들은 직업을 갖고 있다. 1996년 조사에서 부모 둘 다 직업을 갖고 있는 경우는 8세 이하의 자녀와 부모 모두가 있는 가정의 64%고, 아버지만 직업을 가진 경우는 28%, 어머니만인 경우는 4%, 부모 모두 직업을 갖고 있지 않은 경우는 4%다. 여성 혼자 아이들을 키우는 가족에서는 65%의 여성들이 직업을 갖고, 남성 혼자서 양육하는 가족에서는 84%의 남성들이 직업을 갖고 있다.

이 장에서 우리는 성인 남녀가 직장생활과 양육을 어떻게 통합하는지, 부모 모두 자녀를 집에서 키울 수 없을 때 어떤 방법을 사용하는지, 보육시설에 아이를 맡기는 것이 자녀에게 어떤 영향을 미치는지 그리고 가족수입이 줄어들 때 자녀들과 가족에게 발생하는 일들은 무엇인지를 살펴볼 것이다.

1. 직장과 가정생활의 양립

Russell(1999)은 부모들의 가정생활 참여의 6영역과 2수준의 활동—참여와 책임—에 대해 기술하고 있다. 어머니나 아버지의 참여에 적용되는 6영역은 다음과 같다.

① 고용 여부와 재정적 지원
② 매일 자녀 돌보기와 상호작용
③ 자녀 관리와 사회화(신체적, 사회적, 정서적, 인지적 경험에 대한 기본 욕구 추구)
④ 가사(청소, 장보기, 식사준비)

⑤ 보육자와의 관계 유지(아이에 대해 서로 어긋난 부분에 대한 조정 및 정보교환)
⑥ 부모의 개입과 투자(양육시간과 아이의 요구가 부모의 요구에 우선하는 정도)

이 영역들 각각에서의 역할은 부모가 해당 영역의 일차적인 책임을 지는지에 따라 달라진다. 남성의 경우 대개 정해진 시간 동안만 자녀를 돌보는데, 건강진단이나 자녀의 사회적 활동과 같은 일도 돌봐야 할 경우 느낌은 달라지게 된다. 비슷하게 여성도 직장생활을 하고 가족의 수입원 역할을 하긴 하지만 가족의 재정적 지원에 대해 일차적인 책임을 느끼지 않을 수도 있다.

1960년도에 아버지들은 일차적인 재정 지원자였고, 어머니들이 자녀를 돌보고 집안일을 하는 데 4시간을 소요한 반면 아버지들은 1시간 정도 집안일을 맡았다. 1996년에 와서는 이 장의 도입부에서 언급한 대로 부모의 직업 패턴이 바뀌어 여성은 집안일과 자녀 돌보기에 하루 평균 3.7시간, 남성은 3시간 정도를 할애한다. 그러나 남성들은 상근직으로 주당 평균 48시간 일을 하지만 여성들은 42시간 일을 한다. 따라서 여성들은 집안일의 55% 정도를 맡지만 남성들은 상대적으로 더 긴 시간을 직장일에 할애하는 것으로 나타났다. 맞벌이 부부의 남성이 그렇지 않은 남성보다 집안일에 더 많이 참여하지만, 여성들은 두 경우 모두에서 집안일에 더 많은 시간을 할애한다.

1) 가정의 유형

부모들이 직장과 가정일을 양립하는 데는 한 가지 방식만 있는 것이 아니다. 한 연구는 직장과 양육 특성에 따라 세 가정 유형을 구분했다.

- 부모의 지위가 높은 상층 가정(high-status families): 부모 모두 교육수준과 직업수준이 높은 경우다. 부모 둘 다 자신의 직업에서 적극적으로 활동하고 다른 두 유형의 가정보다 더 많은 수입을 갖는다. 그리고 이런 부부들은 전통적인 남녀 역할에 매이지 않고 평등주의적인 태도로 일을 분담한다. 그렇지만 이들은 과중한 직장일과 스트레스를 갖기 때문에 다른 두 유형의 부부들에 비해 부부 갈등이 더 빈번하고 결혼 만족도와 부부간의 애정도 약화되기 쉽다. 이런 부모들은 자신이 겪고 있는 긴장과 스트레스를 양육하는 데 좀처럼 드러내지 않기 때문에 자녀들이 이런 문제를 잘 알지 못한다.

- **부모의 직업 스트레스가 낮은 가정**(low-stress families): 부모 모두 직장일에 대한 스트레스가 적으므로 부부간의 애정과 결혼 만족도가 높은 편이고 부부 갈등이 적은 것으로 보고되고 있다. 부모들은 언제나 아이들의 활동을 감독하는 데 적극적이어서 아이들의 기능을 원활하게 한다.
- **이차적 재정지원이 필요한 가정**(main-secondary families): 아버지가 생계를 위한 일차적 재정 지원자고 어머니는 부업을 통한 이차적 재정 지원자 역할을 한다. 세 유형의 가정 중 수입이 가장 낮으며 가족 활동의 조직이 전통적인 방식을 따른다. 이런 가정의 여아들은 다른 가정의 여아들에 비해 여성적인 과제에 참여하는 경향이 더 높다. 결혼 만족도는 다른 두 집단의 중간에 위치해서 상층 가정보다는 높고 낮은 스트레스 가정보다는 낮다. 부부간의 갈등 정도도 다른 두 집단의 중간이어서 상층 가정보다는 낮지만 낮은 스트레스 가정보다는 높다.

Deutsch(1999)는 150세대의 면담조사를 토대로 네 가지 직업-양육 패턴을 확인하고 **균등분담 부부**, **60 : 40 부부**, **75 : 25 부부**, **임무교대 부부**라고 명명했다. 그리고 때때로 이들 패턴이 상황에 따라 바뀌어 감을 확인했다. 어떤 가정은 아이들이 영아일 때 비균등분담 부부였다가 아이가 커가면서 균등분담 부부로 전환한다. 한 가정 유형 내에서도 많은 변동이 있다. 균등분담 부부 중에서는 작업시간을 융통성 있게 변동시키면서 하루종일 아이를 집에서 돌보는 경우도 있고, 아이를 보육시설에 맡기고 그 시간 동안 직장생활을 하는 경우도 있다. 임무교대 부부가 노동자층에서 많이 나타나는 이유는 직장 유형이 주간근무와 야간근무로 나뉘기 때문이다. 임무교대 가정에서 여성의 수입이 중요한 재정원이 되는 경우에는 여성들이 가정 내에서 권력을 갖고 인정을 받는다고 느끼기도 한다.

Deutsch(1999)에 따르면 부부의 직업 패턴에 따라 부모-자녀 관계가 영향을 받지만 아이들과 지내는 시간 전체와는 관계가 없다고 한다. 균등분담 부부들이 아이들과 지내는 시간은 다른 유형의 부부들과 별 차이가 없지만 어머니가 아이들과 혼자 있는 시간은 상대적으로 적다. 균등분담 부부의 아버지들이 혼자 아이들과 있는 시간이 상대적으로 많기 때문에 상쇄되는 것이다. 즉, 균등분담 부모는 아이들과 함께 있는 시간이 상대적으로 많은 편이다.

Deutsch(1999)는 네 유형의 부부들이 정치나 교육, 사회계층에 따라서는 큰 차이를 보이지 않지만 자녀양육과 집안일 등의 일상적인 문제들에 대해 부부간에 협상하는 방식에는 차이가 있다는 점을 관찰했다. 양육과 직장생활에 있어서 균등한 공유를 원하는 부부들은 두 과제를 동등하게 나누려고 하고 이런 결정을 지지해 줄 상대를 찾는다.

중산층 맞벌이 부부 가정을 대상으로 한 면담조사에서는 생활주기상 다른 시점에 있는 가정들을 살펴보았다.

조사 대상자들 중에서 부모 모두 직업에 깊이 관여하고 직업목표 추구에 전력을 다하는 양 경력직 가정은 드물었다. 즉, 부부 모두 경력직에 있는 경우는 대개 자녀가 없거나 사람을 고용해서 집안일을 맡겼다. 대부분의 부부들은 가정일을 위한 시간을 만들기 위해 직무량을 줄이는 세 가지 전략 중에 하나를 사용했다. 비록 부부들은 대부분 평등주의적 성역할 개념을 가지고 있었지만, 매일의 행동 선택에 있어서는 남녀에 대한 전통적인 성역할에 따르곤 했다.

세 가지 직장-가정 생활의 통합전략은 제한선 설정 가정, 직장-경력 전략 가정 그리고 교환전략 가정이라고 명명되었다. 제한선 설정 가정(약 30%)은 전근이나 승진, 시간 외 근무를 거부하며 업무시간을 제한했다. 여성들은 아이가 태어났을 때 종종 이 방법을 사용하고 남성들은 경력을 이미 쌓은 후 양육에 관여하는 양이 늘어갈 때 이 방법을 사용했다. 직장-경력 전략 가정(약 40%)은 부모 중 한 명은 경력을 쌓는 데 몰두하고 다른 한 명은 가족과 경력을 쌓는 배우자를 위해 일하는 경우에 사용된다. 이런 유형의 2/3는 남성이 경력직을 갖고 여성은 수입을 위한 직장생활을 하는 경우고 나머지 1/3은 그 반대 경우다. 어떤 부모가 경력직을 갖는냐는 종종 기회나 빠른 승진에 따라 결정되기도 한다. 교환전략 가정은 가족의 요구와 경력기회에 따라 부모들이 경력직과 일반 직장생활을 바꿔간다.

Becker와 Moen(1999)의 주요 관심사는 부부들의 직무량 축소 전략이 직장 문제에 대한 대중적 해결책이 될 수 없다는 사실이다. 이런 해결책은 주당 60시간을 일하는 근로자에게는 별 도움을 주지 못한다는 것이다. 이들 부부는 근무시간 자유선택제도나 직무 분담 또는 직장 내 보육시설 등을 요구하지 못하고 비공식적인 해결책을 찾는다. 불행히도 고용 위계상 낮은 위치에 있는 근로자들은 공식적인 정책이 부재한 상태에서는 이런 혜택을 받지 못하고 있다.

직장과 가정생활의 요구를 모두 충족시키는 방법은 여러 가지고, 시기에 따라 이런 요구를 해결하기 위해 다양한 방법을 사용할 수 있음을 알 수 있다. 나중에 나오는 절에서 우리는 부모들이 이런 전략을 사용할 때 나타나는 스트레스 최소화방법에 대해 논할 것이다.

2) 부모에 대한 자녀들의 평가

부모들이 직장과 가정생활을 위해 어떤 방식을 사용하는지와 상관없이 자녀들은 부모에게 높은 점수를 준다. 가정 및 직업 연구소의 공동 설립자 겸 대표로 있는 Galinsky(1999)는, 가정-직업 문제에 대해 오랫동안 연구해 왔지만 아이들과 가족의 생활에 미치는 부모의 직업 효과에 대한 논의에서 자녀들의 견해가 포함되지 않았다는 점을 지적한다. 1998년에 Galinsky는 18세 이하의 자녀를 둔 가정 605세대를 면담 조사하고 초등학교 3학년부터 고등학교 3학년까지의 아동 1,023명을 대상으로 조사를 실시했다. 조사 대상 아동의 표본 수는 부모의 직무량에 따라 달랐다. 어머니에 대한 자녀들의 태도와 부모-자녀 관계에 대한 평가는 어머니의 직장 유무와 직무시간과는 무관했다. 실업상태인 아버지들은 직장을 가지고 있는 아버지와 비교할 때, ① 아동이 중요한 존재고 사랑을 받고 있다고 느끼는지와 ② 자녀의 생활에서 중요한 사건에 참여하는 정도에 대한 평가에서 낮은 점수를 받았다. 아이들은 가정의 재정상태가 안전하다고 느낄 때 부모에게 높은 점수를 주는 경향이 있었다. 경제적 요인이 양육에 미치는 영향에 대해서는 뒷부분에 가서 더 자세히 논의할 것이다.

74%의 자녀들이 어머니가 직장생활과 가정생활을 해나가는 데 매우 성공적이라고 답했고, 67%는 아버지가 매우 성공적이라고 답했다. 〈표 8-1〉처럼 부모는 자녀를 이해하고 그들의 가치를 인정하며 대화할 기회를 마련함으로써 자녀 자신이 중요한 존재고 사랑받고 있다고 느끼는 데 있어 높은 점수를 보였다. 아버지에 비해 어머니는 자녀가 아플 때 옆에 있고 학교 문제에 더 많이 관여하며 자녀가 감정적으로 혼란스러울 때 도움을 준다고 했지만, 아버지도 다른 부분에 있어서는 어머니에게 내린 평가와 비슷했다. 아버지들은 자녀의 정체감을 인식하고 그들과 대화를 갖고 어머니와 마찬가지로 자녀를 대할 때 감정을 제어하는 존재로 지각되었다.

부모는 조사된 항목들에 대해 자신들에게도 동일하게 높은 점수를 주었다. 부모와

표 8-1 부모 행동에 대해 자녀들이 준 학점

학점	A		B		C		D		F	
부모들의 행동	모	부	모	부	모	부	모	부	모	부
내가 아플 때 옆에 있다.	85	58	8	20	4	12	2	7	1	3
나의 존재를 인정한다.	72	69	15	16	6	8	4	5	3	2
내가 사랑받고 있다고 느끼게 한다.	72	66	16	18	8	9	4	4	1	2
내 인생의 중요한 사건에 참여한다.	69	60	18	20	7	12	3	4	3	5
내가 힘들 때 찾아갈 수 있는 사람이 되어 준다.	57	48	18	19	11	14	6	8	8	10
나의 학교생활에 관심을 갖는다.	55	45	22	24	11	15	7	10	5	6
나와 대화시간을 갖는다.	48	47	31	25	12	16	5	8	4	4
내가 잘못했을 때 감정을 자제한다.	28	31	31	28	19	18	11	11	11	12

* 출처: Ellen Galinsky (1999). *Ask the Children: What America's Children Really Think about What Working Parents.* New York: Morrow.

더 많은 시간을 갖고 부모와 있는 시간이 여유 있을수록 부모에 대한 자녀들의 평가는 높은 점수를 보였다. 그러나 어머니들의 40% 정도, 아버지들의 32% 정도는 자녀와 함께 있는 시간이 얼마 안 되거나 매우 다급하게 보내게 된다고 말했다.

3) 상이한 현실들

어머니와 아버지 그리고 아이들은 항상 동일한 방식으로 경험을 지각하지는 않는다. 이런 경험에 대한 해석이 상이하다는 점을 강조하는 것이 중요하다. 그렇지 않으면 우리는 사건들의 의미에 대해 잘못된 가정을 갖게 된다.

(1) 남성과 여성의 지각 차이

7장에서 어머니와 아버지, 사춘기 초반 아동들에게 일주일 동안 호출기를 가지고 다니게 한 연구를 회상해 보자. 이 연구에서 각 가족구성원들은 신호음이 들릴 때마다 자신이 그때 하고 있는 활동과 정서상태를 기록했다. 이 연구는 남성과 여성이 직장과 가정에서 다른 수준의 스트레스를 경험한다는 사실을 밝혀냈다.

직업을 가지고 있는 어머니들은 대체로 직업활동을 흥미 있게 생각하지 못했다. 일부는 간호사 또는 교사였지만 많은 수가 저임금의 사무직이나 서비스업 종사자였다. 이들 여성은 남편에 비해 더 많은 시간을 일하고 많은 갈등과 스트레스에 시달렸지만, 직업 활동에 대한 정서적 평가는 남성이나 직업을 가지고 있지 않은 여성들에 비해 더 높게 나타났다. 이 여성들은 남편에 비해 직업에 대한 통제와 자율성은 적었지만 직장 분위기는 더 우호적이고 동료들과 좋은 관계를 갖고 있다고 말했다. 이들은 직장생활에 따른 사회적인 보상 외에도 자신이 인정받고 있다고 느꼈다.

그러나 이 여성들이 집으로 돌아오면 집안일에 압도당하고 만다. 저녁준비, 청소, 아이들 숙제 봐주기 등의 일들로 기분이 저조해진다. 가족을 돌봐야 한다고 느끼기는 하지만 이들에게 부여된 많은 일 때문에 정서적인 탈진을 느낀다. 이들은 직업을 통해 자존감과 역능감을 즐기지만 정서적 안정감의 평가치가 직업을 갖고 있지 않은 여성에 비해 약간 높은 이유는 가족 모두의 안녕을 책임진다는 생각을 갖기 때문이다. 근무시간이 길어지거나 과외의 근무교대와 같은 예상 외의 부담이 직장생활에서 생길 때 이들의 정서적 평가는 전업주부들보다 떨어진다. 반대로 전업주부들은 직업을 통한 자극이나 성취감을 갖지는 못하지만, 친구들을 만나거나 여가 활동을 가질 시간이 있기 때문에 특별한 스트레스가 없는 직장여성과 비교해 정서적 평가가 약간 낮을 뿐이다.

직업의 특성과 상관없이 아버지들은 직장에 몰두한다. 위의 연구에서 현재 활동과 정서상태를 기록하라는 신호음을 직장에서 듣는 경우 아버지들은 언제나 업무 수행을 하고 있다고 기록한다. 이들은 경계심을 늦추지 않고, 능력 있으며, 통제되어 있다고 느낀다. 아버지들은 어머니들보다 직장생활이 더 경쟁적이라고 느낀다. 일에 대한 몰두와 관여 때문에 사태가 잘못되어 버렸을 때 상당한 좌절감을 느낀다. 아버지들은 자신을 가정 재정지원의 일차적 책임자로 생각하기 때문에 직업에 대한 투자가 강하다.

아버지들은 직무때문에 지친 상태이므로 퇴근해 집에 돌아와서는 쉬기를 갈망한다. 직장생활을 하는 어머니들은 집에 돌아와 기분이 저조해지는 반면, 아버지들은 집에 돌아오면 기분이 상승된다. 하루종일 스트레스를 받은 날이면 아버지들은 화난 상태로 귀가하지만 이런 기분은 시간이 지나면서 가라앉는다. 가정생활은 부분적으로 '이들의 직장생활에 대한 정서적 해독제'다. 왜냐하면 집은 여가 활동을 즐길 수 있고 즐거운 일을 할 수 있는 곳으로 평균적으로 볼 때 아버지에게 집은 어머니처럼 많은 부담을 부과하고 의무를 묻는 장소가 아니기 때문이다.

그래서 직업은 아버지보다 어머니에게 사회적으로나 정서적으로나 더 많은 보상을 주는 것으로 보인다. 비록 둘 다 직장생활에 높게 관여해도 가정은 여전히 어머니보다는 아버지에게 쉴 수 있는 장소로 여겨진다. 즉, 아버지와 어머니는 전통적으로 상대방에게 역할이 주어진 장소에서 더 편안하게 느낀다.

(2) 부모와 자녀의 지각 차이

Galinsky(1999)가 자녀들에게서 얻은 조사 결과는 부모와 자녀가 지각에 차이가 있음을 드러내 보여 준다. 자녀들은 가족이 함께 있는 시간이 적다고 생각하는 비율이 부모보다 적게 보고되고 있다. 즉, 자녀와 보내는 시간이 너무 적다고 보고한 어머니는 44%고 아버지는 56%인 반면, 자녀 중 28%는 어머니와 같이 보내는 시간이, 35%는 아버지와 보내는 시간이 너무 적다고 말한다. 이 조사에서는 자녀에게 부모의 직업이 가정에 미치는 영향을 바꾸고 싶다면 무엇을 바꾸고 싶은지 하나만 말해 보라고 요구했다. 부모는 자녀들이 더 많은 시간을 부모와 같이 보내고 싶을 것이라고 기대했지만, 자녀들은 이보다 더 중요한 바람으로 셋을 들었다. 자녀들은 부모가 돈을 더 많이 벌고, 퇴근할 때 스트레스 받지 않은 채로 귀가하고, 덜 피곤해했으면 했다. 부모와 더 많은 시간을 함께 보냈으면 하는 바람은 자녀들의 반응 빈도에서 네 번째였다. 또한 부모에 대해 걱정해 본 적이 있느냐고 물었을 때 8~18세의 자녀들 중 2/3 정도가 종종 또는 자주 그렇다고 했고 나머지 1/3은 가끔 그런다고 답했다. 즉, 2/3 정도의 자녀들이 부모를 염려하고 있다는 것이다. 자녀가 부모에 대해 걱정하는 이유는 부모가 가족을 돌보는 역할을 하기 때문이기도 하지만 부모가 직장일로 많은 스트레스를 받고 있다고 느끼기 때문이다. 12~18세의 자녀들 중 30%는 부모가 직장일로 스트레스를 받아 일을 그만두게 되는 것을 최악으로 생각했다. 부모의 스트레스 수준에 대한 자녀들의 우려로 비추어 볼 때 부모들이 돈을 더 많이 벌어서 스트레스를 덜 받게 되기를 바란다는 것은 충분히 예측할 수 있는 일이다.

더군다나 자녀들은 부모가 생각하는 것보다 정서적으로 덜 도움을 준다고 보고 부모가 화내는 것을 더 민감하게 생각한다. 자녀들이 감정적인 혼란을 겪을 때 부모의 정서적인 지원의 측면에서 97%의 어머니와 90%의 아버지가 스스로에게 A 또는 B 학점을 주었으나, 자녀들은 어머니에게는 75%, 아버지에게는 67%만이 A 또는 B 학점을 주었다. 부모가 분노를 자제하는 점에 있어서는 4%의 어머니와 5.5%의 아버지만이 D 또는 F 학점을 자신에게 주었지만, 22%와 23%의 자녀들이 어머니와 아버지 각각에게 D 또는 F 학점을 주었다.

따라서 때때로 부모는 자녀들의 바람과 우선적으로 생각하는 일을 잘 알지 못한다고 볼 수 있다. 자녀들은 부모가 더 행복해하고 스트레스를 덜 받기를 바라며 화를 내지 않고 자신들을 정서적으로 지지해 주길 원한다.

2. 직장생활과 가정생활의 흐름

Galinsky(1999)는 균형, 통합, 조합이라는 용어들은 직장과 가정생활에서 부모들의 대처방식을 잘 기술하지 못한다고 생각하는데, 이는 이들 용어가 두 활동영역이 분리되어 있음을 의미하기 때문이다. Galinsky(1999)는 자신의 연구와 면담조사를 통해 [그림 8-1]과 같이 직장과 가정생활은 함께 흘러가는 경험의 흐름을 형성하기 때문에, 성인들은 이 두 영역을 균형짓거나 조합하는 것이 아니고 그 흐름을 타고 항해하는 것이라고 생각한다. 즉, 가정에서의 경험은 직장으로 가져오게 되고 직장에서 가진 경험들은 집에 가서 쏟아부어지는 것이다.

우리가 강물의 흐름을 따라 항해하고 있다고 생각해 보자. 물 위에서 순항하기 위해서는 항로에 영향을 미치는 여러 외적인 힘들을 잘 이해할 필요가 있다. 어떤 것들은 우리의 통제범위를 벗어난 것도 있고 반대로 제어할 수 있는 것들도 있다. 그리고 우리 자신에 대해서도 이해할 필요가 있다. 즉, 인생에서 우선적인 것들과 진정 우리가 가고자 하는 목표점들을 알아야 한다. 우리는 스스로의 항로를 조정할 수 있는 조

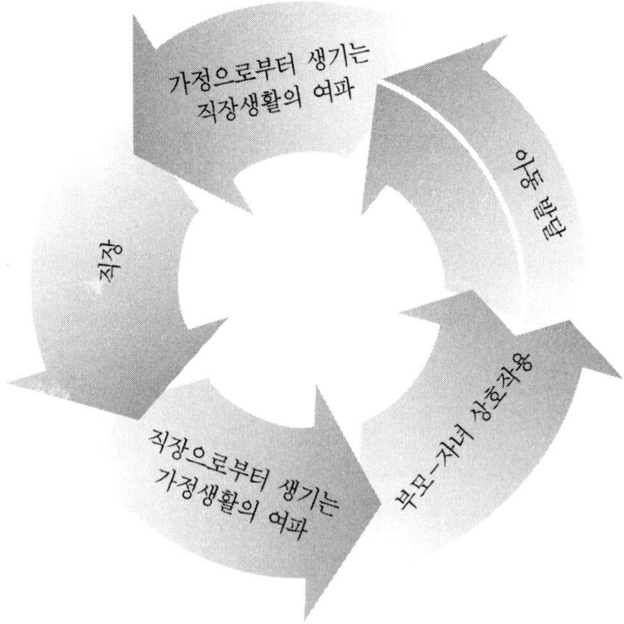

[그림 8-1] 직장과 가정생활의 모형

* 출처: Ellen Galinsky (1999). *Ask the Children: What America's Children Really Think about Working Parents.* New York: Morrow, p. 205.

율장치를 쥐고 있는 것이다.

1) 부모-자녀 상호작용

자녀들의 기본적인 심리적, 신체적 욕구를 충족시키는 것은 집에서 부모의 시간을 송두리째 뺏아간다. Galinsky(1999)에 따르면 부모들이 충족시켜 주어야 되는 자녀들의 여덟 가지 기본적인 욕구는 자녀에 대한 사랑, 반응, 개성 존중, 가치관 제공, 구성적 훈육, 행동의 틀과 습관 정립, 교육지원, 정서적 지원이다. 부모들은 이런 자녀들의 욕구를 여러 다양한 방식으로 충족시켜 준다.

(1) 자녀들의 욕구에 초점 맞추기

직장생활을 하는 부모가 사용하는 주요 책략은 자녀들의 욕구, 특히 부모와 관계를 가지려는 욕구에 에너지를 집중하는 것이다. 자녀가 어렸을 때 자녀 돌보기에 많이 관여한 아버지들은 아동기와 사춘기에 이르기까지 자녀와 함께 하는 일상 활동에 강하게 개입한다. 이런 아버지들은 주중에 아이들과 더 많이 놀아 주고 교육적 활동에 참여하는데, 아들과 딸 구분 없이 동등한 시간과 노력을 할애한다. 자녀들에게 개입이 강한 아버지들의 자녀들은 그렇지 않은 다른 자녀들에 비해 6세 때 사회적 성숙도가 더 높고 7세 때 학업 성취도도 더 높게 나타났다.

주 20시간 이상 일하는 어머니들은 전업주부인 어머니들에 비해 영아기와 유아기 자녀와 지내는 시간이 적다. 학력이 높은 어머니들일수록 직장에서 보낸 시간을 상쇄시키기 위해 저녁시간과 주말시간에 더 많은 시간을 아이들과 보낸다. 이런 상황은 자녀와 보조를 잘 맞추는 것처럼 보인다. 이런 아이들은 보육시설에 있는 낮시간 동안에 낮잠을 더 많이 자고 저녁시간에 집에서 더 많이 논다. 아버지만 직업을 가진 가정에서의 저녁시간은 아버지를 위한 시간으로 유보되지만, 맞벌이 부부 가정에서는 어머니가 이 시간을 아이와 관계 갖는 데 더 많이 사용한다. 이런 가정에서 아버지는 가족구성원 간의 상호작용에서 소외되는 경향이 있지만, 아버지 혼자서 자녀와 보내는 시간을 따로 마련하고 아버지만 직업을 가진 가정의 아버지보다 자녀와 지내는 시간이 더 많이 가져야 한다.

비록 직장을 가진 어머니들이 아기와 보내는 시간은 적지만, 전업주부 어머니만큼이나 아기에게 민감성 있게 대하고 반응적이다. 직장에 만족하고 지지를 받는다고 느끼는 어머니들은 전업주부 어머니들보다 걸음마 단계 유아들에게 더욱 반응적으로 대한다. 즉, 더 많이 지도하고 저권력-저독단적 기법을 사용한다.

자녀가 학령기에 이르면 어머니는 아버지에 비해 아이와의 단일한 활동들에 들이는 시간이 더 길어진다(어머니와 아버지 각각 주당 평균 90분과 60분). 아이들과 보내는 시간의 길이에 있어서 맞벌이 가정 아버지와 그렇지 않은 아버지 간에 차이는 없지만 시간을 할애하는 방식은 다르다. 맞벌이 가정의 아버지는 일주일에 평균 60분은 아들과, 다른 60분은 딸과 보낸다. 반면, 아버지만 직장을 가진 가정의 아버지들은 아들과는 90분, 딸과는 30분을 같이 있는다고 한다. 부분적으로는 맞벌이 가정의 딸들은 아버지와 더 많은 시간을 보내기 때문에 아버지와 더 잘 지내게 된다고 연구자들은 해석한다.

어떤 어머니의 경우 아이와 보내는 시간이 계절별로 변동한다. 전업주부인 어머니들과 계절에 따라 고용되는 어머니들은 자녀들과의 활동으로 보내는 시간이 겨울보다 여름에 더 많다. 상근직으로 일하는 어머니의 경우에는 이런 계절별 변동을 보이지 않는다. 계절별로 고용되는 어머니의 양육이 여름에 더 전형적이 되어 가는 이유는 이 계절에 아버지보다 더 많이 아이와 보내기 때문이다.

어머니와 자녀가 함께 하는 활동을 지속하는 것이 중요한 이유는 이런 활동들이 어머니의 부재에 따른 부정적 효과를 미리 완충시켜 줄 수 있기 때문이다. 상근직 어머니나 근무시간이 늘어난 어머니가 아이와 함께 활동하는 이런 시간을 계속 유지할 때 아이의 사회적, 인지적 기능이 저하되지 않는다. 어머니의 근무시간이 줄어들고 이에 따라 아이와 활동하는 시간이 늘어나면 아이의 기능 전반이 향상된다. 그렇지만 근무시간이 줄어들어도 아이와의 시간이 늘어나지 않으면 이런 향상을 보이지 않는다.

사춘기 초반의 아동들이 부모와 보내는 시간의 양은 한 부모만 가계수입을 갖는 가정과 맞벌이 가정 간에 차이가 없지만, 시간을 어떻게 사용하는지에는 차이가 있다. 상근직 어머니들은 자녀의 숙제를 돌보아 주는 데는 시간을 더 할애하지만 여가 활동에는 시간을 덜 들인다. 시간제로 일하는 어머니의 아이들은 부모와 운동을 즐기는 데 더 많은 시간을 쓴다고 한다.

(2) 감독

양육의 주요 과제 중의 하나는 자녀의 활동을 주시하고 감독(monitoring)하는 것이다. 비록 직장생활을 하는 부모들이 아이의 방과 후에 집에 없지만, 자녀가 어떤 활동을 하는지 그리고 용인된 활동에 관여하고 있는지는 감독할 수 있다. 연구에 따르면 맞벌이를 하는 부모들도 한 명만 직업을 갖는 부모들만큼 자녀들을 잘 주시한다고 한다. 아이들의 활동 감독이 중요한 이유는 어머니의 직장생활 여부와 상관없이 감독을 잘 받지 않는 남자아이들은 학교 성적도 저조하고 학교생활과 관련된 기술도 떨어지기 때문이다. 여자아이들의 경우는 남자아이들만큼 활동과 부모의 감시 간의 관계가 분명히 보이지는 않는다.

사춘기 초반의 남녀 아이들의 방과 후 경험과 사회적응에 대한 최근 연구에서 Pettit(1997)는 부모가 자녀들을 신중히 감독하는 경우 불복종이나 싸움 같은 외적으로 드러나는 문제가 거의 나타나지 않는다는 사실을 확인했다. 부모들의 신중한 감시는 외현적 문제행동의 두 예언인자인 불안전한 환경에서의 생활과 또래들과의 자유분방한 활동이 주는 영향을 상쇄시킨다. 아이들이 사춘기에 들어설 때 부모가 잘 감시하지 않는 경우 음주와 같은 용납되지 않는 활동에 참여할 가능성이 높아진다.

Galinsky는 직장생활을 하는 부모들이 자녀의 필요를 충족시키기 위해 들이는 시간과 에너지, 중점 사항들을 가리킬 때 **의도적 양육**(intentional parenting)이라는 용어를 사용한다. 부모들은 자녀들과 함께 식사하고, 운동하고, 즐기고, 숙제를 도와주는 데 시간을 들일 때 자녀 양육을 잘 하고 있다고 느낀다. 이때 부모로서 성공적이라고 느끼고 스트레스를 덜 받는다. 지지적인 가족과 친구들이 있는 것, 양질의 보육시설에 자녀를 맡기는 것, 자신들이 원하는 방식으로 자녀를 키우고 있다는 확신을 갖는 것들도 부모가 성공감을 갖는 데 기여한다.

가족 활동이 부모들에게 요구하는 바들은 많지만 직장생활과 비교해 볼 때 자녀를 돌보는 일은 스트레스를 아주 적게 준다. 단지 6%의 부모들만이 자녀를 돌보는 일에서 스트레스를 많이 받는다고 하고, 36%의 부모들은 중간 정도의 스트레스를 받는다고 한다. 반대로 24%의 부모들은 직장생활로 상당한 스트레스를 받고, 45% 정도의 부모들은 중간 정도의 스트레스를 받는다고 한다.

성공적인 양육을 위해서 부모들은 가족구성원과 보내는 시간을 최대한 활용해야 한다. 가족과 보내는 시간을 단지 여가나 휴식을 위한 시간으로 생각하지 말고 과제를 성취하는 시간으로 생각할 필요가 있다. 가족이 함께 어떤 일을 하게 되면 부모는 자녀와 같이 시간을 보낼 뿐만 아니라 집안일에 소요되는 시간이 줄어들게 되어 다른 활동을 할 시간이 창출되는 것이다.

(3) 집안일에서 가족 협동 키우기

대개 여성들이 집안일 관리에 일차적인 책임을 지고 있지만, 전통적으로 여성들의 허드렛일이라고 여겨진 일들에 남성이 참여하는 것은 남녀 자녀 모두에게 긍정적인 본보기로 작용하기 때문에, 집에서 아버지가 그런 일을 할 때 아이들은 고정관념을 덜 갖게 된다. 더군다나 집안의 허드렛일을 돕는 일에 참여하는 아이들은 타인의 복지에도 관심을 더 갖는 경향이 있다.

전통적으로 여성이 집안일을 주로 책임지는 것으로 여겨져 왔지만 이제는 그 일들을 가족 전체에게 넘기고 있다. 집안일의 분포에 대해 부모와 자녀들을 대상으로 면담조사를 한 Goodnow와 Bowes(1994)는 사람들이 특정 일에 붙이는 의미(남성의 일/여성의 일, 아버지 책임/어머니 책임)와 그 일들에 대한 느낌(좋다/싫다, 능력 있다/능력 없다) 그리고 기본적인 공정성 원리에 따라 가족이 일을 분담하는 방식이 달라진다는 사실을 밝혔다.

여러 가족들과의 토론을 통해 추천안들이 제기된다. 첫째, "누가 구체적으로 이 일을 하나?"와 같은 특정 질문에 초점을 맞추는 문제해결 접근이 유용하다. 성공적으로 집안일의 균형을 이룬 부부들은 옛 방식으로 남녀의 일을 구분하는 태도에 빠지지 않는다. 대신에 이들은 집안일의 목표들을 효과적이고 효율적으로 성취하는 데 집중한다.

둘째, 가족구성원들은 집안일을 분담할 때 공정한 분위기, 서로 존중하는 분위기, 열린 마음을 갖는 분위기를 조성해야 한다. 집안일을 분담하면서 각자가 선호하는 것이 존중받고 고려되어야 한다. 어느 가족이나 집안일을 두 범주로 구분한다. 즉, ① 자기 돌보기(침대 정리, 옷이나 장난감 정리), ② 가족 돌보기(식탁준비, 쓰레기 버리기)로 나뉜다. 대부분의 가정에서 자녀가 나이가 들면 자기 돌보기의 책임을 아이들에게 맡긴다. 자기 돌보기를 수행하는 것은 스스로 할 수 있다는 것을 확인할 기회를 주기 때문에 독립심과 역능감을 키워준다. 가족의 일들이 가족구성원 전체에게 분산될 때 아이들은 자기의 할 일을 할당받으면서 자신이 가족생활에 중요한 참여자라는 느낌을 키울 수 있게 된다.

집안일을 분담하는 부모들은 자녀와 더 많은 시간을 유용하게 사용할 수 있다.

가족구성원들의 집안일 책임 분담에 대한 생각들이 다양하게 됨에 따라 가족들은 종종 자신이 하고 있는 일들에 불만을 느끼고 그 양상을 바꾸고 싶어 하는 경우가 종종 있다. 글상자 8.1에는 이

글상자 8.1

집안일 부담의 새로운 패턴

1. **당신을 귀찮게 한 것들을 확인하라**—왜 당신이 그 집안일을 해야 하는지에 대해 자문해 보라. 그 일과 관련해서 당신을 특별히 귀찮게 하는 것은 무엇인가? 그 일에서 가장 싫은 부분은 무엇인가?
2. **대안을 나열하라**—일들은 여러 다른 방식으로 바뀔 수 있다. 가령, 없애거나 가족 누군가에게 맡기거나 감소시키거나(다림질을 몇 개만 한다든지), 또는 집 밖에 맡길 수도 있다.
3. **문제해결 방식과 관련하여 가족들과 대화 협상하는 방식을 곰곰이 살펴보라**—당신이 원하는 것을 설명하고 문제에 대해 논의할 때 요점만 이야기하며, 실용성과 논리 그리고 가족 전체에 대한 혜택을 근거로 문제를 규정짓도록 하라. 단지 문제만 나열하는 것은 피하도록 하라.
4. **곤경에 대비하라**—최대의 난관은 집안일의 완벽한 수행에 대해 서로 다른 기준을 가지고 있는 가족구성원들을 다루는 일이다. 자녀들이 종종 집안일을 회피하는 이유는 일을 제대로 못했다고 혼나기 때문이다. 가족들이 집안일에 들인 노력을 인정해 주어야 하고, 결코 완벽한 수행을 주장해서는 안 된다.
5. **가정 안에서 돌보아 주고 애정을 표현하는 방법은 분명 하나 이상이라는 점을 명심하라**—가정을 돌보는 일은 반드시 '훌륭한 주부'가 해야 될 일이라는 오랜 관념을 버려야 한다. 한 가족을 돌보는 일은 단순히 집안일을 수행하는 것 이상의 일이다.
6. **손실뿐만 아니라 가족 모두에게 이득도 있음을 명심하라**—가족구성원 모두 집안일을 하기 위해 자기 시간을 뺏기게 되지만 결국 모두에게 이득이 된다. 가족 모두 집안일을 함으로써 가족 기능에 기여하게 되어 이득을 받게 된다. 그리고 자존감과 기술, 다른 가족구성원에게 더 친밀해진다는 이득을 갖게 된다.

* 출처: Jacqueline J. Goodnow, & Jennifer M. Bowes (1994). *Men, Women and Household Work*. Melbourne, Australia: Oxford University Press, pp. 197–201.

런 분담된 집안일들에 대한 불만과 변화에 대해 성공적으로 조율하는 데 도움을 줄 제안들이 담겨 있다. 이 과정의 세 성분은 ① 가족구성원들이 서로를 존중하고 서로의 욕구를 이해하는 분위기의 유지, ② 융통성 있게 조율되는 가사 분담, ③ 가족구성원 모두의 협력과 가정생활 향상에 대한 것이다.

간략히 말해서, 부모들은 더 많은 시간을 가지게 되어 시간에 쫓기기 않고 자녀에게 관심을 기울일 수 있을 때 가정생활 및 자녀와의 관계에 대해 더 만족감을 갖게 된다. 그리고 가족과 친구들로부터 지지를 받고 아이들을 원하는 대로 키울 수 있을 때 성공감을 느낀다. 부모들이 갖는 만족감이나 성공감은 자녀들이 불안, 우울, 부주의 등의 문제를 보이지 않는 것과 연관이 깊다.

2) 일에 미치는 가정사의 여파

18세 이하의 자녀를 둔 부모들의 70% 정도는 자녀들로 인해 갖게 된 긍정적인 느낌이 종종 직장생활로 전이되고, 1/3 정도의 부모들은 자녀 덕분에 직장생활에서 더 많은 에너지를 갖게 된다고 보고한다. 가정에서 직장으로의 긍정적인 여파를 자주 경험하는 부모들은 ① 아버지면서, ② 가정생활에 높은 우선성을 부여하고, ③ 자신들의 직장생활을 위해 지원—믿을 만한 보육시설과 곤경에 처했을 때의 양육에 대한 지원—을 받고 있다고 느끼며, ④ 주당 근무시간이 늘어도 직업에 대한 스트레스와 긴장을 덜 느끼고, ⑤ 자율성과 교육기회가 더 많이 주어진 양질의 직업을 가지고 있으며, ⑥ 직장동료들로부터 직장 활동에 대한 지지를 더 많이 받는 사람들이다. 아버지가 집에서 더 자주 긍정적인 느낌을 경험한다는 사실은 아버지가 어머니보다 집에서 더 긍정적인 기분을 갖는다는 Larson과 Richards의 발견과 비슷하다.

어머니 자신이 직업 갖기를 원하고 그로 인해 아이들이 힘들어하지 않을 것이라는 판단이 서며 이에 대해 남편의 지지를 받을 때, 자신과 인생에 대한 만족감이 증가한다. 어머니들 중 집에 있기를 선호하지만 직장생활을 하고 있더라도 자신의 직장생활이 가정에 중요하다고 생각한다면 우울감이나 저하된 안녕감을 경험하는 경우는 드물다. 이에 반해 직장생활을 하길 원하지만 자녀에게 미칠 역효과에 대한 걱정으로 집에 있는 여성들은 우울해지는 경향이 있다. 더군다나 이런 어머니들의 자녀는 자신의 선택에 만족하는 어머니들의 자녀만큼 잘 기능하지 못한다. 한 연구에서는 유치원 아이들의 학업 및 사회적 수행은 어머니들의 직업 만족도와 상관이 있음이 밝혀졌다. 직장생활을 원하거나 해야 된다고 생각하지만 전업주부로 있는 어머니들의 자녀는 직업의 여부와 상관없이 현 상태에 만족하는 어머니들의 자녀에 비해 수행수준이 낮게 나타난다.

남성들이 직장 활동에 대해 비전통적인 태도를 가지고 있다고 전제할 때 아내가 직장생활을 하는 경우 남성들의 자존심과 사기는 높아진다. 반대로 남성들이 아내의 직장생활이 가계 재정 공급자로서의 남성의 위치에 부정적인 영향을 미친다는 전통적인 신념을 갖는 경우 그들의 사기는 저하된다. 아버지들이 자녀를 돌보는 일과 어머니의 직장생활에 자녀들이 적응해야 된다는 점을 우려하는 경우 어머니들과 마찬가지로 사기가 떨어지는 경험을 갖는다.

부모들은 다양한 역할을 수행하는 방식에서 갖는 스트레스로서 갈등과 역할 긴장을 느끼게 된다. 1993년 전국적인 연구는 어머니와 아버지가 직장과 가정생활의 균형을 맞추는 데서 갈등을 경험하는 양이 동일하다는 사실을 밝혔다. 조사 대상 중 20%의 남녀들은 갈등을 많이 경험한다고 했고, 40% 정도는 어느 정도의 갈등을 경험한다고 보고했다. 남성들은 아내가 직장생활을 하는지와 상관없이 동일 수준의 갈등을 경험하는 것으로 나타났다. 덧붙여, 모든 사회경제적 수준의 남성들이 비슷한 양의 갈등을 경험하는 것으로 보아 '여피족(전문직 고소득층)' 인 아버지들에게 국한된 현상은 아닌 것으로 보인다.

직장생활과 양육 활동을 함께 할 때 부모 모두 역할 긴장을 느낄 수 있다. 유아원생을 자녀로 둔 부모들을 대상으로 한 연구는 다음과 같은 경우에 아버지들이 역할 긴장을 경험하기 쉽다는 사실을 밝혔다. ① 직장생활에 상당히 강하게 개입하고 있지만 직업 성취에 대해서 만족하지 못하고, ② 아버지나 남편으로서 자신이 설정한 기준을 못 맞추고 있다고 느끼며, ③ 자녀들에 대한 책임을 수행하는 데 있어 아내로부터의 지지가 약할 때 아버지들은 역할 긴장을 느낀다고 한다. 어머니들이 역할 긴장을 경험하게 되는 이유도 비슷해서 ① 직업에 열심이지만 만족도는 낮고, ② 자녀들에 대한 책무를 수행하는 데 있어 남편과 이웃으로부터의 지지수준이 만족스럽지 못하며, ③ 아내로서의 기준에 다다르지 못하고 있다는 느낌을 가질 때 역할 긴장을 느낀다고 한다.

역할 긴장을 강하게 느끼는 여성들은 자신에게 주어진 모든 임무를 수행할 때 긴장감에 시달린다. 어머니들은 자신의 일들을 만족스럽게 처리할 기회가 없다고 느낄 때 역할 긴장과 더불어 불안증상을 발달시키기도 한다. 그리고 양육 활동에 참여하면서 많은 에너지를 투자하는데도 잘 진전되지 않는다고 느끼게 되면 이런 불안에 우울증이 동반될 수도 있다.

미국의 한 대기업에서 진행된 면담조사를 근거로 Hochschild(1997)는 많은 부모들이 자신들이 집에서 수행하기 힘들 거라고 느끼는 가정 내의 역할에 따른 스트레스 때문에 직장에서 더 편하게 느끼고 더 오랜 시간 직장에 있으려고 하는 경향이 있다는 점을 지적한다. 회사에서 가족휴가를 주어도 이를 받아들이려는 부모가 드물었다.

Hochschild(1997)의 면담조사는 단지 한 회사를 대상으로 실시되었고, 조사 결과는 부모들이 가정에서 스트레스를 덜 받는다는 Galinsky(1999)의 연구 결과와 일치하지 않는다. 다른 연구들에 따르면 집에서 스트레스를 받을 경우 남자들은 직장생활에 여파를 받는 경우가 많아서 동료들과 불화를 일으키는 반면 여자들은 그런 여파를 잘 피하는 것으로 보인다.

3) 가정에 미치는 일의 여파

부모 모두 직업을 갖는지와 상관없이 부모의 직장생활은 여러 방식으로 가정생활의 형태를 조성한다. 부모들의 직업종류—전문직, 상업직, 숙련노동 또는 비숙련노동—는 가족의 사회적 계층의 주요 결정인자다. 가족의 사회적 계층은 가족이 갖는 사회적 태도와 양육방식에 영향을 미친다. 중산층 부모들은 자녀들의 자기신뢰와 독립성을 가치 있게 생각한다. 이런 특성을 장려하기 위해서 중산층 부모들은 아이들이 자신에게 필요한 것을 성취하기 위해서 무엇을 해야 되는지에 대해 설명하는 경향이 있다. 노동자층 부모들은 자녀들의 복종과 동조를 중시하고, 양육할 때 아이들이 잘 따르도록 하기 위해 권력-표현적 기법을 사용하는 경향이 있다. 이들은 중산층 부모들에 비해 체벌을 더 사용하고 아이들에게 설명하기를 꺼려 하며 단순히 "내가 그렇게 말했으니 해야 돼."라고 말한다. 설명에 대해 별 관심이 없기 때문에 언제나 "당장 해."라고 말한다.

사회적 계층 또한 어머니의 직장생활이 미치는 효과를 결정한다. 만 1세에서 사춘기까지의 중산층 아이들에게서 어머니의 직업 여부 자체는 아동 발달에 별 영향을 미치지 않는다. 어머니가 직장생활을 하는지와 상관없이 아동은 인지, 학업, 사회-정서 그리고 행동 발달에서 비슷하다. 아동의 성장을 결정하는 것은 가정의 질적인 측면과 부모-자녀 간의 관계다. 그러나 아프리카계 미국 가정 중 저소득층 가정에서는 어머니의 직업이 아동의 언어발달과 학업 성취와 관련된다.

또 다른 연구에서 보면, 직장생활을 하는 편모의 자녀들은 높은 자존감을 갖고 학업 성취와 학업에 대한 자신감도 높다. 이들은 부양자녀에 대한 지원금을 받는 편모의 아이들보다 더 강한 가족 응집성을 보인다. 편모 가정과 같은 자원이 부족한 가족들의 경우, 늘어난 가계 수입원이 아이들의 성장과 성취도 향상에 주요 요인으로 작용할 수 있지만, 이런 차이에 기여한 부모의 영향이라고도 볼 수 있다.

직장생활은 기본 생계를 위한 수입을 제공하고 일정한 가정생활 패턴을 형성하는 측면 외에도 부모들의 사회적, 인지적, 정서적 발달을 증진시킴으로써 여러 심리적 이득을 가져다 준다. 직장생활은 부모들이 역능감과 자존감을 발달시키는 데 도움을 준다. 예를 들어, 헤드스타트 프로그램(Head Start Program, 저소득층 아동을 위한 조기교육 프로그램)에서 자원봉사자로 일하는 어머니들은 더 자신감을 갖고 더 교육을 받겠다는 동기를 갖게 된다. 아동 중심적인 이 프로그램의 이점은 이곳에서 일하는 부모들에게 자신감을 불어넣어 주었다는 점이다.

직장생활은 종종 부모들이 대인관계 기술을 발달시키는 계기를 제공하여 집에서 이 기술을 사용하도록 한다. 제조업체의 근로자들은 민주적인 작업방식이 가정 내에서의 문제를 해결하는 데 어떻게 이용되었는지에 대해 기술하고 있다. 한 남성은 가족과 팀 회합을 시작하게 된 일에 대해 말하고 있다. "결국 가족은 일종의 팀이다." 한 어머니는 심리학자에게 다음과 같이 말하고 있다. "있잖아요, 우리 딸아이는 잠자리에 드는 데 문제가 있어서 직장에서 하던 방식으로 그 문제를 다루기로 생각했어요. 저는 아이에게 어떻게 하면 문제가 해결될 수 있다고 생각하는지 물었지요. 아이는 이야기책을 읽어 주면 된다고 말하더군요. 그래서 그렇게 했더니 잠자리에 잘 들더군요. 그렇게 해서 문제가 풀렸어요."

직장생활을 통해 새로운 우정과 동료들의 지지를 받을 수도 있다. 한 어머니는 집에서 생긴 스트레스를 푸는 방법을 물었을 때 다음과 같이 말했다. "일단 일하러 갑니다. 직장에서 우리는 한가족과 같아요. 친구들은 제 얘기를 들어 주고, 일이 많아도 우리는 즐겁게 지낸답니다." 직장의 감독자도 가정 문제로 힘든 시기에 닥쳤을 때 지지해 주고 도움을 준다. 한 아버지가 심하게 앓아 누웠을 때, 그의 직장 감독관은 그의 직장동료들이 휴가시간을 약간씩 기부하게 해서 충분한 시간 동안 휴식을 취하도록 해 주었다.

약 77%의 부모들이 직장생활에 대해 종종 또는 자주 성공적으로 느낀다고 보고한다. 직장생활에서의 성공은 작업을 완료할 시간이 충분한지와 관련이 있지만, 더 중요한 것은 간섭받지 않고 일에 집중할 수 있어야 하고 다른 작업으로 바꾸지 않고 과제를 완수할 수 있어야 한다는 것이다. 작업을 수행할 때 발언권을 갖고, 동료들과 긍정적인 관계를 유지하며, 자신의 직업이 의미 있는 일이라고 느끼는 것도 직장생활에 대한 성공감을 주는 데 중요하다.

그럼에도 불구하고 상당히 많은 수의 부모들이 직장생활로 스트레스와 좌절을 받는다고 한다. 69%의 부모들이 중간 또는 그 이상의 스트레스를 받는다고 하고, 55%의 부모들은 직장생활에서 좌절까지 느낀다고 한다. 직장생활에서 직무 때문에 받는 스트레스들은 일일 또는 주당 근무시간의 초과, 직무를 집에까지 가져와서 해야 되는 경우, 직무상 빈번한 출장, 자율성이 없는 상황에서 단기간 내의 임무 완수 그리고 직무에 대한 의미 상실감 때문에 생긴다. 좌절 경험은 스트레스와 비슷한 이유 때문에 갖게 되지만 직무량보다는 매일의 직무 일정과 더 관련이 깊다. 산만하고 잡다한 직무 분위기, 자율적 결정권의 부재, 직무의 단순함 등도 좌절을 증가시킨다.

Galinsky(1999)의 연구에서 보면, 직장에서 가정으로 부정적 여파를 가져오기 쉬운 부모들은 ① 가정보다 직무에 우선성을 더 높이 두고, ② 직무에 많은 책임을 지는 관리자급이나 전문직에 있으며, ③ 제 시간에 완수하기 힘든 직무를 가지고 있고, ④ 직무가 너무 자극적이거나 그 반대인 경우며, ⑤ 스트레스를 받지 않는 부모들에 비해 양육에 대한 지원을 덜 받는 사람들이다.

직무 스트레스와 가족 활동에 관한 부부들의 일지를 살펴보면 직무 부담이 과중한 아버지들은 덜 활동적이고 의사소통량도 적으며 더 위축되어 있음을 알 수 있다. 이런 경우 어머니들은 상보적인 역할을 맡아 집안의 허드렛일을 하지만 아버지들은 어머니가 과중한 직무에 처해 있을 때 이에 대한 상호적인 행동은 잘 보이지 않았다. 부모는 직장 상사나 동료들과 갈등이 있을 때 가정에서의 의무와 관련해서 배우자와 더 많이 다투는 경향이 있었다. 이런 논쟁은 배우자에게만 국한되고 아이들에게까지는 확대시키지 않았다.

어머니와 학령전 아동을 대상으로 한 연구는 어머니가 직무 스트레스를 많이 받은 날에는 많이 위축되어 아이들에게 관심을 덜 보이고 돌보기를 덜 하며 애정을 덜 보인다는 점을 확인했다. 아이들은 어머니를 즐겁게 하려고 하고 활동에 끌어들이려고 노력하지만 덜 행복해하는 경우도 있다. 직무 스트레스는 이전에 불안감과 우울감을 가졌던 여성들에게는 더 큰 감정적 혼란을 초래한다.

직장생활이 가정에 미치는 여파를 긍정적으로 느끼는 부모들(Galinsky 연구에 참여한 부모들의 1/3)은 ① 기혼자고, ② 다른 직업보다 주당 근무일이 많으며, ③ 직장에서 스트레스는 덜 받으면서 더 많은 자율성을 가지고, ④ 직장 상사와 동료들이 지지적이며, ⑤ 가족과 친구들로부터 양육과 관련된 지원을 받고, ⑥ 자신들이 원하는 대로 자녀를 양육한다고 느끼는 사람들이다.

3. 일과 가정생활의 조화 전략

지금까지 우리는 직장생활과 가정생활의 순환되는 흐름을 따라가면서 두 장소에서 갖는 성공감과 스트레스 그리고 직장과 가정 간의 전이과정에서 드러나는 공통점들을 살펴보았다. 부모들은 시간에 쫓기지 않고 가족과 함께 활동하는 시간과 직무를 완수할 수 있는 시간이 충분할 때 스트레스를 최소로 받으면서 아주 성공적으로 느낀다. 그리고 자녀양육과 직무 수행을 잘 제어할 수 있을 때 성공적으로 느낀다. 가족과 친구들, 동료들과 직장문화로부터 지지를 받으며 믿을 만한 보육시설에 자녀를 맡길 수 있을 때도 성공적으로 생각한다.

Galinsky(1999)는 부모들이 긍정적인 감정을 증가시키고 스트레스를 줄이기 위한 다양하고 구체적인 제안을 내놓고 있다. 직무를 순조롭게 진행하기 위해서는 근무시간 자유선택제 신청을 통해 직무 부담을 합리적으로 유지하고, 직무의 우선순위를 선정하며, 직무 수행을 위한 문제해결 기법을 사용하는 것이 좋다. 그리고 부모들은 방해받지 않고 일할 수 있는 방법들을 모색함으로써 직무에 대한 집중을 향상시킬 수 있다. 새로운 기술을 배우고 자신의 직무가 갖는 중요성을 인식함으로써 일에 대한 질을 높이는 것도 중요하다. 가족일에 맞추기 위해 직무 환경을 합리적으로 조정하는 기회를 신청할 수 있고, 그런 기회가 주어질 때 직장의 지원을 고맙게 여김으로써 직장 상사와 동료들과의 긍정적인 관계를 증진시킬 수 있다.

부모는 가정과 직장 사이를 옮겨 다닐 때 발생하는 어려움들을 여러 방식을 통해 최소로 줄인다. 또한 직장생활과 가정생활을 구분짓는 특정 행위나 의식을 통해서 직장에서 집으로의 전이가 잘 이루어지도록 한다. 어떤 사람은 심호흡운동을 하고, 어떤 사람은 집에 오는 길에 음악을 듣거나 책을 읽는다. 부모는 자신이 집에 올 때까지 아이들이 문제를 가지고 기다리고 있다는 것을 안다. 부모 또한 집에 들어오면 먼저 아이들이 필요로 하는 것을 충족시켜 주는 일련의 의식을 한 다음 저녁을 준비하거나 다른 집안일을 하는 일정을 만든다. 만약 직장에서 언짢은 일이 있었을 때에는 아이들에게 그런 기분상태를 말하고 스트레스를 줄이는 시간을 따로 갖는 것이 좋다. 집에서 직장으로 옮겨 갈 때는 다음 날을 미리 준비하고(입을 옷을 미리 꺼내 놓고 점심을 미리 준비하고) 아침에 서두르지 않도록 충분한 아침시간을 마련함으로써 스트레스를 줄일 수 있다.

Galinsky(1999)는 가정생활을 순조롭게 하기 위해서는 부모가 집에서 자녀와 보내는 시간에 어떻게 하는지를 다시 생각해 볼 필요가 있다고 말한다. 사실 자녀들은 부모와 많은 시간을 보내길 원하는 것이 아니다. 그들이 바라는 것은 부모와 함께 스트레스가 없는, 오로지 자신들과의 활동에만 전념할 수 있는 시간이다. 자녀는 부모가 차분하게 대해 주고 정서적으로 수용해 주기를 원한다. Galinsky는 부모가 자녀와 함께 보낼 때 자녀의 근처에 있음으로써 자연스럽게 대화도 나누고 아이들의 관심과 활동을 지지해 줄 것을 조언한다. 자녀는 부모가 화를 자제하는 데 관심을 갖기 때문에 자녀들이 잘 알아들을 수 있는 방식으로 감정을 표현함으로써 자녀와 관계를 향상시킬 수 있다. Galinsky(1999)는 긍정적인 가정생활 향상에 대해 알게 된 것들을 요약하면서 다음과 같은 12세 아동의 말을 인용한다.

> 경청하세요. 당신의 아이들이 하는 말을 귀 기울여 들어 주세요. 아이들의 말은 때로는 아주 중요하기 때문입니다. 그리고 가끔 아이들은 굉장한 생각을 가지고 있고 그런 생각이 당신에게 영향을 줄 수도 있답니다. 왜냐하면 아이들도 사람이기 때문입니다. 아이들은 당신과 일반 어른들이 갖는 생각만큼이나 굉장한 생각을 가지고 있습니다.

Galinsky(1999)는 부모가 자녀에게 자신의 직업에 대해서 얘기해 주는 것도 권한다. 대개 자녀들은 부모의 일에 대해 별로 들을 기회가 적은데, 그중에서도 특히 아버지의 직업에 대해서 그렇다. 아이들은 부모의 직업이 갖는 긍정적인 측면을 이해하지 못하게 마련이어서 인간의 생활에서 직업이 갖는 의미에 대해 제한된 생각을 갖는다. 아이들이 부모의 스트레스에 관심을 갖는 이유 중의 하나는 부모의 직업과 관련해서 듣는 일들이 대부분 부정적인 것들이기 때문이다. 부모는 자신이 하는 일과 그 일의 중요성에 대해서 자녀들과 함께 얘기할 기회를 가질 필요가 있다. 아이들은 부모가 직장동료들과 논의하는 방식과 잘 어울려 지내는 방법들로부터 직업에 대한 간접적인 교훈을 배운다.

집과 직장 그리고 이 둘 사이를 오가면서 항상 준비하는 태도를 갖고, 일과 관리와 자녀양육에 있어 자율성을 더 많이 갖는 방법을 모색하며, 주변 사람들의 지원을 찾으면서 일의 우선성을 규정 짓는 것은 직장생활과 가정생활이라는 물 위를 순항하는 데 도움을 준다.

Deutsch(1999)도 부모들과의 면담조사를 근거로 부모가 매일매일의 선택을 하는 데 있어서 부모 모두 직장경력과 부모 역할을 잘 수행할 수 있는 방향으로 준비하는 자세를 가지라고 조언한다. 남녀평등을 저해하는 문제들이 직장에서 발생하고 직무 성격상 어쩔 수 없다고 많은 사람들이 생각한다. 그렇지만 Deutsch(1999)는 다음과 같이 주장한다. "이런 추론은 근본적으로 잘못되었다. 왜냐하면 부부 각자 갖는 역할을 무시한 판단이기 때문이다. 소위 말하는 불평등의 원인들은 이 원인들이 불평등을 조장하는 힘으로 작용하도록 만든 결정에 따른 결과들이기 때문이다."

부모는 스트레스로부터 자유로워야 하며 우선적으로 자녀들과 즐거운 시간을 가져야 한다.

경력직 직장과 양육 활동 모두에 동등하게 개입하는 부부들은 가정과 직장에서 평등을 지지하는 방향으로 결정을 내린다. 이들은 남편은 직장일을, 아내는 가정일을 전적으로 담당한다는 전통적인 시각을 무시하고 '일차적인 양육의 책임을 둘 모두에게 부여하는' 방식으로 행동한다. 이는 직무량의 감축, 즉 일일 근무시간과 주당 근무일 그리고 출장과 시간외 근무를 제한한다는 것을 의미하고, '가정에서의 책무가 직장일에 관련짓게 되어 각자의 정체성의 중요한 부분이 되도록 한다.' 는 것을 의미한다. 부모 양쪽 다 이렇게 조정할 때 전통적인 남성 위주의 경력직 직업이라는 개념은 어느 누구도 갖지 않게 된다.

어머니도 아버지가 자녀를 돌보고 자녀 일에 대한 결정에 주된 책임을 갖도록 해야 한다. Deutsch(1999)는 여전히 많은 여성들이 그렇게 하기를 꺼려 하고 자녀에 대한 모든 책임을 자신이 지려 한다는 점을 발견했다. 여성의 일차적인 정체는 어머니고 이 역할을 버리길 원치 않았는데, 특히 자녀가 어릴 때 이런 경향이 더 강했다. 그러나 아버지가 동등하게 부모 역할을 수행할 때 아이들이 여러 혜택을 받는다는 점을 인식할 필요가 있다. 왜냐하면 자녀들이 부모 모두와 친밀한 관계를 발달시킬 수 있기 때문이다. 이렇게 부부가 양육과 직장일을 같이 분담함으로써 과도한 부담을 느끼지 않을 수 있기 때문에 결혼생활에도 도움을 준다.

4. 보육시설의 유형

직장을 가진 부모들이 자녀를 맡기는 장소는 여러 곳이다. 5세 이하 아이들의 탁아에 대한 최근 자료에 따르면, 28%는 친척이 아닌 다른 집, 24%는 보육시설이나 유치원, 15%는 아버지, 9%는 어머니가 직장에서 일하면서 돌보고, 21%는 친척, 나머지 1%는 기타 유형에 속한다.

보육방식을 선택하는 데 가장 중요한 요인은 보육자의 질이다. 유아의 경우에도 민감성 있는 보육자와의 안정적 애착은 사회적 능력 발달에 중요하다. 부모들이 신뢰롭고 민감성 있는 보육자에게 자녀를 맡기게 되면 자녀가 타인과 함께 지낼 수 있고 자극을 주는 활동에 참여시킬 기회들을 주는 데 관심을 갖는다. 이때 자녀의 욕구는 연령과 기질에 따라 다를 수 있다.

각 보육방식은 특정한 장단점을 갖고 있다. 부모나 친척이 돌보는 경우에는 유아들이 이들을 잘 알고 특별한 유대를 갖고 있다는 장점이 있다. 대개 부모가 돌보는 것이 양육의 질이 높지만 부모 중의 한 명은 직장일을 마친 다음 수면을 취할 수도 있고 다른 자녀도 돌봐야 하기도 한다. 그래서 부모가 돌보는 것은 그 양육의 질이 경우에 따라 변동될 수 있다.

일정 시간 동안 집에 탁아모를 두는 경우는 비록 비용이 많이 들지만, 새로운 사람에게 아이가 적응하기만 하면 되고 나머지 환경은 동일하다는 장점이 있다. 이 방식은 자녀가 아플 때에도 유용하다는 장점이 있다. 자녀가 더 크면 집에서 돌보는 방식은 아이가 또래들과 어울릴 수 있는 보육시설이나 유치원에 맡기는 방식으로 대체되는 게 일반적이다.

자녀가 있는 다른 가정에 아이를 맡기는 가정 보육시설은 탁아모를 두는 경우보다 비용이 덜 들고 다른 장점들도 가지고 있다. 걸음마 단계 유아의 경우에 있어서 가정 보육시설은 일반 보육시설에 비해 더 다양한 환경을 제공한다. 가정 보육방식으로 자녀를 맡길 경우 유아들은 집에서 어머니나 아버지와 하던 활동에 더 다양한 방식으로 참여할 수 있다.

가정 보육시설의 경우 유아가 적기 때문에 일반 보육시설보다 더 융통성 있게 아이들의 필요에 맞춰 줄 수 있다. 가정 보육시설을 맡는 집은 보육에 대한 면허를 받아야 하고, 일부는 가정 보육교사에게 유아의 장난감과 훈육기법 등을 제공하는 더 큰 조직체에 소속되어 있다. 이런 조직망의 일원인 아이 보육자는 훈련받지 않은 일반 보육자들에 비해 더 양질의 보육을 제공할 수 있다. 가정 보육을 하는 집을 선택하는 지침은 일반 탁아 프로그램을 선택하는 지침과 비슷하다. 부모는 일단 자녀와 함께 방문한 후, 다음에는 혼자 방문해서 보육자를 선택하는 데 필요한 정보를 확인해야 한다.

일반 보육시설은 영아기 때부터 초등학교 아동의 방과 후 보육까지 담당한다. 대부분의 일반 보육시설들은 아동의 건강과 안전에 필요한 세부적인 기준들을 준수해야 한다. 아동을 보육시설에 맡기는 부모는 보육시설에서 매일 아이를 돌볼 수 있는지를 확실히 알아봐야 한다. 많은 보육시설에는 보육에 대해 훈련받은 전문적인 보육자들이 있고 일반 가정에는 없는 놀이기구와 보육물품들이 있다. 그리고 모든 보육시설에서는 또래 유아들과 접촉할 수 있는 기회가 있다는 점도 장점 중의 하나다.

아동이 초등학교에 들어가면 3~6시간 정도는 학교에서 보내게 되지만 학교 시작 전이나 수업을 마친 후 그리고 학교 휴일에는 아동을 맡길 곳을 찾아야 한다. 대략 200만에서 1,000만 명의 6~11세의 아동이 방과 후에 특별한 보호 없이 방치되어 있다. 1997년에 1,500명 아동의 일기를 조사한 연구에서 보면, 5~12세의 약 12~14% 되는 아동들이 방과 후에 평균 한 시간 정도 집에 혼자 있는 것으로 나타났다. 아동의 연령이 더 높을수록 혼자 있는 비율이 더 높아서, 5~8세는 1%, 8~10세는 8%, 11~12세는 23%의 아동이 방과 후에 집에서 혼자 있는다고 한다.

대부분의 아동은 수업이 끝나면 집으로 곧장 와서 간식을 먹고 TV를 보거나 책을 읽는다. 이들은 방과후 프로그램에 참여하는 아동에 비해 운동을 하는 경우가 드물다. 더 나이가 들고 교육을 잘 받은 어머니들은 아동 스스로 돌보도록 하는 경우가 많은데, 아마도 직장에서 전화연락이 제한되는 경우가 많은 교육을 덜 받은 어머니들보다 전화를 통해 아이들과 연락할 수 있는 기회가 더 많아서이기 때문이다. 공격적이지 않은 차분한 아이들과 안전한 동네에 살고 있는 아동일수록 스스로 돌보는 경우가 많다. 소득수준이 높은 가정의 아동은 방과 후에 운동이나 다른 활동에 참여하는 경우가 많다.

아동 혼자서 집에 있는 것이 문제가 되긴 하지만 어떤 아동은 독립심과 책임감을 키우고 혼자 생각하며 취미생활을 개발할 수 있는 장점도 있다고 기술한다. 부분적으로 어떤 아동은 성격과 생활 여건 때문에 성공적인 경우도 있다. 그리고 어떤 아동은 혼자서 즐겁게 보낼 줄 알고, 또 어떤 아동은 친구와 놀거나 동네에서 하는 활동에 참여하기 때문에 정말 혼자 있다고 볼 수는 없다. 아동을 성공으로 이끄는 경험들에 대해 설명할 때 반복되는 핵심 주제는 부모와 아이들이 서로 좋은 관계를 형성하는 것이다. 이런 아동은 부모들이 지지적이라고 말하고, 부모가 없는 동안에는 부모가 전화연락이나 다른 활동들을 장려한다고 말한다.

5. 보육의 유용성과 비용 문제

지금까지 여러 종류의 보육방식에 대해 기술해 왔는데, 과연 이들 방식은 어느 정도 유용하고 비용상 적절한가? 학령전 아동을 양질의 보육방식으로 하루종일 돌보아 주는 데 드는 평균비용은 대략 일 년에 3,000불 정도다. 영아와 걸음마 단계 유아의 경우 약 5,000불 정도가 소요된다. 지리적 위치에 따라 비용이 더 높은 곳도 있다. 보육비용은 평균 가정 수입의 대략 10% 정도인데, 저소득층 가정의 경우 22~25%에 이르기도 한다.

일반 가정은 보육비용 지출에 있어서 정부의 지원을 거의 받지 못하고 있다. 일년 소득 중 2,400불에 대한 세금공제는 보육비 전체를 해결해 주지 못하고 일차적으로 중산층과 중산층 가족들만 도와주게 된다. 한부모들과 저소득층 부모들은 큰 세금공제 혜택을 받을 만큼 충분한 세금을 내는 경우가 아니다. 비록 빈공층 가정의 양육비용을 연방정부가 일부 지원하고 있지만, 수혜층의 10~15%만이 이런 혜택을 받고 있다.

보육 활동의 유용성에 대해서 전문가들은 일치된 견해를 보이지 않고 있다. 그렇지만 영아와 학령기 아동에 대한 서비스가 약하다는 점에 대해서는 일치된 견해를 보인다. 앞서 언급했듯이, 6~11세 아동들 중 200만에서 1,000만 명이 학교에 가기 전이나 학교가 끝난 후 일정 시간 어른들 없이 혼자 보내고 있다. 더군다나 이런 서비스도 하루 중 특정 시간대, 가령 이른 아침 또는 이른 저녁 또는 늦은 저녁에 한정되어 있고 아픈 아이에게만 한정되기도 한다.

보육서비스를 받을 수 있다고 하더라도 유아를 돌보는 질에 있어서 변동이 크다. 약 70%의 가정 보육시설은 면허 없이 활동하고 있다. 많은 일반 보육시설에서 보육교사를 자주 바꾸거나 유아의 연령과 수에 비해 부족한 수의 교사들이 일한다. 11장에서는 어떻게 비용이 적절한 양질의 보육시설을 제공할 것인가라는 주제를 다룰 것이다.

6. 부모 역할 상실이 양육에 미치는 영향

심리학자 Lamb(1998)은 보육시설이 유아에게 미치는 효과에 대한 연구를 개괄하면서 다음과 같이 적고 있다.

> 비부모 보육에 관한 준비는 세상의 부모들에게 일련의 새로운 문제를 의미하는 것은 아니다. 사실, 유아의 보육과 감독에 관련된 결정과 준비는 인간사회가 대면해 온 오래된 문제들 중의 하나다. 아이의 의존적 기간 동안의 어머니만을 통한 보육은 Bowlby가 '진화적 적응 환경' 이라고 불렀던 것에서 선택할 수 있는 것 중의 하나는 결코 아니었다. 이 방법이 전형적인 관습인 사회는 1990년대에는 찾아볼 수 없게 되었다. 실제로 성인기에 이

> 르기까지 전적으로 어머니만의 보육을 받는 경우는 어느 시기의 인간사회에서건 선택 사항이 되었던 적이 없었다. 단지 인류 역사의 일부에서 소수 엘리트 집단을 위한 하나의 가능성으로만 출현했을 뿐이다.

연령에 따른 비부모 보육이 미치는 효과를 살펴보면서 그 효과에 대한 Lamb(1998)의 지적을 염두에 두어야 할 것이다.

> 비록 제대로 주목받지 못하고 있지만 유아와 부모 및 가족구성원들과의 질적인 상호작용과 가정 내에서 받고 있는 보육의 질은, 그들이 가정 밖에서 상당한 정도의 보육을 받고 있다고 할지라도, 아동 발달에 지속적으로 영향을 미치는 가장 중요한 영향의 원천이라는 분명한 증거가 있다.

연구들을 평가할 때 우리가 명심해야 할 것은, 첫째로 어머니들의 교육과 성격, 관심과 관련된 선택과정이 아이가 태어난 후 누가 직장생활로 돌아갈 것인지를 결정한다는 점이다. 둘째, 어머니의 직장생활은 단일한 현상이 아니고, 이것이 자녀의 생활에서 갖는 의미는 ① 자녀의 특성(나이, 성별, 기질), ② 가족 특성(교육, 사회경제적 수준, 아버지의 가정에 대한 참여도, 어머니의 직무 만족도), ③ 직업 특성(어머니의 근무시간, 직장 스트레스 정도) 그리고 아마도 가장 중요한 것으로 ④ 자녀의 대리보육의 특성에 의존한다. 연구자들은 이런 모든 변인을 통제할 수 없기 때문에 여러 연구 결과들은 잘 해석되어야 하고 우리 자신에게 적절한 결론을 도출할 필요가 있다. 아동의 사회-정서적 기능과 인지적 기능에 초점을 맞춰서 연구들을 논의할 것이다.

1) 영유아기와 아동 초기

보육의 질은 비부모 보육이 유아들에게 미치는 효과의 주요 결정 요인이다. 보육의 질을 보여 주는 두 가지 지표는 과정 측정치와 **구조 측정치**다. **과정 측정치**에서는 보육의 적합성을 검토한다. 즉, 안전하고 자극을 제공하는 환경에서의 적절한 활동들을 평가하는 것이다. 구조 측정치는 훈련을 받거나 경험 있는 교사와 보육자의 수, 아동 집단의 크기 그리고 담당보육자의 교체 빈도에 근거한다. 이 두 측정치는 대개 상관되어 있다. 성인 대 아동 비율과 보육교사의 훈련 정도는 일반 보육시설의 질을 측정할 때 제일 좋은 구조 측정치로 간주된다. 가정 보육시설의 경우 아동집단의 크기와 안정성 그리고 보육자의 적합성이 제일 좋은 측정치다. 보육자의 보수 또한 보육자 안정성에 대한 좋은 측정치가 되어, 보수가 높을 때 보육자들이 빈번히 바뀌지 않고 지속적으로 아이들을 돌보게 된다.

생후 첫해에 양질의 영아보육시설에 맡겨진 아이들은 나중에 유치원과 초등학교에서 많은 긍정적인 사회적 자질을 보인다. 이 아이들은 유치원에서는 말을 잘 듣고 인기가 많으며 또래들을 신경 써 주고, 사회적인 유능함을 보일 뿐만 아니라 주어진 과제에 집중을 잘 하고 지속적으로 한다. 초등학교에서는 외향적이고 사랑스럽고 공격적이지 않으며 학업을 잘 따라가는 아동이 된다. 유럽에서 조사된 바에 따르면, 첫해에 양질의 보육을 받는 것은 아동기와 사춘기 초반에 걸친 인지적, 사회적 성숙과 관련이 높은 것으로 밝혀졌다. 비록 생후 첫해에 어머니가 긴 시간 동안 직장생활을 하고 돌아왔을 때 영아가 비안정적 애착과 태도를 보일 위험이 있을 수 있지만, 양질의 보육시설에 맡기는 경우 별 위험은 없고 오히려 많은 혜택을 받는 것으로 보인다.

그러면 양질의 보육은 어떤 것인가? 보육정책을 위한 국립과학원의 위원회는 양질의 보육을 기술하는 데 다음과 같은 6가지 기준을 사용한다.

① 유아의 연령에 따라 아동 대 보육교사 최소 비율의 유지
(영아의 경우 4 : 1, 유아의 경우는 7 : 1)
② 아동 발달 등의 과목을 포함한 보육담당자의 훈련
③ 아이들의 선택을 허용하는 신축성 있는 조직화된 활동 프로그램
④ 아이들의 활동과 연령집단에 따라 구분될 수 있는 구조화된 공간
⑤ 가정 보육시설의 경우 유아들의 적절한 연령 분포
⑥ 일반 보육시설의 최대 수용크기는 6~8명의 영아와 16~20명의 유아

양질의 보육 환경에서 유아들은 보육교사에게 안정적 애착을 형성할 수 있고, 부모와의 초기 안정적 애착과 연관된 여러 긍정적인 사회적 자질을 발달시킬 수 있다. 보육교사와의 안정적 애착 형성에는 부모의 경우에서와 마찬가지로 동일한 질의 보육이 요구되는 것은 분명하다. 이를 위해서 보육교사는 자극을 주는 활동을 제공하고

아이의 자기 조절 능력을 증가시키는 행동을 감독하는 보육자로서 언제든 아이를 돌보아 줄 수 있어야 하며 안정적이고 민감성 있게 반응해 주어야 한다. 유아가 어머니와 아버지와의 안정적 애착에 근거해서 활동했듯이, 보육교사는 그들이 세상을 탐색하는 데 있어서 안전한 기반 역할을 해 주어야 한다. 유아의 첫 30개월 동안은 동일한 보육교사가 있는 것이 중요하다. 그렇지 않으면 유아-보육교사 관계는 불안정적이게 된다. 30개월이 지난 후에는 보육교사가 바뀌어도 이 관계의 안정성에 문제가 없게 된다.

생후 첫해에 보육교사에 대한 안정적 애착은 유아 발달에 강력한 영향을 미친다. 생후 첫해에 보육시설에 맡겨진 아이들의 아동기 발달을 예측케 하는 것은 가족의 사회화 훈련이 아니라 보육교사에 대한 애착과 보육시설의 질이다. 반면, 태어난 직후가 아닌 나중에 보육시설에 맡겨진 아이들의 아동기 발달에 영향을 주는 것은 생후 첫해의 가족 사회화와 아동의 특성이다.

물론 혼합 요인들이 있다. 높은 동기를 가지고 있고 안정된 부모일수록 양질의 보육시설을 찾는 경향이 높다. 질이 낮은 보육시설에 보내는 부모들 중에는 양육 활동이 덜 조직화되어 있고 부적절한 사회화 훈련을 사용하는 부모도 있다. 이런 경우에는 질이 떨어지는 보육을 지속시키는 악순환에 빠져들 수도 있다. 스트레스를 많이 받는 가정일수록 아이에 대한 관심이 떨어지고 상호작용도 드물고 활동도 약한 보육시설에 보내지게 될 확률이 높다. 이런 유아들은 동기가 강한 부모의 아이들에 비해 집과 보육시설 모두에서 어른과의 접촉도 적고 자극도 덜 받게 된다. 따라서 이들에게는 발달에 문제가 생길 위험이 누적된다.

인지발달을 자극하는 조기교육 프로그램과 지속적 프로그램들은 학령기의 지적 성장을 촉진시킨다. 이런 프로그램들은 초등학교 첫 삼 년간 유급률을 감소시키고 특별 프로그램을 받는 경우도 줄인다. 이 프로그램들은 경제적으로 불우한 가정의 유아들의 지적 성장을 자극한다. 그렇지만 사회적 계층과 가족배경의 효과를 동등하게 맞춘 대상을 통해 볼 때, 영아기에 양질의 보육 여부는 11세에 확인된 학업 성취도 및 언어 기술 정도와 관련이 있다.

초반기 연구들은 조기에 낮시간 내내 아이를 맡기는 것이 유아들의 애착 형성과 사회-정서적, 인지적 기능에 부정적인 영향을 미칠지에 관심을 기울였다. 1990년대 초,

미국 국립 아동건강 및 인간발달 연구소는 전국 10개 지역에서 1,281명의 유아들을 생후부터 7세까지 조사했다. 이들 연구에서는 수많은 의문들이 검토되었고 그에 대한 답을 내기 시작했다.

① 조기에 낮시간 내내 영아를 맡기는 것은 어머니와의 애착 형성에 영향을 미치는가? 연구 결과, 어머니에 대한 영아의 애착은 어머니의 따뜻함, 민감성, 반응성에 따라 결정된다. '영아 보육 활동 자체는 영아기의 애착 발달에 위험 요소도 증진 요소도 아니다.' 어머니의 영아에 대한 반응성과 민감성이 약할 때, 질이 떨어지는 보육과 불안정적인 보육 또는 장시간에 걸친 보육이 비안정적 애착이라는 위험을 가중시킬 뿐이다. 반면, 양질의 보육은 어머니의 저조한 민감성 효과를 상쇄시키고 어머니에 대한 비안정적 애착이라는 위험을 줄이는 것으로 보인다.

② 생후 2년 및 3년 유아의 인지적, 사회-정서적 기능에 대한 가장 중요한 예언 변인은 무엇인가? 보육시설(질, 안정성, 유형, 탁아 연령)과 가족배경 그리고 양육방식을 유아의 인지적, 사회-정서적 기능에 영향을 미치는 변인으로 고려해 보았을 때, 양육방식이 보육시설의 특성보다 더 강하고 일관적인 변인임이 밝혀졌다. 보육시설의 특성 중에는 보육의 질이 유아발달에 대한 가장 일관적인 예언 변인으로 나타났다.

③ 어머니가 키우는 경우에 비해 보육시설에 맡겨진 경우 가족 요인이 아동기의 기능에 대해 예언하는 정도가 떨어지나? 답은 일반적으로 볼 때 '아니다' 다. 가족 특성은 보육 장소와 상관없이 2세와 3세에 측정된 사회-정서적 기능과 인지적 기능을 예측케 한다. 두 표본 모두에서 어머니의 민감성, 비권위적 양육방식, 우울증의 부재는 유아의 사회적, 지적 역능을 잘 예언한다. 편모의 경우, 아이가 어머니의 보육을 전적으로 받을 때 가족 특성이 아동기의 행동을 효과적으로 예언하는 경향이 있었다. 선행 연구와 같은 맥락에서, 어머니의 직업에 대한 태도와 직업상 위치 간의 일치는 중요한 요인이었다. 직장생활을 하는 어머니가 직업이 혜택을 준다고 믿는 경우 그렇지 않은 경우보다 자녀가 문제를 덜 보였다. 직업을 가지고 있지 않은 경우에도 어머니가 긍정적인 태도를 갖는 경우의 자녀들은 문제를 덜 보였다.

2) 아동 후기와 사춘기

생후 첫해에 장시간에 걸친 보육과 부정적 행동 간의 관련성은 초등학교 시기에도 지속된다. 생후 첫해의 장시간에 걸친 보육은 초등학교 첫 3년간의 남을 치거나 차는 행동과 같이 갈등을 불러일으키는 사회적 행동과 관련이 있다. 질이 높지 않은 방과 후 보육이 병행될 경우 아동은 교사의 지시에 잘 따르지 않는다고 평가되고 또래들로부터 별로 호감을 받지 못한다. 조기보육의 경우와 마찬가지로 질 높은 방과후 보육 시설 제공도 아동의 효과적인 기능과 관련이 있다.

공식적 방과후 프로그램에 참여하는 저소득층 초등학교 3학년생들은 방과 후에 집에서 어머니의 돌봄을 받는 경우를 포함한 다른 형태의 방과후 보육을 받는 동년배 아동에 비해 수학과 독서 및 품행에서 더 좋은 성적을 받는다는 사실을 밝힌 연구가 있다. 대부분 5학년부터 스스로 돌볼 줄 아는 아동은 성인이 있든 없든 행동과 수행 정도가 비슷하게 나타난다. 하지만 사춘기 초반에 성인의 감독과 감시 부재는 이들의 음주, 흡연, 마리화나 사용의 증가와 관련이 있다. 부모의 맞벌이 여부, 소득수준, 성적, 스포츠 활동의 참여 정도와 상관없이 일주일에 11시간 이상 혼자 있는 중학생들은 그렇지 않은 동년배들에 비해 마약을 사용할 확률이 높다. 스스로 돌보는 행위는 아동에게 자율성을 더 강화시켜 주지만, 십대 초반의 아동의 경우 약물남용을 하는 또래들의 영향을 받을 위험이 있다.

그러나 사춘기에 어머니의 직장생활은 아동의 자기확신과 독립심의 증가와 관련된다. 이런 장점은 학교 성적이 좋고 장래 경력직 직업에 대해 생각하는 여아들의 경우 더 두드러지게 나타나는데, 이런 경우 대부분 어머니가 능력에 대한 역할모델이 되기 때문이다.

어머니가 직장을 가진 남아들은 학교생활을 잘 하지 못한다는 보고가 있지만 최근 연구로 보면 그리 일관적인 관찰은 아닌 것으로 보인다. 아버지의 가정생활 참여는 아동의 인지적 수행을 자극하기 때문에 아버지의 참여 증가가 이런 문제를 줄인다고 볼 수도 있다.

3) 부모 역할 상실에 대한 남녀 반응의 차이

여러 연구에서 아동기 초반에 어머니가 직장생활을 할 때 남아가 여아보다 더 취약한 것으로 나타났다. 이런 이유에 대해 남아가 더 많은 부모의 관심과 양육·감독이 필요한지, 보육 장면에서 결핍된 부분에 더 민감한지 또는 직장일로 스트레스를 받은 부모들에게 더 많은 요구를 하고 이에 따른 결과에 대해 잘 참지 못하고 더 부정적으로 보기 때문인지는 분명치 않다.

Hoffman(1989)은 남아는 맞벌이 부모 가정에 속할 경우 더 힘든 시간을 많이 갖는 반면, 여아는 부모 한 명만 직업을 갖는 가정에 속할 때 더 많은 문제를 겪는다고 결론짓고 있다. 부모 한 명만 직업을 갖는 가정에서 여아는 비안정적 애착을 형성할 위험이 더 많고, 어머니가 아이의 행동을 더 부정적으로 보는 경향이 있으며, 아버지와 함께 있는 시간이 더 적고, 독립성에 대해 덜 격려받는 편이다. 그래서 여아는 맞벌이 부모의 가정에서 더 많은 이득을 얻는 반면(즉, 아버지와 보내는 시간이 더 많고), 남아는 그렇지 않을 수 있다. 그러나 두 양상의 가정생활의 장점을 결합시켜서 남아와 여아 모두 잘 균형 잡힌 최적상태의 양육과 관심, 감독, 독립성을 갖게 하는 것도 가능하다.

7. 경제적 빈곤이 양육에 미치는 영향

직업은 일일생활의 물질적 자원을 공급하기 때문에 직업상 좌천이나 자택 대기 또는 해고만큼 가정에 스트레스를 주는 것은 없다. 1장에서 우리는 부모의 자녀에 대한 효능감을 감소시키고 자녀의 문제행동을 증가시키는 주요 사건 중의 하나가 빈곤이라는 것을 밝힌 Rochester 종단연구에 대해 논의한 바 있다.

양육의 어려움은 경제적 곤경이 미약한 조건에서도 발생한다. 현 사회에서 자택 대기, 좌천, 청구서 지불에 따른 경제적 부담은 부모들이 빈곤하게 사는 경우와 비슷한 양상으로 이끈다. 부모들은 경제적 곤경을 겪을 때 신경이 더 과민해지고 더 쉽게 좌절한다. 이런 부모의 심리적 긴장은 양육 활동과 자녀에게 직접적으로 영향을 미친다. 이들은 자녀와 더 열린 마음으로 대화를 갖지 못하고, 스트레스가 덜한 상황만큼 권위를 갖지 못한다. 이런 긴장은 자녀의 학업 활동과 행동에 영향을 줄 수 있다. 경제적인 여건이 호전되면 양육 기술도 향상되고 자녀의 행동도 좋아진다.

경제적인 긴장은 간접적으로 자녀의 행동에 영향을 미치기도 한다. 부모가 감정이 혼란되어 있고 좌절되어 있을 때 서로 다투고 서로를 지지하는 정도가 줄어들어 부모의 협동 부재에 따라 양육 활동이 저하된다. 경제적인 곤경 속에서도 아버지가 어머니를 지지할 경우 어머니의 양육 기술은 결코 줄어들지 않는다. 가족 외부로부터의 사회적인 지지가 부모들의 저조한 기분을 줄이는 데 도움을 주지만 양육의 효과성을 유지하는 것은 부모들 상호 간의 지지다.

1) 누가 빈곤한 사람들인가

빈곤에 대해 가장 흔히 사용되는 측정치는 1960년대에 개발된 공식적 연방 빈곤지수로 세금이 포함된 현금수입 및 가족구성원 수에 근거한다. 이 지수는 추정된 식생활 비용의 3배로 결정되는데, 이는 식생활 비용이 가족 수입의 1/3 정도에 해당된다는 조사 결과에 근거한 것이다. 예를 들어, 빈곤지수 외에도 빈곤이 지속된 정도도 빈곤이 미치는 효과를 이해하는 데 중요한 정보를 제공한다. 미국 아동의 1/3이 18세가 되기 전까지 최소한 1년 정도 빈곤층이었던 경험이 있고, 이들 중 2/3는 5년 이하 정도 빈곤층에 머물러 있었다고 한다. 빈곤층 아동의 15% 정도는 아동기의 10년 이상을 빈곤한 상태에서 성장하고, 가족의 현금수입이 빈곤지수의 최저 빈곤치의 반이 되지 못했기 때문에 극심한 빈곤을 경험한다.

지역사회의 빈곤 정도도 중요한데, 아이들과 가족에게 가용한 서비스에 대한 정보를 제공하기 때문이다. 고빈곤 지역은 거주자의 40% 이상이 빈곤한 생활을 하는 지역을 말한다. 이런 지역의 거주자들은 양질의 건강보호, 학교, 공원, 지역사회 조직, 비공식적 사회지원을 받을 기회가 적다. 거주자의 20% 이하가 빈곤층에 속하는 지역은 저빈곤 지역이라고 부른다.

아동, 특히 가장 어린 아이들이 미국에서 가장 빈곤한 사람들이다. 1960년에는 18세 이하의 약 27% 아동이 빈곤층에 속했다. 1969년에 가서 이 수치는 14% 이하로 떨어졌다. 그런데 이 수치가 천천히 오르기 시작해서 1979년과 1984년에 급격한 증가를 보여 1984년에는 22%의 아동이 빈곤층에 속하는 것으로 나타났다. 이 수치는 잠시 떨어지는 듯했지만 10년 동안 그 상태에서 머물렀고, 1998년에 와서는 19%가 되었다.

빈곤층 아동이 늘어났을 뿐만 아니라 저소득층 가정과 고소득층 가정 간의 수입 격차도 증가되어 왔다. 1973~1990년에, 가계소득의 하위 5% 가정의 물가상승률에 맞춰 조정된 현금수입은 30%나 줄어든 반면, 가계소득의 상위 5% 가정의 경우 13%나 증가되었다. 수입이 부유층 가정에 집중됨에 따라 지난 10년간 소득 격차는 계속해서 증가되어 왔다.

빈곤율은 특정 인종집단에서 더 높게 나타난다. 1996년에 아프리카계 미국 아동의 40%, 중남미계 미국 아동의 40%가 빈곤한 가정에서 살고 있는 반면, 유럽계 미국 아동은 16%만이 이에 속한다. 빈곤의 지속성에 대한 연구도 수년에 걸쳐 진행되어 왔는데, 1980년대의 보고에 의하면 지속적으로 빈곤한 가정에서 생활하는 아동의 90%가 아프리카계 미국인으로 나타났으며 주로 빈곤지역에 거주하는 것으로 나타났다.

1990년까지 이런 빈곤지역에 사는 아프리카계 미국 아동의 수는 37%에서 45%로 증가한 반면, 유럽계 미국 아동의 2/3 정도는 저빈곤 지역에 거주하는 것으로 확인되었다.

빈곤율은 가족구조에 따라 변동이 있는데, 부모 모두 있는 가정에 비해 한부모 가정의 경우가 더 빈곤한 것으로 나타난다. 한 연구에 따르면, 아동이 부모 모두와 살 경우 빈곤하게 지내는 기간은 그렇지 않은 경우에 비해 반 정도에 지나지 않는다. 아프리카계 미국 아동들은 한부모 가정에서 사는 경우가 많아서 빈곤에 처할 위험이 더 크지만, 그렇다고 해서 부모 모두가 있는 가정에서 생활한다는 것이 높은 빈곤율의 위험으로부터 완전히 보호받을 수 있다는 것을 의미하진 않는다. 연구에 의하면, 한부모 가정에서 아동기 전반을 보낸 유럽계 미국 아동의 가정은 부모 모두가 있는 아프리카계 미국인 가정과 동일한 빈곤율을 보였다.

많은 요인들이 빈곤율에 영향을 준다. 가구당 자녀 수의 감소와 부모의 교육수준의 증가는 일반적으로 빈곤을 감소시킨다. Vonnie McLoyd는 아동을 빈곤한 환경으로 몰아가는 세 가지 요인을 지적하고 있는데, 첫째는 가족의 생계를 지원하는 숙련직의 감소고, 둘째는 한부모 가정의 증가며, 셋째는 가정에 대한 정부지원의 감축이다.

2) 아동기와 사춘기 발달에 미치는 영향

Brooks-Gunn과 Duncan(1997)은 아동의 다양한 기능에 빈곤이 미치는 영향을 기술하고 있다.

(1) 선천적 신체상태와 신체적 건강

저체중 출산과 영아 사망률은 빈곤층 가정의 경우 2배 정도 높게 나타난다. 더구나 영양상태의 측정치로 사용되는 발육부진도 빈곤층의 아동에게서 2배나 많이 나타난다. 신체적, 인지적 장애와 관련된 납중독도 빈곤층 가정의 아동에게서 3.5배나 높이 발생한다. 따라서 빈공층 아동이 뛰어나게 건강하다고 말하는 경우가 드물고 창백하고 병약하다고 자주 기술되는 것이 놀라운 사실이 아니다.

(2) 인지발달과 학업 성취

〈표 8-2〉는 빈곤층 아동이 그렇지 않은 아동들에 비해 인지적 지체와 학습능력 저하를 자주 경험한다는 점을 보여 준다. 아동의 인지발달과 학업 성취는 자라는 환경이 빈곤할수록 더 지체된다. 빈곤수준 수입의 반밖에 안 되는 가정에서 사는 극빈층 유아들의 지능지수(IQ)와 언어능력, 성취도는 빈곤수준 수입의 1.5~2배가 되는 빈곤한 가정에 사는 유아에 비해 6~13점 정도 떨어진다. 만 2세에서 나타난 이런 능력 차이는 초등학교 때까지 지속된다. 이런 차이의 지속은 어머니의 나이, 결혼상태, 교육, 인종과 상관없이 나타난다.

학교에서 빈곤층 아동의 과목 재수강률과 낙제율은 그렇지 않은 아동의 2배다. 관련된 변인들을 동일하게 놓고 볼 때, 5세까지 저소득층인 아동을 제외하고는 저소득 자체가 학업 성취에 미치는 효과는 미약한 것으로 나타났다.

빈곤의 지속기간과 발생 시점은 빈곤에 따른 아동의 능력들에 영향을 준다. 13년 이상 빈곤한 가정에서 자라 온 아동은 이보다 짧은 기간 빈곤하게 살았던 아동보다 인지기능에 대한 측정치가 상당히 낮았다. 5세까지 빈곤한 가정에서의 성장은 고등학교 졸업 여부와 부적인 상관관계를 보인 반면, 사춘기 시절의 빈곤은 그렇지 않은 것으로 나타났다.

(3) 정서발달과 행동발달

빈곤은 신체발달과 인지발달에 비해 정서발달과의 관련성은 그리 분명해 보이지 않는다. 빈곤과 상관없이 부모들이 보고하는 행동 문제의 수는 비슷하지만, 비빈곤층 아동들이 오히려 두 배나 더 많은 행동치료 경험을 가지고 있다(〈표 8-2〉 참조). 그러나 지속적인 빈곤은 의존성, 불안, 불행감 같은 정서적 문제와 관련이 있다. 근래에 와서 빈곤은 과잉행동이나 또래 문제와 같은 행동 문제와 관련이 있다. 이런 차이는 어머니의 연령, 교육수준, 심리적 상태와 무관하게 관찰된다.

빈곤층 아동은 건강과 인지적 기술상의 차이 외에도 굶주림, 학대, 무시를 더 자주 경험한다. 이들은 강력범죄를 경험하는 경우가 많아 밖에 나가는 것을 꺼려 한다. 그리고 십대 미혼모가 되는 확률도 높은 편이다.

표 8-2 미국의 빈곤층 및 비빈곤층 아동의 생활 안정성 지표

지 표	빈곤층 아동(%)	비빈곤층 아동(%)	빈곤층 대 비빈곤층
인지적 결과			
발달지체(제한적 지체 및 장기적 발달지체, 0~17세)	5.0	3.8	1.3
학습능력 지체 (독서, 작문, 산술 능력의 극단적 저하로 정의, 3~17세)	8.3	6.1	1.4
학업 성취(5~17세)			
과목 재수강	28.8	14.1	2.0
퇴학 또는 정학	11.9	6.1	2.0
고등학교 때의 낙제 (1994년 기준으로 16~24세 중 학교에 다니지 않거나 고등학교를 마치지 못한 비율)	21.0	9.6	2.2
정서적 또는 행동적 결과(3~17세)			
부모가 보고한 지난 3개월간 아이의 정서적, 행동적 문제 유무	16.4	12.7	1.3
부모가 보고한 아이의 정서적, 행동적 문제 치료 경험	2.5	4.5	0.6
부모가 보고한 지난 3개월간 아동의 전형적인 행동적 문제 하나 이상의 경험	57.4	57.3	1.0
기타			
미혼모 출산을 한 십대 여성	11.0	3.6	3.1
24세에 무직상태(실업 또는 학생이 아닌 상태)	15.9	8.3	1.9
지난 1년간 굶주린 경험 최소 1회 이상	15.9	1.6	9.9
보고된 아동학대 또는 아동 방관	5.4	0.8	6.8
강력범죄	5.4	2.6	2.1
외출에 대한 두려움	19.5	8.7	2.2

* 출처: Jeanne Brooks-Gunn, & Greg J. Duncan (1997). The Effects of Poverty on Children, *Future of Children,* 7 (2), pp. 58-59.

3) 빈곤의 영향을 설명하는 경로

Brooks-Gunn과 Duncan(1997)은 빈곤이 아동 발달에 미칠 수 있는 다섯 가지 경로로 건강, 가정 환경, 부모-자녀 상호작용 양상, 부모의 정신건강 그리고 거주지역 특성을 들었다. 건강상태 자체는 부분적으로 빈곤의 결과지만, 후속되는 발달에 영향을 미칠 수 있다. 저체중 출산은 학습지체, 과목 재수강, 낙제와 연관되어 있고, 앞서 언급했듯이 납중독은 지능지수 및 인지수행 측정치의 저하와 관련되어 있는 것으로 나타난다.

빈곤 가정의 가정 환경은 지적 자극 및 학습기회의 제공이 약하다. 가정의 자원, 장난감, 독서물에 대한 측정치도 저소득층 아동과 고소득층 아동 간에 큰 차이가 있다. 빈곤층 가정에서의 지적 자극 부재는 5세 아동의 지능에 빈곤이 미치는 효과의 반 정도를 설명하는 것으로 보인다.

부모와 자녀가 거친 상호작용을 보이는 것은 빈곤층 가정에서 더 특징적으로 나타난다. 예를 들어, 빈곤층 어머니는 비빈곤층 어머니들에 비해 더 자주 아이를 때린다. 아동의 정서적 문제 증가와 학업 성취 저조는 이런 거친 훈육과 관련되어 있을 수 있다. 이런 관찰들은 주로 소규모 연구들에서 있어 왔는데, 대규모 연구에서는 비효과적 양육과 빈곤상태의 관계가 약하게 관찰되었다.

부모들은 빈곤할 때 더 자주 과민하고 우울하며 감정 표현 조절이 잘 되지 않는다. 부모의 감정 통제 부족은 직접적으로 자녀와의 갈등을 증가시키고 간접적으로는 자녀와의 관계를 악화시킨다. 정서적 문제를 가지고 있는 부모들은 자녀에게 지적 자극을 덜 주고 효과성이 떨어지는 양육습관을 사용한다.

가족의 수입에 따라 거주 가능한 지역이 제약을 받고 이에 따라 아동 발달에 영향을 받게 된다. 빈곤층 아동은 열악한 학교와 부족한 수의 공원, 놀이터, 지역사회 활동으로 특징지어지는 열악한 환경에서 살게 되기 쉽다. 더군다나 안전치 못한 주변 환경은 아이들의 탐색과 집 밖에서 놀 수 있는 기회를 제한한다.

Brooks-Gunn과 Duncan은 빈곤층 아동의 문제가 부모의 유전적 특성이나 직업윤리에 기인한다는 주장에 반박한다. 이들의 보고에 따르면, 동일한 가정에서 동일한 부모의 태도 아래서 자란 형제자매들이 연령과 빈곤의 지속기간에 따라 다를 수 있다. 형제자매들 간의 소득 차이가 학력수준에 따른다는 사실은 유전자와 직업윤리가 동일하더라도 소득이 중요하다는 점을 지적한다.

4) 효과적 조절방법

빈곤층 아동과 빈곤 가정을 위한 프로그램은 일반적으로 두 종류다. 첫 번째 방법은 현금전환 프로그램으로 빈곤 가정에 직접 현금을 제공하는 것이다. 부양자녀를 둔 가족지원과 저소득층 가정에게 소득세를 반환해 주는 소득세 공제 프로그램 등이 이에 속한다.

두 번째 방법은 지원 프로그램으로 식료품 수표, 점심지원, 주택공급 지원, 건강보험, 조기 아동교육 등이 이에 속한다. 식료품 수표와 부양자녀 가족지원은 특정 소득 이하의 모든 가정이 받을 수 있는 지원책이다. 이에 반해 헤드 스타트와 주택공급 지원 같은 프로그램들은 혜택을 받을 수 있는 가정이 일부로 제한되어 있다.

저소득층 가정에게 가용한 다양한 프로그램들의 효과를 개관하는 것은 이 절의 범위를 넘어서는 일이지만, 1997년판 『아동의 미래(*The Future of Children*)』는 빈곤의 원인과 결과에 초점을 맞추어 여러 문제들에 개입하는 방법들에 대한 상세한 분석을 담고 있다. Lewit, Terman 및 Behrman(1997)은 한 학술지의 특별호에 게재된 결과들을 요약하면서 다음과 같이 적고 있다.

> 아동을 위한 공공 프로그램들이 효과적이지 않다는 많은 비판과는 달리, 이번 학술지 특별호에 제시된 증거들은 기존의 정책들이 많은 가정의 곤경을 완화시켜 주었으며, 아동에게 중요한 혜택을 주는 특별 프로그램들을 확인하는 것이 가능함을 보여 주고 있다.

분명히 미국은 65세 이상인 노년층의 빈곤을 현저하게 감소시켜 왔다. 1960년에는 노년층 빈곤이 35%였는데, 1998년에는 10%로 줄어들었다. 이 수치는 지난 10년 이상 지속되어 왔고 아동 빈곤층 비율의 절반에 해당된다. 우리가 자문해야 되는 것은 "완전히 발달한 사람들을 위해 적절한 수입과 생계 조건을 제공하는 것이 중요하다면, 발달과정에 있는 이들(아동들)을 위해 적합한 생활 경험을 제공하는 것은 얼마나 중요한 일이겠는가?"라고 볼 수 있다.

8. 부모가 함께 양육하기

가정생활과 직장생활의 흥분과 분주함 속에서 부모들은 가정이 우선적으로 부부로부터 시작한다는 사실을 잊는다. 더군다나 부부의 서로에 대한 만족과 일을 해나가는 부부의 방식은 해결책을 효과적으로 만든다. 부모 간의 강하고 애정 깊은 유대의 지속은 직장과 양육을 성공적으로 결합하는 데 일차적인 요인인 것이다.

세상에서 무엇보다 중요한 것은 아이들은 가족이 함께 있기를 원한다는 사실이다. 이렇게 하기 위해서 부모들에게는 강한 관계가 필요하다. 그러나 이런 관계는 자녀를 키우면서, 특히 아주 어릴 때 대개 경시되곤 한다.

Levine과 Pittinsky(1997)는 부모들이 일주일에 한 번 자녀가 없는 상태에서 무언가 함께 하는 일이 있어야 한다고 제안한다. 금전적인 문제가 있다면 집에서 특별한 시간을 만들어 비디오를 빌려 보거나 특별한 저녁을 둘만이 같이 하는 것이다. (아기 돌보는 일을 맡기는 것이 비싼 경우에는 다른 부모들과 아기 돌보는 일을 교대로 하는 것도 한 방법이다.) 이런 데이트는 부부가 다시 연결되고 함께 무언가를 공유하기 위한 부부만의 시간이 되어야 한다. 부모들이 매일 특별한 시간을 함께 하는 일상적인 의식을 만들 수도 있다. 함께 신문을 읽거나, 음악을 함께 들으면서 가까이 앉아 있거나, 저녁식사 후 대화시간을 갖거나, 단지 신체적으로 가까이 하면서 TV를 본다든지 하는 의식들이다. 낮시간에 간단한 전화를 하는 것도 부부가 연결되어 있다는 느낌을 주는 데 도움을 준다.

자기관리를 잘하며 직장생활을 하는 부모들은 자녀를 더 잘 돌보고 부부 서로를 잘 돌보아 준다. 규칙적으로 운동을 하고 균형 잡힌 식생활을 하며 사고하고 자신의 관심을 추구할 개인적인 시간을 갖는 부부들은 긴장되고 피곤한 상태가 드물고, 자신의 직장과 가정 생활을 더 잘 즐긴다. Norris와 Miller(1979)는 부모들의 자기관리를 잘 하기 위한 방법들로 다음과 같이 제안하고 있다.

① 우정관계를 유지하라. 일주일에 몇 번 친구와 운동을 하는 것이 이상적이다.

② 직장에서 집으로의 전이과정을 편하게 하는 방법을 개발하라. 귀갓길에 한 블

록 또는 두 블록 정도 걸어가기, 저녁식사 전에 간단히 샤워하기, 집에 도착 후 10분 정도 조용히 휴식을 취하기

③ 자신이 갖는 스트레스 징표를 확인해서 그런 징표가 나타나면 간과하지 말고 휴식과 이완된 시간을 가져라.

④ 하루에 가장 스트레스를 많이 받은 때를 확인하고 긴장을 풀 수 있는 방법을 모색하라. 아침이나 저녁에 하는 습관적인 일을 바꾸는 것도 스트레스를 줄이는 데 도움을 준다.

⑤ 신속한 긴장 완화법을 개발하라. 요가나 심호흡 또는 명상 등이 그 예가 된다.

직장을 가진 부모들의 인생은 도전적이고 많은 부담을 준다. 그러나 대부분의 직장을 가진 부모들은 직업이 인생을 더 풍부하게 하고 온 가족을 위해 더 신나게 만들기 때문에 그런 도전이 노력할 만한 가치가 있다고 생각한다.

요 약

직장생활은

- 자녀양육에 있어서 사회적 가치와 사회생활 및 가족의 위상에 영향을 준다.
- 성인의 기술을 발달시키고 많은 지원을 제공한다.
- 양육 기술을 저해하는 스트레스를 만든다.

부모의 직장과 가정생활의 양립방법은

- 자녀들의 욕구를 충족시키기 위해서 그들과 함께 보내는 것에 일차적인 중점을 두어야 한다.
- 집안일을 분담함으로써 자녀와 가족을 위한 시간을 창출해 내야 한다.
- 문제해결 방법을 통해서 직무량을 조절해야 한다.
- 직장에서 지원 체계를 만들고 양질의 보육서비스를 활용해야 한다.

유아의 비부모 보육은

- 양질의 보육에 요구되는 유아 대 보육교사 비율, 보육교사 훈련, 안정성, 보육시설의 구조, 조직화된 활동 프로그램 등의 기준에 부합되어야 한다.
- 영아에 대한 어머니의 민감성과 반응성이 낮지 않으면 어머니-영아의 안정적 애착 형성을 방해하지 않는다. 어머니의 민감성과 반응성이 낮은 경우, 질이 떨어지는 보육과 비안정적 보육 또는 장시간의 보육 등이 비안정적 애착이라는 위험에 추가된다.
- 양질의 보육이 될 경우 어머니의 민감성과 반응성이 낮은 문제를 상쇄시킬 수 있다.
- 만 2세와 3세의 발달상태에 부모의 특성이 영향을 주는 것만큼 영향을 주진 않는다.
- 아동이 지적 자극을 제공하고 잘 돌보는 민감성 있는 보육교사와 안정적 애착을 형성했을 경우 유아 초기의 능력을 향상시킨다.
- 아동에 대한 감독이 잘 이루어질 경우 초등학교와 사춘기에 가서 나타날 사회적, 지적 능력을 향상시킬 수 있다.
- 때때로 독립적으로 행동하는 것을 즐기는 더 큰 아동들에게 스스로 돌보는 일을 허용하지만 일정한 형태의 감독이 필요하다.

빈곤층 아동은

- 비빈곤층 아동에 비해 신체적 질환, 지적 지체, 학대, 부모로부터 무관심을 받기 쉽다.
- 건강관리와 가정 환경, 거주지역에 영향을 주는 가계소득이 부족하다.
- 정부지원 프로그램의 혜택을 받을 수 있다.

효과적으로 조합된 직장생활과 양육은

- 부모들 가사 분담의 지속적인 조정을 필요로 한다.
- 부모들 간의 관계 유지를 위한 노력을 요구한다.

참고문헌

Arlie Russell Hochschild (1997). *The Time Bind: When Work Becomes Home and Home Becomes Work*. New York: Holt.

Booth, Alan, ed. (1992). *Child Care in the 1990s: Trends and Consequences*. Hillsdale, NJ: Erlbaum.

Ellen Galinsky (1999). *Ask the Children: What America's Children Really Think about What Working Parents*. New York: Morrow.

Eugene M. Lewit, Donna L. Terman, & Richard E. Behrman (1997). "Children and Poverty: Analysis and Recommendatians." *Future of Children, 7*, No. 2, p. 11.

Francine M. Deutsch (1999). *Halving It All: How Equally Shared Parenting Works*. Cambridge, MA: Harvard University Press.

Gloria Norris, & JoAnn Miller (1979). *The Working Mother's Complete Handbook*. New York: Dutton.

Goodnow, Jacqueline J., & Jennifer M. Bowes (1994). *Man, Woman, and Household Work*. Melbourne, Australia: Oxford University Press.

Graeme Russell (1999). "Primary Caregiving Fathers." in *Parenting and Child Development in Nontraditional Families*, ed. Michael E. Lamb. Mahwah, NJ: Erlbaum, pp. 57–81.

Gregory Pettit (April 11, 1997). "After-School Experience and Social Adjustment in Early Adolescence: Individual, Family, and Neighborhood Risk Factors." paper presented at the Meetings of the Society for Research in Child Development, Washington, DC.

Jacqueline J. Goodnow, & Jennifer M. Bowes (1994). *Men, Women and Household Work*. Melbourne, Australia: Oxford University Press, pp. 197–201.

Jeanne Brooks-Gunn, & Greg J. Duncan (1997). "The Effects of Poverty on Children." *Future of Children, 7*, no. 2, pp. 55–71.

Joan E. Grusec, Jacqueline J. Goodnow, & Lorenzo Cohen (1996). "Household Work and the Development of Concern for Others." *Developmental Psychology, 32*, pp. 999–1007.

Levine, James A., & Todd L. Pittinsky (1997). *Working Fathers: New Strategies for Balancing Work and Family*. Reading. MA: Adison-Wesley.

Lois wladis Hoffman (1989). "Effects of Maternal Employment in the Two-Parent Family." *American Psychologist, 44*.

Michael E. Lamb (1998). "Nonparental Child Care: Context, Quality, Correlates." in

Handbook of Child Psychology, ed. in chief William Damon and vol. ed. Irving E. Sigel, & K. Ann Renninger, vol. 4, *Child Psychology in Practice*, 5th ed. New York: Wiley, p. 16.

Penny Edgell Becker, & Phyllis Moen (1999). "Scaling Back: Dual-Earner Couples' Working Family Strategies." *Journal of Marriage and the Family, 61,* pp. 995-1007.

Urie Bronfenbrenner (1986). "Ecology of the Family as a Context for Human Development." *Development Psychology, 22,* pp. 723-742.

09

현대사회의 다양한 가족 형태

이 장에서 기술될 다양한 가족 형태들은 친부모와 자녀들로 구성되는 전통적인 가족보다 점점 더 증가하는 추세다. 생물학적인 측면에서 말하면 부모가 새로운 생명을 창출하므로 우리 사회에서의 가족이란 전통적으로 어머니와 아버지 그리고 친자녀들을 의미한다. 그러나 현대사회에서는 많은 아동이 미혼모의 자녀고, 상당수의 아동은 부모들이 이혼이나 재혼을 경험한다. 한부모 가정이나 동성애자 가정에서 살고 있는 자녀들의 생활은 어떻게 다른가? 부모가 재혼을 하면 생활이 어떻게 바뀌는가? 부모들은 현대사회의 다양한 가정 환경에서 자녀가 잘 적응할 수 있도록 구체적으로 어떻게 도와주어야 하는가?

1장에서 보았듯이 미국 아동 중 68%는 부모와 함께 살고 있는데 부모 중의 한 명은 친부모가 아닐 수 있고, 27%의 아동은 어머니와, 5%는 아버지와 살고 있다. 혼자서 자녀를 키우는 어머니는 남편과 사별을 하였거나 이혼 또는 별거 상태일 수 있지만 상당히 많은 수가 미혼모들이다. 미혼모 출산율은 최근에 급증하여 신생아의 33%가 미혼모에게서 태어났다. 전체 아이들 중 50%가 부모의 이혼을 경험하고 평균 5년 정도 한부모 슬하에서 자랄 것으로 추정된다.

아이들의 1/3이 미혼모에게서 태어나고 1/2 정도가 부모의 이혼에 따라 한부모 아래서 생활하는 것으로 미루어 볼 때, 한부모 가정에서의 생활은 미국 사회에서 다수의 아동이 갖는 경험인 것이다. 이혼한 어머니의 75%, 이혼한 아버지의 80%가 재혼을 하기 때문에 상당수의 아동이 계부모 가정에서 생활하게 된다. 또한 재혼한 경우의 50% 정도가 다시 이혼을 하기 때문에 많은 아동이 부모의 두 번째 이혼도 경험하게 된다. 이 장에서는 부모와 자녀가 이런 변화를 경험하면서 직면하는 문제들에 대해 다루어 볼 것이다.

1. 한부모 가정의 이질성

한부모 가정의 수와 비율은 전 서양 국가들과 미국의 전 인종집단에서 증가해 왔다. 아프리카계 미국 가정은 다른 인종집단에 비해 좀 더 높은 비율을 보이는 이 집단에 속한 젊은 여성들의 성관계 증가에 따른 결과라기보다 출산율은 동일하지만 결혼율이 감소되었기 때문에 나타난 결과다. 즉, 더 많은 아이들이 미혼모에게서 태어난다는 것이다.

한부모 가정은 1960년 전체 가정의 9%에서 1995년에는 31%로 늘어났고, 그 형태에 있어서도 다양해졌다. 1970년에 한부모 가정의 자녀 중 75%는 별거하거나 이혼한 부모와 함께 살았고, 20%는 사별한 부모와 살았으며, 단지 7%만이 미혼부모와 살았다. 1990년에 와서는 미혼부모와 사는 아이들의 비율은 31%, 별거 중이거나 이혼한 부모와 사는 경우는 62%, 사별한 부모와 사는 경우는 7%로 나타났다. 그리고 앞으로 살펴보겠지만 미혼부모 가정의 경우는 다양한 형태를 갖게 되었다.

자녀의 경험은 개별 가정이 갖는 특별한 조건에 의존하기 때문에 한부모 가정에서 양육되는 효과를 일반화하기는 어렵다. 그러나 많은 연구들은 한부모 가정의 자녀가 정서적 문제와 학업 문제를 발생시킬 위험이 크다는 점을 제기하고 있다. 부모 모두 있는 경우에는 상대적으로 많은 양육 자원을 갖고 서로 지원할 수 있다. 이런 점에서 본다면 부모 혼자 보육과 감독, 감시라는 엄청난 일을 맡아 한다는 것은 훨씬 어려운 일이기 때문에 이런 위험에 처해 있다는 것은 그리 놀라운 사실이 아니다.

한부모 가정이 갖는 곤경의 주된 이유 중의 하나는 빈곤율의 증가일 것이다. 1996년에 18세 이하의 자녀를 둔 여성 가장의 평균 가계소득은 2만 1,564불이고, 남성 가장의 경우는 3만 5,658불인 반면, 부모 모두가 있는 가정의 가계소득은 평균 4만 9,858불이었다. 즉, 한부모 가정의 가계소득은 약 1/2 수준이므로 '어떤 다른 인구학적 집단도 이렇게 빈곤하고 지속적으로 빈곤상태에 머물러 있는 경우는 없다.' 1장과 8장에서 언급했듯이, 한부모 가정의 경제적인 곤경과 빈곤은 스트레스를 유발하고, 이는 연쇄적으로 부모들의 효과적인 양육능력을 감소시킨다.

그러나 경제적인 요인만이 유일한 난관은 아니다. 혼자서 자녀를 키우는 편모 가정에 대한 연구에서 보면, 편모들은 두 부모가 있는 가정과 교육, 수입, 거주지역 면에서 동일한 경우에도 스트레스를 더 많이 받는다. 편모들은 남편이 있는 어머니들에 비해 더 긴 시간 동안 직장일을 해야 하고 경제적인 문제를 더 많이 신경 쓴다. 그러나 이 두 집단의 어머니들 간의 가장 큰 차이는 편모의 경우 자녀가 어릴 때 사회적, 정서적 지원을 별로 못 받는다는 사실에서 드러난다. 두 경우 모두에서 부모-아이 상호작용의 최적 수준을 결정하는 것은 바로 이런 종류의 지원인 것이다. 편모 가정의 경우에도 편모에 대한 사회-정서적 지원이 충분하다면 자녀의 행동은 두 부모가 있는 가정의 자녀와 별 차이가 없다. 편모 가정에서 자주 일어나는 빈곤과 같은 스트레스를 주는 생활들이 부모의 효능을 전반적으로 감소시킨다. 경제적 자원과 사회-정서적 지원 모두가 잘 이루어질 때 한부모 가정의 기능이 효과적으로 작동될 수 있을 것이다.

2. 미혼모와 자녀

미혼부모들은 일종의 이질적 집단이라고 볼 수 있다. 연구들은 일차적으로 미혼모에 초점을 두고 진행되어 왔다. 이때 미혼모에는 ① 자녀의 출산 후에 결혼을 한 여성들, ② 자녀의 아버지와 동거는 하더라도 결혼하지 않는 여성, ③ 자녀를 입양한 독신여성, ④ 인공수정과 같은 출산지원 방법을 통해 아버지 없이 혼자서 자녀를 가진 여성들이 포함된다.

우리는 자녀의 출생 시점과 출생 후 그리고 생활방식이 자녀에게 미치는 효과라는 측면에서 미혼모와 이들의 생활방식에 대해 살펴볼 것이다. 시작하기 전에 이 논의는 아직 잘 연구된 분야가 아니라는 점을 명심하길 바란다. 논의되는 내용들은 전국적 가족 및 가구 조사와 가계소득 역학 조사단 연구와 같은 수십 년에 걸쳐 진행되어 온 몇몇 전국적 종단 조사와 연구들에 근거한 것이다.

1) 출산 시의 미혼모

미혼모 출산 증가에 영향을 미치는 네 가지 측면은 여성의 증가된 경제력, 사회복지와 공공지원 혜택 증가, 남편 또는 아버지가 될 남성의 소득 감소, 미혼모 출산에 대한 사회적인 수용의 증가다. 뒤에 가서 살펴보겠지만 미혼모들을 한 집단으로 볼 때 이들의 경제적인 능력은 약하고, 사회복지 혜택도 감축되고 있어서 이들에 대한 경제적 지원은 감소되었다. 미혼모 출산은 여러 여건이 결합된 조건에 따라서 아이의 발달에 어떤 영향을 미칠지가 예측될 수 있다.

사람들은 미혼모가 주로 십대들이라고 생각하지만, 미혼모에게서 태어난 아이들의 2/3가 이삼십대 여성들의 자녀고, 이들 중 많은 수가 십대 미혼모의 자녀들처럼 첫 번째 아이로 태어난다. 미혼모 출산율은 유럽계 미국인보다 아프리카계와 중남미계 미국인의 여성에게서 높다. 미혼모 출산은 사회경제적 위치가 낮은 여성과 편모 가정에서 성장한 여성 그리고 빈곤지역, 대도시지역, 미국 남부를 제외한 지역에서 흔히 나타난다.

지난 십 년간 경제적인 여건이 좋은 독신여성들이 자녀를 갖는 경향이 늘었다고 믿는 사람들도 있지만, 1993년까지의 통계자료를 보면 혼자 자녀를 키우는 30대인 미혼모들은 전반적으로 빈곤층에 속해서 이들의 여건이 십대 미혼모들과 별다를 바 없다. 이런 여성들의 반 정도는 아이가 태어나기 전에 일 년 평균 500시간 정도 일을 하지만, 나머지 반은 아이의 출생 전에 사회복지연금에 의존해서 경제적으로 자급자족을 하지 못하는 여성들이다.

2) 출산 이후의 미혼모

자녀의 출생 후에 결혼하는 여성들은 기혼부부와 비교해 볼 때 가계수입에서 별 차이가 없다. '이런 양상은 출산과 결혼이란 두 일의 순서가 인구학적, 경제적 결과에 별로 중요하지 않다는 점을 시사한다.'

한 연구는 자녀의 출생 후 어머니가 어떤 행동을 취하는지는 아이가 5~7세가 되었을 때의 경제적 자급자족에 영향을 미친다는 사실을 보여 준다. 아이의 출생 후 가족이나 친척과 같이 살면서 교육을 더 받은 여성들은 사회복지 지원에만 의존하는 여성들에 비해 경제적 독립을 더 잘 이룬다. 여기에 가치 있는 직업 경험을 갖고 둘째아이를 갖는 것을 연기한 여성들은 경제적 독립의 기회를 더 많이 갖는다.

앞서 언급했듯이 미혼모에게서 태어난 자녀의 생활 여건은 다양하다. 한 표본에서 보면, 미혼모에게서 태어난 자녀의 약 2/3는 어머니만 있는 가정에서 인생을 시작하고 약 1/3은 그렇지 않다고 한다. 후자 집단에 속하는 자녀 중 많은 수가 공식적으로 또는 비공식적으로 다른 가정에 입양되거나, 친부모와 함께 살거나, 아니면 어머니와 외조부모와 함께 산다. 표본에서 거의 반 정도가 아동기 한때 외조부모와 함께 살았고, 어떤 때에는 어머니 없이 외조부모와 사는 경우도 있었다. 단지 20%의 아이들만이 태어나서 15년 동안 어머니만 있는 가정에서 생활한 것으로 나타났다.

3) 미혼모 자녀의 성장

미혼모에게서 태어난 자녀가 성인이 되어 가는 경로는 매우 다양해서 단일한 특징이 없다. 한 연구에 따르면, 입양되어 법적인 부모와 함께 생활하는 것은 아이들의 고등학교 졸업이 완료되는 시기까지 긍정적인 영향을 주어서 이들은 성인이 된 후에 경제적으로 자립하는 경우가 많다. 반면 계모나 계부와 사는 경우에는 이런 긍정적인 영향을 주지 못해서 저조한 교육적 성취와 가출로 나타날 확률이 높다. 그러나 안정된 편모 가정은 아이들에게 안전한 지지기반을 제공하여 이들이 성인이 되었을 때는 다른 가정 환경의 경우보다 더 나은 결과를 가져오기도 한다. 이들은 더 많은 교육을 받고 독립생활로의 전이도 완만히 이루어진다. 법적으로 입양된 아이들이 갖는 안정성과 안정된 편모 가정에서 아이들이 경험하는 일관성 있는 환경은 계부 또는 계모의 가정에서 여러 가지 변화로 인해 경험할 수 있는 스트레스를 줄일 수 있다.

어머니 없이 조부모와 함께 생활하는 아동은 저조한 교육적 성취를 보이고 18세 이전에 가출하는 확률이 높다. 조부모와 어머니와 함께 사는 아동은 대조적으로 더 큰 안정성을 경험하고 더 높은 학력을 갖는 것으로 나타났다.

자녀와 어머니, 부모-자녀 관계 그리고 사회적 환경에서의 보호 요인들은 아동이 스트레스를 견뎌 내도록 강화시켜 주고 긍정적인 결과를 예측케 한다. 한 연구에서는 여덟 가지의 보호 요인을 아동의 특성(긍정적 사회성과 주의력), 어머니의 자질(효능성과 낮은 우울 취약성), 양육의 질(긍정적 부모-자녀 관계와 아버지의 참여) 그리고 사회적 환경 특성(사회적 지원과 드문 생활 곤경)의 네 범주로 나누었다. 조사 대상인 미혼모 가정의 95%가 보인 평균 보호 요인 수는 3개인 반면, 20%의 미혼모 가정들은 보호 요인이 5개 이상이었다.

아동의 생후 18개월, 21개월에 평정된 보호 요인 수는 42개월 때 보이는 인지적 기능 및 사회적 기능과 관련되는 것으로 나타났다. 아버지의 참여라는 항목을 제외한 보호 요인은 심리적 기능을 잘 예언했는데, 이는 공격행동, 불안행동, 우울행동, 과잉행동, 의존행동, 위축행동 등으로 측정된 행동 지표에서 낮은 점수로 나타났다. 아동의 특성과 긍정적 부모-자녀 관계만이 학교준비성 검사에서 높은 점수로 나타나는 인지적 기능을 예언했다. 아동이 후에 좋은 성장을 보이기 위해서 부모-자녀 관계가 가져야 될 중요한 측면은 심한 훈육을 하지 말아야 한다는 것이다. 경제적으로 열악한 경우 어머니의 고통이 더 증폭되어 자녀들에게 심하게 할 수 있어서 가정에 큰 영향을 미칠 수 있다. 보호 요인이 더 많을수록 아동은 더 잘 성장한다. 하지만 보호 요인이 가장 많은 아동도 학교준비성 검사에서 백분위수의 32 아래인 점수를 보인다.

한부모 가정일지라도 안정된 생활이 제공되고 부모역할 전략을 긍정적으로 도와주면 그들 자녀들의 능력이 효율적으로 향상된다.

여러 연구들의 증거들은 미혼모 자녀에게서 단일한 특성을 찾을 수는 없다고 시사한다. 아동이 법적 입양을 통한 안정된 생활 환경, 삼대가 함께 생활하는 가정 또는 안정된 편모 가정에서 살고, 긍정적인 양육을 경험할 때 더 큰 사회적, 인지적 효능감을 갖게 된다. 아동에게 부모가 모두 있는 경우에 아동의 효과적인 기능을 예언하는 특성들이 편모 가정의 아동에게도 동일하게 적용됨을 알 수 있다.

3. 결혼 또는 동거 생활의 갈등

결혼생활 또는 동거생활의 만족과 친밀감은 부모로서의 안정감과 자신감 그리고 양육 기술에 기여하는 데 긍정적으로 지원한다는 사실을 앞의 여러 장에서 보아 왔다. 그렇지만 부모들은 행복한 결혼생활을 하는 경우에도 말다툼을 하게 마련이다. 3장에서 언급한 대로 부모 간의 불일치 때문에 자녀가 고통을 받아서는 안 된다. 부모가 말다툼을 할 때, 감정적으로 고조되지 않고 서로 합의하는 방식으로 갈등을 해소할 때, 자녀도 친구들과의 관계에서 동일한 방식을 취함으로써 값진 협상 기술을 배울 수 있다. 화가 풀리지 않을 때조차도 부모들이 그런 분노를 잘 감추고 부부간의 관계에만 한정시키면서 부모-자녀 관계에 전이시키지 않으려고 노력하면 자녀는 부정적인 영향을 받지 않을 수 있다.

그러나 해소되지 않은 갈등이 자녀에게 영향을 주는 경우는 두 가지다. 해소되지 않은 채 겉으로 드러난 분노는, 3장에서 언급한 대로 직접적으로 자녀의 생리적 기능과 사회적 기능에 부정적인 영향을 준다. 둘째로 결혼생활의 갈등은 자녀를 대하는 부모의 양육 기술과 행동을 저해함으로써 간접적으로 영향을 줄 수도 있다. 부모가 서로에 대해 불행하게 느낄 때 더 많은 분노와 슬픔, 죄책감을 경험하고, 이런 감정을 집안에서 자주 표현하게 되어 더 부정적이고 강제적으로 자녀를 대하게 된다.

부모 간의 갈등의 다른 측면들도 자녀에게 영향을 미친다. 갈등의 정도가 강하고 자녀와 관련된 문제로 인한 것이면서 잘못을 따져야 된다는 암시를 주는 경우에 자녀는 감정적 혼란을 더 강하게 느낀다. 부모들이 말다툼을 하는 것이 아동의 잘못 때문이 아니라는 점을 직접 설명해 주면 부모의 갈등이 강하고 양육에 관한 문제일지라도 자녀가 고통받는 정도는 줄어든다.

부정적인 분위기에서 아동은 문제행동을 일으킨다. 갈등이 많은 가정의 자녀는 ① 공격성과 불복종, 용납되지 않는 행동의 증가와 같은 외현적인 문제들, ② 우울, 불안, 사회적 위축과 같은 내현적인 문제들, ③ 저조한 성적과 같은 학업 문제, ④ 자신과 세상에 대한 분노나 부정적인 시각 등을 발달시킬 위험을 안고 있다. 이런 문제들이 지속되어 사춘기에 들어서면, 유아시절에 부모 간의 갈등을 경험한 남아, 여아 모두 자제력이 약하고 대인관계 기술이 빈약하다. 남아는 지적 기능에 있어서 어려움을 보이기도 한다. 그래서 남아는 부모가 이혼하기 전에도 이미 충동적이고 빈약한 자제력을 보인다.

요컨대, 부모의 갈등이 아이에게 미치는 영향을 최소화하는 열쇠는 부모가 상호 합의하는 방식으로 갈등을 해소하고 자녀가 부모의 갈등으로 인해 가질 수 있는 죄책감을 제거하는 것이다.

4. 이혼의 과정

부모들은 서로 간의 갈등을 해소할 수 없을 때 종종 이혼을 그 해결책으로 찾는다. Mavis Hetherington(1993)은 정상 가정과 이혼 가정 그리고 재혼 가정에 대한 종단연구를 실시했는데, 그녀의 연구에서 중요하게 고려한 네 가지 사항은 다음과 같다. ① 이혼은 단일한 사건이 아니라 자녀와 부모에게 많은 변화를 유발하는 사건이고, ② 결혼관계의 전이에 따른 변화는 전 가족 체계상의 변화로 보아야 하며, ③ 또래집단, 이웃, 학교, 친구 관계를 포함한 사회적 연계의 전체가 이런 변화에 대한 각 개인의 반응에 영향을 주고, ④ 결혼상태 전이에 대해 자녀와 부모가 반응하는 방식은 상당히 다양하다는 것이다. 가족상태의 전이에 대한 대부분의 연구들이 유럽계 미국인 중산층 가정을 대상으로 이루어졌기 때문에 이런 관찰이 얼마나 일반성을 갖는지는 알 수 없다.

Hetherington과 Camara(1984)는 이혼이 부모의 문제에 대한 부모의 해결책 중의 하나라는 점을 강조한다. 아동은 종종 부모의 이혼이 자신의 문제로 인한 것이라고 보는 경향이 있기 때문이다. 이혼은 부모와 자녀 모두에게 연관된 여러 스트레스를 불러일으킨다. 이혼으로 발생할 수 있는 문제를 살펴보면 재정적인 문제가 우선 생기게 되는데, 둘로 나누어진 가정이 한 가정보다 생활비를 더 줄이며 살 수는 없는 것이다. 부모가 이혼을 하게 되면 어머니는 직장생활을 시작하거나 근무시간을 늘이게 되어, 결과적으로 자녀는 더 이상 함께 살지 않는 아버지를 볼 시간도 줄어들 뿐만 아니라 어머니 또한 볼 시간이 줄어들게 된다. 이혼에 따른 소득 감소는 새로운 지역으로의 이사와 이에 따른 새 이웃, 새 학교, 새 친구들과 대면해야 되는 과제를 부여한다. 생계 자원이 더 제한됨에 따라 부모는 신경이 더 과민해지고 의욕을 잃고 자녀를 대할 때 인내심을 갖지 못하게 될 수도 있다.

이혼율이 증가하면서 결국 사회는 이혼 가정들의 필요에 맞춰 지원해 주기 시작하게 되었다. 법체계가 바뀌어 이혼한 부모 모두가 자녀를 돌보는 일에 관여하는 것이 수월하게 되었다. 또한 공동 자녀양육권의 신설을 통해 이혼한 부모 모두가 자녀에 대한 의사결정권을 동등하게 가질 수 있게 되었다. 일부는 물리적인 측면에서 공동 양육권을 가짐으로써 자녀가 상당시간 동안 부모와 같이 있을 수 있게 되었다. 부모가 양육권 문제에 대해 합의점을 찾지 못할 경우를 위해 법정중재 서비스를 제공하기도 한다. 전문적인 상담가가 부모와 자녀에게 필요한 점들을 충분히 탐색해서 합리적인 해결책으로 이끌어 준다.

더 나아가 법정 판결을 통해 편모가 자녀양육비를 더 쉽게 받을 수 있는 법안이 통과되었다. 앞서 언급했듯이 일반 가정과 비교할 때 어머니 혼자 가장이 되는 가정의 소득은 상당히 낮기 때문에 양육비를 받는 것은 필수적이다.

1) 이혼을 자녀에게 설명하기

부부가 이혼하기로 결정했을 때 부모 중 한 명이 집을 떠나기 전에 이혼에 대해서 자녀에게 부모가 함께 말해 주는 것이 제일 좋다. Wallerstein(1989)은 다음과 같이 말해 주기를 권한다. "우리들은 서로 영원히 사랑하리라는 희망과 기대 속에서 결혼했단다. 그렇지만 우리 중에 한 사람이(또는 둘 다) 행복하지 않다는 것을 알게 되었다. 우리가 이제는 더 이상 사랑하지 않게 되었고 그래서 서로 싸우게 되었다. 이혼을 하는 것이 이제 더 이상 싸우지 않고 평화를 회복하는 방법이 되었구나." 부모는 이 결정이 합리적이지만 슬픈 결정이라고 보여 주는 것이다.

> 목표는 부모가 심각한 실수를 범해서 이를 고치려고 노력했지만, 이제는 사회적으로 용납되는 방법을 사용하게 되었다는 모델을 자녀에게 보여 주는 것이다. 부모 각자의 길로 가겠다는 결정은 했지만 여전히 가족과 자녀를 위한 일에 관여하는 책임감 있는 사람들이라는 것을 보여 주는 것이다.

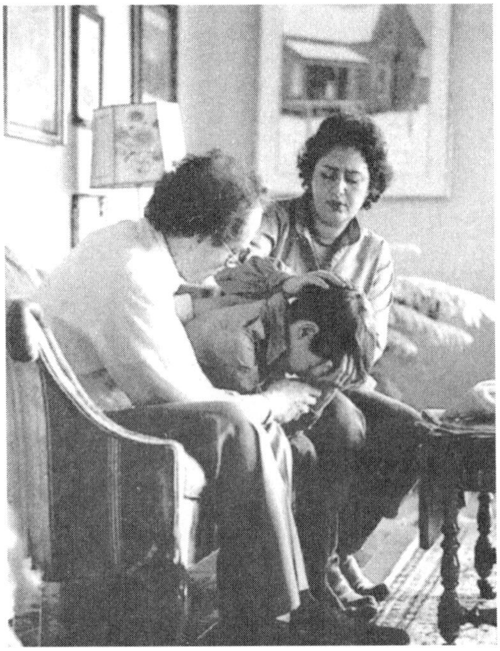

부모가 이혼을 결정했다면 어렵고 고통스러울지라도 가정을 떠나기 전에 자녀에게 미리 말하는 것이 최선의 방법이다.

부모가 이혼이라는 해결책에 대해 안타까워할 때 자녀도 자신의 감정을 숨기지 않고 슬퍼할 수 있도록 해야 한다. 부모도 이 해결책을 내켜 하지 않는다는 표현을 하는 것도 중요하다. 왜냐하면 부모의 이혼이 자녀에게는 얼마나 힘든 일인지를 부모가 알고 있음을 자녀가 알도록 할 필요가 있기 때문이다. '간단히 말해서, 부모는 자신들이 자녀에게 준 모든 상처에 대해 정말로 미안해하고 있다는 것을 자녀에게 말해야 한다.'

반면, 이혼하는 부모들이 자녀에게 하지 말아야 할 많은 것들이 있다. 첫째, 부모는 서로에 대한 부정적인 시각으로 자녀에게 부담을 주어서는 안 된다. 둘째, 부모는 모든 문제의 책임을 상대방에게 덮어씌워 비난해서는 안 된다. 셋째, 자녀에게 부모의 한쪽 편을 들도록 해서는 안 된다. 아동은 부모 모두에게 충실할 필요가 있고 그러길 원한다. 부모는 자녀가 부모 모두와 부모의 결혼, 가족에 대해 충실함을 보이는 데 놀라워할 수도 있다. 부모 한 명이 다른 부모나 아동을 학대할지라도 아동은 그런 부모가 가족에 계속 남아 있기를 바라는 경우가 종종 있다. 부모 중 한 명이 집을 떠나길 원할 경우에도 아동은 떠나는 부모에 대해 부정적으로 말하길 원치 않는 경우도 있다.

Wallerstein(1980)은 이혼 초반에 아동이 혼란을 겪을 때 대부분의 아동이 제대로 지원을 받지 못하고 있다는 점을 지적한다. 아동에게 말을 거는 사람도 없고, 감정 표현을 받아 주거나 질문에 답해 주는 사람도 없으며, 도움이나 지원을 주는 친척도 없는 경우가 많다. 아동은 스스로 감당해 내도록 내버려 두는 경우가 빈번하다.

부모는 의사소통을 진행시켜 가면서 자녀가 자신의 느낌을 표현하도록 해 주고 변화되는 상황에 적절한 행동을 취하도록 지도해 주어야 한다. 부모는 자녀가 부모에 대해 분노에 차 있다는 사실을 들어 줄 필요가 있다. 적극적 경청과 나-전달법 같은 방법의 사용은 의사소통 통로를 열어 주는 데 적절하다고 볼 수 있다.

2) 이혼에 대한 자녀의 반응

연령에 상관없이 모든 자녀가 부모의 이혼에 대해 보이는 정서적 반응에는 슬픔, 두려움, 우울함, 분노, 혼란 그리고 때로는 안도감 등이 포함된다. 두러지게 나타나는 정서적 반응은 아동의 연령에 따라 다르기 때문에 이에 따라 약간씩 다른 부모의 반응이 요구된다. 유치원에 다니는 유아는 자신들이 버려지고 망가졌다고 느끼고 자신들이 부모의 이혼을 일으킨 원인일지도 모른다고 걱정한다. 이들은 대개 부모의 이혼을 부정함으로써 자신의 감정적 혼란에 대처하려 하지만, 이들에게 필요한 것은 부모가 말을 걸고 어떤 일이 벌어졌는지에 대해 설명해 주는 것이다. 그것도 한 번이 아니라 여러 번 해 주어야 한다. 유아는 퇴행적인 행동을 보일 수도 있는데, 잠자리를 적시거나 울화행동을 보이기도 하고 두려움을 발달시키기도 한다. 부모가 유아를 도와줄 수 있는 부분은 정서적인 지원을 통한 것이 대부분이다. 외부의 개입방법은 부모의 개입만큼 효과적이지 못하다. 부모는 자녀들에게 ① 부모의 이혼과 그에 따른 변화에 대해 단순한 말로 설명해 주면서 대화를 가져야 하고, ② 부모의 이혼 후에도 자녀가 필요로 하는 것은 언제든 들어 줄 것이며, 떨어져 사는 부모와의 만남에 대해 구체적으로 설명해 줌으로써 자녀의 고통을 줄여 주어야 한다.

유치원 아이들은 벌어진 일을 부정함으로써 초반의 문제로부터 보호받는 경우가 있다. 반면, 유아가 5~7세가 되면 더 많이 이해하게 되지만 자신들이 듣고 보게 되는 일들을 감당할 정도로 성숙되어 있지 못하기 때문에 이런 고통에 더 취약하다. 유아의 가장 눈에 띄는 반응은 슬퍼하고 비통해하는 것이다. 유아는 즐거움을 찾고 걱정으로부터 위안을 찾을 수 있는 활동을 하기에는 아직 어리고 독립성을 갖고 있지 않다. 이혼은 유아의 생각을 지배한다. 부모가 막 이혼한 여아에게 세 가지 원하는 것을 물어 보았을 때, 유아는 "첫째는 아버지가 집으로 돌아오는 것이고, 둘째는 어머니, 아버지가 함께 사는 것이고, 셋째는 어머니, 아버지가 다시는 결코 이혼하지 않는 것이에요."라고 말했다.

빈번히 나타나는 다른 반응은 두려움이다. 유아는 아무도 자신들을 사랑하고 돌보아 주지 않을 것이라고 걱정한다. 유아의 세상은 무너져버려서 더 이상 안전하지 않은 것이다. 많은 유아들은 가정에서의 훈육에는 아버지가 꼭 있어야 된다고 느낀다.

5세 이상의 아동에게는 외부의 개입이 도움을 줄 수 있어서 몇 주간의 전문가와의 상담을 통해서 이혼과 양육 문제 그리고 이혼한 부모와의 만남 문제와 관련된 이들의 정서적 문제를 조정해 줄 수 있다. 상담은 아동의 정서적 안정을 유도해 주는 중립적인 제3자 역할을 한다. 아동이 우울하고 분노에 차 있고 걱정에 싸여 있을 때 전문적인 상담자가 "그래, 이건 아주 힘든 시기란다. 네가 혼란스러운 감정에 휩싸여 있고 슬퍼하는 것은 너무도 당연한 일이야."라고 말하는 것을 듣는 것은 아동이 안심할 수 있게 한다. 그렇게 되면 아동은 더 편하게 자신의 감정을 수용할 수 있게 된다.

좀 더 큰 아동이 부모의 이혼에 직면했을 때, 부모들은 아이들이 자신들 때문에 부모들이 이혼하려 하고 이런 문제들을 자신들이 노력하면 풀 수 있지 않을까 하는 책임감을 느낄 수 있다는 점을 명심해야 한다. 부모는 기회가 있을 때마다 자녀에게 이혼은 아이들 때문이 아니라 부모의 문제로 인한 것이라는 점을 자주 그리고 분명하게 말해 주어야 한다. 덧붙여, 자녀는 부모에 대해서 그리고 부모가 어떻게 하고 있는지에 대해서 우려하고 있다는 사실도 기억할 필요가 있다. 부모가 자녀가 없을 때에만 자신의 슬픔과 고통을 보이기는 그리 쉽지 않지만 가능한 한 그렇게 하려고 노력해야 한다.

이혼하려는 부부나 이미 이혼한 부부의 자녀는 무엇보다도 우선 벌어진 사태에 대해서 부모와 대화를 가질 필요가 있다. 그리고 부모는 자녀의 질문에 분명하게 답해 주어야 한다. 아동은 자신들이 어디서 누구와 살게 될지와 같은 실제적인 상황에 대해 분명히 알 필요가 있다. 그리고 부모가 이혼한 후에도 자신들의 생활을 돌보아 주고 계속 자신들의 문제를 이해해 줄 것이라는 점을 분명히 알 필요가 있다.

지금까지 우리는 부모의 이혼을 힘들어하는 자녀들의 반응에 대해 기술했지만 약 10%의 자녀는 부모가 이혼했을 때 안도감을 느낀다. 이들은 대개 부모 중의 한 명 또는 가족들이 심리적인 고통이나 폭행을 당해 온 것을 목격한 더 나이든 아동이다. 이들은 부모의 결혼관계가 사라지는 것이 최상의 해결책이고, 갈등을 짊어진 가정에서 한 부모지만 더 안정된 가정으로 옮겨가는 것이 전반적으로 아동의 적응과 활동에 더 도움을 준다고 느낀다.

이혼한 부모의 자녀들을 15년 동안 추적 조사한 Wallerstein과 Blakeslee(1989)는 부모가 이혼할 때 보인 자녀의 반응을 근거로 장기적인 적응상태를 예측하는 것은 매우 힘들다고 결론짓는다. 아주 강하고 혼란스러운 반응을 보이던 아동 중 일부는 몇 해가 지난 후에는 잘 적응하는 반면, 초기에는 잘 적응하던 아동이 장기적으로 지속되는 문제를 갖는 경우도 있다.

3) 이혼에 대한 부모의 반응

이혼에 대한 부모의 반응은 다양하지만 그 정도는 강하게 나타난다. 이들은 종종 두통과 급격한 심장박동, 피로, 현기증 등 여러 증상을 보인다. 이혼하는 부모들의 기분과 행동은 이혼하는 시점에 급격히 변해서 자녀를 혼란에 빠뜨리는 경우가 많다. 이들은 시간에 따라 다른 반응을 보이기도 하고 서로에 대해 화가 났을 때는 비슷한 반응을 보이기도 한다. 아동은 부모들의 극단적인 기분 변화에 직면해서 무기력할 수밖에 없다. 어떤 부모는 슬픔에 빠져 우울한 상태에서 기력이 탈진된 상태일 수도 있고, 다른 부모는 조바심을 내고 자신의 관심거리에 집착하는 상태를 보일 수도 있다. 두 경우 모두 자존감을 잃은 상태여서 자신에게 위안을 줄 수 있는 사람이나 일을 찾는다.

이혼한 남녀 모두 데이트를 다시 시작하는데, 대부분의 남성은 데이트 상대를 찾아 나서지만 연령이 높은 여성의 경우는 혼자 있으려는 경향이 높다. 이혼한 상태에서 이성관계는 다시 불안과 긴장을 불러일으킨다. 여성들은 성관계를 어떻게 진전시켜 나갈지를 걱정하고, 남성들은 어떻게 성행위를 잘할지를 걱정한다. 그렇지만 새로운 친밀한 관계는 남녀 모두에게 자존감을 다시 키워 준다.

이혼하는 부모들은 초반에는 감정적 반응이 강하지 않더라도 이혼이 진행되어 가는 과정에서 발생할 수 있는 강한 감정에 잘 대처해야 한다. 헤어지는 것이 어쩔 수 없는 경우라도 자신들의 결혼관계가 끝나는 데 대해 슬픔을 느끼게 마련이다. 재산을 나누고, 금전이 분산되고, 양육권과 정기적인 자녀와의 만남 등이 결정되어 가면서 이혼이 구체화될 때 부모들은 고통을 느끼게 된다. 분노와 같은 감정 표현을 통해 잠시 관계가 되살아나지만 점차적으로 분리감과 거리감을 가지면서 결혼관계가 진정으로 끝났다는 것을 깨닫게 되면서 상실은 현실이 된다.

이혼에 대한 장기적인 정서 반응은 다양하다. 양육권을 가진 이혼한 여성들의 75%는 이혼 후 2년이 지났을 때 이혼하기 전보다 더 행복하게 느낀다고 보고한다. 이런 여성들의 많은 수가 독립된 생활과 경력을 쌓아 나가면서 자존감을 키워 간다. 하지만 일부 여성들은 이혼 후 6~11년에 우울과 고독감, 건강 문제를 갖는 것으로 나타났다. 그렇지만 이들은 갈등이 많은 가정에 살면서 우울과 불안, 건강 문제를 보이는 여성들에 비해서는 그 정도가 약하다.

4) 이혼 적응에 영향을 미치는 요인들

한 가정이 이혼이라는 상황에 적응하는 데 영향을 주는 요인으로는 ① 가족구성원들 간의 갈등 정도, ② 부모가 자녀들에게 허용 가능한 정도, ③ 가족 내 관계 변화의 성질, ④ 가족구성원 각자가 갖는 책임, ⑤ 자녀들의 시각에서의 이혼의 합당성이 포함된다.

부모와 항상 갈등에 싸여 있던 가정에서 부모 한 명이지만 안정된 가정으로 이동하는 것은 아동이 더 잘 적응하도록 유도할 수 있다. 그러나 부모들은 떨어져 살면서도 종종 다투는 경우가 있는데, 이는 자녀에게 해로워서 남아들은 덜 통제된 행동으로 반응하는 경향이 있고, 여아들은 과도하게 억제된 행동을 보이는 경향이 있다. 또한 이혼 자체가 아니라 이혼하는 과정에서 아동이 목격한 갈등의 증가는 아동을 잘 적응하지 못하게 만들 수도 있다. 갈등의 증가는 한 부모와 사는 자녀와 그 부모 사이에도 일어날 수 있다. 이는 다른 부모가 완충 역할을 해 줄 수 없기 때문이다. 더 문제가 되는 것은 한 부모로 인해 일어난 감정 문제의 대상을 자녀에게 돌리는 경우다. 이런 고조된 갈등 속에서 자녀는 심한 고립감을 느끼게 된다. 모든 국면에서 갈등을 최소화하는 것이 모두의 적응을 도와줄 수 있다.

부모는 이혼과 동반된 갈등으로부터 자녀를 보호해 줄 수 있다. 글상자 9.1은 자녀를 부모의 갈등으로부터 보호하기 위해 부모가 취할 수 있는 행동 특성들을 담고 있다.

자녀가 부모와 지속적인 관계를 유지할 때 그들은 부모 이혼 후에 더 잘 적응하게 된다. 이혼으로 집을 떠나게 되는 부모는 대개 아버지들인데 이들이 어떤 반응을 보일지 예측하기는 쉽지 않다. 헌신적이었던 아버지들의 일부는 자녀와 함께 살지 못하게 된 것이 너무 고통스러워서 위축되고 자녀를 덜 보려고 한다. 평소에 양육에 잘 관여하지 않았던 아버지들은 자녀를 혼자 만나면서 더 많은 애착을 갖게 되어 자녀와

글상자 9.1

부모의 갈등으로부터 아동 보호

부모들이 강하고 장기적으로 지속되는 감정적 갈등으로부터 아동을 잘 보호하면 이혼을 겪더라도 성장과 발달을 지속할 수 있다. 이런 일을 잘 할 수 있는 부모들에게는 중요한 특성이 있다.

1. 아동이 두 부모 모두와의 관계와 시간을 중요하게 여긴다는 점을 분명히 한다.
2. 아동과 지내는 시간을 가능한 한 빨리 공정하고 현실적으로 계획한다.
3. 일정이 합의되면 부모들이 각기 분담된 양육에 최선을 다한다.
4. 부모들은 계획에 변동이 생기면 미리 서로 상의한다.
5. 부모들 각각의 필요에 맞춰 일을 분담하는 데 융통성을 갖는다.
6. 다른 부모와 지낼 시간에 앞서 아동을 준비시키는 데 긍정적인 태도를 갖는다.
7. 아동을 다른 부모에게 데리고 갈 때 바른 행동을 취한다.
8. 아동을 다른 부모에 대한 메신저, 채무 청구인 또는 스파이로 삼지 않는다.
9. 다른 부모와의 문제에 대해 귀 기울여 듣고 해결할 수 있는 용기를 북돋워 준다.
10. 부모들 간의 문제에 대해서는 아동이 없는 자리에서 해결하도록 한다.

* 출처: Robert Adler (1988). *Sharing the Children*. New York: Adler & Adler. Used with permission of the author.

의 만남이 증가되기도 한다. 아버지는 딸보다는 아들과 관계를 유지하려는 경향이 있다. 사실, 많은 어머니들은 나이든 아들에게는 남성 역할 모델이 필요하다고 생각하기 때문에 아들에 대한 양육권을 포기한다.

그러나 자녀는 부모 모두와의 관계를 가질 필요가 있을 뿐만 아니라 각 부모와 개별적으로 관계를 가질 수도 있어야 한다. 이혼한 지 얼마 안 된 부모의 경우 자녀양육에 신경 쓰기 힘들어하는 경우가 종종 있다. 그래서 자녀들은 부모 이혼 후 첫해에 상당히 많은 도움과 관심이 필요한데도 부모로부터 관심을 덜 받는다. 따라서 아동의 행동은 부모들의 감시를 벗어나기 쉽고 행동규칙들을 지키기 힘들어진다. 이혼 후 떨어져 사는 부모는 자녀에게 상당히 관대하고 허용적인 자세를 갖는데, 이는 자녀를 볼 시간이 적으므로 자녀와 만날 때 훈육하는 것으로 시간을 보내기 싫기 때문이다. 그러나 아동은 과거와 같이 부모 모두 자녀의 행동을 감독하고 규칙을 가르칠 때 가장 효과적으로 기능하게 된다.

부모의 이혼으로 두 가정이 되고 부모 둘 다 직장생활을 하는 경우 자녀가 책임져야 할 일들은 더 많아진다. 이런 일들이 과하지 않고 자녀의 능력에 맞춰 조절되면 자녀가 가족의 일에 기여를 하고 자신의 역능감을 발달시키게 되어 기쁘게 받아들일 수 있게 된다. 그러나 어린 동생을 돌보는 일이나 집안일을 맡는 것과 같이 너무 과도한 책임을 지게 되면 자신의 어린 시절을 잃어버렸다는 후회감을 갖게 된다. 이런 상황에서 자녀에게 주는 책임을 현실적으로 조정하는 것이 아동의 성장발달에 도움을 줄 수 있다.

부모의 이혼이 부모 간의 문제를 신중히 고려하고 합리적으로 판단하여 내린 결정이 되었을 때 자녀가 이혼과정과 그 이후의 상황에 더 잘 적응할 수 있다. 이혼 후에 문제가 더 호전되면 아동은 이혼이라는 사실을 잘 수용할 수 있다. 결혼생활과는 별 상관없이 부모 인생의 다른 문제와 관련되어 갑작스럽게 벌어진 이혼의 경우에 아동은 받아들이기 힘들어한다. 예를 들어, 한 여성은 자신의 어머니 사망 후 남편과 이혼을 했다. 이 여성은 나중에 자신의 결정에 대해 후회했지만 가족에게 준 상처를 되돌릴 수는 없었다.

5) 이혼 가정의 자녀를 위한 보호 요인

아동이 이혼에 적응해 갈 때 도움을 주는 보호 요인에는 아동의 특성, 가족의 지지적인 측면 그리고 외부로부터의 사회적 지지가 포함된다. 아동의 연령과 성별, 지능도 보호 요인 역할을 한다. 부모의 이혼과 재혼 시에 나이가 어린 아동이 초등학생이나 사춘기 초반 아동보다 영향을 덜 받는다. 사춘기 후반의 청소년은 가족과 점차 독립적으로 되어 가기 때문에 어린 아동에 비해 영향을 덜 받는다. 남아는 부모의 이혼에 영향을 더 받는 반면, 여아는 어머니의 재혼에 영향을 더 받는 것으로 보인다. 지능은 전반적으로 모든 스트레스에 대응하는 데 도움을 줄 수 있다.

아동의 기질 또한 부모의 이혼에 대한 적응에 영향을 미친다. 순하고 적응적인 기질은 보호 요인이 된다. 반대로 까다로운 기질을 가진 아동은 변화에 더 민감하고 덜 적응적이다. 그래서 이런 아동은 부모의 분노를 불러일으키곤 한다. 이런 아동의 반발적인 행동이 부모의 분노를 일으키는 경우도 있지만, 부모가 화내는 원인은 달리 있는데 이들이 부모의 분노 대상이 되기도 한다.

다루기 어려운 아동은 스트레스를 더 많이 경험할수록 더 많은 문제를 갖는다. 성질이 순한 아동의 경우 이런 관계는 달리 나타난다. 순한 아동은 스트레스가 적절한 상태일 때 적응 기술을 발달시켜서 스트레스가 아주 많거나 반대로 아주 적을 때보다 더 역능적이게 된다.

우리는 보호적인 기능을 하는 일련의 가족 상호작용, 즉 부모 간의 갈등 감소와 일상의 생활 구조 및 조직 그리고 가족 내에서의 합리적인 책임 분담에 대해 알아보았다. 어머니들은 남아의 경우 불평과 다툼이라는 반복적인 악순환을 발달시킬 위험이 있으므로 행동 제한을 부여하는 데 있어 확고하고 공정한 태도를 취해야 한다.

연구자들은 잠재적인 지지자들로 형제자매들과 조부모들을 언급한다. 이혼 후에 가정생활이 조화스러울 때, 형제관계는 정상적인 가정과 다를 바가 없게 된다. 부모 간에 갈등이 있을 때 형제자매들 간에 다툼이 있곤 하는데, 특히 나이든 형제들 또는 어린 자매들 간의 다툼이 심하게 나타난다.

조부모는 시간적 여유를 갖고 손자손녀들에게 관심을 주고 함께 외출을 하고, 특권을 줌으로써 부모 이혼의 고통을 완화시켜 줄 수 있어서 손자손녀들을 직접적으로 지원해 줄 수 있다. "조부모가 없었더라면 열여섯 살 때를 잘 보낼 수 없었을 거라고 생각해요."라고 어떤 여아는 말한다. 조부모는 부모 중의 한 명을 도와줌으로써 간접적으로 지원을 주기도 한다. 사실, 많은 젊은 부모들이 이혼 후에 자립하기 힘들기 때문에 선택하는 해결책이 자신의 부모 집으로 돌아가는 것이다. 조부모는 손자손녀를 사랑하고 돌보아 주는 데 있어서 어느 누구와도 비교되지 않는다. 이혼한 어머니들은 자신이 없더라도 자녀를 조부모가 잘 돌보아 주기 때문에 편한 마음으로 직장생활과 사회생활을 영위할 수 있다. 그리고 조부모와 함께 살게 되면 생활비도 줄일 수 있다. 어머니와 조부모가 아동의 양육방식에 같은 생각을 갖고 어머니가 가정 내에서 성숙한 성인으로 인정받을 때 이 해결책은 매력적일 수 있다.

그렇지만 조부모와 함께 살 때 어머니와 조부모가 서로 신경을 많이 쓰게 될 수도 있는데 이렇게 될 경우에는 아동에게 문제를 추가시킬 수도 있다. 가령, 아이들의 할머니가 자신의 딸이 독립적으로 행동하는 데 제약을 가하는 경우에 이런 관계가 지속될 수 있다. 이런 경우에 딸은 충동적으로 결혼함으로써 집으로부터 도피했을 수 도 있으므로 이혼 후에 집으로 돌아오면 자신의 독립심을 발달시키는 것을 다시 시작해야 한다. 즉, 더 독립적인 존재로 성숙하기 위한 새로운 지원관계를 만들 필요가 있는 것이다.

학교는 아동을 지원해 줄 수 있는 원천이 된다. 권위 있고 친절한 교사와 또래 간의 우정은 아동에게 즐거움과 자존감을 준다. 교육적 성취와 활발한 운동 활동은 유연성을 키워 주는 역능감 발달에 기여한다.

자녀의 연령, 성별, 기질과 같은 부모가 어쩔 수 없는 보호 요인들이 있지만 대부분은 분노를 자제하고 관계구조를 정립하며 행동을 감시하고 자녀를 위한 외부의 지원을 찾는 활동을 통해 보호받을 수 있다.

6) 가정생활의 변화

앞 절에서는 자녀와 부모의 이혼에 대한 반응과 생활의 주된 변화에 대한 적응에 미치는 요인들에 대해 논의했다. 여기서는 그런 요인들이 기간에 따른 가족구성원들 간의 상호작용에 어떻게 영향을 미치는지에 대해 논의할 것이다.

이혼을 한 후 곧 양육권을 가진 어머니는 자신의 생활에서 벌어지는 모든 변화 때문에 압박을 받는다. 이런 경우에 처한 많은 부모들의 자녀에 대한 태도는 이전보다 부정적이 되는데, 특히 남아에게 더해서 이들의 행동을 덜 감시하게 된다. 이런 어머니들 중 일부는 너무 관대하고 허용적인 태도를 취한다. 이에 대한 반응으로 남아와 여아 모두 더 불안해하고, 요구적이고 공격적이며, 또래와 어른의 말에 따르려 하지 않는다. 하지만 시간이 지나감에 따라 양육을 맡은 어머니들은 상황에 적응하게 되어 자녀를 더 돌보려 하고 이들의 행동관리에 더 일관성을 갖게 된다. 여아의 행동은 더 좋아지고 어머니와 딸 사이의 관계는 종종 아주 친밀한 상태를 갖게 된다. 아들과의 관계도 어느 정도는 향상되지만 남아 중 많은 수가 일련의 행동 문제를 지속적으로 보인다.

양육권을 아버지가 맡은 경우, 아버지들은 초기에 압도당한 느낌을 받고 분노와 혼란, 고독감을 갖지만 2년 정도가 지나고 나면 잘 적응하고 있다고 보고한다. 이는 아마도 어머니보다 재정적인 자원이 더 많고 더 많은 지원을 받거나, 양육을 맡은 아버지들은 대개 더 나이든 자녀를 키우는 경향이 있기 때문일 것이다.

이혼 후에 양육을 맡지 않은 아버지들은 자녀들에 대한 태도가 허용적이거나 관대해지고 아니면 무관심해진다. 이들은 양육을 담당한 어머니들과 달리 훈육자 역할을 하려는 경향은 약하고 여가를 같이 보내는 친구 역할을 맡으려고 한다. 하지만 많은 경우 이들은 지속적으로 자녀와의 관계에 관여하려 하지 않는다. 한 연구에 따르면, 이혼한 지 2년 후에 자녀의 25% 정도가 지난 한 해 동안 아버지를 만난 적이 없다고 했고 이혼한 지 11년이 지난 경우에는 이 비율이 50% 정도로 증가했다. 그러나 최근 연구에 따르면, 이혼한 지 3년 반이 된 경우에 사춘기 자녀의 2/3 정도가 휴일이나 여름휴가 대부분을 아버지와 지내는 것으로 나타났다. 양육을 맡지 않은 아버지들은 자녀의 인생과 장기적인 성장에 자신이 중요한 역할을 한다고 느낄 때 아이들과의 접촉을 지속하는 경향이 높다.

사춘기 자녀의 양육을 맡지 않은 어머니들은 아버지들의 경우보다 자녀와의 관계를 지속하려는 경향이 상대적으로 높다. 이들은 여가시간만 같이 보내려는 아버지들에 비해 자녀와의 접촉과 지원에 더 적극적이다.

7) 자녀의 행동 변화

자녀의 문제행동은 부모의 이혼 후 2년이 지나면서 좋아지는데 남아의 경우 어떤 어려움들은 6~11년까지 지속되기도 한다. 부모가 이혼할 때 10살이면서 조숙한 여아도 문제행동을 보인다. 부모가 이혼하지 않은 아동과 비교할 때 부모가 이혼한 아동은 성별과 상관없이 학업 수행능력이 저조하고 반항적이며, 규정을 잘 지키지 않고 부정적인 정서상태를 가져 불안해하거나 우울해하고 때로는 자살을 시도하기도 한다.

사춘기 초반 아동의 규정 위반과 양육을 맡은 부모에 대한 저항은 이혼 후 가족의 적응기에 경험하는 자율성과 독립성에서 비롯될 수 있다. 이런 아동은 양육을 맡은 부모와 공동 의사결정자 역할을 하고, 부모들이 가족의 규칙 준수에 대해 덜 일관적인 태도를 갖고 요구하지도 않기 때문에 아동 스스로 자신의 목표를 추구할 수 있다고 느끼게 된다.

정상적인 가정에서는 부모가 사춘기 초반의 자녀에게 더 많은 행동 제약을 가한다. 십대들은 집안일을 거들어야 하고 가족의 규칙을 따라야만 한다. 부모는 신중하게 자녀의 행동을 감시하기 때문에 이혼 가정보다 자녀와의 논쟁이 더 많아지고 가족의 화합은 줄어들 수 있다. 그렇지만 이혼 가정에서 양육을 맡은 어머니들은 사춘기 중반,

특히 딸인 경우에 신중하게 그 행동을 감시하게 된다. 그래서 정상 가정에서 사춘기 중반(약 15세)의 자녀에게 덜 간섭하고 그들의 판단을 믿게 될 시기에 이혼 가정의 어머니들은 더 권위적이 되는 경향이 있다.

이혼 가정의 아동은 양육을 맡은 어머니에게 저항을 하지만, 조부모와 같은(계부나 계모가 아닌) 다른 어른이 같은 집에 살면서 어머니의 권위를 강화시켜 줄 경우 양육은 성공적이 되어 아동은 문제를 덜 일으킨다.

이혼한 부모들 간의 감정적 갈등이 지속될 경우 사춘기 자녀들의 불안과 우울, 부적응은 강화된다. 그렇지만 자녀를 그런 갈등 속에 끌어들이지 않을 때는 갈등이 크더라도 자녀의 적응에 별 영향을 주지 않는다. 일반적으로 부모 간의 감정적 갈등은 자녀의 문제행동을 일으키는 데 기여한다.

아동의 적응은 상당히 다양한 형태로 드러남을 알 수 있다. 이혼 가정의 많은 아동이 사춘기에 공격적이고 불안전한 행동을 보이지만, 어떤 십대 아동은 이혼한 부모에게 협조적이고 가정 활동에 상당히 기여하는, 사려 깊고 유능함을 보인다. 그렇지만 자율성을 갖고 성숙되고 책임감 있는 십대들도 우울과 낮은 자존감을 동반해 보이기도 한다. 이들은 자신에게 주어진 요구들을 충족시키지 못할 것을 우려한다. 외현적인 문제행동을 크게 갖는 아동은 생활 속에서 돌보아 주는 어른이 전혀 없다. 이들의 부모는 자녀의 일을 경시하고 관여치 않으며 권위만 내세우고, 아동은 가정 밖에서도 지원해 줄 사람을 찾지 못하는 경우다.

Hetherington(1984)과 동료들은 재혼 가정의 자녀에 대한 연구에서 재혼 시에 가장 큰 스트레스 중의 하나는 자녀가 부모의 이혼 때 가졌던 경험이라는 것을 확인했다. 이혼 때 겪는 모든 변화와 상실, 즉 경제적 자원과 학교, 친구, 이웃, 부모 간 다툼에의 노출 등은 자녀에게 직접적으로 영향을 준다. '부모가 호전적인 분위기에서 서로 비열하게 굴고 비난하는 것을 목격하게 되면 효능적인 역할모델로서, 자녀들을 사회화시키는 담당자로서의 부모 역량은 감축되게 마련이다.' 부모 간의 다툼은 부모가 함께 창출하는 합리적인 권위의 위계를 손상시킬 수 있다.

Amato와 Keith(1991)는 이혼 가정의 자녀가 경험하는 어려움의 정도를 알아보기 위해서 92개의 연구들을 개관했다. 이들은 이혼이 인지적, 사회적 역능상의 문제 발생 위험과 연관이 있다고 결론짓고 있다. 그러나 최근에 더 잘 통제된 연구에 따르면 이혼 가정의 자녀와 정상 가정 자녀 간의 차이는 작고 두 집단에서 보이는 기능들은 서로 많이 중첩된다.

Amato와 Keith(1991)는 자녀를 힘들게 하는 부모 상실과 경제적 결핍, 가족 간의 갈등이라는 세 문제의 원천을 검토했다. 이혼이나 부모의 사망에 따른 부모 상실은 문제의 중요한 원인 제공자다. 사망으로 부모를 잃은 아동은 이혼으로 부모를 잃은 아동과 비슷한 곤경을 경험하는데, 이는 낮은 수준의 안녕감과 저조한 학업 성취 그리고 품행 문제로 드러난다. 더군다나 양육을 맡은 부모가 재혼할 경우에는 자녀의 행동과 활동이 일반적으로 향상되지 않는다. 끝으로, 양육을 맡지 않은 부모가 관여하는 것은 단지 약간 향상시켜 줄 뿐이다. 그래서 부모 상실이 중요한 요인이기는 하지만, 이혼 가정의 자녀가 갖는 곤경의 유일한 원인은 아니라고 볼 수 있다.

비슷한 발견은 경제적 불이익과 상관없이 나타난다. 가계수입 정도를 동일하게 한 연구에서 보면, 이혼 가정의 자녀는 정상 가정의 자녀에 비해 더 많은 문제를 보이고, 부모가 재혼을 해서 가계수입이 증가해도 그들의 행동 문제는 지속된다.

세 번째 요인인 가족 간의 갈등은 아동의 어려움에 주된 기여자 역할을 한다. 정상 가정일지라도 갈등이 많은 가정의 자녀는 갈등이 줄어든 이혼 가정의 자녀보다 자존감과 적응에 더 큰 어려움을 갖는다. 가족 갈등의 수준과 갈등 해소방식은 가정의 상태(정상, 이혼, 재혼)보다 자녀의 전반적인 적응상태를 더 잘 예언한다. 더군다나 종단 연구 결과를 보면 이혼 후 시간이 지남에 따른 갈등의 감소에 따라(사춘기와 같은 특정 발달시기는 예외지만) 아동의 적응은 전반적으로 향상된다. 끝으로, 이혼 후 갈등의 정도가 약할 때 아동은 더 효과적으로 기능한다. 그래서 갈등 속에서의 생활은 정상 가정이든 이혼 가정이든 간에 자녀의 적응 문제에 가장 강력한 영향원이라고 볼 수 있다.

이제 우리는 이혼의 영향이 아동기에 끝나지는 않는다는 사실을 확인했다. 아동기에 부모의 이혼을 경험한 청년은 ① 정상 가정에서 성장한 사람에 비해 학력이 저조하고, ② 경제적 수입이 낮으며, ③ 결혼이 아닌 관계에서 자녀를 갖는 확률이 높고, ④ 결혼을 해도 이혼하는 경향이 많으며, ⑤ 부모로부터 소외될 경우가 많다. 물론 결과는 다양하게 나타난다. 이혼 가정에서 아동기를 보낸 성인들은 전반적으로 정상적인 범위 내에서 적응을 한다. 예외라면 아버지와의 관계가 나쁘다는 점이다. 이 장의 후반부에서는 부모의 이혼 또는 재혼 기간 중에 취해야 할 일반적인 양육지침을 검토해 볼 것이다.

5. 자녀를 위한 결혼생활의 지속 여부

Hetherington(1984)은 이혼과 재혼에 대한 연구들을 해 오면서 "자녀를 위해서 부모들은 계속 결혼상태를 유지해야 하는가?"라는 자주 접하게 되는 질문에 대한 답을 찾고자 노력했다. 이에 대한 답은 결혼생활에서 겪는 갈등의 성질, 이혼에 뒤따르는 다양한 변화, 이혼 후 가족관계의 성질 그리고 양육을 맡은 부모가 취하는 권위 있는 양육의 정도에 따라 다르다.

1) 이혼 전

가정 내 갈등 정도가 낮은 정상 가정의 자녀와 갈등 정도가 높은 정상 가정의 자녀 그리고 부모들이 나중에 이혼을 하게 되는 가정의 자녀를 비교 조사한 연구에서 보면, ① 저갈등 정상 가정 자녀가 사회적, 심리적 역능이 가장 높고, ② 나중에 이혼하는 가정의 자녀는 역능이 저갈등 가정과 고갈등 가정 자녀의 중간에 위치하며 전반적으로 두 정상 가정 집단의 자녀와 차이를 보이지 않는다. 그렇지만 이혼 가정의 자녀는 저갈등 정상 가정의 자녀에 비해 높은 공격성을 보이고 인지적 측면에서는 낮은 점수를 보인다. 그래서 갈등이 심한 가정 분위기에 있는 자녀가 부모가 나중에 이혼하게 되는 가정의 자녀에 비해 더 힘든 상황에 있음을 알 수 있다. 아마도 고갈등 가정에서는 양육이 효과적으로 이루어지지 않기 때문일 것이다. 이런 가정의 부모들은 긍정적인 태도보다 부정적인 태도가 더 강하다. 또한 부모와 자녀 간의 갈등도 더 잦고 그들의 행동 감시도 효과적이지 못하다. 저갈등 정상 가정과 나중에 부모가 이혼하는 가정의 어머니들 간의 차이는 약간 나타날 뿐이며, 양육이나 태도 면에서 나중에 이혼하는 부모들은 저갈등 정상 가정과 고갈등 정상 가정의 부모들 중간에 위치한다. 나중에 이혼하는 어머니들은 이혼 전에 더 부정적인 태도를 취하고 자녀의 행동 통제에 있어서 덜 효과적이다. Hetherington은 "이혼 전에 이혼으로 이끄는 가정 내의 역학관계는 아주 갈등이 심한 가정 내에서 볼 수 있는 역학관계에 비해 자녀에게 해를 미치는 정도가 덜하다."라고 결론짓는다.

2) 이혼 후

이혼 후 2년간의 가정 내 갈등 정도와 상관없이 이혼 가정의 여아 중 상당수가 정상 가정의 경우보다 아동 행동의 임상 문제 정도가 높게 나타난다. 고갈등 이혼 가정의 남아의 대부분과 저갈등 이혼 가정의 남아의 일부는 저갈등 정상 가정의 남아에 비해 동일 행동 리스트로 측정된 임상 문제의 정도가 높다. 그리고 저갈등 이혼 가정과 고갈등 정상 가정 간에 남아의 문제행동에는 별 차이가 없는 것으로 나타난다. 저갈등 정상 가정의 남아는 극소수만이 임상 문제를 보인다.

부모의 이혼 후 2년이 지나면 이혼 가정이든 정상 가정이든 간에 갈등이 높은 가정의 자녀 중 상당수가 임상적인 문제를 보인다. 이혼 문제와 상관없이 갈등의 정도가 낮은 가정의 여아는 소수만이 임상적인 문제를 보인다. 가정 내의 갈등이 낮은 경우에는 이혼 가정의 남아가 정상 가정의 경우보다 임상적 문제를 더 보이기는 하지만, 그 수는 이혼 여부와 상관없이 고갈등 가정의 자녀에 비해 상당히 낮게 나타난다.

그래서 갈등이 이혼 후에도 지속되는 경우라면, 자녀는 고갈등 정상 가정에 남아 있음으로써 이혼에 따른 상처와 변화를 피할 수도 있을 것이다. 그러나 이혼으로 더 화목한 가정이 된다면, 여아가 더 많은 이득을 받는 것으로 나타나지만 남아와 여아 모두에게 더 이득이 된다.

자녀를 위해서 부모들이 결혼생활을 지속해야 할지에 대한 답은, 만약에 불행한 결혼생활을 지속할 경우에 그들의 안녕을 해치는 가정 내의 스트레스와 분열이 이혼을 통해 줄어든다면 이혼이 도움을 줄 것이라는 것이다. 그렇지만 만약에 이혼에 따른 자원 감소와 위험 증가가 부부간, 부모와 자녀 간의 갈등 지속 또는 증폭과 동반된다면 불행한 결혼생활이라도 자녀를 위해서 지속하는 것이 좋다. 불행하게도, 부모가 이혼을 생각하고 있는 중에는 이 '만약에' 라는 조건들을 결정한다는 것이 어렵다.

6. 자녀 인생에서 아버지의 역할

우리는 8장에서 맞벌이 가정에서 아버지의 역할이 증대되면 직장생활과 양육을 맡는 어머니에게 도움을 줄 뿐만 아니라 자녀에게도 많은 이득을 준다는 것을 보았다. 그렇다면 어머니 혼자서 자녀를 키우는 편모 가정에서 아버지 역할의 부재 또는 감소가 그들에게 미치는 영향은 무엇인가라는 질문을 제기할 수 있다.

1) 아버지의 부재

McLanahan과 Teitler(1999)는 전국적 종단연구들의 자료를 통해 아버지의 부재가 자녀의 발달에 미치는 영향과 그 요인들을 보고하였다. 두 부모가 있는 가정에서 성장한 자녀와 비교해 볼 때, 친아버지가 없는 가정에서 성장한 자녀는 성적과 학력이 낮고 학교를 자퇴하는 확률이 높으며, 직장을 갖거나 직장생활을 지속하지 못하는 것으로 나타났다. 아버지가 없는 가정에서 자란 사춘기 여아는 이른 나이에 성행위를 시도하는 경우가 많아서 십대 산모 또는 미혼모가 되는 경우가 많다. 한 연구에서 보면, 부모가 모두 있는 가정의 사춘기 여아가 십대 산모가 되는 확률은 11%인 반면, 편모 가정의 경우 27%로 나타났다.

한부모 가정의 젊은이들은 학교생활을 마치고 직장생활로 전이하는 과정이 수월하지 않은 것으로 나타나고, 12~25%가 학교에 다니거나 직장생활을 하지 않기 때문에 나태한 것으로 분류된다. 능력수준을 동일하게 한 표본을 조사해 보아도 가정의 구조는 학교-직장 전이에 중요한 영향을 미치는 것으로 나타난다.

아버지의 부재가 학력에 미치는 영향은 성별이나 인종집단과 상관없이 나타난다. 모든 인종집단의 남아와 여아 모두 아버지가 없을 때 학력이 저하된다. 가족이 분열되었을 때, 학력수준이 높은 가정의 남아는 학력수준이 낮은 가정의 아동에 비해 학교를 중퇴하는 비율이 더 높다. 십대 산모 문제에 아버지의 부재가 미치는 영향은 아프리카계 미국 가정보다 유럽계와 중남미계 미국 가정에서 더 크게 나타난다.

아버지 부재의 발생 시점과 지속 정도는 중요하지 않은 것 같다. 그리고 자녀가 살고 있는 가정의 구조도 중요하지 않은 것 같다. 그렇지만 예외적으로 아버지와 사별한 가정의 자녀는 부모 모두가 있는 가정의 자녀와 별 차이를 보이지 않는다. 결혼을 하지 않은 가정에서 태어나서 성장하는 경우도 문제행동의 위험을 증가시키지는 않는다. 그러나 친아버지를 만나지 않은 채 양아버지와 함께 사는 경우 부정적인 영향을 미쳐 결혼의 이점을 상쇄시키는 것으로 보인다. 일반적으로 아버지의 부재는 사별한 경우를 제외하고는 그 부재를 일으킨 상황보다 더 문제가 많다는 것이다.

2) 자녀 인생에 대한 아버지의 기여

McLanahan과 Teitler(1999)는 아버지의 기여를 세 가지 측면으로 고려하지만, 이 재정적, 사회적, 지역사회라는 세 측면은 아직 확인되지 않은 요인들의 결과일 수 있다고 주의를 주고 있다. 이들은 아버지의 재정적인 기여를 지적하는데, 이는 자녀를 키우는 데 필요한 자원 증진에 필요하다. 가족은 이런 재정적인 추가 자원이 없으면 건강보험과 같은 서비스를 받지 못할 수 있고 빈곤지역에 살면서 열악한 학교에 다니게 되며 부족한 지역사회 서비스를 받게 된다. 이들의 추정에 따르면 가계수입 감소는 아버지 부재에 따른 영향의 약 50% 정도를 차지한다.

이 연구자들은 아버지 부재 가정이 받는 불이익의 반 정도는 빈약한 부모-자녀 관계와 성인들과의 관계 그리고 지역사회의 자원으로 확인되는 사회적 자본의 상실에 따른다고 추정한다. 앞서 언급했듯이, 부모 혼자서 부모 둘이 하는 것만큼 양육에 많은 시간과 관심을 주고 수입지출의 균형을 유지한다는 것은 극도로 어려운 일이다. 그럼에도 불구하고 혼자서 자녀를 키우는 일부 어머니들은 자녀의 기능이 잘 발휘될 수 있는 저갈등 가정을 잘 유지해 나간다.

대규모 사회학적 조사방법을 통해 자신들의 견해를 보인 McLanahan과 Teitler와 달리, Amato(1998)는 아버지가 자녀의 생활에 기여하는 바를 확인하기 위해서 심리학적 문헌 검토를 통한 새로운 자료분석을 시도했다. 그는 인간 자본, 재정적 자본 그리고 사회적 자본을 통해 어머니와 아버지가 자녀의 생활에 기여하는 바를 살펴보았다. 인간 자본이란 우리 문화에서 성취를 이루는 데 필요한 부모의 기술, 능력, 지식을 가리킨다. 인간 자본에 대한 유용한 측정치는 부모의 학력이다. 재정적 자본은 생필품 구매와 서비스를 받는 데 가족이 쓸 수 있는 경제적 자원을 말한다. 사회적 자본은 자녀들의 발달 증진에 필요한 가족과 사회적 관계를 가리킨다.

Amato(1998)는 공동 양육관계에 따른 이득과 부모-자녀 관계에 따른 이득을 구분한다. 아동은 긍정적인 공동 양육관계에서 인간이 어떻게 관계를 맺고 협동하고 협상하며 타협하는지에 대한 모델을 발견한다. 이런 기술을 배운 아동은 또래와 잘 지내고 나중에는 배우자와 잘 지내게 된다. 부모들이 자녀에게 통합된 권위구조를 보여 줌으로써 권위는 일관적이고 합리적이라는 점을 가르칠 수 있다. Amato는 다음과 같이 적고 있다.

> 부모 간의 사회적 친밀성은 자녀가 사회적 규범과 도덕적 가치를 배우고 내재화하도록 돕는다. 또한 가정에서 처음 배우게 되는 위계적 권위에 대한 존중은 젊은 사람들의 학교나 직장과 같이 위계적으로 조직화되어 있는 사회적 집단에 대한 적응을 수월하게 한다.

앞 장들에서 언급해 왔듯이, 결혼생활의 만족과 배우자의 지원은 부모들 각각이 자녀와 갖는 관계에서 효과적으로 행동하도록 한다. 이런 부모-자녀 관계는 자녀가 규정화된 행동을 배울 때 정서, 지지, 원조를 통해 자녀에게 많은 혜택을 제공한다.

Amato는 여러 연구들을 검토한 후 자녀의 안녕은 ① 아버지의 학력, ② 아버지의 소득, ③ 공동 양육관계의 질, ④ 부모-자녀 관계의 질과 관련되어 있음을 보였다. 이런 관련성은 정상 가정과 한부모 가정 모두에서 나타났고, 어머니의 기여 정도와 상관없이 나타났다.

Amato는 자신의 종단연구에서 아동기 때 면담 조사되었던 대상을 초기 성인기에 다시 추적 조사했다. 한부모 가정에서 성장해 온 자녀의 수가 차지하는 비율이 불충분했기 때문에 비교집단으로 사용할 수는 없었다. 하지만 어머니의 기여를 통제한 상태에서 아버지만이 기여한 정도를 확인할 수 있는 정보는 충분했다.

Amato는 아버지의 학력과 소득 수준이 자녀의 교육 정도와 관련을 갖고, 자녀의 교육은 친구관계, 자존감, 생활 만족도와 같은 영역에서 볼 때 긍정적인 함의를 갖고 있다는 점을 발견했다. 아버지의 특성은 어머니의 특성보다 자녀의 교육과 자존감, 심리적 고통의 정도에서 보이는 변화의 범위를 더 잘 설명하는 것으로 보인다. 반면, 어머니의 특성은 자녀의 친척과의 유대관계와 친한 친구관계에서 보이는 변산성을 더 잘 설명하는 것으로 보인다. 자녀의 생활 만족도에 있어서는 아버지와 어머니의 특성이 설명하는 정도는 비슷하다. Amato는 다음과 같이 요약한다.

> 현재 연구에 따르면, 인간 자본과 재정적 자본의 기여라는 측면에서 아버지는 지속적으로 중요한 역할을 함을 알 수 있다. 그렇지만 자녀는 아버지가 가정생활의 사회정서적 측

> 면에 관여할 때 이득을 얻는다는 것도 알 수 있다.……가족구조의 변화에 따라 아버지가 자녀의 생활에 덜 관여하는 경향은 자녀가 사용할 수 있는 자원이 감소하고 있음을 보여 준다.

일련의 연구들을 검토한 결과, Amato는 자녀와 거주하지 않는 아버지들은 자녀와 여가 활동은 함께 하지만 적극적인 양육 역할은 기피하기 때문에 자녀의 발달에 기여하는 정도가 아주 약하다고 판단한다. 그는 아버지가 '적절한 지원과 지도 그리고 감독, 특히 부모 간의 협동 속에서 이런 활동이 수행되는 정도만큼' 자녀에게 중요성을 갖는다고 결론짓는다.

3) 아버지의 참여

1981년 뉴욕 주의 뱅크 스트리트 사범대학교의 아버지되기 프로젝트 설립자인 Levine(1995)은 부모의 결혼상태와 상관없이 아버지의 참여 증가가 자녀와 아버지에게 주는 이득들에 대해 폭넓게 기술했다. 그는 수년에 걸쳐 배운 세 가지 교훈에 대해 말한다.

성공적으로 양육에 관여하는 아버지가 되기 위한 중요한 첫 번째 요소는 아버지들은 양육에 관여하기를 원하고 적절한 준비와 도움이 있으면 효과적인 부모가 될 수 있다는 점이다. 둘째는 혼자 양육을 맡는 아버지들은 자신의 행동을 유도할 지원 네트워크를 필요로 한다는 점이다. 셋째는 남성들을 아버지로 지지하는 데는 여성이 중요한 역할을 한다는 점이다.

[그림 9-1]은 남성이 자녀와 가족과의 관계를 촉진시키는 '진입로'를 보여 준다. 이런 진입로들은 병원과 진료방문, 학교 등 지역사회에서 아버지들과 상호작용을 하는 것들이다. Levine(1995)은 다음과 같이 기술한다.

> 이 모델에서는 남성들을 일차적인 책임에서 제외시키지 않는다. 실제로 미혼이든 기혼이든 이혼을 했든, 모든 아버지들은 자녀와 관계를 만들고 유지할 책임이 있음을 강조한다. 이 모델은 아버지의 책임을 확장시키는데, 이 책임은 연결 진입로를 형성하고 영향을 줄 기회와 역량을 가진 지역사회의 모든 것들과 적절히 분담되게 된다.

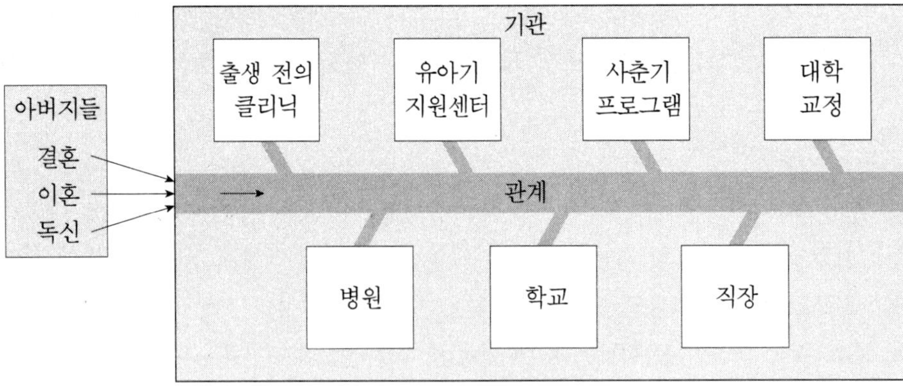

[그림 9-1] 책임 분담의 관계

* 출처: James A. Levine & Edward W. Pitt, *New Expectations: Community Strategies for Responsible Fatherhood* (New York: Families and Work Institute, 1995), p. 41.

5장 Levine(1995)과의 면담에서 언급되었듯이, 아버지와의 상호작용이 벌어지는 맥락이 아버지들을 양육에 관여시키는 것을 도울 수 있다. 한 예로 웨스트 버지니아 주 병원에서 실시하는 아버지되기 프로그램은 매년 미혼남성이 아버지가 되는 수를 600건에서 3,000건으로 증가시켰다. 새로 아버지가 되는 남자들은 아버지 역할 정립을 위한 교육이 필요하고, 이런 변화는 아버지와 자녀에게 주어질 이득에 기초해서 접근되어야 한다는 점이 강조된다. 병원의 담당자들은 신생아를 만날 때 아버지를 꼭 참여시키도록 교육시킨다. 그러고 나서 아버지들은 전문가들과 만난다. 아동심리학자는 아버지가 자녀에게 갖는 심리적 중요성에 대해서, 의사는 의학적 중요성에 대해서, 변호사는 아버지가 법적으로 존재한다는 것이 갖는 이득에 대해서 설명해 준다. 이 프로그램을 조직한 Gary Kreps는 "공공 교육이 중요한 열쇠다."라고 말한다. "우리는 아버지의 중요성에 대해 부모에게 교육을 시작해야 한다. 또한 교사와 상담자, 운동감독, 목회자, 그리고 아이들과 관련해서 일하는 모든 사람들에게 교육해야 한다. 정치가들에게도 또한 이를 가르쳐야 한다."

7. 부모의 사망

Grollman(1967)에 따르면, 아동의 인생에서 가장 큰 위기 중의 하나는 부모의 사망이다. 아동에게 세상은 결코 이전과 같이 안전한 곳으로 보이지 않게 된다. 익숙한 가정생활 패턴이 완전히 파괴된다. 아동은 부모의 상실로 고통스러워할 뿐만 아니라 자신이 보살핌을 받고 있다는 확신이 필요할 때 받아야 할 관심을 잃게 된다.

부모가 이혼할 때 가정 내에 일어나는 많은 변화들이 부모의 사망을 경험하는 가정에서도 일어난다. 전 가족이 부모의 죽음과 동반해서 일어나는 많은 변화와 함께 심각한 상실의 시기에 봉착한다. 부모 혼자서 자녀양육의 모든 책임을 맡게 되고 재정적 변화도 있게 되며 혼자서 부모 둘의 역할을 감당해야 한다. 반면 혼자 남은 배우자가 보험을 통해 많은 재정적 지원을 받기도 하고 가족의 양가에서 심정적 지원을 받기도 한다. 사망은 누구의 잘못도 아니기 때문에 큰 갈등은 없다. 그러나 부모 중 한 명의 사망은 관련된 모든 사람들에게 매우 큰 상처를 주는 경험임은 분명하다.

1) 자녀에게 설명하기

부모가 사망했다고 자녀에게 어떻게 말하면 될까? 정확히 무엇을 말해야 될지는 아이의 나이와 사망에 대한 가족의 시각에 따라 달라진다. 나이가 아주 어린 경우에는(대개 5세 이하) 죽음에 대한 관념이 제한되어 있고 누군가 죽으면 나중에 다시 살아날 수 있다고 생각한다. 6세에서 8, 9세 사이의 아동은 사람이 죽으면 다시 살아날 수 없다는 것을 알지만 죽음은 주로 다른 사람에게 일어난다고 믿는 경향이 있다. 논리적인 사고가 아직 정립되어 있지 않기 때문에 무관한 사건들을 죽음과 연관시키기도 한다. 예를 들어, 어떤 남아는 Abraham Lincoln이 총에 맞아 죽었다는 이야기를 들었다. 그러고 난 후 할아버지가 돌아가셨다는 말을 듣고는 "누가 할아버지를 쏘았어?"라고 물었다. 아동은 후기 아동기에 들어가면서 어른처럼 이해하기 시작한다.

부모들은 죽음에 대해서 설명해 줄 때 신뢰로운 태도를 갖고 자녀가 이해할 수 있는 방식으로 정보를 전달해야 한다. 자녀가 묻는 것은 더 많은 정보가 필요함을 의미하기 때문에 그에 따른 정보를 줄 수 있어야 한다.

각 상황은 독특해서 민감성을 가지고 대처해야 하기 때문에 부모가 말할 내용을 정확히 결정하기란 불가능하다. Grollman(1967)은 죽음에 대해 말할 때 피해야 할 설명들을 항목으로 만들었다. 천국에 갔다거나 죽은 부모가 영원히 행복한 세상으로 갔다는 말들은 부모 자신이 확신을 갖지 않는 경우에는 말하지 말아야 한다. 자녀는 부모가 말하는 내용과 부모가 느끼는 것 간의 차이를 감지하게 되어 더 혼란해할 수 있기 때문이다. 죽은 부모가 긴 여행을 떠났다고 말하는 것도 현명하지 않은 이유는 부모가 여행에서 돌아올 것이라고 기대하거나 자신이 버려졌다고 느낄 수도 있기 때문이다. 어떤 아동은 어머니가 긴 여행을 떠났다는 말을 듣고는 어머니의 이름을 들을 때마다 어머니에게 욕을 하곤 했는데, 결국 어머니가 죽었다는 말을 듣고 어머니의 무덤을 본 다음에야 그쳤다. 이 남아는 어머니가 죽어서 없다는 것을 이해하게 되었을 때 슬퍼했지만, 더 이상 자신이 어머니로부터 버려졌다거나 거부당했다는 생각을 갖지 않게 되었다. "신은 좋은 사람들을 사랑하고 그들이 천국에서 살기를 원한다."라고 말하는 것도 현명치 않다. 품성이 좋다는 것이 죽음으로 보상받는다면, 아동은 좋은 행동을 무시하거나 오래 사는 사람은 무언가 확인할 방도는 없어도 나쁜 사람이라고 믿을 수 있기 때문이다. 그리고 죽음을 깊은 잠과 동일하다고 말할 때, 어떤 아동은 잠자기를 두려워해서 잠자리에 들기를 싫어하기도 한다.

2) 자녀 반응에 대처

부모의 사망에 대한 정보가 주어졌을 때, 자녀는 슬픔을 어떻게 경험하는가? Bowlby (1961)는 성인이 경험하는 것과 비슷한 세 단계에 대해 기술하고 있다. ① 부모의 죽음을 받아들일 수 없고 다시 찾으려고 할 때 갖는 저항 단계, ② 부모의 죽음을 점차 수용하면서 갖는 고통과 절망 단계, ③ 인생은 계속된다는 수용 및 희망 단계로 나뉜다.

전문가들은 자녀가 부모의 사망 소식을 들은 후 편안한 마음으로 장례와 조문 과정에 참석해야 한다는 점에 동의한다. 그리고 부모가 정말 죽었다는 것을 이해시키기 위해서 자녀가 저항하지 않는다면 부모의 시신을 직접 보게 해야 한다는 점에도 동의한다. 그러나 이것은 반드시 지켜야 할 것은 아니고 부모나 자녀가 힘들어하거나 시신이 사고나 질병으로 손상당했을 경우에는 하지 않는 것이 좋다. 조문과 장례식 때 어린 유아가 슬픔에 잠겨 있다가도 뛰어다니면서 놀다가 얼마 뒤에는 애절하게 울어대는 행동에 놀라워할 수도 있다. 부모는 자신의 울음을 참을 필요도 없고 자녀가 우는 것을 못하게 할 필요도 없다. 눈물을 흘리는 것은 감정을 표출하는 건강한 방식이다. 슬픔과 애통함에 대한 여러 저서에서도 눈물을 흘리는 것이 정서적인 괴로움을 완화시키는 데 도움을 준다는 사실을 인정하고 있다. 부모들은 자녀에게 "대범해져라!"라든지 "너는 작지만 남자란다!"라고 부추겨서는 안 된다. 오히려 "그래, 네게는 정말 힘든 때다. 지금 인생은 매우 슬플 때란다."라고 현실적으로 말해 주어야 한다. 이런 말들이 슬픔을 인정해 준다. 그러나 부모는 슬픔을 표현하라고 강요해서도 안 된다.

Grollman(1967)은 부모의 사망에 대해 자녀가 보이는 다양한 반응을 다음과 같이 나열한다. 물론 어른들도 이와 비슷한 반응을 보인다.

① 부인: "이건 꿈이야! 어머니는 내일 돌아올 거야." 이 아이는 너무 고통스러워서 어머니의 죽음을 수용할 수 없는 것이다.

② 신체 증상으로 드러나는 불안: 죽은 부모가 가졌던 증상이나 긴장과 슬픔을 표현하는 신체 증상을 발달시킨다. 가령, "난 먹을 수 없어." 또는 "나는 위가 아파."라고 표현한다.

③ 공격적 반응: "어머니는 왜 이렇게 나를 떠난 거야?" 이런 반응들은 남은 부모를 매우 혼란스럽게 만들 수 있다.

④ 죄책감: "내가 접시를 깨끗이 닦지 않아서 아버지가 죽었어. 내가 죽인 거야."

⑤ 분노: 의사나 간호사 또는 부모가 죽은 부모를 살려야 하는데 그러지 못했다고 화를 내는 경우다.

⑥ 공황상태: "이제 누가 나를 사랑해 주지?" 아이가 남은 부모도 죽거나 재혼을 하게 되어서 자신이 버려질 것이라고 예상하는 경우다.

⑦ 대체: 아이는 죽은 부모를 대신할 가족구성원이나 친구를 찾는다.

⑧ 죽은 부모의 습관이나 행동 따라하기: 아이는 죽은 부모를 대체하는 방법으로 그 부모의 관심, 활동, 개인적 특성을 따라하려고 한다.

⑨ 이상화: "어머니를 상대할 사람은 없어. 어머니는 정말 놀라운 사람이었어."

정상적인 애도과정에는 이러한 반응들 일부 또는 전부가 포함될 수 있다. 이런 반응이 부모의 사망 후 여러 달 동안 지속되어 정상 생활로 복귀하는 데 방해가 될 때 애도 반응은 건강치 못하게 된다. 일부 아동과 어른들은 애도기간 중에 나타나는 반응이 강해서 죽은 사람에 대한 환영이나 환청을 가질 수 있다는 사실도 명심하는 것이 중요하다.

부모의 죽음에 대해 빈번히 나타나는 반응이면서 신중하게 다뤄져야 하는 것은 죄책감이다. 특히, 어린 유아는 자신이 관여할 수 없는데도 불구하고 부모의 사망에 자신이 책임이 있다고 생각하는 경우가 종종 있다. 이에 대해 부모는 죄책감을 암시하는 말을 하지 않도록 조심해야 하고, 유아가 말하지 않더라도 그렇게 느낄 가능성을 언제나 염두에 두어야 한다. 예를 들어, 부모는 이렇게 말해 줄 수 있다. "어떤 사람이 죽었을 때 때때로 가까이 지내는 사람들은 자신이 한 일이 그 죽음과 관련이 있지 않을까 생각해 본단다. 나도 간혹 '의사를 더 빨리 불렀으면 달라지지 않았을까?' 하고 생각해 보지만, 할 수 있는 대로 다 했다고 생각해. 너도 그런 생각을 해 본 적이 있니?"

Thomas Gordon은 세 살 된 영아의 "아버지는 언제 집에 돌아올거야?" "저 사람들이 아버지를 어디에 두었어?"와 같은 가슴 아픈 질문을 적극적으로 경청하는 어머니의 예를 들고 있다. 아버지가 죽은 지 두 달이 지난 어느 날 밤, 이 남아는 잠에서 깨어나 아버지가 죽었다는 것을 슬퍼하기 시작했다. 어머니가 아이가 고통스러워하는 것을 안다고 반응해 주고 나서, 아이는 자신이 아버지를 얼마나 그리워하는지 그리고 돌아오기를 얼마나 많이 원하는지에 대해 어머니에게 말할 수 있었다. 어머니는 아이가 자신의 감정을 표현한 다음에 아버지의 죽음에 대해 덜 불안해하는 것 같다고 생각했다. 이 남아는 어머니가 답하기 힘든 질문을 계속 했지만, 어머니는 비난이나 불평 없이 자신이 해 줄 수 있는 반응으로 꾸준히 대해 주었다.

부모가 자녀의 감정을 이해하고 수용하며 공감과 애정을 가지고 대해 줄 때 슬픔의 시기를 잘 거쳐가도록 도와주게 된다. 자녀는 죽은 부모를 회상하게 되면서 부모의 죽음이 점차적으로 현실임을 깨닫게 된다. 때때로 아동은 베개를 치거나 신체적인 활동을 보임으로써 참을 수 없는 고통과 분노를 표출하기를 원할 수도 있다. 이런 행동들은 장려될 필요가 있다. 부모의 죽음에 대한 자녀의 개인적인 반응은 언제나 존중받아야 한다. Grollman(1967)은 아주 도움이 되는 부모의 반응을 다음과 같이 요약하고 있다.

> 자녀가 진정으로 사랑받고 있다는 것을 말과 접촉을 통해 보여 주도록 하라. 떠나버린 사람에게 향했던 정서적 에너지가 이제는 살아 있는 사람들에게로 돌려져야 한다. 죽은 사람에 대한 기억을 씻어내라는 말이 아니다. 비록 죽었더라도 떠난 사람은 여전히 가족의 삶에 중요한 힘으로 남아 있을 수 있고 그래야 되며, 지속적인 쓰라림이나 병적인 상태로 남아 있지 않고 사랑 속에서 기억되어야 한다.

8. 재 혼

35%의 아동과 54%의 여성 그리고 60%의 남성들이 재혼 가정에서 산다. 재혼은 부모에게 여러 이득을 준다. 첫째, 재혼은 정서적 결속과 친밀성, 성적 만족을 제공한다. 부모는 서로를 이해하는 관계를 통해 자존감과 만족감, 행복감을 더 크게 느낀다. 둘째, 재혼을 통해 부모는 재정적 책임과 양육 책임을 함께 할 사람을 갖는다. Wallerstein과 Blakeslee는 재혼한 많은 사람들이 첫 번째 결혼에서 저지른 실수를 반복하지 않는다는 것을 확인했다. 재혼한 부모도 자신이 경험하는 여러 요구와 이와 관련된 스트레스를 받고 우울감이 생기기도 하지만, 정상 가정에서와 마찬가지로 행복한 결혼생활을 유지한다. 이는 아마도 재혼한 부부들은 서로에 대해 더 현실적인 기대를 갖고 문제해결 방도를 찾는 데 더 실용적이기 때문일 것이다.

우리가 아는 대부분의 재혼 가정은 양육을 책임진 어머니와 자녀 그리고 자녀가 있거나 없는 계부로 이루어진다. 계모가 있는 경우의 재혼 가정은 상대적으로 드물다. 자녀를 키우는 미혼모가 재혼하는 가정도 일반 재혼 가정의 여러 특성을 보이기는 하지만 이런 가정에 대한 연구는 드물다.

1) 복합가족의 과제

재혼 가정에서의 양육이 정상 가정의 양육보다 더 힘든 데는 여러 이유가 있다. 첫째, 계부모는 자녀와의 정서적 유대가 형성되지 않은 상태여서 자녀가 부모의 재혼 시 겪는 좌절감과 스트레스를 극복하는 데 도움을 주기에 부족하다.

둘째, 재혼 가정은 핵가족에 비해 더 많은 가족구성원이 생겨 각자의 욕구와 필요를 고려해야 할 사람들이 더 늘어난다. 즉, 남편과 아내, 각자의 친자식들, 전배우자, 계부나 계모에 딸린 형제자매, 재혼 후에 태어난 형제자매 그리고 계부나 계모의 부모들 모두가 가족에 포함된다. 부모는 자신의 친자식들과의 관계를 유지하면서, 긍정적인 형제자매 관계를 도모하면서 결혼관계를 돈독히 유지해야 하는 다중적인 과제를 맡는다.

셋째, 재혼 가정의 가족구성원들은 질투감과 양가감정을 깊이 느낀다. 아주 많은 사람들이 새로운 가정에 관계를 맺게 되고, 재혼한 부모는 자신들의 관계에 시간을 많이 쓰게 되어 자녀 각각에 신경 쓸 시간이 줄어들기 때문이다. 자녀가 부모의 재혼 때문에 부모를 뺏기는 것으로 느낄 수도 있다. 부모는 이런 느낌들을 현실적인 것으로 인식할 필요가 있다. 즉, 자녀에게 들이는 시간은 정말로 줄어든다는 것이다. 역으로 부모는 자녀의 존재가 자신들의 새로운 결혼생활에 간섭이 된다고 느낄 수도 있다.

넷째, 부모와 자녀 모두 이전의 가족관계에 여전히 매이게 된다. 계부나 계모는 자신의 새로운 배우자가 다른 사람을 사랑했다는 징표인 자녀와 살게 되기 때문에 불안감을 가질 수 있다. 더군다나 아동의 친부모는 자녀 때문에 이혼한 전배우자를 가끔씩이지만 지속적으로 만나게 된다.

다섯째, 이혼한 배우자가 자녀와 자신의 필요를 구실로 자녀의 친부모와 계부모를 공격하는 경우도 있다. 어떤 아버지와 계모의 보고에 따르면, 양육권을 맡은 어머니가 자녀에게 옷을 사 주지 않아서 아버지가 매달 양육비를 보내 주어 그것으로 옷을 사 주었는데 그 어머니는 그 옷을 빨려고 들지 않았다고 한다. 반대로 어떤 어머니는, 친아버지와 계모가 양육비 대신에 자녀의 옷을 직접 사주었는데 자신들의 취향에는 맞지만 자녀의 학교생활나 놀이에는 적절치 않는 옷을 사 주었다고 말한다.

여섯째, 계부나 계모가 되는 데 필요한 분명한 지침이 없다는 점이다. 친부모에게도 충분한 지침은 없지만, 계부나 계모의 역할은 더 애매한 상태다. 계부나 계모는 자신의 개인적인 성격과 자녀의 연령과 성별 그리고 가족의 구성 양태에 맞춰 자신의 적절한 역할을 창출해야 한다. 계부나 계모의 양육에 따른 문제를 미리 인지하고 이에 대한 대처방안을 강구하는 계부나 계모는 자신의 새로운 역할이 바람직하고 신나는 것임을 발견할 수 있다.

2) 가족의 변화

이혼 후에 부모의 행동이 변하는 것처럼 재혼 시점에서 양육을 맡은 어머니의 행동도 변한다. 재혼한 어머니들은 자녀에 대한 태도가 더 부정적이면서 통제를 덜하기 때문에 어머니와 자녀 간의 갈등이 증가하는데, 특히 딸과의 갈등이 심하다. 부모가 재혼할 때 자녀가 8세 이하일 경우 시간이 지나가면서 점차 관계는 좋아진다. 반면, 아이가 9세 이상인 경우 관계는 약간 좋아져 가지만 정상 가정에 비해 자녀의 행동을 관찰하고 통제하는 정도는 낮은 수준에 머문다. 부모의 재혼 시 자녀의 연령과 상관없이 사춘기 초반에 이르면 갈등이 증가해서 정상 가정에 비해 더 갈등적인 관계가 지속된다. 사춘기 중반에 가서는 재혼한 양육을 맡은 어머니와 자녀의 거리는 더 멀어진다.

양육을 맡은 아버지가 재혼하는 경우에도 딸이 더 힘들어한다. 딸과 친어머니의 빈번한 접촉이 문제를 더 힘들게 만드는 것으로 보이지만, 이는 친어머니가 양육권에 대해 반대 입장을 보이는 데 따른 결과일 수도 있다. 그렇지만 아버지가 재혼한 가정에서 함께 살아가면서 딸과 계모 간의 관계는 긍정적으로 발전해 간다.

친부모가 자신의 자녀를 양육하는 방식은 정상 가정에서나 재혼 가정에서나 별 차이를 보이지 않는다. 부모의 결혼상태와 상관없이 어머니나 아버지는 계부모의 자식들보다 친자식에게 더 따뜻하고 지지적이고 가까이 대한다. 이는 자녀도 그렇다.

부모가 재혼할 때 자녀의 연령과 상관없이 계부들은 친자식보다 아내의 자녀에게 친근하게 느끼지 못하고 아동의 행동을 감시하는 것에 무관심하다. 계부들은 재혼할 때 자녀의 나이가 어릴 경우 따뜻하고 지지적인 인물의 역할을 취하고 훈육자의 역할까지 맡으면서 아내의 자식과 관계를 형성할 수 있다. 사춘기 전 남아는 계부와의 관계를 만들 수 있지만, 사춘기 전 여아는 계부의 관계 시도에 저항하는 태도를 보이고 양육을 맡은 어머니에게 화를 내거나 부정적인 태도로 대한다.

부모의 재혼 시 자녀가 사춘기 초기인 경우, 2년이 지나가도 새 가정에 적응하는 모습을 발견하기 힘들다. 계부가 아동과 함께 하는 시간을 투자하고 관계를 만들려고 시도해도 아동은 이에 대해 부정적이고 저항적인 태도를 보인다. 결국 계부는 아동의 행동에 무관심하고 비판적이 되며 그들과 거리를 두고 지낸다. 계부나 계모가 아동의 행동을 조성하는 것보다도 아동의 부정적인 행동이 그들의 행동을 더 많이 조성한다. 그렇지만 계모나 계부가 따뜻하고 긍정적이며 아동의 행동 감시에 적절한 태도를 취하는 권위 있는 양육방식을 취하는 인물인 경우 아동의 적응은 향상된다. 사춘기 아동일지라도 계부나 계모가 처음부터 권위 있는 양육태도를 취하면 아동과 더 잘 지내게 된다.

부모가 재혼할 때 이미 사춘기인 아동은 종종 저항적이고 위축되어 있으며 계부나 계모와 관계를 맺으려 하지 않는다. 이들은 가족으로부터 멀어져서 친구의 가족과 강한 관계를 만들기도 한다. 동시에 이들은 양육을 맡은 친부모 또는 떨어져 사는 친부모와 많이 논쟁을 벌인다. 이들의 부모에 대한 애착은 긍정적인 면보다 부정적인 면으로 더 많이 나타난다. 앞서 언급했듯이, 사춘기 아동은 떨어져 사는 아버지보다는 떨어져 사는 어머니에게 더 가까이 느낀다.

재혼 가정에서 결혼생활의 행복을 위해 자녀의 행동과 관계를 갖는 방식이 정상 가정과는 다르다. 정상 가정에서 결혼생활 행복도는 자녀의 역능감과 관계가 있고 부모와 자녀 간의 긍정적 관계와 관련되어 있다. 그러나 재혼 가정의 경우 행복한 결혼생활은 자녀의 부모에 대한 부정적이고 저항적인 행동의 유무와 관련이 있다. 특히, 여아는 어머니의 재혼으로 자신의 친어머니와의 친밀한 관계를 잃었다는 후회감을 갖는 경우도 있다. 반면, 남아는 이런 상실감이 덜하여 더 쉽게 계부와의 관계를 형성하기도 한다. 그렇지만 사춘기 여아는 부모의 만족스러운 결혼생활에 긍정적인 반응을 보이는데, 단지 그것은 계부와 자신들과의 불편한 관계를 막아 주는 기능을 위해서다.

형제자매 관계도 재혼 가정의 경우 정상 가정보다 긍정적인 면은 덜하고 부정적인 면이 더 강하다. 이혼 가정의 경우 이 두 가정의 중간 정도에 위치하지만 그렇게 큰 차이가 나는 것은 아니다. 대개 여아가 남아보다 더 온정적이고 공감을 더 많이 하지만 공격적인 면에서는 비슷하다. 형제자매는 사춘기가 되어 가면서 서로 더 떨어지게 된다. 흥미롭게도 재혼 가정의 형제자매들 간의 관계는 원래의 형제자매들보다 덜 부정적이 된다.

3) 자녀의 행동 변화

재혼 가정에서 자녀의 적응은 다양한 형태를 보인다. 재혼 후에 자녀의 인지적 역능과 사회적 역능은 초반에 저하되지만, 남아의 경우 나이가 어리고 계부나 계모가 온정적이고 권위 있는 양육태도를 보이면 문제행동은 개선되어 적응 정도가 정상 가정의 남아와 별 차이가 없다. 반면, 나이 어린 여아는 정상 가정이나 이혼 가정의 자녀에 비하여 지속적으로 무의식적인 감정 표출이나 도전적인 행동 문제를 보인다.

사춘기 초반에는 성 차이 없이 많은 문제를 보인다. 재혼 가정의 자녀는 연령에 상관없이 이혼 가정의 자녀처럼 저조한 학업 수행과 사회적 책임감 저하, 규칙 위반행동을 보인다. 양육을 맡든 맡지 않든 동일한 성의 부모가 하는 양육이 자녀의 적응에 긍정적인 영향을 준다.

재혼 가정의 일부 자녀는 적응에 문제를 보이지만 대부분 잘 적응한다. 평정치상 평균범위 내에서 2/3에서 3/4점 정도를 보인다. 비록 이는 정상 가정 자녀 중 90%가 보이는 점수보다는 아래지만 재혼 가정의 대부분의 자녀가 잘 적응함을 말해 준다.

이혼 가정의 자녀처럼 재혼 가정의 자녀도 성인 초기에 불이익을 받는다. 정상 가정의 자녀와 비교해 볼 때, 이른 나이에 집을 떠나는 경우가 많고 학업을 중단하는 경우도 많으며 가정 내의 갈등으로 가출할 확률도 높다. 이들은 성인이 되었을 때 가족에 의지할 수 있다는 생각을 별로 갖지 않는다. 그렇지만 이들의 반응은 다양하고, 많은 수가 재혼 가정에서 가족과 가깝고 지지를 받는다는 생각을 갖는 편이다.

재혼 가정이 직면하는 여러 난관들은 미리 예기되어 준비할 경우 피할 수 있거나 완화시킬 수 있는 문제들이다. 글상자 9.2에서 재혼 가정의 가족구성원들이 유대를 강화시키는 데 취할 수 있는 8단계가 열거되어 있다.

글상자 9.2

재혼 가정의 유대 강화를 위한 8단계 프로그램

1단계: 부부관계 향상시키기

- 일주일에 한 번 집 밖에서 부부가 하고 싶은 일을 계획하라.
- 매일 20분 정도 혼자서 이완된 상태로 있을 시간을 마련하라.
- 매주 최소 30분 정도 집안일에 관련해서 대화를 나누어라.

2단계: 개인적인 공간과 시간 찾기

- 부모와 자녀가 생활하거나 들를 수 있는 각자의 '사적인' 특별 공간을 만들라.
- 독서나 운동 등 자신을 풍요롭게 하는 취미 활동에 매주 최소 2시간 정도 투자하라.

3단계: 가족관계 키우기

- 저녁식사 시간이나 편한 자리에서 가족들끼리 서로 감사를 자주 표현하라.
- 감사를 표할 때 부정적인 감정이나 문제를 논하지 말도록 하라.

4단계: 친밀한 부모-자녀 관계 유지하기

- 일주일에 한두 번 부모와 자녀가 최소한 20분 정도 함께 즐길 수 있는 일을 만들라.
- 함께 즐길 수 있는 시간을 자주 만들되, 이때 꼭 올바른 행동만을 고집할 필요는 없다.

5단계: 계부모와 자녀들의 관계 발전시키기

- 일주일에 한 번 15~20분 정도 함께 즐길 일을 만들고, 자녀를 가끔 만나는 경우에는 더 긴 시간을 갖도록 한다.
- 자녀가 거부할 경우 자녀의 반응을 수용하고 나중에 다른 활동을 제안하라.

6단계: 가족 신뢰 형성하기

- 매달 가족 이벤트를 계획하면서 가족구성원이 각자 이벤트 선택의 기회를 갖는다.
- 재혼 가정에서 새로운 가족 전통을 시도한다.
- 같이 살지 않는 자녀가 방문할 때는 가족 이벤트를 하지 말아야 한다. 왜냐하면 같이 사는 자녀가 방문한 자녀를 중요하지 않다고 생각할 수도 있기 때문이다.

7단계: 정기적인 가족회합을 통해 재혼 가정 강화하기

8단계: 같이 살지 않는 부모의 가정과 관계 유지하기

- 자녀와 같이 살지 않는 친부모의 재혼 가정 사람들에게 한 달에 한 번 정도 긍정적인 반응을 보여라.
- 긍정적인 메시지를 전달할 때 이에 맞는 반응을 기대하지는 말라.

* 출처: Emily Visher (1989). "The Stepping Ahead Program." in *Stepfamilies Stepping Ahead*, ed. Mala Burt. Baltimore: Stepfamilies Press, pp. 57–89.

4) 복합가족의 유형

James Bray(1998)는 양육을 맡은 어머니와 계부, 어린 아동으로 구성된 재혼 가정 100가구와 비교집단으로 선정된 정상 가정 100가구를 대상으로 한 10년간의 조사에 기초해서 재혼 가정이 직면하는 발달 문제에 대한 기본적인 이해를 보여 주었다. 그의 조사에서 발견한 것은 다음과 같이 요약된다.

① 재혼 가정은 변화와 전이점의 자연스러운 주기를 갖는다.
② 재혼 가정이 기본적인 가족단위를 형성하는 데는 여러 해가 소요된다.
③ 재혼 가정에 닥치는 가장 큰 위기는 첫 두 해 안에 일어나며 재혼의 약 25% 정도가 이때 실패로 끝난다.
④ 재혼 가정에서는 강한 결혼 만족을 주는 신혼의 밀월기간이 없고, 결혼 만족도는 중간 정도에서 시작되어 증가되거나 혹은 감소되어 이혼상태에 이르기도 한다.
⑤ 재혼 가정이 응집되기 위해서 취해야 할 네 가지 과제가 있다.
- 계부를 가족 일원으로 만들기
- 두 번째 결혼을 만족스럽게 만들기
- 과거의 악몽을 떨쳐내기
- 겪게 되는 모든 변화를 관리하기

⑥ 재혼 가정은 신전통적(neotraditional) 형태, 모계중심적 형태, 낭만적 형태 중에 하나를 취하게 된다. 신전통적인 재혼 가정을 취하는 사람들은 대부분 성공적인 재혼 가정을 꾸리고, 모계중심적인 가정을 갖는 경우도 상당히 성공적인 반면, 낭만적인 형태를 시도하는 사람들은 이혼에 처할 위험이 높다.

신전통적 가정은 '1950년대의 하얀 울타리를 가진 가정의 현대판으로, 가족이 친밀하게 얽혀 있고 서로 사랑하며 가치관이 같은 부부가 열심히 일하는 가정' 으로 기술될 수 있다. 모계중심적 가정은 아내이자 어머니인 여성이 집안의 모든 일을 관장하는 아주 능력 있는 사람인 경우다. 낭만적 가정은 신전통적인 가정에서 하는 모든 일을 추구하지만, 재혼한 후 곧바로 이 모든 것을 이루고 싶어 하는 경우다. 이 세 유형은 직면하는 가정의 위기나 전환점에 있어서는 다를 바가 없지만, 재혼 가정에 대해 갖는 기대와 이의 전환에 있어서 다르고 봉착한 문제를 해결할 때 취하는 행동들이 다르다.

재혼 가정이 형성되는 과정에서 경험하는 첫 번째 변화주기는 첫 2년 안에 일어난다. 새로운 가족구성원들 함께 사는 방식을 찾아가고 전배우자와 양육을 맡지 않은 부모와의 관계를 적절히 하면서 가족 모두에게 행복을 주는 안정된 단위체를 형성해 가는 과정이기 때문에 가족 모두에게 스트레스를 주는 시기가 바로 이때다. 어떻게 하면 가족 모두 같이 잘 지내고 서로 애정을 만들어 갈지에 대한 비현실적인 기대로 인해 부모들의 적응과정은 종종 더 복잡해지곤 한다. 이런 기대를 갖는 것은 자연스러운 것이지만, 경험에 비추어 가면서 조정해 나가야 한다.

재혼한 후 2년이 지나갈 즈음 두 번째 주기가 시작되는데, 이때 가족구성원들은 서로 잘 지내는 방법을 알게 되어 하나의 가족으로 자리 잡게 된다. 긴장감은 줄어들고 행복한 재혼 가정은 정상 가정과 다를 바가 없다. 재혼 가정의 세 번째 주기는 자녀가 사춘기에 들어서면서 나타나는데, 이때 아동은 독립성과 개성을 더 주장하고, 종종 양육을 맡지 않은 부모와 계부모 그리고 양육을 맡은 부모와의 관계를 새롭게 바꾸려고 한다.

신전통적인 가정은 비현실적인 기대를 포기하고 감정소통을 원활히 하면서 문제를 해결하기 때문에 재혼 가정이 접하는 변화에 대처해 가는 데 성공적이다. Bray에 따르면, 신전통적 가정은 ① 감정을 분명하게 인식하고 표현하는 능력, ② 다른 가족구성원의 생각과 감정, 가치관을 잘 인식하고 이해함으로써 서로 간의 차이를 줄이는 능력, ③ 갈등을 해소하는 능력, ④ 자신의 불만을 분명히 표현해서 서로 공감할 수 있는 능력, ⑤ 재혼 가정을 하나의 단위체로 규정하는 데 도움을 주는 의례를 만드는 능력, ⑥ 다른 가족구성원이 자신을 수용하고 있음을 감지하는 능력을 가진 가정으로 기술한다.

모계중심적 가정은 주도적 의사결정자인 어머니를 중심으로 구성된다. 배우자나 자녀가 저항하거나 거부적 태도를 보이면 어려움이 생긴다. 그러나 이런 여성들은 자원이 매우 풍부하고 능력이 높다. 그래서 이들은 상황의 요구에 맞춰 자신의 태도와 행동을 변화시킬 때를 잘 간파한다.

낭만적인 가정은 신전통적인 가정에서 보이는 가족 응집력과 친밀한 유대를 찾지만, 비현실적인 기대를 포기하지 못해서 당면한 문제를 해결하지 못한다. 이런 가정은 재혼 가정만의 특수한 문제가 있다는 사실을 부정하고 모두 다 정상 가정에서와 같이 행동해야 한다고 기대한다. 예를 들어, 자녀가 각기 보이는 각 부모에 대한 충성도와 같이 살지 않는 친부모에 대한 애착이 있다는 사실을 받아들이지 못하고, 자녀가 자신의 애정 모두를 새 가정에만 보이지 않을 때 상처받는다. 이들은 자신의 희망과 바람에 집착하여 각자가 갖는 감정에 대처하는 전략을 발달시키지 못한다. 그래서 두 번째 주기에 가서 다른 유형의 재혼 가정과 달리 첫 번째 주기에 풀지 못한 문제들을 반복하게 된다.

Bray(1998)의 보고에 따르면, 재혼에 따른 위기와 어려움에도 불구하고 많은 재혼 가정은 가족 모두에게 따뜻함과 성취감을 주는 안정되고 결집된 가족단위를 성공적으로 형성한다. 그렇지만 상당수의 재혼 가정은 부모들이 적극 참여하여 여러 문제들을 헤쳐나가 해결하지 못하기 때문에 성공적이지 못하고 결국 재혼이 무산되어 버린다. 이런 부모들은 이혼이라는 불행 속에서 버텨 나간 경험이 있기 때문에 다시 한 번 이혼을 해도 견딜 수 있다고 생각하여, 재혼에 따른 스트레스가 커질 때 이혼을 생각해 보게 된다. 또 다른 경우의 재혼 가정은 겉에서 보면 함께 잘 지내서 행복해 보이지만, 생동감을 잃은 채 '단지 그럭저럭 사는 것이다.' 이런 가정은 가족끼리 공개된 의견교환이나 서로를 진정으로 이해하려 하지 않고 습관적으로 서로를 대한다.

Bray는 성공적인 재혼 가정이 스트레스 기간을 헤쳐 나가게 한 것이 무엇인지를 물었다. '일관적인 답은 개입이었다. 함께 사는 생활에 개입이란 그냥 같이 사는 것이 아니라 함께 살면서 깊이 사랑하고 문제가 있으면 서로 논의하고 안정된 가정을 만들어 가며 훌륭한 인생을 함께 즐기는 것이다.'

9. 동성애자 부모

여성 동성애자 부모와 남성 동성애자 부모는 서로 다른 이질적인 집단들이다. 하지만 두 집단 모두 일반적인 결혼을 통해서 자녀들을 갖고, 나중에 자신의 정체를 확인하여 이혼을 한 다음에 자신과 동일한 성별의 파트너와 함께 자녀들을 키우는 경우다. 이렇게 형성된 가정은 재혼 가정에서 받는 모든 스트레스 외에도 동성애자 부모에 대한 편견이라는 압력을 받게 된다. 동성애자 부모에 관한 초반기 연구의 상당수는 이들이 양육권을 갖지 못하고 자녀를 만나는 것조차 거부당하는 것에서 이들을 보호하기 위해서 수행되었다.

자신이 동성애자라는 사실을 확인한 후에 부모가 되기로 결정하는 사람들이 점차 늘어나고 있는 추세다. 이들은 대개 동성 파트너와 살면서 보조출산 기법이나 대리출산을 통해 자녀를 갖기로 결정한다. 이때 자녀는 부모 중 한 명의 친자식이 되고 다른 부모는 법적 입양이라는 방식으로 공동 부모가 된다. 동성애자 부모 양쪽과 전혀 생물학적 관계가 없이 태어난 자녀도 있다. 독신으로 사는 동성애자들도 이런 방식으로 자녀를 두기도 한다.

1) 이혼한 동성애자 부모

가장 많이 연구된 집단은 이혼한 동성애자 어머니들이다. 연구 관심은 주로 이들의 정신건강과 성역할 행동 그리고 자녀들에게 미치는 영향에 초점이 맞추어졌다. 대부분의 연구는 동성애자 어머니와 일반 어머니를 비교한 연구들인데, 자아개념과 전반적인 심리적 적응, 정신의학적 상태, 성역할 행동 그리고 자녀와 양육에 대한 관심에 있어서 차이를 보이지 않았다. 이혼한 동성애자 어머니들은 이혼한 일반 어머니들보다도 양육권 문제를 더 걱정했다. 이들은 낭만적인 파트너와 사는 경우가 더 많았다. 연구에 따르면, 양육비 지원의 측면에서 동성애자 어머니의 전남편과 일반 어머니의 전남편 간에 차이가 없었지만, 전자의 경우 자녀를 방문하는 빈도가 더 높았다.

동성애자 어머니가 자녀에게 자신의 성 정체성을 언제 어떤 방식으로 알려야 되는지에 대한 연구는 이제 시작 단계에 들어섰다. 비록 확고한 일치점은 없지만 자녀가 사춘기에 접어들 경우에는 자녀의 성 정체성 형성에 방해하지 않도록 알리지 않는 것이 좋다고 여겨진다.

이혼한 동성애자 아버지에 대해서는 알려진 바가 별로 없다. 이혼한 동성애자 아버지와 이혼한 일반 아버지의 심리적 안정성을 비교한 연구는 전혀 없는데 이는 아마도 남자들이 양육권을 맡지 않기 때문일 것이다. 이혼한 동성애자 아버지와 일반 아버지의 양육행동을 비교한 연구에 따르면, 동성애자 아버지들이 자녀의 행동 감시에 더 반응적이고 신중하며 권위 있는 양육방식을 취하는 경향이 더 높다. 동성애자 아버지와 십대 아들 그리고 이 아버지의 동성애 파트너로 이루어진 가족에 대한 연구들은 아버지의 동성애 파트너가 사춘기의 아들과 관계가 좋은 경우 행복한 가정을 이룬다고 지적하고 있다. 이혼한 동성애자 어머니와 동성애자 아버지를 비교 조사한 연구는 동성애자 아버지가 소득이 더 높고 성 유형과 맞는 장난감과 놀이를 제공한다는 점을 보여 주고 있다.

2) 동성애자 부부가 부모가 되는 경우

1990년대에 들어서 동성애자 부부가 된 사람들이 보조출산 기법이나 입양을 통해 자녀를 갖는 경우가 늘었는데 이들은 종종 편견과 스트레스 상황에 직면하곤 했다. 동성애자 부부가 언제 어떤 방식으로 자녀를 갖는지에 대한 연구는 별로 없다. 대신에 동성애자 부부가 어떻게 부모가 되고 어떻게 양육과 집안일을 분담하는지에 대한 연구가 주를 이루었다.

여성 동성애자 부부의 경우, 친어머니가 처음 몇 달에는 일차적인 보육을 맡지만 파트너인 부모도 곧 강한 애착을 갖고 아기가 12개월 이상이 되면 보육에서 큰 역할을 맡는다. 일반 부부와 비교해 볼 때, 동성애자 부부들은 양육과 집안일을 더 동등하게 분담한다. 동성애자 부부들은 일반 부부들보다 부부관계에 대한 만족수준과 일 분담에 대한 만족이 더 높다. 동성애자 부부에서 유전적으로 관련이 없는 어머니는 일반 부부의 아버지들보다 양육에 대해 더 잘 알고 자녀양육에 동등하게 참여해야 한다고 생각한다.

편모 또는 부부로 사는 동성애자 어머니와 일반 어머니를 비교한 한 연구는 ① 동성애자 어머니들은 부부로 사는 일반 어머니들보다 자녀에게 더 따뜻하고 긍정적으로 대하고, 편모인 일반 어머니들보다 자녀와 상호작용을 더 많이 갖고, ② 동성애자건 이성애자건 혼자 자녀를 키우는 어머니들은 부부로 사는 일반 어머니들보다 빈번하진 않지만 자녀와 더 심각하게 다툰다는 사실을 확인했다.

부모가 된 동성애자 아버지들에 대한 연구에서 보면, 이들은 아버지가 되기를 거부한 동성애 남성들에 비해 자존감이 더 높고 동성애에 대한 부정적인 태도를 덜 보였다. 이 두 집단 간에 다른 차이가 없다는 점을 근거로 연구자들은 이들이 보인 높은 자존감은 부모가 되게 한 요인들보다는 부모가 되었다는 사실에 따른 것이라고 생각한다.

3) 동성애자 부모의 자녀

연구의 주된 관심 중의 하나는 동성애자 부모가 동성애자라는 성 정체성과(성관계 대상자로) 동성에 대한 성적 지향이라는 방향으로 자녀의 성 정체성에 영향을 주는지 여부다. 동성애자 부모의 자녀가 동성애자로 성 정체감을 갖거나 동일한 성별에게 성적 지향을 갖는다는 증거는 없다. 그리고 동성애자 가정에서 성적 학대의 위험이 높다는 증거도 없다.

동성애자 부모와 함께 사는 자녀는 일반 가정의 자녀와 같은 적응력과 사회성을 보인다. 여성 동성애자 부모의 자녀들은 자아개념이나 성 정체성 그리고 성적 지향에 있어서 특별한 문제를 보이지 않는다. 동성애자 부모와 이들의 자녀에 대한 연구 결과, 부모의 성 정체의 전환은 자녀의 적응과 관련이 없고 가정생활과 관련된 변인들도 일반 가정과 별 차이를 보이지 않는 것으로 나타났다. 즉, 많은 동성애자 부모들이 그랬던 것처럼 부모가 자녀에게 따뜻하게 대하고 관심을 보일 때 잘 성장한다.

10. 파트너 관계와 결혼 전이기의 양육 과제

여러 연구들은 가족이 분열되고 다른 관계로 전이되는 과정 중에 부모들이 할 수 있는 몇 가지 점을 제안하고 있다. 첫째, 부모는 자녀와 긍정적인 정서관계를 유지해야 한다. 부모 간의 갈등이 고조되는 경우에도 부모와 자녀 간의 관계는 부모가 이런 갈등에서 자녀를 보호하기 위해 특별한 노력을 기울일 경우 만족스러운 관계를 유지할 수 있다. 이렇게 하기 위해서 부모들은 공개적으로 감정소통을 할 수 있고, 질문하고 답할 수 있으며 즐거운 활동을 함께 할 시간을 만들어야 한다. 이런 방식은 재혼을 통해 자식이 된 자녀와의 관계에도 동일하게 적용되어야 한다.

둘째, 부모는 갈등관계에 관여된 사람이 누구든 간에 갈등을 효과적으로 해소하는 방법을 배워야 한다. (부모의 갈등으로 인해 자녀가 받을 수 있는 위험을 줄이는 방법을 기재한 글상자 9.1과 부모와 자녀 간에 나타나는 분노 통제방법에 대해 논의한 3장을 참조하라.) Amato에 따르면, 사회가 아동의 안전하고 신뢰로운 환경을 도모하기 위해서 할 수 있는 가장 중요한 일은 부모들이 결혼생활 중의 갈등을 해소하는 효과적인 방법을 배우도록 장려하고, 만약 이혼한 경우에는 둘 간의 논쟁 사이에 자녀를 끼워넣지 않도록 하는 법을 가르치는 것이다. 부모가 결혼을 유지한 상태건 이혼한 상태건 자녀의 적응을 저해하는 것은 그들이 가질 수 있는 자기죄책감이다.

셋째, 부모는 자녀가 가족구성원 모두, 즉 형제자매, 조부모, 재혼 가정과 관련된 모든 친척들과 긍정적인 관계를 갖도록 모범을 보이고 장려해야 한다. (재혼 가정을 위한 여러 제안이 담긴 글상자 9.2를 참조하라.)

넷째, 부모는 자녀가 자신이 속한 사회적 환경, 친구, 친척, 학교 친구, 교사 속에서 긍정적인 경험을 가질 수 있도록 도와주어야 한다. 이런 지원을 통해 아동은 변화의 시기에 잘 적응하게 된다.

마지막으로, 부모는 이혼을 하거나 재혼을 할 시점에 정상 가정에서 자녀가 받게 되는 모든 혜택을 해 주어야 하지만 변화에 따른 스트레스로부터 보호하기 위해서는 그 이상을 해 주어야 한다는 점을 명심할 필요가 있다. 부모 자신도 스트레스 상황에 있기 때문에 이런 일들을 모두 해 준다는 것은 정말 힘든 일이다. 그렇지만 부모가 자녀와 친밀하고 긍정적인 정서관계를 유지하고 자녀의 행동을 조심스럽게 살펴봐 줄 경우, 비록 변화의 시기일지라도 자녀의 성장과 역능을 증진시킬 수 있다.

11. 권위 있는 양육의 영향력

Hetherington(1999)의 연구는 다른 연구 결과들과 함께 자녀는 가족의 구조(부모의 수, 친부모 또는 계부모, 동성애자 부모), 인종적 배경, 연령, 성별과 상관없이 부모가 권위 있는 양육을 할 때 잘 성장한다는 점을 밝히고 있다. 부모가 자녀가 필요로 하는 것과 개성에 잘 반응해 주고 그들의 행동을 잘 살펴보고 제어할 때 아동은 잘 기능한다. 부모가 독재적이고 거칠고 요구적인 양육을 취할 때 가족의 구조와 상관없이 아동의 기능은 저조해진다. 권위 있는 양육은 부모-자녀 관계를 긍정적으로 만들어 줄 뿐만 아니라 형제관계도 돈독히 해 주어 자녀의 역능감 발달을 증진시킨다.

요 약

한부모는

- 미혼이면서 자녀가 있거나 별거 또는 이혼, 사별한 부모들을 가리킨다.
- 남성보다 여성이 더 많아 자녀가 있는 가정의 27%는 어머니가, 5%는 아버지가 자녀들을 키운다.
- 안정된 가정 환경을 만들고 권위 있는 양육을 함으로써 효과적으로 부모의 역할을 수행한다.

이혼과정은

- 이혼에 앞서 부부 간의 갈등이 고조되게 마련인데, 이는 자녀들에게 감정혼란을 불러일으키고 자책감을 갖게 한다.
- 가족구성원 모두에게 큰 분열로 작용한다.
- 경제적 자원과 이웃, 학교, 친구 등 여러 측면에서 변화를 일으킨다.
- 자녀와 부모에게 스트레스를 주지만, 부모가 갈등이 줄어든 이혼 가정을 만들 경우 역전될 수 있다.

부모가 이혼할 때 아동을 위한 보호 요인은

- 아동의 연령, 성별, 지능, 기질에 따라 달리 작용한다.
- 적응할 수 있는 정도의 스트레스와 조부모와 친척들로부터의 지원이다.
- 아동들의 역능감을 키우고 유연성을 자극하는 교육적 성취와 운동을 통한 성취다.

자녀의 행동은

- 이혼할 시점에는 문제가 많아지지만, 이혼 후 시간이 지나감에 따라 향상된다.
- 한부모 가정의 사춘기 초반의 아동인 경우 잘 감독되지 못하는 경향이 있다.
- 부모들이 화내는 것을 자제하고 권위 있는 양육을 할 때 향상된다.

남성들이 아동 발달에 미치는 긍정적인 영향

- 가족에게 인간적 자본, 재정적 자본, 사회적 자본을 제공할 때

- 사회적 맥락이 남성들의 참여를 장려할 때

자녀가 부모의 죽음에 잘 대응하도록 하는 부모의 역할은

- 조문과정과 장례식 때 자녀가 능동적으로 참여할 수 있도록 한다.
- 자녀가 자신의 감정을 표현할 기회를 많이 준다.
- 자녀가 슬퍼하는 단계를 거쳐 갈 때 이들의 감정을 받아 준다.
- 부모의 죽음에 대해 슬퍼하지만 인생을 긍정적으로 살아나가는 성인 모델을 보여 준다.

재혼할 때 부모들은

- 밀접함, 친밀감, 성적 만족 등 여러 정서적 혜택을 경험한다.
- 첫 번째 결혼에서 범한 실수를 반복하게 되지 않는다.
- 새로운 가정으로 가족들을 통합하려 할 때 적절한 지침이 없으면 스트레스를 경험하게 된다.

부모가 재혼할 때 자녀는

- 다른 반응을 보이는데, 여자아이들이 남자아이들보다 부모의 재혼에 적응하는 데 더 어려움을 보인다.
- 초기에는 사회적, 인지적 능력의 저하를 보인다.
- 양육을 맡은 인물들이 따뜻하게 대하면서 권위 있는 양육을 할 경우 초반과는 달리 행동의 향상성을 보인다.

재혼 가정은

- 가족구성원 간에 친밀함과 응집이 빨리 이루어질 것이라는 비현실적인 기대를 가질 때도 있다.
- 재혼 후 첫 2년 동안에 일어날 수 있는 위기와 갈등을 극복하기 위해서 감정이입과 의사소통 기술을 배울 필요가 있다.

동성애자 부모는

- 일반 가정의 부모와 마찬가지로 효과적인 부모 역할을 한다.

– 자녀들도 일반 가정의 아이들과 동일하게 잘 활동한다.
– 양육과 가사 분담에 있어서 더 동등한 태도를 갖는다.

부모가 이혼이나 재혼을 할 때 취해야 할 양육 과제

– 긍정적인 정서적 관계 유지하기
– 효과적인 갈등해소 기술 습득하기
– 권위 있는 양육기법 사용하기
– 확대된 가족들과의 긍정적 관계에 대한 모범을 보이기
– 자녀들이 자신의 사회적 세계에서 긍정적인 경험을 갖도록 격려하기

참고문헌

Cummings, E. Mark, & Patrick Davies (1998). *Children and Marital Conflict: The Impact of Family Disputes and Resolution.* New York: Guilford.

E. Mavis Hetherington, & Kathleen A. Camara (1984). "Families in Transition: The Process of Dissolution and Reconstruction." in *A Review of Child Development Research,* vol. 7, ed. Ross D. Parke. Chicago: University of Chicago Press, pp. 398–439.

E. Mavis Hetherington (1993). "An Overview of the Virginia Longitudinal Study of Divorce and Remarriage with a Focus on Early Adolescence." *Journal of Family Psychology, 1,* pp. 39–56.

Earl Grollman (1967). prologue to *Explaining Death to Children*, ed. Earl A. Grollman. Boston: Beacon Press, p. 15.

Emily Visher (1989). "The Stepping Ahead Program." in *Stepfamilies Stepping Ahead*, ed. Mala Burt. Baltimore: Stepfamilies Press, pp. 57–89.

Hetherington, E. Mavis, ed. (1999). *Coping With Divorce, Single Parenting, and Remarriage.* Mahwah, NJ: Erlbaum.

James A. Levine with Edward W. Pitt (1995). *New Expectations: Community Strategies for Responsible Fatherhood.* New York: Families and Work Institute.

James H. Bray, & John Kelly (1998). *Stepfamilies: Love, Marriage, and Parenting in the First Decade.* New York: Broadway Books.

John Bowlby (1961). "Childhood Mourning and Its Implications for Psychiatry." *American Journal of Psychiatry, 118,* pp. 481–498.

Judith S. Wallerstein, & Joan B. Kelly (1980). *Surviving the Breakup.* New York: Basic Books.

Judith S. Wallerstein, & Sandra Blakeslee (1989). *Second Chances.* New York: Ticknor & Fields, p. 286.

Lamb, Michael E., ed. (1999). *Parenting and Child Development in Nontraditional Families.* Mahwah, NJ: Erlbaum.

Levine, James A., & Edward W, Pitt (1995). *New Expectations: Community Strategies for Responsible Fatherhood.* New York: Families and Work Institute.

Paul R. Amato, & Brain Keith (1991). "Parental Divorce and the Well Being of Children: A Meta–Analysis." *Psychological Bulletin, 110,* p. 26046

Paul R. Amato (1998). "More Than Money? Men's Contributions to Their Children's Live." in *Men in Families: When Do They Get Involved? What Difference Does It Make?* ed. Alan Booth and Ann C. Crouter. Mahwah, NJ: Erlbaum, pp. 241–278.

Robert Adler (1988). *Sharing the Children.* New York: Adler & Adler. Used with permission of the author.

Sara McLanahan, & Julien Teitler (1999). "The Consequence of Father Absence." in *Parenting and Child Development in Nontraditional Families,* ed. Michael E. Lamb. Mahwah, NJ: Erlbaum, pp. 83–102.

Visher, Emily B., & John S. Visher (1989). *Stepfamilies: Myths and Realities.* New York: Ticknor & Fields.

10

아동학대와 양육

자녀에게 상처를 주는 여러 가지 사건이 일어났을 때 부모들은 엄청난 도전에 직면하게 된다. 부모는 자녀가 어떤 반응을 보일지 알고 있는가? 자녀가 이에 잘 대응하도록 부모는 어떻게 도와줄 수 있는가? 어떤 아동이 상처를 더 오래 받는가? 아동을 폭력으로부터 보호하고 때로는 불안전한 세상에서 그들이 안전하다고 믿고 살게 하려면 어떻게 해야 하는가?

이 장에서는 아동이 경험할 수 있는 다양한 형태의 폭력과 잘못된 대우, 즉 가족폭력에 대한 노출이나 성학대, 신체적 학대, 무시 그리고 지역사회의 폭력에 초점을 둘 것이다. 상처를 주는 사건들에 대한 정의와 이런 행동의 발생과 발생 빈도, 이런 경험에 대한 아동의 반응방식과 대처방법들을 살펴볼 것이다. 그리고 아동이 폭력에 직면할 위험을 줄이기 위해서 취해야 할 행동을 부모가 어떻게 가르쳐 줄 것인지에 대해서도 논의할 것이다.

1. 아동의 희생

폭력과 학대에 대한 이 장에서의 논의는 보다 분명한 이해를 위해 다섯 영역으로 나뉘어서 다루어질 것이다. 그러나 Finkelhor와 Dziuba-Leatherman(1994)은 아동에 대한 폭력과 아동학대 연구를 분리된 영역으로 나누는 것은 연구자들이 아동희생에 대한 일반적인 연구를 인정하고 발전시키는 것을 저해하는 것이었다고 경고한다. 아동희생에 대한 연구가 폭넓게 진행되어야 하는 이유는 희생에 대한 아동이 갖는 취약성의 원인과 다양한 유형의 희생들이 함께 나타난다는 사실 그리고 공통적인 위험 요인과 결과를 더 분명히 규명할 수 있기 때문이다.

아동은 어른에 비해 쉽게 희생당할 위험이 크다. 아동기 전반을 통해 아동은 가정폭력을 받는 경우가 많고, 실제로 폭력을 가하는 성인들의 보고에 따르면 배우자에게 폭력을 가하는 경우보다 아동에게 더 심하게 폭력을 가한다고 한다. 그리고 아동은 성학대를 당할 위험도 더 크다. 또한 십대 아동은 성인들이 범하는 범죄들을 그대로 모방해서 행할 가능성이 높다. 또한 어린 유아와 십대 아동은 형제 간의 폭행과 같은 일련의 폭력을 성인보다 더 자주 경험한다.

[그림 10-1]은 다양한 형태의 폭력과 학대가 아동 1,000명당 발생하는 비율을 보여 주는데, 이는 아동이 살아가는 공간에 여러 위험이 존재함을 잘 보여 준다. Finkelhor와 Dziuba-Leatherman(1994)은 아동이 당하는 희생의 형태를 ① 일반적 형태(형제 간의 싸움과 같이 빈번히 발생하는 사건), ② 심각한 형태(아동에 대한 무시나 성학대, 신체적 학대와 같이 발생 빈도는 낮지만 심각한 영향을 주는 사건들), ③ 예외적 형태(유괴나 살인 같은 사건들)의 세 범주로 묶었다. 아동 10명 중 5~8명이 경험하는 가장 빈번히 발생하는 사건은 형제 간의 폭행과 (주로 부모가 가하는) 체벌이다. 이런 사건들은 거의 연구되지는 않았지만, 많은 아동이 경험하고 두려워하는 것이기 때문에 반드시 연구되어야 할 대상들이다.

위에서도 밝혔듯이 아동은 여러 이유로 성인보다 희생을 당할 위험이 많다. 첫째, 아동은 돌보아 주어야 하기 때문에 더 의존적이다. 예를 들어, 성인의 경우 무시 또는 무관심은 특별한 의미를 주지 않는다. 둘째, 아동은 체구가 작고 지적으로도 미숙해

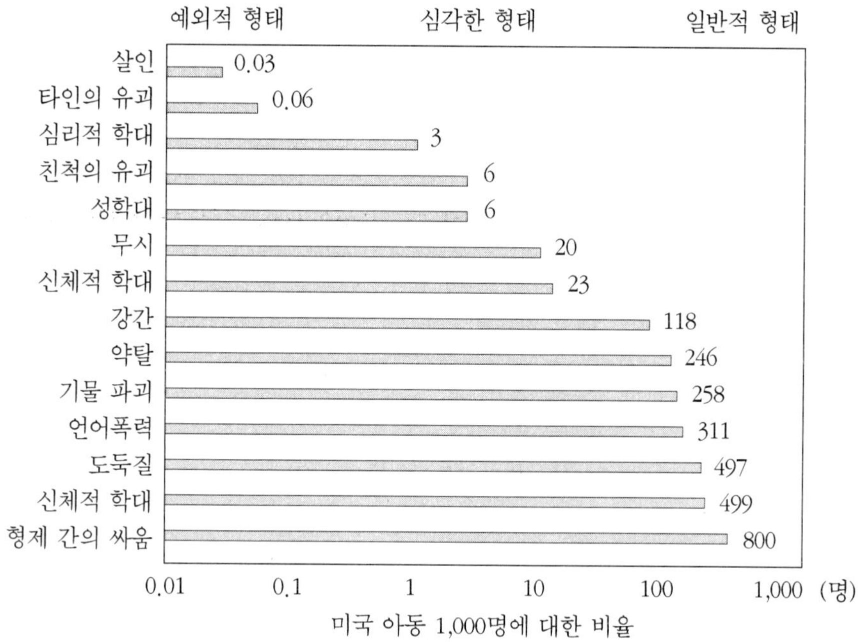

[그림 10-1] 아동희생의 비율

* 출처: David Finkelhor, & Jennifer Dziuba-Leatherman (1994). "Victimization of Children." *American Psychologist, 49*, p. 176.

서 성인이나 나이든 아동에 비해 스스로 보호할 능력이 약하다. 셋째, 아동은 성인과 달리 환경과 사회적 관계를 선택할 기회가 적다. 아동은 집에서 살아야 하고 학교에 가야 하기 때문에 학대를 가하는 사람들과 접촉할 수밖에 없는 경우가 많다. 아동은 싫어도 그런 상황에서 벗어날 수 없는 것이다.

여러 형태의 학대가 함께 발생하는 경우가 많기 때문에 학대를 각 유형별로 나누어 다루는 것은 현명하지 못할 뿐만 아니라 어려운 일이다. 어떤 조사 대상 집단에서는 70명 아동 모두가 둘 이상의 학대를 받았고, 160명의 아동을 대상으로 한 다른 연구에서는 90% 정도가 둘 이상의 학대를 받은 것으로 나타났다. 현실적으로 아동을 잘못 대하는 행동이 단일 형태로 나타나는 경우는 드물다.

시간이 지남에 따라 이 영역에 대한 연구들은 보다 정교해져 갔다. 연구 대상 표본에 대한 통제도 잘 이루어지고, 아동의 기능에 대한 다양한 척도가 사용되고 있으며,

더 긴 종단연구도 많이 진행되고 있다. 낮은 사회경제적 상태나 부정적인 생활사건에 따른 영향들을 배제한 경우에서 학대가 미치는 영향을 상술하려는 연구에도 노력을 기울이고 있다. 그렇다 할지라도 더 잘 통제된 연구가 필요하다. 아동은 종종 학대받았다고 기술되기도 하고 그렇지 않다고 기술되는 경우도 있다. 이는 학대를 받은 경험이 심각성의 정도나 빈도 그리고 학대를 가한 사람과의 친밀한 정도 때문에 기술되지 않고 있다는 말이다. 이런 요인들 때문에 학대 여부에 대한 보고상의 차이가 나타난다. 따라서 연구자들은 이런 요인들을 잘 통제하려고 많은 노력을 하고 있다. 이런 주제들에 대한 더 많은 정보를 갖게 되어야 학대와 폭력이 아동에게 미치는 영향을 더 정확하게 이해할 수 있을 것이다.

신체적 학대와 성학대에 대한 더욱 정교해진 연구들에 따르면, 학대가 미치는 '영향'으로 규정지을 수 있는 단일한 경로나 일군의 위험 요인들, 특성집합은 없다는 것이 주요 결론이다. 1993년에 Belsky는 "너무도 슬픈 일이지만 아동이 학대당하고 무관심의 대상이 되는 경로는 아주 다양하다."라고 기술했다. 그리고 덧붙여 말하자면 학대에 따른 영향도 너무나 다양하다. 다음 절에서 우리는 학대와 폭력을 유발하는 여러 요인들과 잠재적인 영향을 기술하는 모형을 검토할 것인데, 우선 무엇을 아동에 대한 폭력이라고 하는지 그 기준부터 살펴보도록 하자.

1994년 약 300만 명의 아동이 학대를 받고 있을지 모른다는 보고가 아동보호기구(Children's Protective Service; CPS)에 제출되었다. 이 중 1/3인 약 100만 명의 아동이 실제 학대를 받았다는 사실이 확인되었다. 학대를 받은 100만 명 중 54%는 부모로부터 무관심 상태로 방치된 경우인데 이들은 대개 빈곤과 관련이 있었다. 1/4 정도는 신체적인 학대를, 11%는 성학대를, 3%는 정서적인 무관심 상태에 놓여 있었으며, 6%는 다른 범주에 속하는 경우였다.

인구조사에서는 더 높은 수치를 보이고 있다. 미국 가정 1,000가구를 대상으로 한 1995년 갤럽 조사에 따르면, 전체 아동의 5%는 신체적 학대를, 약 2%는 성학대를 받는 것으로 추정된다. 이 수치는 정부기관에서 보고한 비율보다 10~16배나 높다.

학대를 정의하는 기준은 상세하게 설정될 필요가 있다. 예를 들어, Finkelhor와 Dziuba-Leatherman은 엉덩이를 때리는 것도 신체적 학대에 포함시키기 때문에, 물체를 사용할 경우에만 신체적 학대로 규정해서 5%의 아동이 신체적 학대를 받는 것으로 보고한 갤럽의 조사 결과보다 더 많은 아동이 희생당한 것으로 본다.

Emery와 Laumann-Billings(1998)는 최소한의 신체적, 성적, 심리적 상처를 입히는 가정학대와 심각한 신체적 상처와 성적 착취 또는 정신적 외상을 가하는 가정폭력을 구별하는 것이 유용하다고 본다. 이 구분은 학대에 따른 신체적, 심리적 결과를 줄이기 위한 것이 아니라, 아동을 가정으로부터 격리시키는 것과 같은 강제적 개입이 필요한 경우와 지원서비스만 필요한 경우를 분리시키기 위한 것이다. 현재, 많은 재원 가정폭력 사례에 대한 연구와 개입에 집중되고 있어서 가정학대가 문제가 되고 있는 더 많은 수의 가정을 돕지 못하고 있다. 따라서 이들 가정은 치료와 지도 그리고 공격적인 감정을 자제하는 훈련에 대한 지원을 받지 못하고 있다.

2. 아동의 부당한 대우에 대한 생태학적 · 상호교환적 모형

Cicchetti와 Lynch(1993)는 지역사회 폭력과 아동학대가 아동 발달에 어떻게 영향을 미치는지에 대한 모형을 제안했다. 비록 이 모형은 아동 성학대에 적용되지는 않지만 이 영역과도 유관하다. 이 상호교환적/생태학적 모형은 아동의 특성과 양육자의 특성 그리고 이들의 환경이 상호작용하여 아동의 발달과정을 조성하는 과정을 기술하고 있다. 발달의 위험 요인들은 부정적인 결과가 나타날 가능성을 증가시키는 사건이나 사람들인 반면, 보호 요인들은 부정적인 사건들로부터 아동을 보호하고 긍정적인 결과를 증진시키는 기능을 한다.

위험 요인들은 ① 지속적인 요인과 ② 일시적, 변동적 요인의 두 부류로 나뉠 수 있다. 예를 들어, 지속적인 위험 요인 중 하나는 부모에게 학대당한 경험이고, 일시적 위험 요인은 부모의 실직이다. 지속적인 보호 요인으로는 아동의 순한 기질을, 일시적인 보호 요인으로는 갑작스럽게 향상된 가정의 재정상태를 그 예로 들 수 있다. 위험 요인들이 보호 요인들보다 비중이 더 클 때 아동학대가 발생할 확률은 높아진다.

1장에서 기술된 Bronfenbrenner의 생태학적 발달 모형을 사용해서 아동학대와 지역사회 폭력을 여러 수준에서 고려해 볼 수 있다. 거시체계적 수준에서 볼 때, 폭력과 학대는 문화적 신념이 조장한다고 볼 수 있다. 예를 들어, 우리 사회 전반에는 아동에게 매를 드는 것, 의견 불일치를 해결하기 위해 때로 물리적 힘을 사용하는 것, 성욕 해소의 중요성, 아동을 부모의 자산으로 보는 권리, 부모가 원하는 대로 자녀를 키우는 권리 등을 당연한 것으로 믿는다. 거시체계적 수준에서 볼 때 이 모든 신념들은 아동에게 폭력과 학대를 가할 수 있는 분위기를 조장한다.

외부체계적 수준에서 아동의 발달에 영향을 주는 것은 사회구조다. 어린 아동이 어머니나 친척의 보호를 받지 못할 때, 아동과 관계가 없고 이들을 성적 대상으로 볼 수 있는 남성들에게 노출될 위험은 높아진다. 아동을 둔 많은 가정이 빈곤한 상태에 있게 되는 경제적 구조도 아동을 지역사회 폭력과 학대에 노출시킬 위험 요인이다. 지역사회의 구조가 부모의 양육을 지원할 자원을 갖지 못할 경우, 학교수업 후의 아동을 위한 방과후 여가 프로그램, 면역 프로그램, 예방적 건강서비스, 양육 프로그램을 받을 수 없게 된다. 주민들 간의 사회적 격리 정도가 심한 지역에서는 아동학대의 위험이 더 높다. 지역사회의 지원은 있지만 학대 부모들이 자주 이사를 다니기 때문에 지원 체계와 연결되지 못하는 경우도 있다.

지역사회 수준의 요인들은 가족 수준의 요인들과 상호작용할 수도 있다. 예를 들어, 실업률이 높고 약물 사용이 빈번한 거주지역은 스트레스가 적은 지역에 비해 폭력범죄율이 높다. 거주지역의 폭력범죄가 빈번할 경우, 실직한 아버지의 고통은 더 가중되어 아들에 대한 체벌의 증가로 이어질 수 있다. 실업상태의 부모들은 이런 거주지역에서 벗어나고 양육을 저해하는 지속적인 좌절을 극복할 자원들이 결핍되어 있다.

아동은 또한 형제와 부모, 또래, 교사와의 일상적인 상호작용을 갖는 미시체계적 수준에서도 폭력을 경험한다. 이 수준의 상호작용에서 부모와 자녀 모두 자신의 개인적 특성을 보인다. 아이들을 학대하지 않는 부모와 비교해 볼 때, 자녀를 학대하는 부모들은 아동기에 학대를 경험했을 확률이 높다. 그렇지만 어린 시절 학대를 경험한 성인들의 다수는 자신의 자녀를 학대하지 않는다. 학대 부모들은 불안정하고 갈등적인 성인 대 성인 관계를 형성하는 경향이 있고, 실제로 자녀를 학대하지는 않더라도 부정적인 방식으로 자녀와 상호작용한다. 이들은 학대를 하지 않는 부모들에 비해 자녀에게 만족하는 정도가 낮고 훈육기법에 의존하는 경향이 높다. 또한 자녀가 독립적으로 행동하기를 바라면서 그 기준은 비현실적으로 높게 요구한다. 학대 부모들은 종종 역할을 바꾸어 자녀들이 자신들의 보육자 역할을 해 주길 기대하기도 한다.

아동의 개인적 특성 또한 학대를 받을 개연성에 영향을 준다. 이런 특성 중의 하나는 아동의 성별인데, 몇몇 연구에 따르면 남아는 신체적 학대를 받을 확률이 높은 반면 여아는 성학대를 받을 확률이 높다. 아동의 연령도 요인 중의 하나인데, 성학대를 받는 연령대의 중간치는 8세경이지만, 성학대를 받는 아동의 약 1/3은 6세 이하의 아동이다. 신체적 학대를 받는 연령은 3~8세에서 가장 높게 나타난다. 8세 이후에 신체적 학대를 받는 위험은 줄어드는 것으로 보고되어 왔지만, 최근 자료에 따르면 사춘기 아동도 학대를 상당히 받는다고 한다. 이러한 발견은 사춘기 아동이 갖는 상해를 신중하게 검토한 결과에 따른다. 신체적 학대를 받는 아동은 부모의 말을 잘 따르지 않고 돌보기가 힘든 특성을 가질 수 있지만, 이런 행동은 대개 부정적인 양육을 유발하기보다는 부정적인 양육의 결과로 나타난다.

끝으로, 아동은 개체발생적 수준, 즉 한 개체로 어떻게 발달해 왔는가에 따라 폭력을 경험한다. Cicchetti와 Lynch(1993)는 학대에 따라 아동 발달에 문제를 일으킬 수 있는 다섯 영역을 ① 부모의 애착 유형, ② 감정 조절, ③ 자아개념, ④ 또래관계, ⑤ 학교생활과 학업에 대한 적응으로 확인하고 있다.

부모에게 신체적 학대 또는 성학대를 받아 온 아동은 부모에 대한 비안정적 애착을 형성하여 대인관계에 대한 부정적인 작업모델을 내재화할 수 있다. 아동이 학대를 경험하면, 자신은 기본적으로 사랑스럽거나 타인으로부터 수용받거나 보살핌을 받을 가치가 있는 특성을 갖고 있지 못하다고 생각하게 된다. 그리하여 자신은 무가치한 존재고 타인에게 의존할 수 없고 타인의 도움을 받을 수 없다는 작업모델을 내재화한다. 이런 작업모델은 다른 대인관계에도 전이되어서, 치료개입을 받지 않으면 전 생애에 걸쳐 대인관계 문제를 갖게 된다. 지역사회에서 경험하는 폭력은 부모에 대한 자녀의 애착에 눈에 띄는 영향을 주지는 않지만, 부모들이 유난히 지지적인 경우 자녀의 애착을 강화시키는 경우도 있다.

아동은 학대와 폭력의 결과로 자신의 감정 조절을 잘 못할 수 있다. 불안이나 분노 또는 슬픔에 압도당하는 경우도 있다. 또는 자신의 감정을 둔하게 하거나 억압함으로써 감정에 대처하기도 한다. 양육자가 이런 감정처리에 도움을 줄 정도로 신뢰로운 사람이 아니거나 이런 감정을 일으키게 하는 사람이라면, 아동은 부담을 더 받게 되어 감정은 더 강해지고 이에 대처하는 데 도움을 줄 수 있는 사람도 찾지 못하게 된다. 어떤 연구에 따르면, 학대받는 아동은 감정을 표현하는 어휘들이 부족하고 타인의 감정을 지각하는 기술도 떨어진다고 한다.

신체적 학대와 성학대를 모두 경험한 아동은 자신에 대해 부정적인 태도를 갖는 경향이 있다. 이들은 나이가 들어가면서 자신이 또래들에 비해 능력이 떨어지고 가치가 떨어지는 존재라고 생각한다. 이들이 자신에 대해 기술한 내용을 살펴보면 대부분 부정적인 용어들로 채워져 있다.

학대받는 아동의 다수가 또래관계에서 문제를 갖는다는 사실은, 비안정적 애착과 감정 조절의 어려움, 부정적 자아개념에 비추어 볼 때 그리 놀라운 것이 아니다. 이들은 또래들에게 공격적인 경향이 있고, 긍정적으로 대하는 경우가 드물며, 서로의 관계에서 돌보아 주는 행동도 드물게 보인다. 더 슬픈 점은 학대받는 아동은 부정적인 가정 분위기 때문에 긍정적인 또래관계가 절실히 필요한데도 이런 관계를 형성하기가 아주 힘들다는 사실이다. 끝으로, 학대받는 아동은 감정 조절을 잘 못하며 학교에서 주어진 과제와 또래와의 관계에서 쉽게 좌절하기 때문에 학습능력과 학교 적응력이 떨어질 수도 있다.

Cicchetti와 Lynch(1993)가 개발한 모형은 문화적, 사회적, 가정 수준에 존재하는 위험 요인들과 학대로 인해 여러 영역에서 발달상 영향을 주는 경우들을 기술하고 있다. 그리고 이 모형은 치료개입을 어떻게 해야 하는지에 대한 함의를 가지고 있다. 첫째, 개인과 가족 단위인 미시체계적 수준에서의 치료개입으로, 이는 특정 상황과 여기서 발생하는 감정 그리고 뒤따르는 문제들에 대처하는 방법을 가르쳐 준다.

그 다음은 외부체계적 수준에서의 개입인데, 이는 부모와 자녀가 문제에 잘 대처하도록 지원해 주는 지역사회 조직과 학교 같은 사회구조에 접근하도록 도와준다. 지역사회와 정부기관은 분노관리와 스트레스 감소 그리고 효과적인 훈육기법들을 부모에게 훈련시키는 다양한 프로그램을 제공하고 있다. 종합적인 프로그램들은 재정관리와 가사관리, 취업알선, 알코올 중독 치료와 같은 여러 서비스를 함께 제공함으로써 가정을 유지시키려고 노력하고 있다. 이런 프로그램들이 폭넓은 서비스를 제공하면서, 가정은 안정을 되찾고 가정이 필요로 하는 것들을 지속적으로 지원하는 사회 네트워크에 관여하게 된다. 이런 서비스는 학대받는 아동들을 학대로부터 보호하기 위한 가정 밖의 시설기관을 제공할 필요를 줄여 준다.

지역사회 기관들은 부모의 특성(약물중독 같은)이나 자녀의 특성(신체적 장애나 양육이 힘든 조건을 가진)으로 인해 아동이 학대받을 위험이 있는 가정의 부모들을 미리 파악하는 역할도 한다. 이들 기관은 부모들에게, 종종 그들의 가정에서 적절한 양육방법을 훈련시키거나 모델링시키는 지원을 하고, 효과적인 문제해결 기술을 사용하도록 돕는다.

끝으로, 거시체계적 수준의 개입은 아동의 희생을 야기시키는 폭력과 성에 대한 잘못된 사회적 견해를 변화시키는 것이다. 비록 복잡한 과정이기는 하지만, 모든 부모들에게 효과적인 양육 및 보육 전략을 훈련시키는 것은 학대가 일어날 확률을 줄여 줄 수 있다. 부모훈련을 중등과정 교육에 포함시키는 것은 양육 기술을 제공할 뿐만 아니라 양육 기술의 중요성에 대한 강한 사회적 메시지를 전하게 한다. 아동학대는 사회 전체에 영향을 미친다. 즉, 우리는 모두 학대로 상처받은 사람들과 함께 살면서 관계를 맺어야 하고, 상처를 아물게 해 줄 서비스를 제공해야만 한다.

현재 가장 효과적인 개입방법에 대한 연구는 아직은 제한적이다. 그러나 아동을 도와주어 학대가 재발하는 것을 방지하는 것은 모든 수준의 개입에 반드시 포함된다.

3. 아동 학대와 폭력에 대한 대처

Finkelhor와 Dziuba-Leatherman(1994)이 언급했듯이, 미국 사회의 아동은 여러 상처를 주는 경험을 받을 위험에 노출되어 있다. 이런 위험들에는 가정폭력, 성학대, 신체적 학대, 무관심, 지역사회 폭력들이 포함된다. 이 모든 일들이 장기적으로 지속되는 신체적, 심리적 해를 일으킬 잠재성이 있기 때문에 부모들은 이런 상황을 조심스럽게 다루어야 한다.

1) 가정폭력

부부간의 가정폭력에 대한 관심은 지난 30년에 걸쳐 점차 증가해 왔지만, 1980년대까지의 연구들을 보면 아동이 가정폭력에 노출된 경우에 대한 논의는 거의 없었으며 지금도 이 분야에 대한 지식은 제한되어 있다. 가정 내 폭력(domestic violence)이라는 용어는 여러 행동들을 포괄해서 누가 이 용어를 사용하는지에 따라 의미가 다르다. 법적으로 정의할 때는 부부간에 (성행위 강요나 신체적 위협 등을 포함한) 신체적 상해를 입히는 행위를 강조한다. 임상적인 정의는 더 포괄적이어서 신체적, 성적 공격 외에도 부부 상대방에 대한 경제적 강요와 심리적 공격도 포함한다. 가정폭력에 대한 노출이라는 용어는 폭력에 대한 목격의 의미만이 아니라 아동이 폭행이 벌어지는 것을 듣거나 보는 일과 함께 경찰을 불러서 폭행을 막으려는 시도 등을 의미한다. 아동이 가정폭력에 노출된다는 것은 부모 사이에서 벌어지는 폭력을 경험하는 것과 함께 형제 중의 한 명이 학대받는 것을 목격한 아동도 동일한 문제로 고통받을 것으로 추정된다.

가정폭력에 대한 대부분의 연구들은 학대자로서의 남성과 희생자로서의 여성에 초점을 맞추고 있지만, 몇몇 연구들은 남성과 여성 모두 동일하게 희생당하지만 상처가 더 심각하게 지속되는 것은 여성이라고 보고하고 있다. 한 연구에서는 가정폭력을 ① 지속적/일시적 남성 폭력, ② 여성 주도적 폭력, ③ 남성 통제적 폭력, ④ 별거/이혼 상태에서의 폭력, ⑤ 정신질환적/편집증적 폭력과 같이 다섯 가지로 구분하고 있다.

아동은 여러 형태로 가정폭력에 관여한다. 한 연구에서 보면, 가정폭력 사건 중 20% 정도는 그 시작에서부터 아동이 관여한다. 이들은 긴급구조대 호출의 10%를 차지한다. 여러 연구를 개관해 본 결과, 가정폭력이 있는 가정의 40~70%의 아동이 신체적 학대를 경험하고 있으며, 신체적 학대를 경험한 아동의 40% 정도는 가정폭력이 있는 가정에 살고 있는 것으로 나타났다.

(1) 편재성

300~1,000만 명의 아동이 가정폭력에 노출되고 있는 것으로 추정되고 있지만 가정폭력 발생률에 대한 신뢰로운 전국적 통계치는 아직 없다. 임신기간 중의 여성들 16%가 배우자의 학대를 받고, 이 중 반은 여러 번 학대를 받았다는 사실로 보아 가정폭력에 노출되는 것은 태아 때부터 시작된다고 볼 수 있다. 임신 중의 심한 학대는 약물 및 알코올 사용과 흡연, 임신부 체중 증가율 저하, 출생 전 건강진단의 지연 등과 상관을 보인다. 5개의 도시를 대상으로 한 집중연구에서 보면 아동, 특히 어린 아동이 가정폭력이 벌어지는 가정에서 살고 있는 경우가 많은 것으로 나타났다. 가정폭력이 있는 가정은 빈곤, 약물남용, 여성 가장, 학력이 낮은 가장이라는 위험 요인들을 안고 있다.

(2) 아동에게 미치는 영향

아동이 가정폭력에 대해 보이는 반응은 아동의 연령, 기질, 폭력의 특수한 성질, 폭력의 심각성, 시기, 아동이 폭력에 관여되는 정도에 따라 다르게 나타난다. 아동이 가정폭력에 대해 보이는 정서적 반응에는 강한 공포, 죽음에 대한 두려움, 부모 상실에 대한 두려움 등이 포함된다. 부모 간의 갈등과 폭력을 지속적으로 목격한 어린 아동은 뇌구조의 신경생물학적 변화를 초래할 위험을 가져 신경발달에 영향을 받을 수 있다는 증거가 점차 늘고 있다. 폭력적인 다툼의 성질에 따라 뇌가 경험을 어떻게 내재화할지가 결정될 수 있다. 아동이 겁에 질리게 되면 뇌는 지속적으로 과잉흥분 상태를 유지하고, 이는 아동이 인지적 자극과 정보를 적절히 흡수하는 데 어려움을 가질 수 있다.

아동은 가정폭력으로 인해 다양한 증상을 겪게 된다. 폭력이 없는 가정의 아동과 비교해 볼 때, 가정폭력에 노출된 아동은 불면증, 악몽, 안면경련증, 야뇨증을 보일 위험이 높다. 그리고 외현화된 행동 문제(공격성, 울화행동, 또래와의 싸움)와 내재화된 문제(불안, 공포, 우울, 자존감 상실)들이 증가될 확률이 높다. 이들은 또한 언어, 운동, 인지 기술이 낮고, 학교 과제에 대한 집중력이 떨어지고 주의가 산만하다.

(3) 치료개입

치료개입에서 우선 택해야 하는 것은 폭력을 쓰지 않는 부모가 안전하고 안정된 가정을 꾸리도록 도와주는 것이다. 가정폭력을 받으면서 사는 부모는 때때로 외상후 스트레스 장애(posttraumatic stress disorder: 충격적인 사건에 대한 반응으로 보이는 심리적 증상)를 발달시킨다. 이런 장애를 가진 사람들은 가정 내 폭력에 둔감해지고 폭력을 줄이려는 노력을 기울이지 못해서 이 같은 상황에서 아동을 보호하지 못한다. 이렇게 희생당하는 부모는 희망이 없고 무력하고 우울한 상태에 빠져 아동의 양육자 역할을 하지 못하고 아동이 이런 사건에 잘 감내하도록 도와주지도 못하게 된다. 가정 외부에서의 도움은 먼저 희생당하는 부모를 우선으로 하여 이들이 안정된 가정을 만들도록 해서, 이 부모가 자녀를 도와줄 일차적인 원천이 되도록 할 수 있다.

둘째, 아동이 목격한 폭행에 대해 설명해 주고 아동이 자신의 감정을 표출할 수 있도록 해 주어야 한다.

셋째, 부모들은 자녀가 갖는 두려움과 걱정에 대해서 솔직한 답변을 해 주고 주어진 상황에서 가능하고 현실적인 확신을 많이 주도록 해야 한다.

가정이나 보호소에서 위기상담을 하는 것도 아동이 일어난 사건에 대해 적응하는데 도움을 줄 수 있다. 집단치료 프로그램에서 아동이 각자 자신에게 벌어졌던 일들에 대해 얘기할 기회를 주면, 그들과 비슷한 사건이 다른 아동에게도 일어났다는 것을 깨달아 죄책감이 줄어들고 안전 기술도 발달시키게 되면서 자존감도 증진된다.

아동과 가족에 대한 서비스 외에도, 아동이 가정폭력에 잘 대처할 수 있도록 교사들을 교육시키는 것과 같은 지역사회에서의 개입도 있다. 때때로 어린 아동은 자발적으로 집에서 벌어진 폭력에 대해서 말하거나 글을 통해 표현한다. 교사들은 이런 상황에 민감하고 효과적으로 대응해서 문제가 지속되지 않도록 준비되어 있어야 한다. 지역사회는 개입을 통해 건강관리, 법, 공공기관의 전문가들이 가정폭력의 희생자들에게 민감성 있고 효과적으로 반응할 수 있도록 교육시킨다. 지역사회의 확대된 조치에는 가정폭력의 감소 필요성에 대한 공중의 자각을 위해 건강관리 및 교육체제를 이용한 예방 프로그램이 포함된다. 그러나 주요 장애는 가정폭력은 잘못되거나 해로운 것이 아니라 성인들 간의 사적인 문제일 뿐이라는 사회적 인식이다. 일반 사람들에게 가정폭력이 성인과 아동에게 미치는 부정적인 영향에 대해 교육하고 갈등을 해결하는 더 효과적인 방법을 배울 기회를 제공하는 것이 예방 프로그램의 일차적 과제다.

> 비록 평가적인 자료는 아직 제한적이지만, 지금까지 나온 결과들은 가정폭력 예방을 위해 적용할 수 있는 믿을 만한 방법과 이론들을 제안하고 있다. 여기에는 가정방문과 아동보호 기관 종사자와 가정폭력 서비스 제공자 간의 협력적인 노력, 가정과 지역사회 그리고 학교 모두에서의 폭력 예방 노력, 인구의 특정 일부가 가질 수 있는 독특한 시각을 고려하려는 공공교육 프로그램과 공공교육 캠페인 등이 포함된다.

2) 성학대

국립 아동학대 및 방치 연구소에서는 아동 성학대를 다음과 같이 정의한다.

> 아동 성학대는 아동이 학대자나 다른 사람의 성적 자극을 위해 이용될 때의 아동과 성인

의 접촉 또는 상호작용을 가리킨다. 성학대는 18세 이하에 의해서도 범해질 수 있는데, 이 때는 학대자가 학대 희생자에 비해 상당히 나이가 많거나(5년 이상의 차이) 학대자가 희생자에게 권력이나 통제를 가하는 위치에 있는 경우다.

학대 경험은 성교, 애무뿐만 아니라 노출증 환자에게서 보이는 행위까지 포함된다. 학대는 가족 내에서 일어날 수도 있고 가족 외에서도 일어날 수 있다. 성학대에 대한 대부분의 연구는 여아를 대상으로 하고 있지만 남아도 성학대 대상임이 점차 드러나고 있다.

(1) 편재성

아동기의 성학대 발생률과 편재하는 정도를 결정하기가 극히 힘든 이유는 이 행위 자체가 금기시되어 대부분 보고되지 않기 때문이다. 1,800명의 대학생을 표본으로 한 연구에서 보면, 남녀 모두 1/3 정도가 아동기에 성학대를 당한 경험이 있는 것으로 보고하고 있다. 그렇지만 이들 중 단지 여성의 1/2과 남성의 1/10만이 이 경험을 성인에게 알렸다고 한다. 네 명의 여아 중 한 명, 여섯 명의 남아 중 한 명이 18세 때까지 특정 형태의 성학대를 경험한 것으로 추정되고 있다.

Russell(1988)은 샌프란시스코 거주 여성들을 무선표집하여 아동기 성학대와 관련해서 면담조사를 실시했다. 이때 성학대에 대한 정의는 노출증 환자를 경험한 것은 제외하고 성적 접촉에만 국한시켰다. 조사에 따르면 18세에 이르기까지 16%의 여성이 가족구성원에게서 성학대를 경험하고, 31%의 여성은 가족 외의 사람에게서 성학대를 경험한 것으로 나타났다. 이 두 수치를 통합해 보면, 조사 대상인 930명의 여성 중 38%가 18세 때까지, 28%는 14세 때까지 적어도 한 번 이상 성학대를 경험한 것으로 나타났다. 그런데 가족 내 학대 경험자 중 2%, 가족 외 경험자의 6%만이 경찰에 신고했다고 한다.

가족 내 학대의 경우, 38%의 학대자가 핵가족의 구성원(부모 또는 형제자매)이었다. 학대자로 보고된 친척들은 대부분 아저씨나 남자 사촌 또는 할아버지였다. 가족 외 학대의 경우 15%만이 모르는 사람이었고, 42%는 가까이 아는 사람, 43%는 희생자나 가족의 친구였다.

Meiselman은 근친상간의 위험이 높은 가정은 다음 요소 중 하나 또는 그 이상을 가진 것으로 기술하고 있다. 이 요소들로는 ① 알코올 중독 또는 폭력적인 아버지, ② 어머니가 떨어져 살거나 신체적인 질병을 갖고 있거나 우울하거나 수동적인 경우, ③ 나이든 딸이 어머니의 대리자 역할(가사를 도맡거나 어린 동생들이나 아버지를 돌보는 역할)을 하는 경우, ④ 만족스러운 성관계를 갖지 못하는 부모, ⑤ 아버지와 딸 둘이서만 보내는 시간이 많은 경우, ⑥ (정신증이나 평균 이하의 지능과 같이) 개인의 자제력이 떨어진 경우, ⑦ 부모의 가족에게 근친상간 경력이 있는 경우, ⑧ 성인과 아동간의 신체적 접촉을 통한 애정 표현이 과도하면서 낭만적인 애착을 갖는 경우 등이 포함된다.

(2) 아동에게 미치는 영향

성학대가 미치는 영향은 아동과 학대의 특정 상황, 즉 신체적 접촉의 성질, 기간, 빈도와 학대자의 정체에 따라 상당히 다르게 나타난다. 더 나아가 학대 이전의 가족 갈등과 학대 자체 그리고 학대 폭로에 따른 사건들이 미치는 효과들을 분리시켜 이해하기는 쉽지 않다. 폭넓게 개관한 연구에 따르면, 심각한 증상을 일으키는 성학대의 경우에는 ① 학대자와의 친밀한 관계, ② 여러 방식의 성교행위, ③ 빈번한 발생, ④ 장기간 지속, ⑤ 폭로 시점에서 어머니가 지지하지 않는 경우 등이 포함된다. 그러나 학대의 여러 측면들은 서로 관련을 갖는다. 가까운 가족구성원일 경우 장기간에 걸쳐 빈번한 접촉을 가질 기회가 상당히 많아진다.

성학대를 당한 아동은 학대 이후에 여러 다른 증상을 보고해서, 한 증상으로 다수의 성학대 아동을 특징지을 수는 없다. 가장 빈번히 보고되는 증상은 공포와 악몽, 어른이나 또래들로부터 성적 자극을 암시하는 유사 성행위(인형이나 장난감을 가지고 보이는 성행위 놀이, 물건을 신체 부위에 끼워 넣는 행위, 부적절한 자위행위), 우울, 공격, 위축, 학교생활 문제, 저조한 자존감, 무의식적 행동, 퇴행적 행위, 외상 후 증상(학대 경험의 재생, 비참한 결과에 대한 두려움) 등이다. 이 증상들은 일반적으로 Cicchetti와 Lynch(1993)가 학대에 대한 상호교환적/생태학적 모형에서 제안한 어려움의 패턴, 즉 애착, 감정 조절, 자아개념, 또래관계, 학업 수행의 어려움에 뒤따라서 일어난다. 성학대를 당한 아동이 비안정적 애착관계를 형성한다는 분명한 증거는 없지만, 보고되는 증상들은 발달상에서 드러나는 어려움을 보여 준다.

학령전 아동이 빈번히 보이는 증상은 두려움, 악몽, 모방된 성행위, 위축, 공격적이고 충동적인 행동들이다. 학령기 아동은 이 증상들 외에도 학교 문제, 과잉행동, 퇴행적인 행동을 보인다. 사춘기 아동이 자주 보이는 증상은 우울증, 무의식적인 자살 시도, 분노, 도망가기, 반사회적 행동이다. 우울증은 성학대 경험이 있는 성인들에게서 가장 공통적으로 보고되는 증상이다.

성학대를 당한 아동의 1/3에서 1/2 정도는 초반에 어떤 증상도 보고하지 않는다. 아주 작은 상처만을 받은 아동도 있을 수 있고, 학대받았다고 말했을 때 지지를 잘 받았을 수도 있다. 그리고 이들은 회복력이 강한 아동일지도 모른다. 그러나 이들은 자신의 감정을 억압해서 나중에 어려움을 경험할 가능성도 있다. 종단연구의 증거에 따르면 10~24%의 아동은 2년 정도에 걸쳐 증상을 호소하는 수가 점차 늘어간다고 한다. 그렇지만 대부분의 경우 18개월이 지나면서 증상이 점차 감소하는데, 공포와 악몽, 불안이 먼저 사라지는 반면, 또래나 형제에게 화를 내고 공격적인 행동을 보이는 것은 더 오래 지속되는 경향이 있다. 1~5년까지 진행된 추적조사 결과, 6~19%만이 다시 학대를 당한 것으로 나타났다. 이 수치는 신체적 학대와 방치가 다시 반복되는 비율보다 낮다.

성학대를 경험한 아동이 보이는 증상은 네 가지 기제로 설명된다고 여겨진다. 이 네 기제는 ① 상처받은 성 정체성(성행동에 대한 잘못된 신념과 생각뿐만 아니라 부적절한 성적 반응의 학습), ② 배신, ③ 상흔, ④ 무기력이다. '상처받은 성 정체성은 아동의 성 관념이 부적절한 발달과 대인관계의 역기능으로 조성되는 과정을 말한다.' 아동은 관심과 애정을 통해 성적으로 부적절한 반응을 학습하거나, 아동의 신체 일부가 성적 흥분의 대상으로 학습되거나, 성행위를 고통과 두려움과 연합시키기도 한다. 아동이 특정 행위의 성적 의미를 이해하기에 너무 어린 경우에는 상처를 덜 입을 수도 있다.

아동은 신뢰하고 의지했던 누군가가 자신에게 해를 입혔다는 느낌에 배신당한 고통을 경험할 수도 있다. 배신감은 학대 자체에 기인할 수도 있고 학대당한 사실에 대해 가족들이 보인 반응 때문일 수도 있다. 학대자가 믿었던 가족구성원이거나 가족구성원이 학대에 대해서 알면서도 아동을 보호하려는 행동을 보이지 않을 때 아동은 배신감을 느낀다. 학대 사실이 드러났을 때 이에 대한 가족들의 반응도 아동에게 배신감을 느끼게 할 수 있다. 즉, 가족들의 관심이 학대자 또는 가족구성원들에게 미칠 결과에 쏠리거나 아동이 비난당하거나 거부당하면 배신감을 느끼게 된다.

아동은 자신의 감정을 철저히 무시하고 원치 않은 행동을 하도록 강요당할 때 무기력감을 느낀다. 또한 위협당하거나 어쩔 수 없는 처지에 놓이거나 폭로를 했을 때 지지를 못받게 되면 무기력을 경험하게 된다. 그러나 아동이 학대를 저지할 행동을 취할 수 있고 지지를 받게 되면 그런 감정은 줄어든다.

아동이 성 활동에 대한 상흔을 갖게 되면 학대 경험은 아동의 자아상의 일부가 될 수도 있다. 때때로 학대자는 학대받은 아동을 비난하거나 아동이 그 행위에 대해 수치심을 갖게 하기도 한다. 가족이나 지역사회의 다른 사람들이 아동을 비난하거나 그런 경험을 겪었다는 이유로 '망가진 존재' 라고 아동이 느끼게 할 수도 있다. 학대를 비밀로 하는 것은 아동의 수치심을 더 키울 수도 있다. 학대는 다른 아동에게도 일어날 수 있고 학대당한 아동은 결코 잘못이 없다는 것을 배울 때 상흔을 덜 받게 된다.

어떤 아동이 보이는 모방된 성행동의 증가는 상처받은 성 인식으로 설명될 수 있다. 우울증과 저조한 자존감은 상흔을 의미할 수 있다. 그리고 무기력감은 두려움, 강한 공포, 공황감과 관련될 수 있다. 배신감은 학대받은 아동이 보이는 분노, 공격성, 무의식적인 반사회적 행동을 설명할 수 있다.

아동이 학대의 결과에 잘 대처하도록 가족이 강력한 역할을 해야 한다는 생각은 일치된 견해다. 가족의 지원, 특히 어머니의 지원은 아동의 상태가 증진되어 가는 데 가장 중요한 요소다. 어머니가 아동을 믿고 아이를 보호하는 행동을 취할 때 아동은 시간이 지나면서 증상을 제일 적게 보인다. 반대로 아동을 학대하고 역기능을 보이는 가족은 아동이 필요로 하는 것을 제대로 알지 못해서 학대에 따른 문제를 증가시킨다.

법정개입은 아동의 회복을 지연시킬 수도 있다. 아동이 수없이 법정에 서야 하고, 사법처리 과정이 연장되어 가면서 아동이 학대자를 두려워하게 되면, 학대에 따른 부정적인 영향과 증상이 지속될 수 있다. 소송건이 빨리 종결되고 아동이 단 한 번만 법정 신문을 받으면서 폐쇄회로 TV를 통해 증언할 수 있다면 아동 회복의 위험 요소는 줄어들게 될 것이다.

사춘기 아동을 포함한 학령기 아동에 대한 최근 연구에 따르면, 학대는 아동에게 다른 문제들을 일으키는 방향으로 아동의 발달을 몰아갈 수 있다고 한다. 아동기의 성학대는 저조한 학습, 학교에서의 낮은 사회적 역능, 학업 성취의 전반적 저하, 학교 기피 문제를 일으킬 수 있다. 부정적인 자아상과 자아개념은 여러 면에서 학교생활과 또래들과의 관계에서 문제를 초래할 수 있다. 이런 행동들은 나중에 가서 직업을 갖는 데도 심각한 결과를 초래할 수 있다.

(3) 치료개입

우리는 아동에 대한 성학대와 그 영향이 얼마나 편재되어 있는지를 살펴보았다. 성학대가 일어나고 그것이 알려졌을 때 무엇을 해야 하는가? 첫째, 아동의 안전에 대한 조치가 즉각 취해져야 한다. 둘째, 치료자를 통해 아동이 자신의 분노, 두려움, 죄책감, 수치심을 표현할 수 있는 통로를 열어 주어야 한다. 초반에 저항하는 아동도 있지만 경험 있는 치료자는 아동이 말할 수 있도록 격려해 줄 수 있고, 아동이 배신감과 무기력감을 잘 극복하도록 도와준다는 확신을 줄 수 있다. 놀이를 통해서 아동은 자신의 능력과 확신을 되찾을 수 있다. 이런 감정들을 지원해 주면 아동은 믿음을 다시 형성할 수 있게 된다. 이렇게 되었을 때 아동은 자신의 세계를 제어하는 것을 배우고 회복과 성장이 진전되어 간다.

아동에게 집단치료를 하는 것은 자신이 경험한 성학대에 잘 대처하도록 돕는다. 집단치료에 참여하는 것은 자신의 경험과 감정을 표현하고 대처하는 데 있어서 치료자가 아동을 도와주는 것 이상의 효과를 낼 수 있다. 예를 들어, 어린 여아가 다른 아이들이 비슷한 경험을 한 것을 듣고 자신만이 이해할 수 없는 이유로 학대당한 것이 아니라는 사실을 깨닫게 되면 자신이 겪은 희생을 조금은 쉽게 받아들일 수 있게 된다.

가족치료는 가족구성원들이 아동이 당한 학대에 대해 적절한 반응을 하도록 돕는다. 부모와 형제들은 강한 슬픔, 분노, 죄책감을 가질 수도 있다. 또한 이들은 벌어진 일을 수용하고 극복하는 데 도움이 필요하기도 하다.

3) 신체적 학대

아동의 신체적 학대에 대해 일반적으로 일치된 정의는 없다. 특정 행위를 신체적 학대라고 정의할 때는 그 행위의 성질, 강도, 빈도, 희생자에게 미치는 영향, 학대자의 의도 그리고 지역사회의 기준을 고려해야 한다. 뼈가 부러지거나 심한 상해를 입히는 것과 같은 행위는 누구나 신체적 학대라고 분명히 동의한다. 그러나 침착하고 존중하는 태도로 아동에게 잘못에 대해 뉘우치라고 말하는 것처럼 학대적이라고 말하기 힘든 행위도 있다. 그러나 이러한 두 극단 사이에 있는 행위는 해석이 필요하다. 원치 않는 신체적 행위를 학대라고 정의하는 사람들도 있고, 크게 소리지르거나 밀치는 행위까지도 학대로 보는 사람이 있으며, 아동의 몸을 때리는 모든 행위를 학대로 보는 사람도 있고, 상해를 입히는 구타만을 학대로 보는 사람도 있다. Emery(1989)는 공공장소에서 서로 모르는 사람들 간의 폭력행위 기준이 가정에서의 폭행에도 적용되어야 한다고 제안한다.

여기서 아동에 대한 폭행이 신체적 처벌이 없는 가장 약한 상태로부터 학대의 정도가 증가되어 살인과 같은 가장 강한 상태까지 단일한 차원을 갖는 것인지에 대한 의문이 제기된다. 폭행이 단일 차원으로 기술된다고 생각한다면 폭행의 모든 측면의 기반을 이루는 기제를 찾을 수 있을 것이다. 다른 이론에 따르면, 신체적 처벌과 약한 학대, 심한 학대, 살인은 각기 다른 행동범주에 속한다. 이런 경우에는 각 범주의 기반을 이루고 다른 범주와 차이를 갖게 하는 기제가 모색되어야 한다. 제2차 전국 가정폭력조사의 자료에서 신체적 처벌과 심한 학대를 예언하는 요인들이 다른 것으로 보아 이 두 범주는 구별되어야 함을 알 수 있다.

(1) 편재성

학대에 대한 통계치는 출처에 따라 다르다. 1985년의 한 전국 표본조사는 전화를 통해 실시되었는데 조사에 응한 6,002가구 중에 3,232가구가 18세 이하의 아동을 두고 있었다. 이 중 60%는 신체적 처벌(밀기, 움켜쥐기, 떠밀기, 뺨 때리기 같은)과 약한 학대 방법을 사용한다고 보고했다. 10%는 발로 차거나 물기, 주먹이나 물건으로 치기, 지지기와 같은 신체적 학대 또는 심한 폭행을 한두 번 행사한 적이 있다고 보고했다.

이 보고는 벌과 학대에 대한 자기보고 형식을 취했다. 1994년에 사회기관에 아동학대로 추정되는 보고 건수는 300만이었다. 사회기관에 아동학대로 보고된 수치는 자기보고에서의 10%보다는 훨씬 낮은 수치였다. 10%가 아동학대를 했다면 그 수치는 약 600만이 되어야 할 것이다. 이러한 학대는 매년 1,200~5,000명의 아동을 사망하게 만든다.

신체적 학대와 관련된 부모와 자녀, 생활 환경의 특성들이 확인되어 왔다. 전국 가정폭력조사에서 보면, 여성 양육자들이 신체적 처벌과 약한 학대를 자주 사용하지만, 신체적 학대나 심한 폭행에 있어서는 양육자의 성별 차이가 없었다. 여러 아동을 둔 젊은 부모들일수록 더 학대적인 것으로 나타났다. 학대는 모든 사회경제적 계층에서 관찰되지만, 아버지가 실업상태거나 임시직에 있을 때와 빈곤층 가정인 경우에 더 자주 보고된다. 그리고 학대 부모들은 약물 사용을 하는 경향이 많은 것으로 보고된다. 예를 들어, 한 조사에서 보면 주정부 기관이 아동보호 조치를 취한 사례의 68%는 부모에게 약물남용 문제가 있어서였다.

다른 연구들은 어린 시절 학대를 받은 부모들 중 30%가 아동을 학대한다고 보고했지만 학대를 경험한 대다수는 다시 반복하지 않는다. 학대하는 부모는 그렇지 않은 부모들에 비해 배우자 학대와 가정폭력이 일어나는 가정을 형성하는 경향이 있다. 이런 부모들은 자녀에게 요구하는 것이 많고 부정적인 태도를 취하며 자녀를 키우는 것을 짐이라고 생각하는 경향이 높았다. 이들은 엄격하고 확고하면서 신체적인 훈육이 필요하다고 믿는다. 과거에는 '학대적인 성격' 이라는 표현을 사용했지만 연구들에 따르면 일정하게 확인되지는 않는다. 학대를 하는 사람은 부정적인 사건에 유난히 민감하게 반응하고 자존감이 낮으며 충동 자제력이 약하고 공감력이 부족한 경향이 있다.

신체적 학대를 받은 아동의 특징은 ① 연령별로는 3~8세의 아동이 대부분이지만 10대들이 학대받는 사례도 증가하고 있고, ② 성별에서는 남아가 더 많이 신체적 학대를 받는 것으로 나타난다. 학대를 받기 전에 아동이 가지는 부정적인 특징들은 대개 부모의 부정적인 양육행동에 기인하는 것으로 여겨진다.

형제간의 싸움은 아동이 경험하는 가장 일반적인 희생의 형태다.

학대받은 경험이 있는 부모들 중 자녀를 학대하지 않는 부모들은 학대를 하는 부모들에 비해 지능과 정서적 안정성이 높고 불안과 우울 정도는 낮다. 이들은 지지적인 배우자가 되는 경향이 높다.

가정폭력에 대해 광범위하게 연구를 해 온 Wolfner와 Gelles는 자녀에 대한 폭행을 부모의 폭력 경향성과 스트레스에 쌓인 생활 여건의 조합에 따른 결과로 본다. 폭행 잠재성은 사회적 학습의 결과로 누구에게나 어느 정도 있게 마련이다. 폭력을 통해 스트레스에 반응하는 것을 학습해 온 사람들은 실직이나 재정 문제와 같은 스트레스를 경험할 때 아동을 학대할 가능성이 높다.

(2) 아동에게 미치는 영향

아동은 신체적 학대에 여러 방식으로 반응한다. Cicchetti와 Lynch(1993)의 상호교환적/생태학적 모형에 대한 논의에서 보았듯이, 아동 발달에 영향을 미치는 다섯 가지 주요 영역은 애착관계, 감정 조절, 자아개념, 또래관계 그리고 학교적응이다.

영아기와 아동기 초반에 학대를 경험한 아동은 비안정적 애착이나 혼란/무분별적 애착을 형성하곤 한다. 한 연구에 따르면 학대받은 영아의 80%가 혼란/무분별적 애착을 형성하는 반면, 학대받지 않은 영아들은 20%만이 이를 형성한다고 한다. 더군다나 이렇게 형성된 혼란형 애착은 지속적이어서 이런 영아의 90%는 1년이 지나도 동일한 애착관계를 보인다. 아동이 학대를 경험하는 시기가 7~13세 사이인 경우 약 30%만이 어머니에게 혼합된 형태의 애착을 보이는 것으로 보아 나이가 들어감에 따라 학대가 애착에 미치는 영향은 감소하는 것으로 보인다.

학대받은 아동이 학대적인 부모와의 경험에 근거해서 형성한 내적 작업모형은 다른 대인관계에도 일반화되어, 타인이 자신을 대하는 방식과 타인의 신뢰성과 행동에 대해 부정적인 시각을 갖게 한다. 그래서 학대를 경험한 아동이 또래관계에 문제를 갖는 것을 종종 볼 수 있다. 학대를 경험한 어떤 아동은 또래들을 두려워하고 불안하게 생각하며, 종종 또래들로부터 위축되거나 피하는 경우도 있다. 다른 아동은 신체적, 언어적으로 공격적인 행동을 보이고 긍정적이고 신중한 태도를 갖기 힘들어한다.

아동의 감정 조절 능력은 다른 기능의 모든 면에 영향을 미친다. 학대받은 아동은 자신의 감정을 통제하기 힘들어하는데, 이는 부분적으로는 감정이 너무 강하기 때문이다. 이 아동은 장기적 스트레스, 불안, 우울, 무력감을 느끼기 쉽다. 그리고 자신의 감정을 언어로 표현하고 타인의 감정을 알아채는 데도 어려움을 갖는다. 이들은 동년

배 아동들이 보이는 정서의 인지적 통제력도 결핍되어 있다. 정서적 조절장애를 갖는 경우 또래와 어울리기 어렵기 때문에 또래관계 형성도 힘들게 된다.

열악한 애착관계와 감정통제 문제에 비추어 볼 때, 학대받은 아동이 비현실적인 자아상을 갖는 경우가 종종 있다는 것은 놀라운 일이 아니다. 어릴 적에는 역능감을 키우고 전반적인 확신감을 가질 수 있지만, 점차 나이가 들어가면서 이들은 자신이 능력이 떨어지고 다른 사람들에게 받아들여지지 못한다고 기술한다.

Emery(1989)는 학대받은 아동이 보이는 많은 증상들이 학대 자체에 따른 것인지, 학대에 이르게 된 가족의 상호작용에 따른 것인지는 불분명하다고 기술한다. 3장에서 기술했듯이, 그는 분노가 발생하는 사건들은 아동이 관여된 문제가 아니어도 아동에게 고통을 준다는 사실을 지적하고 있다. 이때 아동은 고통 때문에 부모의 다툼을 중지시키고 싶어서 부모 간의 갈등에 관여하게 된다. 아동이 잘못된 행동을 보이면 부모들이 다툼을 일시적으로 멈추기 때문에, 아동은 자신이 학대를 당하게 되더라도 부모의 다툼을 중지시키기 위해서 이런 행동을 반복할 수 있다.

학대를 경험했음에도 불구하고 상당수의 아동은 역능감과 남을 돌보는 능력을 발달시키고 문제를 극복하는 데 탄력과 풍부한 자력을 갖는다. 가장 역능감이 높고 잘 기능하는 아동은 자아통제와 자아탄력, 자존감을 발달시키는 아동이다. 타인과 상호작용을 할 때 신중하고 통제적이고 합리적인 태도를 취하는 능력은 학대받은 아동의 전반적인 역능을 잘 예언한다. 이 요인은 학대받지 않은 아동의 역능은 별로 예언하지 못하는데, 아마도 통제력은 학대를 경험하지 않은 아동의 역능에는 그렇게 중심적인 요소가 아니기 때문일 것이다.

(3) 치료개입

아동 성학대의 경우와 마찬가지로 신체적 학대의 두 치료개입은 ① 아동을 안전하게 하고 안심시켜 주는 것과 ② 심리적 서비스를 제공하는 것이다. 배우자 학대의 경우 학대자를 구속하는 것이 싸움을 비공식적으로 중재하거나 학대자가 이틀 정도 집에서 떠나도록 하는 것보다 더 효과적이라는 지적이 있다. 이에 비해 아동학대의 경우 학대자가 다시 공격하지 못하도록 물리적 보호를 분명히 해 주어야 한다. Gelles에 따르면, 어떤 부모들은 일회적인 사건에서 너무 심한 학대를 가해서 가족 재결합을 고려할 수 없을 정도인 경우도 있다고 한다.

신체적 학대를 받은 아동도 성학대를 받은 아동과 동일한 형태의 치료를 받아야 한다. 이들은 강렬한 감정을 분출시키고 이해해서 이를 적절히 표현하는 것을 학습하고, 감정이 강하게 일어날 때 이를 통제할 수 있는 기회들이 필요하다. 그리고 어른과 또래들과의 긍정적이고 신뢰로운 관계를 형성하도록 도와주어야 한다. 자존감을 발달시켜 자신의 세상을 능동적으로 탐색할 수 있도록 도와주는 것도 필요하다.

치료개입은 학대를 가한 부모들에게도 실시되어야 한다. 이들은 양육 기술과 분노를 조절하는 다른 방법을 교육받는다. 때로는 가정방문을 통해 양육 기술을 교육하고 감시 감독할 수도 있다. 어떤 의미에서 이런 치료개입은 부모들이 이전에는 얻는 데 실패하거나 얻을 수 없었던 지역사회 자원을 제공하는 역할을 한다.

4) 방 치

가정은 아동을 돌보고 보호할 책임을 갖지만 어떤 가정은 이 과제들을 잘 수행하지 못한다. 방치는 부모나 보육자가 아동의 건강, 음식, 의복, 안식처에 대한 필요와 애정, 관심, 감독이라는 심리적 필요 그리고 교육적 필요를 충족시키기를 거부하거나 지연시키는 행위로 정의된다.

(1) 편재성

1994년에 실시된 전국 사건발생률 연구에서 보면, 방치는 가장 빈번히 일어나는 아동학대로 그해에 방치를 당한 아동의 수는 87만 9,000명으로 추산되었다. 이는 흔히 벌어지는 학대인데도 다른 학대에 비해 덜 연구되었다. 따라서 신체적 학대와 성학대에 비해 방치와 방치를 경험한 아동에 대해서 알려진 바가 적다.

아동 방치는 자원 제약 때문에 일어나는 부적절한 양육의 경우를 제외하더라도 빈곤한 환경에서 가장 빈번히 발생한다. 빈곤한 가정에서는 의료보험 혜택이 부족하고, 열악한 교육시설뿐만 아니라 납중독이나 위험한 거주지역이라는 위험에 직면하게 된다. 그렇지만 대부분의 빈곤한 가정에서는 아동을 방치하지 않는다. 사회경제적 계층을 동일하게 놓고 보았을 때 아동 방치는 특정 인종집단과 연관은 없지만 부모의 실직, 질병, 잦은 이사와 같은 스트레스와 연관이 높다.

아동 방치를 일으키는 두 번째 주요 위험 요인은 부모의 약물남용이다. 여러 연구들을 개관한 분석에 따르면, 약물과 알코올 남용은 아동의 신체적 학대와 방치 사례들 중 80~90%를 차지하는 주요 요인임이 밝혀졌다. 한 의문점은 어머니가 임신 중 약물을 사용한 것도 신체적 학대 또는 방치로 보아야 할지의 여부다.

아동 방치와 관련하여 일관되게 관찰된 아동의 특성은 별로 없었다. 그러나 방치는 주로 어린 아동의 경우에 발생한다는 점을 주지할 필요가 있다. 한 연구에서 보면, 아동 방치의 1/3이 4세 이하인 경우에 발생하는 것으로 보고되었다.

(2) 아동에게 미치는 영향

방치된 아동은 신체적 학대를 받은 아동이나 학대를 받은 적이 없는 아동과 비교해 볼 때 애착 문제와 저조한 자존감, 의존성 증가, 분노 등을 보일 확률이 더 높다. 또한 이들은 언어발달 문제를 더 많이 보이고, 학업 성취와 인지발달이 느리며, 종종 수동적이고 위축된 사회적 행동을 보이기도 한다. 방치된 아동에 대한 종단적 추적조사에서 보면 이들이 청소년 비행을 보일 위험이 있다고 한다. 신체적, 의학적 문제 또한 방치와 연관되어 있다. 수영장과 화재 사건에서 아동 사망의 반은 적절한 감독의 부재, 즉 방치에 따른 것으로 알려졌다.

(3) 치료개입

치료개입이 집중되는 두 영역은 아동 방치의 예방과 아동 방치가 발생했을 때의 아이 돌보기다. 여기서 기술되는 치료개입법의 다수는 신체적 학대의 예방과 치료개입에도 적용된다. 예방은 영아기와 아동기 초반에 위험에 처한 가정에 제공되는 서비스의 증가라는 방식을 취한다. 이는 ① 가정 건강간호와 같은 보조지원과 이에 대한 정보를 제공하고, ② 적절한 돌보기 모델을 모방학습하도록 하며, ③ 가정을 지역사회 서비스와 연계시켜 준다. 지역사회 서비스에는 아동의 효능감 및 자존감 발달을 돕는 유소년 운동 프로그램과 방과활동 프로그램, 교회 프로그램 등이 있고, 성인을 대상으로 하는 지역사회 프로그램에는 양육 프로그램과 부모 지지집단이 있다.

아동 방치가 일어나면 아동을 돌보아 주기 위해서 가정에 서비스를 증가시키거나 집에서 다른 보호시설로 이동시켜야 한다. 아동 방치로 추정되는 가정을 대상으로 한 연구에서 보면, 아동의 1/3 정도는 해당 가정에 음식과 거주를 위한 재정보조를 증가시켜 줌으로써 잘 돌볼 수 있다고 한다. 하지만 아동 방치가 부모의 약물남용에 따른 것이라면 그 아동은 반드시 보호시설로 옮겨야 한다.

국립 아동학대 및 아동방치센터의 초대 소장인 Besharov(1998)는 개혁이 필요한 보고과정과 아동예방 의사결정과정과 관련된 몇 가지 제안을 했다. 첫째, 아동학대방지법은 보호가 요구되는 양육행동을 상세하게 기술할 필요가 있다. 현재 법 규정은 애매모호한 부분이 많기 때문에 보고된 많은 경우에 결국 학대가 아닌 것으로 판명된 사례들을 분석하는 데 많은 시간이 소요된다. 둘째, 법이 잘 명시된 이후에는 분석 보고를 담당한 전문가들이 정확한 보고를 제시할 수 있도록 교육과정이 필요하다. 셋째, 모든 보고는 신중하게 검토해서 적절한 조치를 취해야 한다. 끝으로, 보고를 담당한 전문가와 기관은 보고의 정확성에 대해 피드백을 받도록 해야 한다.

아동예방 의사결정과정의 개혁과 관련하여 Besharov는 부모의 약물중독이 다수의 신체적 학대와 방치의 원인이 되고 지속적으로 아동을 위험에 처하게 하기 때문에 약물중독인 부모, 특히 코카인 중독 부모의 가정에 다음과 같은 조언을 하고 있다.

① '부모에 대한 그리고 치료효과에 대한 안이한 사고' 는 아동에 대한 합리적인 판단의 주요 걸림돌이라는 점을 명심하라.
② 부모의 코카인 중독은 치료가 힘들다는 점을 전제하라.
③ 부모와 함께 사는 것이 허용된 아동의 경우 집중적이고 수년에 걸친 장기적인 감시 감독을 하여야 한다.
④ 친척이 아동을 키우는 경우, 집중적이고 장기적인 지원이 필요하기 때문에 친척 양육 프로그램을 신중하게 구성하고 평가해야 한다.
⑤ 방치로 보호시설에 있는 많은 아동, 특히 부모들이 포기한 영아들이 수년간 입양을 기다리고 있기 때문에 입양의 기회를 증가시켜야 한다.
⑥ 입양되지 않은 아동을 위한 안정되고 장기적인 양육시설을 설립해야 한다.
⑦ 많은 여성들이 원치 않는 임신을 하는 경우가 있으므로 아동 사회복지기관에서 가정의 자녀계획 수립을 돕도록 허용하라.

Besharov(1998)는 아동 방치와 학대에 대한 보고과정과 더 현실적이고 장기적인 반응이 아동학대로 인한 사망을 근절시킬 수 있을 것이라고 믿지는 않지만, 이런 개혁까지 없으면 진전도 전혀 없을 것이라고 생각한다.

네바다 대학의 사회복지대학 소장인 Leroy Pelton은 사회복지기관의 사례분석 업무와 예방 및 지원서비스 업무를 분리시킬 것을 강력히 촉구한다. 이렇게 해야지 부모의 도움이 필요한 시점에 아동이 가정에서 보호시설로 강제로 옮겨질 것을 우려하지 않고 도움을 청할 수 있기 때문이다. 전국 아동학대 예방위원회 부소장이자 전국 공공 아동복지기관협회의 회장인 Michael Weber는 어떤 한 기관이 아동학대의 예방과 중재를 책임질 수 없다고 본다. 그는 동반자 지향적이고 지역사회에 기반을 둔 아동예방 네트워크를 형성하여 ① 문제의 예방, ② 문제가 시발되었을 때의 조기개입, ③ 가정에 치료와 서비스 제공, ④ 충족스러운 치료에 집중하여 아동학대의 재발을 막아야 한다고 제안하고 있다.

이 모든 제안들은 기본적으로 학대의 예방과 신속한 확인 그리고 치료에 대한 방법을 보여 주고 있다. 학대를 예방하고 학대받은 아동과 가족에 서비스를 제공하는 일은 모두 학대에 대한 분명한 정의와 지역사회 기관이 관여하는 모든 자원과 인력을 필요로 한다.

5) 다른 형태의 개인적 학대

정서적 학대에는 아동에 대한 위협, 착취, 잘못된 사회화가 포함된다. 아동에게 무언가 관여하거나 아예 관여하지 않음으로써 행동, 인지, 정서, 신체 기능에 해를 입히는 행위로 정의되는 정서적 학대는 분명하게 보여 주기 쉽지 않다. 정서적 학대는 아동의 위축, 자존감 상실, 공격성, 타인에 대한 불신과 관련되어 있다.

도덕적-법적-교육적 학대는 아동이 적합한 사회적, 도덕적 가치를 발달시키는 것을 도와주지 못하는 것과 관련된다. 아동이 불법 약물에 접근할 기회를 주거나 직접 약물을 주는 행동 그리고 불법행위에 아동을 관여시키거나 불법행위를 할 때 중단시키지 않는 행동들이 이에 포함된다.

학대받은 아동의 다수가 하나 이상의 학대 유형를 경험하기 때문에 학대의 하위 유형을 구분짓기는 힘들다. 그렇지만 여러 학대를 저지르는 부모들 간에 차이가 확인되기 시작했다. 예를 들어, 신체적인 학대를 가하는 부모들은 성인이 되고 난 후 자신의 부모들에 대해 비안정적 애착을 가져서, 고통스러운 경험을 무시하거나 부정하게 되어 자녀들의 고통을 인식하기 힘들 수 있다. 아동을 방치하는 부모들의 경우, 자신의 감정에 너무 집착하는 비안정적 애착 형태를 가져서 아동에게 관심을 갖고 돌보는 일이 힘들 수도 있다.

6) 지역사회 폭력

어떤 형태건 해결되지 않는 분노와 공격에 노출되는 것은 아동이 이를 목격하든 직접 경험하든 간에 상처를 입힌다는 사실을 보아 왔다. 아동이 공격행위를 접하는 것은 집에서만이 아니다. 우리 사회에서는 폭력행위가 점차 증가되어서 많은 아동이 충격적인 사건에 노출되어 있다. 많은 부분의 폭력이 사회경제적 계층이 낮은 지역에서 발생하지만 사람들은 식당과 학교, 중산층 지역에서도 폭력에 노출되어 있다. 아동은 지역사회 폭력이 미치는 영향에 면역되어 있지 않다. 아동이 직접 폭력을 접하지 않더라도 가족구성원 중 누군가가 폭력으로 사망하거나 상해를 입은 사실을 알게 될 수 있다.

(1) 편재성

아동은 폭행을 당하는 것에 비해 목격하는 일이 더 많다. 워싱턴의 저소득층 거주지역 중 중간 정도의 폭력이 발생하는 곳을 조사한 연구에 따르면, 초등학교 1, 2학년생의 19%가 신체적인 위협, 뒤쫓기, 노상강도 또는 총기 발사를 경험했고, 61%는 노상강도와 칼로 찌르기, 마약 사용 등을 1년에 수차례 목격했다고 한다. 초등학교 5, 6학년이 될 때까지 32%의 아동이 이런 지역사회 폭력에 희생당한 경험이 있고 72%가 목격을 해 왔다고 한다.

질문조사를 할 때 나이 많은 아동의 보고에 따르면 집에서는 이런 폭력을 당한 적이 없다고 한다. 그렇지만 48%의 폭력은 집 근처에서 발생하고, 55%는 학교나 학교 근처에서 발생한 것으로 나타났다. 결국 아동이 목격하는 폭력행위는 직접 접하는 환경에서 벌어진다고 볼 수 있다. 폭력이 집 밖에서 일어난다고 해도 가해자의 2/3는 아동이 아는 사람들이고 나머지만이 모르는 사람들이었다.

반면, 부모들은 아동이 보고한 수보다 더 적게 그들이 폭력을 경험하거나 목격하는 것으로 알고 있다. 그렇지만 아동은 자신들이 본 모든 것을 부모에게 알리지 않을 가능성이 높다. 사례보고에 따르면, 부모들은 대개 아동이 폭력을 목격한 걸 말하는 것을 막는 경향이 높다. 이는 불행하게도 아동이 폭력에 대해서 갖는 감정에 잘 대처하도록 돕지 못하고 아동이 폭력에 잘 대처하도록 가르치지 못하게 한다.

(2) 아동에게 미치는 영향

지역사회 폭력에 노출되는 것 자체가 아동이 갖는 개인적인 문제나 학교생활 문제를 예언하지는 않는다. 또한 낮은 가계수입과 잦은 이사, 아버지의 부재와 같은 다른 스트레스가 동반될 경우에도 아동의 문제를 예언하지 않는다. 지역사회 폭력으로 부정적인 영향을 준다면 그것은 반드시 가정생활에 영향을 미친다. 지역사회 폭력이 집안에서의 마약 거래나 총기 소지와 같이 아동이 사는 가정의 안전과 안정성을 약화시킬 때 영향을 받게 된다. 이렇게 되면 아동은 부모와의 일일 상호작용이 벌어지는 미시체계적 수준에서 지역사회 폭력을 경험한다. 부모들이 가정의 안정을 깨는 스트레스인(Stressor)들을 미연에 방지하고 지역사회 폭력이 부모-자녀 관계에 영향을 미치지 못하도록 할 때 아동은 성공적으로 기능할 수 있게 된다. Richters와 Martinez(1993)는 다음과 같이 쓰고 있다.

> 가정의 안정성과 안전은 궁극적으로 아동의 양육자가 자신이 거주하는 환경에 어떻게 대처하고 반응할지에 대한 선택의 결과물이라고 가정하는 것이 합리적이라고 본다. 이런 선택이 어떻게 왜 그리고 어떤 방식으로 일어나는지에 대해 배워야 할 것이 너무 많지만, 답을 알기에 앞서 이것들이 양육자가 반드시 통제해야 할 요인들이라는 점은 자명하다고 볼 수 있다.

지역사회 폭력에 노출된 아동은 신체적 학대나 성학대를 경험한 아동이 보이는 많은 증상을 발달시킨다. 이 아동은 수면, 기억, 주의집중에 어려움을 보이고, (부모와 떨어지길 원치 않는 행동으로 보이는) 부모에 대한 불안한 애착과 공격적인 놀이, 심하게 제한된 활동과 탐색 그리고 퇴행행동을 보인다. Terr는 이런 아동이 위협적인 현실을 차단하기 위해 사용하는 거부와 침묵에 대해서 기술했다. 사랑하는 중요한 인물이 지역사회 폭력으로 인해서 사망했을 때 아동은 심한 슬픔과 상실감을 경험한다.

이 모든 반응들은 아동의 지적, 사회적 발달을 힘들게 한다. 아동은 언제나 폭력을 예상하게 되어 자신의 인생에서 운명론적 태도를 발달시키고 미래는 없다는 느낌을 갖는다. 이들은 자신의 계획이 실현되기 전에 불구가 되거나 살해당할 수 있기 때문에 계획을 세운다는 것이 중요치 않다고 믿게 된다.

상당수의 아동은 불우한 환경 속에 살면서도 학교생활을 잘 하고 문제행동을 별로 보이지 않는 것 같다. 이런 아동은 장애물을 극복하려고 노력하는 적극적인 존재들이다. 이들을 도와주는 주요한 존재는 바로 이들의 가정과 가정이 제공하는 안정성이다. 그 다음으로 이들을 돕는 원천은 인생은 향상될 수 있고, 자신에게 벌어지는 일에 자신이 영향을 미칠 수 있으며, 미래에는 인생을 더 좋게 만들 수 있다는 자신 내부로부터의 감이다. 어려운 환경에 살지만 미래에 대해 긍정적인 기대를 유지하는 아동은 나중에 가서 성공할 수 있다. 그렇지만 아동이 미래에 대해 긍정적인 기대를 갖게 만드는 것은 바로 가족들이다. Garbarino와 동료들(1992)은 부모의 역할과 이 역할이 갖는 위험을 다음과 같이 요약하고 있다.

> 부모 또는 다른 양육자가 아동에 대한 강한 애착을 유지하고 긍정적인 자아감을 갖고 기본적인 자원들을 활용할 수 있으면, 아동을 돌보는 데 소진되어 부모의 정신적, 물리적 복지의 큰 손실이 있더라도 아동은 잘 견뎌 나갈 것이다.

(3) 대처 자원

아동이 폭행 경험에 어떻게 대처해 나가는지에는 여러 요인들이 영향을 준다. 지능, 자신감, 자존감, 사교성, 태평한 태도, 다정한 성격 모두 아동의 대처능력을 증가시킨다. 이런 아동은 요구하는 것이 별로 없고 타인과 긍정적이고 행복한 관계를 가져 지지를 받는 경향이 높다. 환경적 요인들로는 집 밖에 사는 친척이나 가족의 친구들과의 사회적 관계뿐만 아니라, 대처모델 역할을 하는 양육자와의 안정된 정서적 관계를 들 수 있다. 지역사회도 여러 방식으로 지원해 줄 수 있다. 친구와 이웃, 교사, 종교집단의 구성원들이 지원해 줄 수 있고 부모와 자녀의 역능을 북돋아 줄 수 있다.

학교는 어려운 문제들에 직면한 아동에게는 좋은 안식처가 된다. 집 다음으로 학교는 아동의 생활에서 가장 중요한 사회적 기관이다. 활력 있는 많은 아동이 자존감과 역능을 주는 원천을 학교활동에서 찾는다. 이 아동들은 학교에서 친구를 만들고 이들에게 관심을 갖는 반 친구들과 교사들로부터 지원을 받는다.

Garbarino와 동료들(1992)은 『위험에 처한 아이들(*Children in Danger*)』이라는 책에서 학교를 아동의 생활에서 지역사회 폭력에 대항하기 위한 치료개입의 주된 단위로 기술하고 있다. 그가 기술한 학교를 기반으로 하는 개입 프로그램에서 교사들의 역할은 아동의 발달을 증진시키기 위해 학생들과 밀접한 정서적 애착을 형성하는 것이다. 이 연구자들은 이런 관계가 모든 영역에서의 학습에 기반 역할을 한다고 믿는다. 교사들과 프로그램이 제공하는 구조와 통제를 통해 아동은 중요한 인물의 가치와 행동, 태도를 받아들일 수 있게 된다.

Garbarino의 계획에서 보면, 학령전 아동을 위해서 보육시설 프로그램에 포함시킬 수 있다. 6~7명의 아동이 애착을 형성할 수 있는 한 명의 교사에게 할당되고, 각 아동은 지속적인 소집단에 속하게 만든다. 이 소집단에서 아동은 자신의 자리를 갖는다. 그리고 공식적인 지도 프로그램이 아동의 호기심과 발달 수준을 자극하도록 한다.

친숙한 교사와 프로그램들로 조직된 학교 환경은 아동이 대면하는 변화하는 세상에서 안전과 예측 가능성을 제공한다. 교사들은 특별한 훈련을 받는데, 이 훈련에는 아동 발달 과목들과 스트레스, 폭력, 상실에 대한 아동의 반응을 다루는 과목들이 포함된다. 교사들은 감정의 동요나 변화를 보이는 아동에게 언제나 응해 줄 수 있도록 옆에 있으면서 아동이 잘 대처하도록 도와준다.

치료는 아동이 상처에 대한 정서적 반응에 잘 대처하도록 도울 수 있다. 상처에 따른 주요 성격 변화에는 치료가 필요하다. 이런 성격 변화는 상처를 입은 아동과 신체적, 성적 학대를 경험한 아동에게서 일어난다.

부모들은 자녀가 상처를 받으면 가능한 한 빨리 심리치료를 받도록 해 주어야 한다. 몇 명의 아동이 치료를 함께 받는 경우는 고도로 훈련받은 전문가가 이끄는 소규모의 마라톤 집단 회기가 진행된다. 이 집단치료에 참가하는 아동들이 서로 각자의 경험을 공유하게 되면 자신이 처했던 상황을 부정해서 상흔이 장기화될 가능성은 감소될 수 있다. 학교는 아동에게 친숙한 장소로 이런 집단 회기를 진행하기에 적합하다. 한 가족이 상처를 받았을 경우에는 가족을 단위로 한 가족치료를 받을 수도 있다. 그러나 부모가 자녀를 학대한 경우에는 가족치료는 적합치 않다. 왜냐하면 자녀가 자신에게 학대를 가한 부모 앞에서 자신의 분노를 자유롭게 표출하기 힘들기 때문이다.

행동치료는 상처의 결과로 공포를 형성한 아동에게 효과적이다. 역조건형성은 정서적 반응에 대처하도록 구성된 개별 치료에서 추가로 실시될 수 있다. 하지만 행동치료 자체가 갖는 제한적인 면이 있다.

치료는 상처를 받은 후 곧 시작되어야 한다. 비록 치료가 모든 문제를 바꾸지는 못하더라도 상처로 고통을 받는다는 것이 확인될 때는 반드시 치료를 받도록 해야 한다.

부모들은 자녀의 생활에서 폭력과 학대를 예방하기 위해서 어떻게 해야 하는지를 알고 싶어 한다. 폭력을 완전히 예방할 방도는 없지만 부모의 지지를 받는 아동은 이런 경험으로부터 빨리 회복되기 쉽다는 점을 명심해야 한다.

7) 학대와 폭력에 관한 공통적 주제

일반적인 주제들이 학대와 폭력 연구에서 드러난다. 첫째, 학대와 폭력은 일군의 상황에 필연적으로 수반되지 않고, 여러 위험 요인들이 학대와 폭력의 개연성을 증가시키면서 아동에게 미치는 상처를 더 크게 만든다.

둘째, 아동은 충격을 주는 사건에 여러 방식으로 반응하고, 다른 종류의 사건들은 유사한 문제를 유발하기도 한다. 예를 들어, 모든 유형의 학대는 감정 통제, 어른과 또래와의 관계, 자아개념, 학교적응에 문제를 일으킨다. 더군다나 부모의 실직, 장기적인 실업상태, 이혼, 재혼, 재혼 가정의 형성에도 아동이 보이는 문제는 유사하다. 그렇지만 유사 성행위와 같이 성학대에서만 보이는 문제도 있다.

제기할 수 있는 한 의문은 학대와 폭력이 낮은 가계수입이나 부정적인 생활 스트레스와 관련된 문제와는 별도로 심각한 문제를 초래하는지 여부다. 최근의 한 연구는 신체적 학대와 저소득, 생활 스트레스가 각기 미치는 영향을 통계적으로 분리시켜 확인했다. 사실, 신체적 학대는 경제적인 역경이나 부정적인 생활사건에 상관없이 아동의 문제행동에 상당한 영향을 미치는 것으로 나타났다.

신체적 학대는 또래관계 문제를 부가하는데, 신체적 학대 후에 나타나는 또래 문제는 성별이나 사회경제적 위치 또는 학대를 받은 사람의 스트레스 정도와 무관한 것으로 보였다. 가정 내에서의 학대 경험은 어떻게 대인관계를 맺고 서로 잘 지내는지에 대한 생각을 왜곡시켰다. 앞서 언급했듯이, 이 경우는 문제에 잘 대처하는 데 필요한 지지 원천인 가족을 잃은 경우기 때문에 특히 슬픈 경우라고 볼 수 있다. 저소득이나 부정적인 생활사건 같은 스트레스는 유난히 심한 경우가 아니라면 자기지각이나 행동상에 별 문제를 일으키지 않는다.

그러므로 생활상의 다른 곤경들은 아동의 기분과 행동에 눈에 띄는 변화를 초래하지 않는 것으로 보인다. 학대와 폭력은 또래에 대한 아동의 신뢰에 손상을 주고 긍정적 관계를 형성할 역량을 감소시켜 이런 아동이 가질 수 있는 중요한 자원을 잃게 한다.

이 모든 힘든 상황 속에서 가정은 아동에게 주요 지지 기반이다. 관계기관이나 치료 활동도 아동을 도와줄 수 있지만, 가정은 아동에게 밀접하고 아동의 존재를 인정하는 개인들이다. 부모가 이 역할을 해 주지 못하는 경우 다른 친척이나 가족의 친지들, 교사, 보육시설 교사들이 대신해 주어야 한다.

4. 폭력의 예방

1997년 10월 1일과 1998년 4월 1일 사이에 5건의 총기살인사건이 학교에서 청소년들에 의해 벌어져 24명의 학생들과 2명의 교사가 사망했다. 이는 아동이 지속적으로 경험하고 목격하고 두려워하는 폭력의 정도가 얼마나 큰지에 대해 우리의 관심을 집중시켰다. Bruce Perry는 충격적인 사건의 경험과 목격이 미치는 신경생물학적 영향을 다룬 부분에서 다음과 같이 적고 있다.

> 폭력 문제에 대한 궁극적인 해결책은, 폭력이 무자비한 약탈자에 의한 것이든 충동적인 젊은이에 의한 것이든 간에, 예방이 우선이다. 우리 사회는 폭력적인 청소년들을 치료하거나 재활시키고 또는 격리시키는 것에 비해 너무나 빠른 속도로 이런 청소년들을 만들어 가고 있다. 어떤 단순한 치료개입으로 이렇게 이질적이고 다양한 문제를 해결할 수는 없다. 어떤 일군의 치료개입법으로도 세대를 거쳐 가면서 발생하는 문제를 풀어 나갈 수는 없다. 폭력 문제를 해결하기 위해서 우리는 우리의 문화를 변형시킬 필요가 있다.

어디서부터 우리는 시작할 수 있는가? Christoffel(1997)은 총기사건에 따른 상해와 사망을 범죄라고 보기보다는 공공건강의 문제로 보는 것처럼 폭력도 마찬가지로 볼 필요가 있다고 기술한다. 이렇게 인식을 전환하게 되면 주요 목표는 상해를 감소시키는 것이 되고 이를 위한 다양한 방법들을 모색할 수 있다.

Christofell(1997)은 자동차 사고 사망을 감소시키기 위해 어떻게 하는지에 대해 기술하면서 어떻게 폭력을 우리 사회에서 줄일 수 있는지에 대해 예시하고 있다. 1960년대 후반, 자동차 사고 사망은 공공건강 문제로 정의되어 이를 줄이기 위해 다양한 조치가 취해졌다. 자동차 제조업체들은 차의 안전성을 높였고, 승객을 안전하게 보호하는 장치가 개발되었으며, 도로건설에서 향상되었고, 음주운전과 안전벨트 착용에 대한 법적 조치도 강화되었다. 자동차와 운전자 수는 증가되어 왔지만, 자동차 사고로 인한 연간 사망자 수는 1968년에 5만 5,000명이던 것이 1990년에는 4만 5,000명으로 줄어들었다.

공공건강을 모델로 삼아 총기사건 시 직면하게 되는 위험에 대한 일반 사람들의 인식을 고취시킬 수 있다. 자동차 사고 사망은 급격히 줄어든 반면 화재로 인한 사망자 수는 계속 증가했다. 1995년도에 총기사건으로 인한 사망자 수는 3만 6,000명이었고, 자동차 사고 사망자 수는 4만 3,360명이었다. 이로 보아 앞으로 총기사건으로 인한 사망이 자동자 사고 사망을 추월할 것으로 추정된다.

총기의 치명성과 일반 대중에게 주는 위험을 인식하게 되면서 범죄와 법 집행, 시민의 자유에 대한 사람들의 관심이 총기사건으로 인한 상해와 사망을 예방하고 줄이는 데로 옮겨갔다. 이에 따라 권총이 없는 가정과 이웃을 만드는 데 노력하고 권총 판매와 소유를 제한하며 다른 호신기구나 가정 안전장치들을 개발해 왔다. 예를 들어, 총기와 탄약을 안전하게 보관할 수 있는 곳을 마련하고, 총기 제조자들에게 총기에 안전장치를 부착하도록 요구하며, 주 의회 의원들에게 총기 소유자의 관리책임을 요구하는 법안을 통과시키도록 촉구할 수 있다.

총기 구매를 규제하는 일련의 조치를 취할 수 있지만, 총기 제조업자와 배포자들은 별 관심을 기울이지 않는 것이 일반적이다. 총기판매 면허증은 값도 싸고 우편을 통해 쉽게 구할 수 있다. 1990년 미국에서는 총기판매 면허증을 가진 사람이 주유소 수보다 더 많았다. 다수의 총기 판매상들은 지역 기관에도 알려지지 않은 채 집 밖에서 활동하고 있다. 따라서 이들이 기존 총기 관련법을 준수하는 정도는 아주 낮기 때문에, 모든 총기 판매상들에게 관할 기관에 신고하게 할 경우 상황은 보다 좋아질 수 있다.

예방의 다른 형태로는 건강관리 전문가들이 모든 가정을 대상으로 총기의 위험과 안전보관의 필요성에 대해 조언과 상담을 제공하도록 하는 것이다. 이들은 총기사고로 인한 상해와 사망의 정도를 지속적으로 조사하고, 일반인을 대상으로 총기 관리와 보관을 위한 변혁의 중요성에 대해 교육할 수 있다.

대중매체를 통해 전달되는 내용을 바꾸도록 노력할 수도 있다. 폭력물을 다룬 대중매체는 세 방식으로 폭력행동을 조장한다는 것을 지적한 연구가 있다. ① 대중매체의 폭력물은 공격행동과 폭력 사용의 의도를 증가시킨다. ② 이는 시청자들을 둔감하게 만들어 폭력을 정상적인 생활의 일부로 받아들이게 한다. ③ 사람들이 위험하다고 생각하는 세상에 대해 더 두려워하게 만드는 '냉혹한 세상 증후군' 이라는 믿음을 갖게 만든다.

Murray는 각 가정에서 대중매체의 폭력물에 대처하기 위해 취해야 할 행동 세 가지를 제안했다. 첫째, 각 가정에서 자신들의 행동을 바꿀 필요가 있다. 아동이 TV 프로그램의 선별력 있는 소비자가 되게 하기 위해서는 부모들이 자녀와 함께 시청하면서 시청한 내용에 대해서 대화를 나눌 필요가 있다. 이런 대화를 통해 부모와 자녀는 서로에 대해 잘 알 수 있게 된다.

둘째, 부모들은 대중매체에 대한 교육과정을 자녀의 교과목에 포함시키는 법안을 통과시키도록 의회에 압력을 가함으로써, 자녀가 학교에서 비판적인 시청 태도를 배우도록 할 수 있다.

셋째, 부모들의 의회 로비활동은 정부와 대중매체 관련 업체에서 자녀의 시청물과 시청시간에 폭력물이 덜 들어가도록 요구하는 방향으로 확대될 수 있다. 이미 연방대중매체위원회 회장이 이런 변화를 시도하려는 데에 긍정적인 의사를 밝힌 바 있다. 이런 행동들은 부모들이 자녀에게 더 안전한 세상을 만들어 주기 위해 취할 수 있는 행위들 중 일부에 지나지 않는다.

5. 아동학대 해결방안

상처를 주는 사건과 가정의 문제 상황이 자녀에게 미치는 영향에 잘 대처하도록 치

가족구성원이 도움을 제공하면 아동은 지역사회에서의 어려움을 잘 대처할 수 있다.

료를 통해 도와줄 수 있다. 그러나 치료전문가 일부는 특정 형태의 치료개입에서는 자녀와 부모들이 사건의 결과로 정서적인 결핍에 빠질 수밖에 없다는 믿음에 따른 고통과 상처를 너무 부각시킨다는 점을 우려해 왔다.

Wolin과 Wolin(1993)은 이를 인간발달의 손상모형(damage model)이라고 부른다. 이 모형은 사건이 초래한 해로운 영향에 초점을 맞추기 때문에 치료과정에서는 희생자가 손상이 무엇인지, 어떻게 발생하는지를 이해하도록 하는 데 그칠 수 있다. 임상장면에서 갖는 통찰과 Smith와 Werner 같은 전문가의 연구에 근거해서 이들은 발달의 **도전 모형**(challenge model)을 개발했다. 물론 역경에 따른 스트레스와 상처, 취약성이라는 문제는 있지만, 이런 상황은 또한 당사자를 자극하여 새로운 삶의 방도를 찾아내고 자신을 보호할 방도를 마련하며 발전을 도모하는 힘의 원천을 찾도록 한다고 이들은 믿는다. 즉, 각 개인은 고통을 경험하지만, 고통을 한계 짓고 성취와 만족감을 증진시키는 탄력을 발달시킨다.

Wolin 부부(1993)는 『**탄력적인 자아**(*The Resilient Self*)』라는 책에서 역경에 직면한 사람들이 활력을 되찾는 탄력성을 일곱 가지로 확인하고 있다.

① **통찰**(Insight): 과감하게 질문하고 진솔한 답을 하는 습관의 발달

② **독립성**(Indepence): 자신과 문제부모 사이에 경계선을 설정하고, 양심에 충실하면서 정서적 거리 유지하기

③ **대인관계**(Relationships): 자신과 타인의 욕구에 대해 균형감 있는 존중과 배려를 하면서 친밀하고 만족스러운 유대 형성하기

④ **주도성**(Initiaive): 문제를 책임지고 맡고 제어하며, 힘든 과제에서 유연성을 가지고 성취 가능성을 확인하는 감각의 개발

⑤ 창의성(Creativity): 문제로 뒤엉킨 경험과 고통스러운 감정 속에서 질서와 미 그리고 목표 부여하기
⑥ 유머(Humor): 비극 속에서 해학적인 면 발견하기
⑦ 도덕성(Morality): 개인의 훌륭한 삶에 대한 바람을 전 인류에게 확대시킬 수 있는 잘 정립된 도덕관념의 개발

이 책은 아동기와 사춘기 그리고 성인기에 탄력성이 커 가는 여러 방식에 대해 기술하고 있고, 충격적인 사건과 힘든 아동기에서의 생존자들이 자신의 인생을 개발시킬 수 있는 힘을 통해 조망할 수 있도록 돕는 낙관적인 접근을 제안하고 있다. 결과적으로 사람들은 역경—폭력이나 학대 또는 홍수나 지진과 같은 자연재해—을 극복해 낸 자신의 능력에 대한 자긍심과 무언가 필요하면 더 변화시킬 수 있는 역량에 대한 확신을 경험하게 된다. 손상모형은 과거의 고통과 고통의 원인에 초점을 맞추기 때문에 과거는 변할 수 없고 고통은 사라지지 않는다는 점을 부각시켜 좌절하게 만드는 경향이 있다. 반면, 도전 모형은 인생이란 과거의 상처가 남아 있더라도 충족스럽고 생산적일 수 있다는 점을 강조한다.

6. 아동의 안전 유지

아동이 학교에 가고 오는 시간과 친구 집에서 노는 시간 등 부모와 집으로부터 떨어져서 보내는 시간이 더 많아지면 부모들은 자녀의 안전에 더 신경을 쓰게 된다. 부모들은 자녀가 세상에서 독립적이면서 안전하게 행동하기를 원하지만, 자녀에게 겁을 주고 낯선 사람과 새로운 경험을 두려워하게 만들고 싶어 하진 않는다. 교육상담가인 Hechinger는 지역사회 안전 프로그램에 관여하는 경찰관과 학교안전 담당자 등과 범죄와 폭행의 희생자들을 대상으로 면담조사를 실시했다. 그녀는 이 연구를 통해 아동이 혼자 보내는 시간이 늘어가면서 스스로 안전을 지키도록 준비시키기 위해 부모들에게 필요한 정보를 정리했다.

아동에게 위험과 경계감, 불안전한 상황에 대한 준비를 주지시키는 것은 아동이 두려움 속에서 살도록 하는 것을 의미하지 않는다. 세상 대부분의 사람들은 좋은 사람

들이고 남을 도우려 하며, 대부분의 상황이 안전하지만 그렇지 않은 경우가 있어서 누구나 위험이 발생했을 때 자신을 보호하는 방법을 배워야 한다는 점을 아동에게 가르칠 수 있다. 부모들은 자녀의 관점에서 이러한 정보를 주어야 한다. 인생은 언제나 일종의 위험을 동반하고 많은 긍정적인 대상과 경험 또한 위험한 측면을 내포하고 있다. 자동차의 경우 우리가 직장이나 상점, 병원에 갈 때 유용하지만, 거리를 횡단할 때 우리를 친다면 자동차는 위험할 수밖에 없는 대상인 것이다. 차가 있기 전에는 말이나 마차가 이런 위험을 주었기 때문에 차를 없애는 것이 답이 될 수는 없다. 해결책은 위험을 최소화하고 이점을 즐길 수 있도록 미리 주의하는 것이다.

각 가정에서는 위험한 상황에서 사건을 미리 방지하거나 대처하는 데 필요한 지침을 마련해서 아동과 논의하고 필요한 경우에는 적절히 바꾸도록 하여야 한다. 일회적인 토론으로는 충분치 않고 주기적으로 아동에게 지침의 내용을 개관해 주어야 한다. 아동은 점차적으로 안전규칙들을 배우게 되는데, 예를 들어 혼자서 갈 수 있는 시간과 장소에 대해 주지시키고, 길거리나 상점에서 누군가 괴롭히는 경우 부모가 근처에 있더라도 어떻게 행동해야 하는지에 대해 설명해 주어야 한다. 이렇게 하면 안전규칙을 배우는 것은 양치질하는 법을 배우는 것처럼 자연스럽게 될 수 있다. 이렇듯 환경에 잘 대처하는 기술과 역능감 있고 독립적이 되는 데 필요한 기술을 아동에게 가르치는 것이 강조된다.

부모들은 자녀가 두려워하는 잠재적인 사건들에 대해 이야기하는 것이 아동에게 해를 주지는 않을까 하고 우려할 수 있다. 하지만 무지에 따른 위험이 훨씬 더 크다는 점을 명심해야 한다. 교통안전과 관련된 단순한 논의로부터 시작할 수 있다. 가령, 도로를 횡단할 때는 어디에서 해야 하는지, 언제 할 수 있는지 그리고 어떻게 해야 하는지에 대해 아이와 같이 이야기를 나눌 수 있다. 부모들은 이런 주제에서 시작하여 아동에게 중요한 다른 주제로 옮아 갈 수 있다. 어떤 주제는 TV를 보면서 시작할 수도 있다. Hechinger는 "이럴 경우는 어떻게?"라는 게임을 제안한다. 부모들은 여러 다양한 질문을 제기할 수 있는데, 이때 아동이 어려운 상황에 적절한 답을 발전시켜 나가도록 점진적으로 기회를 주어야 한다. 초반에 아동이 말한 답이 비현실적이더라도 부모들은 화를 내서는 안 된다. 아이들이 더 합리적인 반응을 배우도록 지도하는 것이 부모의 역할이기 때문이다. 글상자 10.1은 "이럴 경우는 어떻게?"라는 게임의

글상자 10.1

어린 아동을 위한 "이럴 경우는 어떻게?"라는 질문

부모는 아동에게 다음과 같은 상황이 발생했을 때 어떻게 할 것인가라고 물을 수 있다. 아동이 틀린 답을 내놓았을 때 부모는 더 실제적인 대안을 세심하게 말해 주어야 한다.

1. 쇼핑센터나 영화관 또는 해수욕장에서 부모와 떨어져 있게 된다면 어떻게 할까요?
2. 백화점이나 공원, 행사 퍼레이드에서 부모를 잃게 되면 어떻게 할까요?
3. 모르는 사람이 사탕이나 선물을 주면서 놀이터에서 나가자고 하면 어떻게 할까요?
4. 모르는 사람이 자기 차에 타라고 하면 어떻게 할까요?
5. 모르는 사람이 옷을 잡고 싸움을 걸면 어떻게 할까요?
6. 친구가 성냥이나 라이터를 켜려고 하면 어떻게 할까요?
7. 모르는 사람이 이름과 전화번호를 묻는다면 어떻게 할까요?

* 출처: Grace Hechinger (1984). *How to Raise a Street-Smart Child*. New York: Ballantine Books, p. 59.

예들을 보여 주고 있다.

부모는 다음과 같은 상황에서의 안전규칙을 분명하게 알고 있어야 한다. ① 집안에서 화재 발생 시에 취해야 할 행동, ② 걸어가거나 자전거를 타고 갈 때 주의해야 할 교통안전 행동, ③ 아동이 마음대로 오고 갈 수 있는 공간의 경계선과 이 경계선 밖에는 반드시 부모나 다른 성인이 있어야 한다는 점, ④ 공공장소에서 낯선 사람을 만났을 때 취해야 하는 행동, ⑤ 낯선 사람이 집에 전화를 걸거나 집에 왔을 때 취해야 할 행동, ⑥ 아동이 또래나 성인에게 강도당하거나 이런 일을 목격할 때 대응하는 방법, ⑦ 문제 성행동이 벌어졌을 때의 행동 등이다.

아동이 자전거를 도난당하거나 돈을 뺏기거나 모르는 사람이 접근해서 해를 가하는 경우와 같이 무언가로 희생당했을 때 부모의 적절한 반응은 아동의 빠른 회복을 돕는다. 부모가 자녀의 반응에 대해 잘 들어 주고 경찰에게 알리는 것과 같은 효과적인 행동을 취할 수 있도록 도와줄 때 자녀는 그런 상황에 잘 대처할 수 있게 된다. 부모가 과장된 반응을 보이거나("끔찍한 일이야!") 무관심한 태도를 취할 경우("나도 어쩔 수 없다.") 자녀는 감정에 대처하는 데 아무런 도움도 받지 못한다. 아동이 자신의 감정에 대해 말할 수 없게 되면 감정을 해소하는 데 어려움을 갖게 된다. 적극적인 경청과 단순한 나–전달법("그런 일이 내게 일어난다면 나도 정말 막막해했을 거야.")을 주면 아동은 자신이 어떻게 경험했는지에 대해 말할 수 있는 기회를 갖게 된다. 아동은 어떤 때는 자신이 경험한 사건에 대해 몇 차례 반복해서 말할 필요도 있다. 매번 말하면서 더 구체적으로 표현하게 되고 감정도 더 구체적으로 드러나게 된다. 사건 이후 아동은 점차적으로 자기확신감을 되찾는다. 아동의 식사습관, 수면습관, 놀이행동이 변하거나 학교 활동과 성격에서 눈에 띄는 변화가 보일 때는 전문적인 도움을 받도록 하여야 한다.

아동의 안전을 증진시키기 위한 중요한 단계 중 하나는 지역사회 사람들과 함께 활동하는 것이다. 지역사회에 대한 자각 발달과 지역사회 프로그램의 개발은 함께 활동하는 것에 대한 긍정적인 느낌을 주고 두려움을 없애는 데 큰 도움을 준다. 학교와 경찰이 합동으로 진행하는 공중안전 프로그램의 증진과 이웃에 사는 아동을 서로 돕는 구획–부모 프로그램의 조직도 유용하다. 구획–부모 프로그램에서는 집에 어른이 없을 때 아동을 도와주고 보호해 주는 일을 맡을 집을 지정한다.

가족구성원들은 문제에 직면해서 함께 대처해 나갈 때 더 강해진다. 아동을 위한 안전한 환경을 만드는 데 가정과 지역사회 기관들이 협동할 때 지역사회에 대한 애착은 더 강해진다.

요 약

희생은

- 일반적인 형태(형제 간의 싸움), 심각한 형태(신체적 · 성적 학대), 예외적인 형태(유괴나 살인)로 구분된다.
- 성인보다는 아동에게 흔히 발생한다.
- 주로 아동이 성인에 더 의존적이고, 자신을 보호할 능력도 약하며, 주변 사람이나 환경에 대한 통제력이 약하기 때문에 발생한다.

지역사회 폭력과 아동학대에 대한 생태학적/상호교환적 모형은

- 위험 요인과 보호 요인 둘 다 중요하다.

- 폭력 위험의 증가와 관련된 자녀와 부모 그리고 환경의 특성에 대해 기술하고 있다.
- 생태학적 수준들인 거시체계, 외부체계, 미시체계 그리고 개체발생적 수준과 개인적 수준에서 폭력을 기술하고 있다.
- 다른 수준에 속한 요인들이 상호작용을 통해 폭력의 개연성을 증가시킬 수 있다는 점을 강조한다.
- 아동 행동의 5가지 영역인 애착관계, 감정 조절, 자아개념, 또래관계, 학교적응에서 폭력이 미치는 영향에 대해 기술하고 있다.
- 각 생태학적 수준에 맞는 치료개입에 대해 언급하고 있다.

가정폭력에의 노출은

- 여러 유형의 가정에서 일어난다.
- 아동의 신체적, 심리적, 인지적 기능에 영향을 준다.
- 자녀들뿐만 아니라 부모 중 비학대적인 부모를 돕는 방향으로 치료개입이 진행되어야 한다.
- 이를 예방하기 위한 조직화된 지역사회 치료개입이 필요하다.

아동 성학대는

- 18세 이하의 아이들 중 여자아이들의 경우 4명 중 1명, 남자아이들의 경우는 6명 중 1명꼴로 경험한 것으로 추정된다.
- 성학대 행위의 종류, 지속기간, 빈도, 학대자의 정체에 따라서 다른 영향을 미친다.
- 가까운 인물이 장기간 강제적인 형태로 자주 학대를 가하고, 어머니가 별로 지원을 해 주지 못할 때 가장 큰 상처를 입는다.
- 유사 성행위와 같은 행동적 변화와 감정 조절, 애착관계, 자아개념, 또래관계, 학교적응상의 변화를 초래한다.
- 증상을 항상 나타내지는 않으므로 학대받은 아동의 1/3에서 1/2 정도가 연구 시점에서 증상을 보이질 않는다.
- 희생자는 학대자로부터의 격리보호가 필요하다.

– 개인치료, 집단치료, 가족치료를 통해 회복될 수 있다.

신체적 아동학대는

– 정확하게 정의하기 힘들다.
– 부모와 가정, 환경의 특성을 포함한 다양한 요인에 의해 초래된다.
– 가정이란 맥락에서 학습된다.
– 자아개념과 감정 조절, 또래 및 성인과 관계, 학교적응과 관련된 아주 다양한 증상을 초래한다.
– 지지자원이 풍부할 경우 잘 극복할 수 있다.
– 희생자와 학대자 그리고 가정에 대한 치료가 필요하다.
– 심할 경우에는 학대부모와 함께 생활을 지속해서는 안 된다.

방치는

– 흔히 발생하지만 연구는 별로 안 되었다.
– 빈곤이나 약물남용과 같은 위험 요인을 가지고 있는 가정에서 발생한다.
– 아동과 가정에 제공되는 서비스를 증가시킴으로써 예방할 수 있다.
– 예방과 이로 인해 희생받는 아이들을 치료할 범지역사회적 프로그램을 필요로 한다.

지역사회 폭력은

– 모든 아동에게 영향을 미치는데, 특히 사회경제적 계층이 낮은 지역의 아동이 영향을 많이 받는다.
– 경험되기보다는 목격되는 경우가 더 많다.
– 가정생활의 안전과 안정성을 약화시키면서 부정적인 영향을 준다.
– 아동의 발달을 저해하는 여러 증상을 초래한다.
– 폭력 발생 빈도를 줄이고 폭력을 경험한 아동들을 지원하기 위해서 지역사회 수준에서의 치료개입이 요구된다.
– 개인치료, 집단치료, 가족치료를 통해 희생자들을 도와줄 수 있다.

도전 모형은

- 부정적인 가족 경험이나 다른 정신적 외상에 대처하기 위해 사람들의 역량을 개발하는 데 초점을 둔다.
- 7가지의 탄력성으로 통찰, 독립성, 대인관계, 주도성, 창의성, 유머, 도덕성을 든다.
- 고통스러운 경험의 흔적이 남아 있어도 인간은 충족스러운 인생을 창출하는 능력이 있다는 낙관적인 시각을 제시한다.

아동들의 안전을 위해서는

- 부모들이 자녀에게 잠재적인 위험과 이를 최소화시키는 방법을 가르쳐야 한다.
- 아이들에게 위험한 상황에 대처하는 기술을 가르쳐야 한다.
- 부모와 사회가 하나가 되어 안전한 지역사회를 만드는 데 협력해야 한다.

참고문헌

Adams, Caren, & Jennifer Fay (1992). *Helping Your Child Recover From Sexual Abuse.* Seattle: University of Washington Press.

Dante Cicchetti, & Michael Lynch (1993). "Toward an Ecological/Transactional Model of Community Violence and Child Maltreatment: Consequences for Child Development." *Psychiatry ,56,* pp. 96–118.

David Finkelhor & Jennifer Dziuba–Leatherman (1994). "Victimization of Children." *American Psychologist, 49,* pp. 173–183.

Diana E. H. Russell(1988). "The Incidence and Prevalence of Intrafamilial and Extrafamilial Sexual Abuse of Female Children." in *Handbook on Sexual Abuse of Children*, ed. Leonore E. Auerbach Walker. New York: Springer, pp. 19–36.

Douglas J. Besharov et al. (1998). "Four Commentaries: How We Can Better Protect Children from Abuse and Neglect." *The Future of Children 8*, no. 1, pp. 120–132.

Garbarino, James, Nancy Dubrow, Kathleen Kostelny, & Carole Pardo (1992).. *Children in Danger.* San Francisco: Jossey–Bass.

Grace Hechinger (1984). *How to Raise a Street–Smart Child.* New York: Ballantine Books, p. 59.

John E. Richters, & Pedro Martinez (1993). "Violent Communities, Family Choices, and Children's Choices: An Algorithm for Improving the Odds." *Development and Psychopathology, 5,* pp. 609–627

Katherine Kaufer Christoffel (1997). "Firearm Injuries Affecting United States Children and Adolescents." in *Children in a Violent Society*, pp. 42–71

Kraizer, Sherryll (1996). *The Safe Child Book.* New York: Fireside.

Melton, Gray B., & Frank D. Barry, eds. (1994). *Protecting Children from Abuse and Neglect.* New York: Guilford Press.

Osofsky, Joy D., ed. (1997). *Children in a Violent Society.* New York: Guilford.

Robert E. Emery, & Lisa Laumann–Billings (1998). "An Overview of the Nature, Causes, and Consequences of Abusive Family Relationships: Toward Differentiating Maltreatment and Violence." *American Psychologist, 53,* pp. 121–135.

Robert E. Emery (1989). "Family Violence." *American Psychologist, 44,* pp. 321–328.

Steven Wolin, & Sybil Wolin (1993). *The Resilient Self.* New York: Villard Books.

11

부모와 자녀를 위한 지원

부모와 자녀를 위한 지원은 더 수월하고 효과적인 양육을 가능케 한다.

미국에서는 부모를 위해 어떤 지원이 제공되고 있는가? 어떤 가정의례와 전통이 자녀의 소속감을 키우는가? 확대가족의 안과 밖에서 어떤 사람들이 아동 발달과 부모의 안녕감 증진에 기여하는가? 현재 지역사회의 어떤 자원이 가용적이고, 어떤 프로그램이 아동 발달과 부모의 양육 과제를 돕고 있는가?

양육의 여러 측면들, 즉 자녀들의 요구 이해, 자녀와의 관계 형성, 행동 제한 설정, 문제행동 대처, 긍정적 성장 자극 등을 살펴보면서 부모들이 이런 힘든 과제를 수행하기 위해서 무엇을 할 수 있는지를 중점적으로 살펴보았다. 부모-자녀 관계는 부모들이 양육목표를 성취하려고 노력할 때 이를 방해하거나 도와주는 사회적 맥락 안에 포함되어 있다. 이 관계는 Bronfenbrenner(1986)의 생태학적 모형에서 미시체계라고 부르는 것이다. 중간체계 수준에서 부모들은 자녀들을 돌보아 줄 수 있는 교사, 학교 임원, 유아교사, 운동코치 등 다른 교사와 상호작용을 하게 된다. 이렇게 자녀를 돌보아 주는 사람들 간의 지속적인 정보교환과 상호 조절 그리고 존중은 부모와 자녀를 지원해 준다. 외부체계 수준에서 볼 때 부모의 직업은 그들의 더 효과적인 양육을 가능케 하는 행동 패턴을 만들 수 있다. 거시체계 수준에서 사회는 부모와 자녀뿐만 아니라 아동의 성장을 돕는 모든 보호자, 교사, 사회기관을 지원하는 공공 정책과 프로그램을 정립할 수 있다. 이 장에서 우리는 이 모든 수준에서 가능한 지원에 대해 검토해 보고자 한다.

1. 사회적 지원

사회적 지원이란 부모와 자녀에게 정서적, 도구적, 정보적 혜택을 제공하는 인적자원, 조직체 그리고 환경자원을 가리킨다. **정서적 혜택**에는 돌보아지고 가치 있게 여겨지며 격려와 이해를 받으면서 하나의 개인으로 인정받는다는 느낌들이 포함된다. **도구적 혜택**으로는 집안일과 같은 과제를 수행하는 데 도움을 받고 재정적인 지원이나 보육과 같은 특별한 지원을 들 수 있다. **정보적 혜택**은 보육에 대한 조언이나 지원받을 수 있는 자원의 추천, 과제 수행에 대한 특별한 지도를 포함한다.

아동과 성인은 생활상 다른 역할과 활동을 갖는다. 그렇지만 일반적으로 동일한 범주의 지원이 아동과 성인 모두에게 유용하다. 지원은 가정 내와 가정 외에서 제공되는 것으로 구분된다. 지원은 사람들(친척, 이웃, 친구), 활동(취미, 여가), 조직체(직업, 종교, 정부)로 이루어진다. 그리고 이웃과의 관계에서 드러나듯이 사람들과 활동, 조직체의 통합으로서의 환경 또한 지원을 제공한다.

가장 효과적인 지원은 각 개인의 연령과 생애의 단계별로 다르다. 예를 들어, 앞으로 보겠지만 유아들에게는 성인 친척들과의 활동이 지원의 효과가 큰 반면, 사춘기 아이들은 가정에서 벗어나서 활동하는 것이 더 많아지기 때문에 친척이 아닌 성인들의 지원이 큰 도움이 된다. 직장생활을 하면서 혼자 아이를 키우는 어머니의 경우 직장동료들의 지원이 큰 도움이 되지만, 직장생활을 하지 않는 편모인 경우는 친척들의 지원이 도움이 된다.

모든 부모들과 자녀들이 사회적 지원을 똑같이 받고 있고 그러한 지원을 받기 위해서는 각자의 의지와 노력이 필요하다고 생각하고 싶지만, 연구에 따르면 그렇지 못한 것이 현실이다. 사회적 지원에 접근하는 데는 제약이 있음이 분명하다. 잘 교육받고, 직장을 가지고 있고, 충분한 가계수입이 있고, 친절한 이웃이 있는 사람들이 그렇지 않은 사람들보다 사회적 지원을 더 많이 받는 것이 사실이다. 친척 외의 사람들로부터 지원을 받는 경우의 약 40~50% 정도가 이런 변인들의 영향을 받는다. 사회적 접촉의 빈도와 사회적 지원망의 깊이와 폭을 결정하는 것은 다른 변인들보다도 각 개인의 교육수준이다. 교육수준이 높을수록 새로운 사람들과 만날 기회가 늘어날 뿐만 아니라 사회적 상호작용에 있어서 자기확신감과 기술이 높은 것으로 보인다. 충분한 가계수입은 다양한 활동의 참여를 수월하게 하고, 안전한 거주지역에서 안정된 생활을 가능하게 한다. 사회경제적 수준이 낮고 불안정한 지역에 살게 되면 이웃과의 소통이 줄어든다. 그래서 교육수준과 가계수입, 거주지역은 사람들이 받을 수 있는 지원의 정도와 종류에 영향을 주는 상호작용 요인들이다.

이러한 사회적 제약이 존재하지만 사람들은 일반적으로 '생물학적으로 연계되어' 있어서 다른 사람들을 찾는다. 그러나 사람들이 갖는 사회관계망의 발달은 문화, 인종, 사회경제, 성별과 관련된 요인들에 영향을 받는다. 중산층 가정은 노동자층 가정에 비해 사회관계망이 더 큰데, 일차적인 이유로는 전자는 여러 사회 활동 및 여가 활동에 함께 참여하는 가족 외의 사람들과의 접촉이 많기 때문이다. 노동자층 가정의 사회관계망은 상대적으로 작고, 더 가족 중심적이고, 현실적인 활동과 자녀와 관련된 활동을 중심으로 형성된다.

문화나 사회경제 계층과 상관없이 부모 모두 있는 가정이 부모 한 명만 있는 가정보다 더 큰 사회관계망을 갖는다. 부모 한 명만 있는 가정에서는 기혼여성의 사회관계망이 기혼남성보다 약간 더 크고, 미혼모의 사회관계망은 이 둘보다는 작은데 그 이유는 결혼한 부모인 경우 더 많은 친척을 갖기 때문이다. 이것이 미혼모의 상대 남성의 친척과 만나기가 힘들어서인지 아니면 그들과 함께 하는 활동에 참여하는 시간이 적기 때문인지는 아직 알려져 있지 않다. 미혼모들은 사회관계망에서 만나는 사람들은 적은 반면, 자신과 관계된 사람들에게 더 강하게 의지한다. 미혼모들은 지역사회 프로그램을 통해 자신들을 지원해 줄 수 있는 관계망을 더 넓히도록 장려할 수 있다.

한 연구에서는 아일랜드계와 동유럽계 백인 어머니 집단과 다른 서유럽계 백인 어머니 집단 그리고 아프리카계 미국인 어머니 집단을 비교했다. 이 연구는 아일랜드계와 동유럽계 어머니 집단이 다른 집단에 비해 더 큰 가족과 친구 관계망을 형성하고 있음을 확인했다. 서유럽계 어머니 집단보다 아프리카계 미국인 어머니 집단이 이웃을 넘어선 관계를 형성하는 것이 약하다는 점을 제외하고는 이 두 집단 간의 차이는 없는 것으로 나타났다.

지원을 해 주는 사회적 유대관계는 그 수와 상관없이 일반적으로 아동의 사회-정서적 기능과 학업을 향상시키고, 부모의 자신감과 안녕감을 증가시키며, 자녀에 대한 부모의 지각을 고양시켜 준다. 다음에는 각 가정이 받을 수 있는 다양한 종류의 지원을 더 자세히 살펴보고자 한다.

2. 가정 내적 지원

가정 환경은 부모와 자녀를 즉시 지원할 수 있는 원천이다. 이 지원은 가정에 속한 사람들로부터 이루어지고 가정이 갖는 의례나 의식을 통해서도 가능하다.

1) 지원할 수 있는 가족구성원

가정 내에서 지원을 제공할 수 있는 잠재적인 가족구성원으로는 형제자매와 조부모 그리고 다른 친척을 들 수 있다.

(1) 형제자매

형제자매 간의 관계는 긍정적으로 발달할 수 있다. 형제자매 중 더 나이가 든 아동은 어린 동생들의 모델이 되어, 더 진전된 놀이나 언어 표현을 자극하고 타인에 대한 감정이입과 이해를 증진시킬 수 있다. 어린 동생은 나이든 형제를 자신을 보호하고 돌보아 주는 사람으로 삼는다. 이렇게 해서 부모들은 형제관계의 연합체를 갖게 된다.

Werner와 Smith(1992)는 아동이 가정 내의 불안정과 혼란을 극복할 때 형제자매 관계가 발휘하는 강한 역할을 지적하고 있다. 이들 연구에서 탄력적인 성인으로 파악된 사람들은 아동기의 중요한 긍정적 특징으로 형제관계를 들었다. 형제자매 간에 갖는 정서적 친밀감과 함께 하는 활동은 다른 어려움을 극복하는 데 도움을 주는 것으로 나타났다.

아동기에 시작된 친밀한 형제관계는 성인이 된 후에 서로 접촉할 기회가 드물어져도 계속 유지되고 값지게 여겨진다. 형제관계는 사람들에게 친밀감, 안전감을 줌으로써 강한 힘을 발휘하는 것으로 보인다. '장년기에 형제들 간의 접촉은 반드시, 깊은 친밀감을 주는 것은 아니지만 가족에 대한 소속감과 안전감, 애착을 제공한다.'

(2) 조부모

미국 사회의 많은 조부모들은 부모들이 갖는 책임과 양육 과제들을 해나가면서 아동의 일차적인 보육자 역할을 한다. 하지만 여기서는 부모를 지원해 주는 역할자로서의 조부모에 초점을 맞춘 것이다. 심리학자들이 아동이 속한 핵가족 외에서 양육에 중요한 사람들에게 관심을 돌리면서 조부모들은 직·간접적으로 영향을 주는 사람으로 보게 되었다. 조부모는 손자손녀를 돌보아 주고 놀이친구가 되어 주며 세대 간에 연속감을 공고하게 만들어 주는 가족 역사가의 역할을 하면서 아이들에게 영향을 준다. 이들은 손자손녀의 스승 역할을 하고 부모와 자녀 사이에서 중재자가 될 때 직접적인 영향을 준다. 손자손녀에게 간접적으로 영향을 주는 것은 부모들에게 심리적, 물질적 지원을 제공함으로써 그들이 양육을 보다 잘 할 수 있도록 하는 것이다.

소수민족의 가정들은 대가족의 가족구성원들과의 상호작용을 더 자주 갖기 때문에 다른 가정의 경우보다 조부모들이 갖는 역할에 대해 더 많은 정보를 확인할 수 있다. 예를 들어, 1984년에 아프리카계 미국 아동의 31%는 대가족 가정에서 살았다. 대가족 가정에는 대개 한 명 또는 두 명의 조부모가 있다. 대가족 가정의 조부모들은 핵가족의 경우에 비해 아동을 키우고 돌보는 일에 덜 구조적이면서 더 자발적인 태도를 갖는다. 조부모의 역할은 가정에 부모 둘 다 있는지 한 명만 있는지에 따라 다르다. 예를 들면, 부모 둘 다 있는 가정에서 조부모는 양육에 관여하는 정도가 상대적으로 덜하다.

일반적으로 조부모와 손자손녀 간의 접촉은 조부모의 연령과 건강, 거주지역의 근접성에 따라 다르다. 조부모들이 아이들을 만나는 것은 대개 한 달에 한 번 또는 몇 번에 지나지 않는다. 어떤 연구들에 따르면 소수의 조부모들이 손자손녀들과의 관계를 친밀하고 만족스럽게 느낀다고 하지만, 성인 초기에 조부모에 대해 친밀하게 느끼는 경우가 많고, '조부모-손자손녀 유대는 놀라울 정도의 강도로 그들의 성인기 전반에 걸쳐 지속된다.'는 보고를 한 다수의 연구들이 있다.

지리적 근접성은 관계의 성질을 아는 데 가장 중요한 변인이다. 조부모가 근처에 살면 자연히 접촉은 증가한다. 조부모가 아직 젊은 편이고 건강하면 아이들과 함께 할 수 있는 활동이 많기 때문에 더 가까이 느끼게 된다. 그러나 조부모가 너무 연로하고 건강이 좋지 않을 때도 손자손녀들이 조부모를 도와줄 수 있어서 가까워지는 경우도 있다.

손자손녀들이 어릴 때는 조부모는 그들에게 무언가 대접해 주고 선물을 주는 사람으로 인식된다. 아이들이 초등학교에 들어가면 조부모들과 즐거운 활동을 같이 할 것이라고 기대하고, 사춘기 초반이 되면 다양한 활동을 조부모와 함께 즐기려고 한다. 아동은 부모보다 조부모들이 더 참을성이 많고 잘 이해해 준다고 생각하기에, 현재 조부모들은 이런 기대에 부응하려고 노력하는 경향이 있다. 조부모들은 손자손녀들에게 강제적이고 비판적이고 과잉보호를 하며 '구식'으로 보이기보다는 그들의 옹호자, 중재자, 지원자로서 아동을 도와주려고 한다. 9장에서 언급했듯이, 조부모는 부모의 이혼이나 재혼에 따른 가족관계의 변화가 있을 때 특히 아동에게 가까운 존재가 되어 혼란에 빠질 수 있는 아동에게 확신감을 주고 이들을 지지해 준다.

(3) 친척

친척에는 이모, 고모, 삼촌, 사촌, 사돈 친척들이 포함된다. 친척들로부터의 지원은 부모들이 양육 역할을 하는 데 상당한 도움을 준다. 친척들은 잠시 아이들을 맡아 주기도 하고 조언과 재정적 도움을 주기도 하며, 정서적 지지도 제공한다. 이런 지원들은 자녀들과 부모로서의 자신들에 대한 긍정적인 생각을 증진시켜 준다. 앞서 언급했듯이, 이런 지원은 아동의 학업 증진과도 관련이 있다.

친척들이 지원을 제공하는 원천이기는 하지만, 부모에 대한 이들의 평이 부정적이고 비판적일 때는 스트레스를 줄 수도 있다. 그렇지만 부모들은 친척의 지원이 있을 때 아동을 더 잘 양육한다. 혼자서 아이를 키우는 어머니들은 친척들의 지원을 덜 받지만, 자신감을 갖고 도움을 청하면 이런 지원을 더 많이 받을 수 있다.

대가족의 구성원들은 조부모가 지원하는 것처럼 아동은 특별하고 중요하며 능력 있는 존재라는 느낌을 그들에게 준다. 한 연구에서 보면, 세차나 정원 가꾸기와 같이 친척과 함께 하는 활동은 아동의 학교에서의 활동을 잘 예언한다. 남자 성인 친척과 함께 외출하는 것은 어머니하고만 사는 남아에게는 특히 도움을 준다.

2) 가정의 관습

Wolin과 Bennett(1984)은 아동의 장기적인 발달에서 가정 관습이 갖는 긍정적인 힘에 대해서 기술하고 있다. 이들은 가정의 관습을 ① 가족 명절(추수감사절, 크리스마스), ② 가족 전통(정기적인 휴가, 생일파티), ③ 가족 상호작용(저녁식사, 잠자는 시간)과 같이 셋으로 구분한다. 이들의 생각으로 가정의 관습은 인생의 주기성과 지속성에 대한 감을 제공함으로써 아동의 안정감과 성인들과의 의사소통 능력을 증진시킨다.

가족 관습은 저녁식사, 크리스마스 트리 장식하기, 생일날 특별한 음식 준비하기 등 어떤 것이든 가정생활을 예측 가능하게 함으로써 안정성을 준다. 또한 가족 관습은 현재의 가족과 과거 그리고 미래의 가족을 연계 지어 주는 기능을 해서 안정성에 기여하기도 한다. 가족은 조부모 때부터 이어 온 가족 전통을 지속해서, 자녀들은 성장하여 자신이 가정을 꾸릴 때도 동일한 가족 활동을 지속할 계획을 갖게 된다.

가족 관습과 가족 전통이 갖는 드라마적인 특성과 흥분은 가족구성원들 간의 소통을 촉진시킨다. 가족구성원들은 축하파티와 명절을 통해서 서로에게 더 애정을 갖게 되고 더 관여하게 된다. 덧붙여, 가족 관습은 부모와 자녀 사이의 틈을 줄여 주게 되는 것이다.

저녁식사나 축하행사 같은 가정행사들은 가족 사이에 안정감을 느끼게 한다.

부모가 음주를 아주 좋아하는 가정의 경우 가족 파티와 관습을 유지하는 가정의 아동은 가족 관습이 없는 가정의 아동보다 알코올 중독자가 되는 경향이 약하다. 가족 관습은 아동에게 안정감과 타인에 대한 친밀감을 주어 스트레스를 받는 기간에도 긍정적인 힘으로 작용한다.

가족치료 전문가인 Doherty(1997)는 오늘날의 가정에서 가족 관습이 갖는 중요성을 다음과 같이 기술하고 있다.

> 현재의 가족들은 최상이자 최악의 시대에 살고 있다. 최악의 시대라는 이유는 결혼과 자녀양육, 무수히 많은 가정생활의 요소들이 지역사회와 문화의 규율과 지침을 따라왔었는데, 현재는 지역사회와 문화가 각 가정에 일관된 시각과 도구 및 지원을 더 이상 제공할 수 없기 때문이다. 이제 가족들은 각자의 판단에 근거해 모든 일을 헤쳐 나가야 한다. 그렇지만 우리는 최상의 시대에 살고 있기도 하다. 가족 기능을 잘 수행할 수 있는 요인을 더 잘 이해하고 있고, 이전에는 결코 누릴 수 없었던 다양한 가정생활 형태를 창출할 자유를 누리고 있어서 우리가 취할 가족의 형태에 대해 **지향적**이기 때문이다.

Doherty(1997)는 '가족구성원들이 가족의 유대를 유지하기 위한 계획을 만들어서 최선을 다해 이 계획을 실현시켜 나가는 가족'을 의미하는 **지향적 가족**이라는 용어를 사용한다. 이런 계획이 없는 가정은 가족의 에너지를 흘려 보내는 두 배출구—가정 밖에서의 시간 압박과 집안에서의 전자 기술—의 희생자가 된다.

Doherty는 Wolin과 Bennett(1984)과 같이 가족 관습은 가족구성원들을 서로 연결시키고 더 큰 지역사회로 연계시킨다고 생각한다. 가족은 그들의 관습을 통해서 서로의 연결을 유지하고 예측 가능성과 정체성를 정립하고 가치기준을 규정한다. Doherty는 가족 관습의 형태보다는 목적을 중시하여 범주화시켰기 때문에 Wolin과 Bennett의 범주화 방식과는 다르다. 그는 가족 관습을 ① (가족 외출과 정기적 휴가 같은) 가족구성원 간의 결속을 증진시키는 **연결 관습**과 ② (생일, 어버이날 같이) 서로에 대한 애정을 보이는 **애정 관습**, ③ (결혼과 종교 행사와 같이) 가족구성원을 지역사회와 연계시키는 **지역사회 관습**으로 구분한다.

가족은 식사시간, 취침시간, 기상시간, 집을 떠나거나 귀가하는 시간에 하는 관습적인 행위를 통해 가족구성원을 결속시킬 때 서로 더 친밀해지고 행복해진다. 다양한 가족 관습을 구성할 때 가족구성원들은 각자에게 의미 있는 활동과 행사를 함께 만들려고 노력한다. 가족 관습은 부모의 이혼이나 재혼과 같은 예상치 못한 일이나 변화의 시기에 적응해 갈 때 도움을 주기도 한다.

Doherty(1997)는 도움을 주는 가족 관습을 세우는 데 지켜야 할 일곱 가지 주요 원칙을 다음과 같이 들고 있다.

① 가족 내 성인들 간의 의견 일치가 이루어져야 한다.

② 자녀들의 협동이 점차적으로 드러날 것이라고 기대해야 한다.
③ 가족구성원 모두가 가능한 많이 참여할 수 있도록 해야 한다.
④ 일이 어떻게 진행되고 누가 무엇을 할 것인지가 분명해야 한다.
⑤ 공개적인 의사소통을 통해 갈등을 줄이고 서로의 감정을 존중해야 한다.
⑥ 다른 활동으로부터 가족 관습을 보호해야 한다.
⑦ 필요에 따라서는 가족 관습을 변화시킬 수도 있어야 한다.

Doherty(1997)는 『지향적 가족(*The Intentional Family*)』이라는 책에서 가족구성원들을 더 가깝게 만들고 서로를 의미 있게 하는 가족 관습을 정립하는 데 시간 부족이나 갈등적인 견해라는 장벽을 어떻게 극복할 수 있는지에 대한 수많은 예들을 들고 있다.

3. 가정 외적 지원

가족 외적 지원에는 이웃, 친구, 직장동료, 교회나 지역사회 집단, 정부와 같은 기관이 포함된다.

1) 가정 외의 사람들

가족 밖에는 다양한 사람들이 부모와 자녀를 지원해 준다. 종종 교사와 같이 아동을 지원해 주는 사람들은 그들을 돌보는 데 필요한 정보와 지침을 부모에게 줌으로써 지원해 주기도 한다. 그리고 이들은 부모들이 부모로서 자신과 자녀를 긍정적으로 볼 수 있도록 해 줌으로써 아동을 간접적으로 지원해 주게 된다.

(1) 교사

우리들은 학교 다닐 때 선생님들이 보여 주었던 긍정적인 역할을 회상할 수 있다. 교사들은 아동의 특별한 재능이나 기술을 확인해서 격려해 주거나 중요한 공부영역을 알려 주거나 그 분야에서 최선의 성취를 할 수 있도록 북돋워 줄 수 있다.

체계적인 연구에서 보면 교사들은 부모와 아동 모두에게 중요한 지원의 원천임이 확인되었다. Werner와 Smith(1992)는 다음과 같이 적고 있다.

사춘기 아동을 잘 돌보아 주는 선생님은 역경을 헤치고 성공하는 아동의 중요한 보호 요인이다. 이런 선생님은 학업을 이끄는 사람일 뿐만 아니라 학생들에게 신뢰롭고 중요한 역할모델이 된다.

교사는 아동의 적성이나 자아존중감 발달에 지대한 영향력을 미칠 수 있다.

아주 어린 아동의 교사들이 아동에게 미치는 긍정적 영향도 오랫동안 지속된다. 한 획기적인 연구에서는 아주 효과적으로 지도한 초등학교 1학년 선생님이 학생들에게 준 장기적 효과에 대해 잘 기술하고 있다. 이 선생님이 가르치는 학생들의 성적은 1학년과 2학년 때도 높게 나왔지만 (25년 후) 성인이 된 후에 이 학생들이 보인 성취도는 연구에 참여한 다른 반의 학생들에 비해 상당히 높게 나타났다. 통계적 분석을 해 본 결과, 학생들이 성인이 되었을 때의 성취도를 예언하는 데 있어서 이 선생님이 미친 영향은 아버지의 직업이나 가정의 경제수준, 자녀 수와 같은 배경 요인들보다 훨씬 강한 것으로 드러났다. 이 선생님의 학생들은 선생님이 학생들에게 들인 관심과 자상함 그리고 확신을 지적했다. "선생님의 성공 비결은 '그 선생님이 어떻게 학생들을 가르쳤냐고요? 엄청난 사랑을 가지고 가르쳤지요.' 라는 동료교사의 말로 요약된다."

학교 조직과 분위기도 아이들에게 긍정적인 영향을 준다. 청소년 비행을 예방하는 역할을 하는 학교들은 잘 구조화된 학급을 가지고 있고 숙제와 예습, 능력개발을 강조하며 학생들이 자신의 행동을 책임질 수 있도록 장려한다.

(2) 친척 외의 사람들

이 집단에는 이웃, 직장동료, 지역사회의 거주자들이 포함된다. 부모와 아동은 안전한 이웃이 있을 때 이웃에게 쉽게 접근한다. 이웃은 친척으로부터 지원을 받기 힘든 가정에게 친척이 주는 지원들을 줄 수 있다. 아동을 맡아 주기도 하고 조언이나 물질적인 지원도 해 준다. 직장생활을 하는 어머니들에게는 직장동료들의 지원도 큰 도움이 된다.

어린 유아들은 친척들의 지원을 더 받는 경향이 있는 반면, 사춘기 아동은 친척 외의 사람들로부터 더 많이 지원을 받는 것으로 보인다. 친척 외의 사람들과 관계를 갖는 사춘기 남아들은 그렇지 않은 아이들에 비해 학업 수행이 일반적으로 더 좋다.

2) 양육 프로그램

사회조직체와 공공기관은 부모와 아동을 위한 공식적, 비공식적 지원을 제공한다. 여기서 특히 관심을 갖는 것은 다양한 양육단계에서 부모들에게 제공되는 양육 프로그램에 대한 것이다.

부모는 가족이나 친척들로부터 조언을 즉각 받기 힘든 경우 다른 부모들로부터 조언을 구하곤 한다. 이런 부모집단을 형성하는 것은 임신했을 때부터 시작하는 경우도 있고, 영유아 부모, 사춘기 아동의 부모, 과잉행동 아동의 부모, 학습장애아의 부모별로 집단을 형성하기도 한다.

Cowan과 Cowan(1992)에 따르면, 임신 후반기에 시작된 양육집단은 아이가 태어나 새로운 가정을 만들어 가면서 지속적인 지원을 제공한다고 한다. 이들의 연구에서 보면, 네 부부로 구성된 여섯 집단은 6개월 동안 지속적인 만남을 가졌다. 부부들은 부모신분에 따른 스트레스에 대해 서로 토론하면서 다른 부부들도 비슷한 문제를 가지고 있음을 확인하게 되어 안심하게 되었다. 이 부부들은 스트레스를 줄이는 방법과 부부간의 안녕감과 친밀감을 키우는 방법에 대해 논의하였다. Cowan 부부는 5년에 걸쳐 이들 가정을 추적 조사한 결과, 양육집단에 참여했던 부부들은 자녀가 세 살이 되었을 때도 잘 살고 있었지만 참가하지 않았던 부부들 중 15%는 이혼한 것으로 나타났다. 그렇지만 자녀가 다섯 살이 되었을 때 두 집단에서 보인 이혼율은 동일한 것으로 나타났다.

Cowan(1992) 부부는 6개월의 양육집단이 3년 동안 긍정적인 효과를 보여 준 점에 주목하여, 아이들이 초등학교에 들어갈 시점에 유사한 양육집단을 만들어 새로운 치료개입 연구를 시작하였다. 이들은 이 연구에서 부모들의 대처 기술과 결혼생활의 만족도가 증가될 것으로 기대한 것이다.

현재 사용할 수 있는 조직화된 양육 프로그램들은 다양하다. 이 프로그램들은 대개

6~12주 정도 진행되고 두 시간 단위의 회기를 통해 부모에게 새로운 양육 기술을 가르치고 양육에 대한 새로운 태도를 제공한다. Gordon은 3~6개월 정도 진행되는 부모 효과성훈련(Parent Effectiveness Training; PET)을 개발했다. 26개 연구에 대한 메타분석을 실시한 결과, P.E.T.는 부모들의 과정내용에 대한 지식 습득에 상당한 효과를 주었고, 자녀양육 태도 및 행동 그리고 아동의 자존감에는 미약한 수준에서 중간수준의 효과를 줌이 밝혀졌다.

Rudolf Dreikurs 방법(3장과 4장 참조)과 STEP 프로그램(효과적 양육을 위한 체계적 훈련)에 대한 21개의 연구를 개관한 결과, 이들 양육 프로그램을 실시한 결과로 부모들의 양육태도가 변했음이 밝혀졌다. 부모들은 이전에 비해 자녀를 대할 때 엄격하고 강제적인 정도가 약해졌다. 그리고 자녀들의 말을 더 경청하고 격려하는 행동을 보이고 더 지지적이며 아이들을 더 신뢰하게 되었다. 자녀들의 행동 또한 향상되었다는 증거도 보였다.

부모 행동훈련에 대해 조사한 연구들에 따르면 이런 훈련들은 야뇨증이나 수면 공포, 영아 울기, 비응종 행동과 같은 문제행동을 줄이는 데 매우 성공적이라고 한다. 부모들은 특수한 관리 기술을 배우고 적극적인 모방과 역할 수행을 통해 양육 기술을 증진시킨다.

Patterson과 Narrett(1990)은 부모 행동훈련이 어린아이나 반항적인 아동을 둔 부모들에게 가장 효과적이고, 나이가 들거나 심한 장애가 있는 사춘기 아동을 가진 부모에게는 제한적인 효과를 보인다고 지적한다. 반항적인 아동이 집에서는 나아지지만, 이 행동훈련 효과가 학교장면까지 항상 일반화되는 것은 아니어서 지속적으로 문제를 보일 수도 있다. Patterson과 Narrett(1990)은 아동의 행동 변화를 부모의 효과성에 대한 가장 중요한 지표로 생각한다. 아동의 특정 행동이 변화를 보이지 않을지라도 집에서는 전반적으로 나아졌다고 부모들은 보고한다.

위의 양육에 대한 프로그램 과정은 6주에서 몇 달에 걸쳐 진행된다. 그러나 최근의 한 연구는 부모들에 대한 단기 치료개입도 부모와 영아 모두에게 도움을 준다는 사실을 확인했다. 출산반에 들어간 처음 출산을 하는 부모들은 두 집단 중 한 집단에 임의로 배정되었다. 임신기간 중에 한 집단은 신생아의 건강한 수면 패턴을 형성하기 위한 4회기의 행동훈련을 받았다. 통제집단으로 설정된 다른 집단은 동일한 시간을 강사와 토론했지만 행동훈련을 받지는 않았다. 영아가 생후 6~9주였을 때 연구자는 몇 주에 걸쳐 영아가 보인 수면 패턴을 여섯 가지 측정치를 통해 조사했다. 행동훈련을 받은 부모들의 영아들은 수면시간이 전반적으로 더 길고 밤에 보채는 것이 더 적으며 밤에 젖을 먹여야 하는 일도 적었다. 훈련을 받은 부모들은 아기를 키우는 데 힘든 경우가 더 적었고 아기를 잠재우는 데 역능감과 자신감이 더 컸다. 대조적으로, 훈련을 받지 않은 부모들은 아기를 돌보는 데 힘들었다고 보고하는 빈도가 상당히 높았다.

Cowan, Powell 및 Cowan(1998)은 양육 프로그램에 대한 자세한 개관에서 프로그램이 자녀와 부모 또는 부모-자녀 관계에서 어디에 중점을 두고 진행되는지에 근거하여 양육 프로그램들을 분류했다. 그러나 양육 프로그램들을 분류하기가 종종 힘든 이유는 프로그램들이 특정 행동만이 아닌 여러 행동들에 영향을 줄 수 있기 때문이다. 예를 들어, 아이의 행동향상법을 가르치는 프로그램에서는 부모들에게 새로운 행동 패턴을 지도하게 되고 이는 부모-자녀 관계에 영향을 준다. 사실 이런 일은 위의 연구에서도 벌어진 것으로 보인다. 아기의 건강한 수면 패턴을 형성한 부모들은 아기를 키우는 데 곤란한 일을 덜 겪기 때문에 아기를 돌보는 데 더 능력이 있다고 느낀다.

Cowan, Powell 및 Cowan(1998)은 치료개입이 사춘기 어머니나 공격적인 아동과 같은 문제 위험도가 높은 가정과 문제 위험도가 낮은 일반 가정 모두를 대상으로 실시될 수 있다고 지적한다. 이들은 부모신분으로 전이하는 과정에서 부모들의 적응을 돕는 프로그램과 공격성이나 주의력결핍-과잉행동 장애와 같은 특정 문제를 가진 아동의 부모를 위한 프로그램들을 예로 들고 있다.

이런 프로그램들 중 일부는 가정과 학교, 놀이터에서 치료개입을 실시한다. 아동의 행동 향상을 위한 프로그램들은 부모들이 협동하는 능력을 키우는 데도 중점을 둘 경우 더 효과적이다. 부모의 의사소통 기술과 문제해결 기술의 증진은 부모들이 프로그램에 대해 갖는 만족도와 아이들을 다루는 데 갖는 효과성을 증가시킨다.

이 연구자들이 지적했듯이 각 가정에서 사용할 수 있는 많은 프로그램들의 타당성은 잘 입증되지는 않았다. 효과적이라고 입증된 프로그램들은 대학이나 연구소에서 개발되어 진행되기 때문에 일반 대중들이 쉽게 접근하는 데는 한계가 있다. 더군다나 양육 치료개입에 대해 아직 풀리지 않는 문제들이 많다. 부모와의 협동이 더 본질적인가, 아니면 부모의 행동을 바꿀 수 있는 자녀의 행동을 변화시키는 것이 더 우선적인가? 어떤 부모들이 프로그램에 참여하여 변화하는 것이 중요한가? 변화의 중요한 요소는 무엇인가?

더 문제가 되는 것은 수백만의 아동이 인지적, 사회적, 정서적 문제를 겪고 있지만 미국의 정치세력은 아이와 부모들을 위한 프로그램을 줄이려고 하고 있다는 점이다. Cowan, Powell 및 Cowan(1998)은 "많은 부모들이 현재 받고 있는 지원보다 더 많은 지원을 필요로 하고 있다는 것은 분명하다. 하나의 사회로서 우리가 위험 정도가 낮은 상태로부터 아주 고통스러워하는 상태까지의 연속 어딘가에 있는 모든 가정을 위한 종합적인 프로그램을 만드는 데 에너지와 자원을 투입할 의사가 있는지가 의문이다."라고 말한다. 1장의 글상자 1.5를 보면, Hewlett과 West가 개발한 부모권리장전은 부모가 아이들을 키우는 데 필요한 사회적인 지원들이 다양한 방법으로 구현될 수 있음을 볼 수 있다.

3) 직장의 지원

8장에서 언급되었듯이, 직장은 양육이라는 압력을 줄여 줄 수 있다. 오늘날 더 많은 회사들이 부모가 직장생활과 가정생활을 잘 조정할 수 있도록 다양한 프로그램을 통한 변화를 시도하고 있다. 첫째, 회사들은 부모들이 자녀가 어릴 때에는 충분한 시간을 부모와 함께 보낼 수 있도록 조치를 취하고 있다. 예를 들어, 출산이나 입양을 할 때 유급휴가 기간을 연장시켜 주어 부모와 자녀의 결속을 돕고 아동 발달을 증진시키는 민감성 있는 양육을 가능케 한다. 둘째, 직장 내에 보육시설을 설치하는 것은 업무 중 자녀 돌보는 일에 대한 걱정을 완화시켜 준다. 셋째, 작업 일정을 융통성 있게 조정할 수 있게 하여 아동이 학교에서 돌아왔을 때나 학교휴일인 경우, 아동이 아파서 집에 있어야 하는 경우에 부모가 집에 있을 수 있게 한다.

가정에서의 우호적인 직장 분위기도 부모들에게는 중요하다. 직장의 상사가 부모의 일들을 잘 이해해 줄 때 직무에 따른 긴장이 집으로 전이되는 것이 감소된다. Bronfenbrenner와 Neville은 회사들이 가족지원 사무실을 설치하거나 가족지원 전문가를 고용할 것을 제안한다. 이와 같은 사무실이나 전문가는 가정-직장 문제와 관련해서 부모들과 아동들을 옹호하는 역할을 할 수 있다. 이들은 지역사회에서의 가정지원 서비스와 아동 발달 그리고 양육 문제에 대한 정보들을 수집할 수 있다. 그리고 각 가정별로 필요한 서비스를 추천해 주고, 직장의 관행을 향상시켜 부모들의 스트레스를 줄여 줄 수 있다. 연구들은 직장의 고용주가 부모들이 필요한 것들을 잘 이해해 준다고 느낄 때 더 좋은 부모가 될 뿐만 아니라 더 행복하고 안정된 직원이 된다는 점을 지적한다.

4) 정부의 지원

심리학자 Zigler와 자유기고가 Lang(1991)은 미국 가정에서 받는 정부지원은 유럽이나 다른 국가에 비해 떨어진다는 점을 강조한다. 예를 들어, 캐나다의 모든 가정은 가정 내의 18세 이하 자녀 수에 근거하여 지급되는 가족수당을 받는다. 프랑스도 부모들을 위한 많은 서비스를 제공한다. 가령, 영아수당은 임신 5개월부터 시작하여 9개월간 지급된다. 어머니가 출산전 진료를 받고 영아가 정기적인 의료진단을 받을 경우, 자녀가 하나 이상인 가정은 추가적인 면세 수당을 받는다. 그리고 저소득층 가정은 추가적인 지원을 받는다. 프랑스에서는 영유아를 위한 저렴한 보육시설도 운영한다. 아동 보육자들은 일정한 훈련을 받고 면허증을 가져야 하며 사회보장 체제에 소속되어 있다.

미국에서 시, 주정부, 연방정부의 서비스를 받을 자격은 병에 걸리거나 장애자 또는 빈곤자여야 한다. Hamburg(1992)는 『오늘날의 아동(*Today's Children*)』이라는 책에서 아동과 부모가 받을 수 있는 다양한 프로그램들을 소개하고 있다. 많은 프로그램들이 건강관리체제와 연계되어 받을 수 있다. 예를 들어, 사설병원과 공립병원 일부에서는 출산전 관리와 여성과 아동의 영양보충, 영아관리와 양육방법을 지도하기 위해 간호사들의 가정방문을 실시한다. 간호사들은 아기의 의학적 조건이나 가정 내의 다른 어려움 때문에 서비스지원이 더 필요한 위험 가능성이 높은 부모들을 판별해 낼 수 있다.

주정부는 재정적 지원이 필요한 미혼모와 가정에게 지원해 준다. 재정보조의 양은 주마다 다르지만, 재정지원이 아주 좋은 주에서도 한 가정이 받는 정도는 빈곤층 수입수준보다 낮다.

몇몇 치료개입 프로그램들은 영아를 키우고 있는 가정을 대상으로 한다. 예를 들어, 1970년대와 1980년대에 연방정부 지원으로 운영되는 부모-아동발달센터에서는 자녀의 출생부터 3세까지 문제가 있는 가정을 돕는 프로그램을 진행했다. 이 프로그램은 ① 가정관리와 양육기법에 대한 정보를 부모들에게 제공했고, ② 유치원교육을 지원했으며, ③ 건강관리와 영양관리, 고용서비스를 각 가정에 연계시켜 주었고, ④ 여러 인종집단의 저소득층 가정을 위한 일련의 서비스를 제공했다. 아동과 부모를 대상으로 8년에 걸쳐 진행된 평가조사 결과, 이 프로그램에 참여한 아동은 지적, 사회적 행동에 있어 더 큰 진전을 보였고, 부모와 자녀의 관계는 서로에 대해 더 긍정적이고 애정을 갖게 되어 문제들을 더 잘 해결해 나갔다. 그러나 이 프로그램은 재원 부족으로 지속되지 못했다.

연방정부의 재정적 지원은 헤드스타트 프로그램을 통해 저소득층 아동들에게 조기교육을 가능케 했다. 그러나 자금의 한계 때문에 소수의 아동만이 이 프로그램을 받을 수 있다. 사춘기 아동을 위한 정부 프로그램들은 10대 임신을 줄이고 학교에 출석하는 비율을 늘려 학업을 향상시키는 데 초점을 두고 있다.

Hamburg(1992)는 아동의 건강한 성장을 증진시키기 위해 필요한 프로그램들에 대해 요약하면서 다음과 같이 적고 있다.

> 여기서 취한 접근은 전통적인 가정과 유사한 지원의 조기제공을 추천하는 것이었다. 중심축이 되는 기관들은 학교와 종교단체, 지역사회 조직, 대중매체 그리고 건강관리 체제다. 치료개입의 발달적인 순서는 출생전 보호로부터 시작해서 소아과적 예방조치, 부모교육, 젊은 부모를 위한 사회적 지원, 질 좋은 보육, 유치원 교육, 초등학교로의 효과적인 전이, 중등과정의 재구성으로 진행된다. 이를 넘어서서는 여기서 명료하게 밝혀진 원칙들에 근거하여, 직장 또는 대학으로 전이되는 고등학교 과정에서의 성장 가능성도 고려될 수 있다.

Hamburg는 잘 조율된 건강지원 및 성장지원 프로그램은 발생된 문제의 해결을 위한 모든 프로그램의 운영에 비해 경제적 소모가 덜할 것이라고 믿는다. 예를 들어, 보편적인 출산전 관리에 드는 비용은 문제 발생 후 고액의 신생아 보호와 장기적인 보강관리를 필요로 하는 아동에게 들이는 비용에 비해 저렴할 수 있다.

Zigler의 아동보호 종합계획은 Hamburg가 구상한 조율된 프로그램 아이디어를 잘 보여 준다. Zigler(1991) 계획은 지역사회의 필요와 자원에 따라 각 단원 또는 분리된 프로그램으로 구성할 수 있다. 아동 발달처의 첫 번째 처장으로 일했고 1970~1972년에 아동위원회 위원장을 역임한 Zigler는 미국의 아동보육을 위한 일곱 가지 기본 원칙을 구상했다.

① 모든 아동들은 필요한 시점에 양질의 보육을 받을 수 있어야 한다.
② 보육교사는 보육의 질을 결정하는 가장 중요한 요인이다. 따라서 보육교사들은 적절한 훈련과 감독을 받아서 아동이 필요로 하는 것을 정확히 지각할 수 있어야 한다.
③ 보육은 건강과 영양, 교육 등 아이들의 발달 전 영역에서 필요로 하는 것을 충족시켜 주어서 아이들의 신체적, 사회적, 정서적, 지적 성장을 원활하게 해 주어야 한다.
④ 보육은 건강과 교육 같은 다른 사회적 체제와 잘 통합되어야 하고, 부모들은 보육에 적극적으로 참여하도록 해야 한다.
⑤ 보육 프로그램은 아동과 가정의 다양성에 비추어 다양한 선택이 가능하도록 구성되어야 하고 부모들에게 여러 프로그램들을 평가하는 역할이 주어져야 한다.
⑥ 양질의 보육은 아동과 가정에 여러 자원의 지속적인 개입을 필요로 한다.
⑦ 보육체제는 사회적 요구에 반응적이어야 한다. 예를 들어, 보육체제는 아동의 건강한 성장을 지원해서 성인이 된 후 사회에 기여할 수 있도록 해야 한다.

학교체제는 사회조직의 영속적인 부분이고 지역사회 내에 퍼져 있기 때문에 Zigler는 자신의 프로그램을 지역 학교에 집중시키려고 했다. 결과적으로 지역사회들은 각 지역의 선호에 민감할 수 있게 되고, 부모들도 서비스를 지원받기 위해 멀리 갈 필요가 없게 된다. 제안된 모든 프로그램들은 부모들이 다양하게 선택할 수 있도록 구성될 수 있을 것이다. 그래서 모든 프로그램에 참여하는 것이 반드시 요구되는 것도 아니다.

Zigler(1991)는 방과 후나 방학 중에 성인의 감독을 받지 못하는 6~11세의 많은 아이들의 보육이 학교에서 가능하다고 제안한다. 부모들은 학교 수업 전이나 수업 후에 학교시설을 사용하여 아이들을 돌보아 줄 사람을 고용하기 위해 일정한 비용을 지불할 수 있다. 두 번째로 제안된 학교장면 프로그램은 3~5세의 유아들을 위한 전일 보육 프로그램이다. 이 프로그램은 유아 발달의 모든 측면을 향상시켜 줄 수 있다. 이런 경우에도 부모들은 일정 비용을 지불하고 지역사회 기관에서 일정한 자금을 지원해 줄 수 있다.

Zigler가 제안했듯이 학교는 해당 지역에서 영아와 유아들의 전일 보육을 위한 중심 네트워크 역할을 할 수 있다. 학교는 보육자에게 훈련과 감독을 제공하고 보육자들이 지역사회 네트워크의 일부분이 되도록 유도할 수 있다. 그리고 학교는 부모들에게 필요한 지역사회 서비스를 알려 주는 자원 및 추천 체제 역할을 할 수 있고, 이런 서비스가 실시되는 장소를 제공할 수도 있다. 더 나아가 임신 후반기부터 시작되는 부모원조 서비스의 기지 역할을 할 수도 있다. 부모교육과 검사 프로그램은 부모와 아이들이 필요로 하는 보육을 선택해서 받을 수 있도록 도와준다.

Hamburg와 마찬가지로 Zigler는 예방서비스를 제공하는 것이 지원 결핍으로 인한 문제를 해결하기 위해 드는 비용에 비해 경제적이라고 주장한다. 그는 이런 서비스를 위한 자금지원에 대해서도 구상안을 제안했다.

5) 지역사회 프로그램

기존의 여러 프로그램들은 지역사회가 부모들과 아동에게 지원하는 것들에 대한 예들을 보여 준다. Norman Rice가 시애틀의 시장일 때 가정과 아동에게 지원적인 시는 어떤 일을 하는지에 대해 기술한 내용이 글상자 11.1에 있다. 지방정부는 정부기관과 사설 조직체 그리고 서비스를 제공받는 사람들의 공동체를 만드는 데 촉매 역할을 할 수 있다. 이와 같은 정부와 사적인 자원의 동반자관계는 학교와 공원, 보육시설, 청소년 프로그램과 같이 주민들이 즉각적으로 관심을 갖는 문제들에 접근할 수 있다. 가능하면 양질의 지역사회 프로그램들을 지원받을 수도 있다. 이것이 현실성이 없을 경우에 시정부는 특정 문제를 대상으로 하여 필요에 따라 혁신적인 프로그램들을 시도해 볼 수도 있다.

미국 아동학대 및 방치 자문위원회는 1993년 보고서에서 아동 학대와 방치를 예방하기 위한 이웃-기반 프로그램을 제안하였다. 특정 지역에서는 지역사회 프로그램

글상자 11.1

가정 중심적인 도시

가정에 지원적인 도시는 어떤 도시일까? 모든 도시들은 진정으로 가정 중심적인 비전을 가질 수 있다. 이웃이 서로를 잘 알고 안전하게 느끼며, 모든 시민들이 열린 공간과 역동적으로 운영되는 지역사회센터 그리고 다양한 문화, 예술, 여가 활동에 접근할 수 있는 도시를 만들 수 있다. 이런 도시에서 사람들은 대중교통수단을 편리하게 이용할 수 있고, 다양한 사람들과 가정이 필요로 하는 것을 지원받는 환경 속에서 일하고 쉬고 즐길 수 있다. 직장 환경은 융통성과 여유가 있고 가정은 편하고 친근한 장소가 된다. 사람들은 자신의 경제적 상태에 맞는 주택을 쉽게 구할 수 있고 건물과 토지 이용법은 가정을 우선으로 하는 개발을 강조한다.

이런 지역사회에서 모든 사람들이 자연환경 보호의 책임을 공유하고, 인간계발을 위한 작업들이 시민을 지속적으로 지원한다. 모든 가정의 노력으로 서로 방문하고 지원하는 이웃관계를 만들어 간다. 가족구성원들에게 추가적인 지원이 필요할 때를 위해 이용 가능한 의료보장과 사회적 서비스가 마련되어 있다.

학교 및 시관할 시설들이 방과 후와 주말에 언제든 이용할 수 있도록 개방되어 있다. 사람들이 더 배울 수 있도록 학교체제는 모든 학습자들의 자기개발을 지원한다. 누구나 구직에 필요한 새로운 기술을 배울 수 있는 기회가 주어진다. 어느 가정이든 필요에 따라 양질의 아동 발달 프로그램과 보육 프로그램, 노약자 보호 프로그램 등을 이용할 수 있다.

이렇게 활발히 성장하는 도시에서는 모든 연령과 성별, 능력, 인종, 문화배경을 가진 사람들이 도시 운영의 의사결정 과정에 적극 참여하고 서로를 이해하고 돌보는 도시를 건설하기 위해 함께 일한다.

* 출처: Norman B. Rice (1994). "Local Initiatives in Support of Families." in *Putting Families First*, ed. Sharon L. Kagan and Bernice Weissbourd. San Francisco: Jossey-Bass, pp. 324-325.

의 운영이 특히 중요한데, 왜냐하면 사회적으로 고립되고 불안정한 지역에서는 이웃가정에 대한 지원이 별로 없어서 아동 학대와 방치가 발생할 위험 정도가 높기 때문이다. 이 자문위원회의 제안은 '사람들이 이웃을 돌보아 주고 관심을 갖고 지원할 수 있는' 물리적으로 안전하고 사회적으로 지원적인 이웃을 만드는 방법에 초점을 맞추고 있다.

이웃관계를 강화시키기 위해서 주민들은 거주지역에서의 생활 조건을 향상시키는 긍정적인 활동에 관여해야 한다. 서비스를 조직할 때 몇 가지 중추적인 지침이 사용된다. 의료보험과 교육, 고용과 같이 종합적인 지역사회 서비스들에 대한 지역 주민들의 접근이 지리적으로 수월해야 한다. 이웃-기반 프로그램들은 서비스 제공자 중심이 아니라 수요자의 필요 중심으로 서비스들을 조직해야 한다. 즉, 한 장소에서 서비스 제공의 모두가 수요자의 필요를 충족시키는 방향으로 조직되어야 한다는 것이다. 주민들과 조직체들은 의사결정의 모든 수준에 참여해서 서비스를 적절히 조정할 수 있어야 한다. 서비스들을 계획하고 구현하는 과정에서 많은 혜택들이 주민들에게 돌아가게 되고, 이웃 또는 지역사회는 서로 더 가까워져서 더 효과적으로 문제들에 대처하게 된다.

일반적으로 이 프로그램들은 각 개인이 한 문제에 관심을 갖고 시작해서 다른 문제들도 다루게 될 때 가장 효과적이다. 예를 들어, 시카고의 저원가주택 계획지역에 거주하는 여성인 존슨은 인근 지역의 갱단과 마약거래, 도박 때문에 자녀들의 안전에 대해 우려했다. 그래서 존슨은 친구들과 사회복지사들의 도움으로 주민위원회를 만들어 이 지역의 주택계획을 더 효과적으로 운영할 수 있는 방법들을 모색했다. 이 위원회는 거주지역 관리안을 마련해서 거주자들이 이 계획안을 운영하는 협동체를 구성했다. 몇 년이 지난 뒤, 주택계획 관리소측은 이들의 시도에 동의하게 되었다. 이 주택계획지역의 거주자들은 필요한 모든 서비스를 수행하는 방법들을 배우게 되었고, 이 계획의 연간 운영금도 거주자들에 의해 집행되게 되었다.

이 거주자들은 폭력과 범죄를 줄이기 위해서 자체 방범단을 조직하고 경비원도 고용하면서 경찰과 공조체제에 들어갔다. 결국 이 지역의 범죄율은 50% 정도 감소되었다. 주민들은 세탁시설과 편의점 같은 새로운 서비스들을 조직하기 시작했다. 결과적으로 거주자들의 수입과 기술 수준은 향상되었고 이들의 자녀들은 안전한 환경을 즐기게 되었으며 미래에 대한 희망은 밝아졌다.

Weissberg와 Greenberg는 아동의 모든 영역의 능력을 고양시키고 문제의 발달을 예방하기 위해 고안된 학교 프로그램과 지역사회 프로그램들을 개관했다. 이 프로그램들은 양육 프로그램들과 마찬가지로 지역사회에 거주하는 전 주민들을 대상으로 한다. 프로그램의 구성은 건강과 학업 수행, 사회적 기능과 심리적 기능 같은 여러 측면에서의 증진에 목표를 두었다.

지역사회 프로그램들은 신생아부터 사춘기 아동을 대상으로 한다. 이 프로그램들에는 다양한 서비스들이 포함되는데, 부모들의 적극적인 참여를 유도하는 가정방문 프로그램(5장 참조)이나, 아동 위주로 진행되는 학교-기반 프로그램들을 예로 들 수 있다.

이 프로그램들은 수년에 걸쳐 구현되고 여러 분야의 전문가들이 팀을 이루어 여러 형태의 치료개입들을 포함할 때 가장 효과적이게 된다. 예를 들어, 볼티모어 시의 존스 홉킨스 병원은 학교와 공조체제를 이루어 도심지의 중학교와 고등학교 학생들을 대상으로 학교-기반 산부인과 서비스를 제공하고 있다. 이 대학병원에서는 학교에 간호사와 사회복지사를 보내 학기에 한 번씩 성교육을 실시하고, 이들은 학교 양호실에서 하루에 두 시간 반 정도 근무하면서 개별상담과 산부인과 건강관리, 관련 교육을 수행한다. 그리고 훈련 지도를 통해 학생들의 집단 토론 진행을 돕는다.

이 프로그램을 진행한 지 2년 후, 학생들의 피임에 대한 지식과 사용률은 증가하였다. 피임을 하지 않고 성관계를 가진 학생의 비율이 20% 이하인 것을 보면 이 프로그램을 실시하지 않은 학교에서 보인 비율인 44~49%보다 훨씬 감소했음을 알 수 있다. 프로그램 진행 28개월 후에 학생들의 임신율은 이전에 비해 30% 정도 감소한 반면, 비교집단에서는 57%나 증가되었다. 성행위를 시작하는 시점도 이 프로그램이 실시된 지 3년 동안에 7개월 정도 지연된 것으로 나타났다.

다른 프로그램들은 여러 영역에 걸친 기능을 목표로 하고 있다. 코네티컷 주 뉴헤이븐 시의 교육위원회는 마약 사용과 십대 임신, 에이즈, 청소년 비행, 퇴학과 같은 고위험 행동을 줄이기 위한 종합 프로그램을 세웠다. 여기서는 사회적 기술 부족이 이런 모든 문제행동을 조성한다는 전제하에 프로그램이 구성되었다.

교육행정관들은 유치원부터 12학년(고등학교 3학년)까지를 대상으로 하는 다면적 프로그램을 구성했다. 저학년 때 학생들은 자기감독법(self-monitoring)과 문제해결 기술, 의사소통 기술을 배운다. 그리고 건전한 행동을 할 책임에 대해서도 배운다. 학생들은 학년이 올라가면서 학교와 지역사회에서의 교육 활동과 여가 활동을 통해 학교에서 배운 것들을 강화시킨다. 또한 연장 학교(The Extended Day Academy)를 세워서 방과 후의 클럽 활동과 건강서비스, 탐험클럽들을 할 수 있도록 했다.

이 프로그램에 대한 평가 결과, 학생들의 사회적 기술이 증진되었고 무의식적으로 문제행동을 저지르는 경우가 줄어든 것으로 드러났다. 학생들은 학교와 거주지역을 안전한 곳으로 느끼게 되었고, 자신의 전망에 대해 더 긍정적이 되었다. 청소년들의 고위험 행동의 감소는 프로그램이 시작된 지 5년 후까지는 관찰되지 않은 것으로 보아 더 장기적인 개입이 필요함을 알 수 있다.

6) 종교단체의 지원

문제 가정에서 성장의 곤경을 잘 극복한 활력 있는 아이들에 대해 연구한 Werner와 Smith(1992)는 신앙의 중요성을 지적한다.

> 성장기에 위험을 많이 안고 있던 사람들 중 성공적인 성인으로 성장한 사람들에게 인생을 의미 있게 만들어 주고 난관을 잘 극복하도록 도와준 신앙은 잠재적인 보호 요인이라고 볼 수 있다. 신앙은 불교, 가톨릭, 개신교 등 특정 종교와 상관없이 종교 활동의 적극적인 참여와 관련이 깊다.

부모들이 교회에 다니면 자녀를 자연스럽게 종교생활에 참여시키기는 쉽다. 그러나 부모가 종교를 가지고 있지 않는 경우에는 자녀를 위해 어떻게 해야 할지 모르게 된다. 어린 자녀를 둔 한 아버지는 『효과적인 양육(*Effective Parenting*)』의 저자인 Joan Beck에게 조언을 구했다. 그의 고민은 자신이 신을 믿지 않는다는 것을 거짓으로 꾸며 보일 수는 없었고, 딸아이가 커 가면서 본인의 선택에 따라 종교를 택할 자유를 갖고 있다는 것을 알리고 싶은 것이었다.

Joan Beck은 가정마다 각자의 답을 찾아야 한다고 제안한다. 부모들은 세 가지 중 하나를 선택할 수 있다. ① 신앙에 대한 자녀의 질문을 무시하는 경우, ② 부모의 참석 없이 자녀만 종교 활동을 시키는 경우, ③ 자녀가 성장해 가면서 공유할 수 있는 종교에 대한 탐구적인 태도를 발달시키는 경우 중 하나를 택할 수 있다.

오늘날 미국에서 교회 참석률은 상대적으로 낮다. 결과적으로 종교적인 지도 없이 자녀를 키워오고 있다. 그러나 이런 아동은 답을 듣지 못하는 많은 질문을 가지게 된다. 가령, 신은 누구인가, 사람은 죽으면 어떻게 되는가, 신이 나에게 벌을 내릴까 같은 질문들에 대한 답변을 듣지 못한다. 이런 아동이 조부모나 다른 가정의 종교 활동을 보거나 대중매체에서 종교에 대한 언급을 접할 때 그런 경험이 자신에게는 없다는 일종의 공허감을 가질 수 있다. 이런 공허감은 고통스러운 상실을 경험할 때, 위안이나 위로를 받지 못하게 될 때 더 강해질 수 있다.

부모는 참석하지 않으면서 자녀만 교회에 보내는 것은 위선적으로 보일 수 있다. 이런 경우 합리적인 대안은 자녀가 커갈 때 부모와 공유할 수 있는 개인적인 신앙체계를 발달시키는 것이다. 부모들은 신에 대한 여러 다른 개념들을 탐색해서 자신이 받아들이는 것과 받아들이지 않는 것을 자녀들에게 전달하고 종교 의식과 상징 그리고 다른 사람들이 각자의 종교가 중요하다고 생각하는 이유들을 자녀와 함께 토론할 수 있다. 부모들은 여러 다른 종교들의 생각을 탐색하면서 자신이 진심으로 참여할 수 있는 집단을 발견할 수도 있고, 자신들의 부모가 가졌던 종교를 다시 발견할 수도 있다. 또는 종교적인 숭배 활동보다는 사회적인 활동으로 참여하고 싶은 집단을 발견할 수도 있다. 영적 의미나 일상적인 의미를 찾는 과정 속에서 전 가족이 더 풍성해질 수 있다.

부모는 자녀의 신앙생활을 지원해 주면서 자연스러운 동맹체을 형성한다. Coles(1990)는 아동의 인생 속의 위기와 인생에 대해 갖는 도덕적, 정치적 생각들에 관하여 면담을 하고 상호작용을 가졌다. 그는 자신의 개관을 결론지으면서 전문가로서 자신의 삶에서 너무 오랫동안 간과했던 영역이 아동의 강한 종교적인 관심이라고 밝혔다. 그에 따르면 아동은 삶의 의미, 각 개인의 인생이 갖는 목표, 선과 악, 자신과 가족, 다른 사람들에 대한 의무와 책임과 같은 문제에 깊은 관심을 갖는다.

Coles(1990)는 아동의 영적인 삶을 이해하기 위하여, 세계의 여러 아동과의 면담과정을 통해 신에 대한 개념과 신이 아동의 삶에서 갖는 의미를 살폈다. 『아동의 영적 삶(*The Spiritual Life of Children*)』이란 그의 책은 개별적으로 또는 집단으로 실시된 무수히 많은 아동과의 통렬한 면담 및 대화 내용을 담고 있다. 아동들에게 종교적인 관심은 메마른 지적인 문제가 아니라 각자의 성격과 자신 및 인생에 대한 이해와 강하게 결합된 정서적으로 강렬한 관심들이다. Coles는 다음과 같이 말하고 있다.

> 심리학적인 면에서 볼 때 신은 아동에게 다양한 형태로 보일 수 있다는 점을 나는 깨닫기 시작했다. 신은 친구일 수도 있고 숨어 있는 적일 수도 있다. 찬양자일 수도 있고 비판자일 수도 있다. 동맹자일 수도 있고 방해자일 수도 있다. 격려해 주는 사람일 수도 있고 불안과 두려움 또는 공황상태를 유발하는 사람일 수도 있는데……종종 부모가 엄격한 기독교

인, 유대인, 회교도인 경우 주저함 없이 아동에게 아주 혹독한 종교적인 비난으로 위협하므로 신을 존중할 수밖에 없게 된다. 이런 아동은 생각이나 꿈에서 신은 관대하고 용서해 주고 격려해 주며 언제든지 자신의 약한 면이나 잘못을 고백할 수 있는 존재라고 생각하게 된다.

Werner와 Smith가 지적했듯이 Coles는 종교적 신념이 아동에게 인생은 예측 가능하고 이해할 수 있다는 느낌을 준다는 점을 확인했다. 왜냐하면 신은 모든 것을 알고 있고 이해하며 제어할 수 있어서 신과의 대화를 통해서 정서적인 친밀감을 경험하게 되기 때문이다. 즉, 신은 '결코 떠나지 않는 진실한 동반자' 인 것이다. 신은 필요하면 힘과 도움을 준다. 비록 언제 어떻게 줄지는 어려운 질문이지만 말이다. 다른 사람과 관계를 가질 때 도덕적인 행동을 해야 한다는 의무는 언제나 이득을 동반한다. 신에 대해서 아동이 갖는 개념에는 때때로 인생에 대한 안전보장을 더 확고히 하는 것이 포함된다. 왜냐하면 부모가 어쩌다 잘못되더라도 자신들을 도와줄 수 있는 전문적인 후원자가 언제나 뒤에 있기 때문이다. 어떤 여아가 "신은 나의 부모의 부모님이자 나의 부모님이기도 해요."라고 말한 예에서 이를 알 수 있다.

교회 프로그램은 부모와 자녀 모두에게 도움이 된다. 많은 교회들이 일반 양육반과 가치를 가르치는 반을 운영하고 있다. 또한 가족구성원 모두에게 즐거움과 소속감, 안정감을 주는 여가 활동과 가족 활동을 제공한다.

뉴욕 시 할렘 지역의 가톨릭 교회 지도자 프로그램은 교회 활동이 사춘기 남아들에게 제공할 수 있는 강력한 지원을 잘 보여 준다. 수십 년 전 이 교회는 2년간의 프로그램에 참여할 14명의 학생을 학업 및 개인적 잠재성을 근거로 뽑았다. 이들은 문화 행사에 참석하고 연설가들의 강연을 들으며 주말에는 재미있는 놀이도 하고 심각한 주제에 대한 토론 활동도 벌이는 정기적인 모임을 가졌다. 이 프로그램 기획자는 몇 명의 아동이 사제가 되기를 희망했지만 대부분은 어른이 된 후 결혼을 해서 일부는 아버지가 되었고 한 명만이 사제가 되었다. 이들 대부분은 전문직에 종사하고 있다.

이 프로그램에서 가진 경험을 통해 얻은 것을 돌이켜 볼 때, 이들은 다음과 같이 말했다. "나의 전 인생은 그때 가진 경험 덕분이라고 생각한다. 프로그램은 나의 자아 성장을 깨닫게 해 주었다. 당신들은 성장하면서 바깥 세상이 어떤 곳인지 전혀 몰랐을 것이다. 당신들도 자신의 모든 것을 이 경험에 투자한다면 성공적일 수 있다는 것을 배울 것이다." "프로그램 집단은 상당량의 에너지와 대화, 교류를 통해서 경험을 긍정적인 것으로 변화시켜 갔다. 이를 통해 나는 스스로 여러 생각들을 지적으로 구성할 수 있었다." 지금 이 프로그램에는 남녀 청소년 모두가 참여할 수 있다.

4. 개인적 지원

앞에서 언급된 대부분의 지원 프로그램들은 큰 규모의 조직체와 관련되어 있다. 한 개인이 분명한 목표하에 부모와 자녀들을 지원하기 위해 지역사회의 자원을 모아서 성취할 수 있는 것에 대한 예를 들면서 우리의 논의를 종결짓는 것이 좋을 듯하다.

뉴욕 시 할렘병원의 소아과 의사인 Barlow는 그녀가 치료한 사례 중에서 미리 예방할 수 있는 상해들이 점차 증가한다는 점을 알게 되었다. 창문이 열려 있어서 떨어진 아이들, 거리에서 놀다가 차에 친 아이들, 폭력을 당한 아이들의 경우들이 그런 예다.

1988년 Barlow는 Johnson 재단의 지원으로 할렘병원에 상해예방 프로그램을 개설했다. 그녀는 세 명의 직원과 함께 먼저 지역사회에 놀이터와 공원을 개축하기로 했다. 왜냐하면 이 지역에는 아동이 안전하게 놀 수 있는 공간이 없었기 때문이었다. 그녀는 이 지역의 모든 공원과 놀이터를 사진 찍어서 이 지역의 공원담당 부서와 교육위원회로 가지고 갔다. 이후로 공원담당 부서는 이 지역의 모든 공원을 안전하게 개축했다. Barlow는 그런 다음 놀이터를 새로 짓기 위해서 기부자금을 모으기 시작했다. 교사들과 학생들의 제안에 따라 새 놀이터를 두 군데에 세우고 여섯 개를 새로 더 세울 계획을 세웠다.

상해예방 프로그램은 병원 안에서 진행되는 미술 프로그램과 같이 아동의 능력을 키우는 활동으로 확대되었고, 환자들이 자신의 병과 입원에 대해 표현할 수 있는 기회를 제공하였다. 아동은 자신의 작품을 전시해서 대중들에게 팔아 그 수익금의 반은 자신이 갖고 나머지 반은 미술 프로그램을 운영하는 데 기부하였다. 또한 이 프로그램은 댄스 프로그램과 농구 프로그램, 축구 프로그램 그리고 아이들이 직접 화초와 채소를 기르는 '원예 프로그램' 들도 지원했다.

할렘에서 아동 상해는 37%나 줄어들었고 자동차 사고도 50%나 줄어들었으며 창문에서 떨어져 다치는 아동도 거의 없게 되었다. 추가적으로, 어린 댄서와 운동선수, 화가, 원예가들이 이 프로그램 없이는 힘들었을 일들을 꾸준히 발전시킬 수 있게 되었다.

높은 비율의 아동 폭력상해를 줄이기 위해서 Barlow는 반폭력 계획을 세웠다. 이 계획에 따르면 ① 아동이 안전을 지키는 방법과 ② 폭력을 경험한 이후에 폭력에 대처하는 방법을 아동에게 가르치고, ③ 갈등해소 기법과 폭력을 피하는 다른 방법들을 아동과 부모 및 교사들에게 가르치는 것이 필요하다.

이 프로그램들을 운영하기 위한 자금지원은 개인, 회사, 재단, Barlow의 강연 연사료로 충당되었다. 그녀는 다음과 같이 결론짓고 있다.

> 당신이 이 세상에서 무언가 얻기 위해서는 먼저 주어야 한다. 우리는 상당히 많은 것을 주고 있다. 힘든 작업들이 아주 많아도 정말 만족스러운 일이다. 무언가 더 좋게 만들 수 있다는 것을 아는 것만큼 만족스러운 일은 없다. 어느 지역사회에서든 구성원들이 진정으로 서로를 돌보고 과연 무엇이 필요한지를 살펴본다면 모든 사람들이 엄청난 변화를 만들어 낼 수 있을 것이다(Sgarro, 1993).

요 약

사회적 지원은

- 부모와 자녀에게 정서적, 도구적, 정보적 혜택을 제공한다.
- 인력자원과 활동, 조직, 환경으로 나뉘어 실천될 수 있다.
- 각 개인의 연령과 인생의 단계에 따라 달리 제공된다.
- 사회경제적, 문화적, 인종적, 성별 요인에 의해 제약을 받는다.

지지적 가족구성원은

- 형제자매, 조부모, 이모, 고모, 삼촌, 사촌, 사돈 친척들이 포함된다.
- 친밀감과 소속감을 증가시켜 준다.

- 어떤 활동을 하는 데 있어 동료 역할을 한다.
- 양육 활동 수행과 아동의 영양 공급 및 보호를 도와줄 수 있다.
- 아동에게 새로운 기술을 가르쳐 준다.

가족 관습은

- 가정생활에서 예측 가능성을 분명히 해 줌으로써 가정의 안정성을 제공한다.
- 가족구성원 간의 의사소통을 원활히 해 준다.
- 가족구성원들을 과거와 미래로 연결시켜 준다.
- 곤경에 닥쳤을 때 보호 요인 역할을 한다.

교사와 가족 외의 사람들은

- 모델과 스승의 역할을 아동에게 해 준다.
- 아동의 용기와 희망을 북돋워 준다.
- 아동의 책임과 역능을 증진시켜 준다.

양육 프로그램은

- 부모들을 위한 지원집단 역할을 한다.
- 부모들에게 특수한 기술을 가르쳐 준다.
- 부모들이 자녀의 행동 문제를 줄일 수 있도록 도와준다.
- 양육 스트레스를 줄여 준다.
- 부모들의 자신감과 역능감을 증진시켜 준다.

부모들을 위한 직장의 지원은

- 부모들이 자녀와 더 많은 시간을 함께 보낼 수 있도록 해 준다.
- 보육기관을 세워 유아에게 양질의 보육을 제공할 수 있다.
- 부모들이 직장생활과 가정생활을 잘 통합하도록 도와준다.

미국에서 부모들을 지원하는 정부 프로그램과 지역사회 프로그램은

- 특별한 곤경에 처한 부모들만이 그 혜택을 받을 수 있다.
- 종종 자금지원이 너무 제한적이어서 혜택을 받아야 할 사람들이 모두 받지 못하

는 경우가 많다.
- 의료보험과 교육체제와 결합하여 제공될 수 있다.
- 문제를 해결하기보다는 예방하는 것이 보다 경제적일 수 있다.
- Zigler에 따르면, 학교를 중심으로 운영하여 전 연령의 아동에게 양질의 보육을 제공할 수 있다.

종교단체는
- 아동에게 인생을 의미 있게 만들어 주고 자신의 존재가 안전하다는 생각을 줄 수 있다.
- 전 가족구성원에게 정서적 친밀감과 소속감을 준다.
- 일상 행동의 지침을 제공하고 아동의 발달을 돕는 프로그램들을 제공할 수 있다.

개인은
- 부모와 자녀를 도울 수 있는 자원을 활성화시킬 수 있다.
- 부모와 자녀의 인생에 엄청난 변화를 만들어 낼 수 있다.

참고문헌

Amy Arner Sgarro (spring 1993). "A Surgeon and Her Community." *Vassar Quarterly*, pp. 10-13.

Carolyn Pape Cowan, & Philip A. Cowan (1992). *When Partners Become Parents*. New York: Basic Books.

Coles, Robert (1990). *The Spiritual Life of Children*. Boston: Honghton Mifflin.

David A. Hamburg (1992). *Today's Children*. New York: Times Books.

Edward F. Zigler, & Mary E. Lang (1991). *Child Care Choices*. New York: Free Press..

Emmy E. Werner, & Ruth S. Smith (1992). *Overcoming the Odds*. Ithaca, NY: Cornell University Press,

Gerald R. Patterson, & Carla M. Narrett (1990). "The Development of a Reliable and Valid Treatment Program for Aggressive Young Children." *International Journal of Mental*

Health, 19 pp. 19–26.

Norman B. Rice (1994). "Local Initiatives in Support of Families." in *Putting Families First*, ed. Sharon L. Kagan, & Bernice Weissbourd. San Francisco: Jossey–Bass, pp. 324–325.

Philip A. Cowan, Douglas Powell, & Carolyn Pape Cowan (1998). "Parenting Interventions: A Family Systems Perspective." in *Handbook of Child Psychology,* ed. in chief William Damon and vol. ed. Irving E. Siegel, & K. Ann Renninger, vol. 4, *Child Psychology in Practice*, 5th ed. New York: Wiley, pp. 3–72.

Robert Coles (1990). *The Spiritual Life of Children*. Boston: Houghton Mifflin.

Urie Bronfenbrenner (1986). "Ecology of the Family as a Context for Human Development. "*Development Psychology, 22,* pp. 723–742.

Werner, Emmy E., & Ruth S. Smith (1992). *Overcoming the odds*. Ithaca, NY: Cornell University Press.

William J. Doherty (1997). *The Intentional Family*. New York: Avon, p. 7.

Wolin, Steven J., & Sybil Wolin (1993). *The Resilient Self*. New York: Villard.

찾아보기

[인 명]

[내 용]

역자 소개

■ 이 순 례

경력 한국기독교유아교육학회 회장
한국유아교육학회 부회장
한국유아체육학회 회장

현재 강남대학교 유아교육과 교수(교육학 박사)
강남대학교 교육대학원 주임교수
강남대학교 사범대학 부설 유치원 원장
대한어린이교육협회 부회장
세계유아교육기구 OMEP 한국위원회 회장

〈저서〉『영유아행동지도』『유아를 위한 전통문화활동자료』 외 다수

〈논문〉「유아와 노인의 긍정적 관계향상을 위한 세대간 연계프로그램의 효과」 외 다수

■ 문 연 심

경력 삼성서울병원 어린이집 원장

현재 강남대학교 유아교육과 교수(교육학 박사)
세계유아교육기구 OMEP 한국위원회 이사
대한어린이교육협회 정보부장

〈저서〉『아동복지』『영유아 수과학 교육』 외 다수

〈논문〉「The Effects of Types of Parent-Child Interaction on Child's Prosocial Behavior」 외 다수

■ 신 건 호

경력 University of Connecticut 객원교수
Center for the Ecological Study of Perception and Action
(미국 코네티컷 대학교 생태학적 지각과 행위연구소)

현재 강남대학교 유아교육과 교수(교육학 박사)
강남대학교 교무처장

〈저서 및 역서〉『아동발달』『비고츠키』『집단심리』 외 다수

〈논문〉「부모자녀관계 유형이 자녀의 자아개념에 미치는 영향」 외 다수

새로운 세대의 부모와 자녀
Parenting -3rd edition-

2006년 9월 20일 1판 1쇄 발행
2011년 5월 20일 1판 3쇄 발행

지은이 • Jane B. Brooks
옮긴이 • 이순례 문연심 신건호
펴낸이 • 김 진 환
펴낸곳 • ㈜ 학지사
121-837 서울시 마포구 서교동 352-29 마인드월드빌딩 5층
대표전화 • 02) 330-5114 팩스 • 02) 324-2345
등록번호 • 제313-2006-000265호
홈페이지 • http://www.hakjisa.co.kr
커뮤니티 • http://cafe.naver.com/hakjisa

ISBN 978-89-5891-187-6 93370

정가 18,000원

역자와의 협약으로 인지는 생략합니다.
파본은 구입처에서 교환하여 드립니다.